COLLECTION
FOLIO/ESSAIS

Danilo Martuccelli

Sociologies de la modernité

L'itinéraire du XXe siècle

Gallimard

Danilo Martuccelli est chargé de recherche au CNRS, détaché comme maître de conférences à l'Université Lille-III, et chercheur au CADIS.

INTRODUCTION

Qu'est-ce qu'une sociologie de la modernité ?

I

La récurrence du mot « modernité » dans les sciences humaines n'a d'égal que sa profonde labilité théorique. Comment se fait-il qu'une notion aussi employée, depuis si longtemps, et par tant d'auteurs tellement soucieux parfois de définitions précises soit restée dans un tel état de porosité ? Pourtant, contre toute attente, et pour paradoxal que cela puisse paraître, il faut se garder dans un premier moment de la volonté d'octroyer des bornes trop précises à la notion. Si la modernité est rétive à toute définition exhaustive, c'est que son utilité analytique provient justement de son indécision conceptuelle, de sa capacité à rendre compte d'un nombre fort éparpillé de phénomènes dans bien des disciplines, ainsi que d'un nombre non moins élevé de polémiques.

Cependant, dans son utilisation la plus fréquente, la modernité ne désigne souvent rien d'autre que la société contemporaine et le temps présent. L'interrogation sur le temps actuel et la société contemporaine est le plus petit commun dénominateur de la modernité. Elle est toujours un mode de relation, empli d'inquiétude, face à l'actualité ; c'est dire à quel point elle est indissociable d'un questionnement de nature historique. Mais la modernité ne se réduit pas à l'être-présent, elle n'est pas la simple quête pour savoir ce qu'est le monde, ou encore le présent en tant que tel ; elle recherche plus précisément la réponse à une inquiétude. Pourquoi aujourd'hui n'est-il plus comme hier ? Dans cette exploration, l'idée d'actualité subit deux inflexions de taille. D'une part, l'actuel devient la source ultime, d'emblée supérieure, de valeur contre le passé et l'autorité du passé, même si, et pour radical que soit le désir des modernes de construire un présent n'existant qu'en rapport avec lui-même, sa conscience ne cessera pas pourtant de se construire dans un rapport difficile au passé. D'autre part, l'actualité marque sournoisement ses distances par rapport au seul présent, soulignant alors la non-contemporanéité des contemporains[1]. L'actualité moderne trace ainsi une rupture avec la simple idée d'un présent historique puisqu'elle se conçoit comme le fruit d'une attitude, d'une manière d'être et de regarder le monde. La conscience de la modernité ne s'est constituée vraiment qu'à l'issue de ce double mouvement, comme conscience d'une appartenance à un temps spécifique et comme volonté de donner un sens à un monde s'éprouvant dans une inquiétude originaire.

Or, cette réflexion ne manifeste toute l'ampleur de ses significations que lorsque l'expérience sociale des individus est traversée, ou supposée être traversée, par un ensemble d'incertitudes bousculant leur comportement social. Il n'y a pas de compréhension correcte de la modernité si on laisse échapper cette dimension. La sociologie crée et recrée l'idée de la société dans chaque période historique afin de donner sens aux pratiques sociales et aux changements historiques, mais sans jamais apaiser entièrement la conscience de l'incertitude foncière par laquelle elle se représente le monde moderne. La réflexion s'efforce alors, sans y parvenir jamais entièrement, de concilier deux projets : d'un côté, la volonté de produire des modèles stables de la réalité sociale, des représentations plus ou moins immédiatement et directement agissantes dans la réalité, une quête supposant la capacité à dégager des idées vraies ; de l'autre côté, la conscience de l'expérience de situations sociales instables, et sous l'emprise de déceptions multiples, là où le monde n'est perçu, invariablement, qu'en fonction des écarts, plus ou moins grands, mais toujours irrépressibles, avec les interprétations dont disposent les acteurs. La sociologie de la modernité provient de ce double mouvement de construction de représentations globales adéquates et de la conscience immédiate de leur écart avec la réalité. Les diverses figures de ces désajustements sont à la racine de l'expérience directe que les acteurs font de la réalité moderne. Les sociologies de la modernité sont la conscience historique de ces décalages.

Différents récits essayent de rendre compte de la cassure radicale s'établissant à un moment donné entre le passé et le monde d'aujourd'hui. Les récits ne sont pas infinis, mais leur diversité est suffisamment grande pour qu'il nous soit possible de restituer la dynamique générale de la narration. Celle-ci consiste en une mise en intrigue dans laquelle un événement fondateur (la Révolution française, le début de l'industrialisation, la consolidation historique de l'État-nation, la sécularisation…) est censé expliquer la rupture du fil entre le présent et le passé. À ces premières narrations, le plus souvent mono-événementielles, viendront plus tard s'ajouter des récits pluri-événementiels, plus complexes sans doute, qui feront de la distance matricielle la résultante d'un enchaînement plus ou moins aléatoire ou structurel de nombreux événements. Pourtant, dans la fabrication intellectuelle que la sociologie se forge de sa propre conscience historique, le rôle de l'événement, ou des événements, reste profondément similaire : à la fois tracer et rendre compte de la frontière entre la société moderne et le passé. Mais la conscience sociologique de la société moderne ne renvoit pas tant à une structure sociale, à des pratiques et des idées nouvelles, qu'à une réflexion spécifique sur une tout autre relation de l'individu au monde[2]. Quelle que soit la réelle nouveauté historique de cette conscience, cette dernière commande à l'évidence la réflexion proprement moderne sur le monde moderne.

À l'instar de ses origines, on ne peut rendre compte de cette distance d'avec le passé par un modèle analytique unique. Certes, d'une manière ou d'une autre il s'agit toujours de la rupture d'avec une totalité conçue comme une forme de communion, mais là encore les voies sont très diverses, selon que l'on accentue la cassure de l'unité entre les mots et les choses, la culture et la société, l'individu et le monde, les positions objectives et les dimensions subjectives… Mais cette rupture, dans le récit fondateur des sociologies de la modernité, fonctionne toujours analytiquement au travers de trois phases. D'abord, à partir de l'écart ressenti par l'acteur entre ses horizons d'attentes souvent déçues et la réalité. Ensuite, par un moment trouble où les acteurs font l'épreuve de situations à l'encontre de leurs habitudes, mais où, déjà, ils prennent conscience, tant ces pratiques brisent la certitude de la routine, d'être confrontés à d'autres expériences. Enfin, l'écart cède le pas, au moins au niveau intellectuel, à un récit ordonnateur capable de rendre compte de ce vécu et en même temps de l'insérer dans une structure interprétative qui réduit pour l'essentiel sa charge d'étrangeté.

La modernité est la conscience historique de ces écarts, sources d'aventures et d'anxiétés, et de la perplexité ambivalente qu'ils entraînent. Mais cette dernière ne se dissipe jamais entièrement. L'expérience initiale de l'étrangeté moderne et sa conscience historique, si elle parvient à se transformer en évidence pratique et intellectuelle, ne parvient jamais à créer un horizon d'attentes définitivement familier. Les sociologies de la modernité naissent donc autant de la conscience de cette distance du présent d'avec le passé, que de la nécessaire reprise de l'interrogation sur les formes de cette distance. Pour la sociologie, il ne peut guère y avoir vraiment une suppression de cet écart, tout au plus une réduction partielle et momentanée.

La conscience historique de la distance de la modernité d'avec ce qui l'a précédée ne se marque nulle part mieux que dans l'invention, par des sociologues à la lisière de la modernité, de l'idée de la communauté comme un monde total et harmonieux. Celle-ci – mais qui en doute encore ? –, n'a jamais existé, mais elle rendait compte, au niveau intellectuel, de l'expérience fondatrice des individus, à savoir le sentiment que le monde se dérobait sous leurs pieds. La conscience historique de la modernité naît là où l'ordre du monde passé s'effondre et où l'ordre de l'avenir ne se dégage pas encore. Mais dans la constitution de la conscience historique propre à la sociologie, les deux moments, – celui du dépérissement tout comme celui de la régénération –, sont souvent allés de pair, et ces deux thèmes épouseront tous les mouvements d'oubli et de redécouverte dont la modernité est faite. Chaque sociologue croit voir dans sa propre société un nouvel état de la modernité, une transition tendue entre la conscience de la disparition radicale d'un monde et celle de la naissance retardée du nouveau, et l'émergence de figures inédites de l'individu. C'est dire jusqu'à quel point toute sociologie de la modernité est elle-même inséparable d'une prise de conscience historique du sentiment de rupture d'avec le passé. Certes, la sociologie, plus encore que d'autres disciplines, a longtemps associé la modernité à un type spécifique de société, à savoir la société industrielle[3], avant que le récit historique propre à la modernisation bouleverse la sociologie et vienne établir l'idée d'une autre modernité après la modernité. Comme jadis dans d'autres domaines culturels, la conscience de la modernité dans la sociologie évolue « jusqu'à ne plus finalement se définir qu'en s'opposant à elle-même[4] ». L'actualité, toute actualité, est irrémédiablement vouée à son dépassement et devient alors à son tour une forme de classicisme.

II

Toute sociologie peut donc s'analyser à la fois comme l'effort intellectuel visant à unir ce qui se sépare, à doter d'une unité ce qui se fragmente, et comme la conscience malheureuse de l'impossibilité pratique d'y parvenir. Pas de sociologie de la modernité en dehors de cette volonté. On pourra longtemps épiloguer sur ses origines intellectuelles, mais on peut s'accorder facilement quant aux possibles fondements sociaux de son efficacité symbolique. Elle part de la crise d'une forme de conscience historique et elle formule des versions acceptables de la société moderne sous la forme d'une conscience historique de cette crise. Là est la séduction majeure qu'elle exerce. Toute période de transition est caractérisée par une déchirure, par l'effondrement de la continuité, par le sentiment du désordre, et le propre de la pensée dans ces phases est alors de vouloir maintenir uni (avec souvent le recours au passé) ce qui se sépare déjà à l'horizon. La sociologie conçoit toute la modernité comme une phase interminable de transition et permet de rendre compte du présent contre le passé, du changement contre la tradition, et, comme l'a si bien perçu Harold Rosenberg, d'établir une forme de « tradition du nouveau[5] ».

Pour rendre compte de cette attitude, le mot « crise » est à bien des égards pertinent d'un point de vue descriptif et profondément insuffisant dès que l'on adopte une perspective analytique. La sociologie éprouve et construit son histoire en déclinant toujours au présent la rupture fondatrice dont elle se dit si volontiers le fruit. C'est en ce sens que l'idée de crise est juste, puisqu'elle rend compte de ce sentiment confus et multiple de déconnexion du monde, mais elle est insuffisante pour caractériser la pluralité des réponses engagées. L'étonnant est au fond moins la permanence de ce sentiment de distanciation d'avec le monde, que la répétition inlassable de l'étonnement des sociologues face à cette distance originaire. La plupart se pensent, à un moment ou à un autre de leur vie, à la charnière d'une époque, dans un entre-deux où se mêlent inextricablement le vieux et le nouveau. Tout est bon pour marquer ces frontières et ces ruptures chaque fois définitives : les multiples révolutions politiques, les effets de la révolution industrielle, la fin du libéralisme parlementaire, l'avènement du totalitarisme, la consolidation véritable d'une société industrielle, sa décomposition, l'arrivée d'une nouvelle révolution technologique, la formation d'une société de l'information, enfin tous les discours possibles du post- et du néo-[6]... Seule ne change pas la conscience historique (même si elle reflète un incroyable aveuglement historique quant au caractère constant de ce sentiment) de la rupture.

D'où vient que le plus souvent ce soit dans les travaux des sociologues que les incertitudes propres à la modernité deviennent les plus lancinantes. C'est peut-être de sa place au sein de l'univers du savoir que provient la seule spécificité de la sociologie. À la différence de l'artiste, le sociologue ne se croit pas investi d'un style singulier lui permettant de décrire le monde comme la pure création d'un monde personnel ; à la différence du philosophe, il ne se croit pas voué à décrire le monde comme une totalité construite autour de la volonté (en fait, la prétention) d'excéder tout sentiment d'enracinement social partiel. Si la sociologie ne se construit véritablement que lorsqu'elle parvient à se détourner de ces deux tentations intellectuelles, c'est leur ombre qui permet de comprendre le propre de son *pathos* disciplinaire, de sa sensibilité spécifique[7]. Il n'y a pas d'*ethos* sociologique moderne, mais il y a bel et bien un *pathos* qui, dans un seul et même mouvement, décrit et informe la sociologie à la croisée d'un attachement à la modernité et d'une inquiétude emplie de nostalgie pour la tradition. C'est de ce sentiment ambivalent que découlent bien des réflexions, et sans doute les plus puissantes, qu'elle a produites.

Ainsi, la modernité est souvent saisie d'une ambivalence originelle, se réclamant à la fois d'une part du progrès, de la Raison, des Lumières et d'autre part du romantisme, de la critique, du refus culturel[8]. Ce mouvement cycliquement redécouvert au sein de la modernité est constitutif de la manière dont les individus saisissent leur rapport au monde, dans une profonde continuité émotive, avec un étonnant sentiment de nouveauté.

Si cette ambivalence est déjà repérable dans la constitution historique de la sociologie, qui doit beaucoup, en tout cas dans une certaine tradition européenne, aux milieux conservateurs du XIXe siècle[9], elle est devenue un de ses traits distinctifs. En dépit des diverses nostalgies qui la traversent, la sociologie ne se livre que rarement à une mise en question de la modernité elle-même, et elle ne donne presque jamais lieu à une critique réactive radicale. De la même manière, le *pathos* propre à la sociologie l'empêche de déboucher sur un éloge sans mesure de la modernité, dans lequel la pensée s'identifierait véritablement au mouvement du monde, là où le progrès tiendrait lieu de vérité dernière et tous les moments et les crises finiraient par être autant de périodes nécessaires d'une parousie historique. Le *pathos* de la sociologie n'est que la gestion de l'écartèlement entre ces deux attitudes, toujours présentes et sans qu'il soit possible, sinon au risque de perdre son identité intellectuelle, de se couper de l'une ou de l'autre[10].

III

Il y a de multiples manières d'écrire une histoire de la sociologie tout comme il existe une pluralité de façons de présenter les divisions propres à la discipline[11]. Mais au-delà des diversités thématiques ou des divisions méthodologiques, voire des postulats philosophiques qui les sous-tendent et des courants ainsi engendrés, nous croyons possible de repérer des intuitions majeures qui, par l'imagination des auteurs, et chaque fois retravaillées, parviennent à structurer la manière dont la sociologie a analysé la modernité. Si le mot *matrice* nous a semblé le plus pertinent, c'est parce qu'il permet de comprendre la continuité de la réflexion sociologique et en même temps de souligner le rôle actif que cette intuition initiale revêt chez les divers auteurs lorsqu'ils réinterprètent la modernité en essayant de répondre des changements historiques et sociaux de leur époque.

Si nous avons choisi de présenter ces matrices à partir des écrits des auteurs, c'est que la sociologie, au-delà de sa tension constitutive bien repérée par Wolf Lepenies entre sa prétention scientifique et sa vocation littéraire[12], demeure avant tout dans son expression la plus achevée le produit d'une œuvre. Assurément cette œuvre est loin d'être individuelle, elle s'insère dans des systèmes, des écoles, des doctrines tenant aux itinéraires personnels des auteurs comme à leurs stratégies intellectuelles, et bien sûr à leur contexte historique[13]. Assurément, une histoire de la sociologie est inséparable de la réflexion sur les techniques de recherche et sur les méthodes déployées par les auteurs. Mais il s'agit pour nous de comprendre quelle vision de la modernité est en jeu dans l'œuvre de chaque auteur. Ce livre est une histoire de la sociologie de la modernité, vouée systématiquement à suivre les contours et les infléchissements des matrices.

Depuis Comte, et malgré les critiques dont le positivisme a été l'objet, la manière cumulative de raconter l'histoire d'une discipline consiste à partir d'un point unique pour organiser les différentes connaissances[14]. Mais ce type de cohérence est étranger au travail réel des auteurs, dont l'évolution, s'il y en a une, n'est certainement pas logique et ne suit pas une progression cumulative constante. La cohérence d'une œuvre ne découle pas non plus d'une intuition centrale, véritable lieu de création *ex nihilo*, d'une pensée tout au long d'une vie. Elle provient de la manière dont chaque auteur cherche à combler ou à corriger, par son imagination, les impasses ou les lacunes repérées au cœur d'une matrice. Dans cette cohérence, l'attitude existentielle de l'auteur, malgré toute l'ambiguïté du terme, pèse autant, quoi qu'en disent souvent les auteurs eux-mêmes, que leurs efforts d'analyse. La sociologie n'est pas rétive aux développements cumulatifs du savoir (même si la nature de cette progression peut toujours être légitimement objet de discussion), mais elle est une forme de philosophie sociale visant à contrer, mille et une fois, l'écart fondateur de la modernité.

Pour autant, il convient d'éviter le travers des conceptions contextualistes qui finissent toujours par sombrer dans la facilité de l'explication d'une œuvre par son milieu[15]. Tentation d'autant plus grande que les sociologues oublient souvent qu'ils ont affaire à des représentations historiques du réel, produites au sein d'une histoire institutionnelle et aussi d'une histoire de la pensée, ce qui a des effets propres ne pouvant pas se limiter à l'étude des sources, des champs stratégiques ou d'autres déterminismes extrinsèques à l'œuvre.

L'idée de matrice vise à déjouer ces risques. D'abord, elle insiste sur la profonde continuité du regard sociologique tout au long du siècle : attitude thérapeutique contre l'illusion même de la modernité se croyant toujours à une croisée inédite des chemins. Ensuite seulement elle permet de rendre compte à quel point la matrice est imbriquée dans un processus historique, à la fois une attitude et une ébauche d'analyse, la deuxième se voulant toujours indépendante de la première, la première se disant toujours issue de la seconde. Enfin, elle permet surtout d'accentuer le rôle de l'imagination dans le travail sociologique, là où il devient évident que malgré l'acuité des problèmes sociaux auxquels une théorie sociologique répond, celle-ci est loin d'avoir toujours la clarté supposée ou souhaitée. La sociologie est aussi toujours une réaction. Il ne s'agit donc pas de réduire la multiplicité réelle des œuvres à quelques grands modèles hypostasiés, mais de souligner à la fois, et après analyse, la relative constance et la relative variation des matrices.

Mais il s'agit également de se défaire d'une conception linéaire ou cyclique de l'histoire de la pensée sociologique. Il n'y a en elle ni progression continue ni retour éternel. Chaque matrice opère par toute une série de déplacements concentriques dont le double mouvement d'expansion et de rétrécissement explicite de manière figurative le cheminement intellectuel. Par là, il est possible de comprendre tout autant les continuités d'intuitions que les multiples ruptures au sein d'une même matrice ; de rompre avec une histoire de la pensée écrite en fonction de filiations, où il ne s'agit à terme que de placer un auteur ou une école au sein d'un arbre généalogique. La reprise incessante des matrices devrait permettre à la sociologie de se protéger de ces égarements. En elle, comme nous essayerons de le montrer, les filiations passent par de multiples ruptures, et c'est par ses déplacements longitudinaux, à géométrie variable, à partir d'une seule matrice que le mouvement créateur de la pensée sociologique de la modernité se reflète le mieux.

Les matrices sont moins qu'un paradigme, plus qu'une idée de base, autre chose qu'une école. Moins qu'un paradigme puisqu'elles sont loin d'avoir sa consistance logique, sa capacité à proposer des cadres épistémologiques d'explication et au moins, en dernière analyse, des épreuves de réfutabilité[16]. Plus qu'une idée de base, puisqu'il ne s'agit pas seulement, à la suite de Lovejoy, d'isoler les éléments constitutifs présents dans différents systèmes, mais au contraire de dégager les grands cadres, sortes d'arrière-plans sur lesquels travaillent les divers éléments[17]. Autre chose qu'une histoire effectuée en fonction d'écoles dont la permanence serait une des spécificités de la sociologie, la présentation historique visant à dégager quelques grands modèles différents, voire irréductibles entre eux, et dont la succession suivrait parfois une pente évolutionniste[18]. Les matrices sont loin d'avoir cette incommensurabilité théorique et plus d'une fois, tout au long de ce siècle, il sera possible de montrer à l'œuvre, chez un seul auteur, leurs affinités et imbrications. Plus d'une fois des auteurs placés au sein d'une même école seront présents dans des matrices différentes. Cette attitude, si elle ne néglige pas l'importance des traditions nationales (on pourrait montrer, par exemple, l'existence d'affinités électives historiques entre une matrice et un cadre national), les insère d'emblée dans un espace intellectuel plus large, accentuant ainsi le paradoxe de la démarche sociologique, toujours fortement ancrée dans les limites d'un État-nation et portée par une vocation universelle tendant à souligner les dimensions transnationales de sa réflexion.

En cela, la matrice désigne plus un espace d'invention théorique et de description de la modernité qu'une doctrine ou un modèle épistémologiquement consistant. Elle est très loin de définir de manière stricte une correspondance avec certaines notions, voire avec des méthodologies de recherche. Elle vise avant tout à donner une réponse à des exigences plus ou moins vitales, en passant de représentations confuses ou informes de la vie sociale, à des images ou des modèles qui, tout en prétendant à une grande cohérence scientifique, parviennent à donner un sens à l'inscription des hommes dans la modernité. Une matrice sociologique a autant sinon plus affaire avec cette exigence qu'avec le souci de tracer les limites d'intelligibilité d'un discours proprement scientifique. Ce qui explique l'ouverture des matrices, leur possible compatibilité, le caractère alors souvent fort contestable des idées d'incommensurabilité ; mais ce qui explique aussi, en partie, le primat à terme d'une matrice sur une autre, et le fait qu'un auteur, malgré sa volonté souvent œcuménique, interprète pour l'essentiel la modernité à partir d'une seule perspective centrale.

Dans cette réflexion, des auteurs importants ont dû être exclus et bien d'autres, n'ayant pas forcément le statut de sociologues, ont pourtant été retenus. Les choix, pour arbitraires qu'ils s'avèrent, ont été effectués surtout en fonction de la relation que ces auteurs entretenaient avec l'inflexion de la conceptualisation au cœur d'une matrice, mais aussi, dans un souci chronologique minimal, en échelonnant les auteurs à intervalles plus ou moins réguliers de temps afin de donner pour chaque matrice une représentation correspondant aux diverses périodes historiques. Les principes d'unité jalonnant l'histoire d'une matrice théorique sont inséparables de la grande diversité qu'elle connaît dans différents moments historiques : si le rapprochement est possible entre auteurs en fonction de leur représentation liminaire de la modernité, bien d'autres différences, et souvent de taille, sont repérables à d'autres niveaux (notamment dans leurs conceptions de l'action sociale ou de la théorie sociale).

Nous avons jusqu'à maintenant parlé de la modernité de manière indifférenciée. Ce livre ne porte cependant que sur le XXe siècle. Loin de nous l'idée de minimiser l'importance de l'apport du siècle précédent, mais c'est bien à partir de la lisière du XXe siècle, tout au plus à partir de la dernière décennie du XIXe, que se constituent vraiment les matrices sociologiques de la modernité. À proprement parler, le phénomène est certainement plus large, et Jacques Le Goff a raison lorsqu'il caractérise le XXe siècle comme le lieu du déplacement du primat de la réflexion sur la modernité du champ culturel (l'art, l'histoire, la science) vers tous les domaines de la vie sociale (l'économie, la politique, la vie quotidienne, les mentalités[19]). Dans ce siècle, la modernité devient inséparable d'une réflexion sur la vie sociale, et le regard sociologique devient un des éléments constitutifs de la perception, plus ou moins spontanée, que les acteurs ont de leur société.

S'il fallait alors absolument choisir une période charnière pour caractériser la constitution plus ou moins achevée des matrices proprement sociologiques de la modernité il faudrait retenir certainement les années 1890-1920. Nous vivons toujours sur les intuitions de ces années-là[20]. En tout cas, et au vu de ce qu'a été la sociologie tout au long du XXe siècle, il est possible d'affirmer, sous caution des révisions historiques futures, que c'est chez Durkheim, Weber, Simmel que l'on peut en trouver les formulations initiales les plus achevées. Ce choix, sans doute arbitraire, ne deviendra acceptable qu'à la suite des analyses fournies, mais il faut dès maintenant insister sur le fait qu'il serait évidemment aisé de trouver des antécédents à ces matrices, comme lorsque, pour ne citer qu'un seul exemple, Raymond Aron repère chez Comte ou Marx des précédents à la vision wébérienne de la rationalisation[21].

De plus, nous nous cantonnerons à l'étude de la modernité au cœur de la pensée occidentale. L'imagination sociologique de la modernité propre au XXe siècle a été pour l'essentiel façonnée à partir d'une zone intellectuelle – les sociétés européennes et les États-Unis – et pour beaucoup à partir des mêmes matrices. Nous n'ignorons pas ce que ce choix peut avoir de réducteur. D'autant que l'irruption de ce qu'il n'y a guère on appelait le tiers monde est liée à la représentation que les sociologues ont donnée des sociétés modernes comme se concevant elles-mêmes comme « centrales » ; de plus, les interprétations données de ces sociétés, et notamment de la diversité des voies possibles de modernisation[22], ont fini par élargir et ébranler une conception par trop étroite de la modernité. Mais il s'est plus agi d'un travail d'adaptation créatrice et de correction critique que de la conception de cadres d'interprétation qui auraient été radicalement autres. Cette situation est en train d'évoluer, mais il est trop tôt pour mesurer dans quelle mesure à l'avenir nos visions de la modernité seront transformées ; il est fort probable que des matrices nouvelles apparaîtront, pensées à partir d'autres situations, sociales, culturelles ou de genre différent. C'est pourquoi l'individu moderne étudié ici sera circonscrit dans sa géographie et le plus souvent non sexué.

IV

Le livre est divisé en trois parties, chacune d'entre elles étant consacrée à une des matrices de la modernité. La présentation retenue est toujours la même. Après une brève introduction des axes majeurs structurant la problématique propre de la modernité telle qu'elle est retravaillée par une matrice, suit une présentation schématique des principaux auteurs traités, avant que les chapitres successifs ne soient effectivement consacrés à l'étude de leur interprétation.

Dans les divers chapitres nous avons tenu compte de quelques principes simples afin de permettre, pour chaque chapitre, une lecture à trois temps. D'abord, nous avons tenu à présenter les œuvres, afin de permettre aux lecteurs peu initiés à la sociologie, de suivre le cheminement d'une pensée. Ensuite, dans un deuxième temps, nous avons tenté de déployer au travers des auteurs choisis les avatars intellectuels d'une matrice. Les œuvres ne sont pas lues au sein d'une histoire les surplombant, mais c'est de leur reprise et de leur inflexion que se dégage à terme, mais seulement à terme, la forme historique prise par le déroulement d'une matrice. Dans ce sens précis, la place des auteurs au sein d'une matrice ne présuppose pas forcément une évolution ou un progrès de la pensée. En revanche, elle signale toujours une nouveauté, une autre voie, une inflexion critique, la reprise d'un oubli, la généralisation d'une intuition, la radicalisation d'un modèle, la torsion d'une représentation. Enfin, et c'est le plus important, tous les textes visent à établir la thèse de la présence permanente d'une certaine version de la distance propre à la modernité tout au long du siècle. Après tout, c'est par rapport à elle, à la manière de la concevoir et d'y répondre, que peuvent le mieux se tracer les frontières entre la diversité des sociologies et l'unité de la modernité. La volonté de respecter ces différents temps de lecture a dicté la logique autonome des différents chapitres. Une lecture indépendante reste donc possible même si l'intelligibilité ultime du projet ne devrait se mesurer qu'en fonction de la totalité des œuvres présentées.

PREMIÈRE PARTIE

La différenciation sociale

Aucune autre matrice de la modernité n'a autant marqué la réflexion sociologique que la thèse de la différenciation sociale. Au point qu'elle est presque toujours sollicitée dans les interprétations données du processus de modernisation, quelle que soit à terme la matrice principale choisie par les différents auteurs. Dans sa ligne minimale d'interprétation, il s'agit toujours de montrer comment la société progresse, en évoluant du simple au complexe, de l'homogène vers l'hétérogène. Assurément, les processus sont fort différents selon qu'il s'agit du travail, des groupes sociaux, des réseaux de communication, des rôles et des statuts, de la stratification, ou encore des sous-systèmes fonctionnels (économie, politique, administration, science, art...)[1]. *Bien sûr, la différenciation sociale entretient des rapports étroits avec d'autres notions et processus au sein de certaines théories de la modernisation, en tout premier lieu celui de mobilisation*[2].

Pourtant, ces distinctions, pour importantes qu'elles soient, ne touchent pas vraiment le cœur de cette matrice interprétative de la modernité. Même si l'idée est déjà présente chez bien d'autres auteurs avant lui, et notamment chez Herbert Spencer, c'est chez Émile Durkheim que la différenciation sociale se structure véritablement en tant que matrice de la modernité. Pour lui, à la différence de sociétés ayant une division du travail réduite parfois à sa plus simple expression, la modernité définit une société complexe et hétérogène dans la mesure où elle se compose de groupes différents toujours plus nombreux et hiérarchisés entre eux. En fait, la division du travail chez Durkheim intègre peu ou prou la totalité des formes de spécialisation des fonctions sociales. Au sein de cette société les individus accroissent leur singularité, ce qui les rend de plus en plus dissemblables les uns des autres, et exige en même temps leur plus grande complémentarité. Au fur et à mesure que ce processus se déploie, chaque sphère d'activité finira par être régie par des règles autonomes, indépendantes les unes des autres, même si cet aspect des choses est peu évoqué dans l'œuvre de Durkheim lui-même.

L'importance fondatrice de sa réflexion à cet égard provient du fait qu'il a eu la vive conscience d'établir une relation intime entre diverses formes de division du travail social et différents principes d'intégration de la société. La différenciation sociale, qui se traduit par une diversification de groupes, de rôles, de normes possibles, pose le problème de la construction de significations culturelles ou de principes fonctionnels permettant l'intégration de la société. Comment parvenir au sein de sociétés différenciées à établir des nouvelles significations sociales communes ? Comment assurer la communication et l'échange entre des domaines sociaux de plus en plus autonomes dans leurs principes d'action ? C'est la rencontre étroite et toujours problématique entre la différenciation et l'intégration sociales qui sera à partir de Durkheim la véritable dynamique interne de cette matrice[3]. De là, viennent aussi, au fond, les affinités électives plus ou moins constantes entre la matrice de la différenciation sociale et une conception fonctionnaliste de la vie sociale[4].

Comme nous le verrons, les auteurs ont eu à cet égard des positions différentes et plus ou moins extrêmes, mais chez tous, d'une manière ou d'une autre, la société, les sous-systèmes ou les champs sociaux finissent par être dotés de raisons ou d'intérêts, et cela pas seulement à cause des inerties sociales à l'œuvre. En fait, une conception affirmant descriptivement le mouvement de la modernisation comme différenciation croissante des domaines sociaux a conduit inévitablement certains auteurs à la tentation de réifier les sous-systèmes sociaux. Tôt ou tard, l'accent mis au départ sur la différenciation sociale glisse nettement vers le problème de l'intégration de la société. Et c'est bien ce déplacement de l'interrogation qui est pour beaucoup à l'origine de l'argumentation fonctionnaliste par excellence, à savoir prendre les conséquences d'une action (qu'elles soient voulues ou non voulues) comme l'explication de son existence et de son maintien[5]*. L'importance extrême et démesurée donnée à la notion d'adaptation doit dès lors s'interpréter comme un effet direct de cette problématique.*

D'ailleurs, c'est dans cette oscillation entre différenciation et intégration que doit se lire l'histoire de cette matrice. D'une part, et c'est sans doute un des énoncés les plus innovateurs de Durkheim, l'intégration de la société n'est conçue paradoxalement que comme une conséquence de la division du travail social. Mais Durkheim est trop soucieux des anomalies, des problèmes sociaux, des pathologies individuelles pour se satisfaire d'une conception aussi générale. Il va alors faire appel de maintes manières, descriptives ou normatives, à d'autres éléments assurant l'intégration sociale. Pour l'essentiel, ils seront de nature morale. Mais en réalité, le fait que la tension ne soit jamais définitivement résolue entre la dif-

férenciation et l'intégration fait de l'œuvre de Durkheim un savant compromis entre les deux possibilités. Bien qu'il affirme nettement l'idée que la société est une entité morale, il ne cesse jamais de réfléchir à ses manifestations matérielles.

Avec Talcott Parsons, cet équilibre instable est radicalement résolu au profit de l'intégration morale de la société. Le processus est sans doute, dans le détail, moins solide et définitif qu'on l'a dit trop souvent, notamment parce qu'il a toujours gardé une conception hautement problématique et aléatoire de l'action sociale. Pourtant, c'est bien dans son œuvre que la modernité finira par trouver son expression canonique la plus achevée et réussie, notamment vers la fin des années soixante, lorsque l'éloge de l'Amérique deviendra explicite et sans ambages. Bien sûr, une œuvre aussi vaste et importante, avec des étapes si différentes et en même temps si profondément liées entre elles, porte bien d'autres contradictions et possibilités. Mais quelle que soit la tension entre la théorie de l'action et la théorie des systèmes sociaux, le thème de l'intégration surplombe entièrement son œuvre. Si Durkheim avait cru pouvoir déceler une entité morale dans la société, ce n'est qu'avec Parsons que l'idée de société intégrée devient clairement le critère sociologico-moral du bien et du mal. Les exigences du fonctionnement de la société deviennent la morale, à peine implicite, du sociologue. L'équilibre social, qui à l'origine est une notion dynamique et contingente, devient un critère normatif identifié comme une exigence de la société.

Avec Pierre Bourdieu s'esquisse une tout autre représentation de la société moderne. Pourtant, sa position, dans sa ligne directrice majeure, part de l'acceptation du récit de la modernisation comme le passage d'un monde homogène et intégré vers des sociétés hautement diversifiées où se pose le problème de l'inadaptation des indivi-

dus. Encore une fois, la problématique principale est l'articulation entre les divers processus de différenciation sociale, décrits par l'idée de champs sociaux, et la capacité d'adaptation des agents, au travers des différents habitus. Malgré quelques ressemblances dans le processus d'argumentation, notamment en ce qui concerne la présence de raisonnements fonctionnalistes, la conception que Bourdieu finit par donner de la société moderne est fort différente de celle de Parsons. Pourtant, la différence principale ne réside pas tant dans la charge critique que dans le désaccord plus ou moins constant qu'il observe, à son corps défendant, entre les positions sociales issues du processus de différenciation et les dimensions subjectives des individus. En réalité, il s'agit de deux démarches, à bien des égards proches et pourtant presque opposées dans leur déroulement. Parsons ne cesse de rappeler le caractère profondément contingent de l'action et de l'équilibre social mais démontre, encore et encore, l'accord empiriquement étroit entre la différenciation et l'intégration, la première étant toujours au service de la deuxième. Bourdieu, exactement à l'inverse, ne se lasse pas de répéter l'imbrication intime existant entre l'agent et les champs, organisée autour de la notion d'habitus, et ne cesse pourtant de donner empiriquement la preuve de leurs multiples désaccords au cœur de la modernité.

Enfin, avec Niklas Luhmann nous assistons à un renversement radical de cette matrice. Le problème de l'intégration de la société est entièrement sacrifié au profit de la différenciation sociale. Chez Luhmann tout autant que chez les autres auteurs, il s'agit encore une fois de rendre compte du fonctionnement de la société, mais désormais on ne présuppose plus aucune intégration d'emblée ou de principe. Le renversement par rapport à l'œuvre de Durkheim est profond. D'une part, la différen-

ciation sociale cesse d'être le véhicule de l'intégration de la société, elle est même au contraire conçue comme étant à l'origine de la contingence irrépressible de la société moderne, et d'autre part, la problématique de l'intégration morale des individus disparaît tout simplement en tant que souci normatif liminaire de la sociologie. En bref, la différenciation, qui au départ était supposée amener l'intégration, devient porteuse de risques majeurs pour la modernité[6].

I

Émile Durkheim, problèmes et promesses de la différenciation sociale*

I. DIFFÉRENCIATION ET INTÉGRATION

Le cadre originaire de la pensée de Durkheim est constitué indissociablement de la prise en compte du phénomène de la différenciation sociale et des risques, très réels à ses yeux, d'anomie sociale[1]. Son grand mérite est d'avoir identifié la modernité au processus de différenciation sociale, et surtout, d'avoir voulu trouver en elle, et par elle, la réponse aux problèmes d'intégration propres à une société moderne. Confiance d'autant plus surprenante que, comme bien d'autres avant et après lui, il est aussi convaincu de vivre dans une phase de transition « où la morale traditionnelle est ébranlée, sans qu'aucune autre se soit formée qui en tienne lieu[2] ». C'est pourquoi, dès le départ, son problème majeur sera le rapport entre l'individu et le groupe social, problématique qui lui permet d'insister tout autant sur le caractère spécifique de la réalité sociale que sur les dimensions volontaristes présentes chez les individus[3].

* Émile Durkheim (1858-1917).

La différenciation sociale

Pour Durkheim, la division du travail social est une source importante, sinon centrale, d'analyse de la différenciation structurelle des sociétés modernes. La notion va bien au-delà du seul domaine économique, puisqu'elle concerne de fait toutes les formes de spécialisation des fonctions sociales. « La division du travail n'est pas spéciale au monde économique ; on en peut observer l'influence croissante dans les régions les plus différentes de la société. Les fonctions politiques, administratives, judiciaires, se spécialisent de plus en plus. Il en est de même des fonctions artistiques et scientifiques[4]. » La division du travail n'est qu'une forme particulière d'un processus plus général que l'on peut identifier au mouvement de fond propre à la modernisation. Si importante qu'elle soit, elle n'est pas directement la cause de cette différenciation structurelle dans tous les domaines de la vie sociale. Mais son importance se trouve ailleurs, dans le fait d'être « la source, sinon unique, du moins principale de la solidarité sociale[5] ».

Le progrès de la division du travail se manifeste par une augmentation de la densité ou dynamique sociale, c'est-à-dire par un accroissement des interactions sociales entre les membres d'une société. Mais il passe aussi par l'augmentation de son volume, de par la croissance de la population. La division du travail permet alors à Durkheim de faire une distinction entre deux grands types sociétaux, une société « différenciée », disons désormais moderne, à solidarité organique (constituée « par un système d'organes différents dont chacun a un rôle spécial, et qui sont formés eux-mêmes de parties différenciées[6] »), et une société non différenciée, ou faiblement différenciée, constituée par la répétition de segments similaires et homogènes, à base de solidarité mécanique.

Pour étudier les diverses formes de solidarité produites par la division du travail, Durkheim souligne la nécessité de s'intéresser au système des règles juridiques. Sa démonstration consistera, après avoir distingué deux grands types de sanctions, à établir leur lien avec des types de sociétés. Dans une société indifférenciée, la loi est par nature répressive, tant le viol par un individu d'un accord collectif n'est au fond que le non-respect des croyances communes à tous les membres de la collectivité. Ici, l'acte « est criminel quand il offense les états forts et définis de la conscience collective[7] ». La sanction est répressive afin d'assurer sa majesté. À l'inverse, dans une société différenciée, le propre de la loi est plutôt d'être restitutive, c'est-à-dire de se limiter à restaurer le dommage spécifique causé par la transgression. En effet, suite à la différenciation sociale, les règles ne s'appliquent qu'à des domaines particuliers d'action et, par voie de conséquence, une transgression ne heurte pas les croyances communes de tout un groupe mais seulement un domaine particulier d'action. La peine n'a alors pour fonction que de rétablir les rapports troublés sous leur forme normale.

Les deux types de société s'appuient donc sur des formes diverses de solidarité. La première repose sur une « conscience collective » au sens fort du terme, sur un ensemble organisé de croyances et de sentiments communs à tous les membres d'un groupe. En fait, il s'agit d'une conscience ayant la capacité de recouvrir exactement et de manière totale la conscience de chaque individu. La deuxième, à l'inverse, s'appuie sur la constitution de personnalités individuelles, seules capables d'agir dans des sphères d'actions propres à chacune d'entre elles. « Il faut donc que la conscience collective laisse découverte une partie de la conscience individuelle[8]. » Autrement dit, la différenciation sociale est à la genèse de la conception que se forge Durkheim de l'individu moderne[9]. Dès *De la division du travail social*, Durkheim insiste sur le fait que dans la société moderne il y a une valorisation éthique positive de la personnalité individuelle. Les individus, approfondira Durkheim dans *Le suicide*[10], sont contraints à la fois de développer leur personnalité de manière indépendante et responsable et en même temps de rendre leurs actions compatibles avec le développement des autres personnes. La division du travail social, et de manière plus large la différenciation sociale, est étudiée par Durkheim avant tout à travers les conséquences qu'elle entraîne pour l'intégration de la société. Ce qui prime dans son regard est la volonté de déceler les nouvelles formes d'interdépendance entre les individus.

L'anomie ou la pathologie de la modernité

La différenciation sociale pose le problème de l'ordre social et des solidarités. D'où l'intérêt que porte Durkheim aux différenciations sociales anormales, voire pathologiques, donnant lieu à des manques de solidarité et de régulation morale. Quelles que soient les craintes (très réelles et très grandes) éprouvées par Durkheim face à ces pathologies, il n'a jamais cessé pourtant de penser que la division du travail créait, d'elle-même, et parce que s'accompagnant inévitablement de formes nouvelles de collaboration, une solidarité. De manière un peu abusive on peut réunir par commodité les différentes formes pathologiques que Durkheim décèle dans les sociétés modernes, sous le nom d'« anomie », même si la notion se présente sous deux visages fort différents[11].

Dans la première caractérisation que Durkheim en

donne dans *De la division du travail social*, elle provient de l'absence d'un rapport prolongé et suffisant entre les différentes parties d'une société, là où « les relations, étant rares, ne se répètent pas assez pour se déterminer ; c'est à chaque fois nouvelle de nouveaux tâtonnements[12] ». Son origine réside ainsi dans un processus « anormal » de division du travail social, là où la solidarité organique ne parvient pas à remplir correctement ses fonctions. Mais dans *Le suicide*, l'anomie n'émerge plus comme le résultat d'un état morphologique inachevé de la différenciation sociale, mais comme le fruit des transformations sociales auxquelles la société moderne semble chroniquement exposée. Cette caractérisation est certainement plus ouvertement normative que la précédente, tant elle désigne un état de confusion quant aux fins mêmes de l'action sociale. L'anomie c'est l'effondrement de la légitimité des fins de l'action sociale reposant sur des pré-accords normatifs. Les passions personnelles ne parviennent plus à être régulées par la société, suite à des perturbations traversant l'ordre collectif. Les désirs humains, illimités en principe, se déchaînent, ils se manifestent comme « un abîme sans fond que rien ne peut combler[13] », lorsque aucune puissance régulatrice ne maîtrise plus les besoins moraux des individus. L'accord « préétabli » existant entre les désirs individuels et les possibilités sociales attachées à chaque position sociale se dérèglent. « Il en résulte qu'ils (les individus) ne sont pas ajustés à la condition qui leur est faite[14]. » Cet état d'effervescence social est constant, observe Durkheim, dans le monde du commerce et de l'industrie, tant du haut en bas de l'échelle sociale « les convoitises sont soulevées sans qu'elles sachent où se poser définitivement[15] » ; les buts des hommes vont alors infiniment au-delà de ce qu'ils peuvent raisonnablement atteindre. L'anomie est bel et bien donc le « mal de l'infini[16] ».

On a dit que cette évolution de la pensée de Durkheim vers des éléments plus normatifs reflétait une crise intellectuelle et une insatisfaction quant à sa première réponse au problème de l'intégration de la société. Pourtant, et dans une lecture visant à accentuer l'unité de sa problématique, on peut repérer dans sa pensée l'ombre constante de ces deux ordres analytiques. Certes, il ne parlera plus vraiment dans ces termes de la différenciation sociale, et dès la fin des années 1890, il ne parlera plus vraiment de l'anomie. Mais pourtant, au-delà de la fortune historique de ce dernier concept et de son poids dans sa pensée[17], il est certain qu'il n'a jamais cessé de penser au problème que la différenciation sociale pose à l'individu moderne.

Défis modernes

Avant de nous attarder sur les réponses que Durkheim y apportera, il nous faut faire un temps d'arrêt autour de la conception particulière qu'il se forge de la vie sociale dans la société moderne, conception profondément marquée par l'idée de distance matricielle. Les individus, après avoir été constitués par la modernité, sont toujours exposés à y vivre une multitude de phénomènes de désadéquations sociales. C'est certainement la leçon la plus importante à tirer de l'étude que Durkheim consacre au suicide. Les trois suicides abordés longuement dans son œuvre (et on peut y ajouter sans problème le furtif quatrième type[18]), peuvent être tous aisément interprétés, bien que de diverses manières, comme une conséquence d'un désaccord entre une situation sociale et un acteur individuel.

Deux d'entre eux se placent dans la descendance plus ou moins directe des deux formes de solidarité rendant compte de la différenciation sociale. Le suicide égoïste apparaît ainsi comme une pathologie de la solidarité organique. Comme on le sait, ce type de suicide varie en fonction inverse du degré d'intégration des groupes sociaux dont fait partie l'individu. Or, la pensée de Durkheim oscille entre deux types d'explications. La première accentue la dimension normative de ce type de suicide. Ainsi, l'interprétation du nombre plus élevé de suicides parmi les protestants repose sur leur attitude plus indulgente envers la liberté et la responsabilité individuelles devant la religion, «le penchant du protestantisme pour le suicide doit être en rapport avec l'esprit de libre examen dont est animée cette religion[19]». La deuxième insiste davantage, à l'inverse, sur les éléments proprement morphologiques, le nombre des liens sociaux attachant l'individu aux groupes. Le lien entre le suicide et les situations familiales est ainsi en fonction de la densité de ces dernières, lorsqu'il affirme que «l'état d'intégration d'un agrégat social ne fait que refléter l'intensité de la vie collective qui y circule[20]», elle-même dépendante de l'activité et continuité de commerce entre ses membres. Plus simplement, le suicide égoïste résulte d'une défaillance de l'intégration que l'individu devrait avoir dans une société différenciée à solidarité organique[21].

Le suicide altruiste apparaît, à l'inverse, comme le résultat d'un conflit entre les principes de la conscience collective propres à la solidarité mécanique et les exigences de la vie dans une société différenciée à solidarité organique. L'exemple de l'armée est symptomatique à cet égard. Refermée en elle-même, exigeant une forte subordination des individus aux valeurs collectives de l'organisation, sa déstabilisation peut mener certains de ses membres au suicide. Bien sûr, cette déstabilisation n'est pas en elle-même produite, en tout cas pour l'armée, par une différenciation croissante, mais on peut l'interpréter en dernière instance comme l'opposition entre un fort sentiment de discipline organisationnelle et la valorisation sociale large de l'individu dans la modernité. En tout cas, cette forme de suicide désigne bien le mélange du passé et du présent propre à la représentation que Durkheim se fait du vécu moderne. Il dira ainsi que « c'est le suicide des sociétés inférieures qui survit parmi nous parce que la morale militaire est elle-même, par certains côtés, une survivance de la morale primitive[22] ».

Le suicide anomique introduit quant à lui une variante importante. Constatant que le taux de suicide est le même en périodes de crise économique et de croissance, Durkheim conclut que la cause de ce type de suicide vient de la brusque confrontation des individus à des situations inhabituelles. Lorsque l'accord implicite entre les moyens dont disposent les individus et les fins vers lesquelles ils sont habituellement dirigés se casse, ils entrent dans une phase de confusion et de désorientation. C'est dire jusqu'à quel point, dans cette conception, la définition socialement consensuelle des fins est déterminante. Une définition qui ne peut pas être seulement garantie par la contrainte. L'accord entre ces deux dimensions, affirme Durkheim, doit être donné par une autorité morale reconnue par les acteurs. C'est l'ébranlement de ces définitions communes des fins qui mène au déséquilibre personnel, voire au suicide.

Autrement dit, les suicides égoïste et altruiste proviennent de la manière dont les individus se situent face aux idéaux sociaux, tandis que le suicide anomique (et fataliste) provient de la manière dont la société « contrôle » les aspirations des individus[23].

II. LA STRATÉGIE DUALE

Pour Durkheim, la modernité établit une rupture dans un monde fermé et, à moins de trouver un autre principe d'équilibre, les sociétés à solidarité organique risquent d'être exposées à toute une série de dangers. C'est ainsi, par exemple, que les représentations collectives se multiplient dans la modernité, au point que la vie sociale débordant de tous les côtés, l'individu n'a plus « une perception assez forte pour en sentir la réalité. N'ayant pas en nous d'attaches assez solides ni assez prochaines, tout cela nous fait assez facilement l'effet de ne tenir à rien et de flotter dans le vide, matière à demi irréelle et indéfiniment plastique[24] ». C'est d'ailleurs le rôle que Durkheim semble octroyer à l'extension de la réflexion dans la modernité. L'ébranlement des croyances traditionnelles se traduit, pratiquement, par la perte d'efficacité des idées et des sentiments irréfléchis gouvernant d'habitude les conduites humaines. La pensée et la conscience éclairée, en fait, la réflexivité sociale de l'acteur « ne se réveille qu'à mesure que les habitudes toutes faites se désorganisent[25] ».

Mais le problème des relations entre un processus croissant de différenciation sociale et les mécanismes permettant d'assurer l'intégration de la société est avant tout moral, au sens fort du terme. D'autant plus moral que, toute sa vie durant, Durkheim manifeste une très forte hostilité envers la pensée utilitariste, tout comme envers les théories biologiques, héréditaires ou environnementalistes. Il récuse vivement l'idée spencerienne d'une possible intégration de la société par le simple « accord spontané des intérêts individuels », refuse la réduction de la société à un pur effet d'agrégation des conduites, là où « la société ne serait que la mise en rapport d'individus échangeant les produits de leur travail, et sans qu'aucune action proprement sociale vienne régler cet échange[26] ». À l'inverse, il insiste fortement sur les éléments non contractuels présents dans tout contrat en cherchant toujours à trouver le ciment de la société dans le partage par les acteurs « d'un ensemble de croyances et de sentiments communs ». Mais s'il insiste maintes fois quant au fait que « toute société est une société morale[27] », la manière dont il interprète l'intégration de cette entité morale *sui generis* témoigne de profonds clivages.

En effet, le problème pour Durkheim sera de trancher entre deux réponses possibles. D'une part, il semble par moments tenté d'affirmer que seule une société gouvernée par une solidarité mécanique s'intègre par le biais d'une conscience collective. Il s'agit alors de trouver d'autres critères d'intégration pour une société à solidarité organique, et Durkheim les trouve avant tout dans l'accroissement de la dépendance de l'individu moderne face aux autres, dans la mesure même où il s'en distingue. D'autre part, il est tout aussi possible d'observer dans sa pensée le glissement vers l'affirmation de l'existence dans toutes les sociétés d'une conscience collective. Au sociologue alors de rendre compte de sa nature foncièrement différente selon les types de sociétés étudiées. Pour ne donner à ce stade qu'un seul exemple, le culte de l'individu dans la modernité est susceptible d'être interprété de deux manières. D'une part, en effet, il renvoie au fondement normatif de la société moderne, tant la personne humaine devient en elle-même la chose sacrée par excellence. D'autre part, l'individu lui-même ne se constitue que comme une émergence de la différenciation sociale, et son individualité n'apparaît alors que comme une conséquence de la morphologie complexe propre à une société différenciée. Comme souvent chez lui, les deux processus sont à l'œuvre dans une seule et même phrase : « À mesure que les sociétés deviennent plus complexes, le travail se divise, les différences individuelles se multiplient, et l'on voit approcher le moment où il n'y aura plus rien de commun entre tous les membres d'un même groupe humain, si ce n'est que ce sont tous des hommes. Dans ces conditions, il est inévitable que la sensibilité collective s'attache de toutes ses forces à cet unique objet qui lui reste et qu'elle lui communique par cela même une valeur incomparable[28]. »

La tension est constante et constitutive de sa pensée, et ce serait une erreur de privilégier unilatéralement une réponse au détriment de l'autre. Certes, il est possible d'affirmer historiquement, au moins tendanciellement, que Durkheim a donné de plus en plus de poids aux éléments normatifs[29]. Mais une lecture unilatérale fait l'impasse sur toute une autre série d'éléments qui soulignent avec force les dimensions matérialistes de l'intégration de la société. En fait, la réduction de Durkheim à l'une ou à l'autre de ces réponses mutile sans doute la compréhension de son œuvre mais aussi de son héritage analytique[30].

Bref, au sein de la pensée durkheimienne sur la modernité on trouve cette dichotomie fondatrice[31]. On verra d'ailleurs, chemin faisant, que bien d'autres dichotomies ou tensions repérables dans son œuvre sont susceptibles de s'insérer dans celle-ci[32]. L'intégration normative de la société[33] s'appuie et se prolonge dans et par l'intégration morphologique, ou vice versa, sans que chacune d'entre elles puisse apporter à elle seule de réponse satisfaisante. Cela explique ses allées et venues entre ces deux conceptions. Si on prend, par exemple, le rôle intégrateur de la religion, il est pour Durkheim indissociablement normatif et matériel, sa force ne provenant pas d'un « vague sentiment d'un au-delà plus ou moins mystérieux, mais de la forte et minutieuse discipline à laquelle elle soumettait la conduite et la pensée[34] ».

Pour Durkheim il s'agit avant tout de poser dans des termes nouveaux, suite à la différenciation sociale, la relation entre l'individu et la société dans la modernité. Les deux oppositions ne sont en quelque sorte que des traductions, dans sa pensée et dans son langage, du propre de la distance matricielle qui, chez lui, se leste d'une quête réaliste de la nature de l'individu et de la société, ainsi que de la véritable nature de leur intégration. À terme, c'est cette quête qui explique, peut-être mieux que bien d'autres évolutions de sa pensée, le sens ultime de ses oscillations.

Dans ce sens précis, il n'est pas abusif de considérer que la préoccupation centrale de l'œuvre de Durkheim n'est autre que celle de trouver une solution au problème de l'anomie propre aux sociétés modernes. Mais la spécificité de Durkheim reste d'avoir dégagé une réponse au lien problématique entre la différenciation et l'intégration par le biais d'une stratégie duale, accentuant chaque fois l'imbrication de la dimension normative et de la dimension matérielle de la vie sociale. Durkheim, qui a été probablement le sociologue classique le plus troublé par le problème de l'intégration morale de la société, et donc par le désajustement entre les individus et les exigences de l'ordre social, ne témoigne dans son œuvre de la distance matricielle de la modernité que sous forme d'une imbrication souvent problématique entre le normatif et la matérialité, entre la conscience et la structure sociale.

Pour Durkheim, les individus, après avoir été constitués par la modernité, sont toujours exposés à y vivre une multitude de phénomènes de désadéquation sociale. Pour y remédier il ne cesse de chercher, au-delà et parfois même au travers de postulats méthodologiques visant à fonder une science positive, la matière du social, ses résistances, son objectivité ultime, sur laquelle pouvoir asseoir sa texture, ses formes symboliques, les différentes couches de représentations collectives. Le langage qu'il emploie est alors d'un côté empli de catégorisations physiques ou biologiques, souvent métaphoriques, dont il se sert pour souligner cet aspect des choses, et de l'autre côté, traversé par des allusions à des catégories psychologiques qui laissent parfois entendre, au-delà des intentions de Durkheim, l'existence d'une supra-conscience collective. Sa définition des faits sociaux comme « des manières d'agir, de penser et de sentir, extérieures à l'individu, et qui sont douées d'un pouvoir de coercition en vertu duquel ils s'imposent à lui[35] », souligne, à sa manière, cette dualité essentielle du social, à la fois normatif et matériel, normatif parce qu'il provient d'éléments morphologiques, matériel dans la mesure même où il n'opère que sous forme d'impositions morales. Certes, on peut déceler, à l'origine, le primat thématique de l'une ou de l'autre mais dans tous les cas Durkheim insiste sur l'imbrication étroite entre les deux dimensions.

III. DE LA MORPHOLOGIE ET DES NORMES

Durkheim cherche une réponse collective matérielle objective au problème de la cohésion sociale. Et dans ce sens précis, il n'y a pas eu d'évolution dans sa pensée vers un primat presque exclusif d'éléments subjectifs et normatifs. Il ne cessera pas au contraire de chercher des faits objectifs sur lesquels les appuyer. S'il insiste sur l'importance de l'intériorisation par les acteurs des règles sociales, et s'il semble reconnaître la spécificité de ce type de causalité symbolique dans la vie sociale, il ne se déprendra jamais entièrement de son désir de trouver, au-delà de la seule connaissance que l'acteur possède des règles, un critère plus objectif et plus matériel de contrainte.

Le bien par le mal : la réponse par la différenciation sociale elle-même

La première grande réponse de Durkheim n'est autre que de trouver dans le processus même menant à la cassure de la conscience collective le principe majeur d'intégration d'une société différenciée. La division du travail crée elle-même de la solidarité. Autrement dit, et comme c'est si souvent le cas dans la pensée sociologique de la modernité, c'est par le mal apparent qu'advient le bien essentiel. La division du travail social produit l'intégration de la société non pas, au premier chef en tout cas, au travers d'éléments normatifs, mais par la synergie produite directement par des éléments morphologiques. C'est pourquoi Durkheim insiste autant sur les facteurs de densité de la société. La différenciation des fonctions ne peut, assure-t-il, qu'accentuer l'interrelation et donc la codépendance entre les individus. La société différenciée rompt l'isolement des groupes sociaux, sortant la structure de la société d'une morphologie segmentaire. Le processus de division du travail est dépendant de la densité matérielle de la société, c'est-à-dire de l'augmentation du nombre d'individus, tout comme, et par voie de conséquence, du volume des échanges auquel sont soumis les individus dans une société de ce type. Au fond c'est l'augmentation de la population qui entraîne l'essentiel du mouvement de la différenciation sociale. La pression croissante associée à un nombre croissant d'individus mène, selon Durkheim, à un raidissement de la lutte pour l'existence. La réponse fonctionnelle de la société à cette pression sera la division du travail, donc l'insertion des individus dans des domaines d'action différenciés, ce qui aura pour effet tout autant de réduire leur concurrence (suite à la différenciation sociale, chaque individu n'est en concurrence qu'avec ceux opérant dans le même domaine d'action que lui) que, surtout, d'accentuer leur besoin réciproque[36]. À Durkheim de conclure que « la division du travail est donc un résultat de la lutte pour la vie : mais elle en est un dénouement adouci[37] ».

Durkheim envisage divers processus pathologiques, tout autant que l'extension des conflits de classes. Et pourtant, à cette période, il fera des uns et de l'autre un simple état transitoire, dans lequel la division du travail sociale à proprement parler, base matérielle de l'intégration de la société, n'a pas encore produit les normes morales nécessaires à ce dessein. Sur ce point, Durkheim est profondément éloigné de Marx[38]. Toute sa vie durant, il ne cessera d'être persuadé du caractère intégrateur de la division du travail social, tandis que Marx reste convaincu de ses effets dissolvants. Surtout, il n'envisage les crises d'intégration secouant la société française à la fin du XIXe siècle que comme des conséquences passagères, issues d'une insuffisante coordination morale des individus. De ce point de vue, Durkheim est un penseur profondément moderne, puisqu'il identifie la libération humaine au processus structurel de différenciation sociale lui-même.

Certes, Durkheim affirme l'existence d'une cause secondaire de la division du travail, qu'il trouve du côté de l'indétermination croissante de la conscience collective dans une société différenciée. Mais il serait faux d'affirmer que cette problématique mènera Durkheim vers une autre réponse. L'inverse est plutôt vrai. C'est la vive conscience qu'a Durkheim de l'indétermination croissante de l'action sociale par le seul poids des croyances communes au sein d'une société différenciée qui explique son incapacité à abandonner entièrement le poids des mécanismes matériels, morphologiques, voire mécaniques, dans l'intégration de la société. Les normes ne lui suffiront jamais complètement, tant la certitude de la profondeur du problème de l'intégration d'une société différenciée l'empêche d'octroyer toute sa confiance à une réponse de ce type. Les bouleversements que connaît la France de cette période [39] lui interdisent, au fond, cet optimisme normatif par lequel, d'autres fois, il semble fortement tenté.

Les corporations professionnelles et le socialisme

L'importance qu'il octroie aux corporations s'interprète aussi dans ce cadre. Du fait même de la différenciation sociale, ni la famille ni l'État ne peuvent parvenir à remplir de manière adéquate un rôle d'intégration. La première, trop restreinte désormais dans ses tâches, ne pourra plus lier correctement et suffisamment l'individu au groupe social. Le deuxième, et en dépit même du rôle qui lui est dévolu, est trop éloigné de l'individu pour garantir son attachement à la société. Entre ces deux extrêmes Durkheim n'entrevoit qu'une solution, à savoir les corporations professionnelles. « La corporation a donc tout ce qu'il faut pour encadrer l'individu, pour le tirer de son état d'isolement moral et, étant donné l'insuffisance actuelle des autres groupes, elle est seule à pouvoir remplir cet indispensable office [40]. »

Mais lorsque Durkheim y fait référence, il songe tout autant à leur force de régulation normative qu'à leur force en terme d'intégration morphologique. Encore une fois, c'est l'imbrication entre les deux qui donne la spécificité de la réponse durkheimienne. La seule accentuation de la dimension normative ne ferait de la société qu'un conglomérat peu intégré de groupes sociaux ayant des modèles normatifs fort étanches entre eux. À l'inverse, la seule affirmation de la dimension morphologique ne permettrait pas de comprendre le supplément moral d'intégration que Durkheim croit pouvoir déceler en elles afin de contrer l'anomie sociale (en fait, et pour être plus précis, une des formes d'anomie signalées par Durkheim).

La vocation de réformateur de Durkheim n'a plus besoin d'être soulignée. Elle marque sa conception propre de la sociologie, souvent conçue comme une discipline permettant de repérer, sur des bases scientifiques, l'existence naturelle de la solidarité sociale. Comme il le signale dans la leçon d'ouverture de son cours de sciences sociales, la sociologie doit parvenir à faire comprendre à l'individu sa société, en lui montrant qu'il n'est qu'un organe d'un organisme, afin qu'il puisse réaliser de manière consciente son rôle[41]. Mais la position de Durkheim n'a pas été dénuée d'une certaine ambiguïté politique qui a fait voir en lui tour à tour un conservateur, un libéral ou un socialiste[42]. S'il s'oppose fermement à l'égoïsme des théories individualistes, il n'est pas vraiment tenté, en dépit d'une nostalgie certaine, par les valeurs communautaires traditionnelles. Les corporations professionnelles se placent à mi-chemin de ces deux excès. Leur rôle, dicté par la morphologie propre à la société moderne, trouve un prolongement du côté normatif, dans la mesure où les individus, dans la modernité, s'identifient chaque fois davantage à partir de leur rôle professionnel. Les corporations sont la base matérielle privilégiée pour extraire une moralité commune. C'est pourquoi Durkheim distingue soigneusement ces corporations des syndicats, tant leur rôle ne vise pas une revendication égoïste, mais l'accomplissement d'une tâche collective, en tant qu'organisations publiques vouées au bien commun.

D'ailleurs, Durkheim analyse de manière semblable, et vers la même période, le socialisme. Il distingue soigneusement entre le communisme, une tendance politique toujours présente dans les sociétés humaines, visant « l'excommunication des fonctions économiques[43] », et le socialisme, une doctrine politique qui à ses yeux ne peut se développer que lorsque la société, suffisamment différenciée, possède un appareil gouvernemental capable d'assurer l'intégration d'une société complexe. Le socialisme est une doctrine moderne « qui réclame le rattachement de toutes les fonctions économiques [...] aux centres directeurs et conscients de la société[44] ». C'est une manière d'intégrer l'appareil industriel dans l'ensemble de l'organisme social, s'appuyant sur un État suffisamment développé ainsi que sur un déploiement suffisant de la grande industrie. Sa philosophie consiste beaucoup moins à exprimer les désaccords d'intérêts entre les ouvriers et les patrons, ou encore à affranchir la société de l'économie, qu'à régulariser les activités économiques. Et pourtant, ici aussi, sa pensée est duale. Pour technique que soit par moments la conception qu'il se fait du rôle de l'État dans la régularisation des activités économiques, il ne cesse d'affirmer que l'équilibre social ne sera possible que par la découverte de freins moraux capables de réglementer la vie économique. D'autant plus que pour Durkheim il n'y a pas d'équilibre social possible dans la modernité du seul côté de la satisfaction économique de besoins, puisqu'« on ne réussira pas à calmer les appétits soulevés, parce qu'ils prendront de nouvelles forces à mesure qu'on les calmera[45] ».

Ces réponses s'efforcent de trouver, du côté de la morphologie même de la différenciation sociale propre aux sociétés modernes, les solutions à leur problème d'intégration. Mais il n'y a pas en elles la volonté de trouver une base matérielle assurant de par sa seule existence l'intégration de la société. Il y faut toujours ajouter une base morale, même si, c'est vrai, ces nouveaux types de moralité s'enracinent et prennent forme à partir des structures sociales.

IV. DES NORMES ET DE LA MORPHOLOGIE

La deuxième réponse de Durkheim accentue fortement, au départ du moins, la dimension proprement normative de l'intégration de la société, soit au travers du processus de socialisation, soit en tant que grand corps de valeurs propres à une société. Dans les deux cas, c'est l'efficace symbolique qui semble assurer l'unité de la société. Les normes définissent les buts de l'acteur en restreignant, dès le départ, l'écartèlement infini des choix auquel il serait soumis sans elles. Il n'est plus alors seulement gouverné de l'extérieur par les contraintes, il est dirigé par un système de normes communes[46]. Pourtant, Durkheim se garde bien de détacher cet appel accru aux normes de toute base matérielle.

L'éducation

Cette tension est particulièrement présente à propos de l'école et du rôle qu'il octroie à la socialisation. Toute société dispose d'un ensemble d'idées collectives ou de valeurs, communément partagées, sur lesquelles repose l'intégration sociale, et qui doivent être transmises aux jeunes générations. Durkheim insiste fortement sur le caractère unitaire de ce modèle culturel. « Chaque société, considérée à un moment déterminé de son développement, a un système d'éducation qui s'impose aux individus, avec une force généralement irrésistible[47]. » Une société, toute société, a dès lors besoin de l'éducation.

« Si l'on attache quelque prix à l'existence de la société [...] il faut que l'éducation assure entre les citoyens une suffisante communauté d'idées et de sentiments sans laquelle toute société est impossible[48]. »

Ce qui intéresse surtout Durkheim, c'est le rôle que l'éducation peut déployer au sein d'une société moderne et face à la différenciation sociale croissante. C'est la morphologie propre à la société moderne qui semble dicter alors le profil de l'idéal d'homme qui lui est propre. Étant donné le degré de différenciation sociale, cet idéal ne peut qu'être hautement abstrait et général : « Parce que chacun des grands peuples européens couvre un immense habitat, parce qu'il se recrute dans les races les plus diverses, parce que le travail y est divisé à l'infini, les individus qui le composent sont tellement différents les uns des autres qu'il n'y a presque plus rien de commun entre eux, sauf leur qualité d'homme en général. Ils ne peuvent donc garder l'homogénéité indispensable à tout *consensus* social qu'à condition d'être aussi semblables que possible par le seul côté où ils se ressemblent tous, c'est-à-dire en tant qu'ils sont tous des êtres humains[49]. » Tâche d'autant plus pressante qu'il est persuadé que le développement de l'esprit, qui s'accompagne d'une décroissance de l'instinct, oblige les hommes modernes à un surcroît de réflexivité. « Sans doute, il serait exagéré de dire que la vie psychique ne commence qu'avec les sociétés ; mais il est certain qu'elle ne prend de l'extension que quand les sociétés se développent[50]. »

Si l'on peut discuter du rôle réel qu'il octroie à l'éducation en tant que moyen collectif de réforme morale[51], il reste en tout cas persuadé de son importance régulatrice pour la société. « L'homme que l'éducation doit réaliser en nous, ce n'est pas l'homme tel que la nature l'a fait, mais tel que la société veut qu'il soit ; et elle le veut tel que le réclame son économie intérieure[52]. » Et pourtant cette détermination morphologique propre à une société ne doit pas faire oublier que la société elle-même, mais cette fois-ci pensée en tant qu'être moral, et souvent transfigurée, est à la source des fins supérieures devant lesquelles s'inclinent les individus.

L'intérêt de Durkheim pour l'éducation doit être restitué tout autant dans la descendance des Lumières qu'au travers de son inquiétude sur l'intégration de la société. La conception qu'il a de l'éducation procède d'une conception sociale spécifique du progrès, à savoir la foi dans la réalisation et la libération personnelles grâce à l'acquisition du savoir, mais chez lui le postulat de la libération par l'éducation est subordonné aux besoins de l'intégration sociale. C'est pourquoi il s'agit avant tout de transmettre un esprit plutôt qu'un ensemble de connaissances directement utiles en termes professionnels. L'essentiel étant de produire un *ethos* propre à une société différenciée, la discipline scolaire, en tant que système de contraintes est aussi, sinon plus importante, que les savoirs à transmettre.

Et même lorsqu'il se penche sur la nature des savoirs à transmettre par l'école, il ne cesse d'insister sur les besoins morphologiques d'une société. C'est ainsi, par exemple, que la volonté d'ajuster l'hétérogénéité des savoirs afin de constituer un tout est, à ses yeux, en rapport étroit avec l'état de la société à un moment donné. C'est elle qui chaque fois, mais chaque fois de manière différente, recrée « l'école comme un milieu moral organisé[53] ». Si Durkheim distingue clairement un projet fondamentalement éducatif d'un pur programme de socialisation, il est pourtant profondément convaincu que chaque école prépare l'homme à sa propre société, ou plutôt à la conception spéciale et restreinte qu'elle se fait de sa société. L'éducation, en tout cas dans ses réseaux les plus élitistes, ne doit pas se subordonner à la préparation de l'individu en vue d'une profession particulière, mais elle doit mettre chaque individu en état d'aborder utilement celle qu'il choisira plus tard : l'école secondaire, « si elle ne les prépare pas à une profession déterminée, [elle] les rend plus aptes à s'y préparer[54] ». C'est dire jusqu'à quel point, pour Durkheim, l'évolution des programmes pédagogiques, au-delà de conflits entre divers groupes pour contrôler l'institution scolaire, et de l'évolution des contenus et des méthodes selon les périodes, est dépendante de la manière dont une société assure son intégration. « C'est qu'en effet, comme la vie scolaire n'est que le germe de la vie sociale, comme celle-ci n'est que la suite de l'épanouissement de celle-là, il est impossible que les principaux procédés par lesquels l'une fonctionne ne se retrouvent pas dans l'autre[55]. »

En fait, il s'agit d'un processus à deux dimensions. D'un côté, l'idéal éducatif d'une société, incarné tôt ou tard dans un idéal d'homme, dépend de la structure de cette même société. De l'autre côté, ce même idéal pédagogique vise à engendrer des individus autonomes, libérés du poids de la tradition, et capables d'indépendance de jugement. La cassure de la tradition oblige les individus à un degré croissant de réflexivité morale : « C'est là peut-être la plus grande nouveauté que présente la conscience morale des peuples contemporains ; c'est que l'intelligence est devenue et devient de plus en plus un élément de la moralité[56]. » Ce double processus explique pour beaucoup l'inquiétude pédagogique et morale présente dans l'œuvre de Durkheim. Écrivant au milieu d'une société bouleversée par le changement issu de l'industrialisation et de la sécularisation, Durkheim s'interroge, avec anxiété, sur la manière dont il faut remplacer la moralité chrétienne afin d'assurer l'intégration sociale au travers d'une morale laïque capable d'animer un autre idéal d'homme. Comme bien de ses contemporains, il est d'accord avec l'idée d'une diminution du rôle de la religion dans les sociétés modernes, en fait avec l'observation « qu'il y a un nombre toujours moindre de croyances et de sentiments collectifs qui sont et assez collectifs et assez forts pour prendre un caractère religieux[57] ». D'où toute l'importance qu'il concède dans la formation de l'enfant à l'éducation morale qui devrait lui permettre, tout en devenant un membre de la société, de développer, grâce au secours des règles, la maîtrise de soi et l'autonomie de sa volonté, l'intelligence de la morale, moyennant l'acceptation rationnelle des contraintes morales de la société. « La société, en nous formant moralement, a mis en nous ces sentiments qui nous dictent si impérativement notre conduite, ou qui réagissent avec cette énergie, quand nous refusons de déférer à leurs injonctions. Notre conscience morale est son œuvre et l'exprime ; quand notre conscience parle, c'est la société qui parle en nous[58]. » L'éducation consiste à finir par croire que « nous avons élaboré nous-mêmes ce qui s'est imposé à nous du dehors[59] ».

Pourtant, cette intériorisation achevée et réussie ne doit pas faire oublier le processus matériel par lequel elle opère. « C'est par la pratique de la discipline scolaire qu'il est possible d'inculquer à l'enfant l'esprit de discipline[60]. » À ce sujet, rien n'est plus révélateur que les pages qu'il consacre à l'attitude du maître dans la transmission de la morale. D'un côté, il est une personne physique incontournable, puisqu'il doit incarner matériellement cette morale, mais de l'autre côté, et en même temps, Durkheim insiste sur l'obligation qu'il a de s'effacer devant la source finale de la morale sociale et de sa propre autorité. Interprète des grandes idées morales de son temps, le maître doit les présenter comme le fruit d'un pouvoir moral supérieur à lui. Idée qui repose sur la conception particulière que Durkheim se fait de l'autorité morale. « Quand nous obéissons à une personne en raison de l'autorité morale que nous lui reconnaissons, nous suivons ses avis, non parce qu'ils nous semblent sages, mais parce qu'à l'idée que nous nous faisons de cette personne une énergie psychique d'un certain genre est immanente, qui fait plier notre volonté et l'incline dans le sens indiqué[61]. » Dans cette relation, selon Durkheim, l'enfant est dans un rapport d'hypnose ; être impressionnable par excellence, l'enfant est alors soumis à la contagion et à l'imitation du maître. Le ton impératif de l'éducateur lors des commandements a alors une fonction non négligeable. Pour lui, comme pour presque toute la pensée pédagogique classique, c'est par la parole et le geste que le maître va déverser sa conscience (c'est-à-dire, la société tout court) dans celle de l'enfant[62].

La religion

C'est dans son étude sur la religion que Durkheim parvient le mieux à éclaircir sa conception de la nature du social. L'étude sur le totémisme australien lui servira de base pour développer la spécificité de sa conception du réel. Comme en atteste clairement la séparation entre le sacré et le profane (« toujours et partout [...] conçus par l'esprit humain comme des genres séparés[63] ») sur laquelle repose une bonne partie du livre, le clivage ne s'impose plus intrinsèquement, mais n'est que le résultat d'une attitude symbolique que les individus entretiennent avec certains objets. Les objets sociaux se lestent d'une dimension symbolique, c'est-à-dire d'une signification et d'une valeur indépendantes de leurs propriétés objectives, et donc par définition arbitraires. Les objets ou les êtres déterminés et distincts qui représentent ici ou là le sacré sont investis par « des pouvoirs indéfinis, des forces anonymes, plus ou moins nombreuses selon les sociétés, parfois même ramenées à l'unité, et dont l'impersonnalité est strictement comparable à celle des forces physiques dont les sciences de la nature étudient les manifestations[64] ». Puisque l'origine dernière de la force religieuse se trouve dans le sentiment que la collectivité inspire à ses membres, mais projeté en dehors d'elle, n'importe quel objet peut jouer le rôle d'objet sacré.

Pourtant, encore une fois, Durkheim résiste à constituer la société sur la seule base d'une véritable ontologie normative. Une fois énoncé l'arbitraire de toute relation symbolique, il ne peut s'empêcher de s'interroger sur l'origine matérielle des représentations, sur le substrat de certains symboles. Il cherche l'un et l'autre non pas dans la nature même de l'objet ou de l'action considérée mais de manière beaucoup plus large, et chaque fois que cela s'avère possible, dans la morphologie même de la société tout entière. Rien n'est plus probant à cet égard que la célèbre définition qu'il donne de Dieu. Une fois assise sa permanence (sous forme de sacré) au sein de toutes les sociétés, y compris la société moderne, Durkheim s'interroge sur la réalité matérielle qui l'engendre. Et il la trouvera, comme on le sait, dans l'ascendance morale et dans la force symbolique contenues dans la société elle-même. « La puissance qui s'est ainsi imposée à son respect et qui est devenue l'objet de son adoration, c'est la société, dont les Dieux ne furent que la forme hypostasiée. La religion, c'est, en définitive, le système de symboles par lesquels la société prend conscience d'elle-même ; c'est la manière de penser propre à l'être collectif[65]. » En fait, l'explication de Durkheim est un renversement matérialiste d'une des preuves habituelles de l'existence de Dieu donnée dans la pensée scolastique. Le fait que l'homme, être limité et impuissant, ait la représentation d'un être illimité et tout-puissant, ne peut trouver son origine en lui-même, elle doit alors lui venir de l'extérieur, d'une force supérieure à lui. Et là où la pensée scolastique mettait cette représentation à l'actif d'une créature divine, Durkheim la place du côté de la société tout entière. Le pâle reflet que chaque conscience individuelle a de cette puissance empêche de faire d'elle le type original. La conclusion de Durkheim est sans appel : « Ou elle ne vient de rien qui soit donné dans le monde de l'expérience, ou elle vient de la société[66]. » Peu importe alors la forme précise, et imaginaire, que prend cette représentation, le processus qu'elle symbolise est de nature réelle. « La société seule peut nous fournir les notions les plus générales suivant lesquelles il doit être représenté. [...] Le concept de totalité n'est que la forme abstraite du concept de société[67]. »

Le système normatif dans son plus haut degré d'abstraction et de généralité, la religion, n'est qu'une symbolisation du groupe social lui-même[68]. C'est ici que Durkheim trouve la meilleure expression de sa propre conception des faits sociaux : les forces religieuses « sont physiques en même temps qu'humaines, morales en même temps que matérielles[69] ». Ce que Durkheim récuse c'est l'idée d'une dématérialisation complète de la vie sociale. Pour lui, malgré son acuité à comprendre la matière avant tout symbolique de la vie sociale, elle ne peut, en dernière instance, que renvoyer à une réalité matérielle. Mais « la conscience collective est autre chose qu'un simple épiphénomène de sa base morphologique ». Une fois constituée la synthèse collective, se dégage « tout un monde de sentiments, d'idées, d'images qui, une fois nés, obéissent à des lois qui leur sont propres[70] ». C'est de la matérialité de l'être ensemble qu'émerge l'afflux de forces psychiques qui se surajoutent au réel, et au travers duquel la société se crée et se recrée périodiquement.

Les représentations collectives sont l'œuvre d'une société, dépendantes de sa morphologie, et en même temps, elles parviennent à imiter « la nature avec une perfection susceptible de croître sans limites[71] ». Rapport qui s'étend bien au-delà du seul phénomène religieux. Durkheim défend ainsi l'idée du lien entre l'organisation des hommes en groupes et la classification des choses entre elles. L'étroite dépendance des représentations collectives, voire des premiers systèmes logiques, de la structure morphologique de la société, n'est plus à démontrer : « c'est la société qui a produit le canevas sur lequel a travaillé la pensée logique[72] ».

Mais si les représentations collectives expriment des réalités collectives, c'est par le recours à des pratiques rituelles que la société parvient à entretenir certains états mentaux, et à recréer périodiquement l'être moral propre de la société. Exigence qui passe par toute une série de mouvements de dispersion et de rassemblement au gré de ses besoins. Se dégagent alors, lors de ces réunions, des forces agissant de manière invisible sur les individus. Des forces qui expliquent la permanence des pratiques du culte, dont la fonction est de resserrer les liens qui attachent le fidèle à son dieu, en resserrant réellement l'individu à la société[73]. Parfois même, lors de quelques grands ébranlements collectifs, comme les révolutions, les interactions sociales entre les individus deviennent beaucoup plus fréquentes et actives. L'effervescence sociale produite alors alimente des époques particulièrement créatrices. Cc qui engendre des actes extrêmes, d'héroïsme ou de barbarie, et peut transformer la vie calme de n'importe quel individu en sursaut moral et exigence de dépassement personnel[74].

Mais c'est à propos de l'expérience et du rituel du deuil que Durkheim fait comprendre de manière la plus sensible pour les modernes la nature de cette force collective. « Ce qui est à l'origine du deuil, c'est l'impression d'affaiblissement que ressent le groupe quand il perd un de ses membres. Mais cette impression même a pour effet de rapprocher les individus les uns des autres, de les mettre plus étroitement en rapport, de les associer dans un même état d'âme, et, de tout cela, se dégage une sensation de réconfort qui compense l'affaiblissement initial[75]. » Morceau merveilleux par la compréhension intime qu'il transmet de la souffrance individuelle et du réconfort collectif, tout autant que par la capacité d'évocation, encore plus que d'illustration, de la manière étroite dont Durkheim associe l'émotion et la nature du lien social à la réalité de la coprésence corporelle des individus.

L'essence de la moralité qui fonde la société, Durkheim la trouve, d'abord, dans la morphologie sociale, dans le volume et la densité des relations individuelles, dans leur mobilité, ensuite, presque comme une synthèse chimique, dans l'émergence de propriétés nouvelles qui se dotent d'une réalité supérieure à celle des parties dont elle provient. « Les sentiments privés ne deviennent sociaux qu'en se combinant sous l'action des forces *sui generis* que développe l'association ; par suite de ces combinaisons et des altérations mutuelles qui en résultent, *ils deviennent autre chose*[76]. » En rapport étroit avec le substrat morphologique et indépendant de lui, telle est l'essence de la moralité. On peut alors tracer une frontière entre certaines représentations collectives plus ou moins dépendantes de la nature du substrat social, et d'autres représentations « qui ne dérivent pas directement de la nature des éléments associés », qui s'engendrent plus à partir d'autres représentations collectives qu'en référence à tel ou tel caractère de la structure sociale. Ces dernières représentations surplombent alors le réel, se dotent d'une ubiquité qui les libère jusqu'à un certain point de toute détermination matérielle stricte. Elles deviennent « des réalités partiellement autonomes qui vivent d'une vie propre. Elles ont le pouvoir de s'appeler, de se repousser, de former entre elles des synthèses de toute sortes, qui sont déterminées par leurs affinités naturelles et non par l'état du milieu au sein duquel elles évoluent[77] ». Véritables produits sociaux de second degré, elles supposent des lois d'idéation collective spécifiques. D'un mot : dans une société moderne, la relation entre les représentations collectives et le substrat matériel dans lequel elles sont enracinées est sensiblement plus complexe que dans une société peu différenciée.

La réalité sociale semble avoir une consistance propre, sa matérialité se définissant à travers le rapport que l'individu entretient avec les règles sociales notamment sous forme d'obligation morale, et qu'il est obligé, parfois à son insu, d'entretenir périodiquement à l'aide des rites. Il semblerait même que la distance matricielle de la modernité s'estompe ici, tant l'objectivité de la vie sociale semble reposer avant tout sur des éléments subjectifs, encore plus, tant la réalité objective de la société n'est qu'un ensemble de représentations intériorisées par les acteurs définissant, non pas un monde extérieur, mais les critères et les attitudes pratiques au travers desquels se déploie la vie sociale, étroitement imbriquée avec la morphologie du lien social propre à une société.

La conception qu'a Durkheim de la sanction reflète également très bien cette tension permanente dans sa pensée. Au-delà des différences et de la variété des sanctions, on peut toujours y trouver un élément de contrainte externe et un élément normatif. Elle ne se définit jamais entièrement ni à travers des critères exclusivement objectifs ni grâce à des critères seulement subjectifs. Jamais le caractère bicéphale de la pensée durkheimienne ne sera révélé avec autant de force. Au fond, et malgré l'importance octroyée à la régulation normative et l'obligation morale, c'est le rôle des sanctions et des punitions dans le maintien de l'ordre social qui intéresse surtout Durkheim. Le système de valeurs partagé risque à tout moment d'être défaillant, d'où le besoin constant d'un système physique de régulation de la société. Mais la sanction a une nature avant tout symbolique chez Durkheim. « Punir, ce n'est pas torturer autrui dans son corps ou dans son âme ; c'est, en face de la faute, affirmer la règle que la faute a niée[78]. » La peine n'est que la manifestation d'une énergie proportionnelle à l'énergie de l'agression que la règle a subie. Elle doit moins corriger le fautif que renouveler la confiance des membres de la société dans leur propre système de règles, confiance symbolique qui a besoin pourtant du recours constant, en tout cas virtuel, à la contrainte physique[79].

*

Durkheim n'a jamais entièrement cru que l'intégration de la société pourrait découler du simple partage d'un système commun des valeurs par les acteurs. Vivant au milieu d'une société fortement ébranlée par le processus de modernisation, il semble ne pouvoir jamais faire entièrement confiance à la seule régulation normative. Dans la conception qu'il en a, il y a toujours une place pour des éléments de contrainte provenant plus ou moins directement de la morphologie même des relations sociales. Réticence révélatrice du doute radical que Durkheim éprouvera toute sa vie envers les normes. Certes, on peut penser qu'il ne s'agit que d'un leste tardif de son précoce positivisme. Mais on peut tout aussi bien l'interpréter, et probablement de manière plus plausible, comme le résultat de la situation sociale à laquelle il est confronté. Toute sa vie durant, il ne cessera jamais d'être troublé par la conscience des risques permanents d'anomie, d'égoïsme et de désordre dans la société moderne, et donc par le besoin d'étayer la solidarité sociale par des éléments plus solides. Il sait, comme bien des penseurs du tournant du siècle, que l'ordre moral traditionnel a été définitivement ébranlé, et c'est pourquoi sa volonté de trouver une réponse au problème de l'intégration de la société à travers les normes sociales doit être comprise dans sa double signification intellectuelle. D'une part, il s'agit sans doute d'une des plus grandes inventions de la sociologie elle-même, tant à bien des égards la discipline elle-même s'identifie dans son projet minimal à cette nouvelle réponse. D'autre part, et presque à l'inverse, il est possible d'y déceler la nostalgie pour un ordre social reposant, comme jadis, même de manière renouvelée, sur un ordre moral. C'est le choc entre ces deux certitudes contraires, indissociablement intellectuelles et pratiques, qui explique la solution durkheimienne.

C'est ici que s'enracine la conception tragique qu'a Durkheim de la société. Si, de manière progressive, il donne à l'obligation morale un rôle majeur dans son intégration, il ne parvient jamais entièrement à se déprendre de la représentation de la fragilité des liens sociaux. En fait, sa volonté de parvenir à asseoir la vieille conscience collective propre à des sociétés à solidarité mécanique sur de nouvelles bases morales au sein des sociétés différenciées ne sera jamais accomplie. On peut interpréter cette tension comme un inachèvement théorique. Mais on peut tout aussi bien l'interpréter comme le signe du travail au sein de sa pensée de la distance matricielle de la modernité. La réponse intellectuelle construite par Durkheim, empli de l'inquiétude pratique devant un monde social plus aléatoire et soumis à des mouvements non intégrés, pour satisfaisante qu'elle s'avère au niveau scientifique, ne parviendra jamais, entièrement, à écraser les doutes que font naître les réalités historiques. La dualité de sa réponse est alors, peut-être, plus un reflet de son inquiétude morale qu'une véritable réponse intellectuelle.

Il est vain de discuter pour savoir si la stratégie duale de Durkheim a donné lieu, ou pas, à une véritable synthèse. Il suffit de voir que sa descendance intellectuelle à la fois a fait écho à sa confiance dans le rôle moteur de la différenciation structurelle lorsqu'il s'est agi de caractériser la tendance majeure de la société moderne et qu'elle n'a pas cessé de s'interroger sur la manière dont cette même société parviendrait à s'intégrer.

II

Talcott Parsons, ou la tentation de l'intégration parfaite*

La conception de la modernité de Parsons se construit à l'intersection de deux problématiques : d'un côté, un processus central et privilégié de différenciation croissante des domaines sociaux, et, de l'autre, un souci constant pour rendre compte, étant donné la contingence irrépressible des interactions humaines, de leur intégration et coordination. Double agencement qui donne, malgré des changements considérables, l'unité de sa conception de la société moderne. Son œuvre oscille en effet sans arrêt entre le caractère aléatoire et fragile de l'interaction sociale ou de l'échange entre systèmes, et la quête d'une explication plausible quant à leur stabilité en octroyant à la socialisation un rôle explicatif primordial.

I. AU DÉBUT ÉTAIT L'ACTION

Un système d'action est composé de plusieurs éléments : un acteur ; un but, c'est-à-dire un objectif futur

* Talcott Parsons (1902-1979).

vers lequel est tournée l'action ; une situation, dont l'état initial est différent de l'état final visé, et dont les éléments se différencient selon qu'ils sont ou non susceptibles d'être contrôlés par l'acteur (les conditions échappant à son contrôle, au contraire des moyens) ; enfin, la relation particulière entre tous ces éléments[1]. L'action est déterminée par un contexte, et informée par une intentionnalité visant une fin. Le social, structuré en tant que système, est alors donné avant même toute forme d'action qui ne fait que s'y déployer. Autrement dit, l'action suppose toujours un acteur, une situation, la visée d'une fin et, surtout, la définition de tous ces éléments par des critères normatifs communs. L'action est toujours un système, c'est-à-dire la résultante d'un ensemble d'éléments analytiques que le sociologue doit s'efforcer de décomposer.

Talcott Parsons détrône ainsi le privilège quelque peu démesuré octroyé à l'action rationnelle dans l'analyse utilitariste. Pour lui, l'action est rationnelle « dans la mesure où elle poursuit des *fins possibles* dans les conditions de la situation, et par des moyens qui, parmi ceux dont dispose l'acteur, sont intrinsèquement les plus adéquats pour la fin en question par des raisons compréhensibles et vérifiables à travers la science empirique positive[2] ». Les « fins possibles » signifient que le sens préexiste à l'action, que l'action est produite dans un cadre de relations sociales et de situations constituées et visibles, enfin, que l'action ne configure pas le système mais y obtient de lui sa rationalité. Si une action est significative, sa rationalité est définie par sa capacité à être intelligible, non seulement en fonction des buts visés par l'acteur, comme elle l'est d'une certaine manière chez Weber, mais dans la mesure où elle s'insère dans un cadre de signification commun aux acteurs. Ainsi le véritable problème n'est autre que le fait que toute action soit une réalité intelligible malgré l'autonomie de sens dont dispose chaque acteur[3].

Même si Parsons s'accorde avec Weber sur l'importance du sens subjectif dans l'action sociale, ce sont plutôt les formes d'action instituées, et intériorisées par l'acteur sous forme de normes, qui finiront par délimiter le sens des actions. La signification de la situation et de l'action excède toujours l'acteur individuel, même si elle reste relativement indéterminée. Le problème est alors d'étudier l'action humaine à un double niveau : d'une part, comme une action réflexive, où l'acteur est moins mû par des forces que par l'acceptation de valeurs et de normes produisant des actions volontaristes et gratifiantes et d'autre part, comme supposant divers mécanismes de coordination qui permettent la régulation des interactions entre acteurs ou entre sous-systèmes sociaux. C'est dire jusqu'à quel point, et malgré la place laissée par la théorie au choix des individus, l'action n'est que le résultat d'une actualisation de compétences normatives acquises, ce qui permet de comprendre d'ailleurs la prévisibilité des actions, le fait que les individus mettent en œuvre des pratiques communes, se placent au sein d'une situation définie par un certain accord normatif préétabli.

À l'instar de Durkheim, Parsons fonde l'analyse sociologique sur la critique de l'utilitarisme et du positivisme[4]. À ses yeux, il n'est possible ni de poser le caractère purement contingent des fins ultimes de l'action, ni de les dissoudre dans un pur mouvement d'adaptation à des situations externes. Pour Parsons, et ce sera l'intuition fondatrice de toute son œuvre, l'ordre social ne peut pas être la pure résultante aléatoire des préférences désorganisées et spontanées des acteurs. C'est, à ses yeux, le propre du « dilemme utilitariste », à savoir que s'il parvient à préserver la volonté et la subjectivité des acteurs, il doit rester individualiste et ne peut pas alors expliquer l'ordre social. S'il veut en rendre compte, il est alors contraint de revenir à des conceptions héréditaires ou d'accentuer les contraintes matérielles, éliminant ainsi le caractère volontariste de l'action humaine. Au contraire, les choix réalisés par les acteurs reposent sur un système de valeurs commun aux uns et aux autres. L'action sociale s'appuie sur des relations d'attentes réciproques entre les acteurs tout comme sur un certain nombre d'obligations. C'est à ses yeux la seule manière de répondre au problème de Hobbes, c'est-à-dire à l'explication du dilemme de l'ordre social tel qu'il se pose dans le cadre d'une pensée utilitariste[5]. En bref, « l'ordre social est toujours un ordre factuel dans la mesure où il est susceptible d'une analyse scientifique mais l'ordre social ne peut pas avoir de stabilité sans le fonctionnement effectif de certains éléments normatifs[6] ».

L'importance centrale de Durkheim dans l'histoire de la sociologie aux yeux de Parsons provient alors justement d'avoir découvert « l'obligation morale qui motive l'individu à obéir à une règle donnée » et « à s'apercevoir que la permanence de ces règles suppose un ensemble de valeurs communes[7] », mais surtout que les valeurs communément partagées « participent dans la formulation des fins elles-mêmes[8] ». L'important est de rendre compte du noyau des relations dans lesquelles baigne l'action, du cadre culturel commun en l'absence duquel aucune action n'aurait de sens. Pourtant, ce cadre culturel, pour commun et intégré qu'il soit, ne dicte jamais entièrement la conduite des acteurs. Le caractère normatif de l'action n'est jamais un programme ; tout au plus, un ensemble des combinaisons possibles au sein duquel l'acteur finit par dégager son action en fonction des situations et des différentiels de socialisation. Les valeurs comme les normes et les rôles n'opèrent alors que comme des limites de choix pour les acteurs, ils définissent des éléments ayant une certaine compatibilité entre eux et susceptibles d'entrer dans une grande diversité de combinaisons pratiques.

) Des limites de choix.

C'est pourquoi l'action est alors toujours la résultante d'une « tension entre deux ordres différents d'éléments, le normatif et le conditionnel[9] ». L'oubli de l'un ou de l'autre élimine la notion même d'action, rabattue alors soit sur une version positiviste (où on enlève l'espace volontariste du choix individuel), soit sur une conception purement idéaliste (où on ne fait de l'action qu'une pure émanation de valeurs). L'acteur fait face au monde aussi bien au travers des éléments cognitifs que normatifs. Ou pour mieux dire, les éléments cognitifs découlent jusqu'à un certain point des fins normatives légitimes. Au sens fort du terme, l'adéquation entre les moyens et les fins, pour importante qu'elle soit à l'heure de caractériser une action, est dépendante, voire subordonnée, à l'existence d'un cadre normatif structurant les fins socialement possibles. La conception de l'action présente chez Parsons se limite à affirmer que, pour qu'un système social existe, il faut que lors de son action l'individu retire quelques gratifications et qu'elle s'insère dans un cadre culturel lui donnant une signification symbolique[10].

C'est cette conception de l'action qui se trouve au cœur de la conception parsonienne de la double contingence de la réalité sociale. Chaque acteur est dépendant d'un autre pour la détermination de son action, mais la conduite d'autrui est indéterminée à moins qu'un même cadre d'attentes réciproques ne s'impose aux deux acteurs. Sinon, aucun acteur n'est capable d'anticiper le comportement d'autrui. C'est la quête de diverses formes normatives qui attire Parsons, le fait que les acteurs interagissent à l'aide de schémas plus ou moins cohérents et stables.

L'action est toujours problématique parce qu'elle est la réponse volontariste d'un acteur à une situation. À bien des égards, une bonne partie de l'œuvre de Parsons consiste à analyser et à décrire de deux grandes manières les mécanismes de coordination des actions au sein d'une société de plus en plus différenciée. En tout premier lieu, l'idée que cette double contingence de l'action est réduite par un système intégré de valeurs assurant l'articulation entre la société, la culture et la personnalité. Modèle structuralo-fonctionnaliste, correspondant à la phase intermédiaire de la pensée parsonienne, les systèmes de valeurs, dont la généralité est trop grande pour permettre une description adéquate des conduites sociales, donne lieu à des variables de configuration, véritables structures multiples de choix des acteurs. En deuxième lieu, et suite à la découverte de la théorie des quatre fonctions – adaptation, poursuite des buts (*goal attainment*), intégration et latence (AGIL) – et de sa généralisation aux différents niveaux et sous-systèmes d'analyse, la coordination des actions sera explicitée à un niveau plus systémique, grâce à l'étude des moyens symboliques généralisés d'échange qui facilitent la coordination de l'action entre les sous-systèmes et au sein de chacun d'entre eux. Pourtant, de la réponse la plus simple et immédiate à la réponse la plus complexe et médiate, le problème reste le même, puisqu'il s'agit toujours de rendre compte de la coordination des actions ou des sous-systèmes au sein d'une société de plus en plus différenciée. Les réponses reposent, toutes les deux, d'une part sur le primat analytique du rôle de la socialisation dans l'intégration de la société et, d'autre part, sur une conception de l'action en tant que système. Les problèmes dynamiques d'intégration de la société sont bien le résultat d'un équilibre des forces agissant en son sein afin de maintenir ou changer un système social, mais en dernière instance, elles s'appuient sur l'analyse des problèmes de motivation des acteurs en relation avec les structures sociales. Le problème de l'ordre devient alors le problème de la jonction entre une théorie psychologisante de la motivation et une théorie du maintien structurel des systèmes sociaux. Autrement dit, le dualisme de l'individu et du monde social est au cœur même de la démarche analytique de Parsons. Mais pour lui, à la différence de Durkheim, cette distance matricielle tient, au moins dans sa formulation originelle, plus d'une problématique épistémologique que d'une réflexion historique sur la modernité.

II. LA COORDINATION DES ACTIONS

Au niveau de l'interaction

Toute société requiert pour fonctionner un système coordonné d'actions. L'action est la réponse d'un acteur motivé, suite à une certaine forme de socialisation, à une situation. Les valeurs se trouvent toujours au cœur de la théorie parsonienne, et elles définissent autant d'alternatives possibles. L'intégration de la société repose sur l'adhésion des acteurs à des valeurs communes. Mais Parsons est très vite conscient du caractère trop général et abstrait de cette réponse[11]. Il n'y a pas de rapport direct ni immédiat entre le système des valeurs générales d'une société et l'action réellement effectuée par l'acteur. L'insinuer serait enlever à l'acteur toute possibilité d'évaluer son rapport aux situations et aux objets. C'est pourquoi les normes doivent se définir à un niveau moindre de généralité et doivent être maintenues à l'aide d'un système de contraintes. Dans tous les cas, et même si Parsons n'a pas exploré véritablement cette voie[12], il insiste à maintes reprises sur l'écart irrépressible existant entre les valeurs et les situations. Les valeurs sont actualisées, de manière imparfaite et partielle, dans des situations réelles d'interaction, dont l'issue n'est que le résultat d'un compromis entre les valeurs et les situations. Pourtant, les significations mobilisées par les acteurs lors des interactions, par exemple les prétendus intérêts, ne sont pour Parsons que des explicitations des valeurs. Elles jouent ainsi un rôle dans la régulation de l'action, mais la détermination exacte de leur degré d'intervention est toujours une question empirique et ne saurait, dans aucun cas, être déduite d'un *a priori* théorique. Ainsi définies, les valeurs en tant qu'engagements dans l'action ont un intérêt heuristique limité, mais elles n'en restent pas moins la clé de voûte du modèle parsonien. Dans cette période de sa pensée, bien reflétée dans ses ouvrages de 1951, *The Social System* et (avec Shils et autres), *Toward a General Theory of Action*, Parsons est persuadé que la cohésion de la société est étroitement dépendante d'un système de valeurs générales, de certaines institutions sociales, et d'un ensemble de motivations au niveau de la personnalité[13]. La stabilité de la société provient du fait que les valeurs propres au domaine symbolique de la société se trouvent aussi, du fait de la socialisation, dans l'esprit des acteurs. L'acteur agit alors en voie de conséquence en accord avec les normes qu'il a faites siennes, d'autant plus aisément que ses actions, dans la mesure où elles coïncident avec les normes du système, sont renforcées à la fois par des récompenses objectives et par des gratifications subjectives. Dans cette conception normative, la gratification est conçue comme un élément non négligeable de l'équilibre social ; elle est « une nécessité fonctionnelle primaire de la personnalité[14] ».

Mais le renforcement de la motivation de l'acteur n'élimine pas le problème du choix auquel il est confronté dans des situations concrètes. Conscient de cela, Parsons essaye de circonscrire davantage cette problématique, à l'aide de paires dichotomiques rendant compte à la fois du travail actif d'évaluation accompli par l'acteur et de ses limites. Ce sera le rôle analytique dévoué aux variables de configuration. Chacune d'entre elles est une dichotomie, dont l'acteur doit choisir un des termes, avant que le sens de la situation ne soit déterminé pour lui, et donc avant même qu'il puisse agir sur cette situation. « Nous soutenons qu'il n'y a que cinq variables *fondamentales* (c'est-à-dire cinq variables qui dérivent du cadre même de la théorie de l'action) et que dans la mesure où la liste est *exhaustive*, elles constituent un système. Énumérons-les donc, et pour la commodité, donnons-leur un numéro : 1, Affectivité - neutralité affective ; 2, Orientations vers soi - orientation vers la collectivité ; 3, Universalisme - particularisme ; 4, Qualité (*ascription*) - accomplissement (*achievement*) ; 5, Spécificité - diffusion[15]. »

L'essentiel est que cette caractérisation permet, en définissant l'action par cette série d'alternatives, de comprendre la relative stabilité des choix opérés par un acteur tout comme le caractère irrépressible du choix présent dans toute action. Ces variables de configuration sont un mélange subtil des critères de communauté et de société présents chez Tönnies ou Weber[16], mais chez Parsons la combinaison est plus riche, moins strictement évolutive, plus ample dans sa gamme de possibilités, rendant possibles des actions contradictoires ou en tension, même si Parsons a parfois tendance à l'oublier. En effet, si en principe toutes les combinaisons sont possibles, la compatibilité entre les diverses variables dépend du rapport entre le système social et son environnement, ce qui explique le caractère plus ou moins étrange ou rare de certaines combinaisons[17]. Cette souplesse analytique permet surtout de rendre compte de la manière dont les acteurs répondent par leurs conduites à la différenciation structurelle des domaines d'action propres à la modernité. Mais Parsons est obligé en même temps d'insister sur le caractère exhaustif des variables, faute de quoi le progrès analytique réalisé ne serait que d'une faible portée. Il y en a cinq, ni plus, ni moins. Les variables ouvrent l'espace du possible de l'action sociale, mais en même temps, en limitent les possibilités, et réduisent les options à seulement quelques combinaisons[18]. Ces variables s'appliquent à toutes les dimensions de l'action (motifs, rôles et valeurs) et elles constituent entre elles un véritable système[19].

La vie sociale se déroule à travers un nombre croissant de rôles et de tâches, et passe par une extension du champ des échanges entre acteurs, dont la complexité fait recours à de nouveaux mécanismes de coordination ainsi qu'à une délimitation de leurs domaines de pertinence. Le problème de la motivation, c'est-à-dire la réponse de l'acteur aux exigences diverses des rôles qu'il doit accomplir, devient un des problèmes centraux de la société moderne. L'adhésion aux valeurs et la loyauté vis-à-vis des groupes dont il fait partie viennent contrer le détachement objectif que cette multiplication des sphères d'action introduit. Le pluralisme des rôles, le fait que dans une société les individus fassent partie de plusieurs collectivités, est une caractéristique fondamentale de toute société humaine, mais elle devient, suite aux divers processus de différenciation, un trait majeur des sociétés modernes. Les motivations privées des individus sont néanmoins canalisées vers le système social grâce à l'appartenance à un grand nombre de collectivités et aux loyalismes qui en découlent, et à la légitimation culturelle de l'ordre normatif. Pourtant, malgré l'existence de ces mécanismes, il y a toujours des tendances à la déviance, l'acteur peut effectivement « s'éloigner de la conformité avec les critères normatifs[20] », de la culture commune d'une société. Les variables de configuration permettent ainsi de rendre compte, aux yeux de Parsons, à la fois de l'existence d'attentes réciproques entre les acteurs et de leur liberté de choix face à des situations multiples.

En fait, la réflexion de Parsons à ce stade se décline en quatre moments différents. En tout premier lieu, Parsons pose dès le départ l'existence de trois aspects de structuration d'un système total et concret d'action sociale, à savoir la culture, la société et la personnalité[21]. En deuxième lieu, se pose le problème spécifique de la coordination des interactions, faute de quoi les interactions seraient livrées au hasard. En troisième lieu, il s'agit d'étudier les éléments qui renforcent l'imbrication normativement souhaitée des interactions, l'ensemble des récompenses et des punitions dont dispose un ensemble social. Enfin, la réponse plus générale et ultime, quant à la raison finale de la réciprocité des actions, est assurée par la socialisation, ou plutôt, pour être plus précis, la complémentarité établie entre l'institutionnalisation des normes et valeurs et leur intériorisation par les individus, qui permet d'assurer l'équilibre lors des interactions.

La différence entre la tâche assignée aux variables de configuration (coordination) et à la théorie de la socialisation (intégration) devient manifeste si l'on pense au rôle très circonscrit que Parsons donne à l'interaction. Jamais pour lui les valeurs et les normes ne s'engendrent lors de l'interaction elle-même, même si elles s'imposent à travers elle. La priorité de la socialisation n'est jamais démentie dans ses travaux. Les valeurs et les normes existent avant toute interaction. Les variables de configuration permettent alors de structurer analytiquement l'espace des choix des acteurs, mais en dernière instance, elles reposent, solidement, sur l'idée d'une socialisation préalable et adéquate. À défaut se profile, mais seulement comme concept limite, la notion d'anomie, véritable antithèse de la pleine institutionnalisation, c'est-à-dire l'absence totale de complémentarité structurée lors des interactions entre les acteurs[22].

La coordination au niveau de l'échange entre systèmes

La deuxième réponse de Parsons au problème de la coordination des actions passe par un changement de niveau d'analyse, le centre d'intérêt se déplaçant vers les relations d'échange entre les divers sous-systèmes sociaux. Dans le cas précédent la coordination était posée au niveau d'un système de rôles, désormais elle dépend de la manière dont se relient les divers sous-systèmes au sein d'une théorie de la société.

Pour le décrire, Parsons fera de sa théorie des quatre fonctions (AGIL) un cadre général d'analyse. Il sera commun à l'action, aux petits groupes, au système social, aux sous-systèmes, aux moyens symboliques généralisés, à des niveaux de réalité fort hétérogènes… En réalité, il hante, à partir du début des années cinquante, la totalité de son système de pensée. AGIL devient une structure invariante de fonctions, universelle, abstraite, connaissant un nombre considérable d'applications, plus ou moins arbitraires selon les cas. Le schéma établit un air de famille analytique entre les divers éléments de la réalité sociale ; sa séduction tient moins sans doute, pour Parsons, à ses capacités heuristiques, qu'à sa capacité à introduire un critère intégrateur au milieu de niveaux et d'éléments hétérogènes, voire indépendants. AGIL permet dans un seul et même mouvement analytique de réaliser deux opérations : à la fois de rendre compte de la différenciation croissante de la société moderne et d'introduire un critère analytique unique permettant sa perception intégratrice.

Or, pour Parsons, il y a un rapport entre les variables de configuration et l'analyse des fonctions[23]. Surtout, et au-delà de leur indépendance analytique, il est clair que les variables de configuration, tout comme la théorie des quatre fonctions, ne sont que des réponses successives, et diverses, à une seule interrogation centrale, trouver le degré d'abstraction nécessaire à une théorie générale. Mais l'analyse des fonctions primaires répond, mieux que les variables de configuration, à sa volonté de ne pas fermer de manière prématurée un système théorique, mais au contraire d'élaborer un schéma conceptuel systématique ayant une validité universelle[24].

Dans cette phase intellectuelle, Parsons sort du simple postulat, plus ou moins métaphysique, de l'équilibre d'un système social, et s'applique à préciser la nature exacte des relations entre les divers sous-systèmes, de nature avant tout symbolique, tout comme celle des interdépendances entre ceux-ci et le système social dans son ensemble. Ce dernier n'est pas statique ni parfaitement en équilibre ; il possède des seuils à partir desquels le changement devient inévitable. La théorie générale ne décrit pas le système social comme un tout *empiriquement* intégré, mais comme un système dont les *problèmes* doivent être analysés à l'aide d'un cadre conceptuel intégré[25]. Les systèmes sociaux assurent leur permanence dans un environnement qu'ils ne contrôlent que partiellement. Situation qui explique la double tâche constitutive des systèmes sociaux : ils doivent à la fois conserver leur équilibre interne et automaintenir des frontières face à l'environnement. Mais l'état des relations entre le système et l'environnement n'est pas le pur produit d'une histoire hasardeuse, au contraire, il est toujours défini, en amont, par les valeurs définissant les divers ordres institutionnels de la société. C'est pourquoi les exigences de l'intégration de la société et de ses déroulements techniques reposent toujours chez Parsons sur des exigences culturelles et axiologiques.

Cependant, le changement de niveau d'analyse est très important. L'analyse de tout système d'action repose désormais sur quatre fonctions : une fonction d'adaptation (A, qui sert à établir les rapports entre un système et son environnement), une fonction de réalisation des fins collectives (G, la capacité d'un système à se fixer des buts et à les poursuivre), une fonction d'intégration (I, les éléments par lesquels un système assure sa stabilité interne) et une fonction de latence (L, ou de maintien des modèles culturels)[26]. L'importance des fonctions est donnée par leurs relations cybernétiques : le maintien des modèles a un plus haut niveau d'information et donc un rôle majeur de contrôle de l'action, tandis que l'adaptation possède plus d'énergie et donc un rôle majeur en tant que conditionnement de l'action, d'autant plus que les éléments directement physiques de l'action humaine (oxygène, température, nourriture) ne sont pas « contrôlables » par la hiérarchie cybernétique des systèmes. Il existe ainsi une séparation entre d'un côté les systèmes qui assurent les fonctions internes d'information, d'innovation et de reproduction symbolico-communicationnelle des valeurs et des normes (latence et intégration) et de l'autre côté les systèmes d'adaptation et de réalisation des fins qui font référence aux échanges avec l'environnement externe.

D'ailleurs, il y a une correspondance entre ces fonctions primaires et les divers sous-systèmes du *système général de l'action* : le système des organismes de comportement (conçu comme le système d'adaptation, et qui est le lieu des ressources humaines indispensables pour les autres systèmes), le système de la personnalité (qui a le rôle prépondérant dans la réalisation des fins collectives, tant il est l'agent primaire des processus d'action), le système social (qui a un rôle majeur d'intégration et s'organise fondamentalement par rapport à l'articulation des relations sociales), et le système culturel (qui s'organise autour des complexes de signification symbolique et qui a un rôle majeur dans le maintien des modèles culturels)[27]. C'est sur ce point, que le lien intellectuel entre le schéma trinitaire culture-société-personnalité de la période précédente et le modèle des quatre fonctions est le plus évident, comme en atteste la nature de leurs échanges. Entre ces quatre sous-systèmes d'action il y a tout un ensemble d'interpénétrations, comme l'intériorisation par l'acteur des normes culturelles ou encore l'institutionnalisation des normes culturelles en organisations sociales. Tout système social n'est alors qu'une combinaison de ces composantes structurelles, et sa stabilité dépend de la manière dont les rôles et les collectivités sont commandés par des valeurs et des normes spécifiques.

Par ailleurs, à chacune des quatre fonctions primaires correspond un sous-système spécifique de la société : l'économie (qui a pour rôle majeur d'organiser le processus technologique et plus largement de l'adapter au service du système social) ; le système politique (qui a pour tâche l'organisation d'une action collective destinée à atteindre des buts ayant un sens collectif) ; la communauté sociale (qui doit assurer avant tout l'intégrité d'une orientation culturelle commune) ; enfin, le système culturel en tant qu'environnement de la société a pour tâche majeure le maintien des modèles culturels à travers la légitimation de l'ordre normatif, garantissant la confiance réciproque des membres d'une société. Surtout, une fois posé le modèle, il est facile de comprendre comment il s'applique à l'intérieur de chaque sous-système, et même comment il peut se décliner presque à l'infini, puisque chaque composante de chaque sous-système de la société peut lui-même être analysé à travers les quatre fonctions[28]. Ce qui a pu faire dire à certains critiques que sa conception de la société moderne est une Suprême Théorie déconnectée des faits[29], ou qu'il y a forcément et toujours chez lui une tendance à réduire les actions réelles à des cadres d'analyse préconstitués[30].

Or, certainement plus que ces applications très souvent largement artificielles[31], c'est l'analyse que Parsons fournit des échanges intersectoriels entre les divers sous-systèmes de la société qui apparaît intéressante puisque Parsons développe sa deuxième grande analyse de la coordination des actions. Ce sera sa théorie sur les moyens symboliques généralisés d'échange (à l'économie correspond l'argent; au système politique, le pouvoir; à la communauté sociale, l'influence; au système culturel, l'activation des engagements moraux et culturels). Les moyens symboliques généralisés d'échange (ou médias d'échange) sont de véritables langages fonctionnels spécialisés, strictement significatifs en référence à un code, et médiations symboliques entre les diverses unités sociales. Pour Parsons toute communication suppose l'échange d'un message entre acteurs ou unités sociales, se réalisant soit à travers un contact physique immédiat, soit par l'intermédiaire de certains moyens. Dans l'analyse des systèmes sociaux, la communication, à l'aide des moyens symboliques généralisés, caractérise les principaux processus d'interaction par lesquels les actions des diverses unités sociales sont contrôlées, mais aussi par lesquels interagissent les différentes unités sociales. Et même si l'analyse fonctionnelle reste à terme subordonnée à la compatibilité structurelle existant entre les sous-systèmes, il n'en reste pas moins que l'étude des sociétés y gagne fortement en dynamisme[32].

Le premier moyen dégagé par Parsons, et sur lequel s'appuient dans une certaine mesure tous les autres, n'est autre que l'argent[33]. L'argent est un véritable moyen institutionnalisé d'échange permettant la généralisation d'attentes et d'engagements (*commitments*) réciproques, parce qu'il repose sur une garantie institutionnelle et qu'il engendre, par simple circulation, une confiance informelle parmi les acteurs. Son importance est intimement liée à la croissance et à la différenciation des sphères sociales, une complexité ayant besoin des mécanismes interpersonnels de communication. La force de l'analyse de Parsons est de comprendre qu'au-delà de sa base immédiatement physique, la monnaie est en fait un mécanisme symbolique dont l'usage ou la dépense définit, en fait, un processus de communication. La stabilité du système dépend de la confiance que les acteurs portent, au travers du moyen, au sous-système social lui-même, une confiance qui exige, d'une certaine manière, une corrélation entre les dispositions des acteurs et les aspects symboliques du processus de communication. En tout cas, le poids paradigmatique de l'argent poussera Parsons à n'analyser les relations entre les divers sous-systèmes que sous forme d'échange.

À l'instar de l'argent, et en généralisant ses caractéristiques, Parsons dégage les moyens d'échange des autres sous-systèmes – le pouvoir, l'influence et l'engagement des valeurs. Le pouvoir ne se résume pas à une conception purement négative ou de contrainte, mais il désigne le processus par lequel certains buts collectifs sont définis et réalisés, et même si ces buts peuvent être fort différents selon les types de société, ils tendent majoritairement à assurer l'équilibre d'ensemble du système d'action. Même s'il n'escamote jamais l'utilisation de la force, il tient néanmoins à souligner davantage le rôle du pouvoir dans la réalisation de buts légitimes d'une société. Le pouvoir, comme la richesse, doit être divisé et distribué, mais « il doit aussi être produit et il a autant de fonctions collectives que de fonctions distributives. Il est la capacité à mobiliser les ressources d'une société pour la réalisation des fins pour lesquelles un engagement "public" a été fait ou peut être fait[34] ». Autrement dit, le pouvoir est une capacité contraignante du système social qui opère autant comme une interaction (à travers un ensemble de sanctions) que comme un moyen symbolique[35].

À côté du pouvoir et de l'argent, Parsons place deux autres moyens, l'influence et l'engagement des valeurs. Il caractérise l'influence comme le code symbolique qui amène autrui à agir d'une certaine manière dans n'importe quel type de circonstance. Grâce à l'influence, un acteur peut entraîner les décisions des autres (ou des unités sociales) sans leur offrir directement un équivalent valorisé. C'est dire jusqu'à quel point l'acteur qui accepte l'influence d'autrui est persuadé d'agir dans l'intérêt d'un système dont les deux parties se sentent solidaires. Cette persuasion repose encore une fois sur la confiance qu'Alter a en Ego, moins en sa personne d'ailleurs, que sur le système de rôles dont l'un et l'autre font partie. L'influence, dans la mesure où elle se déroule d'habitude dans un cadre institutionnel, repose sur l'autorité, le support institutionnel qui donne foi aux décisions prises par un individu en fonction du statut qu'il détient. Comme le pouvoir ou l'argent, l'influence permet la circulation des décisions tout en produisant des actions, et elle finit par engager les acteurs concernés par les choix réalisés[36]. Enfin, dernier média d'échange, les engagements de valeurs contraignent les acteurs à conformer leurs conduites à certaines valeurs, dont l'acceptation, plus ou moins immédiate, permet de les faire reconnaître comme membres d'une société.

Ces moyens facilitent l'échange et les communications entre sous-systèmes, en augmentant la marge d'action et d'initiative de l'acteur et sa capacité de choix vis-à-vis des situations concrètes dans lesquelles il est engagé (par exemple, on est libre d'utiliser ou non de l'argent, de s'approvisionner dans divers lieux, de décider quand la dépense sera effectuée...). En ce sens précis, les moyens sont de véritables codes de communication institutionnalisés qui permettent la circulation de n'importe quel message à condition que l'acteur accepte les impératifs du code en question. La capacité d'action de l'individu sur le monde social s'accroît en même temps qu'elle se médiatise : dans une société hautement différenciée la maîtrise du monde externe passe par tout un ensemble de moyens symboliques qui éloignent dans une certaine mesure l'acteur du contact physique direct avec les objets. Mais en même temps, le fait qu'un nombre croissant d'actions soient réalisées au travers de ces moyens symboliques impersonnels exige de la part de l'acteur une grande confiance dans le moyen lui-même, comme en atteste la perte de crédibilité d'une monnaie, lors de processus inflationnistes.

Les médias d'échange ont pour fonction d'assurer la liaison entre les différents systèmes de la société en permettant, et c'est une percée analytique non négligeable, de détacher les symboles de leur dépendance envers la communication langagière et de leur enracinement contextuel immédiat[37]. Mais s'ils sont de véritables langages spécialisés propres aux différents sous-systèmes, Parsons se garde bien de détacher ces systèmes de l'existence indispensable d'une culture communément partagée.

Coordination des actions et intégration de la société

Pour certains auteurs, la transition vers une théorie des systèmes marque une véritable inflexion dans la pensée parsonienne puisque là où les variables de configuration se plaçaient au niveau de l'acteur, le modèle AGIL descend d'en haut, n'étudiant l'acteur qu'à partir des problèmes propres au système social[38]. Jürgen Habermas va encore plus loin, et trouve, dans ce changement de cap, le déplacement de Parsons d'une conception herméneutique de l'action vers une théorie objectiviste des systèmes sociaux[39].

En réalité, à la base de la conception parsonienne il y a une tension irrépressible entre ce qui se joue du côté de la dimension systémique de l'action (qui dans ce contexte doit être comprise en termes de coordination des conduites, notamment par les moyens symboliques généralisés, c'est-à-dire, là où l'acteur est pris dans des réseaux systématisés de contraintes et d'incitation) et ce qui se joue du côté d'une dimension interactive dont les variables de configuration rendent compte. Ces deux dimensions ne seront jamais entièrement réunies, malgré les efforts titanesques réalisés par Parsons. Ou plutôt, elles ne peuvent se réunir qu'à condition de bien distinguer, ce qui est probablement la manière la plus économe et la moins contradictoire d'interpréter une œuvre n'ayant été que peu économe et souvent contradictoire, le problème de la coordination des conduites (systémiques ou interactives) et le problème de l'intégration de la société. Le premier est d'ordre dynamique, le deuxième, notamment par la notion de socialisation, détient le rôle explicatif au sens fort et ultime du terme.

Si l'infléchissement est de taille entre les variables de configuration et les moyens symboliques généralisés d'échange, tous les deux ne doivent être interprétés que comme des moyens de coordination des actions afin de réduire, intellectuellement et pratiquement, la complexité des arrangements possibles entre les divers acteurs et systèmes au sein d'une société fortement différenciée. Mais ils ne reposent en dernière instance que sur une seule conception de l'intégration de la société. Les affirmations de Parsons dans ce sens sont abondantes et toujours lapidaires : « Le théorème le plus fondamental de la théorie de l'action » est que « la *structure* des systèmes d'action *consiste* en variables de signification (*patterns of cultural meaning*) institutionnalisées (dans les systèmes sociaux et culturels) et/ou intériorisées (dans les personnalités et les organismes)[40] ». Ou encore, en 1968, lorsqu'il affirme la prééminence analytique de l'acteur individuel, et par voie de conséquence, du processus d'intériorisation des valeurs : « Le sujet de l'interaction sociale a, en un sens fondamental, une priorité logique sur celui du système social[41]. »

Autrement dit, il faut comprendre les variables de configuration ainsi que les moyens symboliques généralisés d'échange, comme des principes introduits par l'analyse afin de rendre compte plus précisément de la coordination des actions. Et si l'analogie avec le langage s'impose à Parsons à propos des moyens généralisés, elle s'impose tout autant, après réflexion, à propos des variables de configuration. Les deux sont des filtres et leur caractère de médiation est d'ailleurs fortement souligné par le fait que Parsons n'ait jamais pensé véritablement à leur possible autonomisation, au-delà de quelques cas conjoncturels qu'il envisage sous forme d'inflation ou de déflation des moyens symboliques. Leur rôle est de faciliter la communication entre acteurs ou systèmes et leur pertinence dernière repose sur la confiance que les individus leur octroient ; leur bon fonctionnement exige toujours une certaine forme d'accord normatif. D'où l'importance majeure qu'il donne, toute sa vie, à la capacité d'une société à produire de la solidarité et à créer (et entretenir) les motivations nécessaires auprès des acteurs. Il n'y a pas eu, chez Parsons, comme on a pu l'affirmer parfois, de glissement d'une explication en termes de socialisation à un modèle d'intégration systémique (c'est-à-dire non normatif) assurée par les seuls moyens symboliques. Toute manifestation de coordination entre actions s'appuie toujours sur une conception de l'intégration de la société par le biais de la théorie de la socialisation[42]. C'est dans ce sens précis que Parsons restera toute sa vie profondément durkheimien[43]. Plus exactement, son modèle permet d'asseoir normativement la société, démarche sur laquelle Durkheim n'a pas cessé de s'interroger. Mais il ne s'agit pas de faire de Parsons, comme cela a été trop souvent le cas, un normativiste naïf. Certes, pour lui, l'acteur est toujours capable de faire des choix, mais ces choix doivent être compatibles entre eux et surtout compatibles avec les valeurs d'une société. Mais cet accord n'allant jamais de soi, ses ambiguïtés comme ses échecs font partie de sa vision des choses. Si le cœur de la théorie se trouve du côté de la socialisation, il ne faut jamais oublier néanmoins qu'il n'y a jamais chez lui de simple correspondance entre la structure de la personnalité et la structure institutionnelle.

III. LA SOCIALISATION : LE CONCEPT PREMIER

Pour Parsons, l'articulation d'un ensemble de valeurs communes avec la structure de disposition-besoin intériorisée par les personnalités est « le phénomène central de la dynamique des systèmes sociaux[44] ». Son intérêt pour la notion traverse, mieux que bien d'autres concepts, la plupart de son œuvre, depuis son premier ouvrage en 1937, jusqu'à la phase du modèle AGIL, en passant par son époque intermédiaire. Mais au travers de ses études successives il précise, chaque fois davantage, l'adéquation entre la culture, la société et la personnalité, et plus tard, et seulement de manière allusive, l'organisme[45]. De manière plus générale, pour Parsons, les quatre fonctions de la théorie générale de l'action doivent servir de cadre global d'interprétation[46]. Il trace d'emblée une distinction entre les systèmes culturels et sociaux d'une part, et l'organisme et la personnalité de l'autre. Pour lui, les principaux éléments de la structure de la personnalité dérivent du système culturel et social *via* la socialisation, et pourtant la personnalité devient un système indépendant à travers ses relations avec l'organisme et la singularité de son expérience de vie. Entre les deux niveaux, il y a une véritable interpénétration : du côté de la socialisation elle est désignée par la notion clé de rôle, du côté de la personnalité elle renvoie aux besoins relationnels.

Tout en reconnaissant l'apport convergent de Sigmund Freud et d'Émile Durkheim en matière de socialisation, Parsons est sensible à la manière dont la psychanalyse en précise les conditions et les processus. Durkheim se limitait à signaler que les décisions morales des individus étaient sous la contrainte des orientations communes d'une société, mais il n'abordait pas l'étude des mécanismes psychologiques d'intériorisation des valeurs morales. Il ne suffit plus d'affirmer seulement que grâce à la socialisation, l'acteur fait siennes les valeurs et les normes propres à sa société, et qu'elles deviennent alors, en tant que motivations, les indicateurs de son action. Il faut désormais rendre compte en détail, et en fonction des diverses sphères sociales, de sa dynamique. Il ne s'agit aucunement d'effacer la frontière entre les deux disciplines, mais de les insérer dans un cadre d'analyse plus général. En se centrant trop exclusivement sur les individualités, Freud a délaissé les implications des interactions entre acteurs qui *forment un système*. En se centrant trop exclusivement sur une vision du système social en tant que système, Durkheim a délaissé le fait que c'est au travers des *interactions entre personnalités* que se constitue le système social[47]. L'important est de distinguer, soigneusement, les différents niveaux d'abstraction en présence. C'est ainsi que si les phases du développement de la personnalité selon Freud sont, pour l'essentiel, respectées par Parsons, elles ne le sont qu'à travers l'étude de la série d'interactions sociales par lesquelles elles se réalisent[48]. La présentation qu'il en donne suit alors de près la dynamique même de la socialisation, en cercles concentriques aux rayons chaque fois plus grands : le rapport à la mère, la famille, l'école, la communauté juvénile…

La mère et l'enfant

Afin d'expliciter le processus de socialisation, Parsons s'appuie en premier lieu sur la relation entre la mère et l'enfant[49]. Cette relation n'est pas seulement pour l'enfant un processus de gratification de besoins, mais un processus d'apprentissage de la signification symbolique des actions effectuées par la mère. C'est seulement une fois acquis ce langage émotionnel de la communication que l'enfant parvient vraiment à aimer sa mère. L'amour suppose ainsi l'intériorisation d'une culture commune permettant l'expression et la communication des affects. Et c'est seulement une fois développées ces compétences, affectives et cognitives, que l'enfant est capable de comprendre les prescriptions et les interdits moraux. Mais quel que soit le degré de cohérence et de systématicité des orientations culturelles, il est clair que leur complexité et leur degré de généralité sont tels que l'enfant ne peut les appréhender que dans l'interaction avec des adultes les ayant déjà acquises. À l'issue de ce processus, l'enfant fait sienne la culture commune et dispose du système de significations symboliques lui permettant de faire référence non seulement aux divers objets mais surtout aux motivations des autres acteurs. À ce stade, l'enfant subit une transformation considérable de sa personnalité puisqu'il atteint un nouveau niveau d'organisation, de ses rapports avec le monde extérieur autant que dans le contrôle interne de ses propres pulsions. Ce système de contrôle intérieur s'établit à travers un modèle généralisé de sanctions imposées par la mère ; l'enfant apprend à s'adapter aux intentions des autres. Au fur et à mesure que l'interaction continue, l'intérêt de l'enfant pour sa mère ne se cantonne pas exclusivement à la satisfaction de ses besoins instinctifs, mais la mère joue un rôle social, à un niveau supérieur de signification ; les significations instinctives deviennent des symboles des intentions ou des attitudes de la mère[50].

Au travers de ses interactions avec la mère, l'enfant apprend un rôle ; en tout cas, il fait partie avec sa mère d'une collectivité au sens strict du terme. Pourtant, l'enfant ne joue pas, au sein de cette collectivité, le même rôle que la mère. L'identification doit alors être précisée tant elle désigne, en fait, le processus par lequel une personne, lorsqu'il devient membre d'une collectivité, apprend à jouer un rôle complémentaire de celui des autres membres. Le nouveau membre, insiste Parsons, devient comme les autres mais en référence aux valeurs communes propres à ladite collectivité. Lentement, l'enfant acquiert un rôle plus autonome et se lance à la découverte du monde, essaye de nouvelles compétences motrices et pose un grand nombre de questions à propos du monde.

Le rôle du père et le système familial

Mais la relation mère-enfant n'est jamais une relation indépendante, elle fait partie d'un sous-système plus vaste, celui de la famille conjugale, qui à son tour n'est qu'un sous-système de systèmes sociaux plus larges. C'est dans ce contexte que Parsons réinterprète le complexe d'Œdipe. Pour Freud, c'est le développement d'un véritable investissement d'objet de la mère qui entre, tôt ou tard, en conflit avec le rôle du père. Pour Parsons, à l'inverse, dans tout système de parenté, le mariage a une certaine priorité structurelle sur la relation entre la mère et l'enfant, dont l'exclusivité ne se maintient que dans la mesure où elle n'interfère pas trop avec les relations du mariage lui-même. Autrement dit, pour Parsons il se peut que l'investissement d'objet précède la phase œdipienne, mais c'est la pression exercée par les deux parents, ancrée sur une culture commune poussant l'enfant à devenir un grand garçon, c'est-à-dire à renoncer à sa dépendance envers sa mère, qui est le facteur déclenchant de la crise œdipienne[51].

C'est à ce stade que se produit une nouvelle phase caractérisée par un plus haut niveau de généralisation. La période œdipienne coïncide alors avec l'engagement de l'enfant dans un nombre croissant de relations dyadiques – avec la mère, le père, les frères, les sœurs, le tout dans la compréhension de la famille comme un système[52]. Le point majeur est que l'enfant ne peut plus s'identifier de manière similaire avec tous les objets présents dans la famille nucléaire, notamment parce que la distinction de sexe s'impose. Cette distinction est plus complexe pour le garçon que pour la fille, celle-ci pouvant simplement répéter, bien qu'à un niveau supérieur de complexité, l'identification enfantine, mais pour tous les deux s'impose l'identification en tant que membres de la génération des enfants. Surtout le garçon est doublement bloqué : il ne peut s'identifier entièrement à la mère dans la fonction intrafamiliale, à cause de sa catégorisation sexuelle, et à cause de la catégorisation générationnelle il ne peut pas non plus prendre un rôle comme celui de son père[53].

Le grand dilemme oppose alors la dépendance envers la mère et les gains en termes de capacité d'action plus autonome. C'est à ce niveau, en effet, que Parsons établit la première grande signification symbolique du Père : il représente et personnifie à la fois les plus hautes demandes que l'enfant est invité à faire siennes, sources majeures alors de respect et d'autorité, et de l'autre côté, il est le responsable de la rupture du paradis établi entre l'enfant et la mère. Même si Freud a davantage insisté sur le deuxième aspect, les deux cas sont susceptibles de distorsions névrotiques. Mais pour Parsons, la véritable fonction de cette première phase œdipienne est d'intégrer l'enfant dans le système familial, où il acquiert de nouveaux rôles en même temps qu'il intériorise le système de valeurs commun à la société. L'accent est porté sur l'appartenance commune dans la famille plutôt que sur la différenciation des rôles ou des générations.

En fait, le passage d'un modèle centré autour de la mère vers un modèle de la solidarité familiale précède l'intériorisation des rôles sexuels. Pour Freud, les rôles sexuels en tant que tels ne semblent pas poser problème, tant il se centre presque exclusivement sur les difficultés liées à leur acceptation émotionnelle. Pour Parsons, la compréhension des différentes attentes des conduites associées au sexe est déterminante. Par l'apprentissage des rôles sexuels, l'enfant ne parvient pas seulement à l'acceptation des rôles différenciés au sein de la famille, il parvient surtout à se doter d'une catégorisation universelle transcendant la famille et constitutive de la structure sociale. Dans ce sens, les rôles sexuels sont la première catégorisation universelle à laquelle accède l'enfant, avant que s'y ajoute celle de l'âge. On passe ainsi d'une différenciation quantitative au sein de la famille (« instrumentale-adaptative ») à une différenciation qualitative (« expressive-intégrative »). L'enfant qui au début du processus percevait son père de manière exclusive et particulariste comme un individu, parvient à le percevoir en tant qu'exemple d'un modèle généralisé. Le père est moins perçu au travers de son rôle intrafamilial que comme un individu ayant un rôle extrafamilial et porteur de valeurs plus générales[54]. Le mouvement va ainsi vers une plus grande abstraction : l'individu généralise son expérience avec son père à des types plus génériques de relations sociales. L'importance majeure de la figure du père provient alors du fait qu'elle est le principal canal par lequel les valeurs générales d'une culture sont intériorisées lors du processus de socialisation.

L'école et le groupe de pairs

Ce processus se continue par l'apprentissage des rôles à l'école et dans le groupe de pairs, grâce auxquels l'individu parvient à s'identifier à des types de collectivité en dehors de sa famille d'origine. Pour Parsons, l'école est à la fois un agent de socialisation et un agent d'allocation sociale des individus[55]. D'autant plus que, dans la société américaine de la fin des années cinquante, commence à s'imposer, selon Parsons, une intime corrélation entre le statut social et le niveau d'éducation atteint. Si, lorsqu'il va à l'école, l'enfant est déjà dans une phase post-œdipienne, c'est-à-dire s'il dispose déjà de son rôle sexuel en tant que rôle universel au sein de la société, c'est à l'école qu il fera pratiquement l'apprentissage de tous les autres rôles sociaux, notamment ceux liés à son *achievement*. L'école permet d'organiser l'évaluation différentielle des élèves et opère une sélection et allocation des enfants dans le système des rôles adultes[56].

En effet, l'école élémentaire fait découvrir à l'enfant un autre univers social. D'abord, il est dans un univers plus homogène que tous les autres univers sociaux qu'il connaît (la classe est composée par des enfants de son âge). Ensuite, il se consacre à la réalisation de tâches plus différenciées que celles qu'il a l'habitude d'effectuer. En troisième lieu, il existe une forte opposition entre le groupe d'élèves dans son équité initiale et le seul enseignant qui représente le monde adulte. Enfin, il s'exerce un processus systématique d'évaluation qui consiste, pour l'enfant, en récompenses ou punitions, et pour le système scolaire à jeter les bases pour une future sélection sociale[57]. Or, deux composantes essentielles de l'*achievement* scolaire, l'élément proprement cognitif – les savoirs scolaires – et l'élément moral – l'implication de l'élève dans l'organisation de l'école – ne sont pas vraiment distingués entre eux. En fait, l'élève est évalué ici en termes diffus et généraux, dans une sorte de fusion entre les éléments cognitifs et moraux.

Le groupe de pairs se caractérise par des frontières fluides car les enfants jouissent d'un volontarisme associatif dont ils sont dénués à la maison. Mais il est surtout le lieu d'exercice de l'indépendance vis-à-vis des parents et il dote les enfants d'une source d'acceptation différente de celle du monde adulte. Le groupe de pairs pousse à la réalisation de prouesses (par exemple, sportives), mais il permet aussi de gagner l'acceptation auprès des pairs en tant que membre d'un groupe. Quant à la forte ségrégation des sexes présente à l'école élémentaire, elle ne vise qu'à renforcer l'identification aux rôles sexuels, même si c'est aussi à l'école, grâce aux éléments universels qu'elle véhicule, qu'est contrebalancée la trop grande tendance des élèves à un repli vers des stéréotypes sexuels farouchement opposés : l'école rappelle les éléments communs au-delà des clivages sexuels[58].

À l'école secondaire la différenciation se renforce et s'amplifie. L'élève est soumis à un système de plus en plus complexe : un nombre croissant d'enseignants, cours électifs, composition hétérogène et changeante des classes, camarades d'école venant d'un périmètre résidentiel plus large. Surtout, l'essentiel de la sélection s'organise autour de types qualitatifs d'*achievement*, et les composantes cognitives et morales se séparent. L'école détient alors un rôle majeur dans le système des valeurs de la société américaine, puisqu'elle se fonde à la fois sur une égalité initiale d'opportunités et sur un différentiel final d'*achievement*. À terme, les différenciations introduites par l'école finissent par consolider des attentes différentes parmi les élèves. L'enfant se déprend de ses anciennes identifications au sein de la famille et adopte un nouveau statut dans un nouveau système. Son nouveau statut personnel sera alors fonction de la position qu'il occupe au vu de ses résultats scolaires et, en deuxième lieu, de la place qu'il occupe dans le groupe des pairs. Ceux qui réussissent mieux du côté cognitif seront orientés vers des rôles techniques et spécialisés, les autres vers des rôles aux compétences sociales ou humaines plus diffuses. Par ailleurs, outre l'accentuation de l'importance des relations entre les sexes, le prestige du groupe de pairs augmente considérablement. Désormais, il opère comme un véritable mécanisme de sélection et non plus seulement comme renforcement des statuts transmis : des enfants des familles ayant un bas statut social sont acceptés dans des groupes de pairs ayant un statut familial élevé[59]. La prééminence des groupes de pairs est même un trait saillant du système éducatif américain. Son importance est considérable puisque le degré de réussite au sein même du groupe de pairs constitue à lui seul un système d'*achievement*. Des élèves peuvent avoir de bons résultats scolaires et des résultats moyens dans le groupe de pairs, ou l'inverse. Trois types purs se dégagent dans le groupe de pairs : au niveau intermédiaire il y a celui qui est un « bon camarade », en haut celui qui dispose de ressources de leadership, en bas, celui qui frôle des attitudes de délinquance.

L'émergence du groupe de pairs, en tant qu'agent de socialisation à côté de la famille et de l'école, fait partie pour Parsons du processus de différenciation structurelle propre à la société américaine. Pourtant, si son rôle en tant qu'agent de socialisation apparaît comme complémentaire vis-à-vis de la famille et de l'école, il ne transporte que des modèles secondaires par rapport à ceux transmis par le système formel d'éducation. Pour Parsons, en effet, le groupe de pairs est étroitement articulé avec les normes scolaires comme avec les attentes parentales. Certes, Parsons est conscient du conflit pouvant s'établir entre les normes du groupe de pairs (popularité, camaraderie, moqueries), en bref, la culture juvénile et le système de valeurs de la société dans son ensemble, mais sauf dans des cas qu'il considère comme mineurs, il croit déceler au sein de la culture juvénile une forte valorisation de la réussite scolaire et plus largement de l'*achievement* personnel.

En fait, le groupe de pairs dans le domaine scolaire fonctionne pour Parsons comme un réseau d'identification alternatif accentuant l'importance de l'élément popularité-camaraderie, face à un autre réseau accentuant les performances scolaires *stricto sensu*. Le groupe de pairs opère comme un réseau permettant à l'individu de tester d'autres compétences que les compétences strictement académiques et qui produit donc, en interaction avec l'évaluation administrée par le système scolaire, l'allocation sociale des individus. Pour Parsons, ce système est profondément fonctionnel, et il ne croit guère, au-delà de quelques cas particuliers, que des individus ayant des compétences académiques puissent se laisser entraîner par le groupe de pairs. Mais il a aussi un grand rôle, celui de minimiser les effets d'un échec scolaire et social. De ce point de vue, le groupe de pairs, comme la famille, permet de socialiser affectivement les déceptions des individus dans une société soumise à de fortes attentes de mobilité sociale.

Socialisation et modernité

La force de sa description, précise et rarement égalée, découle tout autant du rôle explicatif qu'il octroie à la socialisation que de la similitude qu'il trace entre ce processus et la différenciation sociale. En effet, plus que tout autre sociologue, Parsons a su inscrire le propre de la grammaire sociologique spécifique au récit de la modernité au cœur du processus de socialisation. Pour lui, la socialisation suit un processus croissant de différenciation, et l'étude du développement du système de la personnalité peut être compris dans les seuls termes de l'implication successive de l'individu dans divers systèmes d'interaction sociale[60]. C'est dans la socialisation qu'il trouve la véritable réponse à la double contingence de la vie sociale, au fait que les individus, tout en étant libres, acceptent néanmoins de respecter les normes, se liant alors entre eux par cette forme particulière d'obligation morale. L'accord entre les critères normatifs et la personnalité des individus n'est possible qu'à condition d'établir une symétrie étroite entre la nature de l'autorité morale présente dans la société et le contrôle de soi à l'œuvre chez les individus. L'une et l'autre sont en dernier ressort de nature culturelle[61]. La structure de la personnalité se constitue à travers un processus croissant et multiple de différenciation à partir des premières et simples identifications avec la mère jusqu'à la complexité de relations sociales adultes. Plus encore, la socialisation, étant donné le rôle central qu'elle joue dans l'interaction sociale, devient le critère à partir duquel on doit pouvoir asseoir un critère moral, en fait sociologiquement implicite, du bien et du mal. La socialisation correcte à un système social est toujours évaluée de manière positive, tant elle est un prérequis fondamental à l'intégration d'une société. En quelque sorte, l'évolution de l'individu suit celle de la société, l'ontogenèse répète la phylogenèse.

À terme, le visage définitif d'une société en dépend. C'est ainsi que Parsons semble trouver dans le système de valeurs de la société américaine, malgré les changements survenus, un certain niveau de permanence historique. L'accomplissement personnel, dans la société américaine, est toujours fortement marqué par la base religieuse du système de valeurs, malgré le processus de sécularisation qu'ont vécu les États-Unis[62]. Si ce dernier est pour beaucoup un résultat de la différenciation structurelle qu'a vécue le pays, les valeurs d'inspiration religieuse n'ont pas pour autant perdu leur force en Amérique, ce qui constitue même une des clés de la spécificité de la société américaine par rapport aux sociétés européennes[63]. En s'insurgeant notamment contre les travaux de David Riesman ou de Florence Kluckhohn, qui parlaient d'une transformation du système de valeurs aux États-Unis, Parsons insiste au contraire sur sa stabilité, le changement venant des nouvelles situations structurelles engendrées par la différenciation[64]. Pour Parsons, la société n'est pas une personne morale comme elle pouvait parfois l'être chez Durkheim, elle est, au contraire, la condition de la réalisation morale des hommes, ce qui permet d'accomplir le progrès moral de l'humanité dans la modernité. La structure de la société repose, en dernière instance, sur des variables institutionnalisées d'une culture normative, dans la mesure où elles sont intériorisées par la personnalité et l'organisme des individus[65].

IV. LA SOCIÉTÉ MODERNE ET LA DIFFÉRENCIATION

Le récit de la modernisation

Bien sûr, le processus central de différenciation structurelle ne suffit pas à lui tout seul à décrire la modernité ; il doit se prolonger par l'analyse de l'accroissement de la capacité adaptative des systèmes, de la consolidation des normes abstraites et de la production d'une culture séculière[66]. Il n'empêche que c'est bien la différenciation des domaines d'action qui surplombe le récit que fait Parsons de la modernisation, et au-delà même, de l'évolution des sociétés. En bref, sa conception de l'évolution des sociétés, qui se fait sous la forte emprise d'analogies biologiques, classe trois grands types de sociétés en fonction de leur degré de différenciation. D'abord, les sociétés primitives, ayant un système symbolique donnant son identité au groupe et pénétrant toutes les sphères de la vie ; l'organisation sociale est essentiellement fondée sur des relations de parenté égalitaires entre les divers clans, dont l'évolution vers des formes plus verticales signale la première transition historique et une esquisse de différenciation sociale. Ensuite, les sociétés intermédiaires caractérisées par la pratique de l'écriture, réservée à une élite, ou avec l'avènement des empires historiques (Rome, Chine), à la base d'importantes innovations culturelles. C'est là que se dégagent historiquement les problèmes de légitimation culturelle du politique, la formation d'une bureaucratie, l'apparition avec la monnaie de circuits économiques détachés de la tradition, enfin, mais de manière encore insuffisante, le besoin du droit. Enfin, les sociétés modernes, et surtout la société occidentale, dont les traits propres sont liés à son enracinement dans les deux cultures berceaux, Israël et la Grèce. Influence proprement culturelle qui va de pair avec le schéma cybernétique de Parsons selon lequel les changements dans les valeurs conditionnent les autres transformations sociales[67].

Dans ce récit, le processus de changement passe par quatre voies qui correspondent, comme le lecteur peut désormais s'y attendre, aux quatre fonctions primaires et aux quatre sous-systèmes sociaux. L'économie est le lieu d'une amélioration adaptative, un processus qui met à la disposition des unités sociales un nombre plus étendu de ressources. Dans le politique se vérifie un processus que Parsons appelle de différenciation proprement dit. Au niveau de la communauté sociétale a lieu un processus d'inclusion, désignant la manière dont de nouvelles unités entrent dans son cadre normatif, avec, par exemple, l'extension croissante des droits de citoyenneté dans la modernité. Enfin, au niveau du maintien des modèles culturels, se produit la généralisation d'un nouveau système de valeurs, puisque les diverses unités doivent doter d'une légitimité leurs modèles d'action, ce qui exige, paradoxalement, qu'au fur et à mesure que le réseau de situations sociales se complexifie, le modèle de valeurs atteigne des niveaux supérieurs de généralité[68].

Les trois révolutions majeures jalonnant l'émergence du type moderne de société, et qui se sont déroulées « dans un seul champ d'évolution, l'Occident[69] », ne sont ainsi interprétées que comme une sorte de différenciation entre les divers sous-systèmes : la révolution industrielle (différenciation entre l'économie et le politique), la révolution démocratique (différenciation entre le politique et la communauté sociétale), enfin, la révolution éducative (différenciation entre la communauté sociétale et le sous-système de maintien des modèles culturels). Cette dernière prend une importance centrale dans son récit de la modernité, tant la définition d'une communauté sociétale, non directement fondée sur la religion, passe par une révolution de l'enseignement comme quête de nouveaux moyens pour institutionnaliser une culture séculière. Au fond, rien d'étonnant à ce que Parsons mette l'accent sur l'éducation dans ce récit : l'accès à un certain niveau éducatif est à ses yeux un préalable nécessaire autant pour les individus que pour la coordination systémique de la société.

Dans cette vision de la modernisation, le schéma cybernétique est au service d'un véritable déterminisme culturel. La dialectique entre les éléments de conditionnement matériel et le contrôle culturel cède le pas, dans la pratique de l'analyse, à une vision renforçant à l'extrême le rôle des éléments culturels. Non seulement c'est à la culture que revient le rôle clé dans l'intégration de la société, mais le changement lui-même, pourtant théoriquement pensé à divers niveaux, finit par être interprété à partir de modifications d'ordre avant tout culturel lors du passage de la société primitive à la société intermédiaire (le rôle dévoué à l'écriture) et de celle-ci à la société moderne (l'accent est alors porté sur les codes institutionnalisés de l'ordre normatif interne s'ordonnant autour du droit). C'est dire que même si Parsons récuse toute théorie privilégiant un facteur unique, il hiérarchise les facteurs de changement. L'innovation dépend alors moins d'un simple accroissement des ressources au niveau des conditionnements de l'action, mais s'appuie plutôt, et en accord avec la hiérarchie cybernétique, sur des développements situés au niveau supérieur. C'est pourquoi il finit même par affirmer : « Je tends à croire à une détermination culturelle plutôt qu'à une détermination sociale. De même, je crois qu'au sein d'un système social les éléments normatifs sont plus importants que les intérêts matériels des groupes en présence pour expliquer le changement social[70]. »

En résumé, une société moderne implique le développement de sous-systèmes spécialisés dans des fonctions chaque fois plus spécifiques au sein d'un système général, et la constitution de divers mécanismes de coordination permettant de relier les sous-systèmes ainsi fonctionnellement différenciés. Le système de maintien des valeurs, la communauté sociétale, le système politique et l'économie se différencient progressivement, exigeant le déploiement de mécanismes chaque fois plus complexes afin de coordonner leurs échanges. La modernisation passe par une dissociation croissante d'activités au terme de laquelle chaque élément remplit une fonction spécialisée au sein d'un nouveau système plus complexe et hiérarchisé d'une nouvelle manière.

Éloge de la différenciation

Tout système opère par une série d'échanges entre acteurs, repose sur des mécanismes de contrôle supposant un haut degré d'information, et passe par un rapport avec son environnement. Le système repose sur une combinaison d'éléments à peu près stables, l'essentiel de l'analyse portant d'ailleurs sur la nature des liaisons établies entre les divers éléments. Surtout, pour Parsons, le maintien d'un système social n'est pas une donnée statique ou immuable ; au contraire un grand nombre de processus sont nécessaires pour assurer son maintien en état de fonctionnement. Au fond même, « il n'y a aucune différence entre les processus qui servent à maintenir un système et ceux qui servent à le changer[71] ». La différence tient à l'intensité, à la distribution et à l'organisation des composants « élémentaires » par rapport aux structures qu'ils affectent. D'une multitude de petits changements on arrive à une situation où les mécanismes ayant pour tâche d'assurer le maintien du système sont dépassés. Le système évolue alors vers une nouvelle forme à travers toute une série de processus de déséquilibres, avant qu'un nouvel état d'équilibre, qualitativement différent de l'état initial, s'organise. Or, pour Parsons, l'évolution des sociétés irait irrémédiablement vers une augmentation toujours croissante de ses capacités d'adaptation, voire d'équilibre des différents sous-systèmes sociaux[72].

Cette différenciation, toujours croissante, appelle à un renouveau des mécanismes d'intégration. L'augmentation de la capacité d'adaptation généralisée devient alors le critère de jugement «moral» ultime de la société. Situation qui ouvre deux possibilités antagoniques selon que l'intégration est réussie ou pas. Face à ces deux possibilités, Parsons oscille entre le pessimisme qui caractérise sa lecture du mouvement nazi, et l'optimisme qu'il exprime à cet égard vis-à-vis de la société américaine.

Rappelons que, pour Parsons, dans les études qu'il fournit au milieu des années quarante, le propre des mouvements fascistes est de se déployer à l'issue d'une phase d'anomie, là où les acteurs sont dépourvus d'un lien institutionnel assurant leur intégration sociale. Les individus manquent d'un système stable de symboles et sont minés par l'insécurité. La complexité des influences auxquelles est soumis l'individu s'accroît considérablement, la société cesse d'octroyer des définitions socialement sanctionnées des situations, et l'individu est confronté à un grand nombre possible d'alternatives d'action dont l'ordre de préférence est loin d'être clairement établi[73]. Mais si cette explication rend compte de l'appel à des mouvements fascistes, elle ne rend pas compte de leurs formes réelles. En fait, celles-ci s'expliquent par une réaction contre l'idéologie de la rationalisation de la société, dont les juifs deviendront le symbole. Tendance générale qui aura des traductions psychologiques différentes selon le degré différentiel d'ébranlement des valeurs traditionnelles des groupes sociaux. L'expansion du fascisme dans certains pays s'explique, à suivre Parsons, par le degré auquel les divers pays étaient parvenus à intégrer les valeurs nationales traditionnelles avec les symboles de la modernisation. Le fascisme est alors le résultat de l'interaction dans les sociétés occidentales entre des structures institutionnelles imparfaitement intégrées, des définitions idéologiques des situations, et une réaction psychologique face à l'anomie ayant lieu dans une étape spécifique de leur processus de développement[74]. Observons que l'analyse porte en elle un jugement à la fois moral et historique : l'identification d'une action au processus général de la modernité ne le définit pas seulement comme progressiste, il le caractérise en même temps comme une conduite socialement souhaitable, tandis que si l'acteur s'oppose à ce mouvement ou y résiste il est rétrograde et sa conduite moralement condamnable.

S'il est loin d'être entièrement insensible aux crises dues à une trop grande différenciation sociale, cet aspect des choses reste, en ce qui concerne sa vision de l'Amérique, transitoire et circonscrit, ne faisant pas partie d'une théorie générale de la modernité[75]. En fait, sa vision, en dernière analyse, repose sur une philosophie positive de l'histoire. Dans sa conception de la pleine modernité, il n'y a pas vraiment d'espace critique pour une vision dialectique de la modernisation. Parsons est incapable de percevoir véritablement les faces d'ombre, profondes et structurelles, et non seulement empiriques et conjoncturelles, de la modernisation. Pour lui, en Amérique, les divers processus de différenciation, dans la mesure où ils parviennent à s'imposer, ont tendance à s'étendre, accentuant le passage à des normes de plus en plus généralisées d'action s'appliquant à un nombre croissant de situations. C'est ce type d'analyses qui ont pu faire dire à Gouldner que son œuvre était une des expressions majeures de l'idéologie conservatrice des années cinquante et soixante[76].

Le niveau de la différenciation sociale devient le critère central permettant de définir la modernité d'une société. Et à son tour la capacité d'une société (ou d'un acteur) à gérer cette différenciation par une complexité croissante devient le critère de jugement du bien et du mal dans une société séculière. Il suffit de relier les deux ordres analytiques pour parvenir à ce qui est le jugement liminaire de Parsons à propos de la modernité, la différenciation sociale comme un autre nom du progrès.

Il serait absurde de nier toutes les tensions repérées et observées par Parsons au cœur de la modernité, y compris dans la société américaine. Mais au fond, et quelle que soit la difficulté à agencer des rôles divers, voire ouvertement contradictoires, les tensions, chez Parsons, dans la mesure où elles trouvent leur origine dans des processus multiples de différenciation sont toujours, à terme, au service d'une intégration croissante de la complexité sociale. Un optimisme enragé prime tout au long de son œuvre. Des doutes l'assaillent mais il ne cède jamais au désespoir ; l'Amérique a trop de ressources pour cela. On a fait de lui le champion, voire le porte-parole impérialiste d'une Amérique trop sûre d'elle-même. Si cette affirmation est en partie vraie, elle ne doit pas faire oublier néanmoins, ce qui sans doute reste l'élément définissant le mieux son interrogation sociologique, à savoir son inquiétude quant à la nature essentiellement fragile et incertaine de l'action sociale, et au-delà d'elle, de l'ordre social. Tel est le vrai *pathos* sociologique de Parsons. Il essayera de se rassurer toute sa vie, d'accumuler les réponses garantissant le maintien de l'équilibre du système. Mais son acharnement a quelque chose d'étrange à moins de comprendre qu'à la racine même de sa réflexion se trouve un doute radical sur la possibilité de cette même intégration, un doute sociologique qui entre souvent en opposition avec sa confiance normative dans l'Amérique. C'est leur synthèse qui définit le mieux la vocation parsonienne de la modernité. Au fond, et dans ce sens précis, Parsons est un tragique compulsif, souvent à son corps défendant.

*

Chez Parsons, l'écart entre l'acteur et la situation est toujours résolu par une position affirmant que la réalité externe est réglée par des critères moraux. L'homme ne fait guère face à un monde mystérieux et incompréhensible. La vie en société se déroule toujours parmi des objets familiers. La socialisation est le moyen essentiel permettant à l'individu de s'orienter. Il peut bien, tour à tour, apparaître comme optimiste ou comme pessimiste, peu sensible aux conflits sociaux ou à l'inverse, hautement réceptif aux conflits générationnels[77], insistant sur l'adéquation réussie entre un acteur et un rôle ou au contraire sur la multiplication de systèmes de statuts ambigus, dans tous les cas, il reste persuadé que seul un système homogène de valeurs permet véritablement de répondre à l'écart entre le sujet et le monde objectif (ou pour reprendre ses mots, entre un acteur, un environnement externe, une motivation, et la médiation des interactions par un système symbolique partagé). Depuis le début de sa vie intellectuelle, sa conception ne change guère sur ce point.

L'œuvre de Parsons a dès lors un statut particulier. Aucune autre théorie classique ne possède sa complexité, aucune autre n'est traversée autant par un sentiment épistémologique de la fragilité de l'action et de l'ordre social, aucune autre ne tombe autant dans l'identification de la différenciation au progrès, aucune autre enfin n'est autant persuadée de la capacité d'intégration normative des sociétés modernes. Mais la force majeure de Parsons provient de la très paradoxale socialisation qu'il opère de la distance matricielle propre à la modernité. À la différence de Durkheim pour qui l'écart entre les dimensions objectives et subjectives suivait de près le bouleversement de la réalité sociale à la fin du siècle dernier, pour Parsons, la conscience de cet écart premier est avant tout de nature épistémologique[78]. Elle découle des présupposés sur lesquels il assoit, dès 1937, sa conception de la réalité sociale et de la pratique sociologique[79]. Conception simple : le monde réel existe indépendamment de l'acteur, le rapport de l'individu au monde est, au mieux, une adaptation, intellectuelle et pratique, réussie. Et pour assurer cette dernière, il faut faire recours à la socialisation.

Parsons donne une vision beaucoup plus abstraite de la vie sociale que celle de ses prédécesseurs. Non seulement au niveau de l'échange entre systèmes, mais aussi au niveau des interactions. D'où le paradoxe de son œuvre : lorsqu'on le suit à l'intérieur de son univers théorique, l'écart semble effectivement se réduire, tandis qu'à l'inverse, lorsqu'on regarde de l'extérieur sa Suprême Théorie on ne peut qu'être assailli par le vertige de la distance, de la nouvelle distance, qu'il confirme dans la réflexion sociologique sur la modernité. Avec lui, et pour la première fois, la sociologie dispose d'un langage analytique qui permet de rendre compte de l'étendue considérable du problème de la coordination à distance des individus, à l'aide des moyens d'échange généralisés. Distance qu'il pense pouvoir combler, de manière plus ou moins harmonieuse, par la théorie de la socialisation. Après lui, la synthèse va progressivement se défaire. Il s'agira alors soit d'accentuer le rôle de la programmation des individus dans l'équilibre de la société, soit, à l'inverse, de postuler l'existence de différents systèmes régis chacun par des mécanismes de structuration autonomes, et qui ne s'interpénètrent plus qu'au gré de mouvements plus ou moins aléatoires et impossibles à maîtriser.

III

Pierre Bourdieu, de l'habitus à l'hystérésis*

I. TRADITION ET MODERNITÉ

L'œuvre de Bourdieu a une place particulière dans les analyses sociologiques des sociétés modernes. À la différence de bien d'autres sociologues, il croit pouvoir observer au cœur même des sociétés modernes ce qu'on a souvent considéré comme le propre des sociétés traditionnelles, à savoir le maintien d'une correspondance étroite entre les situations sociales et les attitudes des agents[1]. C'est ainsi qu'une des notions majeures qu'il a recréées, et la volonté même de son projet intellectuel, vise à dégager des modèles d'analyses transhistoriques, un mode de pensée relationnel pouvant s'appliquer, structuralement, à diverses sociétés et périodes : « Le but de la recherche est de découvrir des invariants *transhistoriques* ou des ensembles de relations entre des structures relativement stables et durables[2]. »

Pourtant, dans son œuvre, il est facile de repérer une distinction essentielle entre les sociétés peu différenciées et les sociétés hautement différenciées, classement qui

* Pierre Bourdieu (1930).

suit de près le récit des sociétés modernes qui s'est lentement forgé dans la filiation de la matrice de la différenciation sociale[3]. « L'évolution des sociétés tend à faire apparaître des univers (ce que j'appelle des champs) qui ont des lois propres, qui sont autonomes [...]. On a ainsi des univers sociaux qui ont une loi fondamentale, un nomos indépendant de celui des autres univers, qui sont auto-nomes, qui évaluent ce qui s'y fait, les enjeux qui s'y jouent, selon des principes et des critères irréductibles à ceux des autres univers[4]. » C'est en effet de la différenciation sociale que découle la préoccupation essentielle de Bourdieu, établir un principe de domination à travers différents champs historiquement constitués *et* montrer la forte adéquation entre les exigences de chaque champ, les positions sociales occupées et les dispositions individuelles. Ce double principe d'intégration de la société moderne, par le haut, à travers la notion de champ de pouvoir, et par le bas, grâce à la correspondance entre les champs et les habitus, vise à produire une analyse matérialiste de la vie sociale, qui respecte et même accentue son caractère proprement symbolique.

Peu d'auteurs se sont autant efforcés que Bourdieu de nier l'existence pratique de la distance matricielle propre à la modernité. Son œuvre vise au dépassement des dichotomies et notamment celle de l'objectivisme et du subjectivisme, « un des plus funestes [de ces] "couples de concepts"[5] ». Opposition contre laquelle s'est même erigée tout entière sa sociologie : « L'intention la plus constante et, à mes yeux, la plus importante de mon travail a été de la dépasser[6]. » En fait cette distance matricielle propre à la modernité, Bourdieu la considère comme le propre de la situation scolastique, qui permet un regard indifférent aux contextes et aux fins pratiques, une indépendance à l'égard de toutes les déterminations qui « ne s'acquiert et ne s'exerce que dans et par une distance effective par rapport à la nécessité économique et sociale (par quoi elle est étroitement liée à l'occupation de positions privilégiées dans la hiérarchie sexuelle et sociale)[7] ». C'est aussi cette situation scolastique qui se trouve à la racine du mécanisme par lequel le savant impute à l'agent une vision qui lui est totalement étrangère.

Pour contrer la distance matricielle propre à la modernité, Bourdieu est contraint de mettre au cœur de sa vision sociale un modèle presque idéal, et presque immémorial, de correspondance entre les positions sociales et les dispositions individuelles. La principale stratégie intellectuelle de Bourdieu se trouve ainsi à l'origine même de sa pensée. C'est là qu'il défait la coupure fondatrice propre à la sociologie entre la communauté et la société, un passé homogène et un présent déchiré. À l'inverse, Bourdieu, en transformant la distance matricielle en problématique intellectuelle, peut s'appuyer sur une correspondance étroite entre l'agent et les situations, sur leur complicité ontologique, et faire de cet accord le principe de fonctionnement normal de toutes les sociétés. « L'habitus entretient avec le monde social dont il est le produit une véritable complicité ontologique, principe d'une connaissance sans conscience, d'une intentionnalité sans intention et d'une maîtrise pratique des régularités du monde qui permet d'en devancer l'avenir sans avoir seulement besoin de le poser comme tel[8]. »

Le lien étroit entre l'agent et la situation que Bourdieu découvre dans les sociétés peu différenciées, il le transforme en modèle universel de la pratique humaine grâce auquel il s'efforce d'expliquer la vie sociale. La relation est d'ailleurs explicite : « La plupart des concepts autour desquels se sont organisés les travaux de sociologie de l'éducation et de la culture que j'ai menés ou dirigés [...] sont nés d'une généralisation des acquis des travaux ethnologiques et sociologiques que j'avais réalisés en

Algérie[9].» Et dans ce sens le transfert le plus important concerne «l'intérêt porté aux structures cognitives, aux taxinomies et à l'activité classificatoire des agents sociaux[10]». Comme le souligne alors justement Michel de Certeau, sur cette pensée plane toujours l'ombre de l'analyse de la maison kabyle[11], véritable foyer de sens, là où toutes les symétries sont de rigueur, toutes les oppositions homologues, toutes les dispositions en accord avec les positions[12].

Disons-le plus clairement. La coupure essentielle ne passe pas pour Bourdieu entre la tradition et la modernité mais entre des situations marquées par un ajustement étroit entre les attitudes et les positions et des situations où, à l'inverse, prime un désaccord. Certes, la représentation qu'il donne de la tradition est bien celle d'un univers où existe un fort accord entre les attitudes subjectives et les structures sociales, mais cette correspondance, que la plupart des sociologues placent dans un passé révolu, Bourdieu s'efforce de la montrer à l'œuvre au sein même des sociétés modernes. C'est pourquoi ceux qui affirment que son système ne parvient pas à expliquer le changement ont certainement tort. Bourdieu ne nie pas le mouvement inhérent à la modernité. Il en fait même, avec l'idée d'une différenciation croissante des champs sociaux, un de ses objets préférés d'analyse. Mais la prise en compte pratique de ce mouvement n'a d'autre fonction que de réaffirmer la présence, au sein de sociétés hautement différenciées, de l'indifférenciation entre les attitudes et les structures[13].

Pourtant, Bourdieu montre des différences non négligeables entre ces deux types sociétaux. La première tient notamment au fait que si dans les sociétés traditionnelles prime le capital symbolique, la logique de l'honneur et du prestige assurant «ce qui est "objectivement" une forme déguisée d'achat de la force de travail et une extorsion clandestine des corvées[14] » dans les sociétés modernes, « le capital économique est l'espèce dominante, par rapport au capital symbolique, au capital social et même au capital culturel[15] ». La deuxième différence, mieux explorée et soulignée dans son œuvre, porte sur la transformation du mode de la domination, qui passe « d'un capital symbolique diffus, fondé sur la seule reconnaissance collective, à un capital symbolique objectivé, codifié, délégué et garanti par l'État, bureaucratisé[16] ». Les sociétés différenciées se caractérisent en effet par une importante concentration, dans l'État, du capital symbolique, c'est-à-dire de ce pouvoir mystérieux de nomination. L'État apparaît alors comme une sorte de banque de capital symbolique, garant de « tous les actes d'autorité, actes à la fois arbitraires et méconnus comme tels[17] ». Il est « dans les sociétés modernes, le responsable principal de la *construction des catégories officielles* selon lesquelles sont structurés et les populations et les esprits[18] ». La troisième, liée à la précédente, suppose que lors du passage à la modernité les pratiques se lestent de nouvelles dimensions réflexives, plus conscientes, et surtout, plus codifiées. « La rencontre de deux groupes très éloignés, c'est la rencontre de deux séries causales indépendantes. Entre gens du même groupe, dotés du même habitus, donc spontanément orchestrés, tout va sans dire, même les conflits ; ils se comprennent à demi-mot, etc. Mais avec les habitus différents apparaît la possibilité de l'accident, de la collision, du conflit… La codification est capitale parce qu'elle assure une communication minimale. On y perd en charme… Les sociétés très peu codifiées, où l'essentiel est laissé au sens du jeu, à l'improvisation, ont un charme fou et, pour y survivre, et surtout pour y dominer, il faut avoir un génie des relations sociales, un sens du jeu absolument extraordinaire. Il faut sans doute être beaucoup plus malin que dans nos sociétés[19]… »

Néanmoins, et malgré le poids réel de ces changements, c'est la représentation de la régularité foncière des pratiques sociales qui est au fondement même de sa démarche sociologique. « Je peux dire que toute ma réflexion est partie de là : comment des conduites peuvent-elles être réglées sans être le produit de l'obéissance à des règles[20]. » L'œuvre de Bourdieu peut dès lors se lire comme le conflit entre l'affirmation intellectuelle de la correspondance pratique entre les positions et les dispositions et, bien plus souvent que sa conception ne le laisse entendre, la découverte pratique du désaccord entre les places et les agents. L'image de la modernité qui se forge alors au travers de cette œuvre est moins celle d'une correspondance universelle que celle de correspondances historiquement transitoires et topologiquement circonscrites. Une partie de la séduction de l'œuvre provient d'ailleurs de sa capacité à repérer un nombre croissant de décalages, tout en maintenant avec insistance le bien-fondé de la notion d'habitus. Bourdieu ne cesse jamais de penser relationnellement tout en plaçant au cœur de son mode d'analyse un modèle qui, à cause de prétentions analytiquement prescriptives, finit par opérer comme un résidu substantialiste.

II. L'ESPACE SOCIAL ET LE MODÈLE PRESCRIPTIF DE L'ACCORD

Les champs

La société moderne, société différenciée, n'est pas une totalité, mais est un ensemble de différents champs, avec des règles relativement autonomes[21], qui ne peuvent pas être ramenées à une logique unique, même si les positions en leur sein renvoient à une homologie avec le champ du pouvoir lui-même[22], sorte d'espace des espaces parfois explicitement identifié à la théorie des classes sociales. Cet espace social est hiérarchisé par deux dimensions. D'un côté, par le volume global de capital détenu (du plus important au moins important) et de l'autre côté, par l'espèce de capital dominant par rapport à l'espèce de capital dominé. Transformations et reconversions sont à la base de divers processus de classement, déclassement et reclassement des agents, mais aussi de la perpétuation d'une domination sociale.

Les deux principes de différenciation les plus efficients pour les sociétés modernes sont le capital économique et le capital culturel. Le champ de pouvoir, dans les sociétés modernes, possède ainsi une structure chiasmatique, la distribution selon le principe de hiérarchisation dominant, le capital économique, croisant la distribution selon le second principe de hiérarchisation, le capital culturel. Chacun des champs a une structure homologue opposant le pôle des positions dominantes économiquement et dominées culturellement et, à l'autre pôle, les positions dominantes culturellement et dominées économiquement. Cette homologie entre les champs spécifiques et le champ social global permet de rendre compte des stratégies opérant sur différents champs à la fois[23]. Les luttes propres au champ du pouvoir visent à déterminer la valeur et la force relative des différents pouvoirs capables de s'exercer dans les différents champs[24]. Autrement dit, le positionnement hiérarchique des agents renvoie à une théorie de la domination sociale basée sur la convertibilité des différentes formes de capitaux (économique, culturel, social, symbolique) et la possibilité de conflits entre ses détenteurs. C'est ainsi, par exemple, que les questions de reproduction opposent aujourd'hui, au sein des classes dominantes, deux grandes stratégies, d'un côté « une gestion purement familiale des problèmes de reproduction et une gestion familiale qui fait entrer un certain usage de l'École dans les stratégies de reproduction[25] », la deuxième se distinguant par l'usage privilégié des institutions scolaires. Le champ de pouvoir désigne donc l'espace des rapports de forces entre les différentes espèces de capital, dont la lutte s'intensifie chaque fois qu'est mise en question la valeur relative des différentes espèces de capital. Dans ce champ, le poids de l'État est non négligeable puisque, grâce à la concentration des diverses ressources matérielles et symboliques, il est capable de régler le fonctionnement des différents champs[26]. Émerge alors ainsi une sorte de capital étatique qui permet notamment de contrôler le taux de change des diverses espèces de capital[27].

C'est l'existence de ce champ du pouvoir qui explique à terme pourquoi, malgré la pluralité des champs sociaux, « chacun d'eux est une forme transformée de tous les autres[28] ». Ces champs ne sont pas des espaces réels mais des constructions relationnelles, qui tracent une topologie de la société moderne au-delà des seules institutions, et dont les frontières sont données empiriquement là où cessent les effets du champ. Les acteurs luttent en fonction de la place qu'ils occupent dans ces champs. La forme et la division du champ sont des enjeux des luttes, notamment entre les tenants et les prétendants, qui font l'histoire du champ et permettent, au moins à ce niveau, d'échapper à la rigidité ou à l'immobilisme.

La division et les conflits entre agents, au sein d'un même champ, suivent de près, et se plient, à la structure même du champ, ce qui explique que les attitudes soient, au fond, beaucoup plus homogènes qu'on ne le croit souvent. Placés dans un champ, les agents, malgré leurs divergences, ou plutôt, au travers de leurs divergences, ont, au fond, plus de choses en commun que de différences. Ils sont soumis aux mêmes contraintes. Les stratégies de concurrence au sein d'un même champ finiront par dégager de formidables logiques de clôture. Notons que la notion de champ donne une représentation particulière du processus de différenciation sociale. Chez d'autres auteurs, elle désigne au sens large la multiplication des sphères d'action tandis que pour Bourdieu il s'agit de souligner une forme spécifique de différenciation sociale, celle qui s'organise autour de domaines sociaux structurés autour d'enjeux, de positions et de dispositions clairement différenciés[29].

L'étude d'un champ est alors analytiquement semblable quel que soit par ailleurs le domaine abordé. Synchroniquement, le champ est étudié comme un espace social structuré au sein duquel des agents aux positions et ressources inégales s'affrontent pour améliorer leurs positions, et parcouru par d'autres luttes engageant la survie même du champ. Diachroniquement, l'étude de chaque champ doit tenir compte de sa genèse dont l'influence marque en profondeur le fonctionnement. Chaque champ doit, au travers d'une histoire toujours particulière, mais toujours analytiquement semblable, parvenir à établir son autonomie et son indépendance. La société dans cette analyse n'est à terme que l'espace structural de l'ensemble des univers sociaux ainsi constitués, et l'étude du poids relatif des différents champs. Le pouvoir entre les champs n'est dès lors qu'un effet de position relative, et de capacité d'influence autour de lui.

Tout champ repose sur des croyances et des présupposés partagés, bien au-delà des différences entre les agents, qui s'expliquent par le partage des catégories de pensées inscrites dans le langage[30]. Dans cette représentation, les contraintes de position ne sont saisies par les agents que de manière obscure, sauf dans les rares moments où elles débouchent sur la création d'un nouveau champ. Hors de ces moments fondateurs, leurs déclarations ne sont que le résultat de leurs positions ne visant, pour l'essentiel, qu'à les améliorer. Chaque champ porte des critères de régulation interne édictant des interdits et des récompenses légitimes. Ce qui explique à terme que les résultats des actions soient si peu le fruit de desseins volontaires, tant les actions sont prises, et déformées, par le filtre des agencements structurels invisibles par les agents eux-mêmes. En effet, la structure des positions objectives est au principe de la vision que les agents de chaque position ont des autres positions[31].

L'habitus

En dernière analyse, cette démarche sociologique repose sur la correspondance, plus ou moins étroite, entre l'espace des positions occupées dans l'espace social et l'espace des dispositions ou habitus de leurs occupants. À cet égard, Bourdieu n'hésite pas à parler de la « complicité ontologique entre l'habitus et le champ. Il y a entre les agents et le monde social un rapport de complicité infraconsciente, infralinguistique[32] ». C'est dire jusqu'à quel point l'habitus, produit de l'histoire, est en accord avec les schèmes engendrés par l'histoire elle-même. Incorporation de l'histoire passée, l'habitus permet donc une indépendance relative par rapport aux conditions extérieures immédiates de l'action, dans la mesure justement où les actions seront positivement sanctionnées si elles s'ajustent objectivement avec la logique caractéristique d'un champ. Autrement dit, grâce à l'habitus, l'agent « se sent chez lui dans le monde parce que le monde est aussi en lui sous la forme de l'habitus, nécessité faite vertu qui implique une forme d'amour de la nécessité, d'*amor fati*[33] ». Accord qui est à la base de la satisfaction intime des agents et provient moins de leurs capacités à satisfaire leurs besoins, que de la secrète correspondance par laquelle le champ auquel ils appartiennent favorise l'épanouissement de leurs habitus[34]. L'habitus vise ainsi dans cette démarche à éviter le double risque de l'objectivisme, qui ferait des agents de simples supports de structures, ou du subjectivisme, qui ferait des sujets les créateurs de leur destin[35]. La raison finale de ces actions provient du fait que l'habitus est un « système de *dispositions* durables et transposables, structures structurées prédisposées à fonctionner comme structures structurantes[36] ».

Comme chez Durkheim, il y a chez Bourdieu un lien étroit entre la morphologie sociale et les catégories cognitives[37]. Mais là où Durkheim voyait à l'œuvre des cultures globales et homogènes, Bourdieu insiste sur le rôle déterminant des divisions sociales. « Les divisions sociales deviennent principes de division, qui organisent la vision du monde social[38]. » Bourdieu élargit l'analyse durkheimienne en tenant compte des variations des dispositions cognitives selon les conditions sociales et historiques. L'habitus est le « produit de l'incorporation, sous forme de dispositions, d'une position différentielle dans l'espace social[39] ». L'objectivité de la subjectivité n'est alors que le résultat de l'incorporation de structures sociales objectives. L'idée centrale manifeste une conception duale de la réalité. D'une part, elle n'existe qu'au travers d'un ensemble de positions sociales objectives et d'une distribution des diverses formes de capital au sein de chaque champ, et d'autre part, sous forme de schèmes de perception et d'action durables incorporés par l'agent sous forme d'habitus. L'habitus est une structure sociale incorporée qui porte en lui la totalité de l'histoire d'un champ. La notion d'habitus désigne un système de dispositions durables, acquis de manière précoce, à la fois générateur des pratiques et facteur principal de la reproduction symbolique. C'est l'habitus qui permet de rendre compte de

Habitus.

l'harmonisation des pratiques et des processus de reproduction. L'habitus est l'incorporation d'un espace social structuré grâce auquel l'histoire et l'action de chaque agent n'est qu'une spécification de l'histoire et des structures collectives de classe. L'action n'est ni le résultat d'un choix rationnel ni une simple réponse à des contraintes externes. L'habitus est inextricablement programmation et stratégie, un sens du jeu, grâce auquel la vie sociale est « collectivement orchestrée sans être le produit de l'action organisatrice d'un chef d'orchestre[40] ».

Or, dans la notion d'habitus il y a trop de choses différentes que l'analyse, par un tour de passe-passe, essaye de faire marcher indissociablement ensemble[41]. D'abord, une dimension corporelle, préconsciente, l'existence spécifique d'une logique de la pratique que Bourdieu, bien mieux que d'autres sociologues, a su mettre en relief[42]. Seul l'habitus, « sorte de maîtrise acquise fonctionnant avec la sûreté automatique d'un instinct[43] » permet d'établir l'accord instantané face aux aléas et aux incertitudes des pratiques. « Les schèmes de l'habitus, formes de classification originaires, doivent leur efficacité propre au fait qu'ils fonctionnent en deçà de la conscience et du discours, donc hors des prises de l'examen et du contrôle volontaire[44]. » L'insistance sur la dimension proprement corporelle de l'habitus lui permet de cerner le propre d'une des dimensions de la logique de la pratique.

Ensuite, l'habitus porte en lui l'idée d'un positionnement social, l'idée d'un accord préétabli entre les espérances subjectives et les chances objectives, ce qui est déjà autre chose, et on peut en convenir, différent de ce qui précède. Cette dimension, liée à la perception des uns et des autres, à des classifications des acteurs, est donc plus réflexive. C'est sur elle que repose, jusqu'à un certain point, le propre de la domination sociale. « La doxa originaire est cette relation d'adhésion immédiate qui s'établit dans la pratique entre un habitus et le champ auquel il est accordé, cette expérience muette du monde comme allant de soi que procure le sens pratique[45]. » Cette correspondance remplit un rôle politique déterminant puisqu'elle se trouve même à la base de la domination sociale.

Enfin, l'habitus désigne aussi encore l'illusion nécessaire aux acteurs pour pouvoir s'engager, convenablement, dans le jeu, la croyance nécessaire et constitutive d'un champ : « C'est dans la relation entre les habitus et les champs auxquels ils sont plus ou moins adéquatement ajustés – selon qu'ils en sont plus ou moins complètement le produit – que s'engendre ce qui est le fondement de toutes les échelles d'utilité, c'est-à-dire l'adhésion fondamentale au jeu, l'*illusio*, reconnaissance du jeu et de l'utilité du jeu, croyance dans la valeur du jeu et de son enjeu qui fondent toutes les donations de sens et de valeur particulières[46]. » Pourtant, rien ne permet vraiment d'affirmer que l'investissement dans le jeu est d'autant plus fort et total « que l'entrée dans le jeu et les apprentissages associés se sont effectués de manière plus insensible et plus ancienne, la limite étant bien sûr de naître dans le jeu, de naître avec le jeu[47] ». C'est que dans la notion du sens du jeu sont encore fusionnées deux choses différentes : d'un côté la notion fait référence à un ajustement immédiat, à un sens quasi corporel d'autoplacement dans le jeu, et de l'autre côté, la notion souligne, en tant qu'illusion, l'implication nécessaire de l'agent dans le jeu – ce qui est tout autre chose.

Reste que l'habitus, comme jusqu'à un certain point l'inconscient freudien, contraint l'agent à obéir aux impératifs, non pas tant de la situation, mais de la réalité passée, parfois même, avant tout, celle de la prime enfance[48]. Un bon nombre de difficultés provient de cet état de choses puisque inévitablement le développement intellectuel de l'agent risque à tout moment d'être en retard par rapport au développement du réel et des situations sociales. Le rôle du passé dans le présent est donc central autant au niveau de l'agent que de la société. Inscrit dans l'habitus et dans les champs, il s'agit de comprendre, avant tout, comment le passé se projette dans le futur. C'est ici que prend forme le passage d'une sociologie des pratiques et des dispositions acquises, à une véritable philosophie de la reproduction sociale.

Figures d'adéquation

« En phase d'équilibre, *l'espace des positions tend à commander l'espace des prises de position*[49]. » La visée essentielle de la sociologie de Bourdieu consiste à montrer, au cœur des sociétés différenciées, l'accord entre les structures objectives et les structures mentales. La démonstration n'a jamais été aussi brillante que dans le domaine des pratiques culturelles.

L'habitus est à la racine de la reproduction sociale assurée par le système éducatif. À travers l'intériorisation des principes de l'arbitraire culturel opérée par l'ensemble des pratiques de l'action pédagogique, l'école engendre des habitus capables de produire des pratiques en accord avec la culture légitime, reproduisant alors, et par là même, les conditions sociales de production de cet arbitraire culturel. Mais l'efficacité du travail scolaire dépend en dernière analyse de la distance ou de la proximité qui sépare l'habitus de la prime éducation de l'habitus scolaire. Les parcours individuels sont déterminés par le degré de connivence existant entre la culture de classe d'un élève et la culture de classe légitimée et transmise par l'école. Pour les classes supérieures l'inculcation se fait en douceur, de manière naturelle, le travail pédagogique peut se fonder sur le jeu des implicites dans la mesure où il y a une correspondance et une continuité, entre l'arbitraire scolaire et l'habitus de classe[50].

Les divers moyens de sanction scolaire, diffus ou explicites, participent à ce processus. Les implicites pédagogiques ne sont véritablement saisis que par ceux qui disposent du sens du jeu. Les examens avec leurs exigences cachées d'aisance, d'élégance, de brio renforcent ce processus[51]. Mais c'est l'idéologie du don qui explicite le mieux cette inscription sur soi de l'excellence scolaire. À l'école, grâce à la méconnaissance du rapport réel établi entre la culture scolaire et la culture de classe, se réalise, par le biais de la sanction du succès scolaire, la conversion d'une inégalité sociale en réussite personnelle. L'école naturalise par là ce qui n'est que le résultat d'un arbitraire culturel : les dons individuels ne sont qu'un mérite de classe. À proprement parler, les dons (ou l'absence des dons) appartiennent à la classe, jamais à l'individu. Ce travail de consécration, donc de reproduction et d'exclusion, qui est le propre de toute institution scolaire, trouve, dans les grandes écoles, avec la concentration des pouvoirs et la transformation des capitaux, sa version la plus achevée. C'est là, en effet, que se déploie le mieux la logique de l'esprit de corps, notion qui désigne « la relation subjective que, en tant que corps social incorporé dans un corps biologique, chacun des membres du corps entretient avec le corps auquel il est immédiatement et comme miraculeusement ajusté[52] ».

Des observations analytiquement semblables sont à l'œuvre dans l'échelle des goûts. L'ensemble des choix individuels trouve l'essentiel de ses principes générateurs dans les systèmes de dispositions produits par une certaine hiérarchie entre les objets économiques et les objets culturels, qui oriente systématiquement les choix des agents vers des pôles organisant différentes visions du monde. C'est à propos de l'art, là où d'ailleurs la dénégation des déterminations sociales est la plus forte, que Bourdieu en administre la preuve : le rapport entre le capital scolaire et les goûts signale « la dépendance de la disposition esthétique à l'égard des conditions matérielles d'existence, passées et présentes[53] ». Bourdieu ira encore plus loin lorsqu'il affirme que « la disposition esthétique ne se constitue que dans une expérience du monde affranchie de l'urgence et dans la pratique d'activités ayant en elles-mêmes leur fin, comme les exercices d'école ou la contemplation des œuvres d'art. Autrement dit, elle suppose la distance au monde (dont la "distance au rôle" mise au jour par Goffman est une dimension particulière) qui est le principe de l'expérience bourgeoise du monde[54] ». Mais ce rapport distant et assuré au monde suppose certains conditionnements sociaux, et il n'est ainsi que l'expression distinctive d'une position privilégiée dans l'espace social.

Les goûts ne sont dès lors que des affirmations pratiques des différences sociales[55]. Rapport étroit et d'autant plus nécessaire qu'ils permettent de rendre compte de l'orchestration harmonieuse des conduites. Il s'agit de « substituer à la relation abstraite entre des consommateurs aux goûts interchangeables et des produits aux propriétés uniformément perçues et appréciées, la relation entre des goûts qui varient de façon nécessaire selon les conditions économiques et sociales de leur production, et les produits auxquels ils confèrent leurs différentes identités sociales[56] ». On l'aura compris, l'analyse suppose des conditions d'existence homogènes, imposant des conditionnements homogènes et produisant des systèmes de dispositions homogènes.

III. LA MÉTASTASE DES DÉSAJUSTEMENTS

Or, et malgré la volonté de Bourdieu d'établir un accord aussi étroit que possible entre l'habitus et le champ, cette relation ne cesse jamais, pratiquement, d'être écartelée[57]. C'est d'ailleurs sur ce point que la pensée de Bourdieu a le plus évolué depuis trente ans. Après avoir pendant longtemps affirmé la complicité ontologique entre l'habitus et le champ, il est lentement parvenu à accepter le caractère plus temporaire et circonscrit de ces ajustements[58]. Les habitus n'opèrent que lorsqu'ils sont l'incorporation d'une même histoire. C'est seulement là que les pratiques qu'ils engendrent sont mutuellement compréhensibles et immédiatement ajustées aux structures et donc objectivement concertées. La disposition ne produit cet ajustement immédiat que « dans la mesure et *dans la mesure seulement* où les structures dans lesquelles les pratiques fonctionnent sont identiques ou homologues aux structures objectives dont elles sont le produit[59] ». Autrement dit, l'effet des conditionnements primaires, qui sont à la base de l'habitus, peut ainsi rendre compte aussi bien des situations où les pratiques sont ajustées aux situations, que des cas où, à l'inverse, les dispositions agissent à contretemps et où les pratiques sont inadaptées aux situations présentes parce que objectivement accordées à des conditions révolues. L'hystérésis apparaît lorsque le sens de l'avenir probable se trouve démenti dans les faits. « L'hystérésis des habitus [...] porte à appliquer au nouvel état du marché des titres des catégories de perception et d'appréciation correspondant à un état antérieur des chances objectives d'évaluation[60]. »

Or, même s'il reconnaît que dans une société différenciée, et suite à la multiplication des champs, « les chances qu'apparaissent de véritables événements, c'est-à-dire des rencontres de séries causales indépendantes, liées à des sphères de nécessité différentes, ne cessent de croître et, par là, la liberté laissée à des stratégies complexes de l'habitus, intégrant des nécessités d'ordres différents[61] », Bourdieu ne développe pas, vraiment, au-delà de quelques exemples, toutes les implications de ce changement de donne sociale[62]. En dépit de quelques considérations, ces décalages, pourtant si nombreux dans son œuvre, sont toujours présentés comme mineurs ou passagers[63]. Et pourtant, au fur et à mesure que son programme de recherches se déploie, il est contraint d'accepter le mouvement inhérent à la modernité, d'accorder que « en raison notamment des transformations structurelles qui suppriment ou modifient certaines positions, et aussi de la mobilité inter- ou intragénérationnelle, l'homologie entre l'espace des positions et l'espace des dispositions n'est jamais parfaite et il existe toujours des agents en porte-à-faux, déplacés, mal dans leur place et aussi, comme on dit, "dans leur peau"[64] ». Il va alors jusqu'à affirmer que l'habitus « est un *cas particulier*, sans doute particulièrement fréquent (dans les univers qui nous sont familiers), mais qu'il faut se garder d'universaliser[65] ».

Le problème est alors de nature avant tout empirique. Il s'agit ainsi de repérer, dans chaque type de société, des situations d'ajustement ou de désajustement. Et à ce sujet, force est de conclure, à partir des travaux mêmes de Bourdieu, mais contrairement aux multiples affirmations théoriques qu'il a faites en sens inverse, au primat pratique, dans les sociétés modernes, des décalages.

Dans la modernisation

Le premier grand exemple est fourni par les études sur la société algérienne. Rien n'illustre en effet mieux le désarçonnement produit par la crise de la correspondance entre les structures cognitives et les structures sociales que la vision que Bourdieu donne du processus de la modernisation dans l'Algérie des années soixante. Vision, par ailleurs, hautement classique, reposant sur le récit, largement implicite mais toujours à l'œuvre dans ces travaux, du passage d'un monde traditionnel, fortement intégré, à un monde où les pratiques sociales portent la marque de l'ambiguïté. Bourdieu ne peut pas être plus explicite : « Chaque acte renvoie tout à la fois au modèle ancien, qui participait d'un système partiellement ou totalement détruit, à la situation nouvelle, et, enfin, au modèle à venir qui s'annonce à travers les bizarreries ou les contradictions de la conduite présente[66]. » Jamais Bourdieu ne semble épouser mieux le récit fondateur de la modernité, l'idée que le déplacement des individus d'un milieu rural à l'espace urbain et les bouleversements ainsi entraînés « ont déterminé une rupture avec les habitudes ancestrales et favorisé un retour réflexif sur l'existence antérieure[67] ». Dans l'entre-deux, l'individu s'approprie, seulement partiellement d'ailleurs, de nouvelles attitudes exigées par l'activité économique, mais surtout, il se défait des anciennes habitudes. La coupure se place au cœur même de chaque conduite, qui porte alors la marque des deux logiques, de la tradition et de la modernité. Surtout, l'individu est contraint à un travail accru de réflexivité consciente : « Ce qui était une des composantes du système de valeurs vécues sans être thématiquement portées au niveau de la conscience, en un mot, de l'*ethos*, devient un des préceptes de l'éthique[68]. »

Situation liminaire du social, là où la complicité ontologique fait défaut. Les Algériens sont confrontés à un changement accéléré, de surcroît imposé de l'extérieur par les colonisateurs. Les structures économiques et les structures cognitives dont elles dépendaient les déracinent. Dans cette phase de transition il y a une discordance entre les structures économiques et les attitudes concrètes, du fait d'une absence de synchronisation dans le rythme de leurs évolutions. Les désaccords coexistent alors autant dans la société que dans les consciences individuelles. Dans ce moment charnière, l'analyse des structures objectives ne parvient pas à rendre compte, véritablement, des dimensions subjectives : « Dans le cas de l'Algérie et des sociétés en voie de développement, où le système préexiste aux attitudes qu'il exige, la conscience économique concrète doit être l'objet premier de l'analyse[69]. » Le désaccord est tel que dans une situation de ce type, l'analyse devrait même renoncer, « en ce cas au moins, à déduire [...] les comportements du système[70] ».

La tension devient grande entre les normes traditionnelles, les anciens devoirs de solidarité, et les nouvelles exigences de l'économie individualiste et calculatrice. S'il ne l'exprime pas encore dans ces termes, le passage signifie, avant tout, le déplacement du primat du capital symbolique (de l'honneur) vers le primat du capital économique. En fait, l'individu est placé entre ces deux mondes : il n'est plus régi par le système de modèles de comportement qui traditionnellement régissait la conduite économique, mais il est, du fait de leur survie partielle, l'agent de conduites économiques absurdes tant du point de vue de la logique de l'économie traditionnelle que de l'économie rationnelle. La représentation qu'en donne alors Bourdieu est emplie d'une forte nostalgie critique. « Avec le règne généralisé du calcul, c'en est fini des relations enchantées que favorisait la société traditionaliste[71]. »

L'individu, notamment lorsqu'il est dépourvu de nouvelles ressources, est confronté à des contradictions qu'il ne parvient pas à exprimer au niveau de la conscience. Il se sent emporté par des forces échappant à son contrôle, il s'en prend tout au plus à des personnes, sans pouvoir jamais véritablement s'en prendre aux organisations et aux rapports sociaux qui les structurent. C'est pour le sous-prolétaire, entièrement absorbé par les difficultés immédiates de la vie quotidienne, que cette situation devient extrême. « Prisonniers de l'exil du présent », comme l'écrit si précisément Bourdieu, les sous-prolétaires sont condamnés à l'évasion magique par le rêve, à des demandes extrêmement réduites et résignées, et surtout, à des aspirations vers la sécurité. Le manque de moyens empêche le sous-prolétaire de s'arracher au présent immédiat et de se doter d'une image du futur autre que celle du futur imminent. En l'absence de possibles latéraux, la nécessité ne peut même pas être perçue en tant que telle. Remarquons que c'est à propos des sous-prolétaires, de ces ruraux déruralisés, et parce qu'ils ne possèdent pas la complicité ontologique requise, que la description de Bourdieu est la plus ouvertement tragique. Pour ces hommes « qui transportent en milieu urbain des attitudes des ruraux et qui n'ont pas les moyens d'accomplir la mutation nécessaire pour s'adapter à la vie urbaine, toute l'existence se passe sous le signe de la nécessité et de l'insécurité[72] ». Pour ces hommes, surenchérit Bourdieu, « il n'est rien de solide, rien de sûr, rien de permanent[73] ».

À propos de deux lectures de la domination

Dans l'œuvre de Bourdieu coexistent très souvent deux lectures différentes de la domination sociale. La première insiste sur la forte continuité entre les sociétés traditionnelles et les sociétés modernes. La domination ne résulte pas alors d'un travail délibéré d'imposition symbolique mais du fait que les agents appliquent aux structures objectives du monde social des catégories de perception issues de ces mêmes structures sociales et qui ont tendance à faire percevoir le monde comme évident, voire naturel. « L'ordre social repose principalement sur l'ordre qui règne dans les cerveaux et l'habitus[74]. » Dans cette lecture de la domination, la violence symbolique et tout ce qu'elle porte de tacite, auprès de ceux qui l'exercent comme de ceux qui la subissent, apparaît comme un effet de la structure du champ lui-même, comme une structure invisible qui organise la perception des acteurs. La domination découle des persuasions clandestines produites, presque mécaniquement, par l'ordre des choses et inscrites dans l'habitus[75].

Une deuxième lecture trace, à l'inverse, une véritable frontière entre les deux types de sociétés. « Les sociétés précapitalistes dépendent surtout des habitus pour leur reproduction tandis que les sociétés capitalistes dépendent principalement de mécanismes objectifs, tels que ceux qui tendent à garantir la reproduction du capital économique et du capital culturel et auxquels il faut ajouter toutes les formes de contraintes organisationnelles [...] et de codification des pratiques[76]. » Cette deuxième lecture de la domination fait référence au rôle de l'État (ou de l'école) et donc a une tonalité plus gramscienne, lorsque Bourdieu signale par exemple la possibilité d'un détournement de légitimation par les exécutants de l'État[77].

Dans cette conception, le rôle majeur revient aux institutions scolaires en tant que mécanismes participant à la reproduction des structures sociales et des structures mentales, favorisant la méconnaissance de la vérité des structures objectives, et par là même permettant la reconnaissance de leur légitimité[78]. « Toute socialisation réussie tend à obtenir des agents qu'ils se fassent les complices de leur destin[79]. » Le travail de consécration, souvent confié dans le passé aux instances religieuses, revient dans une large mesure aujourd'hui à l'école, qui, grâce aux épreuves scolaires, crée une élite en la dotant des propriétés imparties aux êtres sacrés. Elle participe ainsi fortement du pouvoir de nomination par lequel s'exerce la violence symbolique légitime de l'État[80]. Par l'école, entre autres, l'État consacre un état des choses, une relation de conformité entre les choses et les mots[81], parvenant à convaincre les divers agents, au moins partiellement, du bien-fondé de la division établie. Le système éducatif rend ainsi légitime une culture qui, comme toute culture, est arbitraire parce qu'elle repose toujours sur une définition sociale. L'école exerce une violence symbolique par laquelle elle parvient à imposer, sous forme d'action pédagogique, un ensemble de significations. Dans un seul et même mouvement, mais à travers toute une série de processus de transformation, l'école fait sienne la culture des classes dominantes, dissimule la nature sociale de cette culture et rejette, en la dévalorisant, la culture des autres groupes sociaux. À terme, toutes les autres cultures se définissent de manière hétéronome par rapport à cette culture légitime.

Néanmoins, ce mécanisme de reproduction est moins sûr que celui qui était propre aux sociétés peu différenciées. Le mode de reproduction à dominante scolaire porte, en lui, une « *contradiction spécifique* entre les intérêts de la classe que l'École sert *statistiquement* et les intérêts des membres de la classe qu'elle sacrifie, c'est-à-dire non seulement ceux qu'on appelle les "ratés" mais aussi les détenteurs de titres donnant droit "normalement" – c'est-à-dire dans l'état antérieur de la relation entre les titres et les postes – à une profession bourgeoise qui [...] ne peuvent faire honorer ces titres sur le marché[82] ». Le résultat est lui-même instable. Parfois, Bourdieu s'incline devant la toute-puissance de la domination sociale[83]. D'autres fois, au contraire, il semble se décider pour une augmentation des possibilités de contestation sociale puisque si les institutions parviennent de plus en plus à couvrir, en douceur, l'arbitraire du tout-pouvoir, le coût qu'exige ce travail s'accroît, comme s'accroissent aussi les risques de crise, ainsi que le « détournement subversif du capital spécifique qui est associé à l'appartenance à tel ou tel des champs issus du processus de différenciation[84] ». Mais quel que soit le choix de la lecture de la domination, l'essentiel réside dans la capacité des luttes sociales à défaire l'homologie établie entre les structures mentales et les structures objectives du monde social, là où l'individu perçoit comme naturelle la domination qui s'exerce sur lui.

En fait dans ce glissement, en apparence minime, il y a une acceptation tacite de la crise de la complicité ontologique. Soit elle existe vraiment et la légitimation du capital symbolique effectuée par l'État est redondante (on est alors dans la configuration propre aux sociétés peu différenciées), soit elle n'existe pas, ou seulement dans des champs circonscrits, et le travail de l'État devient déterminant pour établir la correspondance entre les structures de l'habitus et les structures du champ de pouvoir. À Bourdieu alors de conclure : « Chacun des états du monde social n'est ainsi qu'un équilibre provisoire, un moment de la dynamique par laquelle se rompt et se restaure sans cesse l'ajustement entre les distributions et les classifications incorporées ou institutionnalisées[85]. »

À l'origine des contestations sociales

À la racine même de cette lecture de la domination se trouve l'adhésion implicite à l'ordre établi, la correspondance entre les structures sociales et les structures cognitives, entre les divisions objectives et les schèmes classificatoires. C'est cet accord que la subversion politique doit justement défaire, ce qui passe nécessairement par une subversion cognitive. « Mais la rupture hérétique avec l'ordre établi et avec les dispositions et les représentations qu'il engendre chez les agents façonnés selon ses structures suppose elle-même la rencontre entre le discours critique et une crise objective, capable de rompre la concordance immédiate entre les structures incorporées et les structures objectives dont elles sont le produit et d'instituer une sorte d'*épochè* pratique, de mise en suspens de l'adhésion première à l'ordre établi[86]. » La crise objective est affirmée dans son primat génétique[87], et la principale explication de la contestation sociale se trouve dans les situations de désajustement. Les décalages « sont des facteurs de novation majeurs parce que les contradictions qui en résultent engendrent le changement[88] ».

Le raisonnement est à l'œuvre dans l'analyse que Bourdieu fournit de Mai 68. Le sens du mouvement se trouve moins pour lui dans la massification en tant que facteur morphologique que dans la manière dont elle a opéré à travers la logique spécifique du champ universitaire. La crise est ainsi avant tout le résultat des bouleversements des classifications intériorisées par les enseignants et de la crise de croyances qu'ils ont entraînée en ce qui concerne les barrières statutaires. Le sens de la contestation enseignante se trouve alors principalement dans le conflit de positions entre les différents échelons du corps enseignant et notamment l'opposition entre les professeurs et les maîtres de conférences[89]. D'ailleurs, une partie de l'analyse consiste ainsi à montrer que les lieux où la révolte est la plus forte sont justement les lieux où le désajustement entre les aspirations statutaires et la réussite scolaire était le plus grand.

Or, ce désajustement devient plus largement la cause explicative de la plupart des nouveaux mouvements sociaux qui se sont produits en France depuis Mai 68 : « C'est dans les changements du champ scolaire et, surtout, des relations entre le champ scolaire et le champ économique, dans la transformation de la correspondance entre les titres scolaires et les postes, que l'on trouverait le véritable principe des nouveaux mouvements sociaux qui sont apparus dans la France, dans le prolongement de 68[90]. »

En fait, le décalage entre la valeur scolaire et la valeur économique et sociale accordée aux titres est à la base d'une indignation méritocratique ou d'une frustration positionnelle de plus en plus fréquentes en France, et à la racine d'un bon nombre de mouvements de révolte ou de critique sociale. Dans les années soixante-dix, Bourdieu concluait en affirmant que du fait de l'intériorisation par l'agent de ses probabilités objectives de réussite, les élèves de milieu populaire avaient tendance à s'auto-éliminer[91]. Mais au fur et à mesure que la dérégulation du système scolaire s'accentue, Bourdieu est contraint de réviser son jugement : « Lorsque les structures se modifient, même légèrement, l'hystérésis structurale des catégories de perception et d'appréciation entraîne diverses formes d'allodoxia[92]. » Les agents ne parviennent pas (ne parviennent plus…) à une bonne appréciation des nouvelles donnes sociales. L'auto-élimination cède le pas aux diverses frustrations positionnelles. « Le décalage entre les aspirations que le système d'enseignement produit et les chances qu'il offre réellement est, dans une phase d'inflation des titres, un fait de structure qui affecte, à des degrés différents selon la rareté de leurs titres et selon leur origine sociale, l'ensemble des membres d'une génération scolaire[93]. » Ce décalage, structurel dans la France de la massification scolaire, entre les aspirations et les chances, est même à la base des divers « refus de la finitude sociale, qui est à la racine de toutes les fuites et de tous les refus constitutifs de la "contre-culture" adolescente[94] ».

Lors de l'émergence d'un champ

Si le désajustement est ainsi le propre de la plupart des sociétés en voie de modernisation, les décalages sont également à l'œuvre dans les sociétés hautement différenciées. Et en tout premier lieu, lors de l'émergence d'un nouveau champ, comme le montre l'étude de Bourdieu portant sur la création du champ littéraire et artistique contre le monde bourgeois. Bien sûr, les homologies sont de rigueur, mais l'émergence de ce nouveau champ lui-même est le fruit d'agents ayant des positions contradictoires, donc désajustées, et cherchant à se déployer au sein d'univers régulés. Certes, comme l'auteur s'efforce de le montrer, les dispositions des artistes lors de la genèse du champ artistique s'expliquent par leurs positions et leurs trajectoires semblables, voire par leur volonté de trouver dans le champ littéraire lui-même une position homologue à celle qui était la leur dans le champ de pouvoir (c'est-à-dire centrale, puisque par leurs origines sociales ils étaient pourvus et de capital économique et de capital culturel). Mais de deux choses l'une : ou bien l'agent est ajusté à sa situation (et il n'y a pas alors création de nouveau champ) ou bien, et en dépit de l'homologie structurale établie, il faut partir du constat du désajustement initial entre l'agent et les structures sociales.

Démarche qui permet de restituer la place du créateur en distinguant « entre les œuvres qui sont le pur produit d'un milieu et d'un marché et celles qui doivent produire leur marché et qui peuvent même contribuer à transformer leur milieu, grâce au travail d'affranchissement dont elles sont le produit et qui s'est accompli, pour une part, à travers l'objectivation de ce milieu[95] ».

Remarquons que l'invention de l'esthétique pure s'accompagne de l'invention d'un nouveau personnage social, le grand artiste professionnel. Double invention rendue possible par la situation socialement instable des premiers artistes, « ces êtres bâtards et inclassables dont les dispositions aristocratiques associées souvent à une origine sociale privilégiée et à la possession d'un grand capital symbolique [...] soutiennent une profonde "impatience des limites", sociales mais aussi esthétiques, et une intolérance hautaine de toutes les compromissions avec le siècle[96] ». Et peu importe alors vraiment, pour ce qui nous intéresse ici, que ce soient, le plus souvent, les plus riches en capital économique, culturel et social qui soient les premiers à se porter vers les positions nouvelles. La création d'un nouveau champ exige un mal-être social lié à un mode d'être social instable et bâtard. L'émergence du champ est alors intimement associée à des positions impossibles, génératrices de tensions qui poussent les agents à réunir des propriétés et des projets opposés et socialement incompatibles.

La souffrance

C'est sans doute dans *La misère du monde*, l'ouvrage que Bourdieu consacre à la France au début des années quatre-vingt-dix, que ces séries de désajustements se manifestent avec le plus de force. D'autant plus que, au-delà de la multiplicité des points de vue répertoriés et des individus interrogés, l'ensemble des entretiens vise à montrer l'actualité de l'accord étroit entre un parcours individuel et un processus collectif. Pourtant, ce projet initial cède le pas à une longue série de désajustements, liés, pour l'essentiel, à un déclin statutaire, ou à une position socialement ambivalente. À cet égard, peu importe, en fait, l'identité de l'enquêté : s'il s'agit d'un fonctionnaire, petit ou moyen, on montrera les injonctions contradictoires auxquelles il est soumis ; s'il s'agit de banlieusards, d'immigrés, de travailleurs, de paysans, de jeunes, on montrera le caractère inconsistant du monde qui est le leur, un monde empli de contradictions, et du sentiment d'injustice, né de la distance entre ce qu'ils croient être socialement (ou ce qu'ils croient devoir être ou devoir avoir) et ce qu'ils sont, ou estiment avoir.

Or, l'idée de souffrance vise justement à combler l'écart croissant observable entre la description positionnelle du monde donnée par cette sociologie et la réalité vécue éclatée des individus. Elle vise à désigner, encore, une frustration positionnelle relative et une identification profonde de la subjectivité à une position sociale. Or, de deux choses l'une : où les individus sont ce qu'ils devraient théoriquement être (et pas d'espace alors pour la souffrance positionnelle) ou ils ne sont pas, systématiquement, là où ils pensent qu'ils devraient être (et alors pas d'espace autrement que comme une théologie négative, pour l'idée d'habitus). Il ne s'agit alors que de la prise en compte, sans aveu explicite, de la distance croissante observable entre le modèle théorique et les pratiques observées, d'une démarche de plus en plus incapable de rendre compte de l'action « socialement existante » en des termes autres que négatifs. Il ne s'agit dès lors que d'expliquer ce qui est, la souffrance, par ce qui n'est plus, la correspondance génératrice de l'habitus. Désormais, il n'y a plus qu'un saisissement en négatif des individus. Au terme de ce parcours, la souffrance apparaît comme la chose la plus répandue (à défaut d'être la mieux partagée) du monde.

Là où *La distinction* s'efforce de montrer la correspondance parfaite entre les positions sociales et les goûts esthétiques, via l'habitus, *La misère du monde*, à l'inverse, nous fait rencontrer des individus qui ne sont jamais ce qu'ils devraient théoriquement être, ou encore, qui sont toujours en deçà ou au-delà de leur habitus. Et pourtant, la théorie elle-même semble ne pas tenir vraiment compte de cet infléchissement, de la signification ultime de cette inadéquation généralisée. Dans *La distinction* ce qui reste opaque à l'agent est la raison finale de ses goûts esthétiques, le fait qu'ayant intériorisé un goût par son parcours, il dit exprimer, et éprouver, en toute liberté ce qu'il est censé aimer en toute objectivation. Dans *La misère du monde* ce qui est désormais opaque ce sont les raisons finales d'une souffrance, elle-même polymorphe, venue à la fois de l'impossibilité pour l'agent d'exercer sa tâche sociale, de se saisir lui-même à l'aide de l'idée sociopositionnelle qu'il se fait de lui-même, ou encore, de la transformation en culpabilité des processus objectifs qui sont à la base de son désarroi. Si l'analyse fait toujours appel, d'une manière ou d'une autre, à une certaine idée d'inconscient, celle-ci est néanmoins d'une nature toute différente dans les deux ouvrages : hier inscrit dans l'agent, il est enfoui maintenant dans la (dé)régulation du système social. Hier, l'individu ne savait pas pourquoi il faisait spontanément ce qu'il faisait, aujourd'hui, l'individu ne sait plus, spontanément et jusqu'à un certain point, pourquoi il ne peut plus faire ce qu'il devrait faire. Le premier inconscient est incorporé par l'individu, le deuxième lui est extérieur, il est de nature sociostructurelle.

Plus largement, la situation de désajustement caractérise encore un bon nombre d'autres agents sociaux. C'est le cas, bien sûr, du petit-bourgeois qui est « condamné à toutes les contradictions entre une condition objectivement dominée et une participation en intention et en volonté aux valeurs dominantes[97] ». Ou encore, de tous ceux qui ont des positions encore mal définies de l'espace social, les membres de toutes les nouvelles professions[98]. Ou lors des situations de changement rapide, tout comme lorsqu'un champ connaît une crise profonde et voit ses régularités totalement bouleversées[99]. Ajoutons encore l'inconfort d'un très grand nombre de positions sociales parmi les intellectuels au sens large du terme, se caractérisant par des positions dominées, propre au champ culturel lui-même, tout en ayant, c'est le cas notamment des journalistes, des possibilités de domination en termes de notoriété et de consécration, de capacité à imposer à la société leur point de vue[100]. Mais il y a aussi tous ceux pour qui le désajustement est structurellement lié à une période de la vie, comme c'est le cas des adolescents (« si l'adolescence apparaît comme l'âge romanesque par excellence [...] c'est peut-être que l'entrée dans la vie, c'est-à-dire dans l'un ou l'autre des jeux sociaux que le monde social offre à notre investissement, ne va pas toujours de soi[101] ») ou encore, et à l'autre bout de la vie, des personnes âgées à cause, bien sûr, de leur vieillissement et du désaccord que le temps instaure entre leur habitus initial et le monde contemporain[102]. On pourrait encore ajouter, dans une liste certainement non exhaustive, l'indétermination et le flou propre à toute une couche sociale, comme Bourdieu l'affirme au détour d'une phrase à propos des couches moyennes aux États-Unis : « C'est dans les positions moyennes de l'espace social, spécialement aux États-Unis, que l'indétermination et l'incertitude objective des relations entre les pratiques et les positions est maximum ; et aussi, par conséquent, l'intensité des stratégies symboliques[103]... »

*

Les analyses de Bourdieu ont visé à la fois à souligner la différenciation structurelle de la société moderne en divers champs et à montrer à l'œuvre les puissants mécanismes d'intégration de cette même société. D'une part, sous forme d'homologie des champs en proposant une interprétation de leur ajustement. D'autre part, sous forme d'un ajustement entre les agents et les situations, en posant leur correspondance. Autrement dit, la différenciation des champs est limitée dans ses conséquences puisque l'habitus est toujours de rigueur. La distance matricielle propre à la modernité n'est que l'illusion d'une perception scolastique puisque l'accord est toujours étroit entre les orientations des agents et la morphologie des champs. Dans un véritable renversement apparent de la matrice, ce n'est plus la différenciation qui rend compte de l'intégration, mais l'intégration, par l'habitus et par l'homologie, qui est à la base des sociétés différenciées.

Pourtant, comme on l'a vu, les résultats analytiques sont souvent à l'opposé. Lentement le nombre de ces désaccords mène Bourdieu à l'aveu du renversement de la philosophie sociale à la base de sa représentation de la modernité[104]. À terme, on ne peut dès lors que se demander où est encore véritablement à l'œuvre la complicité ontologique entre l'habitus et le champ. L'ajustement ne semble vraiment de rigueur que dans le passé et pour les couches supérieures des sociétés différenciées, là où tous les bouleversements du monde sont minimisés et filtrés, là où les agents disposent effectivement de chances réelles de reconversion de leurs capitaux[105]. Ce qui explique, à bien des égards, la fascination intellectuelle que Bourdieu a eue toute sa vie envers les détenteurs de gros capital et les héritiers. L'attrait des classes dominantes provient peut-être du fait que ce n'est que pour elles, et presque seulement pour elles, qu'il est possible encore de trouver, au sein de la modernité, l'ajustement constamment recherché par Bourdieu. En effet, l'ajustement entre l'objectif et le subjectif est dans la modernité un privilège de classe. D'ailleurs, Bourdieu, en 1963, dans l'Algérie bouleversée de l'époque, affirmait déjà que « le traditionalisme est parfois un luxe[106] ».

Reste à comprendre pourquoi et comment une sociologie qui rencontre si souvent les décalages, dans autant de domaines, et depuis tellement longtemps, a pu continuer à faire de l'ajustement entre les structures cognitives et les structures sociales, entre l'objectif et le subjectif, le point nodal de sa démarche[107]. Certes, on pourra toujours affirmer que c'est la théorie de l'habitus qui permet justement de rendre compte des désajustements, mais lorsque les anomalies se multiplient au point de dépasser les régularités, faut-il vraiment encore s'efforcer de préserver le modèle initial ? Derrière ce constat, c'est une conception de la modernité qui vacille. Bien au-delà de la logique structurale et du mode de pensée relationnel, cette volonté repose, peut-être, dans le désir intellectuel de transformer une vision purement nostalgique du monde traditionnel en pensée analytiquement agissante. Mais au fond, et contre toute attente, c'est don Quichotte, bien plus que les hommes et les femmes de la maison kabyle, qui est l'emblème de cette sociologie.

IV

Niklas Luhmann, la contingence par la différenciation*

Malgré leurs profondes différences et la diversité des situations historiques dans lesquelles ils ont travaillé, un point essentiel d'accord rassemble les auteurs précédents. Pour tous les trois, la césure que la différenciation sociale introduit dans la société moderne est contenue par des processus d'intégration sociétaux. Pour une autre représentation, au contraire, plus aucune intégration cohérente ou harmonieuse de la société moderne n'est désormais possible. Ce qui se défait dès lors, au niveau de la matrice mère, n'est rien d'autre que le lien implicite entre la différenciation et l'intégration[1]. Cette vision a sa plus haute et complexe expression intellectuelle chez Niklas Luhmann. C'est chez lui que l'intégration de la société moderne est le mieux décrite comme une situation fortement aléatoire et jamais entièrement stabilisée. Pour Luhmann la nouvelle forme de différenciation mène à un accroissement considérable des capacités propres à chaque système et à la fin de toute possibilité de coordination hiérarchique entre les divers systèmes.

La théorie de Luhmann n'a pas une architecture hiérarchique, mais plutôt une forme réticulaire avec une multi-

* Niklas Luhmann (1927-1998).

tude de distinctions dont la pleine signification ne devient compréhensible que dans le contraste avec les autres concepts. Quel que soit alors le point d'entrée choisi, on est amené à aborder les autres, tant les divers concepts ne se construisent que comme une série de différences. S'il est possible d'observer une relation significative entre certains aspects de la conception théorique globale de Luhmann et des réalités ou des problèmes empiriques, étant donné son degré d'abstraction, ses concepts ne sont souvent que le produit d'une déduction ou d'une percée intellectuelle proprement autonome propre à son système de pensée. Cette situation n'est pas étrangère à la réception qu'a souvent connue l'œuvre de Luhmann, très souvent perçue soit comme un simple redéploiement redondant de quelques concepts dans divers domaines sociaux, soit comme des propositions générales et abstraites coupées de toute articulation ou éclairage empirique. Il est vrai que l'œuvre de Luhmann se déploie d'une manière concentrique, les mêmes thèmes étant souvent repris, à partir d'autres perspectives, avec plusieurs années d'intervalle[2]. Pourtant, il est possible, au moins du point de vue d'un souci de présentation, de distinguer des éléments appartenant à une théorie générale des systèmes sociaux, des aperçus sur une théorie spécifique de la société moderne, enfin, des études plus ponctuelles sur les systèmes partiels de la société moderne[3].

I. AU COMMENCEMENT SE TROUVE LA CONTINGENCE

À bien des égards, le point de départ intellectuel de Luhmann est semblable à celui de Parsons. Comme lui, il repère à la racine de la vie sociale une double contingence. La sociologie doit constamment rendre compte d'une situation paradoxale, à savoir que l'ordre social est toujours pratiquement existant, toujours déjà là, toujours donc déjà résolu en tant que problème et pourtant, et en même temps, hautement improbable. Au fond, dans toute opération de la vie sociale, chaque acteur peut répondre par une affirmation ou par une négation. Cette double possibilité fait envisager alors l'impossibilité fondatrice de la vie sociale. Les possibilités individuelles apparaissent de manière radicalement contingentes : *Ego* et *Alter* peuvent avoir des représentations opposées et sans coïncidence. En tout cas, la contingence irrépressible de la vie sociale suppose que leur interaction puisse se dérouler toujours autrement.

Si chez Parsons la réponse à ce problème réside dans la stabilisation des attentes réciproques entre les acteurs suite à l'intériorisation par eux d'un système normatif commun permettant les interactions, Luhmann, quant à lui, vise à apporter une réponse capable de conserver en elle, de manière durable, la plus grande dose possible de contingence sociale (c'est-à-dire la virtualité qu'il existe toujours d'autres possibilités). Au départ, il pose le problème d'une manière semblable à Parsons. Les expectatives de la conduite d'*Ego* dépendent de la contingence de la réponse possible d'*Alter*, et à son tour les expectatives d'*Alter* dépendent de la contingence des réponses d'*Ego*. C'est dire jusqu'à quel point, lors de toute relation, il peut se produire de l'inattendu, jusqu'à quel point les possibilités de communication ne sont, justement, que des possibilités.

Or, pour Luhmann, *Ego* et *Alter* ne désignent pas des personnes indépendantes existant en dehors de la communication. Au contraire, pour lui, ils ne sont effectivement *Ego* et *Alter*, que si et seulement si ils font partie de la communication. Pour Luhmann, la double contingence ne peut pas être ramenée à aucun des participants, elle est en elle-même indéterminée et possède une indépendance propre qui est à la base même de la vie sociale. *Ego* et *Alter* s'appuient sur des imputations réciproques : chaque système fait ce que l'autre veut, si à son tour, celui-ci fait ce que veut le premier. La formulation que donne Luhmann est à maints égards surprenante : deux boîtes noires, qui par le fait d'on ne sait quelles occasions, établissent une relation entre elles, dans laquelle chacune détermine sa conduite à partir de ses propres opérations autoréférentielles. La communication établie déclenche une série, puisqu'elle appelle à une réaction. Les capacités de traitement de l'information propre à chaque système lui permettent d'observer l'autre comme un système dans un environnement, et d'appréhender sa forme autoréférentielle à partir de sa propre observation. Les critères sélectifs de l'autre système ne peuvent pas être observés de l'extérieur. La seule chose qu'*Ego* observe est la sélection réalisée dans son environnement par *Alter*. L'indétermination de la propre autoréférence du système est, et reste, totale. Par ce biais, et par celui de leur action, par laquelle un des protagonistes essaie d'influencer ce qu'il observe, apparaît un ordre émergent, justement le système social. À ce niveau la contingence devient pleinement sociale, puisqu'elle se présente à partir d'un horizon double de perspectives. *Ego* ne peut pas assumer l'opération autoréférentielle d'*Alter* mais il peut apprendre à partir de sa position d'observateur. L'ordre social naît des observations réciproques faites par des systèmes autoréférentiels[4]. En bref, il s'agit de comprendre comment la différence se trouve au fondement de l'explication de l'ordre social.

Les différents plis et tournures de cette œuvre complexe, voire compliquée, se trouvent analytiquement rassemblés par cette volonté intellectuelle de maintenir constante, à n'importe quel niveau d'évolution ou de stabilisation des systèmes sociaux, la conscience du caractère hautement improbable de l'ordre social. Quelle que soit la véritable portée du « changement de paradigme » survenu au début des années quatre-vingt, avec le tournant autopoïétique de son œuvre, il peut être interprété comme une manifestation de plus de cette volonté, une représentation renforcée de l'improbabilité foncière des systèmes sociaux. La théorie des systèmes est pour Luhmann le cadre théorique le plus pertinent, et le plus développé à ce jour, pour rendre compte des formes à partir desquelles la société moderne se décrit. Sa complexité oblige à se défaire de l'illusion de trouver au niveau de l'action ou du sujet les éléments de compréhension de notre société.

II. LES SYSTÈMES AUTORÉFÉRENTIELS

Un changement de paradigme

La théorie des systèmes de Luhmann part de l'idée de la transformation de la notion de système durant ces dernières décennies[5]. La première transformation marque le passage de la conception de systèmes fermés à des systèmes ouverts, c'est-à-dire de systèmes qui échangent de l'énergie avec leur environnement. Or, dans cette conception, la tentation analytique est grande de faire de ce dernier le véritable facteur transformateur du système lui-même[6]. Mais à cette transformation succède une deuxième. encore plus importante, décrite par le paradigme de l'autopoïesis[7]. À la base de ce paradigme se trouvent les travaux de Humberto Maturana[8]. Pour cet auteur il s'agit d'étudier les êtres vivants comme des systèmes organisationnellement et informativement clos (clôture qui n'est pas à confondre avec leur ouverture énergétique vers l'environnement). Cette clôture est la caractéristique majeure de systèmes autopoïétiques qui ont alors la capacité de produire leur propre organisation tout en conservant leur identité malgré les transformations effectuées. Chaque système autopoïétique définit sa propre information. C'est cette sélection de sens qui le caractérise le mieux. C'est dire jusqu'à quel point cette vision est extrême, puisque la connaissance n'est « qu'un pur produit de la clôture informationnelle du système sur lui-même[9] ». Ce qui a permis à certains de conclure que dans cette conception il n'y a plus de distinction entre l'hallucination et la perception[10].

Pour Luhmann il y a trois grands systèmes autoréférentiels : les systèmes vivants (cellules, cerveaux, organismes), les systèmes psychiques et les systèmes sociaux. L'autoréférentialité d'un système signifie, avant toute autre chose, que le système affronte un environnement structuré d'une certaine manière. La notion d'autopoïesis, telle qu'elle est conceptualisée par Luhmann, lui permet de rendre compte tout autant de l'identité propre d'un sous-système que de sa capacité à produire, au travers des opérations qu'il effectue afin de réduire la complexité de son environnement, de nouvelles formes chaque fois plus complexes. L'autopoïesis désigne donc bien le processus par lequel un système définit son état futur à partir des limitations précédentes. L'autonomie du système souligne alors le fait que c'est seulement à partir d'opérations propres à un système que l'on peut déterminer ce qui est pertinent ou non pour lui, et surtout, ce qui lui est indifférent. Un système n'est pas forgé pour répondre à toutes les sollicitations de l'environnement[11].

Système et environnement

Un système, qui est un ensemble d'éléments en relation, se constitue à travers la production et le maintien d'une différence avec son environnement, en se servant de ses frontières afin de maintenir cette différence. Les frontières d'un système sont ainsi données par le domaine dans lequel le système exerce ses effets. En dehors de ces frontières, les éléments continuent à opérer à d'autres conditions, puisqu'ils peuvent devenir des éléments sélectionnés par un autre système. Chaque système développe alors une grande indifférence à son environnement, puisque ce n'est pas l'environnement, mais seul le système lui-même, qui peut décider de la nature des facteurs favorisant l'échange. Un système peut dès lors réagir de manière différente à des situations homogènes, puisqu'il peut se conditionner lui-même en fonction de déterminations internes n'ayant pas de relation immédiate avec son environnement. En bref, le système est justement la différence entre le système et l'environnement.

L'environnement comprend les éléments qui n'appartiennent pas vraiment au système même s'ils peuvent l'influencer. Ce qui mène Luhmann à distinguer entre l'environnement d'un système et les systèmes existant dans l'environnement. Chaque système a dans son environnement un complexe confus de relations toujours changeantes du type système-environnement. Le progrès d'un système passe par de nouvelles limites et à terme par l'établissement de systèmes avec une autoréférentialité interne. Le degré de complexité d'un système dépend des relations qu'il entretient avec son environnement : il sera d'autant plus complexe qu'il aura un nombre plus élevé de relations et d'ouvertures. Or, étant donné cette constitution des systèmes, c'est-à-dire les interrelations sélectives entre éléments et une distinction système-environnement, il est clair que chaque système est impossible à déterminer pour les autres, ce qui exige la création de nouveaux systèmes afin de réguler cette impossibilité (et ce qui sera le propre, comme nous le verrons, des systèmes de communication).

La théorie porte ainsi sur les liens entre l'observateur et l'observé, ou plutôt, sur la manière dont les objets sont constitués par le biais de l'observation. C'est sur cet aspect que l'œuvre de Luhmann est d'un constructivisme opérationnel conséquent : même s'il ne nie pas l'existence de la réalité, il ne considère celle-ci qu'à travers les opérations d'observation qui réalisent un système. À terme, toute connaissance n'est qu'une observation relative aux propres catégories d'un observateur. Autrement dit, les systèmes autopoïétiques présupposent d'autres niveaux de réalité (ils ne construisent pas leur propre monde matériel), mais tout ce qu'ils utilisent en tant que différence ou identité est de leur propre ressort[12]. Dans la réalité, il n'y a rien qui corresponde aux catégories de la connaissance, puisque la réalité existe toujours d'une manière positive, pleine, tandis que la connaissance n'opère qu'à l'aide de distinctions qui, dans ce sens précis, ne correspondent directement à rien dans la réalité. Et pourtant, la réalité a un rôle négatif ultime puisqu'elle sépare les connaissances acceptables et celles qui ne le sont pas. La réalité n'est pas niée, mais la garantie de la réalité se trouve désormais exclusivement dans les opérations du système, qui doivent se limiter à ce qu'elles obtiennent – et pendant le temps où cela s'avère possible.

La réduction de la complexité

L'énorme complexité de l'environnement (et encore davantage du monde[13]) explique pourquoi un système doit renoncer, pour s'autoproduire, à la prétention de dominer la totalité des causes dont il a besoin pour déterminer ses effets, et se centrer seulement sur *certaines* causes, pour sélectionner les éléments qui lui sont nécessaires[14]. Plus clairement, tout système a besoin de réduire la complexité afin de pouvoir la traiter. Le point est important. Les éléments constitutifs d'un système n'existent pas indépendamment de lui (comme c'était si souvent le cas dans l'ancienne conception de la théorie des systèmes). Au contraire même, un élément ne se constitue véritablement comme unité qu'à travers le système. C'est ce dernier qui constitue alors un élément en tant qu'élément, afin d'établir des relations, mais en même temps un système ne peut se constituer ou changer que dans la mesure où ses éléments entrent en relation entre eux. Il y a ici une très forte relativisation de la notion d'élément qui ne renvoie plus à une unité substantielle ultime. Les éléments ne sont des éléments que pour les systèmes susceptibles de les utiliser en tant que tels, et ils ne le sont qu'au travers de ces mêmes systèmes. C'est cela que désigne le concept de système autoréférentiel[15]. Autrement dit, toute unité utilisée par un système est constituée par lui-même. Cette unité est le résultat d'une opération que le système doit construire. Un système se constitue donc lorsqu'il parvient à établir des limites avec la complexité foncière de son environnement en stabilisant une certaine sélection de relations entre ses divers éléments. De ce fait, il est impossible de prédire quelles relations seront effectuées. La complexité suppose ainsi l'incertitude.

Pour Luhmann tout système a pour fonction première

de réduire la complexité de son environnement. Or, dans ces relations, il vise au maintien d'une identité toujours définie à partir d'une différence établie avec l'environnement. L'identité d'un système autoréférentiel n'est alors qu'une construction du système lui-même, ce qui permet à Luhmann d'expliquer comment il peut varier dans tous ses éléments tout en la maintenant à l'aide de diverses stratégies de sélection ou de temporalisation de sa propre complexité.

La clôture opérationnelle

Paradoxalement, c'est au travers de sa clôture que le système finira par produire de la nouveauté. Luhmann est conscient du caractère paradoxal de cette situation, mais il est persuadé que ces problèmes font partie inévitablement de son effort pour sortir des anciennes catégories de pensée[16]. Or, comprenons bien que dans sa propre clôture, un système autoréférentiel contient la différence entre le système et son environnement, c'est-à-dire qu'il est toujours l'unité d'une différence, et que par voie de conséquence la différence est constitutive du système lui-même. C'est cette clôture qui permet au système d'exister, puisqu'il contient en lui-même, en tant qu'élément constitutif, la différence qui le sépare de l'environnement. Insistons encore une fois afin d'éviter des malentendus. La clôture d'un système autoréférentiel porte en elle la possibilité de l'ouverture dans la mesure où tout système autoréférentiel se constitue en fonction de la différence qu'il établit entre lui-même et son environnement. Le système n'importe rien de l'extérieur, mais dans sa constitution même il en tient compte. L'autonomie d'un système autopoïétique veut dire que chaque système règle lui-même de manière autonome son rapport de dépendance ou d'indépendance vis-à-vis de son environnement. C'est bien le système lui-même qui établit ses limites, et un observateur externe, placé dans l'environnement, ne peut qu'observer comment il le fait. Au niveau des opérations propres au système il n'y a aucun contact avec l'environnement ; une opération donnée n'est possible qu'à la suite des résultats des opérations précédentes du système. Au sein d'un système il n'y a rien d'autre que ses propres opérations. Un système n'est donc pas conditionné à répondre à tout stimulus venant de l'extérieur. Lorsqu'il le fait, et même si la réaction est déclenchée par l'environnement, la réponse est déterminée par la structure propre du système.

Les relations entre systèmes deviennent ainsi hautement problématiques. Le cœur du problème a été maintes fois souligné : comment des systèmes autonomes opérant de manière autoréférentielle peuvent-ils parvenir à s'harmoniser entre eux ? Le problème est de taille puisqu'il s'agit d'une séparation radicale, chaque système disposant de sa propre manière d'observer l'environnement. Si on peut toujours introduire des nuances dans cette position, Luhmann n'a jamais accepté de faire de compromis à ce sujet[17]. Il défend l'idée de systèmes qui s'observent entre eux mais gardent néanmoins la pleine autoréférentialité de leur point de vue spécifique sur le monde.

Couplage structurel et interpénétration

Le problème de la relation entre le système et son environnement, ou de la relation entre systèmes, devient alors, à chaque niveau de la théorie des systèmes, un problème majeur. Pour y répondre, Luhmann introduit les notions de couplage structurel et d'interpénétration, afin de désigner l'existence de formes particulières de coordination, mais sans avoir besoin de limiter la radicalité de la thèse de la clôture opérationnelle[18].

Par le concept de couplage structurel Luhmann veut dire que l'environnement n'apporte rien au maintien de l'autopoïèse d'un système, et qu'il ne peut avoir, d'un point de vue causal, qu'un rôle destructeur. Si tout système ne peut qu'être adapté à son environnement, son adaptation actuelle ne présuppose rien en ce qui concerne la propre autopoïèse du système, et donc quant à son adaptation future. Le concept de couplage structurel permet alors de rendre compte du caractère hautement contingent d'un système puisqu'il découle d'un processus de sélection qui, en excluant toute intervention de l'environnement sur l'autopoïesis du système lui-même, est évidemment hautement improbable. Le concept ne désigne alors que les présupposés de l'environnement qui doivent être présents pour que le système puisse continuer son autopoïesis. À terme, il suffit que les couplages structurels soient compatibles avec l'autonomie d'un système, et il peut y avoir un grand nombre de couplages structurels compatibles avec les autopoïèses de différents systèmes. Un système ne peut que construire des structures compatibles avec l'environnement, mais l'environnement ne peut pas déterminer les opérations par lesquelles se constituent ces structures. Le couplage structurel définit aussi un domaine restreint, très restreint, de l'environnement susceptible de stimuler le système. Le concept de couplage structurel, dont l'obscurité reste grande malgré les efforts d'éclaircissement proposés par Luhmann, permet alors de comprendre comment le système est toujours soumis à une constante irritation[19]. Un système ne peut se déterminer que par ses propres structures, c'est-à-dire par des structures qu'il peut modifier et construire par ses propres opérations ; mais en même temps, il est impossible de nier que cette autonomie suppose l'adaptation du système à l'environnement.

Par la notion d'interpénétration Luhmann veut désigner non pas une relation générale entre système et environnement, mais entre systèmes dont l'un appartient à l'environnement de l'autre[20]. Le concept fait référence à la manière dont chaque système met sa propre complexité au service d'un autre système, ou bien la manière dont un système autopoïétique présuppose les réalisations complexes de l'autopoïesis d'un système et peut ainsi les traiter comme une partie de son propre système. Néanmoins, il s'agit de bien comprendre la portée de la notion. Dans l'interpénétration, chaque système reste un environnement pour l'autre, c'est-à-dire que la complexité qu'il met au service de l'autre système est en fait une complexité qui se présente sous forme de désordre. Les éléments, même s'ils sont identiques en tant qu'événements, se dotent de significations et donnent lieu à des conséquences différentes, par exemple dans les divers systèmes psychiques et sociaux. C'est ce qui permet justement à chaque système, tout en poursuivant son autopoïèse, de mettre sa propre complexité au service de l'autre système. Dans l'interpénétration il peut ainsi y avoir conformité ou refus, mais dans tous les cas, le résultat n'amène jamais à une quelconque unité : il ne fait, au contraire, qu'augmenter le nombre des différences possibles. Dans ce contexte, l'irritation désigne le fait que chaque système perçoit des perturbations, ambiguïtés, déceptions… mais d'une manière telle qu'il peut continuer à opérer. Par là, l'irritabilité d'un système le protège d'une trop rapide et croissante inadaptation, mais l'interpénétration préserve l'identité du système.

Ces deux notions sont importantes parce que c'est au travers d'elles que Luhmann essaye de sortir du solipsisme auquel le mène une position aussi radicale. Pourtant, dans sa réponse, il essaye de préserver la radicalité de sa perspective puisque le couplage structurel n'intervient qu'au niveau des structures et non pas à celui de l'autoreproduction, c'est-à-dire que l'indépendance du système dans la constitution de ses propres éléments et dans la détermination de ses connexions reste totale. Luhmann vise notamment par ces concepts à donner, par exemple, une explication aux relations s'établissant entre les systèmes sociaux et les systèmes psychiques, des systèmes se plaçant dans des univers phénoménologiques différents. Lors d'une coïncidence entre ces deux systèmes, on ne peut qu'affirmer que la communication capte l'attention de la conscience, mais elle ne peut pas déterminer les pensées ni les manières dont ces pensées auront lieu dans la conscience. Cependant, toute communication se fie aux capacités d'attention et d'expression des autres consciences, même si elle ne peut pas intervenir sur les autres systèmes. En aucun cas, on ne peut supposer que ce qui est communiqué puisse se convertir entièrement en événements psychiques, ni que ce qui a lieu dans la conscience puisse être totalement communiqué. Pour Luhmann le système de communication et le système psychique (ou conscience), même s'ils opèrent tous les deux par le sens, sont des systèmes autopoïétiques complètement différents. Et pourtant, entre les deux il y a une relation puisqu'il n'y a pas de communication sans conscience ni développement de la conscience sans communication. C'est le langage qui, à l'aide de la distinction forme/médium, permet à la communication de traiter la conscience comme un médium prêt à accueillir des formes communicationnelles, tout comme à la conscience de considérer la communication comme un médium par lequel elle parviendra à imposer ses formes. Autrement dit, les formes linguistiques ont la caractéristique de pouvoir justement être traitées comme médium par des systèmes autopoïétiques différents. La socialisation perd dès lors toute importance analytique majeure. En tout cas, il s'agit désormais de bien distinguer entre la genèse des expectatives et la genèse de la conformité aux expectatives des autres.

Ce qui amène Luhmann à deux conséquences importantes. D'une part, à attribuer aux hommes une plus grande liberté et imprévisibilité que s'ils étaient considérés seulement comme éléments d'un système social. D'autre part, à affirmer que les systèmes sociaux ne peuvent pas se déterminer par les intentions des individus et que leur complexité excède toujours les compétences des systèmes psychiques. Cette théorie donne à Luhmann tous les éléments qui lui permettent véritablement de remplacer l'ancienne idée de sujet par celle de système. Ou plutôt, il se dote d'outils lui permettant véritablement d'opérationnaliser le sens en tant que trait d'un système. Avec la notion d'autopoïèse le concept d'autoréférence (réflexion, réflexivité) se sépare de son lieu classique, la conscience humaine ou le sujet, et se déplace vers des champs d'objets, c'est-à-dire, vers des systèmes réels en tant qu'objets de la science[21]. Déplacement d'autant plus nécessaire que pour Luhmann bien des problèmes de la sémantique de l'individu dans la société moderne découlent justement du soupçon universel quant aux motivations des individus[22] mais surtout de la représentation d'un individu, devenu sujet, caractérisé comme ayant sa source ultime en lui-même et en dehors de la société[23].

À ce stade de l'exposé remarquons déjà la différence majeure séparant Luhmann de Parsons[24]. Pour Parsons, le système est conçu comme opérant à l'aide de structures stables, à partir desquelles il réalise des changements internes afin de répondre aux changements survenus dans son environnement. Pour Luhmann, la notion d'autopoïesis permet de rendre compte de manière plus précise de ce processus. Grâce à sa clôture, un système est capable de sélectionner certaines perturbations de son environnement ou bien, à l'inverse, de rester indifférent face à d'autres. C'est bien cette clôture qui définit alors son autonomie. Mais cette clôture que l'on peut dire cognitive signifie que le système ne se maintient que par le biais de relations sélectives visant à réduire la complexité de son environnement. À la différence de Parsons, l'identité du système ne se définit pas alors par son équilibre (ce qui fera dire à Luhmann que chez Parsons la structure prime sur le fonctionnalisme), mais par sa capacité à maintenir une frontière avec son environnement. Dans la mesure où l'environnement de chaque système est plus complexe que le système lui-même, ce dernier doit compenser cette infériorité par des stratégies de sélection. À terme, chaque système produit et transporte ainsi seulement sa propre information. Luhmann dira alors qu'à la différence de Parsons, il propose de privilégier fortement le concept de fonction sur celui de structure afin d'assurer le dynamisme d'ensemble de sa théorie, et, surtout, de rendre compte des possibilités et des contingences inhérentes à la société. À l'inverse de Parsons, où le concept de fonction était au service du maintien du système et de sa place dans l'ensemble sociétal, pour Luhmann, le système autoréférentiel est voué, dans une société moderne complexe, à la réalisation exclusive de sa fonction. La fonction ne dépend plus des structures, mais elle n'est qu'un point de vue changeant ayant des possibilités multiples[25].

Le déplacement de l'analyse de Luhmann vers une théorie à bien des égards aussi obscure est à ses yeux imposé à la sociologie par le déploiement d'une société moderne complexe où les divers systèmes sociaux apparaissent comme fermés et autonomes, et ayant chacun d'entre eux, à l'aide de leurs propres mécanismes de sélection, la capacité à produire, non seulement leur structure, mais aussi leurs propres éléments[26]. Mais comment, à l'aide de cette théorie, Luhmann développe-t-il une théorie spécifique de la société moderne[27] ? Pour le comprendre, il faut préciser ses théories de la communication, de l'évolution et de la différenciation sociales[28].

III. SYSTÈMES SOCIAUX ET COMMUNICATION

La communication

Pour Luhmann la complexité de la société moderne empêche toute volonté d'instaurer l'action, voire les systèmes d'action comme chez Parsons, comme base de la théorie sociologique. Pour lui, l'action n'a pas le degré de complexité requis pour décrire une société complexe puisque l'action peut être comprise en dehors d'une dimension strictement sociale, comme lorsque, par exemple, elle est décrite comme une conduite singulière, solitaire, sans répercussion sociale. Encore : la notion d'action présuppose toujours que c'est l'individu qui est derrière elle, en tant que porteur. D'où une difficulté de taille pour Luhmann : il est impossible d'en décider la place exacte puisqu'elle peut tout aussi bien être placée du côté du sujet (ses motivations, ses intentions, ses intérêts) que du côté de la société (où les situations priment à l'heure de décider la sélection mise en place par l'action). Par contre, pour Luhmann la communication est toujours une opération sociale : c'est le fait que quelqu'un comprenne ou non qui lui permet de continuer à se dérouler. Plus encore, la communication est l'élément décisif de la différenciation des systèmes et des systèmes de communication complexes, sans lequel on ne peut pas décrire la société moderne. Les systèmes sociaux se constituent par la communication, « ils supposent que des processus de sélection multiple se déterminent les uns et les autres par le biais de l'anticipation ou de la réaction[29] ». À l'inverse, les actions ne sont que des événements, donc définies par une dimension temporelle et éphémère, ne permettant que la formation de structures transitoires.

Mais étant donné le caractère autopoïétique des systèmes autoréférentiels, la communication est hautement improbable et toujours contingente. Chaque système social est un système opérationnellement clos, fait exclusivement de ses propres opérations, qui reproduit des communications à partir des communications. Un système social est composé des éléments (c'est-à-dire des communications) qu'il produit lui-même et qu'il reproduit à travers le croisement de ses mêmes éléments (c'est-à-dire par le biais des communications). La constitution d'un système inclut donc des communications et exclut tout le reste. Mais puisque la communication s'appuie sur des sélections qui sont le propre des systèmes autoréférentiels, il est clair que chaque système constitue ce qu'il sélectionne en tant qu'information. Le processus de communication apparaît ainsi comme extrêmement improbable lui-même. Pour expliquer néanmoins comment celle-ci a malgré tout lieu, Luhmann signale que l'unité propre à la communication ne s'établit pas au niveau des systèmes, mais à un niveau qui lui est propre. Les individus, par exemple, deviennent dépendants d'un système d'ordre supérieur grâce auquel ils peuvent choisir des contacts réciproques. Autrement dit, la communication, toujours hautement improbable, est un phénomène émergent par lequel se renforcent les chances de créer de la redondance, de stabiliser certaines possibilités. Or, et à la différence de Parsons, pour qui la communication découlait d'une certaine manière des institutions, les médias d'échange étant même pensés en fonction des systèmes sociaux différenciés, elle est au contraire à la base de la constitution des systèmes. Il n'y a pas de déduction possible alors à faire à partir de la différenciation systémique quant au nombre et type de médiums de communication. Luhmann conçoit même, à l'inverse, les systèmes sociaux concrets, fonctionnellement différenciés, organisés autour de médiums de communication généralisés, comme des solutions différentes au problème de la contingence[30]. Le système alors émergent possède un mode propre d'opération, une autopoïèse propre, et une possibilité de continuation de son évolution. L'unité de la communication ne renvoie plus donc aux individus qui interviennent en elle, mais au système qu'elle constitue. L'horizon de toutes les communications possibles n'est autre alors que la société dans sa totalité. La communication définit en elle-même un système propre qui ne peut plus être expliqué au niveau des seuls systèmes.

Or, tout système communique à partir d'un code, puisque c'est à partir de lui qu'il parviendra à sélectionner son information[31]. Luhmann développe une conception binaire du code, construit chaque fois autour d'une différence fondamentale (la binarité permet alors d'intégrer la valeur opposée ; à terme donc chaque valeur est en même temps identité et différence). Le code permet ainsi de structurer des situations hautement complexes d'une manière fort simplifiée. Pour la société moderne, chaque système social est voué à l'accomplissement d'une fonction spécifique à l'aide d'un code qui lui est propre. D'autant plus que grâce à l'existence de ce code binaire il parvient à réaliser sa fonction avec chaque fois plus de performance. Et plus une société devient complexe et différenciée, plus les codes de ses systèmes sociaux se spécialisent, plus, surtout, ils deviennent puissants. Ce qui suppose, encore une fois de manière paradoxale, que plus un système opère à travers la clôture assurée par son code binaire, plus il a la capacité de réduire la complexité de son environnement (par exemple, le code du droit est légalité/illégalité ; celui de la science vérité/non-vérité ; de l'économie, avoir/ne pas avoir ; du politique, gouvernement/opposition, etc). La société moderne n'est rien d'autre justement que la formation de systèmes de plus en plus autonomes, s'autoconservant comme des systèmes autoréférentiels. C'est ainsi, par exemple, que tout ce qui est économiquement pertinent s'exprime en termes d'argent, et que, par voie de conséquence, reste exclu d'une expression en argent tout ce qui ne l'est pas. Un système fonctionnel n'existe comme système de communication que dans la mesure où il dispose d'un code particulier lui permettant de traiter l'information de son environnement, et dans la mesure où, en même temps, il possède un « programme » lui permettant, face à chaque sélection proposée par le code binaire, de faire un choix. Sans ces mécanismes de différenciation des codes propres à chaque système social, il n'y aurait pas eu de possibilité de différenciation sociétale. La codification permet la différenciation et la spécialisation d'un système par rapport à d'autres, et la programmation ne peut s'effectuer que de manière spécifique en référence à un code.

Les médiums de communication

Luhmann distingue trois types de médium de communication, à savoir le langage, les médiums de diffusion et les médiums de communication généralisés au plan symbolique. Tous les trois sont des *médiums*, c'est-à-dire possèdent une structure ouverte rendant possible la relation avec différentes formes, même s'ils imposent, à chacune d'entre elles, des traits communs permettant justement la réalisation de la communication. Ces médiums de communication n'ont alors d'autre fonction dans la théorie de Luhmann que d'expliquer comment devient possible l'autopoïèse de la société puisque la redondance propre à toute communication est à la base de la différenciation des systèmes. Son étude des médiums essaye ainsi de rendre compte de l'« accroissement de vraisemblance de l'invraisemblable[32] », la réalisation d'une improbable communication.

Pour Luhmann les médiums de communication sont ce qui permet la réalisation de la communication dans les systèmes sociaux. Or, si la communication ne renvoie qu'à elle-même, des modes compliqués de communication se construisent au fur et à mesure qu'elle se déploie. La communication, élément constitutif des systèmes sociaux, s'effectue malgré sa grande improbabilité. Or, dans toute relation contingente, il y a la possibilité de refuser la communication. Dans tout langage, en effet, il y a deux possibilités : l'affirmation ou la négation, oui/non. Le point est important. Par là, chaque système conserve sa qualité autopoïétique, mais cette acceptation ou ce refus sont chargés de conséquences pour la continuation de la communication. Pourtant, le langage en lui-même ne permet pas d'expliquer le pourquoi du succès d'une communication puisqu'il est justement porteur de ces deux possibilités. L'explication se trouve encore une fois pour Luhmann dans la théorie des systèmes, dans le fait que les systèmes développent des conditionnements permettant de décider de l'opportunité ou non d'accepter une communication. La redondance veut dire alors que l'existence d'un caractère en rend probable d'autres. Par la codification du langage, la société développe des autoconditionnements permettant la formation d'attentes sur la base desquelles les communications peuvent être ou non acceptées.

Néanmoins, le langage se place à un niveau de faible généralité puisqu'il exige la coprésence physique des participants. La complexité croissante de la société a dès lors besoin d'autres médiums de communication afin de garantir la transmission des sélections d'une manière appropriée. Avant tout, des médias de diffusion, par lesquels la communication voit agrandir ses chances temporelles et spatiales (ils permettent d'établir la communication au-delà des interactions interpersonnelles, en augmentant considérablement le degré possible d'abstraction). Le développement de médiums de communication comme l'écriture, l'impression et les nouvelles technologies permet à Luhmann de rendre compte de la différenciation de la société entre différents plans de sous-systèmes (société, interaction, organisation) ainsi que de sa différenciation fonctionnelle. Surtout, les médiums de communication permettent une extension considérable des possibilités de compréhension au sein d'une société, mais aussi des risques de refus de la communication. Avec l'arrivée des nouvelles technologies de communication, le désaccord entre le nombre total des communications possibles et les communications qui ont effectivement lieu devient extrême. Situation qui rend plus aiguë que jamais le problème de la sélection des communications. L'augmentation de l'improbabilité de l'acceptation d'une communication rend dès lors vain tout recours à une conception voulant fonder la possibilité de la communication sur des consensus normatifs. Le risque d'incommunicabilité semblerait alors trop grand dans une société complexe.

Les médiums de communication généralisés au plan symbolique

Pour maîtriser ce risque se développent les médiums de communication généralisés au plan symbolique, c'est-à-dire des langages spécialisés assurant le succès de la communication. Leur rôle est de transformer les probabilités de la négation en acceptation et en tant que tels, ils peuvent même être interprétés comme des équivalents fonctionnels de la morale. À l'aide de chacun des codes de ces médiums se transmet la possibilité de communiquer sur un thème précis, c'est-à-dire de préconditionner la sélection des communications[33]. Ils préstructurent la communication pour la rendre possible, ils limitent les marges de sélection d'autrui, et régularisent par là la contingence des situations[34]. Ils motivent la communication en augmentant ses possibilités, par le conditionnement de la sélection d'autrui. Les médiums de communication généralisés au plan symbolique font alors que la forme de la sélection d'Alter soit en même temps la motivation d'Ego[35].

Le propre de tout médium de communication généralisé au plan symbolique est de transmettre de la complexité réduite, et de passer notamment du niveau de la communication explicitée à celui des attentes complémentaires[36]. L'imputation devient alors un élément clé de toute communication. Le schéma d'imputation ainsi construit guide les conditionnements de la sélection et la motivation escomptée. Pour Luhmann, la communication rend possible la communication. Par le processus de communication se produit un renforcement récursif des présupposés correspondants, ce qui motive, par voie de conséquence, de futures communications. Évidemment, dans ce contexte, les concepts d'acceptation et de motivation ne font pas référence au système psychique puisque par définition on ne peut rien savoir sur ces aspects ; ils ne sont abordés que comme des conditions assurant la réussite de la communication. Pour ne donner qu'un seul exemple, l'argent permet, grâce au système de prix, de coordonner les attentes en dehors de toute considération spécifique des états psychiques des individus. La coordination des opérations économiques, leurs liens et leur succession dans l'espace et dans le temps dépendent non de l'intention significative des acteurs, mais du fait que l'acheteur a ou non de l'argent et qu'il le dépense ou non. Le mécanisme monétaire est opaque aux intentions ou aux convictions. Évidemment les individus existent, mais la description du système économique doit se faire à un autre niveau. Tout ce qui compte ce sont les conséquences des actes d'achat[37]. Les systèmes s'autonomisent vis-à-vis des individus et des communications s'y insèrent dans une totalité autonome et autorégulée indépendamment des motivations.

Luhmann parviendra même à un classement des médiums de communication généralisés au plan symbolique selon que la double possibilité d'imputation soit projetée comme activité ou comme expérience. La question consiste alors à savoir si Alter doit avant tout être considéré par son action ou par son expérience, et si Ego doit coordonner avec la sélection d'Alter sa propre action ou plutôt son expérience (dans ce contexte, action – *Handeln* – veut dire une sélection du système ; expérience ou vécu – *Erleben* – une sélection de l'environnement[38]). Pour la société moderne, Luhmann s'est particulièrement intéressé à la propriété/argent, le pouvoir/droit, l'art, la vérité et l'amour en tant que médiums permettant de parvenir, dans certains sous-systèmes fonctionnels de la société moderne, à cette combinaison si particulière permettant la communication.

Or, si leur spécialisation a surtout été importante dans certains domaines fonctionnels de la société moderne, Luhmann laisse entendre que d'autres médiums pourraient bien se former. En tout cas, il est clair qu'il n'y a pas de congruence générale entre la formation des médiums et la formation des systèmes, même si souvent les systèmes se caractérisent par l'utilisation d'un médium spécifique. Et pourtant, ces médiums sont indispensables lorsqu'une société doit faire face à des degrés et à des formes croissants de différenciation. La possibilité de la communication, pour improbable qu'elle soit en tant que telle, dépend néanmoins des facteurs historiques, du degré de différenciation et de complexité atteint par une société. Elle apparaît alors comme le fruit d'un succès évolutif, tant la société a besoin de mécanismes permettant la transmission des sélections si elle veut maintenir son niveau de développement atteint.

IV. L'ÉVOLUTION

L'évolution des systèmes sociaux est rendue possible par la différence entre l'environnement et le système[39]. Du fait que chaque système ne peut ni observer ni maîtriser la totalité de son environnement, il se produit toujours un désaccord entre l'évolution de l'environnement et celle du système. Les transformations qui s'ensuivent ne peuvent qu'avoir de fortes tendances multiplicatives, puisque tout changement dans un système entraîne des changements dans l'environnement d'autres systèmes. L'évolution résulte de ces mouvements simultanés et indépendants, de toutes ces séries de changements qui ne peuvent pas se coordonner entre elles. Encore une fois, et étant donné le caractère autopoïétique des systèmes sociaux, Luhmann en vient à une conception très particulière de la causalité. Il s'agit d'une forme de connexion entre le système et l'environnement soustraite à toute synchronisation ou contrôle par le système. Aucun système ne peut considérer toutes les causalités de son environnement. Afin de réduire la complexité de ce dernier, certaines relations causales sont utilisées, prévues, normalisées tandis que d'autres sont laissées au hasard. Autrement dit, l'irrégularité fait partie constitutive du monde et ce n'est qu'à partir d'un système spécifique qu'il est possible de parler de causalités (ou plutôt, ce n'est qu'un observateur qui peut constater si l'autopoïèse d'un système est dépendante ou indépendante de l'environnement du système). Cet aspect permet de comprendre l'importance radicale qu'a la réflexion sur le temps dans l'œuvre de Luhmann. En effet, le différentiel de complexité entre le système et son environnement interdit au premier de répondre de manière immédiate et synchronique aux irritations du deuxième. Tout système a ainsi besoin de temps (ce qu'il appelle une « temporalisation de la complexité[40] ») pour pouvoir mettre en place les diverses stratégies de sélection par lesquelles il se constitue en tant que système. Les limites du système tracent alors les frontières par lesquelles le système se dote de temps face à son environnement.

Mais comment l'évolution a-t-elle lieu ? Pour la décrire Luhmann s'appuie sur une conception néodarwinienne opérant à l'aide de trois mécanismes : la variation, la sélection et la stabilisation. D'abord, la variation des éléments d'un système, c'est-à-dire une reproduction déviante des éléments du système à partir d'eux-mêmes. Pour Luhmann la variation peut résulter soit d'une communication insolite (par exemple, les erreurs), soit, et de manière plus importante, d'un refus de communication qui risque de s'avérer riche de possibilités dans l'avenir. Ensuite, la sélection fait référence aux structures du système, c'est-à-dire aux attentes qui guident la communication. Face à une reproduction déviante, la sélection choisit les références de sens qui sont promises à un avenir, et qui permettront à la fois de construire et de condenser certaines attentes et d'en refuser d'autres. L'origine de ces processus se trouve, pour Luhmann, dans la différenciation des systèmes et surtout dans les possibilités offertes par les médiums de communication généralisés au plan symbolique qui facilitent la création de nouveaux critères de sélection. Enfin, la stabilisation fait référence aux formations du système grâce auxquelles certaines innovations deviennent durables et par lesquelles le système augmente sa capacité de résistance face à son environnement. À terme, la détermination ultime du processus se trouve du côté du processus de différenciation systémique de la société.

Ici encore le problème est toujours le même. Le caractère autoréférentiel des systèmes empêche d'octroyer à l'environnement la responsabilité causale de l'évolution. Tout au plus a-t-il une capacité de perturbation en offrant des possibilités de variation. C'est sur la base de ces perturbations, et grâce à ses capacités à produire de l'information, que va se créer de la nouveauté. Mais la théorie souligne surtout les marges de sélection propres à chaque système, et en fonction desquelles la contingence peut – ou non – être observée par le système[41]. Une fois les sélections réalisées, le système a stabilisé certaines variations et en a abandonné d'autres. Les médiums de communication généralisés au plan symbolique (argent, pouvoir symbolique, vérité scientifique, amour romantique) font que la communication déviante est acceptable tant qu'elle s'accommode des critères standards de conduite définis par l'un des codes de ces médiums. Par là, les codes des médiums favorisent l'autonomie des systèmes et renforcent leur reproduction rétroactive. Avec le temps, la différenciation de la société dans des systèmes autonomes finit par stabiliser les procédures sélectives de ces différents médiums et leur ajuste même un mécanisme de stabilisation[42]. Celle-ci se traduit par une augmentation de la différenciation d'ensemble du système. Pour Luhmann, l'accélération de l'évolution du monde moderne est dépendante de la croissance des mécanismes essentiels à sa propre différenciation, et notamment des systèmes de communication, puisque toute variation dans le système de communication ne peut que créer une différence dans un contexte de communication[43].

V. LA DIFFÉRENCIATION

Les formes de la différenciation

Le récit historique de Luhmann souligne une complexité croissante de la société, bien mesurée par l'augmentation de la différenciation entre les systèmes. La différenciation fait référence aux processus par lesquels un système reproduit à l'intérieur de lui-même le processus de formation du système, c'est-à-dire récrée en lui-même la différence entre le système et l'environnement. Par là, le système se redouble et se démultiplie dans une multiplicité de différences internes système-environnement. Par ce processus, le système gagne non seulement en identité (puisqu'il se différencie davantage par rapport à l'autre) mais aussi en unité (puisqu'il se différencie davantage avec soi-même). L'augmentation de la complexité et de la différenciation d'un système participe alors de son évolution, puisque c'est grâce à ses plus grandes capacités de réduction de la complexité de l'environnement qu'un système parvient à se maintenir stable au milieu d'environnements de plus en plus complexes. Autrement dit, afin de pouvoir se maintenir, un système doit stabiliser une structure de relations dans des environnements définis par un excès de possibilités. La société rend alors possible la sélectivité d'autres systèmes sociaux partiels, puisque ces derniers, étant donné la forme de la différenciation propre à la société, se trouvent au sein d'un environnement ordonné. Cela explique la profonde imbrication entre les médiums de communication, la régularisation de l'évolution et la forme de la différenciation systémique puisque c'est à travers eux que la société régularise les processus de sens des systèmes sociaux. En tout cas, la transformation qui a lieu dans un système partiel est en même temps une transformation de l'environnement des autres systèmes partiels. Autrement dit, ce qui a lieu a ainsi lieu plusieurs fois. Le résultat n'est autre qu'une formidable dynamisation d'ensemble contraignant chaque système partiel à se défendre à l'aide de seuils d'indifférence. À l'issue du processus on assiste à la formation de systèmes partiels autopoïétiques opérationnellement clos.

Pour Luhmann ce sont les formes de différenciation qui permettent de mieux caractériser les diverses étapes sociales. Par là, Luhmann vise à remplacer la thèse de la simple différenciation sociale croissante par une thèse affirmant la mutation au niveau des formes de la différenciation[44]. La forme de la différenciation désigne la manière dont un système total ordonne la relation de ses systèmes partiels entre eux. C'est à ce dernier niveau que s'explique l'augmentation de la complexité et par là des différentiels de différenciation au sein du système. L'improbabilité croissante de l'intégration mène au développement de médiums de communication capables d'une plus grande complexité, et à terme, accentue le besoin de systèmes de leur propre autodescription. Autrement dit, le schéma dominant de différenciation définit non seulement les systèmes mais, et surtout, l'environnement interne de la société en tant que condition pour des différenciations ultérieures. La forme initiale de la différenciation définit donc les conditions et les limites des différenciations successives et la société moderne se caractérise par une forme spécifique de différenciation sociale[45].

La société moderne fonctionnellement différenciée

La société moderne se caractérise par une différenciation fonctionnelle qui organise les processus de communication autour de fonctions spéciales. Pour Luhmann ce processus de différenciation ne s'est produit qu'une seule fois dans la société moderne européenne – il commence dès la fin du Moyen Âge et ne parvient à se stabiliser que vers la fin du XVIIIe siècle. Chaque fonction étant nécessaire et interdépendante, la société ne peut pas donner une primauté absolue à l'une d'entre elles. Les fonctions n'ont, en conséquence, que des primautés temporaires. L'ordre social résultant n'est plus établi au niveau de la société et à l'aide d'une différenciation hiérarchique (lorsque chaque sous-système ne se réfère au système global que dans la mesure où il est encadré dans une hiérarchie, et connaît sa place dans le tout, « en termes d'ordre ou d'égalité/inégalité[46] »), mais à partir de chaque système partiel (politique, administratif, économique, religieux…) en accord avec des réseaux communicationnels toujours conjoncturels. Chaque système tend dès lors à survaloriser ses tâches par rapport aux autres, en éliminant par là toute possibilité d'un compromis se généralisant à l'ensemble de la société. À un moment donné la rétroactivité de la reproduction autopoïétique commence à se comprendre elle-même et parvient à une clôture opérationnelle (la politique ne peut dès lors se comprendre qu'à partir de la politique, l'art à partir de l'art, etc). Le résultat est l'existence d'un grand nombre de systèmes autopoïétiques dans le système lui-même autopoïétique de la société. Diverses solutions sont essayées, autant au niveau de la sémantique que des structures, avant qu'un type d'ordre se stabilise. Chaque système parvient à sa clôture opérationnelle à partir du moment où la fonction devient un point d'autoréférence, grâce à l'utilisation par le système d'un code binaire qui lui est spécifique et propre. À terme chaque système ne peut ainsi que développer que ses propres fonctions.

Or, si chaque système a un principe fonctionnel qui est en interdépendance avec tous les autres, au niveau sociétal, la relation entre les diverses fonctions reste aléatoire et non réglée. La société n'est rien d'autre que la multiplicité de ces différents systèmes et de leurs environnements respectifs. Avec l'abandon de la multifonctionnalité des systèmes, on parvient à des degrés chaque fois plus élevés de complexité. Chaque système a désormais une relation avec la société dans son ensemble (observation), une relation avec les autres systèmes de la société (prestations), et une relation avec soi-même, une réflexivité par laquelle il assure constamment sa propre identité, où il s'observe au travers de soi-même (réflexion)[47].

Dans ce type de société le problème de la communication entre systèmes autopoïétiques se pose sous un nouveau jour. Chacun de ces systèmes s'est constitué à l'aide d'un code unique lui permettant de sélectionner ses éléments et de s'orienter vers une fonction sociale unique, garante de sa fermeture et de son caractère irremplaçable. Mais en même temps, dans la mesure justement où il n'assure qu'une fonction spécifique, il est fort dépendant des autres. La différenciation fonctionnelle, dans ce cadre, amène alors avec son développement un nombre incalculable de nouveaux problèmes. Chaque système traitant dès lors l'environnement (et les autres systèmes) à partir de son propre code, il est contraint, à ce stade de l'évolution de la société, de percevoir le fonctionnement des autres systèmes à partir de sa seule perspective. Le problème de l'intégration se pose ainsi d'une manière toute particulière dans une société moderne. L'intégration est la réduction du degré de liberté des systèmes partiels. L'intégration ne désigne plus alors ni l'insertion dans une unité ni l'obéissance des systèmes partiels aux directives centrales. Elle surgit de la multitude des possibles couplages entre systèmes autopoïétiques. C'est dire jusqu'à quel point les systèmes, même momentanément couplés, restent libres pour d'autres opérations de couplages autodéterminés. La forme de la différenciation dominante régule la manière dont on peut observer l'unité d'une société, tout en déterminant les limites de liberté propre à chacun des systèmes partiels.

Dans une société complexe, on n'est jamais assuré des effets produits par un système sur les autres systèmes. À cause de la différenciation fonctionnelle il se peut que les problèmes ne puissent plus être résolus par le système qui les a déclenchés. Souvent, ils doivent être transmis à un autre système. Une société moderne a dès lors besoin de plus de temps que les sociétés de jadis et en même temps elle dispose de moins de temps parce que son histoire et son futur sont plus complexes et contingents. Ce qui exige que la société moderne s'autoconçoive à travers une observation de deuxième degré, c'est-à-dire qu'elle se présente à elle-même en tant que système social. Un des changements importants liés aux sociétés fonctionnellement différenciées se trouve d'ailleurs à ce niveau : ce qui change est la manière dont la société s'autodécrit. Désormais elle s'observe comme observatrice, elle se décrit comme celle qui décrit.

Un exemple : le système politique

Les conséquences de cette perspective sont radicales en ce qui concerne le système politique. Luhmann détrône notamment le rôle traditionnellement octroyé à l'État dans la théorie sociologique classique[48]. Désormais, la politique n'est qu'un des systèmes partiels d'une société polycentrique, voué à l'accomplissement d'une fonction spécifique. Dans la société moderne il n'y a plus dès lors de possibilités, comme c'était encore le cas dans la tradition de la vieille Europe, de dégager une représentation commune de la société dans la société. D'où l'importance octroyée par Luhmann à l'opinion publique en tant que moyen d'autodescription de la société moderne. Elle augmente l'irritabilité des systèmes opérationnellement clos tout comme l'autocomplexité des structures. L'opinion publique est, pour Luhmann, un miroir du politique. Ce dernier est en effet toujours observé à partir d'autres perspectives, augmentant à terme, fortement, son irritabilité d'ensemble. L'opinion publique, tout comme la distinction gouvernement/opposition, force la communication politique à se voir toujours autrement, à ne pas se fermer sur elle-même, à maintenir ouverte sa résonance. Grâce à elle, le système réagit aux événements de son environnement en fonction de sa propre structure puisque, comme tout système autoréférentiel, il ne peut s'observer lui-même qu'à partir du code qui lui est propre ; il ne peut traiter que des communications politiques. Pour Luhmann le rôle de l'opinion publique dans une société moderne n'est autre que de permettre une sélection d'observations assurant la clôture autoréférentielle du système politique[49].

Dans une société hautement complexe, il n'y a plus donc de possibilité de pilotage central de la société. Lorsque le pouvoir, par exemple, intervient dans un domaine, il fait face à d'autres systèmes ayant des rythmes propres indépendants du premier, et il est alors dans l'incapacité de synchroniser les divers processus[50]. Certes, quelques progressions peuvent être prévues, et certaines séquences peuvent être reproduites, mais dans l'ensemble, le pouvoir fait face à des situations dans lesquelles la contingence s'accroît. Et dans tous les cas, l'écart entre les possibilités et les réalisations concrètes est à la base d'un grand nombre de désillusions. Mais cet écart entre la création d'attentes exagérées et les capacités réelles de réalisation est irrépressible. Encore : avec l'augmentation d'ensemble de l'irritabilité de la société moderne, un nombre croissant d'événements apparaissent comme de l'ordre de l'incident, de l'occasion, posant des nouveaux problèmes de synchronisation.

C'est par exemple la manière dont Luhmann rend compte des mouvements de contestation et de leur diversification thématique depuis les années cinquante[51]. Pour lui, le propre de ces mouvements est d'observer la société à partir de ses conséquences. Si le mouvement socialiste s'est concentré sur la seule industrialisation, les nouveaux mouvements sociaux s'attardent sur bien d'autres conséquences. C'est la complexité même de la société moderne qui produit tous ces mouvements de protestation dont l'objectif est d'attirer l'attention sur un thème spécifique non traité par la société. D'où la surprise qu'ils procurent toujours. Pour Luhmann, ils dessinent une forme particulière d'autopoïèse permettant à la société de s'observer elle-même « contre » elle-même. Par là, de manière toujours défaillante et hautement temporalisée, la société réagit à sa propre opacité, en l'absence de toute instance centrale capable de déterminer ce qui est juste dans la société tout entière.

En résumé, la différenciation fonctionnelle détermine structurellement l'a-centralité des sociétés modernes complexes. Chaque système a une logique propre, autonome, qui assure la contingence totale de l'ensemble autant que la liberté de chacun des systèmes. Vision radicale qui interdit deux possibilités différentes d'articulation unitaire de la société. D'une part, l'idée d'un pilotage central et exécutif de la société moderne, d'un centre capable d'intégrer harmonieusement tous les systèmes. La société n'a plus de principe régulateur central, l'État n'étant qu'un système fonctionnel autoréférentiel parmi d'autres. Elle est profondément enracinée dans les diverses contingences d'interdépendances établies entre les différents systèmes. D'autre part, chez Luhmann, et à la différence de la vision habermasienne où la société garde encore un centre d'autoconnaissance, la décentration des représentations de la société est, elle aussi, totale. Cloisonné dans des systèmes sociaux avec ses propres horizons circonscrits, tout appel à une orientation générale de sens est déplacé. En bref, les divers systèmes ont une plus grande auto-orientation, mais la société, dans son intégralité, est dépourvue d'orientation centrale.

VI. RETOUR À LA CONTINGENCE

Cette reproduction récursive des systèmes autoréférentiels à partir de leur propre code et grâce à leur clôture opérationnelle, le tout en l'absence de tout principe hiérarchique ou préétabli de coordination entre les différents systèmes, mène à la représentation d'une société hautement contingente. Le tour de force de Luhmann est dès lors accompli : il parvient, à partir du problème de la double contingence de la vie sociale, à déployer une théorie capable, à terme, d'expliquer à la fois le déploiement des relations entre les systèmes sociaux et l'augmentation d'ensemble du caractère contingent de la société moderne. Pour lui, la société moderne n'est qu'un ensemble hautement improbable de communications opérées par des systèmes autoréférentiels[52] se régulant entre eux mais toujours de manière contingente. En bref, la contingence, tout ce qui n'est ni nécessaire ni impossible, est un des traits les plus marquants, parce que incontournable, d'une société moderne[53].

À partir de ces notions, Luhmann parvient à établir un diagnostic particulier sur la modernité. La société moderne n'est pas désintégrée parce que incapable de parvenir à dégager un quelconque principe unitaire. Au contraire même, elle est hyperintégrée et de ce fait soumise à un grand nombre de menaces. L'autopoïèse permet à chaque système partiel d'assurer sa propre régulation, mais en même temps, cette situation implique pour la société moderne une capacité sans précédent de s'irriter elle-même. Le grand nombre de couplages structurels et d'opérations contraint le système total à renoncer à la possibilité d'intervenir au niveau global pour assurer sa régulation. La différenciation ou la complexité croissantes de la société moderne ne peuvent que se traduire par une augmentation des situations improbables, puisque bien que la complexité atteinte par un système lui permette d'assurer l'ordre interne, il se peut qu'ainsi il ne fasse qu'augmenter de manière parallèle le désordre dans l'environnement. Mais aussi parce qu'au fur et à mesure qu'un système augmente sa complexité, il ne peut pas assurer à chaque moment la relation de n'importe quel élément avec tous les autres. C'est dire que les systèmes complexes ont affaire non seulement à leur environnement mais aussi à leur propre complexité, devant faire face à des improbabilités et des déficiences internes, auxquelles il faut sans cesse s'auto-adapter. En bref, la complexité « signifie obligation à la sélection, obligation à la sélection signifie contingence, et contingence signifie risque[54] ».

Pour Luhmann les risques de la société moderne sont liés à sa plus grande contingence, tout comme aux problèmes particuliers d'observation dont elle est l'objet. Toute observation consiste en deux processus. D'un côté il faut parvenir à établir une différence entre deux parties et d'autre part, il faut choisir un côté de cette différence et se centrer sur elle dans la suite de l'analyse. C'est dire que l'on utilise une différence pour signaler une partie ou une autre, et que le passage de l'une vers l'autre prend du temps. La différence étant toujours le produit d'une observation, et n'existant que tant qu'elle dure. Un observateur ne peut donc pas observer simultanément les deux parties, autrement dit, il ne peut pas observer l'unité de la différence tant qu'il se sert d'une des deux parties de la différence, à moins d'introduire une différence pour étudier la première, que, à son tour, il ne pourra pas observer. L'observateur n'a pas la capacité de voir le monde et de se voir en même temps lui-même. Il y a un point aveugle dans toute observation parce que l'observateur emploie une distinction comme distinction, c'est-à-dire pour la désignation d'une partie et non pas de l'autre. Cela empêche justement de voir l'unité de la distinction sinon à l'aide d'une autre distinction. Pour Luhmann la conclusion s'impose : l'observation ne peut pas s'observer elle-même, sinon par une observation de deuxième ordre[55]. Dans une observation de premier ordre, la différence est signalée et employée pour indiquer ce qui est. Dans une observation de deuxième ordre on parvient, par contre, à refléter la contingence de toute observation, puisqu'il s'agit justement d'observer une observation, dans laquelle on prend conscience que ce qui est observé dépend de celui qui observe. Le problème est alors de savoir si les indications ainsi obtenues sont attribuées à l'observateur ou à l'objet, ce qui les rend, justement, contingentes. Dans le monde moderne se répand de plus en plus l'observation des manières dont les autres observent afin de les observer. L'observation de deuxième degré devient l'opération normale du système tant la société moderne développe justement des figures intellectuelles afin de supporter l'impossibilité d'observer le monde et de rendre productive sa non-transparence[56].

Le concept de risque qui s'affirme dans une société moderne n'est pas une observation de premier ordre (se limitant alors à distinguer quelque chose comme positif ou négatif), mais réside dans la reconstruction d'un phénomène en tout point de vue contingent à partir de diverses perspectives. Dès lors, l'enchaînement entre l'événement et le dommage apparaît comme contingent et il est donc soumis à la discussion et au désaccord des observateurs. Le dommage contingent est produit de manière contingente. Luhmann va encore plus loin, en distinguant le danger, où le dommage est attribué à l'environnement, qui était plutôt fort dans les sociétés peu différenciées, et le risque, où les dommages sont attribués aux conséquences des décisions, et qui devient important dans les sociétés modernes, tant elles prétendent parvenir à une meilleure utilisation des opportunités. Un cas extrême est alors donné par l'écologie où l'accumulation des décisions passées mène, dans la longue durée, à des situations de dommages dont on ne peut plus déterminer précisément l'origine. À la limite, plus aucune conduite, ni aucune décision ne sont dépourvues de risques, qui proviennent non seulement des conséquences des réalisations techniques mais aussi de la complexité croissante des modes de calcul rationnel.

De plus, comme le veut la théorie des systèmes, tout a lieu en même temps, d'où l'impossibilité de maîtriser la totalité des événements. Il ne reste qu'une possibilité à la société moderne, celle de se représenter le futur en tant que risque, puisqu'on est contraint d'abandonner l'illusion rationnelle qui suppose la possibilité de disposer dans un moment donné de toutes les informations requises pour l'éliminer. Et pourtant, dans la société moderne, de plus en plus de domaines qui auparavant étaient laissés à leur propre logique dépendent désormais de décisions. C'est le cas, par exemple, des effets des technologies, des produits chimiques, du mariage, des conduites économiques face à la variabilité des prix, du choix d'une profession, voire de la décision d'apprendre, vu les risques d'obsolescence du savoir acquis... La situation est donc la suivante : la société moderne s'autoreprésente de plus en plus comme une société à risque, et en même temps, un nombre chaque fois croissant de situations sont lues comme les conséquences des décisions prises[57]. À terme, et de manière radicale, le temps présent est toujours responsable face au futur soit à cause d'une décision, soit à cause d'une absence de décision. Par là, de manière paradoxale, le futur, de plus en plus imprévisible, s'« explique » toujours plus par le présent.

Une société fonctionnellement différenciée a dès lors énormément besoin de confiance, seule attitude permettant de remplacer l'insuffisance de l'information. La confiance est ainsi intimement liée au besoin de réduction de la complexité propre à chaque système dans un environnement de plus en plus complexe, mais aussi au caractère hautement contingent de toutes les situations, puisque seuls quelques futurs possibles finissent par devenir des présents. La confiance est nécessaire pour établir une relation, voire une corrélation, entre l'augmentation de la complexité de l'environnement et l'augmentation de la capacité des systèmes à réduire cette complexité[58]. Et elle devient d'autant plus nécessaire que la planification des conduites s'accroît et avec elle de longues chaînes causales, avec des paramètres fort différents, dont le résultat n'est autre que de produire une importante incertitude technique. La complexité de la modernité exige des individus de développer une nouvelle forme de confiance dans le système et, en contrepartie, de renoncer à chercher une plus grande information, voire de développer une certaine indifférence quant au contrôle strict des résultats[59].

*

L'essentiel de la stratégie de Luhmann consiste à renouveler une analyse des systèmes, en problématisant leur existence et leur maintien. La capacité de chaque système à réduire la complexité de son environnement est interprétée dès lors moins en termes d'un rapport du type cause-effet que comme une série de solutions à des problèmes, chacune d'entre elles donnant lieu autant à d'autres problèmes qu'à d'autres solutions. Le résultat n'est alors autre qu'une conception hautement probabiliste de la réalité sociale, dans laquelle la contingence tient la place de réalité ultime. Le renversement est profond puisqu'il ne s'agit plus de postuler un ordre préalable dont il s'agirait par la suite de repérer les dysfonctionnements, mais à l'inverse, de comprendre, d'un bout à l'autre, le caractère normal de l'improbable, et comment l'improbable devient réalité. La théorie de Luhmann heurte alors fortement les évidences de continuité et d'épaisseur dont est faite la vie sociale. Pourtant, et de manière très paradoxale, à l'aide d'une théorie générale des systèmes qui porte l'analyse sociologique à un formidable degré d'abstraction, Luhmann parvient à donner, non sans paradoxes, une des descriptions phénoménologiques les plus puissantes de la société moderne. La distance matricielle de la modernité est ici défaite d'une certaine manière et portée en même temps à son expression maximale.

L'intérêt d'une telle théorie provient justement du changement radical du langage auquel elle force la sociologie et, par là, notre perception de la société moderne. L'intégration cesse d'être normative et n'est qu'une réponse passant par la recherche de solutions fonctionnellement équivalentes. La forme de la différenciation sociale est à cet égard déterminante puisqu'elle structure un environnement ordonné présupposé par les différents systèmes sociaux. L'intégration n'est plus alors un état d'équilibre stable, mais la recherche toujours active de situations au sein desquelles les opérations propres à un système social ne doivent pas finir par produire des problèmes insolubles pour un autre système social. L'intégration de la société repose sur des compétences cognitives et non pas sur une institutionnalisation, que les aléas et les risques rendent impossibles, puisqu'on ne peut dire, par avance, dans quel sens les stratégies doivent être modifiées. L'équivalence fonctionnelle implique une profonde variabilité structurelle.

Avec Luhmann on parvient véritablement à la torsion du projet qui était à l'origine de la matrice de la différenciation sociale. Cette matrice dont le but premier n'était autre que de combler la distance fondatrice de la modernité parvient à un renversement radical : elle est tout entière vouée à la description d'une irrépressible contingence. Le souci de l'intégration de la société (morphologique ou normatif, assurée par la socialisation ou par les médias symboliques d'échange, ou encore par l'habitus ou la théorie de la convertibilité des capitaux) vole littéralement en éclats. Si la division du travail assurait l'intégration de la société, aujourd'hui, par la différenciation systémique, et une fois la théorie de la société délestée de la socialisation, c'est par cette même division que s'introduit la contingence ultime de la société. Désormais, au cœur de la modernité il n'y a plus la possibilité de parvenir à une définition ultime de la réalité à partir d'une perspective ontologique ; il convient d'accepter que ce critère soit remplacé par une vive conscience d'effectuer des observations à partir de perspectives chaque fois changeantes. La différenciation fonctionnelle a rendu caduques les sémantiques précédentes, ce qui contraint à abandonner toute velléité ontologique au profit d'une conception totalement constructiviste de la réalité. Pour cela Luhmann a dû mettre, avec une détermination absolue, la différence, la dualité et la relation en lieu et place des vieilles catégories de l'identité, de l'unité et de la substance. Le but de la théorie est de parvenir à une autodescription de la société et de ses risques, en présentant justement l'ensemble du processus comme un processus contingent[60]. Représentation contingente et peut-être secrètement tragique, elle répond aux efforts nécessaires visant à produire une théorie ayant le degré suffisant de complexité pour décrire la société moderne. Le monde, pour elle, en elle, n'est que le fruit d'une observation qui pourrait se réaliser d'autres manières, en fonction des distinctions employées.

Dès lors le bilan final est paradoxal. La différenciation sociale, poussée à son extrême par Luhmann, renvoie, peut-être en dernier ressort, au marché comme dernier principe d'intégration de la société. Le retour à Spencer est à la fois consommé et bouleversé. Là où Durkheim voulait établir un lien entre la division du travail social et l'intégration de la société, Luhmann revient, en partant d'une certaine manière de Durkheim, à la réponse de Spencer. Mais à la différence de la réponse libérale traditionnelle, où d'une certaine manière on supposait toujours, au moins implicitement, l'existence d'individus socialisés et partageant des compétences cognitives communes, Luhmann déleste radicalement la description de la modernité de toute nostalgie pour un critère d'intégration sociale. Le niveau de l'analyse s'est déplacé vers les systèmes sociaux ; la contingence devient le critère le plus constant et le plus important de la vie sociale ; l'unique critère de jugement n'est autre alors que le succès d'une évolution impossible à prévoir à moyen terme. Jamais la modernité n'aura été si radicalement décrite, au travers de sa différenciation systémique, comme une dynamique contingente.

DEUXIÈME PARTIE

La rationalisation

Si la rationalisation est indéniablement une des grandes matrices de la modernité, la notion, chez Weber déjà, et encore davantage après lui, est profondément ambiguë, voire équivoque. Afin de l'éclaircir, il est devenu courant d'en distinguer au moins deux grandes conceptions. La première, de nature génétique et diachronique, vise à comprendre la spécificité de l'Occident, où s'est développée une forme particulière de rationalisme permettant la maîtrise croissante du monde. Les vastes travaux que Weber a consacrés à l'étude des religions visaient explicitement à rendre compte, très précisément, de ce processus. Quelle que soit la pertinence historique de l'affinité élective établie par Weber entre l'éthique protestante et l'esprit du capitalisme, l'avènement du monde moderne est interprété à partir d'orientations religieuses initiales, avant l'entrée de la modernité dans un long processus de désenchantement du monde. Idée là encore ambiguë, mais qui dans son tronc commun signifie que dans la modernité il n'y a plus de puissances mystérieuses et imprévisibles interférant dans la vie sociale, et qu'en conséquence celle-ci devient presque entièrement et exclusivement matière à la prévision intellectuelle.

La deuxième conception de la rationalisation, plus

synchronique, fait avant tout référence à l'état social et aux institutions propres à la société moderne stricto sensu. *Les analyses de Weber sont là encore d'une extension et d'une précision remarquables. Le monde moderne émerge au carrefour de la coordination entre entreprises, de la planification, de la prévisibilité des actions, de la pénétration d'attitudes méthodiques dans la production et dans l'administration… Le monde moderne se caractérise donc par l'expansion de la rationalité dans toutes les sphères de la vie sociale. Le résultat est la constitution de domaines d'action de plus en plus autonomes entre eux et qui contraignent les individus. Les analyses de Weber montrent ce processus à l'œuvre dans l'économie, dans le droit, dans l'administration, dans l'image du monde que donne la science, ou encore dans l'art. L'ensemble de ces processus mène à une régularité et une prévisibilité croissante des conduites. En ce sens, la rationalisation se définit par l'augmentation du rôle de la rationalité formelle, les actions centrées sur l'adéquation moyens-fins, au détriment de la rationalité matérielle, les actions guidées par des postulats de valeur. Bref, le constat est celui de la disparition ou diminution des contraintes traditionnelles et affectives, voire des actions rationnelles par rapport aux valeurs* (Wertrationnell)*, et de l'entrée dans un monde social où les acteurs sont, de plus en plus, sinon exclusivement, orientés par leurs intérêts instrumentaux, au moins par des actions rationnelles par rapport aux fins* (Zweckrationnell). *À terme, l'accroissement et l'autonomisation des domaines d'action soumis aux seuls impératifs de la rationalité formelle mènent à la perte de liberté des hommes, contraints d'agir en fonction de critères externes s'imposant à eux ; quant à la sécularisation des images du monde elle mène à une existence dépourvue de la capacité d'octroyer une signification ultime au monde et donc vers la perte de sens.*

La problématique de la rationalisation ainsi posée détermine une spécificité : cette matrice, plus que toutes les autres, est d'emblée obnubilée par la volonté d'inscrire, dans les faits et à partir d'eux, la possibilité d'une émancipation humaine capable de contrer le processus de rationalisation à l'œuvre. On a longuement et à juste titre discuté du rayonnement et de la profondeur réelle du pessimisme wébérien. Comme tous les autres penseurs « classiques », il est marqué par une profonde ambivalence, oscillant entre une vision entièrement mécanique et oppressive de la modernité et des appels constants à des forces charismatiques. Ce serait une erreur d'interprétation que de la centrer sur une opposition directe entre, d'un côté, un processus inévitable de rationalisation, et de l'autre, des appels à des mouvements, individuels ou collectifs, de libération humaine. Mais cette relation complexe entre le processus de rationalisation et les possibilités d'émancipation sera un des fils conducteurs majeurs de nos interprétations, non pas que l'une détermine toujours l'autre, mais parce que c'est là où se dévoile le mieux la signification ultime de la rationalisation. Ce principe d'interprétation commande d'une certaine manière le choix d'auteurs opéré, qui se veut représentatif des quatre grandes possibilités virtuellement présentes dans l'héritage wébérien. La première interprète plutôt la rationalisation dans un sens positif, et surtout fait de la science sociale un des instruments possibles et souhaitables de la rationalisation (Norbert Elias). La deuxième, à l'inverse, s'inscrit dans une lecture fort pessimiste de Weber, tant elle enlève progressivement tout espace de résistance ou d'émancipation humaine alternative au profit d'une société totalement administrée (Herbert Marcuse). Puis, nous aborderons une œuvre qui à la fois durcit à l'extrême l'image de la rationalisation wébérienne, mais surtout – et ce fut le grand coup de théâtre opéré par Michel Foucault – fait de l'expansion des sciences humaines son lieu majeur. Enfin, avec l'œuvre de Jürgen Habermas, nous verrons un essai visant à défaire l'unidimensionnalité tendancielle de la rationalisation wébérienne et à trouver, dans la pratique même des sciences sociales, une autre voie pour la rationalité dans la modernité.

*Par ailleurs, et toujours dans l'héritage de la rationalisation wébérienne il s'agira de comprendre comment une attitude – la distance des hommes au monde –, au départ jugée comme essentiellement positive, parvient à devenir le mal existentiel de la modernité. L'argument est déjà présent chez Weber. Pour lui, à la différence de bien des autres auteurs classiques, le départ de la modernité n'est pas tant marqué par le sentiment d'un écart entre l'homme et le monde que par la volonté d'apporter un sens au monde, en fait, de renouveler son sens par l'extension d'une maîtrise rationnelle. Certes, ce travail d'attribution opère sur fond d'une transformation entropique du Sens dans l'histoire dont témoigne le long processus de désenchantement. Cependant, au début, ce travail de rationalisation, tel qu'il est à l'œuvre par exemple chez les puritains, est porteur d'une signification capable de combler l'écart entre l'homme et le monde. Ce n'est qu'une fois la rationalisation achevée que le monde moderne apparaîtra traversé par une déchirure entre sa réalité objective et ses significations subjectives, marqué par ses absences de significations subjectives. La rationalisation apparaît alors à l'*origine *de la distance matricielle. C'est pourquoi la torsion est intellectuellement inhérente à la matrice de la rationalisation. C'est d'ailleurs, sans doute, la raison majeure pour laquelle, d'une manière ou d'une autre, l'histoire de l'aliénation, dont le point de départ véritable pour la sociologie se trouve dans l'œuvre de Marx, finit toujours* *par s'inscrire massivement dans le sillage wébérien. La torsion – on l'a vu avec Niklas Luhmann et la matrice de la différenciation sociale (chapitre* IV*) – est une potentialité de chaque matrice sociologique de la modernité. Mais dans ce cas précis, la torsion est constitutive de la matrice elle-même et à bien des égards précède même, puisqu'elle l'engendre, la distance matricielle moderne.*

Ici aussi, les auteurs choisis déploient diverses possibilités. Pour Norbert Elias, et du fait de son adhésion au processus de rationalisation, la distance matricielle émergeant dans la modernité, suite à l'expansion du processus de civilisation, est entrevue comme la possibilité même d'une maîtrise croissante du monde par les hommes et non pas à leurs dépens. Presque à l'inverse, chez Herbert Marcuse, la rationalisation devient le primat absolu de l'objectivité dépersonnalisante du monde sur la subjectivité critique de l'individu. Quant à Michel Foucault, la rationalisation apparaît successivement comme ce qui élimine totalement toute possibilité de distanciation critique et ce par quoi peut se découvrir, en germe, une virtualité de subjectivation – mais cette problématique est le foyer du grand désaccord interprétatif entourant cette œuvre. Enfin, pour Jürgen Habermas, qui renverse à cet égard l'ordre de présentation wébérienne en revenant à une conception plus « traditionnelle », la distance matricielle qui est à l'origine de la modernité doit, dans la mesure du possible et par différents biais, être préservée tout au long du processus de la modernisation.

La différenciation sociale a été sans doute aucun l'apport le plus original de la sociologie à l'étude de la modernité ; la rationalisation a été la matrice d'interprétation de la modernité largement dominante tout au long de ce siècle. Son surcroît de visibilité provient tout autant de l'intérêt que lui ont porté « naturellement » bien des philosophes, que de sa force à l'heure de rendre compte de l'expansion de la domination. Il serait possible de montrer jusqu'à quel point, pour bien des acteurs, la modernité est, avant tout, le mouvement de rationalisation lui-même. Pourtant, en cette fin de siècle, l'image se trouble. Non pas que la confiance dans ce processus ait disparu, comme on l'a écrit parfois trop hâtivement, mais parce que la conscience de ses limites s'impose. Lentement, nous redevenons conscients de l'imprévisible, du non-maîtrisable, de l'erreur. La rationalisation continue à être – mais comment pourrait-il en être autrement ? – une inéluctable dimension de la modernité, mais à elle seule, l'imaginaire du siècle ne peut plus se résumer.

V

Max Weber, les ambiguïtés de la rationalisation*

Avec Max Weber la rationalisation du monde moderne trouve son diagnostic sociologique en tant que destin de notre temps. Notion complexe, par moments contradictoire, le thème traverse en arrière-plan la plupart de ses études, ne cessant de se décomposer ou de se transformer, travaillant au gré des analyses et des périodes d'autres concepts comme ceux d'industrialisation, de bureaucratisation, de désenchantement, d'intellectualisation de la vie[1]... La notion est loin de désigner un processus linéaire unique et uniforme ; elle existe à différents degrés et dans diverses sphères sociales. D'ailleurs, certaines interprétations refusent de faire de la rationalité le thème unificateur de la totalité de l'œuvre de Weber[2], tandis que d'autres font remonter la centralité du thème à l'inflexion qu'il opère au cœur de sa pensée vers 1910[3]. Pourtant, il reste une évidence : Weber étudie avant tout les différents domaines sociaux et types d'activité comme des aspects chaque fois particuliers d'un mouvement général menant vers la rationalisation de la vie. C'est au sein de ce processus, et au vu des différentes interprétations possibles de ses conséquences, que s'engage l'essentiel des désaccords.

* Max Weber (1864-1920).

Le point central de l'analyse de Weber réside dans sa volonté de trouver des analogies de structure entre les divers domaines de la vie sociale, dont le foyer ultime est à chercher, non sans contradictions, du côté des significations subjectives. L'économie, l'administration, l'armée, le droit, la culture… tous ces domaines d'action reposent sur une structure de conscience qui est spécifique aux formations sociales modernes. Ses travaux sur l'éthique économique des religions définissent ce qui sera un des soucis majeurs de sa vie intellectuelle, sa volonté de trouver le type spécifique de rationalité qui caractérise la civilisation occidentale à l'issue d'un long processus de désenchantement. Cette volonté lui permet de comprendre comment se sont formées et déployées les motivations menant à l'émergence de conduites rationalisées, mais aussi comment elles finissent par animer tout un ensemble de pratiques sociales. Pourtant, Weber ne comble jamais entièrement la distance entre ces deux ordres analytiques. Quel que soit le rôle effectif que ces structures de conscience peuvent jouer dans l'évolution des structures sociales, il est conscient, jusqu'au bout, de la distance entre ces deux dimensions. C'est d'ailleurs cela qui confère à son approche une tonalité tragique. Il y a toujours chez lui, à la racine de sa pensée, un écart, et donc une violence originelle permanente, entre la conscience subjective et le monde objectif. Et cette tension, placée à ce niveau, explique, mieux que bien d'autres éléments, l'originalité de la pensée de Weber.

I. LA SINGULARITÉ DE L'OCCIDENT ET L'EXEMPLARITÉ DE L'ÉTHIQUE PROTESTANTE

L'inventaire, maintes fois réalisé par Weber, des spécificités matérielles et intellectuelles du capitalisme moderne l'obligeait à expliquer cette singularité de la rationalité occidentale. Le capitalisme est le paradigme de la rationalité, dont l'essence se trouve dans un de ses traits majeurs : sa calculabilité[4]. Ce calcul est favorisé par les structures fondamentales du capitalisme moderne : le marché, l'orientation purement instrumentale de l'action humaine, l'argent, un système hautement technicisé de comptabilité et une organisation bureaucratique de l'entreprise. Mais cette prévisibilité suppose que l'on sorte du monde des contraintes traditionnelles et de l'émotion pour entrer dans un ordre social où les acteurs sont guidés par d'autres orientations de valeurs. La calculabilité de la rationalité capitaliste s'appuie ainsi sur un ethos des acteurs qui diffère de celui qu'ont les hommes de la société traditionnelle.

On a beaucoup discuté sur la signification dernière que Weber octroie à l'éthique protestante dans l'émergence du capitalisme. Central ou pas, il est clair que le protestantisme est une de ses sources historiques majeures[5]. Pourtant, l'intérêt premier de ce texte réside moins dans l'étude des origines du capitalisme que dans une réflexion sur l'individualisme bourgeois. À condition d'ajouter que si cette problématique s'est d'abord portée vers la religion, elle se trouve disséminée dans bon nombre d'autres travaux de Weber, où pourtant, la question est toujours plus ou moins la même – rendre compte, à partir de la pluralité des voies de rationalisation possibles, du déploiement d'une seule d'entre elles en Occident[6].

Les deux études qui composent *L'éthique protestante et l'esprit du capitalisme* s'insèrent dans la problématique des rapports établis entre la religion, l'économie et la société. Weber part d'une constatation statistique, à savoir la sur-représentation des protestants parmi les détenteurs du capital, les entrepreneurs et les individus hautement qualifiés. Ce constat le conduit à des interrogations centrales sur les particularités mentales des individus au début du capitalisme, puisqu'il lui semble repérer un rapport causal entre une atmosphère religieuse et une inclination pour une forme spécifique de rationalisme économique. D'autant plus que chez les entrepreneurs capitalistes protestants le sens des affaires coïncide avec une religiosité qui pénètre en profondeur tous les aspects de la vie. C'est dans l'éthique protestante que Weber trouve l'esprit du capitalisme, une rationalisation de la manière de vivre. Sur ce point, l'analyse wébérienne ne peut pas être plus précise en distinguant le traditionalisme, une manière d'agir en accord avec les principes transmis par les ancêtres, et largement compatible avec la tendance au gain en tant que telle, mais dont le goût effréné produit des résultats économiques irrationnels, et l'émergence d'un ethos propre au capitalisme moderne. Celui-ci permet de tempérer cette tendance au gain, en limitant la dépense inutile et l'ostentation de sa propre puissance. L'entrepreneur capitaliste des débuts du capitalisme moderne est défini par son ascétisme intramondain, par le fait d'être soumis à une idée de profession et de sacrifice de soi dans le travail. C'est cette attitude, somme toute étrange puisque cet entrepreneur « ne "tire aucun profit" de sa richesse pour lui-même, en dehors du sentiment irrationnel du devoir professionnel accompli » dont il s'agit de rendre compte. Weber souligne l'absolue nouveauté de cette conduite : « Voilà précisément ce qui semble à l'homme précapitaliste le comble de l'inconcevable, de l'énigmatique, du sordide et du méprisable[7]. » Mais c'est bien dans le monde traditionnel, encore davantage au sein d'une religion hostile au capital, que doit résider le cœur du capitalisme moderne.

C'est dans la Réforme que Weber va trouver la représentation de la profession et de la vocation qui seront à la base de l'esprit capitaliste. Mais leur lien est indirect et complexe. Si la Réforme a accentué le caractère moral du travail, la conception de la vocation dans le luthéranisme demeure traditionnelle. Même pour le calvinisme et d'autres sectes protestantes (piétisme, méthodisme, baptistes), où la relation est plus grande, le lien entre la vie pratique et les critères religieux est loin d'être explicite et immédiat. Au contraire même, les effets de la Réforme sur la culture sont le résultat « des conséquences imprévues, *non voulues*, de l'œuvre des réformateurs, conséquences souvent fort éloignées de tout ce qu'ils s'étaient proposé d'atteindre, parfois même en contradiction avec cette fin[8] ». Autrement dit, il ne s'agit pas d'affirmer que le capitalisme est un produit de la Réforme (tant bien de ses traits lui préexistent), mais de souligner les affinités électives repérables entre une croyance religieuse et l'esprit du capitalisme. Une affinité élective qui a, néanmoins, contribué à la formation de cet esprit et à son extension notamment à travers la constitution de dispositions psychologiques particulières. Le point de départ est le sentiment de solitude et d'angoisse qui s'empare des chrétiens devant une doctrine qui affirme l'impossibilité pour les hommes de changer les décisions divines quant à leur prédestination au salut. Comment supporter cette angoisse ? Comment s'assurer d'être un élu ?

L'analyse wébérienne est complexe. Résumée à l'essentiel elle consiste à dégager une suite séquentielle : de manière dogmatique le monde doit servir la propre gloire de Dieu ; la vie humaine n'a d'autre sens que de glorifier

Dieu, le chrétien élu n'a d'autre finalité que d'exécuter dans le monde les commandements divins ; or Dieu veut que cette action soit efficace afin de rendre la vie sur terre en accord avec ses commandements ; s'ensuit alors que le travail professionnel doit être mis au service de la collectivité. C'est ici qu'intervient l'élément essentiel : aux yeux de Calvin l'accomplissement du travail professionnel sans relâche n'est pas une manière d'infléchir la décision de Dieu, mais la manière, la seule manière, de parvenir à une confiance en dissipant en soi le doute, pouvant même être perçue alors comme un signe d'élection. L'ethos protestant exige une réglementation quotidienne de la vie morale, surtout, il se répand à l'ensemble des activités de la vie. Cette disposition ascétique dans le monde se traduit par une conduite rationnelle de l'existence qui répand dans certaines couches sociales un esprit spécifique qui les sépare des autres hommes. « L'ascétisme chrétien, après avoir fui le monde dans la solitude, gouverne ce monde auquel il avait renoncé, à partir du monastère et par l'Église. Mais, en règle générale, il avait laissé à la vie quotidienne dans le siècle son caractère naturel et spontané. Après avoir claqué derrière lui la porte du monastère, voilà qu'il se répandait maintenant sur la place du marché et entreprenait d'imprégner de sa méthode la routine de l'existence, d'en faire une vie rationnelle en ce monde, mais nullement de ce monde ou pour ce monde[9]. » Le point culminant de son analyse se trouve alors dans le constat de la dissipation de la racine religieuse de cet ascétisme vers la froide vertu professionnelle. Mais au terme de cette évolution, l'éthique protestante a rendu deux services déterminants au capitalisme : d'une part, une bonne conscience pour ce qui est de l'acquisition de l'argent, et d'autre part, la formation d'un mode de vie rationnel. Tous les deux par une voie détournée : « L'éthique rationnelle du puritanisme, orientée vers un *au-delà* du monde, a mis en œuvre le rationalisme économique *intra*mondain jusque dans ses dernières conséquences, précisément *parce qu'*en soi rien ne lui était plus étranger, précisément *parce que* le travail dans ce monde ne faisait pour elle qu'exprimer la poursuite d'un but transcendant[10]. »

Vision profonde de la modernité, dont l'essentiel est l'écho qu'ellc a rencontré dans le monde moderne. Un écho qui ne peut pas vraiment être ramené à une pure version sécularisée d'un mythe des origines, ni à l'impact d'une démonstration du poids des idées dans l'histoire comme on a eu trop tendance à l'affirmer afin d'opposer, au-delà du raisonnable, Weber à Marx[11], ni surtout à la fidélité d'une démonstration historique dont on sait aujourd'hui que bien des présupposés sur lesquels elle s'appuie ont été contestés ou nuancés[12]. Sa force provient de sa capacité à rendre compte, dans un seul et même mouvement analytique, des origines d'une tendance majeure de la modernité et de ses implications pratiques dans le monde moderne.

De manière plus large, l'analyse que Weber réalise du protestantisme s'insère dans une vision d'ensemble des rapports entre la religion et l'économie et le passage à une société issue du désenchantement du monde. Un processus au sein duquel le monde est vécu comme un problème du fait du contraste entre le récit d'un monde créé et la réalité d'un monde imparfait. C'est ici que s'enracine le problème fondamental, et les diverses manières dont le croyant va organiser son attitude vis-à-vis d'un monde irrationnel. La manière dont opère la rationalisation de chaque religion, un processus lié à la nature de la domination des couches supérieures, diffère selon les divers types de religions. Weber souligne ainsi l'importance de l'hostilité à la magie dans l'héritage que le judaïsme lègue au christianisme. Elle est en effet une attitude déterminante à l'heure de favoriser une rationalisation de la vie économique qu'elle a trop longtemps contrée[13]. De cette coupure, il trouve les racines dans l'œuvre des prophètes, qui légitiment leurs actions par d'autres ordres que ceux de la tradition, préparant la sortie du monde de la magie. L'humus du capitalisme moderne est ainsi rendu par l'intellectualisation du monde et la rationalisation d'attitudes qui ne signifient nullement une connaissance générale croissante des conditions de la vie moderne, mais bien plutôt « que nous savons ou que nous croyons qu'à chaque instant nous *pourrions*, pourvu *seulement que nous le voulions*, nous prouver qu'il n'existe en principe aucune puissance mystérieuse et imprévisible qui interfère dans les cours de la vie ; bref, que nous pouvons *maîtriser* toute chose par la *prévision*. Mais cela revient à désenchanter le monde[14] ».

Effort vain que celui de chercher une séquence causale stricte dans l'analyse wébérienne, de discuter pour savoir dans quelle mesure l'émergence d'un ethos de réalisation impersonnelle mondaine ancrée dans l'éthique puritaine de la vocation est une des causes majeures du capitalisme moderne. Plus important est de souligner la place qu'ont à ses yeux le désenchantement et l'intellectualisation de la vie, à la fois sources et critères de l'expérience dans le monde moderne[15]. Elle permet de comprendre la comparaison qu'il établit entre le confucianisme et le puritanisme. Malgré leur rationalisme commun, c'est seulement dans le deuxième qu'a émergé l'esprit capitaliste : « Le rationalisme confucéen signifiait une adaptation rationnelle au monde ; le rationalisme puritain : une *maîtrise* rationnelle du monde[16]. » Au-delà donc du problème de la précision de l'enchaînement historique proposé, il importe de souligner que ce processus à causalités multiples mène à un monde représenté comme un objet, soumis à des lois causales susceptibles d'être contrôlées, grâce à l'extension de nouvelles techniques et de nouvelles connaissances dans l'économie, l'administration, la politique, qui augmentent, par voie de conséquence, le contrôle rationnel sur la nature et sur les hommes. Au sein de cet univers dépersonnalisé, la régularité et la capacité de calculer l'action humaine grandissent, posant la question essentielle de la nature du déplacement tendanciel de la rationalité en valeur vers la rationalité en finalité.

Il faut bien comprendre l'importance et la nature de la préférence de Weber pour une conduite rationnelle et méthodique informée par une conscience éthique. Elle s'explique par la correspondance qu'il y trouve entre les ordres objectifs de signification et de pratiques d'une part, et les dimensions subjectives de la motivation d'autre part, qu'articule le processus de rationalisation. La centralité paradigmatique de l'étude de Weber sur l'éthique protestante et l'esprit du capitalisme doit s'interpréter dans ce sens. Il s'agit d'un des moments d'accord fort entre les dimensions objectives et subjectives de l'action, qui n'intervient qu'à l'issue d'un processus de rupture des anciennes correspondances reposant sur la tradition. L'exemplarité de ce moment très particulier provient du fait qu'il parvient à assurer un lien entre les significations objectives incorporées dans un monde désenchanté et une éthique personnelle chargée de sens. La rationalisation des conduites méthodiques a aussi une valeur en elle-même puisqu'elle introduit un principe d'unité volontariste dans un monde éclaté.

Une valeur d'autant plus grande que Weber semble écrire avec une certaine nostalgie, puisqu'à ses yeux la modernité dans laquelle il vit n'apporte plus de correspondance étroite entre les différents niveaux. C'est dire à quel point la dimension existentielle n'est jamais, d'une manière ou d'une autre, absente de ses écrits. À la limite, l'absurdité du monde moderne n'est compréhensible qu'à partir d'une expérience subjective et la conscience, présente dès ses premiers écrits, des moments de désaccord entre les attitudes subjectives et les ordres objectifs[17].

Car si la rationalisation de la vie est le trait central de la modernité occidentale, dont l'origine se trouve dans l'émergence d'un nouvel esprit social, l'ascétisme intramondain, il ne suffit pas, loin s'en faut, à rendre compte du propre du monde moderne. En effet, pour Weber, c'est non seulement l'esprit du capitalisme moderne occidental mais aussi son extension qui fondent sa spécificité. Ce n'est que pour lui que les besoins *quotidiens* de la vie sont satisfaits par une exploitation capitaliste, c'est-à-dire assurés par des entreprises lucratives qui font recours à l'usage d'un compte de capital rationnel comme norme[18]. Le capitalisme moderne, appuyé sur un processus de différenciation structurelle croissante, s'accompagne de la mise en place de nouvelles organisations permettant la gestion d'un monde social plus diversifié et prévisible. Dans le capitalisme moderne, chaque sphère d'activité (économie, politique, culture) déploie sa propre logique de fonctionnement, ce qui rend, à terme, chacune de ces sphères plus ou moins autonome en empêchant la régulation de leur ensemble par des principes avant tout religieux. Mais, et sur ce point l'originalité de Weber doit être soulignée, dans toutes les sphères de la vie sociale, un processus majeur est à l'œuvre au sein de la modernité, malgré des temporalités d'évolution différentes – celui justement de la rationalisation.

La description que Weber donne du capitalisme ne diverge pas radicalement de celle que propose Marx. Chez l'un comme chez l'autre, il est le fruit du développement de la production, de la séparation entre les travailleurs et leurs moyens de subsistance, de la généralisation de la forme marchande comme principe directeur de la vie économique, et l'un comme l'autre ont souligné le caractère contraint de ce processus. Pourtant, Max Weber insiste sur des aspects relativement absents, sinon présents de manière critique dans la pensée de Marx, notamment la constitution d'un État rationnel, et à la différence des socialistes il ne croit guère que la gestion centralisée puisse être plus rationnelle ou efficace que celle assurée par le marché. Comme le signale avec précision Karl Löwith, le renversement de perspectives est à cet égard total entre les deux auteurs : là où Weber pense repérer dans la rationalisation une tendance inévitable de la modernité, Marx ne voit qu'un moment propre à la préhistoire de l'humanité, et à l'inverse, là où Marx entrevoit la possibilité d'émancipation de l'humanité, il n'y a plus, aux yeux de Weber, qu'un reste d'éthique de la conviction[19].

II. LES CONSÉQUENCES DE LA RATIONALISATION

La tendance progressive à la rationalisation qu'il observe tout particulièrement dans l'évolution historique de l'Occident est le socle de base de la société moderne. Pourtant, Weber n'a jamais véritablement fait son apologie. S'il est toujours resté extrêmement sensible aux aspects d'ombre, à la force de l'irrationnel dans l'histoire, il a fait part également de ses craintes quant à l'extension de ce processus général. En tout cas, il n'a pas arrêté de signaler le caractère non linéaire du progrès, le retour toujours possible de forces non rationalisées. À vrai dire, une bonne partie des polémiques d'interprétation suscitées par son œuvre oscille entre ces deux positions extrêmes : d'un côté, on souligne les dimensions de contrainte quotidienne et de perte de liberté inscrites à la base du processus de rationalisation ; de l'autre, on souligne les appels permanents dans son œuvre aux formes irrationnelles de domination, comme le charisme. Mais que l'on choisisse l'une ou l'autre, ou très souvent une formulation à mi-chemin entre ces deux extrêmes, force est de constater que la formulation wébérienne met fin à une certaine représentation du progrès propre aux Lumières.

Le processus de domination croissante sur l'environnement va de pair avec la disparition des ultimes valeurs qui pourraient guider de manière univoque le comportement des hommes. À l'issue de ce processus émerge le dilemme entre la rationalité formelle et la rationalité matérielle : le rôle social de la rationalité formelle, qui fait référence aux « taux de calculations techniquement possibles et effectivement appliquées[20] » augmente, alors que diminue la compréhension des actions en termes de rationalité matérielle, c'est-à-dire que l'action sociale cesse d'être orientée par des « postulats appréciatifs (quels qu'ils soient) ayant servi, servant, ou pouvant servir à en dégager la valeur[21] ». Pour Weber il s'agit d'insister sur la dépersonnalisation croissante du monde et la perte de sens de l'expérience moderne. « Le destin de notre époque, caractérisée par la rationalisation, par l'intellectualisation et surtout par le désenchantement du monde, a conduit les humains à bannir les valeurs suprêmes les plus sublimes de la vie publique[22]. » C'est de cette description que découlent véritablement les conséquences majeures dégagées par Weber, à savoir : soit l'entrée dans un monde froid, où l'homme serait contraint d'exister sans valeur suprême, dans un monde dépourvu de sens et privé de liberté ; soit l'entrée dans un monde soumis aux impératifs d'une multitude de dieux (ou de démons) qui reprennent leur lutte éternelle.

La cage d'acier

La description objective que Weber donne du capitalisme moderne souligne, à l'inverse des Lumières mais dans sa descendance (bien que chez lui la raison ne soit jamais naturelle), de multiples éléments d'ombre. Le désenchantement du monde et la rationalisation font que, progressivement, dans toutes les sphères institutionnelles, la modernité se caractérise par la dépersonnalisation des relations sociales, par l'augmentation du pouvoir technique sur la nature et la société, par l'importance croissante du calcul et de la spécialisation. « Selon les vues de Baxter, le souci des biens extérieurs ne devait peser sur les épaules des saints qu'à la façon d'un "léger manteau qu'à chaque instant l'on peut rejeter". Mais la fatalité a transformé ce manteau en une cage d'acier[23]. » Phrase ambiguë qui a connu deux grandes interprétations différentes, l'une insistant sur la transformation d'une exigence éthique dans une attitude dépourvue de contenu existentiel (perte de sens), l'autre mettant l'accent sur les dimensions pratiques de cette domination (perte de liberté).

Il est en effet possible de repérer dans l'œuvre de Weber des analyses qui se rapprochent de la chosification du monde, telle qu'elle avait été dénoncée par Marx. « En même temps que l'ascétisme entreprenait de transformer le monde et d'y déployer toute son influence, les biens de ce monde acquéraient sur les hommes une puissance croissante et inéluctable, puissance telle qu'on n'en avait jamais connue auparavant. Aujourd'hui, l'esprit de l'ascétisme religieux s'est échappé de la cage – définitivement ? qui saurait le dire… Quoi qu'il en soit, le capitalisme vainqueur n'a plus besoin de ce soutien depuis qu'il repose sur une base mécanique[24]. » C'est parce qu'il s'appuierait sur les structures bureaucratiques et notamment sur l'entreprise, où selon Weber l'esprit capitaliste trouve son expression la plus adéquate, qu'il donnerait, en conclusion de son diagnostic de la modernité, l'image d'une cage d'acier. Chez Weber, la raison abandonne l'individu et prend corps en tant que rationalité instrumentale, et bien qu'elle soit toujours pensée à partir de l'acteur, elle est plutôt jugée en fonction de ses traits systémiques. À terme, pour les tenants de cette interprétation, la rationalité est plus un attribut systémique qu'un trait propre aux acteurs ; rien d'étonnant alors à ce que son diagnostic de la modernité décrète la soumission des individus aux impératifs du système à travers une analyse qui anthropomorphise l'administration[25].

Or, cette lecture surestime la réalité historique de la bureaucratisation lorsque Weber écrit, et interprète celle-ci au vu de théories et d'événements postérieurs. Certes, Weber lui-même donne forme à cette lecture lorsqu'il signale qu'aucun « pays ni aucune époque n'ont vu comme l'Occident moderne toute notre existence dans ses données fondamentales – politiques, techniques et économiques – prise sans échappatoire aucune dans le carcan d'une organisation d'agents ayant reçu une formation spécialisée[26] ». Quant aux possibilités correctives du socialisme, Weber ne se fait aucune illusion. Au contraire même, il est persuadé que les conditions de travail ne changent pas en fonction des droits de propriété, et pense même que dans une société où on aurait éliminé le capitalisme privé on verrait l'extension de la seule domination de la bureaucratie. Face à elle, les individus n'auraient plus d'instance extérieure sur laquelle s'appuyer pour résister à son emprise[27].

Mais à trop insister sur cette dimension, on laisse dans l'ombre la signification profonde d'une réflexion phénoménologique sur les déchirements de sens propres à la vie moderne au seul profit d'une description de l'expérience totalitaire dans la modernité[28]. On laisse alors dans l'oubli l'autre aspect, l'effritement de la rationalité matérielle, le fait que le monde moderne devienne un univers à la fois calculable et sans fin. Certes, Weber insiste sur le caractère contraignant du capitalisme moderne, « chacun trouve aujourd'hui en naissant l'économie capitaliste établie comme un immense cosmos, un habitacle dans lequel il doit vivre et auquel il ne peut rien faire – du moins en tant qu'individu[29] », mais ses contraintes matérielles sont surtout interprétées dans le sens d'un ensemble d'activités qui perdent progressivement toute signification pour devenir des normes sans âme qui s'imposent à l'individu. Rien ne l'illustre mieux que les doutes qui l'assaillent sur la possibilité de la rationalité formelle, nécessaire au capitalisme, de s'auto-entretenir d'elle-même dans un monde pleinement désenchanté. À sa manière, on trouve déjà chez Weber les bases d'une critique qui, s'il se garde bien de lui adresser, ne cessera depuis, et après lui, d'être portée contre le capitalisme moderne, à savoir qu'il a besoin pour fonctionner d'une culture qu'il s'acharne à détruire.

L'analyse des types d'action chez Weber montre bien que cette interprétation est abusive. Sa notion de rationalité ne s'ancre pas seulement dans son analyse des formes matérielles majeures du monde capitaliste, mais découle aussi de son étude compréhensive de l'action humaine, et même si on a pu repérer des tensions entre ces deux dimensions de son travail, il est tout aussi vrai qu'à bien des égards les démarches sont complémentaires[30]. Après une caractérisation générique de l'action sociale comme action qui se rapporte au comportement d'autrui et par rapport auquel l'acteur oriente sa conduite, Weber établit une classification typologique. Celle-ci introduit une hiérarchisation, plus ou moins implicite, entre d'un côté les formes d'action qui obéissent à des critères délibérés et réfléchis, et de l'autre côté, des conduites spontanées, instinctives ou habituelles (traditionnelles ou émotionnelles) qui pour Weber se placent à la frontière même de l'action sociale. Mais surtout il privilégie un type d'action rationnelle : celui de l'action rigoureusement rationnelle par finalité[31] déterminée « par des expectations du comportement tant des objets du monde extérieur ou de celui d'autres hommes, en exploitant ces expectations comme "conditions" ou comme "moyens" pour parvenir rationnellement aux *fins* propres mûrement réfléchies qu'on veut attendre[32] ». C'est-à-dire qu'il y a une adéquation entre les moyens et l'objectif poursuivi et, qu'en tout cas, on n'agit « *ni* par expression des affects (et surtout pas émotionnellement) *ni* par tradition[33] ». La rationalité par finalité repose sur un raisonnement du type cause-effet, moyen-fin ; l'action est jugée selon ses performances, selon l'adéquation qu'on observe entre les résultats poursuivis et les ressources mobilisées pour les obtenir. À l'inverse, la rationalité par valeur est une action déterminée « par la croyance en la valeur intrinsèque inconditionnelle – d'ordre éthique, esthétique, religieux, ou autre – d'un comportement déterminé qui vaut pour lui-même et indépendamment de son résultat[34] » ; l'action vaut pour elle-même, sa valeur est inhérente au fait d'agir. Il s'agit d'une action éminemment subjective tant elle est valorisée intrinsèquement et non pas en fonction des objectifs externes à atteindre.

Or, et cela montre les limites d'une interprétation qui voudrait trop forcer le caractère rationalisé du monde moderne, la rationalité par finalité, quelle que soit sa valeur scientifique et son efficacité, ne peut pas être conçue comme étant prédominante dans la modernité. « On pourrait tout aussi bien affirmer le contraire si l'on tient compte soit du rôle que jouent dans l'activité humaine certaines "émotions" et certains "états affectifs" irrationnels par finalité, soit du fait que toute étude compréhensive rationnelle par finalité se heurte sans cesse à des fins qui *ne peuvent plus*, de leur côté, être interprétées comme des moyens rationnels vers d'autres fins[35]. » L'importance de l'action rationnelle par finalité provient de ce qu'elle a tendance à réduire la distance entre l'orientation intérieure de l'acteur et les critères objectifs de l'action. Mais pourtant l'écart subsiste entre le but visé et le résultat obtenu, entre la finalité et les moyens employés et il faut apprendre à le reconnaître. Le caractère strictement méthodologique de cette mise en valeur est maintes fois précisé par Weber : le modèle rationnel de l'action est un idéal-type qui permet de « "comparer" à lui la réalité empirique et de déterminer en quoi elle en diverge, s'en écarte ou s'en rapproche relativement, afin de pouvoir la décrire avec des concepts aussi compréhensibles et aussi univoques que possible, la comprendre et l'expliquer grâce à l'imputation causale[36] ». Weber insiste sur le caractère heuristique (et extrême) de cette procédure, tout en s'intéressant, dans ses travaux, aux conditions ordinaires dans lesquelles se déroulent les conduites, ainsi que la variété des combinaisons réelles des divers critères dans les actions sociales[37]. L'action rationnelle sert de modèle conceptuel pour saisir la défaillance des actions irrationnelles mais ni l'une ni l'autre n'expriment une quelconque substance de l'histoire ou de la nature humaines.

Autrement dit, et même s'il est vraisemblable que c'est dans l'œuvre de Weber que l'on trouve l'origine des théories de la rationalisation comme domination de la nature et de l'homme, cette représentation n'est jamais chez lui ni entièrement dominante ni dépourvue, en elle-même, d'ambiguïté. La rationalisation du capitalisme moderne réside dans la croyance que la vie courante repose sur des principes d'essence rationnelle, auxquels on fait confiance rationnellement, et qui permettent à leur tour de calculer afin d'orienter sa propre action. Mais il reste un écart irrépressible entre la rationalisation et la situation de l'homme dans le monde d'une part, et son expérience intime toujours marquée par les passions d'autre part. Ce sont les deux faces de la rationalisation : l'une externe qui porte sur les moyens matériels, l'autre interne qui concerne la conduite de vie, sans que jamais Weber ne confonde la première avec la deuxième[38]. C'est cette constance qui a pu alimenter une autre interprétation de sa vision de la modernité.

Retournement et perte de sens

L'ensemble de l'œuvre de Weber est parcourue par l'analyse de multiples renversements de sens. En effet, une partie essentielle de ses études historiques consiste à rendre compte de l'émergence du rationnel à partir de l'irrationnel, et de montrer, presque de manière systématique, que l'irrationnel est inlassablement à la source de la rationalisation. Rien en effet ne semble fasciner plus Weber que le renversement des significations de l'action subjective et leur cristallisation dans des ordres économiques et sociaux opérant comme des cadres contraignant des conduites humaines ; que le processus de routinisation des appels charismatiques en forme de domination rationnelle-légale ; que le retournement des conséquences intentionnelles de l'action dans des effets non prévisibles qui métamorphosent profondément leur sens en métamorphosant le monde. Plus largement même, et sans qu'il soit toujours nécessaire de juger de l'irrationalité fondatrice du monde moderne, l'opacité du sens obsède ses analyses, là où il constate que « le sens originel, visé par les acteurs de manière plus ou moins univoque, tombe entièrement dans l'oubli ou se dérobe par suite d'un changement de signification[39] ». Il serait même possible de montrer que ce constat traverse structurellement un bon nombre de ses travaux. Ce qu'un groupe d'hommes a voulu devient le destin de la génération suivante. Un processus au sein duquel la signification des actes peut ou bien changer de sens ou bien se délester de toute signification. C'est contre cette réalité que trop souvent les hommes se sont laissé emporter, transformant les concepts en forces réelles, afin de rendre compte de l'évidence immédiate d'une histoire faite par les hommes et des multiples démentis pratiques dont ils sont victimes. C'est cette réalité, en tant que telle, et notamment dans ce qu'elle porte de tragique, qui l'enthousiasme le plus, au point qu'il veut souvent à la fois rendre compte de manière intelligible de cette fatalité et préserver son caractère mystérieux.

Mais ce renversement de sens, à la racine duquel il est possible de repérer l'influence de Nietzsche, a une portée particulière dans l'œuvre de Weber[40]. Même si un lien peut être établi entre les analyses wébériennes et les théories de l'aliénation[41] ou encore davantage avec l'étude des effets non intentionnels de l'action (rappelons que pour certains auteurs les deux ne sont que les deux faces d'une seule et même réalité)[42], il s'agit en fait de torsions ayant des significations différentes. Pourtant, la prise en considération des conséquences non intentionnelles de l'action se place effectivement dans la descendance des travaux sur la rationalisation. Mais une distance sépare le caractère inépuisable de ces transformations de sens, d'une démarche qui accentue simplement l'idée que le social est le résultat d'un engrenage d'actions individuelles[43]. Or, pour Weber, il s'agit moins d'insister sur les effets pratiques indésirables[44] que de s'attarder sur les transfigurations de sens à l'œuvre dans l'histoire, l'émergence du rationnel par des voies irrationnelles. En bref, ce qui l'intéresse avant tout est le caractère équivoque des significations dans le déroulement de l'histoire.

Weber ne cherche pas une forme de réconciliation au sein de l'histoire humaine, et il résiste à la tentation d'y introduire une vision surplombante qui, comme dans la ruse de la Raison chez Hegel, parviendrait à rétablir un sens au-delà et au travers de ses multiples retournements de sens. Et pourtant, dans ce processus, toujours soumis à l'emprise de mouvements pendulaires, il semble exister une tendance centrale inévitable, celle qui fait que « la considération empirique du monde et à plus forte raison celle qui a une orientation mathématique refusent par principe tout mode de considération qui recherche d'une manière générale un “sens” à ce qui advient dans le monde. Ainsi, à chaque extension du rationalisme de la science empirique, la religion est de plus en plus repoussée du domaine du rationnel dans celui de l'irrationnel, et elle devient dès lors tout simplement *la* puissance irrationnelle (ou antirationnelle) et suprapersonnelle[45] ». Le monde lui-même tend alors à se diviser entre d'une part, des connaissances et une domination rationnelle de la nature et d'autre part, des expériences « mystiques » ineffables renvoyant à un arrière-monde insaisissable et garant du salut individuel. Division inévitable du monde dont l'origine dernière se trouve toujours dans le piège de l'ascétisme rationnel qui crée une richesse qu'il refuse, à travers la prescription d'un travail personnel et les strictes limites imposées à la satisfaction du besoin.

La guerre des dieux

L'analyse de Weber de la modernité ne conduit pas seulement à ces deux représentations différentes, mais aussi à l'analyse du vécu des individus dans la modernité, soumis à un conflit irréductible de valeurs. À la différence des visions précédentes, qui ont caractérisé la rationalisation comme finissant par s'autonomiser et échapper à la volonté et à la maîtrise des acteurs, cette interprétation met l'accent sur d'autres conséquences. L'histoire humaine est alors assimilée à un conflit inépuisable entre des systèmes de valeurs individuels, à une série de collisions entre diverses sphères de valeurs, les acteurs se définissant par une pluralité irrépressible d'orientations. En réalité, et si le mot n'avait pas eu les connotations qu'il a eues par la suite, il est clair que l'esprit tragique de l'œuvre de Weber, au-delà des raisons psychologiques tenant à l'issue de sa maladie nerveuse[46], renvoie à une analyse existentielle de l'homme dans la modernité. Évidemment des points de contact existent entre cette interprétation et les deux précédentes. Après tout, le déchirement existentiel des hommes renvoie autant à la perte de la liberté qu'à la quête de nouveaux principes de signification. Bien que le thème de la guerre des dieux ait des significations différentes dans son œuvre, nous nous limiterons à évoquer le vide conflictuel face auquel il place les hommes dans la modernité. « Pour autant que la vie a en elle-même un sens et qu'elle se comprend d'elle-même, elle ne connaît que le combat éternel que les dieux se font entre eux ou, en évitant la métaphore, elle ne connaît que l'incompatibilité des points de vue ultimes possibles[47]. » Pour Weber, le choix entre les valeurs est avant tout un engagement strictement subjectif, et il s'acharne contre toute velléité pour fonder rationnellement les normes ultimes qui guident l'action humaine.

Même si la tension excède le seul exemple de l'opposition entre l'éthique de la responsabilité et l'éthique de la conviction, celui-ci en est, à juste titre, un cas paradigmatique[48]. Le dilemme est connu : de quel point de vue doit-on déterminer la valeur éthique d'une action ? Est-ce à partir de son résultat ou de sa valeur propre ? Le premier est sensible aux conséquences prévisibles de ses actes, le second ne juge qu'en fonction de son intention tant au fond il ne supporte pas l'irrationalité éthique du monde. En fait, pour Weber, la guerre des dieux émerge chaque fois que les obligations dévolues à un dieu entrent en conflit avec celles dévolues à un autre. Dans un des textes les plus brillants qu'il ait jamais écrits, Weber montre comment les divers refus du monde entrent en conflit avec les sphères économique, politique, esthétique, érotique ou intellectuelle. Les causes et les chaînons sont multiples, et vont d'un problème de délimitation des sphères d'influence à l'analyse de l'opposition des dieux issue d'une indubitable parenté psychologique : celle qui oppose (parce qu'elle les lie) l'émotion artistique à l'émotion religieuse, celle qui oppose (parce qu'elle les place dans un rapport de possible substitution) l'érotisme et la piété héroïque, enfin, celle qui oppose inéluctablement (au-delà des parentés psychologiques cette fois-ci), les images du monde propres à la religion et au savoir rationnellement empirique[49]. La minceur de la frontière rend compte de la violence de l'opposition des dieux.

L'univers wébérien ne peut pas être saisi entièrement comme un monde dual opposant à un domaine rationnel et technique un univers axiologique irrationnel et conflictuel. En réalité, pour Weber l'expansion de la rationalisation instrumentale n'élimine jamais l'existence d'éléments non rationalisables de l'action, et en tout premier lieu, les choix des valeurs ultimes. C'est sur cet aspect de son œuvre que se sont centrés bon nombre de ses critiques. Ainsi Léo Strauss pour qui toute réalité objective est déjà en elle-même normative et qui conteste la position subjectiviste de l'épistémologie wébérienne[50], ou Raymond Aron qui trouve à la fois dans la formule la « guerre des dieux » un fait indiscutable (les hommes ont des représentations incompatibles du monde) et une philosophie hautement improbable (tant elle est contradictoire et reposant sur des conceptions que personne ne partage, à savoir que toutes les représentations sont équivalentes[51]) ; ou encore, l'école de Francfort qui lui reproche d'avoir détaché la rationalisation formelle de la notion classique de Raison objective, condamnant alors son œuvre à un dangereux décisionnisme. Au fond, Weber associe, comme le signale justement Philippe Raynaud, une anthropologie anti-utilitariste et une critique de la conception rationaliste de la subjectivité[52] : ses difficultés proviennent justement de la séparation de l'idéal d'autonomie des fondements de la Raison objective, et de la réduction de la Raison à une adéquation moyens/fins. Dans sa conférence de 1919 intitulée « Le métier et la vocation d'homme politique », Weber conclut, d'un ton nietzschéen, sur le déchirement phénoménologique du monde moderne, sans doute de la seule manière dont il était possible à ses yeux de le faire : « Celui qui est convaincu qu'il ne s'effondrera pas si le monde, jugé de son point de vue, est trop stupide ou trop mesquin pour mériter ce qu'il prétend lui offrir, et qui reste néanmoins capable de dire "quand même" !, celui-là seul a la "vocation" de la politique[53]. » Autrement dit, la perte du sens progressif du religieux amène toute une série de demandes multiples pour des succédanés, dont Weber souligne constamment les limites et insatisfactions fondamentales, dans un monde engagé dans la voie du désenchantement. L'imbrication, pour paradoxale qu'elle puisse sembler à un premier regard, peut être ainsi intime entre le polythéisme des dieux et la perte de sens.

L'ambiguïté propre des réponses de Weber est structurelle. Il ne cesse d'osciller entre une valorisation positive des conséquences matérielles de la rationalisation et une inquiétude quant à sa signification pour le développement de l'esprit humain ; entre une tendance à valoriser les conséquences d'une pratique rationnelle afin d'augmenter la responsabilité des individus et l'accent mis, néanmoins, et toujours, sur la lutte entre les valeurs. Interprétations irréductibles, elles signalent différentes possibilités de lecture, toutes présentes dans l'œuvre de Weber. Inutile alors de vouloir privilégier l'une sur l'autre, tant la richesse de l'œuvre provient de l'ambiguïté même de ses réponses[54].

III. LA SOLUTION WÉBÉRIENNE. PUISSANCE ET CHARISME

Il est symptomatique que Weber, face aux conséquences de la rationalisation, n'ait pas cherché une voie de compensation ou de correction dans un retour nostalgique à une conduite de vie assurant l'accord entre les dimensions rationalisatrices du monde et l'ethos rationnel des individus. Au contraire même, si solution il y a, elle est à chercher avant tout dans ses écrits politiques, et en leur sein, à la place qu'il octroie aux pratiques irrationnelles ou en tout cas charismatiques.

Weber se refuse à interpréter le monde moderne comme étant, en lui-même, rationnel, pleinement rationalisé et définitivement à l'abri des passions humaines. Mais surtout ces conflits, au-delà des querelles axiologiques insurmontables dans lesquelles ils s'enracinent, renvoient à une conception particulière de l'histoire sociale, à une sorte de cycle permanent du passage de l'émotion à la raison. Sur ce point, l'importance des développements que Weber consacre au charisme, et encore davantage celle qu'on lui a donnée, parfois au-delà de ses textes, vise à aller à l'encontre d'un monde moderne inévitablement dépersonnalisé et soumis, irrémédiablement, à l'entropie progressive du Sens propre au monde enchanté. D'ailleurs, à ce sujet, Weber semble osciller par moments entre une analyse qui tend à figer historiquement l'étape du charisme dans des époques traditionnelles et une analyse qui, à l'inverse, fait de lui le véritable moteur des temps modernes[55]. D'une part, en effet, il affirme que « le charisme est la grande puissance révolutionnaire des époques liées à la tradition[56] », qui est une transformation de l'intérieur et répond à une nécessité, à un enthousiasme, une force qui se traduit par une « orientation entièrement nouvelle de toutes les positions envers toutes les formes particulières de vie et envers le “monde” ». D'autre part, et à l'inverse, il laisse planer le doute, et laisse même entrevoir parfois la possibilité d'un renouveau spirituel lié à des « prophètes entièrement nouveaux » (comme dans la conclusion de son étude sur *L'éthique protestante et l'esprit du capitalisme*) ou le risque, plus ou moins permanent, au sein du monde moderne, là où « le prophète n'existe pas », d'un retour, métamorphosé en mystique ou en quête des relations directes et réciproques de cette nostalgie du sens[57]. Surtout, il fera appel à une certaine forme de charisme afin de pallier les déficiences du système politique allemand[58].

Les lectures ne peuvent plus être alors plus opposées. Dans la première perspective, au sein d'une vision forte de la rationalisation, on doit interpréter les actions charismatiques comme des éléments de perturbation mineurs ou marginaux dans le monde de la domination légale-bureaucratique. Il s'agit de souligner la rupture qui s'établit entre deux domaines du monde social et la prépondérance, en dernière analyse, de l'une sur l'autre. La rationalité par finalité détermine, annonce et réalise le futur, au-delà des conflits de valeurs qui agitent les individus ; royaume de l'ordre, de la rationalité, de la réalisation du progrès technique, il est le devenir-monde le plus puissant de la rationalité. De l'autre côté, ne subsiste qu'une sphère de conflictualité infinie, jadis moteur endogène du changement historique, et qui se dégrade dans les temps modernes dans un murmure de marginaux, tout au plus un épisode périphérique de la modernité, qui en tout cas n'aura qu'une efficacité décroissante au long de l'histoire, le dernier mot appartenant à la bureaucratie[59]. Pour la deuxième perspective, au contraire, il s'agit d'insister sur le caractère irrépressible de cette opposition et le rôle déterminant que le charisme joue au sein de toutes les époques de l'histoire[60]. Celle-ci, dépourvue de sens et de toute rationalité surplombante, n'est qu'une suite ininterrompue de conflits de puissances, à travers l'émergence de nouveaux chefs charismatiques qui détruisent les vieilles conceptions et en imposent d'autres. Le pouvoir charismatique ne trouve pas ses limites dans les sociétés modernes, l'opposition dont il est porteur s'avère permanente et impossible à éliminer, ce qui interdit de conclure *a priori* quant à sa valeur historique finale.

Mais c'est surtout dans les écrits et les prises de positions politiques de Weber que l'appel au charisme dévoile toute son ambiguïté, à la suite notamment de certaines déceptions. D'abord, et outre les rapports fort ambigus que Weber entretient envers l'héritage et la personne de Bismarck, la déception vis-à-vis de l'incapacité de la bourgeoisie allemande à incarner les intérêts nationaux, à allier les exigences économiques et les responsabilités politiques. Une déception prolongée par sa réflexion sur l'immaturité politique de la classe ouvrière allemande, incapable à ses yeux de diriger le pays, mais qui porte également sur les limites intrinsèques d'une domination strictement bureaucratique. Si Weber ne marchande pas ses éloges à la bureaucratie allemande qu'il crédite comme l'une des plus efficaces au monde du fait de son intégrité et de sa formation, il souligne fortement le danger résultant de l'absence d'une véritable direction politique. De plus, ajoute-t-il encore, ce corps de fonctionnaires est devenu en Allemagne un rouage permettant à l'aristocratie foncière de préserver une partie de sa prééminence sociale malgré son déclin économique. À partir de ce constat, Weber octroie un rôle particulier au système parlementaire à la fois pour préserver des libertés individuelles face à la bureaucratisation croissante[61] et aussi, c'est peut-être l'essentiel, en tant que mécanisme permettant une rénovation de la classe politique et surtout l'émergence de véritables chefs politiques. L'opposition entre le fonctionnaire et le politicien est profonde à ses yeux. Le fonctionnaire pense à sa carrière, à sa rémunération et tire sa légitimité professionnelle de sa capacité à appliquer scrupuleusement les ordres, quels qu'ils soient et quoi qu'il en pense. Le politicien, tout au contraire, poursuit le pouvoir et la responsabilité, vise à imposer ses idées au travers de sa lutte personnelle. Sa vie consiste à gagner des alliés afin de pouvoir pratiquer sa politique, une activité qui passe nécessairement par les discussions et les luttes parlementaires, tout comme par les embûches de la vie politique. À terme, il est capable d'affronter avec responsabilité et engagement des conflits irrépressibles[62].

Pourtant, Weber se garde bien d'établir une simple coupure entre les deux. Il est persuadé que les machines politiques, elles-mêmes bureaucratisées, empêchent l'émergence de véritables leaders, même si dans les démocraties de masse une tendance se dessine en faveur d'une sélection plébiscitaire de leurs chefs. Pour lui, la valeur du parlementarisme vient en premier lieu de sa plus grande capacité à faire émerger des leaders, mais ceux-ci doivent, afin de pouvoir asseoir véritablement leur direction politique, disposer d'une légitimité directe, élue par le peuple, et pouvant se placer au-dessus du parlement. À ce sujet, la position de Weber, pour instable qu'elle soit, prise dans l'urgence des événements politiques et l'évolution de sa propre carrière politique, va pourtant nettement, en 1919, en faveur d'un chef fort, auprès de qui les masses peuvent investir leur confiance[63]. La véritable démocratie, écrit Weber, consiste à se soumettre à un leader élu par le peuple lui-même et non pas à s'en remettre à l'infaillibilité des parlementaires[64]. Le leader charismatique, et les tendances au césarisme, étaient alors pour Weber la meilleure garantie de la préservation d'un espace de créativité individuelle au sein des rouages bureaucratisés de l'État, et surtout la principale manière de dégager une véritable politique notamment lorsque, comme c'était le cas en Allemagne, elle pouvait s'avérer dans un premier moment impopulaire. La politique de puissance était une nécessité pour Weber et elle ne devait être jugée qu'en fonction des intérêts de l'État national, valeur ultime de la réflexion dans la politique. Il l'affirmait déjà dans sa leçon inaugurale de 1895 : « Pour nous, l'État national [...] est l'organisation temporelle de la puissance de la nation ; et dans cet État national l'étalon de valeur suprême est pour nous, même pour ce qui concerne la réflexion économique, la raison d'État[65]. » C'était l'idée nationale qui dictait les impératifs d'une politique allemande de puissance et qui, même, la justifiait[66]. À ses yeux la politique extérieure devait toujours avoir un primat sur les exigences de la politique intérieure, ce qui permet même à Wolfgang Mommsen d'établir un rapport entre les deux : une politique impérialiste à l'extérieur avait besoin, pour sélectionner ses chefs, d'une parlementarisation à l'intérieur du pays[67]. Pour Weber le cœur du problème, et sur ce point une continuité certaine est repérable dans son œuvre, consiste dans la qualification politique des classes gouvernantes en ascension sociale. En fait, la tension dans le domaine politique se joue moins entre la bureaucratisation et la démocratie, que dans la manière de préserver un espace réel d'action politique dans la modernité, donnant la garantie que les affaires de l'État seront entre les mains des plus compétents. La démocratie et le parlement étaient pour Weber un dispositif technique pour doter la nation de leaders dont elle avait besoin pour mettre en œuvre sa politique mondiale[68]. Au fond, il s'agissait de fonctionnaliser le charisme dans les sociétés modernes.

L'importance de cette réponse doit être soulignée avec force. Il ne s'agit aucunement d'affirmer simplement que dans sa conception de la rationalisation, Weber n'a jamais perdu totalement de vue la créativité irrationnelle dont jaillit l'histoire. Mais que, beaucoup plus profondément, il tente probablement par cette réponse de pallier l'ensemble des difficultés qu'il entrevoyait dans la modernité. Après tout, l'intérêt de Weber pour l'éthique protestante venait de la compréhension qu'elle assurait de l'esprit du capitalisme, mais surtout, du rôle qu'elle octroyait à la liberté et à l'initiative humaines. L'imbrication particulière, « l'affinité élective », dit Weber en reprenant Goethe, entre un système de croyances et certaines circonstances sociales et politiques avait engendré le caractère culturel de l'individu dans le capitalisme naissant. Or, celui-ci était en voie de disparition au fur et à mesure que la rationalisation du monde se déployait.

Dans un univers de ce type, comment y échapper ? Weber abandonne et condamne, maintes fois, tout penchant, toute nostalgie vers le retour de nouveaux cadres collectifs de sens. La rupture introduite dans le monde traditionnel par l'éthique protestante n'aura connu qu'un bref moment d'articulation heureuse à l'aide de la vocation. Mais, par la suite, l'instant disparaissant, l'articulation s'est défaite. Le sens ne peut plus venir dans un monde désenchanté d'un univers culturel partagé. À cet égard, la socialisation à une culture commune est pour Weber une issue sans valeur explicative dans la modernité. Le sens ne peut venir que des individus eux-mêmes, dans un travail angoissant, qui risque constamment de s'avérer au-dessus de leurs forces. C'est dans ce contexte que prend sens le rôle que Weber octroie au chef charismatique, voire peut-être même au politique, dans la modernité. Dans l'impossibilité d'y trouver un système de croyances partagées pouvant accomplir le rôle de socialisation vouée jadis aux éthiques religieuses, il n'y a d'autre voie, d'une autre nature et avec d'autres dangers, que la production d'un sens par le charisme. Rien ne permet mieux de le comprendre que le souci majeur de Weber face aux risques inscrits dans la rationalisation. Ce qu'il redoute le plus, ce ne sont pas les effets que la routinisation ou la division de tâches peuvent exercer sur les individus, mais bel et bien l'épuisement du rôle de l'initiative individuelle dans l'histoire. L'éthique protestante avait donné une assise collective à l'individualisme bourgeois. Sans elle, l'individu risque de s'égarer ou de perdre toute influence réelle sur le cours des événements[69]. L'unique possibilité qu'il entrevoit alors est le recours et l'appel à des individus exceptionnels capables de trouver en eux-mêmes la force nécessaire pour plier les absurdités de la bureaucratie[70]. Par là même, le leader charismatique parvient à proposer pour lui et pour ses partisans des idéaux allant au-delà du monde existant, mais ne s'appuyant plus sur aucune certitude objective. Il s'agit bien à terme dans ses écrits politiques d'une « défense quasi nietzschéenne des institutions libérales[71] », l'individu étant contraint de choisir entre des positions irrémédiablement antagonistes au milieu d'un monde de plus en plus rationalisé.

Le charisme de la politique apparaît alors comme la réponse la plus consistante que Weber apporte aux trois grandes conséquences qu'il entrevoit de la rationalisation : une limite à la perte de liberté des hommes, la possibilité bien que limitée et circonstancielle d'une quête de sens, et l'acceptation en pleine responsabilité et engagement du pluralisme indéfectible des valeurs. Et si le charisme ne joue pas dans la modernité rationalisée un rôle fonctionnel équivalant à l'éthique protestante dans la période initiale de la modernité, ce n'est que parce que dans le désenchantement, les possibilités d'accord entre les dimensions objectives du monde et le sens subjectif ne peuvent qu'être partielles et momentanées. Situation inévitable puisqu'il n'y a plus, comme jadis ce fut le cas de la religion, un dispositif symbolique capable d'exercer une influence durable sur les conduites de vie.

IV. COMPRÉHENSION ET MODERNITÉ

Le dilemme propre à la distance matricielle moderne est bien reflété par les travaux méthodologiques de Weber, où se dévoile la tension, introduite dans le monde moderne par la rationalisation, entre l'irréductibilité du sens subjectif d'une part, et d'autre part, l'ordre et le pouvoir croissant et contraignant des sphères sociales.

Dans un premier moment c'est la notion d'idéal-type, et l'importance qu'il octroie aux dimensions subjectives, qui doit retenir avant tout l'attention. Et surtout, le rôle clé que joue en elle l'imagination, non seulement d'un point de vue strictement méthodologique, en établissant un lien entre la démarche causale et les exigences d'une compréhension individualisante, ni non plus, seulement, d'un point de vue heuristique, la capacité à fournir de nouvelles bases à la découverte scientifique. L'important est que, par l'idéal-type, Weber accentue le caractère inépuisable de toute interprétation, l'ouverture irréductible de l'histoire, bien montrée par les questions, datées et partielles, voire partiales dans ses centres d'intérêts, que les sciences historiques adressent à la réalité. L'idéal-type, et le rôle joué par l'imagination, introduisent alors, dans la réalité, une conception qui excède strictement le seul cadre méthodologique. À travers eux, Weber insiste sur le caractère construit de ces représentations et donc trace une frontière inexpugnable entre le savoir et le réel.

La conception de Weber suppose dès le départ le pluralisme interprétatif, tant la richesse concrète de la réalité historique est infiniment complexe, tant elle ne saurait être épuisée par une seule perspective analytique. Les choix thématiques découlent alors des intérêts et donc des valeurs propres au chercheur, bref d'éléments subjectifs. La pluralité des systèmes possibles de valeurs permet de comprendre la diversité historique des réponses. Les mêmes matériaux empiriques donnent lieu à une multitude d'interrogations, bien que, lors de leur analyse scientifique, toutes obéissent à des critères universels de preuve. En les caractérisant comme des constructions intellectuelles élaborées à travers la sélection de certains éléments concrets, rassemblés au sein d'un modèle unitaire, Weber souligne avec force leur caractère fictionnel. Les idéaux-types proviennent d'une sélection, d'une exagération et d'un processus radical d'abstraction (c'est-à-dire qu'ils ne sont ni des hypothèses susceptibles d'être vérifiées ni des représentations moyennes des événements). Le caractère fictionnel du savoir social peut difficilement être énoncé avec plus de clarté. Son rôle est alors avant tout la construction de modèles symboliques cohérents, ordonnateurs des événements, et toujours dégagés à distance des faits sociaux. Il existe ainsi une distance irrépressible entre la réalité empirique et les modèles d'analyse. Cet écart permet même de comprendre deux sources de dilemmes de l'action dans la modernité. Là où s'établit l'écart entre la fin recherchée et la pluralité des moyens disponibles – l'unicité de la conviction transforme la distance objective-subjectif en un problème pratique dans ses conséquences ; là où se pose le problème de la sélection en fonction d'une pluralité des valeurs.

Les idéaux-types nous donnent aussi un aperçu de ce qui est propre à la vision wébérienne de la rationalisation notamment au vu des lectures qui vont être faites par ses successeurs. En tout premier lieu, leur existence conteste chez lui l'idée d'occlusion de l'espace des possibles au sein de la modernité. La pratique quotidienne des sciences historiques questionne cette appréhension, la met à mal, tant elle repose sur la capacité de l'imagination humaine à reconstruire le réel, à le faire autre que ce qu'il est. En se demandant ce qu'il aurait été si certains événements n'avaient pas eu lieu ou eu lieu d'une autre manière[72], elle trace une frontière entre l'histoire réellement accomplie et l'horizon de sens, toujours plus vaste, auquel référer l'action. En deuxième lieu, les idéaux-types, et avant tout celui de la rationalisation, permettent en même temps d'affirmer l'existence d'un fil conducteur dans l'histoire humaine tout en gardant à l'esprit qu'il ne s'agit que d'une tendance, tout au plus probable et, dès lors, soumise à des renversements ponctuels ou bien guettée par une torsion radicale – perspective qui n'est jamais entièrement laissée de côté par Weber.

Cependant, l'importance des idéaux-types pour la compréhension de la modernité ne doit pas faire oublier, au sein même de ses études méthodologiques, l'indéniable glissement, à la fois méthodologique et situationnel, vers un primat de la rationalité en finalité. Comme le signale Pierre Bouretz, une ligne de pente conduit du « triomphe d'un style de rapport à la réalité qui ignore la question du sens du devenir intramondain, pour épouser le point de vue d'un rationalisme calqué sur l'objectivité des sciences[73] ».

En effet, tôt ou tard, le sens subjectif de l'action finit par poser méthodologiquement un seul problème : celui de trouver un moyen empirique permettant de trancher entre les diverses interprétations possibles. Même si l'action sociale n'a de sens que par la signification que l'acteur lui donne, sa rationalité n'est souvent définie, de manière implicite dans la pratique de l'analyse, qu'en fonction d'une action permettant un jugement d'adéquation entre les fins poursuivies et les moyens mis en œuvre[74]. Pour Weber, la compréhension semble parfois se limiter à un pur problème méthodologique : comment saisir les phénomènes sociaux qui sont externes à notre conscience, comment reproduire en nous-mêmes le processus psychique qui est à leur origine (la sympathie) ? Or, son souci de reconnaître entre toutes les interprétations possibles d'un fait social celle qui est vraie conduit à aborder le problème du sens à partir d'une approche causaliste. Et de la même manière, dans l'analyse sociale, l'importance octroyée à la rationalité en finalité tend à déplacer ou à subordonner les autres types d'action. À terme même, et comme Alfred Schütz l'a bien montré, lorsque Weber parle de comportement significatif il a à l'esprit comme archétype de l'agir, un comportement en réalité spécifique, c'est-à-dire rationnel par rapport à un but. De manière sournoise, l'action rationnelle en finalité devient le modèle d'où découle la construction significative[75]. Glissement méthodologique qui renvoie en dernière analyse à la conception même que Weber se faisait des relations humaines dans la modernité.

On peut établir un parallèle entre la tension que vivent les individus dans le monde moderne, soumis à un univers qui rend de plus en plus calculable objectivement l'action tout en restant pourtant sous l'emprise des émotions, et une pratique de la science en dernière analyse arbitraire quant au sens dernier de ses questions mais soumise à des critères objectifs de validité et de jugement. Le problème va bien au-delà du seul pessimisme wébérien, voire du conflit constant dans son œuvre entre l'inéluctabilité rationalisatrice du monde et la réduction croissante de la liberté humaine. En fait, qu'elle prenne une forme méthodologique n'est probablement pas non plus anecdotique. Là, dans l'imagination du chercheur mais plus largement dans la manière de comprendre les conduites humaines, il y a un pari irréductible pour un espace d'initiative et de signification humaines que Weber ne récusera jamais. Certes, les croyances et de manière plus large les représentations sociales ont pu avoir pour lui un rôle majeur dans la formation et l'explication d'actions sociales à l'ère de la tradition, tandis que, dans la modernité leur poids décroît au profit des contraintes impersonnelles. Ce qui était une vocation devient un destin. Pourtant, en deçà des contraintes, tout comme du retour des charismes dans la modernité, Weber ne cesse de définir l'action sociale en fonction de l'intentionnalité visée par l'acteur. La tension est forte entre sa démarche subjectivo-compréhensive et la réalité sociale décrite dans ses analyses socio-historiques[76].

Cette tension va bien au-delà d'une pure inconséquence méthodologique. À vrai dire, elle met en forme une des tensions majeures de son œuvre : une histoire dont le début se trouve dans l'orientation de sens que lui donne l'acteur et qui dans son déroulement se détourne, voire se renverse, avant de s'épuiser. À terme, il n'est plus possible, ou plutôt, il ne sera presque plus nécessaire de le saisir en tant que sens subjectif. C'est la signification méthodologique liminaire à tirer du processus de rationalisation du monde, clairement énoncée à la fin de *L'éthique protestante*, dont néanmoins Weber s'est toujours gardé de tirer toutes les conséquences : « Le puritain *voulait* être un homme besogneux – et nous sommes *forcés* de l'être[77]. » De deux choses l'une : où la sociologie compréhensive de Weber se défait face à son diagnostic de la modernité, et il n'y a pas alors de place pour une démarche de ce type, tant les individus sont effectivement soumis à des contraintes systémiques, ou bien la tension est constitutive de la vision que la société moderne donne de la matrice de la rationalisation.

En fait, il n'y a pas vraiment à trancher. La tension doit plutôt être interprétée en termes historiques. Weber vit et se place en quelque sorte à un moment charnière, là où la société déjà rationalisée garde encore en elle le souvenir de la promesse de sens dont elle était jadis porteuse. Les accents existentialistes présents chez Weber et sa fascination récurrente auprès de notre manière de penser la modernité sont à mettre à l'actif de cette conscience historique.

Mais elle renferme une contradiction de taille, au-delà des querelles sur les orientations ultimes de valeurs, entre ce qui relève de sa conception de la société moderne, à terme promise à une rationalisation et une opacité totales, et sa conception de la sociologie, s'appuyant sur une définition de l'action sociale caractérisée par le sens subjectif de l'acteur. La contradiction est à terme tellement forte et profonde qu'elle a marqué durablement l'héritage wébérien. En tout cas, c'est à partir des réflexions « méthodologiques » de Weber que, probablement, on comprend le mieux sa vision des choses. La disjonction entre la description historique tendancielle qu'il fait de la modernité comme cage d'acier et la méthode compréhensive qu'il prône pour les sciences sociales donne lieu à une tension irréductible, à un double refus du recours à la nostalgie d'un monde encore enchanté et d'une interprétation de la modernité comme pure événementialité opaque. Force est de conclure alors que c'est la tension, et seulement la tension, qu'engendre la rationalisation, qui exprime le mieux le fond de sa pensée.

*

Il faut dès lors revenir à l'image primitive donnée par Weber de la modernité. Elle naît du désenchantement du monde tout comme de la rupture de l'ordre traditionnel et va vers une vision close, mais jamais entièrement close, de la rationalisation. Il y a ainsi trois temps dans la sociologie de la modernité wébérienne. Le premier, explicité par son étude de l'éthique protestante, apparaît comme d'autant plus important qu'il est un moment rare d'articulation entre les dimensions objectives et subjectives, entre les exigences des ordres et du pouvoir du monde et la volonté des conduites de vie des individus. Période de rationalisation heureuse, où sous l'impulsion d'une conduite méthodiquement animée, les hommes ont répandu la Raison dans le monde, se libérant par là même du poids d'une certaine tradition. Mais ce moment d'accord, où la distance matricielle de la modernité est pratiquement évacuée, n'aura été qu'un instant de son histoire. Le deuxième moment, qui n'est en fait qu'une tendance, et qui sera longuement repris par la suite, insiste sur l'émergence d'une modernité soumettant les individus à des impératifs fonctionnels, sous forme d'un carcan où tendanciellement il y aurait une baisse progressive du rôle de l'ethos individuel dans l'accomplissement de rôles sociaux. Ici, si cette position avait été menée à terme par Weber, mais elle le sera (non sans contradictions) après lui, les dimensions objectives auraient fini par dénier tout espace aux dimensions subjectives. L'inachèvement de la rationalisation ouvre le troisième moment au sens fort du terme, où, quel que soit le poids d'un monde chaque fois davantage rationalisé, les hommes chercheront toujours d'autres voies de sens. À cet égard, le monde rationalisé aura connu un sort presque semblable au monde traditionnel l'ayant historiquement précédé. Parce que le monde rationalisé ne peut plus donner une obligation normative substantielle aux pratiques sociales, les contraintes impersonnelles pèsent toujours plus et la rationalité formelle joue un rôle croissant. Mais jamais cependant chez Weber, elles ne parviennent véritablement à éliminer les dimensions subjectives.

VI

Norbert Elias, la rationalisation comme autocontrôle*

La rationalisation, décrite par Weber comme élément clé de la modernité, va connaître une descendance critique mais néanmoins complémentaire chez Norbert Elias, dont l'essentiel de l'œuvre consiste à montrer le rapport, à l'aide de la notion de configuration, entre la formation des individus et celle des sociétés étatiques, ou pour le dire dans les termes qu'il employa dans les années trente, entre la formation progressive de l'État et l'art de se tenir à table. Le contrôle des pulsions, en fait l'autocontrainte, devient le véritable cœur de la socialisation, elle-même identifiée au processus de civilisation. L'individualisation propre aux sociétés étatiques vient signaler le fait que les individus sont à la fois de plus en plus individus, et de plus en plus sociaux.

Le comportement quotidien est le résultat d'un long processus de civilisation, à travers lequel les individus ont appris à maîtriser leurs pulsions ainsi qu'à perfectionner leurs gestes. La civilisation est « une phase d'un processus dont nous sommes nous-mêmes les sujets[1] », un processus qui, saisi à travers différentes actions, plus ou moins quotidiennes, reflète un niveau déterminé de

* Norbert Elias (1897-1990).

rapports humains et de réactions émotionnelles. Il ne s'agit pas pour Elias d'affirmer que les petits gestes sont l'accès préférentiel à la compréhension humaine ; pour lui les manières de se tenir à table, d'assurer les fonctions naturelles, de maîtriser l'agressivité ne sont que des fragments d'un comportement social qui doit être ressaisi dans toute sa globalité au sein d'un processus de civilisation. Mais ces mœurs, et leur polissage, répondent selon lui à un besoin intérieur des individus en fonction de leurs nécessités sociales. C'est pourquoi, malgré les relations ambiguës que Elias entretient tout au long de sa vie avec la pensée de Weber, il est clair, comme le souligne Roger Chartier, qu'elle est le cadre essentiel dans lequel ont été conçues, dans les années trente, ses intuitions fondatrices sur la civilisation[2].

I. LE PROCESSUS DE CIVILISATION COMME RATIONALISATION

Pour Elias, la rationalisation désigne avant tout le lien entre la capacité de maîtrise des réactions affectives immédiates et le traitement des données sur le long terme. En tout cas, et à la différence de Weber, la rationalisation n'est pour lui qu'« une manifestation parmi d'autres de la civilisation[3] », dépendante de la configuration et des contraintes sociales qui pèsent sur les individus[4]. Elle est ainsi étroitement dépendante d'une configuration sociale au sein de laquelle les contraintes externes se transforment en contraintes intériorisées.

Le polissage des mœurs

L'« adoucissement des mœurs » est une des clés du processus de civilisation à condition de bien comprendre qu'il résulte d'un double mécanisme. D'une part, de l'accroissement de la maîtrise pulsionnelle et d'autre part, de la concentration du pouvoir étatique depuis la dispersion féodale jusqu'au stade absolutiste. C'est la rencontre de ces deux ordres qui donne toute sa force à l'interprétation de Elias. Comme il le montre notamment à propos de *La société de cour*, ce sont les tensions entre les groupes sociaux en concurrence, à quoi vient s'ajouter la multiplication des contacts sociaux, qui obligent les individus de la Cour à développer leur regard social, leur perception des environnements, à cerner les intentions cachées des autres, enfin à maîtriser toute manifestation intempestive des pulsions. À l'issue de ce processus, et à partir du XVIe siècle, les hommes se modèlent eux-mêmes et modèlent les autres d'une manière plus consciente qu'au Moyen Âge, tant l'exigence d'une bonne conduite devient impérieuse, tant le problème des convenances revêt une plus grande importance. « Les hommes qui se voient forcés d'adopter dans leurs rapports avec autrui des formes nouvelles sont sensibilisés aux réactions des autres[5]. » Autrement dit, les changements survenus dans les dynamiques sociales finissent par entraîner des conséquences sur les dynamiques psychiques ; on ressent plus que naguère l'obligation de s'autocontrôler.

Les exemples fournis par Elias sont nombreux et vont tous dans le sens du processus de civilisation. D'une manière ou d'une autre, il s'agit de refouler tout ce qui chez les hommes peut être ressenti comme relevant de leur nature animale. C'est ainsi que la vue d'une bête tuée et son dépeçage sur la table cèdent le pas à une norme qui postule qu'on oublie autant que possible qu'un plat de viande a quelque rapport avec un animal mort. Il en est de même en ce qui concerne l'utilisation à table du couteau ou de la fourchette. Dans tous les cas, la sensibilité est la seule instance qui décide du caractère civilisé ou non civilisé de notre comportement et de ce qui est, ou non, pénible. Un mouvement semblable est repérable dans la retenue des individus : si au départ, sa nature et son étendue sont fonction du rang social de celui qui se les impose et de celui dans l'intérêt duquel il les assume, son importance se généralise au fur et à mesure que la société s'égalitarise. La maîtrise de l'agressivité et surtout le refoulement du plaisir éprouvé devant la cruauté ou la souffrance d'autrui suivent le même mouvement. En bref, le caractère intempestif du comportement des anciens hommes était l'expression d'une économie affective caractérisée par des passages brusques et fréquents d'un état d'âme à un autre, tant la structure sociale modelait la structure émotionnelle. Le processus de civilisation va, à l'inverse, voir se mettre en place une autre structure émotionnelle, et de manière progressive des conduites jugées comme socialement indésirables seront assorties de menaces ou de châtiments qui les investiront de sensations de déplaisir. À terme, ces sensations domineront, et les comportements disparaîtront grâce à l'autocontrôle des individus[6].

À travers cet ensemble de processus et d'attitudes émerge ce qui est, sans doute, la clé de voûte du processus de civilisation, à savoir le passage de normes sociales imposées à l'individu de l'extérieur à un rapport d'autocontrainte, les normes se reproduisant alors sans à-coup par un autocontrôle en partie automatique. Elias tire une conclusion générale : dans chaque individu civilisé (depuis l'enfance) s'accomplit, en raccourci, un processus qui, dans l'évolution historique et sociale, a duré des siècles[7].

« L'histoire d'une société se reflète dans l'histoire interne de chaque individu : chaque individu doit parcourir pour son propre compte en abrégé le processus de civilisation que la société a parcouru dans son ensemble ; car l'enfant ne naît pas "civilisé"[8]. » Lentement les normes sociales cessent même d'être justifiées seulement en fonction de leur effet sur les autres personnes ou par la condamnation du manque de respect. De manière implicite, certaines habitudes commencent à être rejetées en tant que telles, sans référence à autrui. Désormais, ces activités se remplissent de coefficients de gêne, d'angoisse, de pudeur influençant le comportement d'un même homme, même lorsqu'il est seul.

Néanmoins, et à ce stade de sa pensée, il est possible d'affirmer que, dans sa tendance majeure, le processus de civilisation a pour Elias une valeur positive. Il n'est pas qu'une pure extension de la contrainte. Au contraire même, « on peut se libérer d'une forme de dépendance pesante et insupportable pour s'engager dans une forme de dépendance ressentie comme moins pénible[9] ». La socialisation ainsi décrite est tout sauf un processus de torsion critique qui fait appel à une supposée libération de la nature humaine. Même s'il est loin de partager à la fois le sentiment naïf et tragique que la socialisation détient dans l'œuvre de Durkheim, ce processus donne lieu pour lui à une véritable seconde nature. « Ce sont les structures mêmes de la vie sociale » qui suggèrent leur comportement aux individus, « c'est l'influence des institutions sociales en général, ce sont plus spécialement les organes exécutifs sociaux commis à cette charge, en particulier la *famille* qui inculquent à l'individu dès sa plus tendre enfance une autocontrainte qui ne tarde pas à se transformer en automatisme, en habitude[10] ».

Cet élément essentiel de la sociologie de Elias rend d'autant plus surprenants les rapports repérables dans son œuvre entre la notion de socialisation et le processus de civilisation lui-même. Le processus de civilisation exige en Occident un tel niveau d'autocontrôle qu'il oblige à un très fort et très long modelage du comportement enfantin. L'allongement de la scolarisation, trait moderne s'il en est, renvoie ainsi, pour Elias, au processus de civilisation lui-même. Plus précisément, il correspond à l'extension du délai requis pour que l'enfant qui grandit en société se plie au processus contraignant de civilisation, et soit prêt pour assurer ses fonctions d'adulte. D'ailleurs, le gouffre entre l'attitude attendue des enfants et celle des adultes témoigne aussi de l'extension de ce processus. Et pourtant, sur ce point, on peut constater quelques imprécisions dans les travaux de Elias. Si le processus de civilisation semble à bien des égards plus éclairant que la seule notion de socialisation, c'est parce qu'il inscrit cette dernière dans une longue durée historique. Mais *a contrario* il laisse dans l'ombre, de manière paradoxale, l'étude des mécanismes spécifiques par lesquels s'opère la socialisation. Certes, elle renvoie à l'enfance – qui apparaît régulièrement dans les pages de Elias sans que véritablement une étude ne lui soit consacrée –, à l'école, à la famille, aux traités de civilités, parfois à la sociabilité tout court, et dans la dernière partie de sa vie à une théorie restée inachevée de l'apprentissage symbolique[11]. Mais dans l'ensemble, elle n'est jamais véritablement étudiée par Elias.

La pacification de la société

Pour Elias, le processus de civilisation exige un degré croissant de pacification de la société, qui suppose une diminution de l'usage quotidien de la violence grâce à la formation des États parvenant à la réguler ou à la contrôler. La violence est monopolisée lentement par l'État et l'individu n'a plus le droit de se livrer au plaisir de l'attaque directe. Avec la formation des États modernes, la violence entre nations tend à se dépersonnaliser, elle ne donne pas lieu à la même décharge affective que naguère, tant elle est concentrée entre les mains des quelques individus mandatés pour l'exercer. « La libre disposition des moyens militaires est retirée au particulier et réservée au pouvoir central, quelle que soit la forme qu'il revêt ; la levée des impôts sur les revenus et les avoirs est également du domaine exclusif du pouvoir social central[12]. » Les deux monopoles vont de pair et sont à la racine de la formation de la société moderne. Pour Elias, l'existence d'unités sociales différentes produit des luttes qui ont de fortes chances d'aboutir à la concentration du pouvoir entre les mains d'un petit nombre, et plus tard, entre les mains d'une seule personne. Avec le temps, les chances monopolistes dont dispose une couche sociale cessent d'être régulées par la compétition libre et l'emploi de la force, et s'organise autour d'institutions centrales orientées en fonction des exigences du processus de la division du travail.

La sociogenèse de l'État traverse diverses étapes qui vont d'une phase de concurrence libre jusqu'à la formation de l'État moderne en passant par la victoire du monopole royal et du mécanisme absolutiste. Un processus dans lequel, et suite à la division des fonctions, les relations entre individus se lestent d'une forte ambivalence, voire d'une polyvalence des intérêts : « Les centres de gravité se répartissent si également entre eux, qu'il ne peut y avoir, de quelque côté que ce soit, ni compromis, ni combats, ni victoire décisive[13]. » C'est ici que Elias insère ces analyses sur le pouvoir royal, que sa position contraint à s'appuyer sur des groupes de deuxième rang afin de préserver sa prééminence. Le roi a besoin d'une certaine coopération mais aussi d'une certaine tension entre les différentes parties de la société, notamment entre les nobles et les bourgeois. Au fond, la représentation livrée par Elias de la formation de l'État moderne suit de près, à bien des égards, l'interprétation wébérienne : il s'agit du passage d'une violence plurielle détenue par plusieurs seigneurs féodaux à une monopolisation de la violence légitime, d'une concurrence plus ou moins ouverte vers des luttes régulées de manière monopolistique[14].

Bien des décennies plus tard, dans ses études sur le sport, Elias a recours à une explication semblable. Il établit un lien étroit entre la mise en place en Angleterre d'un régime parlementaire et la « sportification » (*sportization*) de la société. Comme à propos de la société de cour, le processus de civilisation est ici, encore une fois, orienté par les couches les plus élevées de la société et, de manière fort semblable, la genèse sociale du sport, comme activité de contrôle de soi, est liée à une configuration particulière des rapports de forces. En fait, il s'agit de deux formes différentes de pacification de la société. En France, la pacification est passée par la constitution d'une classe de guerriers nobles à la tête de propriétés foncières se transformant en une classe de courtisans et d'officiers militaires totalement dépendants du roi. En Angleterre, au contraire, les luttes interminables entre, d'une part, les monarques et leurs représentants, et, d'autre part, l'aristocratie terrienne et la bourgeoisie citadine, aboutissent au XVIIIe siècle à une situation d'égalité. Aucun groupe, à moins de déchaîner des violences à issue incertaine, n'est en situation d'imposer par la force ses intérêts. La négociation et le compromis deviennent nécessaires. Le régime parlementaire se développe dans ce contexte, où chaque groupe est contraint d'évaluer ses « propres intérêts par rapport à ceux des autres groupes et montrer une certaine bonne volonté à accepter les compromis[15] ». Dans ce contexte, le régime parlementaire permet des luttes franches entre factions rivales mais au regard de tous et au sein d'un cadre fixé, à terme par le biais de stratégies non violentes. C'est cette forme particulière de pacification de la société qui explique pour Elias l'émergence spécifique du sport en Angleterre : « Le rapport entre les luttes parlementaires et les combats sportifs devient dès lors évident. Les combats sportifs étaient, eux aussi, des luttes de rivalité où les gentlemen se retenaient d'user de violence ou, dans les sports de spectacle – par exemple les courses de chevaux ou la boxe –, essayaient d'éliminer ou de diminuer la violence autant que possible[16]. » Autant la curialisation que la sportification, mais toutes les deux dans des configurations sociales et nationales différentes, sont des avancées importantes dans le processus de civilisation.

Même si la civilisation s'accomplit à travers une longue série de mouvements ascendants et descendants, et par des voies fort différentes, un des traits distinctifs de l'Occident est la diminution progressive du contraste entre la position et le code des comportements des couches supérieures et des couches inférieures. Le processus de civilisation tend le plus souvent à s'emparer d'abord de la conscience des élites, puis se répand dans le reste de la société occidentale[17]. Les couches supérieures « s'imposent et imposent avec beaucoup d'énergie leur régulation spécifique des pulsions, qu'elles considèrent comme la marque distinctive de leur groupe ; d'un autre côté, leur situation particulière et les structures du mouvement général qui les emporte les poussent à la longue à réduire les différences de comportement. Le mouvement d'expansion de la civilisation occidentale révèle très nettement cette ambiguïté[18] ». Mais cette tendance générale doit s'infléchir en fonction des histoires nationales. Comme le montre Elias l'importance fortement inégale que les Allemands portent à la « culture », par rapport à l'attachement que les Français portent plutôt à la « civilisation », explique la plus grande barrière séparant la noblesse de la bourgeoisie en Allemagne, où les classes moyennes avaient leurs propres élites, très peu rompues aux manières civilisées de la noblesse. Enfin, l'Angleterre, à la suite de son histoire sociale et politique, et du processus de pacification qu'elle a connu par le biais du régime parlementaire, présente une tout autre variante ou voie d'un même processus de civilisation.

Or, et au-delà de la diversité des situations nationales, c'est la réorganisation totale des relations humaines qui est à la base de la transformation de l'habitus des individus : « Consciente ou inconsciente, l'orientation du comportement en fonction d'une régulation sans cesse plus différenciée de l'appareil psychique est déterminée par les progrès de la différenciation sociale, de la division des fonctions, par l'extension des chaînes d'interdépendance dans lesquelles s'insère, directement ou indirectement, chaque mouvement, chaque mouvement de l'homme isolé[19]. » L'habitus de l'homme civilisé est alors intimement lié à la monopolisation de la contrainte physique et à la solidité croissante des organes sociaux centraux. Ici, l'homme est à l'abri de l'attaque subite des passions, mais il est aussi, et à l'inverse, contraint à les refouler davantage. La plus grande liberté pulsionnelle allait de pair avec la menace physique immédiate et l'absence de puissants monopoles centraux ; le polissage des mœurs et la maîtrise pulsionnelle croissante accompagnent la formation de l'État moderne. La conduite des individus se rationalise, « l'individu est invité à transformer son économie psychique dans le sens d'une régulation continue et uniforme de sa vie pulsionnelle et de son comportement sur tous les plans[20] ». La prévisibilité de l'action humaine est chez Elias, comme chez Weber, au cœur du processus de modernisation. La monopolisation croissante de la violence permet la mise en place de systèmes de conditionnement social favorisant l'autocontrôle rigoureux des individus.

L'autocontrôle et la Cour

C'est à propos de la société de cour que la démonstration de Elias est la plus brillante, tant elle parvient à intégrer et subordonner au processus de rationalisation des conduites une forme spécifique de la différenciation sociale et de la dissociation psychique. L'analyse s'efforce de déterminer le rôle de la Cour en tant que structure sociale déterminée dans le processus de civilisation comme dans les rapports de domination sociale. La Cour apparaît en premier lieu comme le véritable filtre entre le pays et le roi, dont la nature particulière vient de l'ensemble des contraintes auxquelles elle soumet les individus. La Cour est un espace fictionnel dont l'emplacement au sein d'une chaîne d'interdépendances explique à la fois les traits structurels et la nature du contrôle des conduites qu'elle exerce. Au sein de la Cour, la frontière entre la vie privée et la vie publique est sans objet puisque la vie sociale et mondaine tient lieu à la fois de vie privée (de détente et de divertissement) et de vie professionnelle (c'est à travers les relations établies avec les autres au sein de la Cour que s'exerce la promotion des hommes de cour)[21]. La Cour est surtout le lieu de rencontre physique entre des couches sociales différentes, notamment la noblesse et la bourgeoisie, ainsi que les domestiques, avec lesquels la proximité est compensée par une grande distance sociale. Le voisinage spatial contraint les hommes de cour à un cérémonial permettant d'établir une séparation rigoureuse entre les membres de diverses couches sociales. Toute modification du cérémonial autour d'une personne équivaut à une modification de son rang dans la Cour, et les hommes de cour sont extrêmement sensibles à la moindre atteinte à leur statut. « Par l'étiquette, la société de cour procède à son autoreprésentation, chacun se distinguant de l'autre, tous ensemble se distinguant de personnes étrangères au groupe, chacun et tous ensemble s'administrant la preuve de la valeur absolue de leur existence[22]. » L'individu dépend très fortement de l'opinion des autres membres de la société de cour, puisqu'il ne fait lui-même partie de cette « bonne société » que pour autant que les autres le considèrent comme un des leurs.

Rien n'est plus éclairant à ce sujet que l'analyse de l'ensemble du cérémonial au travers duquel le Roi-Soleil faisait part de ses réserves, de son mécontentement ou de sa sympathie. Il exprimait par là, de manière visible et publique, la place des uns et des autres dans la Cour. L'étiquette assumait alors une fonction symbolique importante de gouvernement, puisque se manifestait par elle l'équilibre des positions dans la Cour, au sein d'un univers sévèrement hiérarchisé et fortement dépendant du prestige. Le roi lui-même d'ailleurs, malgré sa marge de manœuvre individuelle, était soumis aux réseaux d'interdépendances propres à ce type d'organisation sociale spécifique qu'était la Cour, où primaient les fonctions symboliques. De même les membres de la noblesse étaient contraints de bien marquer leur distance sociale, et de faire les dépenses qui correspondaient aux exigences de leur rang[23]. Entre le roi et la noblesse la dépendance était réciproque : la noblesse avait besoin du roi, parce que seule la vie à la Cour lui offrait les chances économiques sans lesquelles elle n'aurait pu mener une vie aristocratique ; mais le roi, quant à lui, avait besoin de la noblesse pour assurer l'équilibre dynamique entre les couches sociales antagonistes et pour empêcher que l'une d'entre elles ne l'emporte sur l'autre[24].

Or, pour Elias ces jeux de contraintes et d'interdépendances sont à l'origine de l'extension de l'autocontrôle propre à la civilisation. Tous les membres de la Cour sont soumis à la même discipline. Le roi doit avant tout, afin de garder solidement en main les rênes du pouvoir, se tenir, lui-même, solidement en main. Certes, sans les autres moyens de puissance, l'étiquette et la maîtrise de soi seraient vraisemblablement insuffisantes, mais sans l'utilisation des instruments de domination que lui offrait la Cour, le roi aurait dû céder son pouvoir à d'autres groupes concurrents. Cette même exigence se fait sentir pour la noblesse, tant les contraintes de la Cour forcent ses membres à aiguiser leur capacité d'observation des hommes et la maîtrise de leurs affects. D'autant plus qu'au sein de cet espace fictionnel et fonctionnel qu'est la Cour, la frontière entre la réalité et l'apparence, sans s'estomper, se brouille : il s'agit, par l'observation des autres et de soi-même, d'apprendre à découvrir les motivations véritables derrière la dissimulation. Cette attitude exige une plus grande psychologisation des règles de comportement, non pas comme une forme d'observation de l'homme en lui-même, mais au contraire par un regard affûté sur son insertion sociale et ses rapports avec les autres. À la Cour, comme insiste Elias, prime « le souci de représenter l'individu dans le contexte de son interdépendance sociale, de l'expliquer par le réseau de ses relations réciproques. L'être humain n'est jamais détaché de l'arrière-plan de son existence sociale, du réseau de ses liens et dépendances par rapports aux autres[25] ». Le courtisan est obligé d'accorder sa mimique, ses gestes, ses propos aux hommes auxquels il a affaire, aux circonstances auxquelles il doit faire face.

II. ÉVOLUTION, PROGRÈS, RATIONALISATION

Dans une lettre de 1976, Elias se défend. « Si l'on dit que pour Elias un procès de civilisation est caractérisé par un niveau d'autocontrainte toujours renforcé, ceci est tout simplement erroné[26]. » Au-delà de ses mises en garde répétées, il est clair que si évolutionnisme il y a dans son œuvre[27], il est d'une nature toute particulière. Si la civilisation semble répondre à une tendance structurelle centrale, bien décrite par le processus de civilisation lui-même, c'est-à-dire la double rationalisation de structures sociales et des structures psychiques, ce processus n'est pas dépourvu de régressions. Il est loin de suivre une pente évolutionniste unique, tant il est soumis à des retournements et relâchements, où « chaque phase est marquée par des fluctuations multiples ; souvent on constate un flux et reflux des contraintes extérieures et intérieures[28] ». Plus encore, si les mécanismes d'interpénétration et dépendance ont « évolué dans le sens d'une plus grande humanisation des relations humaines[29] », le processus de civilisation « peut être suivi, voire accompagné de mouvements dans la direction opposée, par des processus de dé-civilisation[30] ».

Les processus de dé-civilisation

À ce sujet, il est possible de constater une évolution dans la pensée de Elias. Lentement, il donne une place de plus en plus grande et surtout explicite aux mouvements ou aux tendances régressives du processus de civilisation[31]. Pourtant, des remarques allant dans ce sens étaient déjà présentes dans ses ouvrages des années trente lorsqu'il parlait de l'extension d'une forme d'angoisse spécifique au processus de civilisation lui-même, intérieure, à demi inconsciente, née « de la peur de la rupture des barrières que la société impose à l'homme civilisé[32] ». En effet, chez Elias, le processus de civilisation se caractérise par la transposition du champ de bataille dans le for intérieur de l'homme. Le besoin de refouler ses émotions en fonction des structures sociales mène souvent à un combat au sein de l'individu entre les pulsions et la partie surveillée de son Moi[33], l'homme étant incapable désormais de satisfaire une partie de ses pulsions. Ainsi, le processus de civilisation est rarement réussi au niveau individuel, c'est-à-dire donnant lieu « à un comportement parfaitement adapté aux fonctions sociales de l'adulte[34] ». Souvent il y a des ratés, et très souvent les individus se placent dans une ligne médiane entre des cas aussi extrêmes.

Néanmoins, le renversement des perspectives, même s'il est souvent esquissé dans l'œuvre de Elias, n'est jamais véritablement érigé en contre-image de la modernité. Il est plus exact de dire que la sociologie de la modernité de Elias s'établit quelque part entre les œuvres de Weber et de Freud à une distance instable de chacune d'elles selon les périodes. Entre une étude sociostructurelle de l'État et une psychanalyse sociologisée ; entre la certitude de l'accroissement de la maîtrise de la nature par l'homme et le constat de l'extension du sentiment d'angoisse face au contrôle de pulsions ; entre un diagnostic au fond optimiste de la modernité et la tentation de céder au pessimisme désenchanté de Weber et à celui de Freud[35].

Dans les années trente, Elias s'efforce d'établir une corrélation entre d'une part, la transformation générale des contraintes extérieures en autocontraintes au travers du renforcement de la conscience, et d'autre part, un ensemble de mouvements visant à échapper aux contraintes de la civilisation[36]. De ce double mouvement, il donne une interprétation diachronique : les autocontraintes, devenues pourtant déjà habitudes, n'ont pas encore atteint le degré d'automatisme qui englobe toutes les relations humaines. Mais il la complète de critères synchroniques : les couches sociales placées devant des demandes contradictoires, et devant le dilemme de « briser leurs chaînes sans ébranler l'ordre social établi[37] », ont la tentation de se réfugier dans un environnement plus simple. Mais Elias semble alors suggérer que ce n'est qu'au fur et à mesure qu'on assiste à la restructuration de la société et des interrelations humaines que l'on assistera à une transformation de l'économie émotionnelle de l'individu assurant son adaptation à la société.

Quelque peu différent est le diagnostic que Elias porte à partir des années soixante, et surtout vers la fin de sa vie, sur le processus de la civilisation, qu'il dit porteur d'excès d'autocontrôle. Il constate alors certains relâchements, variables selon les lieux ou les acteurs, comme c'est notamment le cas des « couches les plus basses de la classe ouvrière » qui à travers la violence qu'ils expriment lors des matchs de football, montrent une moins grande capacité de maîtrise pulsionnelle, syndrome de marginalité. Mais dans son étude sur le sport, Elias vise en fait à dégager au cœur des sociétés modernes un domaine de compensation énergétique afin de pallier les degrés chaque fois plus grands d'autocontrainte exigée des individus. Le sport, va-t-il dire dans un raisonnement fortement fonctionnaliste, devient un mécanisme par lequel une société se protège des tensions induites par le processus de civilisation. Et il remplit d'autant mieux cette tâche qu'il permet d'assurer à la fois un relâchement du contrôle exercé sur les sentiments humains et « le maintien d'un ensemble de codifications pour garder la maîtrise des émotions agréablement dé-contrôlées[38] ». L'ombre de Freud l'emporte ici sur celle de Weber. Le sport apparaît comme un correctif aux tensions peu excitantes de la routine de la vie sociale. « L'une des principales fonctions des activités de loisir dans nos sociétés » est de contribuer « à tempérer la très grande sévérité de l'autocontrôle, conscient ou inconscient, requis de tous les individus dans les activités professionnelles et de non-loisir auxquelles ils doivent s'adapter[39] ». Il en trouvera encore d'autres exemples, comme le refus compulsif de ponctualité présent chez certains individus vivant au milieu de sociétés attachant une grande importance à l'autodiscipline en matière de respect des horaires[40].

La vision du dernier Elias insiste sur les excès de l'autocontrôle[41], et surtout sur les conséquences négatives qu'il peut avoir sur les individus[42]. C'est ainsi, par exemple, que dans l'introduction à ses essais sur le sport, rédigés au début des années quatre-vingt, il signale déjà ce risque : « La pression de la société qui encourage l'athlète à s'autocontrôler pour ne pas blesser son ou ses adversaires a pour conséquence qu'il se blesse lui-même en se maîtrisant. » À partir des années quatre-vingt en effet, il exprime plus fortement ses doutes et ses inquiétudes, notamment à propos de la solitude qu'il voit s'agrandir entre les hommes, et de la manière dont la mort lui semble escamotée. Certes, dans les années trente, il affirmait déjà que la rationalisation tout autant que la progression du seuil de la pudeur reflétaient une accentuation de la peur intérieure. Il montrait alors qu'un seuil de pudeur élevait un mur invisible entre les corps, manifesté par le sentiment de honte nous assaillant quand certaines de nos fonctions physiques étaient exposées au regard des autres[43]. Mais en 1982, et à quatre-vingt-cinq ans, le regard de Elias est bien plus sombre. La prévisibilité croissante des risques de mort dans la vie des individus diminue le besoin qu'ils ont de structures et de récits protecteurs vis-à-vis de la mort. Au fond, il y a la double rencontre de deux séries différentes d'événements. D'un côté, la mort cesse d'être esthétisée, régulée et modelée par des formes culturelles, elle ne s'exprime qu'au travers d'un sentiment de gêne, et de l'autre côté, au fur et à mesure que se répand l'exigence croissante d'autocontrôle des individus, il leur devient difficile de parvenir à exprimer leurs sentiments face à la mort des autres, voire de déployer un sentiment d'hostilité envers elle. Les mourants sont abandonnés à leur solitude. L'individualisation atteint un degré tel qu'un véritable mur se dresse entre les hommes, empêchant même d'exprimer à leur égard des sentiments. Elias ne tombe pas dans une nostalgie décontextualisée, mais insiste sur le fait que dans les structures familiales précédentes n'existait pas de neutralité affective, et que le secours émotionnel apporté aux mourants était dès lors plus franc et plus important. La conclusion de Elias est sans appel : dans les sociétés développées, et à la suite du processus de civilisation, nous sommes incapables de faire face à la mort[44].

La proximité avec le Freud du *Malaise dans la civilisation* est frappante. La souffrance humaine est liée à la puissance écrasante de la nature, à la caducité du corps humain, à l'insuffisance des mesures destinées à régler les rapports entre les hommes[45]. Tout comme Freud, bien que de manière toujours plus historique, Elias pense que « l'édifice de la civilisation repose sur le principe de renoncement aux pulsions instinctives[46] ». Enfin, il semble, par moments, adhérer au diagnostic freudien, pour qui le progrès de la civilisation se paye forcément par une perte de bonheur due au renforcement du sentiment de culpabilité. Ces ressemblances se sont certainement intensifiées vers la fin de la vie de Elias, où l'ambivalence de son héritage intellectuel semble se résoudre en faveur du pessimisme freudien, la peur et l'hostilité entre les hommes semblant même par moments prendre le pas sur l'action rationalisatrice des individus. Le processus de civilisation tend parfois même à se réduire à une « chaîne de la peur[47] ». Le pessimisme s'endurcit, sans que jamais cependant le diagnostic même du processus de civilisation ne s'unidimensionnalise.

La pluralité des voies de la civilisation

Elias va d'une conception quelque peu optimiste, en tout cas plutôt unique, du *procès* de civilisation à la prise en compte progressive d'une diversité de *processus* de civilisation. Mais surtout, et notamment dans son étude sur l'histoire du XXe siècle en Allemagne, il développe l'idée que toute grande tendance historique s'accompagne de contre-tendances inverses. En réponse aux diverses critiques dont il a été l'objet, Elias ne se limite plus à considérer l'Holocauste seulement comme une marque de dé-civilisation. Il essaye plutôt de cerner le rapport entre le développement de l'habitus national et le processus de formation de l'État-nation en Allemagne dans l'éclosion de la période hitlérienne. Désormais, la vraie question pour Elias est de comprendre comment « la fortune d'une nation pendant des siècles s'était sédimentée dans l'habitus de ses membres[48] ». Il explique en partie ce processus par la formation interétatique propre à l'État-nation allemand, pris en tenailles entre les Slaves et les Francs, qui a conféré, suite à diverses invasions, une importance majeure à l'idéalisation des actions militaires[49]. Mais aussi par la faiblesse idéologique de la bourgeoisie allemande vis-à-vis de l'aristocratie militaire. Cette situation rend compte du fait que l'Allemagne aurait vécu, de manière plus forte que d'autres sociétés nationales, la tension entre la valorisation de l'entité collective nationale et celle de principes démocratiques plus individualistes[50], une situation d'autant plus explosive et contradictoire que dans les sociétés modernes l'identité nationale est devenue la principale source identitaire des individus[51]. C'est le contexte interétatique, ainsi que la faiblesse de l'État allemand, dont l'histoire est traversée par de multiples ruptures et défaites, qui explique, aux yeux de Elias, l'anxiété présente chez bien des Allemands. Le procès de civilisation n'a pas trouvé tous les éléments externes permettant le remplacement de l'autoritarisme politique par d'autres sources de contrôle plus intérieures[52]. L'autocontrôle personnel est resté dépendant d'un regard extérieur et la volonté de maintenir une identité nationale, historiquement troublée, a, de son côté, favorisé des mouvements de refus des étrangers. Pour Elias c'est dans la longue durée que réside l'explication du dérapage de certains groupes sociaux vers le génocide. La jeunesse, notamment, aurait vécu dans les années trente une période particulière de rétrécissement des canaux de la mobilité sociale mais aussi avec la guerre et le mouvement nazi, l'ouverture d'espaces d'action inhabituels[53]. Autrement dit, à la différence de ce qu'il avait écrit auparavant, Elias considère désormais que le processus de civilisation peut, en lui-même, mener à des formes nationales capables d'induire des manifestations de dé-civilisation au cœur même des sociétés modernes.

En bref, s'il faut rompre toute liaison entre l'idée de progrès et d'évolution, il faut probablement garder l'idée d'une direction d'ensemble vers un autocontrôle plus tempéré et plus homogène des pratiques sociales[54]. Mais il se peut aussi qu'une fois la direction du processus de civilisation donnée, les configurations nationales puissent conduire à des pratiques de violence, voire à des processus de dé-civilisation graves. Malgré l'ambiguïté de la pensée de Elias, voire une certaine indécision théorique à ce sujet, il est certain que sa vision de la modernité s'est considérablement assombrie dans les années quatre-vingt, gagnant en ambivalence[55]. Les tendances à la civilisation s'accompagnent désormais inexorablement de tendances de dé-civilisation.

III. CONFIGURATION *VERSUS* DISSOCIATION

Pour Elias la généralisation de l'autocontrôle à toutes les pratiques sociales, avec de faibles différences entre le domaine privé et le domaine public, est à la racine d'une des conceptions les plus erronées que les hommes se font de leur rapport au monde, celle qui insiste, d'une manière ou d'une autre, sur la dissociation entre l'objet et le sujet. À ses yeux, rien n'est plus faux que la volonté d'établir une antériorité, voire une extériorité de l'individu à la société, tout comme, à l'inverse, la prétention de tracer une société qui fonctionnerait comme une entéléchie indépendamment des individus. Pour Elias, il s'agit de penser le monde social comme une configuration, comme un tissu de relations sociales, dont la densité, propre aux sociétés modernes, explique le sentiment, si répandu, d'une dissociation entre deux réalités distinctes, le moi et le monde. Étudier la société et les individus consiste alors à rendre compte, comme Elias lui-même l'a fait pour le processus de civilisation, de ces diverses configurations, sorte de dépendances réciproques établies par les individus et qui construisent les sujets des relations. Mais la notion de configuration, si elle était déjà pour beaucoup à l'œuvre dans ses études des années trente, ne sera véritablement conceptualisée que vers les années soixante.

Pourtant, la notion de configuration, chez Elias, n'est pas dépourvue d'ambiguïtés, voire d'insuffisances[56]. À travers elle, la société est conçue comme un équilibre de tensions, où chaque action sociale dépend de l'action effectuée par un autre acteur, l'une et l'autre étant placées dans un système d'interdépendances réciproques. Les configurations ressemblent alors à diverses images du kaléidoscope social pouvant aller d'une simple interaction entre individus à des relations entre États. La valeur heuristique de la notion est certainement moins grande que celle que Elias semblait lui octroyer, tant elle n'opère à terme que comme une catégorie critique de la séparation entre l'individu et la société, tant elle est redondante également de l'emprise du processus de civilisation qu'il a décrit pendant les années trente. En effet, la notion de configuration repose sur un lien étroit entre cette analyse et sa démarche sociologique. La dépendance, ou plutôt l'ensemble des interdépendances, comme autant de chaînes invisibles, est au cœur de sa représentation de la société. Plus ces chaînes sont nombreuses, plus grand est le sentiment d'autonomie individuelle. L'individu « vit dans un tissu de relations fluctuantes qui entre-temps se sont, au moins partiellement, imprégnées en lui et font sa marque personnelle[57] ». La société, pour Elias, n'est alors que cet ensemble de fonctions que les hommes remplissent les uns par rapport aux autres : « C'est à l'intérieur du réseau d'interdépendance que l'homme s'insère à sa naissance, que se développe et s'affirme – à des degrés et selon des modèles variables – son autonomie relative d'individu indépendant[58]. »

C'est ainsi que dans l'étude sociogénétique de l'individu faite par Elias, le moment d'inflexion est la constitution, à travers la maîtrise des pulsions, d'une séparation entre un domaine public (où l'individu déploie des actions ouvertes et visibles) et un domaine privé (où l'individu se livre à des conduites secrètes). Scission historique, elle sépare fortement deux types, très généraux, d'individus. Dans les sociétés non étatiques, où cette scission n'est pas encore vraiment à l'œuvre, l'individu est mû par des passions extrêmes et des actions affectives. Dans les sociétés étatiques, à l'inverse, vont se consolider la maîtrise des émotions et le calcul des conséquences de ses propres conduites. La transition est bien d'un contrôle externe vers un contrôle interne (à terme, l'extérieur n'est vu que comme une expression de l'intériorité). D'un côté, se répand l'idée que c'est bien dans l'intériorité que se développe l'essence de l'individu ; de l'autre côté, les conduites se déploient de plus en plus en accord avec des mécanismes de régulation intériorisés, et désormais désignés comme le lieu même de la conscience. Pour Elias, le développement de ce processus depuis le Moyen Âge est ainsi synonyme de l'extension de l'identité du « je » au détriment de l'identité préétatique du « nous[59] ». À terme même, celle-ci s'affaiblit jusqu'à ce que les individus ne se perçoivent eux-mêmes que comme des « je » sans « nous » ; le concept de l'individu est à tel point une image idéale en Occident, que l'éducation, par exemple, vise à faire de l'être un homme indépendant[60].

C'est par cette vision de l'*homo clausus*, qui s'impose au cours du processus de civilisation, que se manifeste vraiment la matrice sociologique de la modernité propre à Elias. En effet, rien ne montre mieux la force de la lecture qu'il en donne dans le sillage de la rationalisation que la manière dont il rend compte du sentiment de dissociation propre aux modernes entre le moi et le monde. Là où, comme nous le verrons, dans la descendance des travaux de Simmel, il s'agit d'insister sur la séparation entre les dimensions objectives et les réalités subjectives, pour

Elias, et justement à l'inverse, cette dichotomie doit être analysée comme une résultante de l'empreinte chez l'individu d'un tissu particulier de relations. La conscience de soi, propre à l'homme civilisé, et au travers de laquelle il instaure une coupure entre son moi et le monde, n'est que le propre d'une phase du processus de la civilisation. « Elle se caractérise par une forte différenciation et par une forte tension entre les impératifs et les interdits de la société, acquis et transformés en contraintes intérieures, et les instincts ou les tendances propres à l'individu, insurmontés mais contenus[61] ». C'est ici que les individus sont aux prises avec un sentiment de séparation, le sentiment que leur véritable moi, leur « moi en soi » comme écrit Elias, est enfermé dans un cachot dénommé société.

Pour Elias, la pensée de Descartes, et par extension la représentation que la philosophie donne depuis du sujet moderne[62], est en lien étroit avec la nouvelle forme de conscience individuelle liée à la marchandisation et à l'étatisation croissantes, la montée de nouvelles couches sociales, ainsi que le pouvoir croissant des hommes sur le déroulement des phénomènes naturels. La conscience humaine prend alors la forme d'un escalier en colimaçon, l'individu ayant la capacité de parvenir, chaque fois davantage au fur et à mesure que le processus de civilisation se répand, à des degrés supérieurs de réflexivité. Lentement, le mouvement de détachement par l'observation des autres et de soi-même devient une attitude constante. Les individus en viennent même à se sentir coupés de tous les autres, existant indépendamment d'eux. « Dans leur représentation, la distanciation et l'autodiscipline plus grandes requises pour explorer le système des phénomènes inanimés se transformèrent en l'idée d'une distance réellement existante entre eux-mêmes, les sujets, et la "nature" en tant que systèmes des objets[63]. » La coupure entre le corps et l'esprit, le moi et le monde, ou encore l'individu et la société ne sont alors pour Elias qu'une conséquence de la tendance à se représenter les fonctions comme des substances. Le propre de l'homme civilisé est justement cette capacité à s'extraire de lui-même, sa capacité à se voir à la fois comme un je, un tu, un il ou elle[64].

Pour Elias, la séparation de l'objectif et du subjectif est loin d'être une matrice appropriée pour l'interprétation de la modernité[65]. Au contraire même, cet écart n'est pour lui qu'un sentiment, tant les individus civilisés se définissent par un habitus liant fortement leur structure psychique aux structures sociales. Il n'est « que l'expression de la répression des tendances spontanées à l'action, du passage direct à l'action, par l'intervention de fonctions de contrôle de l'individu lui-même, à tous égards de plus en plus rigoureuses et de plus en plus compliquées[66] ». Plus alors l'action émerge sous une forme atténuée, retardée, indirecte et plus se développe chez l'individu le sentiment d'être séparé des autres et du monde par un rempart invisible. La maîtrise de soi donne alors forme au sentiment de coupure entre le moi et le monde.

IV. AUTOCONTRÔLE ET SAVOIR

Pour Elias, le besoin d'autocontrôle est d'autant plus grand que les chaînes d'interdépendances entre les hommes se sont allongées et différenciées au cours du processus de civilisation. C'est la complexité des interdépendances qui explique que les phénomènes sociaux sont relativement autonomes par rapport aux intentions des hommes, et que même les résultats imprévus des actions humaines sont imputables aux effets de composition des interdépendances humaines. Pas de mystère dans ce processus :

« L'interpénétration des coups joués par des milliers d'individus interdépendants est telle qu'aucun d'entre eux, et qu'aucun groupe – quelle que soit sa puissance – n'est en mesure de diriger le déroulement de la partie[67] ». C'est pourquoi, afin de parvenir à agir efficacement dans une société de ce type, il faut être capable « de subordonner la satisfaction des besoins présents à des gratifications escomptées dans l'avenir[68] ». Elias cherche à établir un accord au cœur de la société moderne entre la progression d'unités d'intégration sociale toujours plus vastes, de chaînes d'interdépendances sociales toujours plus longues, et le besoin des hommes de parvenir à un ordre cognitif capable d'assurer des niveaux chaque fois plus élevés de synthèse conceptuelle. La maîtrise cognitive opère alors en faveur d'une réduction du contenu imaginaire de la pensée humaine, au profit d'une pensée en congruence avec le réel[69]. Sur ce point, Elias se différencie fortement de tous les autres sociologues ayant interprété la modernité comme un processus croissant de rationalisation. En effet, malgré le caractère tragique croissant de sa conception du processus de civilisation, il reste attaché à une certaine vision du savoir, elle-même fortement débitrice de sa définition de la rationalisation, et grâce à laquelle les hommes ont la possibilité de rendre accessibles à l'entendement humain des processus jusque-là perçus comme incontrôlables. Le propre du scientifique en tant que « chasseur de mythes[70] » se confond avec le mouvement même de distanciation grâce auquel l'individu parvient à maîtriser son environnement. « C'est la tâche des chercheurs en sciences sociales de trouver les moyens de comprendre les configurations mouvantes que les hommes tissent entre eux, la nature de ces liaisons ainsi que la structure de cette évolution[71] ».

Il serait faux de parler de Elias comme d'un héritier des Lumières ; bien des présupposés majeurs de son œuvre l'en écartent. Cependant, chez lui, il y a encore un rapport étroit, et au fond positif, entre l'extension du savoir et le processus de rationalisation. Tous les deux, par des voies différentes, renforcent l'autocontrôle des émotions qui à son tour permet d'augmenter la maîtrise relative de l'homme sur le monde. Pour Elias, le niveau de maîtrise est directement proportionnel au degré de distanciation émotionnelle, qui permet aux hommes d'appréhender les phénomènes dans leur interdépendance et non de les ramener à eux-mêmes, et de se doter d'une distanciation critique permettant de maîtriser la charge affective et d'augmenter ainsi le contrôle.

Le propre du dilemme de la rationalisation selon Elias provient alors moins d'une extension illimitée de la rationalité instrumentale ou stratégique que de l'écart de maîtrise qui s'instaure vis-à-vis de ce qu'il appelle parfois la « trinité des contrôles fondamentaux », qui d'autres fois semblent être classés en quatre formes de contrôle [72] : des événements naturels, des rapports sociaux (eux-mêmes décomposables en des rapports interétatiques et des rapports intra-étatiques), des rapports de maîtrise de soi. Et bien que ces formes de maîtrise soient interdépendantes, « ce qui caractérise la situation actuelle des sociétés humaines, c'est que l'aptitude à maîtriser les complexes événementiels extra-humains croît plus vite que l'aptitude à maîtriser les rapports sociaux [73] ». À maintes reprises, Elias insiste sur le paradoxe propre au processus de civilisation, à savoir qu'au fur et à mesure que se développe la maîtrise des phénomènes naturels [74], les individus sont de plus en plus sensibles à la plus faible maîtrise de ce qui se passe entre les hommes et entre les différents groupes sociaux [75]. Le processus qui diminue la dépendance des hommes vis-à-vis de la nature renforce leur dépendance réciproque, et soumet alors les hommes à de nouvelles sources d'insécurité dans la vie sociale. Plus précisément, la rationalisation, qui va de pair avec une plus grande capacité de distanciation et de maîtrise des affects, s'est largement effectuée dans deux domaines, les événements naturels et la maîtrise de soi, tandis qu'elle reste pour l'essentiel limitée en ce qui concerne les rapports sociaux, soit à l'intérieur de l'espace intra-étatique, soit, surtout, au niveau de l'interdépendance entre les États. Dans le rapport que les hommes entretiennent avec leur vie collective « prévaut encore une situation dans laquelle une forte coloration affective du savoir et une grande vulnérabilité aux dangers émanant des hommes eux-mêmes se renforcent mutuellement jusqu'à une trop fréquente montée aux extrêmes[76] ».

S'il s'insurge maintes fois contre les diverses expressions de volontarisme présentes dans les sciences sociales, c'est qu'à ses yeux elles cachent mal la trop grande implication émotionnelle des individus dans les événements sociaux. À l'inverse, son plaidoyer pour la science, et la foi qu'il porte en elle comme instrument de maîtrise croissante de l'environnement naturel et social, est directement débitrice de la séduction qu'exerce sur lui, depuis les années trente, l'autocontrôle pulsionnel. Pour Elias, on ne peut pas faire l'histoire, mais en se maîtrisant soi-même, on peut finir par reconnaître, et trouver parfois en soi-même, au milieu d'événements qui semblent incontrôlables, des éléments permettant de les maîtriser.

*

À la fin de sa vie, Elias était certainement très loin de partager l'optimisme rationaliste qu'il était possible de déceler dans ses études des années trente. Il est tout aussi certain qu'il n'y avait plus alors chez lui aucune confusion entre la direction générale qu'il entrevoyait dans le processus de civilisation et la valorisation de cette évolution au travers de l'idée de progrès. Mais il croyait toujours pouvoir déceler, à partir de l'intensification des contraintes, un horizon possible d'émancipation pour les hommes, en tout cas, une plus grande maîtrise relative, et sous différentes formes, de leur monde. Pour Elias le processus de civilisation est inhérent à la vie humaine, et l'autocontrôle existe dans toutes les sociétés, même si c'est, il y insistera maintes fois, à des degrés différents. Et quoi qu'il en soit du jugement axiologique qu'il portera sur ce processus, il est certain qu'il voit dans le savoir social et dans son extension une possibilité croissante d'émancipation pour les hommes. En cela, Elias, dans l'histoire de la matrice sociologique de la rationalisation, fait figure à part. Une confiance irrépressible dans le savoir : voilà au fond le véritable et ultime noyau de l'optimisme de Norbert Elias.

VII

*Herbert Marcuse**, *la rationalisation unidimensionnelle*

Il est possible d'interpréter l'œuvre de Marcuse dans une filiation marxiste, et notamment en fonction de sa volonté, commune à toute l'école de Francfort, de parvenir à une représentation précise du rôle de la Raison dans l'histoire de l'humanité. Bien sûr, on trouvera chez lui, et en accord avec le marxisme, l'idée selon laquelle le développement des forces productives est l'élément central du progrès social et la base du déploiement d'une force sociale réelle qui, de l'intérieur de la société, peut parvenir à mettre en question la domination capitaliste. Et pourtant, l'interprétation que Marcuse fera de la société capitaliste, en fait de la société industrielle avancée en tant que société administrée, se place, à maints égards et avec une persistance étonnante, dans le sillage de l'étude de Max Weber sur la rationalisation [1]. La subordination de la Raison au technicisme et à la domination est la matrice centrale de sa pensée. C'est par rapport à elle que prennent sens les influences qui marquent sa formation philosophique ou son parcours intellectuel. Elle permet de rendre compte de l'influence majeure de Heidegger, de sa volonté d'ancrer sa réflexion dans la philosophie de l'his-

* Herbert Marcuse (1898-1979).

toire de Hegel, ou encore de la lecture critique et historisée qu'il entreprend de l'œuvre de Freud. Surtout c'est elle qui explique, à la suite des événements historiques indissociables de la formation et de l'évolution de la théorie critique, l'agonie de la pensée de Marcuse dans sa volonté, et son désir, empli pourtant de pessimisme, de délimiter un sujet collectif capable d'assumer la tâche de l'émancipation.

D'un point de vue sociologique, l'unité de l'œuvre de Marcuse est frappante. Elle naît dans les années trente, quand se cristallisent les deux grands axes de sa pensée. D'un côté, et d'abord, l'acceptation et la radicalisation critique de la vision que Weber a donnée de la rationalisation et de l'autre côté, et en deuxième lieu, une pensée critique, fortement inspirée de Marx, mais qui ne parviendra jamais véritablement à trouver dans l'histoire un agent central de transformation. En 1964, dans *L'homme unidimensionnel*, Marcuse donne d'ailleurs lui-même l'esprit du livre, qui peut être prolongé à l'ensemble de son œuvre : l'oscillation permanente « entre deux hypothèses contradictoires : 1°) Ou bien la société industrielle avancée est capable d'empêcher une transformation qualitative de la société dans l'avenir immédiat ; 2°) Ou bien il existe des forces et des tendances capables de passer outre et de faire éclater la société[2] ». Faux équilibre. En fait, l'ethos de l'œuvre est mieux restitué par une question : comment et où trouver, une fois radicalisée à l'excès la vision de la cage d'acier de Weber, une capacité critique et transformatrice dans la société ?

L'importance de l'œuvre de Marcuse provient de sa capacité à résister aux interprétations les plus noires proposées par l'école de Francfort. Si l'idée d'un monde administré se trouve à la base de ses travaux, comme dans ceux de Horkheimer ou d'Adorno, chez lui, cette représentation ne débouche ni vers une sorte de retrait intellectuel, ni surtout, comme chez Adorno, sur les pas de Benjamin, vers une philosophie négative de l'histoire. Certes, il affirmera à la suite d'Horkheimer et d'Adorno que le totalitarisme est avant tout le fruit de la dynamique interne de la rationalité humaine. Certes, il adhérera à l'image selon laquelle le progrès de la civilisation est un processus croissant de réification de la nature et de l'homme, une lecture qui transforme la critique du productivisme dans une critique de la raison qui est elle-même une critique de l'idée de progrès. Il n'empêche. Jamais il ne renoncera complètement à l'idée que le progrès peut être aussi lié à la révolution des forces productives, et surtout, et malgré tous les désespoirs historiques dont il sera le témoin, il n'abandonnera jamais la quête intellectuelle pour identifier une quelconque force positive dans l'histoire et pour rétablir, au-delà, une imbrication, voire une identité plus harmonieuse entre le sujet et le monde[3].

I. LA SOCIÉTÉ ADMINISTRÉE

La pensée critique de notre siècle tourne, d'une manière ou d'une autre, autour du problème de l'instrumentalisation du monde et de l'homme. Pour les uns, elle est le signe spécifique d'un type de société, le capitalisme ou la société industrielle, pour les autres, elle est le trait congénital de la civilisation occidentale. Si au début elle prend la forme d'une dénonciation d'un type d'organisation du travail, plus tard le pessimisme étendra sa géographie politique et recouvrira la totalité des sphères sociales. L'œuvre de Marcuse se situe dans cet espace, mais pour mieux la comprendre il faut évoquer, même très brièvement, la lecture de la société administrée qu'ont développée Adorno et Horkheimer. Afin de comprendre les soubassements de cette société, il s'agit de saisir, au sein même de la raison, tout ce qui relève en elle d'une logique de domination. C'est dans la volonté de l'homme qui se veut dominateur, maître de la nature, que se trouvent les germes qui lient la rationalité à la domination. Toute l'histoire de l'humanité est une erreur : en voulant maîtriser la nature, des premiers outils de pierre jusqu'à l'industrialisation moderne, l'homme construit ses propres chaînes, et il les fabrique à l'aide de la science et de la mathématisation du monde. Mais, « en sacrifiant le penser qui, sous sa forme réifiée, en tant que mathématique, machine, organisation, se venge de l'homme qui l'oublie, la Raison a renoncé à s'accomplir. En soumettant à sa tutelle tout ce qui est unique et individuel elle permit à la totalité non comprise de se retourner – sous la forme de la domination – contre les choses, contre l'être et la conscience des hommes[4] ». Les Lumières deviennent même un synonyme de la civilisation occidentale, définie par la relation de maîtrise et d'instrumentalisation que l'homme établit avec la nature. Le problème, qui appartient au domaine d'une philosophie de la culture, est de trouver une réponse à ce devenir qui s'impose comme fatalité, à savoir que « le progrès devient régression[5] ». L'analyse, ici, ne découle pas d'une étude des relations sociales, elle est plutôt une analyse rétrospective qui introduit dans les origines de l'histoire humaine la perversion congénitale de la raison. Un concept (historique) de la rationalité est inoculé à une civilisation entière, et le diagnostic de son caractère oppressif se fait à partir d'un concept axiologique de la Raison dont le statut reste souvent nébuleux. Au fond, pour Adorno et Horkheimer, c'est dans la rupture primigène de l'homme et de la nature, et la quête de domination qu'elle autorise, que se trouve en dernière analyse l'origine de la domination croissante à laquelle l'homme est soumis.

Le minutieux effort de Weber pour expliquer la spécificité de *l'esprit* capitaliste et le triomphe de la rationalité instrumentale dans la modernité est aboli par la théorie critique. Cette théorie identifie l'histoire universelle avec la raison identitaire – même si une critique spécifique de la modernité y est repérable. Ici, la raison dans sa dualité, libératrice et porteuse de la domination, devient moins un thème sociologique que l'objet d'une anthropologie dialectique. La domination découle de l'instrumentalisation de la rationalité et trouve son fondement théorique dans la volonté rationnelle occidentale d'assimiler concepts et objets, dans une raison identitaire pour laquelle « penser veut dire identifier[6] ». L'école de Francfort fait remonter les origines de l'instrumentalisation du monde au début de l'histoire humaine. À partir d'un diagnostic assombri par l'histoire du fascisme, elle est pessimiste quant aux réelles capacités émancipatrices de la Raison humaine. La linéarité et le simplisme sociologique de cette représentation de l'histoire sont pourtant frappants. Position extrême et difficilement acceptable pour la sociologie, tant elle finit par faire de toute l'histoire de la civilisation le simple parcours, déjà tout tracé dans ses conséquences ultimes, de la logique instrumentale de maîtrise de l'homme sur son environnement.

Or, et même si Marcuse souscrit à bien des égards à ces analyses, le cœur de sa réflexion critique, qui détiendra toujours un rôle central dans son œuvre, penche plutôt du côté du primat de la rationalisation technique dans la société industrielle avancée. Énoncé pour la première fois en 1941[7], l'interprétation prendra forme lors des analyses socio-historiques que Marcuse réalise du marxisme soviétique en 1958 et de la société américaine en 1964, les deux sociétés n'étant que des variantes d'un même type de domination. Mais si Marcuse adhère à l'interprétation de la société industrielle des années cinquante et soixante, comme un type sociétal unique ayant des versions différentes selon que l'industrialisation est effectuée par des entrepreneurs privés ou par la planification centrale, son interprétation diffère de celle d'autres sociologues de la période[8] dans la mesure où elle repose, presque exclusivement, sur une lecture particulière du processus de rationalisation décrit par Weber.

Marcuse s'efforce de montrer que l'œuvre de Weber s'appuie sur une conception de la raison inséparable d'un système de civilisation matérielle et intellectuelle, et qui développe, comme une fatalité, un type spécifique de domination bureaucratique. L'interprétation critique de Marcuse n'est qu'une réexposition de ses propres thèses : la conception de rationalité formelle a pris en Occident une forme qui la distingue radicalement, dans ses manifestations, de toutes les autres formes d'économie et de technique. L'analyse est sans nuance : le prétendu caractère abstrait de la raison cache mal son historicité spécifique, « la rationalité formelle est intégralement rationalité *capitaliste*[9] ». La rationalité formelle s'inscrit dans l'histoire comme une forme de domination, et surtout comme une raison technique : il s'agit de produire, de transformer la matière, à travers un système de contrôle des hommes et des choses. Pour Marcuse la supposée abstraction quantifiante de la rationalité formelle trouve sa raison d'être dans les besoins du capitalisme et sa volonté de domestiquer l'appétit du gain. Il est impossible, comme le veut Weber, de limiter le capitalisme et sa rationalité formelle à une forme particulière de comptabilité ; ou au développement de la bureaucratie comme une forme de fonctionnement formellement rationnelle, fondée sur le savoir, une forme de gestion et de domination purement objective, quels que soient les buts des institutions et des hommes.

Pour Marcuse, au contraire, la rationalité formelle s'inscrit dans les faits historiques matériels que sont les entreprises modernes, et par là elle se transforme en une question de domination : « Le plus productif, le plus réifié des appareils ne cesse pas pour autant d'être un moyen utilisé en vue d'une fin qui lui est étrangère[10]. » En bref, la rationalité formelle est inextricablement liée à des contenus matériels. Mais cette domination excède le capitalisme lui-même pour devenir la caractéristique essentielle des sociétés industrielles avancées. C'est ici que se trouve le noyau de toutes les intuitions de Marcuse. Certes, la rationalité formelle est devenue rationalité politique matérielle dans le capitalisme puisque dès le début la raison technique est domination de l'entreprise privée sur le travail libre. Mais de manière plus substantielle, la technique porte en elle, dès sa conception, la marque de la domination des hommes : « Avant même d'être utilisée, la technique est une domination (sur la nature et sur l'homme), domination méthodique, scientifique, calculée et calculante. Le but et les intérêts du système de domination ne sont pas "octroyés" à la technique après coup et de l'extérieur, ils font déjà partie de l'appareil technique au moment de sa construction ; la technique est à chaque fois un projet historique et social[11]. »

La raison technique est au fondement de la représentation marcusienne. Source dernière de son inspiration intellectuelle, elle procède, pour l'essentiel, d'une lecture partielle et partiale de la rationalisation wébérienne. Une interprétation qui privilégie fortement sinon uniquement le développement technique et qui laisse largement de côté l'étude des rapports sociaux, ou plutôt, qui fait dériver ces derniers de la rationalité implicite dans la sphère technique ; une interprétation qui associe alors étroitement technique et domination. Pour Weber, le monde moderne pouvait devenir uniformément dominé par la bureaucratie, mais cette tendance, même dominante, était loin d'être exclusive. Pour Marcuse, la société industrielle avancée réalise une domination absolue des hommes et des choses, une domination inscrite dans la raison technique, qui devient ainsi la seule raison véritablement substantielle de l'histoire. La dialectique des Lumières devient un synonyme de la dialectique de la raison technique : « Les contrôles techniques, c'est l'expression même de la Raison[12]. »

La technologie devient la base de la société et toutes les relations productives, voire toutes les relations sociales, lui sont subordonnées. Marcuse affirme que la technique est un projet lorsqu'il « se met à fonctionner au niveau des institutions et des relations fondamentales, il tend à devenir exclusif et à déterminer le développement de la société dans son ensemble[13] ». C'est ce déterminisme technologique qui explique la ressemblance de fond qu'il repère entre la société soviétique et la société américaine. Les deux sociétés, en dépit du fait qu'elles se placent à un niveau différent de développement des forces productives et qu'elles aient des institutions économiques et politiques différentes, ne sont pourtant, au fond, que des manifestations particulières de la rationalité technique, « les deux systèmes sociaux antagoniques font apparaître une tendance générale du progrès technique dans la période contemporaine, à savoir l'utilisation de la technique comme instrument de la domination[14] ». Le changement de rapports de production ne peut pas se faire par une transformation des rapports de propriété mais repose, exclusivement, sur un changement de la rationalité technique elle-même.

La domination de la société industrielle avancée s'inscrit au cœur de cette rationalité. Elle découle en effet d'un système de production et de distribution qui fonctionne en manipulant les besoins, en faisant que ces faux besoins deviennent ceux de l'individu lui-même. Le contrôle social, au travers de l'introjection des besoins, assure l'identification immédiate de l'individu avec sa société. « L'appareil de production tend à devenir totalitaire dans ce sens qu'il détermine, en même temps que les activités, les attitudes et les aptitudes qu'implique la vie sociale, les aspirations et les besoins individuels. Ainsi il n'y a plus d'opposition entre la vie privée et la vie publique, entre les besoins sociaux et les besoins individuels[15]. » Certes, comme le reconnaît Marcuse lui-même, les individus préfèrent une administration pluraliste à une administration totale, mais au fond, le pluralisme n'est qu'une réalité décevante tant il est au service de l'intégration et de la manipulation sociales. Surtout, au-delà de ses différences institutionnelles dans toutes les sociétés industrielles avancées, « le comportement de la population est coordonné grâce aux *mass media*, à l'industrie des distractions, à l'enseignement[16] ». Dès lors, le conformisme n'est que le comportement social influencé par la rationalité technologique. Tous les domaines de la vie sociale sont contrôlés et manipulés : les besoins, l'instinct, la pensée. À terme, il s'agit d'annuler la capacité de l'esprit humain à constituer une autre dimension différente du réel. La capacité de la société administrée à détourner des pratiques d'émancipation est énorme comme en atteste le cantonnement de la libération de la sexualité humaine à une pure sexualité commercialisée. « Si l'on compare la période actuelle aux périodes puritaine et victorienne, la liberté sexuelle a sans aucun doute augmenté (bien qu'on puisse noter une réaction évidente contre les années 1920). En même temps cependant, les relations sexuelles elles-mêmes ont été bien davantage assimilées à des relations sociales. La liberté sexuelle s'est harmonisée avec un conformisme profitable. L'antagonisme fondamental entre la sexualité et l'utilité sociale – qui est elle-même le reflet du conflit entre principe de plaisir et principe de réalité – est brouillé par l'empiétement progressif du principe de réalité sur le principe de plaisir[17]. »

La société industrielle avancée a une capacité unique à introjecter sous forme de nécessité dans la psyché des individus les éléments dont le système a besoin pour survivre. Ses analyses élargissent alors le marxisme et s'intéressent à la manière dont les besoins et les fonctions économiques se constituent en systèmes psychiques. L'intérêt se porte ainsi vers les médias ou la publicité, agents principaux du consensus obtenu par l'ingénierie sociale, grâce à la manipulation et au contrôle des instincts. Marcuse reprend à son compte, et développe, les critiques adressées à la culture de masse par Adorno ou Horkheimer. En traitant le public comme un tout homogène, la culture de masse cantonne les individus à un rôle passif ; de surcroît, en produisant une grande quantité de biens culturels standardisés et stéréotypés, elle permet aux individus d'échapper à la réalité tout en leur interdisant d'en produire une autre conception. Ainsi, l'idéologie dominante, portée par la raison technologique, parvient à transformer la réalité déjà existante en réalité désirée, en fermant l'espace à toute revendication utopique : « Le capitalisme a réussi, par le moyen des communications de masse, à ajuster les facultés rationnelles et émotionnelles des individus à son marché et à sa politique, et à les utiliser pour défendre sa domination[18]. »

On a critiqué, à juste titre, cette représentation de la société moderne. D'une part, et comme l'a bien signalé Habermas, l'attitude qui consiste à fusionner la technique et la domination repose, au fond, sur l'identification et l'acceptation de l'idéologie technocratique de la toute-puissance[19]. La perspective de Marcuse n'est que le pendant critique de la conception de la société moderne comme équilibre de sous-systèmes proposé par le fonctionnalisme de Parsons. L'un et l'autre étant persuadés, pour des raisons différentes et parfois opposées, de la capacité des sociétés industrielles avancées à maintenir l'ordre sur le changement[20]. D'autre part, on peut aussi contester sa représentation de la société moderne, comme structurée par des systèmes tout-puissants de contrôle, maniée par des États totalitaires ou par des classes dirigeantes, et trouvant dans la raison technologique leur fondement dernier. Ce déterminisme technologique extrême fait dériver directement les principaux traits des sociétés industrielles avancées, et cela dans tous les domaines, de la logique de domination incorporée dans la technique. Comment ne pas voir à la base de ce déterminisme technologique une impuissance sociale ? Comment ne pas trouver contestable une conception qui perçoit la société comme découlant plus d'un destin technique que d'un choix politique[21] ?

À bien des égards, la société administrée est, pour la pensée de Marcuse, l'équivalent fonctionnel d'autres types de totalitarismes propres à notre siècle. Ici, aussi, la continuité de la pensée est profonde. Dès les années trente, il ne conçoit pas de rupture radicale entre État libéral et État autoritaire, puisque pour lui « c'est le libéralisme lui-même qui engendre l'État autoritaire total, lequel apparaît comme du libéralisme à un stade de développement plus avancé. L'État autoritaire total apporte au stade monopoliste du capitalisme une organisation et une théorie de la société adéquates[22] ». Il est le système politique sur lequel il assoit son désarroi et contre lequel, pourtant, il ne cessera jamais de combattre en cherchant, au-delà de toute prudence analytique, et parfois de toute vraisemblance sociologique, un agent capable de le renverser. Le terme de sa quête était déjà préfiguré dans la conception close qu'il a forgée de la société administrée : à savoir une espèce de résistance *sui generis* où le pessimisme historique, bien que toujours dominant, n'annule jamais entièrement l'optimisme théorique, et où les possibilités sociales sont parfois réduites à de pures virtualités culturelles. Pour exprimer cette exigence presque impossible, Marcuse a toujours eu le sens de la formule : « Comment les individus administrés – dont la mutilation est inscrite dans leurs libertés, dans leurs satisfactions, et se multiplie sur une échelle élargie – peuvent-ils se libérer à la fois d'eux-mêmes et de leurs maîtres ? Comment peut-on penser que le cercle vicieux peut être brisé ?[23] »

II. L'INTROUVABLE AGENT RÉVOLUTIONNAIRE

Les travaux de l'école de Francfort partagent bien des traits du marxisme occidental : leur divorce structurel avec la pratique politique, un déplacement du centre de gravité de l'économie vers la philosophie – processus entériné par la découverte des *Manuscrits* de 1844 –, la réclusion des auteurs marxistes à l'université, et surtout le fait d'être une pensée issue d'une défaite[24].

Le constat historique initial de l'école de Francfort, qui se constitue dans les années trente, et qui fera d'elle un marxisme sans prolétariat, provient de la conviction que « l'évolution annoncée par la théorie ne se produit pas », et surtout que « les forces qui devaient provoquer les transformations sont repoussées et semblent être vaincues », comme l'écrit Marcuse, en faisant écho aux thèses de Horkheimer, en 1937[25]. L'analyse ne tardera pas à se radicaliser et à s'assombrir, la classe ouvrière perdant alors progressivement toute perspective privilégiée en tant qu'acteur révolutionnaire. À terme, la société moderne ne sera entrevue que comme un système étroitement fonctionnaliste et hautement performant ayant une énorme capacité d'intégration de la classe ouvrière. Comment et pourquoi la classe ouvrière, dont les structures mentales et la situation économique poussent fortement vers le conflit, peut pourtant en rester seulement au niveau latent ? Pour y répondre, dans un premier moment, Horkheimer et Adorno vont trouver dans la psychanalyse une explication des motivations irrationnelles de cet état de choses. Tout comme ils se tourneront vers les diverses formes organisant la réception au niveau de la conscience des individus des structures sociales, notamment la culture et la famille. Mais la question de l'introuvable agent révolutionnaire finira par mener Horkheimer et Adorno à une double attitude : l'affirmation, mille et une fois, du caractère absolu de la domination dans la société administrée[26], un repli philosophique sur le pessimisme à la Schopenhauer comme chez Horkheimer, une fuite en avant vers l'esthétique comme chez Adorno. Or, Marcuse, et en cela il est différent de Horkheimer et de Adorno, ne cessera jamais de chercher, au sein de l'histoire, une force sociale capable, de l'intérieur, de transformer l'ordre social existant.

Le chemin sera long et tortueux. Pendant presque quarante ans, et notamment à partir des années soixante, Marcuse va se pencher, successivement, sur différentes forces sociales capables de porter cet espoir. Et c'est dans cette voie que doivent être interprétées les études consacrées par Marcuse à Hegel, puis à Freud. Dans les deux cas, il s'agit en quelque sorte de ressourcer la pensée critique, de revenir sur ses bases, de mieux en explorer certaines dimensions, voire de découvrir des zones nouvelles. Et chaque fois, ces lectures critiques mènent Marcuse à reposer dans le contexte historique, et sur d'autres bases, la question lancinante de l'identité de l'acteur révolutionnaire dans la société moderne.

L'étude qu'il consacre à l'œuvre de Hegel en 1941, si

elle vise à montrer le caractère anti-autoritaire de ce dernier, est en tout premier lieu consacrée, comme il l'avouera lui-même dans la préface qu'il ajoute en 1960, à la renaissance « d'une faculté mentale en voie de disparition : le pouvoir de la pensée négative[27] ». Au moment le plus sombre de l'histoire du XXe siècle, c'est dans les fondements du marxisme qu'il cherche la force historique et intellectuelle du pouvoir du négatif, avant qu'il ne soit détourné dans le néo-idéalisme britannique, le révisionnisme marxiste ou l'économisme. Mais c'est aussi dans cet ouvrage que Marcuse s'efforce de mieux délimiter les bases d'une pensée critique qu'il décèle dans le dépassement de l'opposition établie par Kant entre l'entendement (*Verstand*) et la Raison (*Vernunft*). Pour Hegel, selon Marcuse, face à l'entendement qui appréhende les choses comme des entités finies régies par le principe d'identité et de contradiction, reflet d'un certain état des rapports sociaux, se dresse la Raison qui vise, elle, à restaurer la totalité, en dépassant la simple acceptation satisfaite de la réalité donnée, là où on se contente de prendre l'apparence contingente des choses pour leur essence. À l'opposé, la véritable identité n'est que « le fruit de l'effort continuel de la Raison », une tâche qui implique « la restauration de l'unité perdue dans les rapports sociaux[28] ». Mais pour importante que soit la réhabilitation de Hegel par Marcuse elle n'a de sens que rapportée au chemin qui mène à Marx. Pour Hegel, la dialectique renvoie à un processus ontologique universel, le mouvement de l'histoire se confond alors avec le développement de l'être. « Marx, au contraire, détache la dialectique d'un pareil fondement ontologique : dans son œuvre, la négativité de la réalité devient une condition historique que l'on ne peut hypostasier en état de choses métaphysiques ; en d'autres termes, cette négation devient une condition sociale liée à une forme historique particulière de la société[29]. » Autrement dit, la dialectique chez Marx, et c'est ce qui intéresse Marcuse, renvoie à une évolution de la société de classes qui permet ainsi de comprendre l'histoire.

C'est aussi, au-delà de son contexte historique immédiat, et du combat dont le livre témoigne contre le révisionnisme freudien, un des sens de sa réflexion sur l'œuvre de Freud dans *Éros et civilisation*. Marcuse cherche à mettre en relief, contrairement à Freud, le caractère historique de la répression, ses liens étroits avec les buts d'une société. Il accepte dans un premier moment l'idée que, par sa nature instinctive, l'homme est contraint de s'adapter au monde environnant, à différer son plaisir, afin de surmonter le manque. Mais il pense néanmoins que dans la société capitaliste, du fait que le corps est avant tout conçu comme un instrument de travail, la sexualité est organisée exclusivement de manière génitale. L'individu est contraint de se déposséder de ses zones érogènes prégénitales afin de s'accorder avec le principe de réalité, en fait, avec le principe de rendement historiquement spécifique au capitalisme. Les sociétés industrielles avancées sont en proie à des phénomènes de sur-répression, qui ne sont plus nécessaires à la survie de la civilisation étant donné la richesse technologique, mais qui découlent des nécessités d'une domination de classe. La possibilité de l'émancipation se trouve ici dans la capacité des hommes à mener une vie plus gratifiante, davantage en harmonie avec le principe de plaisir freudien. Pour Marcuse, différents modes de domination ont pour résultat diverses formes de principe de réalité. L'erreur de Freud est d'avoir appliqué « au fait brut de la "pénurie" ce qui est en réalité la conséquence d'une *organisation* spécifique de cette pénurie et d'une attitude existentielle spécifique rendue obligatoire par cette organisation[30] ».

L'interprétation de Marcuse de l'œuvre de Freud est audacieuse. Marcuse souligne avant tout la nature commune des instincts humains avant leur différenciation en Éros et Thanatos, une orientation qui à terme mène Freud à la découverte d'une tendance fondamentalement régressive ou conservatrice vers un principe du Nirvâna, là où s'effectue la convergence du plaisir et de la mort. Origine commune des instincts qui permet à Marcuse de nier l'idée d'une sexualité par essence antisociale ou asociale, voire d'un instinct primaire destructeur, au profit d'une interprétation faisant de l'une et l'autre des conséquences historiques d'une organisation sociale répressive. « Donc, si le processus historique tendait à rendre caduques les institutions du principe de rendement, il tendrait aussi à rendre caduque une telle organisation des instincts, c'est-à-dire à libérer les instincts des contraintes et des détournements rendus nécessaires par le principe de rendement. Ceci impliquerait la possibilité réelle d'une élimination progressive de la sur-répression et ainsi des secteurs croissants de destructivité pourraient être absorbés ou neutralisés grâce au renforcement de la libido[31]. » C'est ici que se trouve le fondement ultime d'une autre réconciliation possible entre le sujet et le monde. La libération polymorphe de la sexualité permettra d'inonder d'investissements libidinaux l'ensemble des rapports humains, abolissant la division entre le travail et le plaisir, puisque toutes les activités, y compris le travail, découleront du principe de plaisir. Mais l'imaginative relecture freudienne faite par Marcuse exige encore, et toujours, le prolongement et la reprise de cette possibilité par un acteur social collectif. Elle exige, en effet, un saut qualitatif, puisqu'il contraint à aller au-delà des limites du bonheur instaurées dans la société moderne à l'aide d'un « contenu qui *dépasse ces cadres* et qui comprend les potentialités socialement *refusées* à la personnalité[32] ». Autrement dit, la lecture de Freud ramène Marcuse à Marx, ou plutôt, au problème constant de l'agent social de la transformation.

Sur cette pente, Marcuse va se pencher sur divers acteurs potentiels, et diverses stratégies possibles de transformation politique, dans les années soixante. Dans les sociétés industrielles avancées « où la classe ouvrière est devenue un étai pour l'Établissement, sa promotion au contrôle ne ferait que prolonger cet Établissement d'une autre façon[33] ». La dialectique désespère, incapable de traduire dans la pratique historique sa force critique. Ce n'est que dans les tout derniers paragraphes de *L'homme unidimensionnel* que Marcuse propose, avec une réelle maîtrise dramaturgique, une étrange conclusion sociologique : « Au-dessous des classes populaires conservatrices, il y a le substrat des parias et des *outsiders*, les autres races, les autres couleurs, les classes exploitées et persécutées, les chômeurs, et ceux qu'on ne peut pas employer[34]. » À ses yeux, leur opposition est révolutionnaire même si leur conscience ne l'est pas toujours. Jusqu'au milieu des années soixante-dix, Marcuse ne cessera de revenir sur cette phrase, de la peaufiner, de la nuancer, voire de l'infléchir, et sera contraint de s'en expliquer maintes fois[35]. Il y revient : « Je voulais simplement dire qu'il y a aujourd'hui dans la société des tendances – des tendances anarchiques, désorganisées, spontanées – qui annoncent une rupture totale avec les besoins de la société répressive[36]. » La peaufine : l'opposition se situerait aux pôles extrêmes de la société, « premièrement dans les ghettos, chez les sous-privilégiés, ceux dont même le capitalisme avancé ne veut ni ne peut satisfaire les besoins vitaux. Deuxièmement, elle se concentre à l'autre pôle de la société chez ceux [...] qui grâce à leur position ou à leur éducation, ont la possibilité – et non sans peine d'ailleurs – de connaître les faits[37] ». Y introduit des distinctions : si la classe ouvrière est toujours la classe révolutionnaire en soi, subjectivement, pour soi, ce n'est plus vrai[38], comme en attestent aux yeux de Marcuse les membres de la nouvelle classe ouvrière (techniciens, ingénieurs, spécialistes, scientifiques) que, contrairement à Serge Mallet, il conçoit comme une force sociale conservatrice. Mais de l'autre côté, il ne voit dans les fronts nationaux de libération des pays sous-développés qu'une préparation à la crise du système mondial[39]. Avoue sa perplexité : « Le problème de notre époque, c'est que la révolution, objectivement nécessaire, ne constitue nullement un besoin ressenti par les couches sociales qu'on considère traditionnellement comme révolutionnaires. Pour commencer, les mécanismes qui étouffent ce besoin doivent être éliminés, ce qui suppose en retour le besoin de les éliminer. Et nous sommes enfermés dans une dialectique à laquelle je n'ai pas trouvé d'issue[40]. » Après tous ces détours, Marcuse est contraint de conclure, comme le faisait déjà Horkheimer dès les années trente, sur le fait que la Raison est dépourvue de capacité de réalisation[41].

Mais la méfiance et les hésitations de Marcuse quant aux capacités d'émancipation grâce à l'existence d'une force sociale révolutionnaire sont inversement proportionnelles à la confiance et aux certitudes qu'il conçoit à propos de la rationalité technologique. Le véritable changement se place au niveau de la rationalité technologique elle-même et dans l'automation dont l'avènement lui paraît être le grand catalyseur de la société industrielle avancée. Le lyrisme de Marcuse a de quoi surprendre : « Avec ce processus social d'automation, la force de travail se transforme ou plutôt elle opère une transsubstantiation au cours de laquelle, séparée de l'individu, elle devient un objet productif indépendant, c'est-à-dire un sujet[42]. » C'est donc seulement à travers un changement qualitatif de la nature même de la technique, en fonction d'un autre projet social, que la raison technique pourra devenir une technique de libération. Mais Marcuse ne passe jamais véritablement de cette réflexion substantielle à une analyse réelle de luttes collectives. Le hiatus sera permanent. Il ne s'intéresse que trop peu aux luttes sociales réellement en cours. Certes, il manifeste sa sympathie pour les mouvements de protestation contre les industries culturelles et les appareils de gestion, qui, par la stimulation de fausses nécessités, imposent leurs projets économiques. Mais, parce qu'il place au-delà de l'action sociale le ressort final de la libération, il reste à cet égard à un niveau délibérément vague. La capacité d'évocation virtuelle de ses textes est sans mesure par rapport à leurs réelles capacités d'analyse, voire d'encouragement à l'action : « Le changement politique ne peut devenir lui-même un changement social et qualitatif que dans la mesure où il changerait le *sens* du progrès technique – c'est-à-dire, dans la mesure où il peut développer une *nouvelle technologie*[43]. » À terme, toujours, il dépose sa confiance dans le développement des forces productives qui « suggère que la liberté pourrait s'introduire à l'intérieur du domaine de la nécessité[44] » : le progrès technique, en fait, permettrait de faire affleurer le règne de la liberté dans le règne de la nécessité, plus simplement, l'épanouissement de l'homme dans le travail. Le chemin vers le socialisme va toujours pour Marcuse, en dernière analyse, de la science à l'utopie[45]. Ses formulations sont sans ambiguïtés : « La science et la technologie en se réalisant historiquement, ont permis de *traduire les valeurs en tâches techniques* – de matérialiser les valeurs. Par conséquent, le problème est de redéfinir les valeurs en *termes techniques*, en tant qu'éléments dans le processus technologique[46]. »

III. THÉORIE, ESTHÉTIQUE, UTOPIE

Dès les années trente, Horkheimer met en place les exigences centrales de la théorie critique. Contre la théorie traditionnelle qui accepte et étudie la réalité donnée telle qu'elle se présente dans une période historique déterminée, la théorie critique soumet l'expérience à un examen de valeur qui est gouverné par un intérêt précis, à savoir, l'idée (l'idéal) d'aboutir à « une organisation sociale conforme à la raison, et aux intérêts de la collectivité[47] ». Cette pratique intellectuelle devrait parvenir à établir un lien, et même une synthèse, entre la recherche empirique et la philosophie, en s'inspirant de la philosophie de l'histoire de Hegel. Dernière grande tentative de la pensée pour articuler les connaissances empiriques sur la réalité avec une réflexion historico-philosophique sur la Raison, sa crise s'était soldée par l'écart entre le néopositivisme et la métaphysique, entre une connaissance seulement réduite à la quête des faits empiriques, et une métaphysique se perdant dans les arcanes de l'être et l'essence. Pour sortir de cette impasse, Horkheimer, et avec lui l'essentiel du programme des recherches de l'école de Francfort, s'appuie sur l'épistémologie du jeune Marx *via* Lukacs[48]. Pourtant, l'essentiel de la lecture réalisée va porter sur les dimensions inévitables de la domination sociale incluses dans les méthodologies des sciences empiriques qui, de Descartes jusqu'au positivisme, en oubliant leurs contextes et leurs raisons sociales, se mettent au service de la domination sociale. Contre cette dérive, il fallait construire une théorie critique capable d'appuyer et d'orienter la connaissance empirique autour d'un projet d'émancipation humaine. Pourtant, comme nous l'avons signalé plus haut, la radicalité pessimiste de la lecture de l'histoire propre à l'école de Francfort, fondée sur la conception d'une perversité génétique de la raison humaine, ne pouvait qu'interdire toute discussion fructueuse avec les sciences empiriques.

Sur ce versant, l'impasse de la théorie provient, dans son déroulement historique, de son incapacité à dégager un critère axiologique au-delà de tout appel à une philosophie de l'histoire qui tracerait les voies de l'humanité. Une attitude qui conduit à la réclusion de la critique dans le seul domaine culturel, un déplacement au cœur duquel la signification de la critique devient, elle-même, problématique[49]. Elle oscille entre une version maximale, selon laquelle à moins de faire de la théorie critique une pure utopie, il faut qu'elle soit incorporée dans l'histoire, et une version minimale, la simple présence de l'imagination comme dernier sursaut de l'émancipation humaine.

Tout au long de sa vie, Marcuse a recours à deux grandes manifestations culturelles comme alternatives face à la crise de la capacité pratique de la théorie critique. La première n'est autre que la philosophie elle-même, lorsque face à la défaite du prolétariat, Marcuse s'interroge sur la valeur de la théorie critique, en cherchant en elle de « nouveaux aspects et de nouveaux éléments de son contenu ». Il se voit alors contraint, au nom de la réalité historique, d'accepter la transformation de celle-ci en utopie : « Si la vérité n'est pas réalisable à l'intérieur de l'ordre social existant, il est évident qu'elle apparaît de ce point de vue comme utopie. Pourtant, une telle transcendance ne parle pas contre, mais pour la vérité[50]. » C'est dans la philosophie, pense Marcuse à la fin des années trente, que se réfugie l'esprit de la théorie critique, où s'élaborent les concepts qui projettent l'homme au-delà de sa situation. « Il faut de l'imagination pour rester fidèle dans le présent à ce qui n'est pas encore présent[51] », en bref, pouvoir rester fidèle à une promesse, devenue incertaine, quant aux possibilités d'émancipation humaine. Mais aussi, et déjà en 1937, Marcuse est soucieux de marquer les limites de cet appel à l'imagination, des limites, non plus universelles, mais « des limites techniques : elles sont fixées par le niveau de développement technique[52] ». Une attitude qui mène Marcuse, en pleine Seconde Guerre mondiale, à l'étude de la dialectique hégélienne, en tant que source originaire, de la théorie critique. Il y cherche, certes, la présence d'une rationalité à l'œuvre dans la réalité, la compréhension des parties à partir de leur insertion dans un mouvement qui les enveloppe, à l'ombre duquel elles deviennent intelligibles, mais surtout, comme le dira plus tard Adorno, un principe d'« intransigeance à l'égard de toute réification[53] ». Il y trouve aussi l'exigence inébranlable d'une conscience émancipée capable de déterminer l'être social. « Les conditions concrètes pour réaliser la vérité peuvent varier, mais la vérité reste la même et la théorie reste en dernière analyse sa gardienne. La théorie maintiendra la vérité, même si la pratique révolutionnaire dévie de son droit chemin. La pratique suit la vérité et non l'inverse[54]. » Enfin, dans les années soixante-dix, Marcuse renforcera encore davantage cet aspect de la théorie au fur et à mesure que ne pouvant « s'appuyer ni sur les "masses" ni sur une pratique révolutionnaire déjà existante », elle doit accentuer son noyau d'idéalisme qui devient « un élément d'autant plus puissant que le développement social, considéré du point de vue de la transition au socialisme, apparaît plus *régressif*[55] ».

Le deuxième recours à la culture comme domaine supplétif de la théorie critique, et beaucoup plus important dans la pensée de Marcuse, n'est autre que l'art. Dès les années trente, Marcuse voit dans l'art, malgré ses limitations idéalistes, et au milieu d'un monde de plus en plus totalitaire, la permanence de l'appel, sous forme de vraie nostalgie, à un monde de satisfaction humaine. Bien sûr, le caractère affirmatif présent dans l'art est trop faible, d'autant plus qu'il est facilement réduit à un dynamisme idéaliste, sorte de fuite et de refuge face à un monde de domination. Mais pourtant, « la société bourgeoise n'a toléré la réalisation de ses propres idéaux et ne les a pris au sérieux comme revendications universelles que dans l'art. Ce qui dans la réalité est qualifié d'utopie, de chimères et de sédition, est accepté dans l'art[56] ». Cette distinction est fondamentale aux yeux de Marcuse. Elle trace à terme la véritable coupure contre laquelle doivent s'insurger les hommes, entre le monde de la nécessité propre à la sphère de la reproduction matérielle et un domaine d'épanouissement maîtrisé et cantonné à la sphère privée. Cette coupure, au-delà de sa réalité et de ses limites dans la phase du capitalisme libéral, dévoile toute sa charge négative lorsque le maintien du processus productif « ne peut plus se contenter d'une mobilisation partielle qui épargne la vie privée de l'individu, mais réclame au contraire la mobilisation générale par laquelle l'individu doit être soumis à la discipline de l'État autoritaire par toutes les sphères de son existence. La bourgeoisie entre alors en conflit avec sa propre culture [...]. La culture affirmative entame alors le processus de son autodestruction[57] ».

C'est vers l'esthétique que se tourne encore Marcuse à l'époque d'*Éros et civilisation* pour donner une forme à la sublimation non répressive, puisque l'art est « peut-être le "retour de ce qui est refoulé" sous sa forme la plus visible[58] ». C'est dans l'art encore que Marcuse trouve l'expression la plus achevée de ce que, à la suite de Whitehead, il appelle le Grand Refus, protestation contre la répression non nécessaire et manifestation pour la forme ultime de la liberté. Et c'est encore une fois vers l'art qu'il se tourne à la fin des années soixante après le diagnostic sombre qu'il a réalisé des sociétés industrielles avancées. Comme dans les années trente, le recours à la culture comme dernier lieu d'expression critique repose sur un aveu d'impuissance pratique, à savoir qu'elle « est incapable de démontrer qu'il y a des tendances libératrices à *l'intérieur* de la société établie[59] ».

Pourtant, la théorie critique, malgré son impuissance, reste toujours valable et rationnelle. Et dans la mesure où une partie de la pensée philosophique bascule dans l'opérationnalisme, Marcuse, tout en reconnaissant que sa vérité est faible et illusoire, voit dans l'art le témoignage de cette vérité, malgré la mutilation de l'imagination dans la société unidimensionnelle. Il va désormais y chercher ce qu'il pensait trouver jadis auprès de la philosophie, à savoir la force de contester « une expérience immédiate qui n'est en réalité qu'un produit social, et qui s'oppose à la libération de la sensibilité. Il faut que la perception fasse éclater cette immédiateté qui n'est, de fait, qu'un produit historique : le mode d'expérience qu'impose la société établie[60] ». La transformation radicale exige la mise en place d'une nouvelle sensibilité capable d'interpeller le monde tel qu'il émerge en tant que totalité sensible : « C'est cette constitution qualitative, élémentaire, inconsciente, ou plutôt subconsciente, du monde de l'expérience lui-même, qui doit changer radicalement si l'on veut que le changement social soit radical, qualitatif[61]. » C'est à l'art que revient ce rôle, puisqu'il a la capacité d'exprimer une vérité et une objectivité qui ne sont pas accessibles à l'expérience ordinaire. Certes, les médiations qui transformeront la révolte artistique en force sociale de libération restent à atteindre, il est même vrai que « l'art ne peut rien faire pour empêcher la montée de la barbarie[62] », mais c'est dans l'art, et seulement dans l'art, que semble désormais se réfugier la capacité d'échapper à l'horreur d'une réalité devenue absolue. Dans *La dimension esthétique* il revient sur les mêmes thèmes : malgré la capacité de l'art à subvertir l'expérience et à se révolter contre le principe de réalité, l'art « ne peut se traduire dans une pratique politique[63] ». Pour Marcuse, c'est dans la tension irréductible qu'il trace entre la fiction et la réalité, que loge, en définitive, l'espoir d'une émancipation. La capacité de l'art à produire une autre réalité est la meilleure preuve de l'existence, encore et toujours, d'un domaine transcendant à l'abri du monde réel et du processus de rationalisation à l'œuvre[64]. Pour Marcuse, la seule promesse de libération réside dans le refus de renoncer à la volonté d'éliminer la tension entre l'art et la réalité, dans le rappel « de la non-identité permanente entre sujet et objet[65] ».

IV. LE CERCLE VICIEUX

Le chemin et la conclusion sont sans surprises tant ils étaient déjà inscrits dans la conception que Marcuse se forgeait dès le départ de la société administrée. En réalité, les trois faces de sa pensée dessinent, à terme, un cercle vicieux. En effet, quel que soit le point de départ choisi, le lecteur finit toujours enfermé dans un cercle. C'est pourquoi les diverses lectures possibles de l'œuvre de Marcuse sont, au fond, intimement imbriquées. On peut, certes, entrer dans son œuvre à partir de la théorie critique, en insistant alors sur la présence d'une capacité d'émancipation irrépressible et cela en dépit de tous les avatars de l'histoire du siècle. On peut, à l'inverse, y entrer par le biais des forces sociales et constater alors le mouvement permanent de sa pensée toujours en quête infructueuse d'un agent révolutionnaire. Enfin, on peut l'aborder par sa conception d'une société administrée travaillée par un processus de rationalisation imposé par le développement de la technologie[66]. Chacune de ces lectures garde sa spécificité, accentue des influences différentes, mais toutes confluent, au fond, vers une interprétation globalement semblable. Toutes ces lectures sont contraintes d'accepter l'espace confiné dans lequel Marcuse veut résoudre leurs tensions : une société administrée totale, voire totalitaire ; la reconnaissance de la crise et de l'absence de tout agent social révolutionnaire ; le maintien de la foi, mais toujours au bord de l'ébranlement, dans les capacités de la théorie critique.

À la racine de ces difficultés, se trouve l'annulation du rôle que Weber octroie à l'imagination dans le travail de la science. Une distinction méthodologique qui lui permet de repérer différents types d'action, de préserver tout ce qu'il y a d'obscur et d'irrationnel dans l'histoire humaine. Le pluralisme imaginatif est consubstantiel au monde, et lui reste consubstantiel, en dépit de tendances à la rationalisation. La distinction centrale repérable chez Weber entre l'étude méthodologique de la raison et son incarnation historique est abolie ici au nom d'un besoin critique et d'émancipation. Or, c'était cette distinction méthodologique, et la classification des actions qu'elle entraînait chez Weber, qui étaient, dans son œuvre, à la base de sa capacité à repérer à la fois le mouvement vers une rationalisation croissante et les résistances, souvent irrationnelles, dressées contre ce processus. À l'inverse, pour Marcuse, cette distance analytique et la capacité d'imagination théorique sur laquelle elle repose ne suffisent pas ; jugée insuffisante en tant que possibilité d'émancipation et de résistance, c'est en cherchant une voie plus prometteuse que, non sans paradoxes, Marcuse finira par nier toute réalité sociale à la libération. Pour lui, il ne suffit pas de se contenter d'opposer à la réalité des idées abstraites, il faut s'efforcer de repérer au sein même de la société les forces sociales porteuses de la libération. Or Marcuse, comme Adorno ou Horkheimer, étant donné la représentation qu'ils se forgent du monde administré, sont incapables de parvenir à établir une autre unité, même partielle, du sujet et de l'objet à l'encontre de celle qui s'impose par la rationalisation et qui se solde par l'assujettissement de l'individu à la logique objective du monde. À terme, ce sera dans l'art, à l'instar de Benjamin et d'Adorno, que Marcuse finira par trouver l'insinuation d'une promesse de libération[67] ; c'est dans sa capacité à concevoir un monde de fiction qu'il pense découvrir le signe d'une faculté humaine ayant échappé à l'unidimensionalisation et portant l'espoir, mais seulement l'espoir, d'une autre existence.

Mais en dernière analyse, l'origine des impasses de Marcuse se situe autant dans sa conception de la société moderne administrée que dans sa nostalgie envers la raison objective. En réalité, comme nous l'avons laissé entrevoir à maintes reprises, la force de l'intuition émancipatrice de sa pensée vient pour beaucoup des limites pratiques de sa théorie. À la différence de bien d'autres penseurs de la rationalisation, Marcuse refuse de penser le monde social comme traversé d'une coupure insurmontable entre le monde de la nécessité et le règne de la liberté. Pour lui, le travail n'est pas, par destin ou nature, le domaine de la contrainte et de la répression, il peut, tout aussi bien, être un univers d'expression libidinale à l'aide d'une nouvelle sensibilité esthétique assurant une autre imbrication du sujet avec le monde. L'espoir de Marcuse dans la modernité s'enracine au cœur même du travail. C'est bien le progrès technique qui mène aux portes, mais seulement aux portes, de cette possibilité historique. De fait, Marcuse veut tout simplement renverser la direction du processus de rationalisation qui a permis l'envahissement dans la modernité, sous forme d'une « désublimation répressive » de tous les aspects de la vie sociale. Pour Marcuse, la libération doit emprunter le sens inverse. En partant des éléments libidinaux présents non seulement dans la culture et l'art mais aussi dans la vie privée, il faut parvenir à érotiser l'ensemble des rapports sociaux, changeant par là la direction et la nature même de la rationalisation entreprise en Occident.

C'est l'intuition centrale de Marcuse tout au long de sa vie[68]. Pour lui, le cœur du problème de la modernité n'est autre que le confinement du travail à la seule sphère économique et, sous l'impératif de la nécessité et de la contrainte, sa définition antithétique de l'art, du jeu, de la gaieté et du plaisir. Pourtant, et malgré des contradictions flagrantes repérables à ce sujet dans ses écrits, Marcuse croit, par moments, à une autre possibilité inscrite dans le présent même de la société moderne, voire de la technique. De manière plus consistante, Marcuse sait qu'il n'y a pas d'autre voie possible. Son absence ouvre la voie, au pire, à une société définitivement unidimensionnelle, au mieux, à une pure utopie dépourvue de dimensions pratiques. Sur ce point l'originalité de Marcuse face aux autres penseurs de l'école de Francfort doit être soulignée avec force. À la différence de bien d'autres, et notamment de Adorno et Horkheimer, il ne s'est jamais laissé emporter par un sentiment antimoderne ou purement critique envers la modernité, et il a su, et de manière très personnelle, résister à un pur retrait amer. Mais il n'a pu jamais véritablement donner une forme à cette érotisation du travail ni parvenir à dégager un contenu précis à cette autre voie possible de la rationalité technique. Le renouveau de la théorie critique par Habermas ne s'avérera possible qu'au prix de l'abandon de cette exigence.

*

À la différence de Weber qui n'a jamais cessé d'établir une frontière entre le maintien de la pluralité essentielle des types d'action et la rationalisation du monde, Marcuse fait de la rationalisation, elle-même réduite à sa seule composante technologique, un processus absolu. Il perçoit la rationalisation, avant tout, comme une extension de la domination totale sur les individus et, à la différence d'Elias, n'entrevoit pas d'aspects positifs dans cette évolution. À l'instar de Foucault, il voit dans la satisfaction des individus un leurre du pouvoir, mais il croit encore, contre toute évidence pratique, à la capacité émancipatrice de la Raison.

Marcuse demeurera pour toujours, mieux et plus que quiconque, le témoin privilégié d'une phase historique précise, moins celle de l'effondrement de la République de Weimar que d'une modernité triomphante identifiée à l'extension des capacités insoupçonnables du tout-contrôle. En réalité, une partie du charme de sa théorie provient de cette étrange rencontre. Historiquement, son œuvre porte la marque des événements de l'entre-deux-guerres en Allemagne ; sociologiquement, elle ne dévoile sa pertinence qu'à propos de la société américaine des années soixante. Face au pessimisme historique et au systémisme sociologique Marcuse n'aura souvent trouvé d'autre issue que l'appel à l'utopie.

VIII

*Michel Foucault**, *la rationalisation comme assujettissement*

L'œuvre de Michel Foucault est traversée par des influences intellectuelles multiples qui vont, pour l'essentiel, d'une certaine tradition philosophique à une certaine pratique de la littérature[1]. Pourtant, Foucault a une place évidente dans une histoire des matrices sociologiques de la modernité. Et cela au moins à deux titres. D'une part, c'est dans son œuvre que s'est déployée, dans ses formulations les plus extrêmes, une théorie du pouvoir fortement inscrite dans la descendance wébérienne. Une descendance évoquée par Foucault lui-même, lors d'un cours au Collège de France en 1983, lorsqu'il se replace au sein d'une ontologie du présent qui irait « de Hegel à l'école de Francfort en passant par Nietzsche et Max Weber[2] », et qui depuis a fait l'objet d'un certain nombre d'études visant à montrer les affinités entre la théorie foucaldienne du pouvoir et les intuitions wébériennes[3]. D'autre part, c'est dans son œuvre que les impasses de la matrice de la rationalisation vont devenir les plus manifestes, dans la mesure où elle prolonge, et centre autour des sciences humaines elles-mêmes, la critique de ses méfaits. L'interrogation porte alors sur le lien

* Michel Foucault (1926-1984).

entre « le progrès de la vérité et l'histoire de la liberté », et l'enjeu n'est autre que de chercher « comment déconnecter la croissance des capacités et l'intensification des relations de pouvoir[4] ».

I. FOUCAULT ET LA RATIONALISATION

Il est impossible de comprendre l'œuvre de Foucault si on ne part pas, d'un côté, de ce qui est au cœur de la modernité, à savoir la capacité et la volonté d'appliquer les principes universels de la Raison à toutes les situations, et de l'autre côté, de son soupçon extrême, en fait, de sa conviction la plus intime, que la Raison n'est ni une force de libération, ni, non plus, au fond, un véritable enjeu conflictuel de la société moderne, mais le principe même de la domination. En fait, Foucault ne conteste guère le constat réalisé par la sociologie en ce qui concerne le processus de modernisation lui-même, à savoir l'idée d'un irrépressible mouvement de rationalisation et de sécularisation, qui détruit lors de son passage toutes les appartenances communautaires et toutes les croyances traditionnelles. Au contraire même, l'ensemble de son œuvre épouse de près cette analyse, la durcit parfois dans ses détails, la prolonge certainement dans ses objets. « La relation entre la rationalisation et les excès du pouvoir politique est évidente. Et nous ne devrions pas avoir à attendre la bureaucratie ou les camps de concentration pour reconnaître l'existence de relations de ce type. Mais le problème qui se pose est le suivant : que faire d'une telle évidence ?[5] » Le véritable travail de Foucault, peut-on dire alors, ne commence qu'à cette condition, à partir de cette certitude, son œuvre visant à montrer de maintes manières tout ce qui se cachait derrière l'existence de prétendus principes unifiants, et surtout, comment et partout la Raison, loin d'être le moteur de l'émancipation, est en réalité le foyer même de construction et d'expansion de la logique de la domination.

Certes, l'horizon intellectuel de Foucault n'a jamais été vraiment la sociologie, et cela en dépit même de sa capacité à déconstruire les sciences humaines, avec une érudition et un sens historique remarquables, au-delà même des critiques ponctuelles dont il a été l'objet. Et pourtant c'est bien leur diagnostic de la société moderne qui est, pour beaucoup, au centre de son travail et de sa réflexion. Bien des thèmes n'affleurent que comme une radicalisation des visions présentes dans l'œuvre de Weber. Comme lui, il adhère à une conception élargie de la rationalisation, selon laquelle c'est l'ensemble des réalités sociales (la science, la technologie, les marchés, l'administration, les disciplines, la culture et la religion) qui, au fur et mesure qu'elles se rationalisent, modèlent la totalité des sphères de la vie, autant la sexualité ou la personnalité que la domination ou la production. Mais pour Weber, l'essentiel est de parvenir à établir, dans une perspective historique, la spécificité du mode de rationalisation occidental de nature purement formelle, axé exclusivement sur l'extension de la capacité de calcul dans l'action. Or, pour Foucault, il n'y a pas tant une Raison ou un processus global de rationalisation qu'un ensemble de processus opérant dans plusieurs domaines, chacun renvoyant à des expériences fondamentales (la folie, la maladie, la mort, le crime, la sexualité…), régies, chaque fois, par des rationalités spécifiques même si, à terme, l'ensemble de ces dispositifs finit toujours, non sans problème, par faire système dans sa pensée.

Néanmoins, la filiation wébérienne est, dès le départ, traversée par des prises de distance. Trois grandes différences peuvent être signalées. En tout premier lieu, Foucault est loin d'accorder aux pratiques religieuses la même importance que Weber, bien au-delà de la seule absence dans son œuvre du thème du désenchantement. Certes, pour les deux auteurs, la religion, et notamment la vie monacale, se trouve à la base de la diffusion du contrôle rationnel de la conduite humaine, à travers la transformation de cette discipline en ascétisme intramondain chez Weber, ou comme le terreau originaire de bien des technologies modernes du pouvoir chez Foucault[6]. Mais celui-ci récuse que le processus de rationalisation des religions soit un des principes moteurs de la modernité. Il refuse de suivre Weber dans sa lecture d'un protestantisme qui signifierait l'abandon historique de la dépendance à des croyances magiques, et la contrainte pour les individus de subordonner leurs actions à des critères rationnels.

En deuxième lieu, et même si chez les deux auteurs il est possible d'affirmer que le travail et l'effort, donc la maîtrise de soi, et notamment de la dépense sexuelle, participent du processus de rationalisation moderne, la place qu'ils lui accordent respectivement est fort différente. Pour Weber, l'émergence d'un ethos ascétique intramondain est indissociable d'un accroissement et d'une spécialisation du savoir, du progrès continu d'une rationalité formelle au détriment d'une rationalité substantive, mais sans que pour autant ce processus n'annule l'autonomie des acteurs. Pour Foucault, l'extension de ces disciplines à la maîtrise du corps répond à un ensemble de technologies de pouvoir et d'orthopédies de l'âme, qui parviennent à annuler, au moins dans de longues phases de son œuvre, toute esquisse d'autonomie du sujet.

Enfin, chez Weber, le processus de rationalisation, s'il est déjà le lieu qui transforme le rêve de la Raison en un monde sans signification et sans liberté, dominé par la toute-puissance des bureaucraties et de l'économie capitaliste, n'autorise jamais une vision exclusivement sombre. Son pessimisme n'opère qu'au sein d'un ensemble de dilemmes, et de toute façon jamais dans son œuvre la rationalité instrumentale ne triomphe complètement. Chez Foucault, il n'y a plus trace de cette tension, sinon sous forme d'impasses récurrentes, comme une altérité, plus ou moins romantique, qui s'oppose à une pure dissolution linguistique du savoir ; ou comme une individuation, plus ou moins esthétique, qui s'oppose à une vision totalitaire du pouvoir.

Au fond, c'est l'ensemble des liaisons et des tensions sociologiques établies par Weber autour de la rationalisation que Foucault refuse. Pour lui, toute analyse des croyances ou des idéologies repose sur trois illusions : l'idée implicite d'une vérité, l'appel à un sujet, leur rôle subordonné à une structure déterminante[7]. À ses yeux, c'est la discipline monacale, elle-même replacée dans un vaste projet de recherche sur les technologies du contrôle, et non pas le dogme religieux, qui doit être le véritable objet d'une étude sur les origines de la modernité. C'est l'imposition sur le corps, ou plutôt, la constitution des corps par les pratiques de pouvoir en l'absence de tout consensus, qui est pour lui, en dernière analyse, le véritable objet de la réflexion. Tout au long de ce processus, le pouvoir ne se définit pas seulement par ses capacités de répression, voire de simple contrainte à la sublimation du désir par le travail ; il est aussi, et en positif, producteur de pratiques sociales. Enfin, et surtout, ce processus est loin d'avoir, comme chez Weber, un caractère, sinon toujours dialectique, au moins ambivalent : il n'est rien d'autre, au fond, qu'un processus de domination et d'asservissement. Chez Foucault, la Raison cesse d'être synonyme de progrès puisqu'« aucune forme donnée de rationalité n'est la raison[8] ». Mais surtout, ce que l'œuvre de Foucault ne cessera jamais de défaire est la relation que Weber établit entre la construction de la société moderne et l'émergence d'un acteur rationnel. Cette partie de l'héritage wébérien, qu'Elias renforce jusqu'à l'extrême, Foucault va la détruire systématiquement, malgré les ruptures et les tensions qui jalonnent son œuvre.

II. LES SCIENCES HUMAINES COMME LIEU PRIVILÉGIÉ DE LA RÉALISATION ET DE LA CRITIQUE DE LA RAISON

Revenons au point de départ. Pour Weber comme pour Foucault, la rationalisation s'identifie au devenir monde de la Raison, mais là où Weber vise à circonscrire et délimiter le propre de l'avatar de la rationalité occidentale et de sa responsabilité dans la constitution d'un monde dénué de sens, c'est la Raison elle-même qui est, pour Foucault, à la racine de l'extension de la domination. L'œuvre de Foucault tourne pour beaucoup autour des diverses stratégies de soupçon de la Raison elle-même, et notamment de la Raison déployée au travers des sciences humaines. Comme l'a justement souligné Habermas, la spécificité intellectuelle de Foucault découle de sa volonté de mener une critique radicale de la raison sous la forme d'une histoire des sciences humaines, en fait, d'étudier le « rapport constitutif des sciences humaines avec les pratiques vouées à l'isolement par la surveillance[9] ». La similitude est grande entre son effort et celui de l'école de Francfort, mais si leur diagnostic sur la civilisation moderne est sur certains points semblable, la source de leur analyse est différente. Pour l'école de Francfort, la rationalisation est étudiée surtout à partir de la domination de la nature ; pour Foucault, c'est le contrôle social produit par les sciences humaines à l'encontre des sujets qui importe avant tout[10].

Pendant toute sa vie c'est la constitution, au travers des sciences humaines, d'un nouveau regard découpant les choses et observant les sujets, plaçant les uns et les autres sous l'autorité de systèmes institutionnels de contraintes et de normalisation qui sera son objet privilégié d'étude. Mais cette continuité s'inscrit au sein d'une rupture majeure. Nous y reviendrons plus tard, mais signalons dès maintenant que là où *Les mots et les choses* faisaient dériver la valeur d'une connaissance de son emplacement dans une configuration de savoir dominant, les études consacrées au pouvoir-savoir visent plutôt à souligner la manière dont les sciences humaines participent d'un ensemble de disciplines contraignant les sujets à accepter leur partition du monde et des êtres, ainsi que la manière dont elles opèrent sur l'individu. En fait, une des difficultés majeures de l'interprétation de l'œuvre de Foucault provient du fait que dans son parcours il est possible de repérer à la fois des ruptures radicales et des continuités non moins profondes entre une première phase semi-structuraliste, une deuxième post-herméneutique, voire un troisième tournant autour du sujet ou du soi.

La distinction entre les deux premières périodes est désormais classique[11]. Dans un premier moment, Foucault s'efforce d'interpréter la vérité comme un effet de la convergence d'un savoir avec d'autres savoirs. Cette position le conduit à une impasse manifeste, dans la mesure où, comme l'ont bien montré Hubert Dreyfus et Paul Rabinow, cette attitude « pose le discours comme principe unificateur du système global de pratiques et affirme que les divers facteurs sociaux, politiques, économiques, technologiques, pédagogiques, ne se regroupent et ne fonctionnent de manière cohérente que selon les modalités de cette unité discursive[12] ». Le discours, de manière mystérieuse, est doté d'une priorité qui lui permet de subordonner les pratiques non discursives. Que l'internement fasse corps avec l'ensemble de la culture classique signale son rôle positif, puisqu'à travers ses pratiques et ses règles il a « constitué un domaine d'expérience qui a eu son unité, sa cohérence et sa fonction. Il a rapproché, dans un champ unitaire, des personnages et des valeurs entre lesquels les cultures précédentes n'avaient perçu aucune ressemblance[13] » ; à terme, il les a proprement produits. L'analyse du savoir s'égare d'autant plus que Foucault est conscient que les règles discursives qu'il a découvertes ne sont pas simplement descriptives, mais qu'elles ne peuvent pas être rapportées à des nécessaires configurations objectives ni à des sujets, même si, comme on le voit avec l'internement, elles finissent par les engendrer. Pour Foucault le langage prime et en son sein, les régimes de signes qui à chaque époque commandent ce qui est visible et ce qui est dit. « Le discours n'est pas simplement ce qui traduit les luttes ou les systèmes de domination, mais ce pour quoi, ce par quoi on lutte, le pouvoir dont on cherche à s'emparer[14]. » À moins de tomber dans un idéalisme linguistique, il fallait que Foucault passe du primat des discours à une prise en considération plus « charnelle » des pratiques.

Dans sa deuxième période, Foucault abandonne le primat des discours au profit des pratiques[15]. Désormais, le principe d'intelligibilité ne provient plus d'un système de règles de formation ou d'un horizon collectif de signification (*épistémè*), mais découle d'un ensemble de pratiques organisées et structurantes de contrôle et de normalisation, que ces pratiques contribuent de manière essentielle à produire et à imposer[16]. Le changement est important. Foucault renonce à dissoudre la société et les pratiques dans l'ensemble des systèmes de formation discursifs qui les constituent ; désormais les discours ne forment plus les objets, et le propre de l'archéologie n'est alors que l'étude nécessaire du « jeu des règles qui définissent les transformations de ces différents objets[17] ». C'est d'avec cette dissolution linguistique du social que Foucault prend ses distances, lorsqu'il se tourne vers la généalogie du pouvoir. L'objet d'étude privilégié sera désormais les stratégies institutionnelles et pratiques au travers desquelles se met en place la domination. Le pouvoir est ce qui permet alors de comprendre les changements historiques survenus dans les strates de signification ou d'*épistémè*, et sans lesquels la succession dans le temps ne pouvait pas être véritablement expliquée[18].

Le travail de Foucault vise à découvrir les effets de pouvoir qui circulent parmi les énoncés scientifiques, afin de les rendre acceptables et vrais à un moment donné, la manière dont ces règles de formation se transforment, lorsqu'elles sont pliées, par une nouvelle volonté à un autre jeu et à d'autres règles. Le savoir-pouvoir : l'existence, au sein de nos sociétés, d'un type de pouvoir capable de produire des discours de vérité dotés d'énormes effets de puissance, là où, sous le regard des sciences humaines, le sujet « devient forme regardée, chose investie par le langage, réalité qu'on connaît », en bref, « objet[19] ». La vérité est le résultat d'un ensemble de discours et de pratiques formées et entrelacées de manière soudaine, des diverses manières d'ordonner les choses révélant la multiplicité des formes de pouvoir. La vérité n'est que l'ensemble qui résulte de ces stratégies d'inclusion et d'exclusion, de ces mécanismes qui rendent une pratique centrale ou marginale.

D'où l'imbrication, à terme, entre le type de regard constitué par les sciences humaines et leur inscription institutionnelle dans les asiles, hôpitaux, prisons, écoles, usines. Pour Foucault, il y a une connivence de principe entre l'extension du savoir propre aux sciences humaines, avec leur souci de produire des connaissances sur les individus, de leur extorquer des confidences et des aveux, et l'emprise croissante des experts qui appliquent ces savoirs aux différents domaines de la vie sociale. La modernité est le passage d'un régime où la contrainte s'exerce par la violence à un régime de pouvoir et de vérité en apparence plus souple, fondé sur une capacité de regard et de jugement permanents, grâce à l'accumulation de savoirs opérant aussi comme principes de justification. Le lien est ainsi intime entre le savoir et le pouvoir : l'exercice du pouvoir crée de manière permanente du savoir et à son tour le savoir porte en lui des effets de pouvoir. Encore plus : le pouvoir ne peut s'exercer en l'absence du savoir, et il est impossible que le savoir ne génère du pouvoir[20]. Présupposé qui mène parfois alors Foucault à une représentation, fortement contestable d'un point de vue historique, des sciences humaines et des institutions auxquelles elles ont donné naissance. L'enfermement dans l'asile, par exemple, loin d'avoir été un mécanisme d'exclusion a permis au contraire bien davantage la constitution d'un principe actif d'intégration sociale grâce à l'octroi d'un statut humain au malade mental[21].

Les sciences humaines sont alors au cœur du triomphe de la vision panoptique que portent en elles les Lumières. « Le songe d'une société parfaite, les historiens des idées le prêtent volontiers aux philosophes et aux juristes du XVIIIe siècle ; mais il y a eu aussi un rêve militaire de la société ; sa référence fondamentale était non pas à l'état de nature, mais aux rouages soigneusement subordonnés d'une machine, non pas au contrat primitif, mais aux coercitions permanentes, non pas aux droits fondamentaux, mais aux dressages indéfiniment progressifs, non pas à la volonté générale mais à la docilité automatique[22]. » On assiste à la pénétration croissante dans la vie personnelle des bureaucraties, des thérapies, des diverses disciplines contraignantes qui, sous couvert de porter les principes majeurs de la démocratie, se trouvent, au contraire, au fondement même de l'extension de la surveillance dans le monde moderne. C'est grâce à elles que vont se développer en même temps « les forces assujetties et la force et l'efficacité de qui les assujettit[23] ». Le complexe scientifico-institutionnel au sein duquel se vit la modernité ne fonctionne et ne se justifie, dans ses actions de normalisation, qu'en perpétuelle référence à un savoir qui ne cesse sans arrêt de le requalifier, et sans lequel il ne pourrait pas exercer ses tâches de surveillance. Pour Foucault, dans le fonctionnement global de la société de normalisation, la friction entre le droit à la souveraineté et la mécanique du pouvoir est désamorcée par l'existence d'un discours neutre sacralisé par l'aura de la science[24]. À ses yeux, l'histoire de la modernité est moins celle de la torsion des Lumières que de leur réalisation, tant il est évident pour lui que les Lumières « qui ont découvert les libertés ont aussi inventé les disciplines[25] ».

L'œuvre de Foucault est ainsi portée d'un bout à l'autre, en dépit même de ses inflexions ou de ses retournements, par un seul objet, une même conviction, un diagnostic unique. Un objet : le rôle que les savoirs jouent dans les pratiques de contrôle social et de normalisation des individus. Une conviction : ce sont les pratiques disciplinaires et confessionnelles produites par les sciences humaines qui ont donné forme à la modernité. Un diagnostic : le mouvement de rationalisation ainsi produit, visant à travers la maîtrise de soi à produire des sujets autonomes, est au fondement même de la constitution d'individus assujettis. Mais cette triade d'éléments restera toujours, en dernière analyse, inscrite d'emblée et d'abord, dans le regard même, empli de soupçon, que

Foucault porte sur les sciences humaines. Dans cette entreprise, le discours est remplacé dans son rôle primigène et génétique par le pouvoir, mais autant l'un que l'autre restent prisonniers d'un système de pensée qui, dans sa volonté d'échapper à tout recours à une subjectivité constituante, est contraint de s'enfermer dans des modèles clos et auto-engendrés. Il faut considérer que « le sujet qui connaît, les objets à connaître et les modalités de connaissance sont autant d'effets de ces implications fondamentales du pouvoir-savoir et de leurs transformations historiques[26] ». Et de ce point de vue, l'idéalisme discursif du premier Foucault est plus prolongé que véritablement infléchi par l'idéalisme pratique du deuxième Foucault. Autrement dit, au fond, le passage de Foucault d'une histoire critique des sciences à l'analyse de la société n'a jamais été véritablement accompli, ou plutôt, c'est toujours au sein d'une histoire des sciences humaines qu'opèrent, et dont découlent, les analyses, à la fois étrangement excessives et justes, qu'il fait de la société moderne.

III. LES DIMENSIONS DE LA RATIONALISATION

L'assujettissement et le sujet

Malgré le revirement opéré dans sa pensée, le sujet reste toujours dans l'œuvre de Foucault un point terminal, un nœud de synthèse. Dans un premier moment, le sujet est lié à un *épistémè*, « à l'ensemble des relations pouvant unir, à une époque donnée, les pratiques discursives qui donnent lieu à des figures épistémologiques[27] ».

Dans cette vision radicale, aucun objet ne préexiste à sa constitution par et dans le discours. Certes, Foucault n'ignore pas l'existence d'une matière prédiscursive mais elle n'est, à ce moment de son œuvre, qu'une pure virtualité, ne devenant réelle qu'au sein de la seule objectivation capable de la faire advenir à l'être.

Une attitude clairement exprimée dans *Les mots et les choses* à propos de l'image nodale de l'homme. Pour Foucault, le cœur même de l'*épistémè* moderne consiste dans une façon d'être de l'homme dont le sens, à partir du XIXe siècle, n'est autre que « de montrer comment il se peut que les choses en général soient données à la représentation, à quelles conditions, sur quel sol, dans quelles limites elles peuvent apparaître en une positivité plus profonde que les modes divers de la perception[28] ». L'espace dans lequel se constituent les sciences humaines depuis 1800 est déterminé par trois sciences différentes – la biologie, l'économie, la philologie – chacune fondée sur un concept principal – respectivement, la fonction, le conflit, le signe. Mais pour Foucault, il y a une sorte d'affinité entre le concept biologique de fonction et les concepts élaborés par la psychologie, entre le concept économique de conflit et les concepts de la sociologie, enfin, entre le concept de signe et les concepts de la littérature. Ce sont ces sciences qui dessinent pour Foucault l'espace imaginaire où pouvait se loger le concept d'homme. Mais elles contiennent aussi en creux la finitude possible de l'homme ; une finitude que les sciences humaines ne sont pas prêtes à penser, et dont la résurgence tient lieu de signe avant-coureur de la disparition prochaine du concept d'homme. En effet, pour Foucault, le passage de l'évidence non questionnée de la représentation propre à l'âge classique à l'existence de l'homme et l'anthropologie qu'il suscite, induit une tension qui empêche de penser aujourd'hui simultanément l'être du langage et l'être de l'homme.

Devant ce choix, « le choix philosophique le plus important de notre époque », Foucault semble à ce moment prendre congé de l'homme. Celui-ci n'aura été que le fruit des pratiques discursives liées à la naissance des sciences humaines ; et sa réémergence dans le langage de la littérature contemporaine laisse entrevoir sa disparition prochaine : « L'homme est une invention dont l'archéologie de notre pensée montre aisément la date récente. Et peut-être la mort prochaine[29]. » Le structuralisme de Foucault est à ce moment extrême. L'homme est un produit contingent interprétable en fonction des bases historiques et épistémologiques des discours scientifiques.

Or, malgré l'infléchissement de son œuvre, une certaine continuité est repérable entre cette conception de l'homme comme seul fruit d'un réseau discursif, et la conception ultérieure qui fait du sujet le résultat d'une stratégie capillaire du pouvoir. D'un côté, l'origine de l'homme est à mettre à l'actif d'un *épistémè* construisant l'espace tridimensionnel des sciences humaines, de l'autre côté, le sujet trouve son origine dans les pratiques des professionnels de l'homme qui instaurent le sujet comme objet de discours vrais. En tout cas, le projet n'est pas de trouver la racine de l'homme, mais au contraire de dissiper l'attente qui porte cette quête.

Le sujet, au sein de cette constellation du pouvoir-savoir, devient ainsi un effet de pouvoir et en même temps, et par là même, le pouvoir transite au travers des individus qu'il a constitués. Le sujet n'est pas un noyau élémentaire, un atome primitif, un corps multiple et inerte sur lequel viendrait s'inscrire le pouvoir. Pour Foucault, ce qui constitue le corps et les désirs, ce qui constitue donc l'individu en tant que sujet, est un effet (un des premiers effets) du pouvoir[30]. Nous sommes, écrit alors Foucault, « dans la machine panoptique, investis par ses effets de pouvoir que nous reconduisons nous-mêmes puisque nous en sommes un rouage[31] ». Et notamment ce pouvoir qui se met en place dans le système carcéral de la dernière moitié du XVIIIe siècle, ancré sur le corps qu'on dresse et qui s'impose face au corps qu'on supplicie ou à l'âme dont on manipule les représentations. Le sujet est le résultat de l'ensemble « des douceurs insidieuses, des méchancetés peu avouables, des petites ruses, des procédés calculés, des techniques, des "sciences" en fin de compte qui permettent la fabrication de l'individu disciplinaire[32] ».

La conception du pouvoir de Foucault, transcrite comme la capacité de production du sujet, s'efforce de rendre compte de la manière dont celui-ci forge le sujet en l'insérant dans une logique de production du plaisir corporel et de la normalisation. Le sujet est une conséquence des pratiques d'examen, de confession et de mesure qui produisent l'exigence des sujets modernes. L'aveu est un des symboles de cette attitude tant la rationalisation et l'assujettissement passent par sa dissémination, par l'extension de son domaine. Au départ solidement cantonné à la pratique de la pénitence, il se répand progressivement. « Peu à peu, depuis le protestantisme, la Contre-Réforme, la pédagogie du XVIIIe siècle et la médecine du XIXe, il a perdu sa localisation rituelle et exclusive ; il a diffusé ; on l'a utilisé dans toute une série de rapports : enfants et parents, élèves et pédagogues, malades et psychiatres, délinquants et experts[33]. » Et toujours l'œuvre tourne autour de la même inquiétude, à savoir repérer et dénoncer les périls inscrits dans l'avènement et la constitution des activités diagnostiques propres aux sciences humaines et dont les conséquences sont une série de dommages à l'encontre des individus, en fait, plutôt, à la constitution du sujet. C'est ici que, malgré quelques affirmations semblant aller dans le sens d'une tension interne au projet des Lumières, se dévoile au mieux l'unidimensionalisation de son regard. Le déploiement de la rationalisation est synonyme de la constitution d'une subjectivité soumise de manière croissante à des disciplines corporelles, à l'aide de tout un appareillage de discours vrais.

Dans ce processus, Foucault décèle néanmoins un grand changement, qu'il désigne comme une sorte de renversement de l'axe politique de l'individualisation. Dans les sociétés à régime féodal, l'individualisation est maximale du côté où s'exerce la souveraineté, et donc des régions supérieures du pouvoir, l'individu se constituant par des mécanismes historico-rituels accentuant, dans sa formation, l'héritage et le statut. « Dans un régime disciplinaire, l'individualisation en revanche est "descendante" : à mesure que le pouvoir devient plus anonyme et plus fonctionnel, ceux sur qui il s'exerce tendent à être plus fortement individualisés ; et par des surveillances plutôt que par des cérémonies, par des observations plutôt que par des récits commémoratifs, par des mesures comparatives qui ont la "norme" pour référence[34]. » Autrement dit, l'individu n'est plus rien d'autre alors qu'une réalité fabriquée par une technologie spécifique de pouvoir.

C'est dire jusqu'à quel point les capacités psychiques des individus sont réduites, ou plutôt sont susceptibles d'être manipulées et dressées, à travers des techniques opérant sur leur corps, sans que celui-ci ait pourtant une quelconque matérialité en dehors des effets que le pouvoir produit en lui et sur lui. Cela est particulièrement bien montré à propos du sexe, que le pouvoir transforme en une sorte de secret qui serait sous-jacent à tout ce que nous sommes, capable de nous révéler à nous-mêmes et de nous libérer de ce qui nous définit. Le sexe est un idéal nécessaire au fonctionnement du dispositif de la sexualité, qui le transforme en affaire de vrai et de faux, et qui serait alors le moyen pratique par lequel le sujet accéderait à sa propre intelligibilité, à la totalité de son corps, à son identité[35]. Pour Foucault, il n'y a pas vraiment de répression de la sexualité dans la modernité. Au contraire même, le dispositif du pouvoir se charge de produire le désir afin de mieux le normaliser. C'est ainsi, par exemple, que le repérage des perversions sexuelles vise moins à leur punition qu'à permettre leur inclusion dans une sexualité normale. À Foucault alors de conclure en signalant que le vrai problème de la modernité se trouve « dans la grande montée de ces dispositifs de normalisation et toute l'étendue des effets de pouvoir qu'ils portent, à travers la mise en place d'objectivités nouvelles[36] ».

Mais si le sujet n'est qu'un effet du pouvoir, qu'est-ce que le pouvoir ?

Le pouvoir et la domination

La théorie du pouvoir développée par Foucault n'est guère intelligible à moins de comprendre qu'elle est dirigée, systématiquement, contre une représentation de la société comme un tout (« l'ensemble de la société est ce dont il ne faut pas tenir compte, si ce n'est comme de l'objectif à détruire[37] »), notamment, contre l'idée qu'il y aurait un centre de la société. Son effort consiste à étudier le pouvoir comme une série de réseaux qui traversent et constituent les corps, la sexualité, la famille, les techniques et qui sont en rapport de dépendance et de constitution avec un « méta-pouvoir ». L'essentiel de l'étude que Foucault consacre au pouvoir dans *Surveiller et punir* consiste à l'analyser à travers une série de « microphysiques du pouvoir[38] », en montrant comment il opère par « inculcation » sur le corps, les gestes, les actions quotidiennes, comment il fait du corps humain un objet de manipulation. En effet, des trois technologies du pouvoir repérées par Foucault et qui s'affrontent entre elles dans la dernière moitié du XVIIIe siècle (le corps qu'on supplicie, l'âme dont on manipule les représentations, le corps qu'on dresse), c'est la dernière qui, à terme, s'impose. C'est elle qui sous-tend la dissémination des micropouvoirs dans des réseaux disparates, en absence de tout appareil central, et dont la coordination transversale est le propre d'un ensemble d'institutions et de technologies. Pour Foucault il faut « se passer du personnage du Prince, et déchiffrer les mécanismes du pouvoir à partir d'une stratégie immanente aux rapports de forces[39] ».

Mais qu'il s'agisse d'une articulation des pratiques, et non plus seulement des discours, ne doit pas induire en erreur : l'ensemble de ces mécanismes tourne à vide, puisqu'en fait, ils s'entretiennent eux-mêmes. Le panoptisme est une invention technologique qui permet d'asseoir l'ordre du pouvoir, et dont l'extension exprime de manière exemplaire l'histoire du pouvoir dans la société depuis l'âge classique, au travers de pratiques locales de surveillance permanente des individus et menant, par la généralisation de ces procédures, à l'instauration d'une véritable société disciplinaire. À terme, « quoi d'étonnant si la prison ressemble aux usines, aux écoles, aux casernes, aux hôpitaux, qui tous ressemblent aux prisons[40] ». Le pouvoir cesse d'être une propriété pour n'être qu'une stratégie, dont les effets de domination passent par un ensemble de dispositions, de manœuvres, de tactiques et de techniques ; un pouvoir qui s'exerce mais qui ne se possède pas, moins la propriété d'une classe que l'effet d'ensemble de positions stratégiques, qu'investit et traverse l'ensemble des individus[41]. Le passage du modèle du droit au modèle de la stratégie est d'autant plus nécessaire pour Foucault que le pouvoir tend à donner de lui-même une représentation en termes de droit assurant une forme d'unité à ce qui n'est, de fait, qu'un ensemble de puissances multiples : « Le pouvoir, ce n'est pas une institution, et ce n'est pas une structure, ce n'est pas une certaine puissance dont certains seraient dotés : c'est le nom qu'on prête à une situation stratégique complexe dans une société donnée[42]. »

La théorie du pouvoir de Foucault se présente à travers quatre mouvements. En premier lieu, et comme de manière plutôt traditionnelle en sociologie, il s'agit d'une critique d'une conception substantialiste du pouvoir en faveur d'une représentation relationnelle. En deuxième lieu, cette conception relationnelle du pouvoir produit une représentation de sa dissémination dans tous les interstices de la société, tout effet produit lors d'une interaction étant catalogué alors comme un phénomène de pouvoir. En troisième lieu, cette pratique du pouvoir, en normalisant les individus, s'inscrit toujours, et de différentes manières, sur le corps des individus. La règle morale ne semble opérer chez lui que dans la mesure où elle se traduit par un mouvement corporel, qui est lui-même le résultat d'un long processus de contrainte et de conditionnement : à terme, le corps, lieu de condensation des techniques de pouvoir, sera dressé autant à l'aide de la punition que du plaisir. En quatrième lieu, cette conception d'abord relationnelle, et désormais fluide, du pouvoir, toujours compris dans ses aspects physiques et à partir de sa capacité de modelage des corps, se présente comme une théorie radicale et extrême. Foucault passe de l'affirmation que le pouvoir ne peut pas être véritablement constitué par ses fondements (et avant tout, par la seule analyse de la richesse), à une représentation qui insiste sur ses capacités productives, puisque c'est lui qui constitue autant les sujets que les objets de la société.

Autrement dit, sa théorie du pouvoir est un système fortement autonomisé de technologies de contrôle, qui pose le problème de l'existence d'une forme globale de domination, tant il ne semble être qu'une série non coordonnée de disciplines dont l'efficacité et l'extension dépendent de l'état aléatoire des luttes sociales, tant il n'y a pas, pour lui, au fond, de porteur de ce pouvoir. À l'existence d'un discours sans sujet correspond l'existence de technologies de pouvoir sans structures sociales. Et de la même manière que les différents systèmes de formation discursifs pouvaient être reliés à quelques grandes *épistémès*, les divers réseaux de pouvoir doivent s'insérer dans des régimes généraux de domination.

Comment Foucault passe-t-il de cette conception généralisée d'un pouvoir relationnel à une analyse structurelle de la domination ? Comment cet ensemble des mécanismes microphysiques de pouvoir engendre-t-il par agrégation ou par coordination un système de macropouvoir ? Le renversement des perspectives est au principe de cette transition : ce n'est pas la domination qui engendre les règles qui structurent l'exercice du pouvoir, mais à l'inverse, ce sont les différentes technologies du pouvoir qui tracent l'espace de la domination sociale, à travers l'ensemble des procédures qui assurent la discipline des corps et qui sont disséminées dans les asiles, les prisons, les usines ou les écoles. L'articulation entre ces deux ordres n'est jamais entièrement explicite pour Foucault, mais presque toujours posée comme un arrière-plan implicite, qui semble opérer de deux manières fort différentes.

La première réponse, et c'est la voie explicitement choisie et prônée par Foucault, consiste à partir du bas, à se centrer sur l'analyse des technologies infinitésimales avant de supposer l'existence de tout système centralisé du pouvoir. L'absence de toute coordination centrale octroie alors un rôle majeur aux sciences humaines, dont la régulation transversale se trouve au cœur d'une théorie structurelle de la domination. En effet, c'est de leur imbrication disciplinaire, de la plus ou moins grande similitude du type de regard qu'elles portent, que provient une partie non négligeable de l'accord repérable entre les divers appareils de pouvoir dans une situation historique. Ce sont elles, qui en dernière analyse, expliquent la coordination de la domination malgré la dispersion du pouvoir dans des espaces différents. Dans cette représentation, le renfermement détient une place importante puisqu'il produit, grâce à son inscription spatiale, la séparation des populations qui est à la base de la possibilité, et en fait de la légitimité des pouvoirs disciplinaires, mais il sera vite dépassé par des logiques déterritorialisées de contrôle. La logique de marginalisation et de normalisation mise en place par les savoirs-pouvoirs traverse l'ensemble des disciplines, et des lieux, et c'est dans la ressemblance des technologies de contrôle, dans la manière dont elles imposent une définition, obtiennent des aveux, jugent et surveillent perpétuellement les individus, les enferment afin de les normaliser que se loge, en fait, la base de la domination sociale. C'est pourquoi l'étude sur la prison porte avant tout sur les techniques punitives, sur l'évolution de techniques de souffrance corporelle vers des techniques de guérison, voire de prévention. L'inscription et le dressage des corps par la douleur est prolongée, de manière insidieuse, par un ensemble d'orthopédies de l'âme. Le panoptisme, c'est à dire l'ensemble des techniques qui permettent l'assujettissement et la manipulation des corps, assure un regard constant et une surveillance sans défaillance, qui permet de contrôler sans être vu. Il est ainsi la clé de voûte d'un système de domination capillaire visant à un perfectionnement de la pratique du pouvoir. Avec celui-ci s'achève le passage d'une théorie locale du pouvoir, opérant dans des institutions spécifiques et restreintes, à une théorie générale du pouvoir qui se répand, à l'aide des mêmes technologies de contrôle, dans tout le corps social. L'asile, l'hôpital, l'école, la prison sont tous liés au projet de transformation de l'individu.

La deuxième réponse, bien plus implicite et néanmoins toujours présente – en dépit de certaines mises en garde avancées par Foucault lui-même quant à l'absence de tout « centre de pouvoir[43] » – renvoie sa théorie du pouvoir à une conception avant tout économique de la domination capitaliste. Vision, par ailleurs, fortement fonctionnaliste, tant la discipline des corps y est directement mise au service de la production et du maintien de la domination. On pourrait penser qu'il s'agit de remarques transitoires, énoncées au passage, sans grande valeur explicative. Pourtant, elles sont presque toujours là. Certes, jamais elles ne semblent détenir un rôle central, mais leur présence même invite à l'interrogation. À propos de la folie, le grand renfermement des individus est aussi en rapport avec une crise politique et économique, propre au XVIIe siècle, et qui permet de gérer de manière répressive les méfaits du capitalisme naissant, de contrôler les chômeurs et les vagabonds, de prévenir des émeutes tout comme l'extension de la mendicité, et d'utiliser les sans-travail comme main-d'œuvre en temps de crise, les soumettant ainsi à une logique de mobilisation générale des individus : « Dans toute l'Europe, l'internement a le même sens, si on le prend, du moins, à son origine. Il forme l'une des réponses données par le XVIIe siècle à une crise économique qui affecte le monde occidental dans son entier : baisse des salaires, chômage, raréfaction de la monnaie, cet ensemble de faits étant dû probablement à une crise dans l'économie espagnole[44]. »

L'idée reviendra maintes fois dans l'étude consacrée à la naissance de la prison : l'investissement politique du corps est lié, selon des relations complexes et réciproques, à son utilisation économique, et il est alors indispensable à « sa constitution comme force de travail[45] ». On la retrouve encore, lorsque Foucault suggère que la prison, en canalisant les infractions vers les classes dangereuses, a aussi pour fonction de rendre invisible l'illégalité des classes dominantes : elle est ainsi au service de la production et de la sélection d'une délinquance, politiquement et économiquement moins dangereuse[46]. C'est dire jusqu'à quel point l'émergence de technologies de pouvoir semble répondre à l'existence d'un nombre croissant d'individus, plus ou moins déracinés au sein des villes, et dont l'arrivée dans l'espace urbain marque un des événements fondateurs de la transition vers l'âge classique, puis la modernité.

Enfin, l'hypothèse est encore là, paradoxalement, lorsque Foucault analyse l'explosion discursive qui entoure la sexualité depuis deux ou trois siècles, une explosion qu'il refuse d'interpréter par le souci élémentaire d'« assurer le peuplement, reproduire la force de travail, reconduire la forme des rapports sociaux ; bref aménager une sexualité économiquement utile et politiquement conservatrice[47] ». Ici, Foucault semble résister à établir un lien direct entre la sexualité et la problématique de la force de travail, au travers d'un dynamisme diffus soutenant le thème d'une sexualité réprimée pour des raisons économiques. Pourtant, dans l'explication de l'extension du pouvoir sur la vie privée depuis le XVIIe siècle, l'hypothèse réapparaît en filigrane, à travers les deux grandes formes par lesquelles se répand et se structure le bio-pouvoir : d'un côté, les disciplines du corps, relayées par des institutions comme l'armée ou l'école, de l'autre, les régulations de la population, la prise en charge par la démographie, et la mise en tableau des richesses et de leur circulation. Le pouvoir change de stratégie puisque désormais sa plus haute fonction « n'est peut-être plus de tuer mais d'investir la vie de part en part[48] ». C'est là, et sous cette forme, que le bio-pouvoir a été « un élément indispensable au développement du capitalisme », non seulement centré sur la répression des corps et le contrôle de la population, mais davantage axé sur des stratégies renforçant l'une et l'autre, afin de majorer les forces présentes dans le corps, et articuler la croissance des groupes humains à l'expansion des forces productives[49].

Autrement dit, non seulement cette conception du pouvoir n'est pas suffisamment différenciée, mais elle porte en elle, étant donné sa genèse historique dans les pratiques de discipline monastique, une interrogation lancinante sur sa propre finalité. Foucault est alors contraint d'établir une relation étroite, par le biais du pouvoir et de la domination, entre la discipline et l'utilité. C'est là que la pensée de Foucault se rapproche le plus d'un exercice fonctionnaliste métaphorique et plein d'emphase. En effet, les différentes disciplines en tant qu'expression du pouvoir doivent répondre à trois critères : rendre l'exercice du pouvoir le moins coûteux possible, porter les effets du pouvoir à leur maximum d'intensité et aussi loin que possible sans échecs ni lacunes, enfin, faire croître à la fois la docilité et l'utilité de tous les éléments du système[50].

Foucault est conscient de la tension qui loge au cœur de sa théorie du pouvoir. Il sait que la bourgeoisie se désintéresse complètement des fous ou de la sexualité infantile, tout autant que des criminels, dont la punition ou la réinsertion n'ont que peu d'intérêt économique ; mais pour lui, son intérêt réside dans l'ensemble des mécanismes qui permettent de contrôler, punir, reformer les populations. Le discours sans sujet et producteur des pratiques est homologue au pouvoir sans classes dominantes et producteur du sujet. Les relations complexes et réciproques entre l'ensemble des technologies du pouvoir et la domination économique sont plus énoncées que démontrées, l'articulation venant, pour beaucoup, de la virtuosité de l'écriture de Foucault[51].

Cette tension détient pourtant un rôle majeur dans son œuvre. Elle lui permet, en effet, dans un seul et même mouvement, de tenir des propos ambigus. D'un côté, de faire appel, mais sans y insister, à l'existence de luttes sociales, comme réponses à l'agrégation aléatoire des technologies de pouvoir et à leur inscription sur les corps individuels. Et de l'autre, de faire appel à une conception systématique du pouvoir, solide et inébranlable, et de lire alors, par exemple, le relâchement de la répression sexuelle lié, entre autres, à la mise en place d'un discours sur la sexualité, comme un simple changement dans un mode de contrôle. Peu importe, à ce propos, la vraisemblance de l'analyse fournie, puisqu'au fond, elle repose sur l'idée que le pouvoir, tissé et soutenu dans une structure de domination, est impossible à détrôner. Tout ce qui est réel est le résultat d'un dispositif du pouvoir : « Le pouvoir est partout ; ce n'est pas qu'il englobe tout, c'est qu'il vient de partout[52]. » Le panoptisme devient la vision généralisée et achevée de la cage d'acier wébérienne.

La tension entre ces deux visions du pouvoir semble avoir une raison historique et peut trouver une similitude figurative. Une source historique : elle doit, peut-être, s'interpréter, en tout premier lieu, en référence à l'événement socio-historique qui infléchit la pensée de Foucault. C'est dans le déroulement même des événements de Mai 68, et la manière dont ils ont été vécus par une fraction de l'*intelligentsia* française, que se trouve en partie son intelligibilité. Mai 68 a montré, en même temps, la possibilité de la révolte et la formidable capacité du pouvoir à se reprendre et à s'imposer[53]. Un équivalent figuratif : pour étrange qu'elle paraisse à première vue, seule l'image du marché semble véritablement faire pendant à cette représentation bicéphale du pouvoir, et cela en dépit de l'écart normatif qui les sépare. Le pouvoir chez Foucault a la même économie analytique que la figure du marché : ils permettent, tous les deux, la coordination des actions en l'absence de tout principe de régulation central, leur logique traverse et constitue les individus, surtout, l'un comme l'autre suggèrent la possibilité d'une régulation de la société par un engrenage non discursif. L'un et l'autre se maintiennent à l'aide d'un effet d'agrégation et de composition. Certes, l'un est plus axé sur la séduction de la consommation, l'autre sur le quadrillage des corps, mais tous les deux assurent une homologie entre un ensemble dispersé de pratiques plus ou moins individuelles et le maintien d'une structure de domination. D'ailleurs, la ressemblance métaphorique avec la main invisible est parfois surprenante : « La rationalité du pouvoir, c'est celle de tactiques souvent fort explicites au niveau limité où elles s'inscrivent – cynisme local du pouvoir – qui, s'enchaînant les unes aux autres, s'appelant et se propageant, trouvent ailleurs leur appui et leur condition, dessinent finalement des dispositifs d'ensemble : là, la logique est encore parfaitement claire, les visées déchiffrables, et pourtant, il arrive qu'il n'y ait plus personne pour les avoir conçues et bien peu pour les formuler : caractère implicite des grandes stratégies anonymes, presque muettes, qui coordonnent des tactiques loquaces dont les "inventeurs" ou les responsables sont souvent sans hypocrisie[54]. »

IV. VERS LA SUBJECTIVATION

L'idée de société et de sujet a disparu au sein de l'analyse que Foucault livre de la rationalisation, tant l'une et l'autre ont été dissoutes dans une théorie ontologique du pouvoir. Pourtant, l'idée de sujet réapparaît sur la scène de l'analyse foucaldienne, mais transformée en catégorie politique, sous forme d'éclats de subjectivité, irrationnels ou esthétisants, qui ne parviennent pas à recomposer ni un véritable tissu conflictuel ni, à terme, une véritable représentation du sujet, tant elle reste enfermée dans l'image totalitaire et close qu'il forge de la société moderne à l'abri de sa conception ontologique du pouvoir. Tout au plus, il ne s'agit que d'un détournement du regard.

Néanmoins, il faut bien avouer qu'il y a une ambivalence irrépressible dans l'œuvre de Foucault. Cette œuvre tout entière consacrée à montrer le caractère croissant du pouvoir et de l'assujettissement ne renonce jamais entièrement à envisager une possibilité d'émancipation. Certes, elle est d'une nature toute particulière, et on peut même penser qu'elle est dérisoire ou impraticable, tant le renforcement des disciplines est puissant et central. Pourtant, elle n'est jamais complètement fermée. Elle est toujours là, sous différents visages. Mieux encore. Vers la fin de sa vie, Foucault pouvait proposer un nouveau mode d'investigation consistant « à prendre les formes de résistance aux différents types de pouvoir comme point de départ[55] ».

D'abord, sous forme d'une nostalgie, emplie de romantisme critique, lorsque notamment il investit la folie d'une possibilité d'énonciation initiale qui échapperait à l'emprise de la raison[56]. Elle exprimerait une expérience originelle, le secret insensé de l'homme caché et détourné par l'avènement de la raison normalisatrice. Certes, énoncé de cette manière, l'appel à une source originelle de vérité au-delà de l'emprise du pouvoir-savoir disparaît pour beaucoup par la suite des travaux de Foucault, bien qu'il soit néanmoins possible d'en retrouver trace dans les quelques jugements qu'il porte sur la délinquance ou sur la sexualité[57]. Mais au fur et à mesure qu'il semble renoncer aux effets d'une pensée du dehors, qu'il définit comme la capacité du langage « à se mettre au plus loin de lui-même », parvenant par là même à dévoiler son être propre, une pensée qui se tient ainsi « hors de toute subjectivité pour en faire surgir comme de l'extérieur les limites[58] », il se détourne de l'idée d'une altérité langagière capable de fonder la possibilité d'une résistance au pouvoir-savoir.

Ensuite, cet appel à la résistance, à une capacité des individus de résister à l'emprise de la rationalisation, va devenir, pour beaucoup, une insinuation stylistique largement dépourvue de tout contenu réel. L'appel à la libération est une possibilité inexplorée, qui revient comme une sorte de rituel lorsque, par exemple, Foucault affirme dans la dernière phrase de *Surveiller et punir* qu'« il faut entendre le grondement de la bataille[59] », ou lorsque dans *La volonté de savoir*, il signale, sans jamais s'y étendre, que « là où il y a pouvoir, il y a résistance[60] ». Certes, la microphysique du pouvoir semble suggérer cette possibilité, dans la mesure où son déploiement n'est, en lui-même, rien d'autre que le résultat d'un rapport de forces, mais en l'absence de tout ancrage pulsionnel ou social, il s'agit plus d'un vœu pieux que d'une véritable analyse.

Enfin, dans la toute dernière phase de l'œuvre de Foucault, se dessine une autre possibilité d'émancipation, qui passe alors notamment par la capacité à se défaire du mode d'individualisation produit et induit par le pouvoir moderne[61]. Ce troisième déplacement explicite dans son œuvre consiste à étudier ce qui est désigné comme sujet, à travers l'étude des « jeux de vérité dans le rapport de soi à soi et la constitution de soi-même comme sujet[62] ». La réponse de Foucault, qui fait alors un long détour par l'Antiquité classique jusqu'aux premiers siècles du christianisme, consiste dans le recours à un modèle éthique contraignant les individus à chercher, de manière singulière, leur propre technique de vie. Il s'agit pour chacun de trouver en soi-même la manière de se conduire et, surtout, de se gouverner. La liberté à atteindre « est plus qu'un non-esclavage, plus qu'un affranchissement qui rendrait l'individu indépendant de toute contrainte extérieure ou intérieure ; dans sa forme pleine et positive, elle est un pouvoir qu'on exerce sur soi-même dans le pouvoir qu'on exerce sur les autres[63] ». Pour Foucault, cette attitude est un savoir-faire qui instaure un rapport de soi à soi-même, puisqu'il ne s'oriente ni sur une codification des actes (sur une morale fondée sur le renoncement à soi) ni vers une herméneutique du sujet (qui chercherait les désirs dans les arcanes du cœur), mais vers une « esthétique de l'existence », une sorte de technique de vie qui cherche à distribuer les actes au plus près de ce que demande la nature, et qui par là même, est la possibilité de se constituer comme sujet maître de sa conduite[64].

Le souci de soi désigne ainsi justement pour les anciens une maîtrise de soi obtenue en dehors des règles imposées par la contrainte sociale. La question principale de leur interrogation ne porte pas sur la conformité de leurs actes à une structure naturelle, mais sur le rapport à un style d'activité du sujet. Ce qui prime est la maîtrise de soi et non pas l'accord avec le code d'interdits. Dans les textes des premiers siècles priment moins les interdictions, notamment dans le domaine sexuel, que leur valorisation par « une intensification du rapport à soi par lequel on se constitue comme sujet de ses actes[65] ». L'individualisme ainsi défini « gravite autour de la question du soi, de sa dépendance et son indépendance, de sa forme universelle et du lien qu'il peut et doit établir aux autres, des procédures par lesquelles il exerce son contrôle sur lui-même et de la manière dont il peut établir la pleine souveraineté sur soi[66] ». Le sujet n'est plus alors le résultat d'une soumission à des principes universels, mais le résultat d'un travail sur soi qu'il s'agit d'accomplir dans tous les instants de l'existence. Pour Foucault, le passage est bien celui d'un art de vivre qui définit les critères esthétiques et éthiques de l'existence vers un modèle, qui s'enracine historiquement dans l'avènement du christianisme, et qui soumet tous les individus à des principes universels de la nature ou de la raison. Le souci de soi est cantonné à la question « Comment dois-je vivre ? » À l'inverse, avec le christianisme, ces techniques du souci de soi vont être détournées et mises au service de la recherche d'une vérité cachée permettant de mieux juguler les désirs, transformant alors les techniques de l'austérité dont le but était la maîtrise de soi en pure exigence d'une austérité devenue une fin en soi.

Encore une fois, malgré les différences évidentes entre ces trois « périodes » (vérité, pouvoir, éthique ; ou, si l'on veut suivre Deleuze, – savoir, pouvoir, soi), la structure à partir de laquelle Foucault conçoit la possibilité d'une émancipation reste étonnamment similaire tout au long de son œuvre. Dans les trois cas, l'émancipation apparaît comme une fuite, le résultat d'une échappatoire : comme un dehors de la normalisation, comme une résistance primitive, comme la quête d'une existence esthétique se produisant dans le cadre de l'effondrement d'un ordre politique et moral. Mais ce n'est que dans cette dernière phase que la quête d'une origine précise de la résistance au pouvoir devient plus claire. Ce n'est qu'alors que Foucault précise, et cela de manière allusive, les conditions d'une individualisation qui à terme renvoie à l'émergence d'une interrogation sur soi, contraignant les individus à chercher dans l'art de se gouverner eux-mêmes un principe politique déterminant. Certes, l'affaiblissement de la structure politique des premiers siècles y est certainement pour beaucoup, mais on peut aussi extraire de cette expérience une réponse générale et trouver alors la réponse au pouvoir dans le pli d'une force qui va s'affecter à elle-même. Pour Gilles Deleuze cette affectation de soi par soi est justement le propre de la subjectivation[67]. La découverte du sujet chez les Grecs doit s'interpréter, ici aussi, comme le moment où le rapport à soi prend de l'indépendance vis-à-vis des ordres externes, le sujet ne pouvant se constituer qu'en se détachant des codes et des rapports de pouvoirs instaurés.

C'est pourquoi, pour le tout dernier Foucault, l'individu transforme sa vie en œuvre d'art, et cherche à établir un rapport à soi lui permettant de bien régler sa conduite grâce à une relation satisfaisante à ses plaisirs et à ses soucis. La réponse est doublement significative. D'une part, elle montre que chez Foucault, comme pour bien des auteurs de l'école de Francfort, la seule échappatoire à la rationalisation semble se trouver du côté de l'esthétique. Si cet appel ne vient pas combler le vide laissé par la crise de la notion de totalité, la sortie esthétisante, celle de l'écriture ou de l'existence comme œuvre d'art, n'en reste pas moins la seule possibilité d'émancipation[68]. D'autre part, elle dévoile toute la méfiance que Foucault nourrit à l'encontre de la rationalisation issue des sciences humaines, ancrée dans une quête de la profondeur du soi et connaissant dans la modernité son règne le plus absolu.

*

Pour Foucault la rationalisation est, malgré l'infinité des processus qui la constituent, un bloc. Un tout homogène dont l'analyse, contrairement à celle de Weber qui se situe au début de la modernisation, s'ancre dans un moment historique où la microphysique du pouvoir aurait instauré une société totalitaire. Son œuvre ne serait que le chant de cygne de l'émancipation et l'étude des mécanismes par lesquels s'est constituée, en vérité et en définitive, la cage d'acier. En réalité, la conception de la rationalisation chez Foucault, et de son lien avec le savoir propre aux sciences humaines, est à l'origine de l'incapacité de cet auteur à penser la société moderne d'une manière autre que comme un agrégat de machines normalisantes. Aucune brèche ne traverse une représentation totale et totalitaire, sans fissure, impuissante à distinguer entre des rapports de domination ou d'assujettissement et des relations sociales placées sous l'emprise de l'interaction ou de l'influence, insensible aux stratégies et aux marges de manœuvre qui pourraient les parcourir. Pour la sociologie, un excès inacceptable est au fondement même de cette œuvre. Certes, Foucault semblait concevoir l'existence d'une géographie du pouvoir avec des intensités différentes : l'étude des différentes procédures et des technologies de pouvoir laisse, par moments, apparaître avec force cette possibilité ; mais il faut conclure pourtant qu'elle n'a jamais été vraiment mise en œuvre pour la société moderne. Au contraire, Foucault n'a eu de cesse d'insister sur les capacités de normalisation croissantes et absolues de la société moderne. De l'affirmation, déjà imprudente, selon laquelle toute relation sociale n'est qu'un rapport de pouvoir, Foucault passe à l'affirmation, vivement contestable, qu'une société n'est qu'un ensemble de procédures d'imposition et d'assujettissement. Ce qui le fascine dans le Panoptique est le diagramme d'un mécanisme de pouvoir ramené à sa forme idéale. La vision qui se dégage de la modernité est à terme d'une terrifiante simplicité analytique : « Notre société n'est pas celle du spectacle, mais de la surveillance ; derrière la grande abstraction de l'échange, se poursuit le dressage minutieux et concret des forces utiles ; les circuits de la communication sont les supports d'un cumul et d'une centralisation du savoir ; le jeu des signes définit les ancrages du pouvoir ; la belle totalité de l'individu n'est pas amputée, réprimée, altérée par notre ordre social, mais l'individu y est soigneusement fabriqué, selon toute une tactique des forces et des corps[69]. »

La rationalisation étant totale et achevée, il n'y a plus guère de possibilité de sortie. La fusion, voire l'élimination, de la subjectivité en tant que produit et effet des pratiques d'objectivation était à ce prix. Dans l'œuvre de Foucault, et paradoxalement à vrai dire, si l'on n'entend guère la parole des fous, des malades, des criminels, des pervers, on ne rencontre tout simplement jamais d'analyse de l'action des fous, des malades, des criminels, des pervers. Certes, Foucault en appelle à leurs pratiques. Mais il se révèle incapable de les regarder. C'est pourquoi l'individu — ou plutôt, les éclats de subjectivité présents chez Foucault — ne peut apparaître, au-delà de ses variations, que comme un pur refus de toute identité sociale. Le solipsisme subjectiviste (romantique, énergétique ou esthétisant) est alors la seule possibilité face à un univers objectif totalement clos. Mieux que quiconque, Foucault aura fait la preuve intellectuelle de l'impossibilité ultime de réaliser, véritablement, la cage d'acier. Lui qui a plus que tout autre nié la réalité de la distance matricielle propre à la modernité, tant chez lui le sujet n'est qu'une forme d'objectivité, ne parvient pas néanmoins à s'en débarrasser entièrement. Paradoxalement, sa réintroduction ne peut se faire que sous forme d'une disjonction peu crédible, parce que extrême, entre une objectivité sociale et une subjectivité asociale. À sa manière, Foucault défait le chemin suivi par Weber. Ce dernier gardait une nostalgie secrète de l'éthique protestante, là où, sous l'emprise de la raison, une articulation s'établissait entre l'ordre du monde et les conduites de vie, donnant ainsi toute son ambiguïté à l'idée de rationalisation. Foucault, à l'inverse, ne part pas de la genèse de la modernité, mais rend compte d'emblée de sa forme la plus achevée, là où en fait il n'y a plus de sujet préexistant au monde et capable de réaliser de vrais choix individuels. Il n'y a plus alors de possibilité de trouver au sein de la modernité d'adéquation, parmi les multiples possibles, de l'individu avec lui-même. À cette exigence, impossible, Foucault n'a pas répondu. Mais il eut cependant l'honnêteté de détourner son regard vers le soi. Certes, ailleurs et avant la modernité. Il n'empêche. La démarche, à elle seule, en dit long.

L'œuvre de Foucault possède une séduction stylistique et critique indéniable. Sa contestation de la modernité est vigoureuse et a le charme des entreprises critiques dont la modernité a si souvent été l'objet. Mais avec lui, la matrice de la rationalisation, portée à son paroxysme, voit éclater au grand jour bien des difficultés qu'elle portait, de toute façon, en elle. Ce qui était une tendance centrale chez Weber devient une logique unique et totale chez Foucault. Chez lui, surtout, la matrice de la rationalisation, identifiée au processus d'assujettissement et portée à son terme sans faire l'économie d'aucun excès interprétatif, aboutit ou s'estompe en un appel, empli de volontarisme politique mais dépourvu de volonté analytique, à un au-delà de la rationalisation.

IX

*Jürgen Habermas**, *rationalisation et démocratie*

L'œuvre de Habermas, de par son caractère architectural et sa capacité d'articulation critique, n'a pratiquement pas d'égale dans la pensée contemporaine. Si sa perspective majeure est de parvenir à saisir l'expansion sociale de la rationalité dans l'époque moderne, sa préoccupation ultime n'est autre, au fond, que de fonder, sur les bases d'une rationalité dépourvue de tout ancrage transcendant, l'espace de la démocratie. La conception de la modernité qui traverse l'œuvre de Habermas se caractérise par l'affirmation d'une profonde rupture de l'unité primordiale du monde et de l'homme, et en même temps par une volonté permanente de parvenir, par le déploiement de la raison, à une intégration non pathologique de la société. La rationalité procède de la cassure de l'unité du monde, mais c'est elle et elle seule qui permettra à la société moderne de parvenir à une nouvelle articulation. Pour Habermas, l'histoire de la théorie sociologique après Marx n'est autre que celle de la séparation des paradigmes d'une théorie de l'action et d'une théorie du système, qui conclut à l'incapacité d'intégrer ces deux ordres dans un concept de société capable d'articuler le système et le monde vécu.

* Jürgen Habermas (1929).

I. RUPTURE DE LA CONCEPTION UNITAIRE DU MONDE

Le monde vécu

Pour Habermas, aucune étude sur la vie sociale ne peut faire l'économie d'une réflexion sur le langage comme élément originaire constitutif de la personne humaine et de la reproduction de la vie sociale. Pour décrire l'univers de signification primordial où baigne l'individu, Habermas se sert de la notion de monde vécu. Or, dans la formulation de Husserl, le monde vécu est un horizon d'objets, l'univers toujours présent des choses données dans l'expérience immédiate de la vie[1]. Un horizon avec sa structure propre, sa cohérence, son unité réelles, sur la base de certaines formes de causalités spatiales et temporelles préscientifiques. Réel, préthéorique, le monde vécu permet l'existence d'autres réalités (monde de la science, de l'art) mais qui renvoient toujours, en dernier ressort, à la réalité initiale de la vie quotidienne. Si tous les mondes ont une forme d'ordre symbolique avec une cohérence propre, la cohérence finale de tous ces mondes renvoie et repose sur la cohérence et les significations internes du monde vécu. Cette perception au premier degré du monde trouve son complément dans l'intentionnalité, puisque l'on suppose que le sujet a l'intention d'aller vers les êtres et les choses. Le propre de l'intentionnalité est de décrire le monde vécu comme intersubjectif et soumis à différentes perspectives. Les représentations et les interactions des acteurs restent toujours ancrées dans un monde vécu préthéorique, ontologique, fondement quotidien de la réalité avec lequel on a affaire avant même toute théorie ou réflexion.

Pourtant Habermas est conscient de certaines limites propres à la notion de monde vécu. En tout premier lieu, il comprend que cette notion, saisie à travers la philosophie de la conscience (que ce soit chez Husserl ou chez Schütz-Luckmann) part toujours d'une conscience égologique « pour laquelle les structures universelles du monde vécu sont données comme des conditions subjectives nécessaires de l'expérience d'un monde vécu social, concrètement organisé, marqué par le passé[2] ». C'est dire à quel point le « sujet éprouvant » reste la référence ultime de l'analyse puisqu'à terme le monde vécu est ramené à ses seuls aspects culturels et déployé comme sociologie compréhensive – comme c'est le cas notamment chez Berger et Luckmann. Pour Habermas la notion de monde doit plutôt être expliquée comme une notion complémentaire à celle d'agir communicationnel[3], puisqu'elle est l'arrière-plan qui permet le consensus communicationnel entre les hommes, un horizon commun qui s'actualise et se répand à mesure que la conversation avance[4].

En deuxième lieu, il est aussi conscient du fait que si, dans son cadre originaire, le monde vécu répond à la volonté de la phénoménologie de connaître le monde de l'intérieur, c'est-à-dire, en établissant un lien indissociable entre le sujet et l'objet, il risque de devenir, dans le cadre de la sociologie, un concept conservateur et figé qui ne rend pas compte du processus historique de décentration des images du monde, conduisant cette perspective à geler le processus de production du sens social. Certes, le savoir sociologique reste ancré dans cette précompréhension théorique inaugurale du monde qu'ont les acteurs, mais l'important d'un point de vue sociologique, notamment pour une lecture de la modernité, est tout autant cette ouverture initiale au monde que le processus de différenciation de sens s'opérant en son sein[5].

Vers la décentration des images du monde

Le caractère unitaire du monde vécu va connaître des évolutions importantes au fur et à mesure qu'il entre, lui-même, dans les processus de rationalisation et de différenciation propres à la modernisation. Pour Habermas, le contraste est grand entre les premières conceptions que les hommes ont eues du monde, et qui fusionnent les divers aspects de la vie dans le seul tronc commun du mythe, et la différenciation des représentations du monde propre aux sociétés avancées. Le mythe est le savoir propre aux sociétés qui n'ont pas généré de domaines intellectuels autonomes et où, en conséquence, le consensus est presque mécaniquement assuré par le monde vécu. Les institutions archaïques prétendent disposer d'une autorité incontestable et de fait, en leur sein, le monde vécu se présente comme un ensemble cohérent de convictions culturelles, d'ordres légitimes et d'identités personnelles, enchevêtrés les uns avec les autres et reproduits par le moyen de l'activité communicationnelle. Mais, et c'est la grande thèse d'Habermas, l'évolution sociale implique la différenciation des sphères du discours, qui conduit à la nécessité de trouver de nouveaux principes de consensus. L'équilibre automatique que le monde vécu donne à ses acteurs est dès lors bouleversé : « *L'équilibre change avec la décentration des images du monde*. Plus est décentrée l'image du monde qui tient en réserve le stock culturel du savoir, moins le besoin d'entente est couvert à priori par un monde vécu résistant à toute critique ; et plus il est nécessaire que ce besoin d'entente soit satisfait par les interprétations que réalisent les participants eux-mêmes, i.e., par un accord risqué car motivé rationnellement, plus il nous est permis d'attendre des orientations rationnelles de l'action. C'est pourquoi la dimension permettant de caractériser la rationalisation du monde vécu, cette dimension peut d'emblée être donnée à partir de l'opposition "accord normativement imputé" vs "entente communicationnellement obtenue"[6]. » L'accord intersubjectif est de moins en moins couvert par un monde vécu résistant à toute critique et doit de plus en plus être obtenu par les interprétations que réalisent les participants eux-mêmes.

À la suite de cette différenciation des sphères, le monde vécu présuppose certaines propriétés formelles. Émergent surtout des prétentions différenciées à la validité, qui contraignent à une entente communicationnelle permanente. La notion de monde vécu fonde ainsi l'idée même de rationalité communicationnelle, comme « possibilité d'honorer discursivement les prétentions critiquables à la validité[7] ». Notons que chez Habermas la volonté de fonder le lien social sur les capacités de réflexivité des individus est une pratique qui s'ancre sur des éléments immédiats et préréflexifs, qu'elle ne peut toutefois que rendre de plus en plus problématiques au fur et à mesure qu'elle se répand. De la déstructuration de l'image mythique vont émerger trois sphères discursives (la science, la moralité, l'art) correspondant aux trois concepts formels du monde (objectif, social et subjectif). Chacun de ces mondes autorise d'ailleurs diverses prétentions à la validité (vérité propositionnelle, justice normative, véracité subjective)[8]. Dans la modernité, l'homme doit pouvoir fonder rationnellement ses actions dans ces trois sphères. Par cette différenciation sociale, les zones de chevauchement ou de convergence des différentes convictions d'arrière-plan, constitutives du monde vécu, se réduisent, et l'activité communicationnelle se déploie dès lors dans un espace plus large[9].

La décentration des images du monde va donner lieu à différents rapports au monde en fonction de la rationalité de l'agir. Sur ce registre Habermas distingue quatre types d'actions : téléologique, régulée par des normes, dramaturgique et communicationnelle. Même s'il reconnaît volontiers que dans chaque type d'action il y a, indéfectiblement, une composante téléologique (puisqu'on crédite « les acteurs de la capacité à agir dans un but donné et où on leur accorde de l'intérêt à voir leurs projets d'action réalisés »[10]), il insiste sur le bien-fondé de son classement, à cause de la diversité des formes de coordination supposées par les interactions : par l'engrenage des calculs égocentriques d'intérêts, comme accord sur des valeurs partagées, comme relation consensuelle entre un public et ceux qui se présentent devant lui, enfin, à travers un processus coopératif d'interprétation[11].

Néanmoins, il affirme une certaine forme de primat de l'agir communicationnel. Il défend radicalement l'idée que « l'agir communicationnel fait entrer en ligne de compte la présupposition supplémentaire d'un *médium langagier* dans lequel les rapports de l'acteur au monde se reflètent *comme tels*[12] ». C'est la nature même de l'agir communicationnel qui contraint en effet le langage à opérer comme un moyen de compréhension, grâce auquel les participants dans la communication parviennent à s'entendre simultanément sur ce qui concerne le monde objectif, le monde social et le monde subjectif. Dans l'agir communicationnel « le locuteur prétend à la vérité pour des énoncés ou des présuppositions d'existence, à la justesse pour des actions réglées selon la légitimité ainsi que pour leur contexte normatif, et il prétend à la véracité pour la communication d'expériences vécues subjectivement[13] ». C'est pourquoi si la description des structures de l'activité immédiatement orientées vers le succès suffit pour les actions téléologiques, il faut spécifier, pour l'activité orientée vers l'intercompréhension, les conditions rendant possible une entente par la communication. Le but ne peut dès lors être autre que de produire une adhésion rationnellement motivée, non pas par extorsion, mais par une entente qui repose constamment sur des convictions communes.

Mais la notion de monde vécu, écrit Habermas, est vague et n'est pas immédiatement utilisable à des fins théoriques puisqu'elle ne délimite pas un domaine précis susceptible de donner lieu à une herméneutique. À Habermas de conclure : « Le monde vécu est constitutif comme tel pour l'intercompréhension, alors que les concepts formels du monde constituent un système de référence pour ce sur quoi est possible l'intercompréhension : locuteur et auditeur se comprennent mutuellement à partir de leur monde vécu commun sur une réalité du monde objectif, social ou subjectif[14]. » Ces distinctions permettent de comprendre pourquoi, sous l'aspect fonctionnel de l'intercompréhension, l'agir communicationnel transmet et renouvelle le savoir culturel, pourquoi sous l'aspect de la conduite de l'action il intègre socialement et établit des solidarités, pourquoi sous l'aspect de la socialisation il crée des identités personnelles. À ces processus de reproduction culturelle, d'intégration sociale et de socialisation correspondent, comme composantes structurelles du monde vécu, la culture (réserve de savoir), la société (ordre légitime d'appartenance à des groupes sociaux et solidarités), et la personnalité (compétences de parole et d'action pour l'intercompréhension)[15].

Difficile de ne pas entrevoir déjà jusqu'à quel point la notion d'agir communicationnel chez Habermas présuppose radicalement une distanciation de l'individu au monde. L'extériorité de l'individu face aux situations d'action mène même Habermas à conceptualiser ces dernières comme un découpage effectué dans le monde vécu par les acteurs en fonction de thèmes définis selon les intérêts des participants[16]. Pourtant, s'il limite le caractère problématique du découpage des situations, cet arrière-plan d'évidences culturelles, de solidarités de groupes constitués autour de certaines valeurs et de compétences d'individus socialisés est loin d'évacuer l'exigence qu'ont désormais les individus de se mettre d'accord sur ce qui se produit dans les trois mondes, objectif (circonstances et événements), social (relations interpersonnelles), et subjectif (expériences vécues). Le caractère décentré du monde permet ainsi de solliciter, sans arrêt, différents critères de validité dans chaque situation, tout comme il permet d'adopter vis-à-vis de chacun des mondes des attitudes correspondant aux autres mondes, puisqu'on peut, par exemple, face à la nature externe, adopter non seulement une attitude objectivante mais aussi une attitude conforme aux normes et une attitude expressive. Pour Habermas, la modernité s'identifie fortement à cette différenciation ce qui suppose alors un contraste de plus en plus grand entre le monde vécu lui-même, ancré dans des évidences non problématiques, et des sphères dans lesquelles une entente, chaque fois fragile, peut être atteinte[17].

II. LE DUALISME DE LA MODERNITÉ

De cette notion de monde vécu, et surtout de cette valorisation de l'intersubjectivité, Habermas va tirer l'essentiel de ses critiques et de ses propositions analytiques pour la société moderne en proposant une conception profondément dualiste de la modernité.

Travail et interaction

Pour Habermas, le travail, en tant que paradigme de la domination de l'homme sur la nature, ne saurait rendre compte d'autres formes d'interaction humaine médiées par le langage. Ces deux modèles d'action sont irréductibles. Habermas trouve cette distinction, qu'il radicalisera par la suite, dans les études qu'il consacre, au milieu des années soixante, à la philosophie de Hegel à Iéna. Habermas y repère trois modèles de relations dialectiques, dans le langage, dans le travail et dans la relation éthique ou l'interaction entre personnes. Mais l'intérêt qu'il y porte provient surtout du fait qu'il ne s'agit pas alors d'étapes au sein d'une évolution de l'Esprit, mais de formes diverses de médiation[18].

Le dualisme de ces deux formes d'action sera un des principaux fils conducteurs intellectuels de la démarche de Habermas. C'est pourquoi, tout en restant proche de la volonté émancipatrice présente chez Marcuse, il récuse néanmoins l'idée que la science et la technologie puissent se détacher de leur rôle de domination sociale et se mettre au service de l'émancipation humaine. D'après lui, cette possibilité utopique n'est pas ouverte, tant le développement de la science dépend d'une rationalité téléologique fondée sur le modèle du travail. Par contre, à côté de cette forme de rationalisation, existe un autre type d'action communicationnelle dont le modèle initial se trouve dans l'interaction et qui reste, cependant, profondément rationnel. Habermas s'insurge contre tout risque d'irrationalité, comme en témoignent sa volonté de se séparer des appels à une raison instinctive ou romantique, comme chez Marcuse, ou esthétique, comme chez Adorno, et plus tard ses divers combats contre toutes les tendances antimodernes de la pensée contemporaine[19].

La distinction entre le travail et l'interaction sont, pour Habermas, à la base d'une des principales insuffisances du matérialisme historique, et de sa perversion intellectuelle dans une conception fonctionnaliste de la société, dans laquelle tous les événements et pratiques ne sont évalués et perçus qu'en fonction du rôle qu'ils accomplissent dans la maîtrise humaine de la nature. Habermas en viendra à la critique d'une conception trop étroitement techniciste ou instrumentale de la politique au détriment des exigences communicationnelles d'une démocratie délibérative, et surtout, il finira, en appréciant à sa juste valeur les besoins d'entente communicationnelle des hommes dans la société, par refuser la réduction de la reproduction de la vie sociale à la seule dimension du travail comme c'était le cas chez Marx. Pour Habermas, l'interaction médiée par le langage est tout aussi essentielle que le travail à l'intégration de la société[20]. Évidemment, il n'ignore pas la place octroyée par Marx à la domination et à l'idéologie en tant que facteurs d'intégration de la société, mais dans la mesure où il n'est pas parvenu véritablement à distinguer le travail et l'interaction, Marx ne peut, comme à sa suite les auteurs se réclamant du matérialisme historique, qu'interpréter l'interaction à partir des seuls postulats épistémologiques du travail.

Habermas refuse le lien étroit et presque exclusif établi par Marx entre le progrès et la domination continue et croissante de l'homme sur la nature. Pour lui, le besoin d'accord communicationnel présent dans les sociétés humaines, et accentué par la décentration des images du monde, est une dimension historique tout aussi importante de l'évolution sociale. Par là même, Habermas finira par donner une autre conception de la vie sociale. Il ne s'agit pas de rejeter, loin s'en faut, la maîtrise croissante de l'homme sur la nature, au profit de conceptions romantiques, esthétiques, voire irrationnelles. Au contraire même, l'essentiel de son projet intellectuel est de résister à ces litanies antimodernes en mettant sur pied une conception plus large de la rationalité[21].

Mais cette première distinction va être prolongée et infléchie par son association avec les différentes catégories de la rationalité, ce qui, sans doute, constituera la percée intellectuelle la plus importante de Habermas[22]. Ce n'est qu'alors qu'il parviendra à établir une dialectique de la modernité différente de celle proposée par l'héritage wébérien.

Les deux voies de la raison

Habermas prolonge la distinction entre ces deux modèles d'action par une théorie de la rationalisation sociale. En fait, si dans un premier moment, il distingue le travail et l'interaction comme deux pratiques sociales irréductibles, dans un deuxième moment, il les associe à des formes cognitives particulières, obéissant à des processus différents de rationalisation. Le travail et l'interaction donnent ainsi lieu à deux sous-systèmes d'action différents, le premier organisé autour d'actions finalisées, le deuxième autour d'actions communicationnelles.

Pour Habermas ce n'est que lorsque l'on prend en compte activement cette double réalité de la rationalité que l'on parvient à sortir de l'image sombre de la modernité projetée dans la continuité des intuitions wébériennes[23]. On peut résumer ces développements en disant que Habermas étudie Weber à travers trois séries de problèmes. D'abord, le désenchantement produit la désintégration des visions traditionnelles du monde, les hommes perdent le sens des valeurs et s'égarent dans l'angoisse d'une vie dénuée d'objectifs absolus. Ensuite, la rationalisation wébérienne est pour Habermas un processus de différenciation de sphères qui coïncident avec les trois mondes de sa propre théorie, et qui se fait dans le sens d'une formalisation toujours accrue. Enfin, pour Weber, l'héritage des Lumières n'a pas été l'émancipation humaine mais l'esclavage des hommes induit par le despotisme de la rationalité instrumentale envahissant tous les secteurs de la vie sociale. Lukács et la première génération de l'école de Francfort sont pour l'essentiel interprétés dans le sillage de cette rationalité instrumentale. Mais en refusant l'appel à une raison de type hégélien (vu les événements du XXe siècle) ces théories restent sans modèle alternatif. Face aux conclusions de cette première génération (l'inexistence d'un progrès dans l'histoire humaine, et la réduction de la politique à un accroissement du contrôle sur les individus), Habermas pense pouvoir porter un autre diagnostic sur la société moderne.

Pour lui, le monde subjectif ne peut pas se construire par réduction au monde social ou objectif. Or, c'est justement ce qui se passe dans l'agir téléologique qui interdit de penser vraiment un monde subjectif. L'action instrumentale est un acte déployé sur le monde pour le façonner en accord avec la volonté de l'homme. Au sein de ce modèle, tout problème se réduit au choix des moyens les plus adéquats pour parvenir aux buts désirés. L'action stratégique, si elle inclut dans ses calculs les décisions des autres individus, ne le fait néanmoins qu'en les réduisant à des objets. Tout autre est la réalité de l'agir communicationnel. Ici, l'entente, le consensus cherché supposent l'acceptation, au préalable, de la subjectivité de l'Autre. Il ne s'agit plus seulement de moyens et de fins, mais aussi de normes intersubjectives. L'agir communicationnel ne se définit pas seulement par l'emploi du langage (bien des actions stratégiques y font évidemment recours) mais en fonction de la prétention à la validité cherchée par les acteurs[24]. « Les actions sociales peuvent être distinguées en fonction de l'attitude adoptée par les participants, selon que cette attitude est orientée vers le succès ou vers l'intercompréhension[25]. » Deux réalités fort différentes qui justifient aux yeux de Habermas une distinction entre deux formes de rationalités, l'effort principal consistant à fonder la rationalité communicationnelle dans le cadre d'une théorie des actes de langage.

Habermas dégage alors une approche particulière du thème de la rationalité, au sein de laquelle la rationalisation ne peut être comprise que comme une augmentation des éléments raisonnables sur lesquels s'appuie une action, et par l'accroissement de la capacité à fonder notre conduite en diverses sphères. La rationalisation aura donc différentes faces selon le type d'action auquel elle s'applique, suivant son orientation vers l'intercompréhension, vers le succès ou vers la réalisation de fins. Ces deux derniers types d'action, qui ne sont que les possibilités propres à l'agir téléologique, supposent la capacité de réaliser une fin à travers les moyens appropriés[26]. Pour Habermas, l'action téléologique se rationalise quand augmentent l'efficacité des moyens techniques ou la consistance élective des fins. Ici, Habermas semble approcher la rationalité instrumentale dans un sens wébérien, mais pourtant, il ne va pas identifier son expansion avec le processus de modernisation. Dans l'agir communicationnel, la rationalisation ne peut signifier que l'exclusion des éléments contraignants qui perturbent la communication et la détermination accrue du consensus par la voie de l'argumentation.

On l'aura compris, Habermas vise à montrer comment, au cœur même du processus de rationalisation, il y a de fait deux types différents et irréductibles de rationalité, dont la tension contraint la modernité à trouver une articulation. Mais surtout, dans la mesure où Habermas rompt avec tout reste de philosophie de l'histoire, il est clair que la capacité de rationalisation d'une société est elle-même de nature historique, donc changeante. On ne peut pas la définir dès le départ comme un trait spécifique d'un quelconque Sujet de l'histoire. Les possibilités de la rationalisation sont ainsi ouvertes et radicalement historiques tant « la logique de l'histoire demeure sans "garantie métaphysique", et ne relevant que du comportement des hommes[27] ».

Pour Habermas l'acteur ne peut pas choisir entre l'agir téléologique et l'agir communicationnel, même s'il semble donner parfois un certain primat à l'agir communicationnel. Les structures symboliques propres au monde vécu ne peuvent se reproduire qu'à travers les processus de la tradition culturelle, de l'intégration sociale et de la socialisation et, dans ce sens, elles présupposent l'agir orienté vers l'intercompréhension. Mais de l'autre côté, l'action téléologique s'ancre dans le monde vécu, suppose des éléments institutionnels à défaut desquels la coordination de l'action devient problématique. C'est pourquoi, et même s'il reconnaît la dimension téléologique présente dans toute forme d'action, il n'en conclut pas moins quant au caractère primordial de l'agir communicationnel, non seulement parce qu'il permet d'élever des prétentions de validité sur les trois mondes, mais aussi parce que l'action téléologique est dépendante des significations symboliques, des relations institutionnelles et des capacités réflexives des acteurs[28]. Dans la modernité, les actes de communication deviennent autonomes des interactions stratégiques, et pour Habermas, qui sur ce point suit Durkheim et Parsons, les contextes d'interaction ne peuvent pas être stabilisés par la seule action réciproque d'acteurs agissant en fonction de leurs résultats. Au contraire même, la société doit être intégrée en dernière instance par le moyen de l'activité communicationnelle[29].

Système et monde vécu

Ces deux types d'action vont être analytiquement insérés dans deux domaines fort différents de la vie sociale. Pour Habermas chaque type d'action, dans la mesure où il donne lieu à une conception particulière de la rationalisation, mène d'un côté vers un accroissement des capacités de contrôle social, de l'autre côté vers une différenciation croissante des divers domaines constitutifs du monde vécu (culture, société, personnalité). Et Habermas essaye d'ancrer ces deux formes d'action dans des domaines indépendants avec des critères de coordination d'action spécifiques. Il est persuadé que l'explication du processus de reproduction symbolique de la vie sociale dans la modernité, à l'aide des catégories propres à l'agir communicationnel et enracinées dans le monde vécu, a besoin du supplément explicatif apporté par la théorie des systèmes dans l'étude de la reproduction matérielle des sociétés modernes. Le concept de système fait référence à une approche sociale à partir des structures, des impératifs et des formes d'intégration systémique. À l'inverse, la notion de monde vécu souligne la dimension sociale propre aux acteurs, là où l'analyse sociologique découle moins d'une interprétation systémique que des orientations culturelles potentiellement conflictuelles des individus.

Pour Habermas, l'évolution sociale mène à une différenciation croissante du système et du monde vécu à cause de l'augmentation de la complexité du premier et de la rationalité du deuxième. Dans ce mouvement de fond, le monde vécu n'est plus coextensif à l'ensemble du système social, mais ne devient qu'un sous-système parmi d'autres, même si « le monde vécu reste le sous-système qui définit l'état du système social dans son ensemble[30] » puisque, d'une manière ou d'une autre, les éléments propres aux systèmes sociaux ont besoin de s'y ancrer afin d'être institutionnalisés. Habermas n'hésite pas à garder pour la sphère communicationnelle le rôle de base traditionnellement octroyé aux éléments de la reproduction matérielle. Pour lui, en effet, le processus d'apprentissage n'est pas seulement localisé dans la sphère des forces productives, mais il se trouve aussi, et même surtout, du côté des forces d'intégration sociale, à partir desquelles se produisent les innovations qui ouvrent de fait la voie vers l'évolution sociale[31]. Néanmoins, étant donné le degré de différenciation propre à la société moderne, les mécanismes systémiques se séparent de plus en plus des structures sociales par lesquelles passe l'intégration sociale. En bref, dans la modernité les organisations entrent désormais en relation mutuelle à travers des moyens de communication qui ont évacué le langage. Mais il ne suffit pas de constater cette complexification croissante propre aux sociétés modernes, encore faut-il expliquer comment le développement de ces mécanismes d'intégration systémiques est possible et pourquoi certains d'entre eux émergent à un moment donné. « Sur la base d'orientations d'action de plus en plus généralisées se crée un réseau de plus en plus dense d'interactions qui manquent de directions normatives immédiates et qui doivent être coordonnées *par d'autres voies*. Pour satisfaire ce besoin croissant de communication, on dispose de l'intercompréhension grâce au langage, mais aussi de mécanismes de délestage qui amortissent les frais de la communication et les risques de dissension[32]. »

Le monde vécu suppose, dans l'agir communicationnel, non seulement une entente sur le monde mais aussi des interactions par lesquelles on confirme et renouvelle l'appartenance à des groupes sociaux ainsi que l'identité personnelle. À l'inverse, les systèmes sociaux opèrent par des connexions systémiques détachées des univers normatifs et fonctionnent comme des sous-systèmes autonomes coagulant un univers autre et différent, parallèle, à celui du monde vécu. Parmi eux se consolident des médiums de communication qui ont tendance à condenser ou à remplacer l'intercompréhension par le langage. Autrement dit, la distinction entre système et monde vécu renvoie chez Habermas à une différenciation entre deux mécanismes d'intégration de la société, l'intégration sociale et l'intégration systémique. Tandis que l'intégration sociale suppose la participation des acteurs et une recréation permanente du consensus par la communication, l'intégration systémique se réalise par des éléments impersonnels, de manière non normative. Pourtant, la distinction est loin d'être claire et l'on peut à juste titre s'interroger sur la validité de l'idée d'une intégration systémique dépourvue de tout élément normatif.

En modifiant Parsons, Habermas soutient que seuls l'argent et le pouvoir sont des médiums de l'intégration systémique puisqu'ils se constituent à partir d'obligations empiriquement motivées, tandis que les formes généralisées de la communication, comme la réputation ou la valeur professionnelle, le prestige ou l'influence, s'appuient quant à elles sur certaines formes de confiance avant tout rationnellement motivées. Seuls les premiers visent pour Habermas à remplacer l'intercompréhension. Pour lui, contrairement à Parsons, le langage n'est pas un moyen d'intégration systémique mais le fondement sur lequel repose le monde vécu, occulté dans l'analyse parsonienne. L'argent et le pouvoir sont les deux grands médiums des sphères différenciées de l'intégration systémique, à savoir l'économie et la politique. Et pourtant toutes deux puisent leurs ultimes sources normatives dans un monde vécu qui les submerge. Les médiums régulateurs (l'argent et le pouvoir) «ne font que simplifier les connexions hypercomplexes de l'agir orienté vers l'intercompréhension, mais ce faisant, [ils] restent dépendants du langage et du monde vécu, si rationalisé soit-il[33] ». Or, progressivement cette substitution des médiums régulateurs au langage dans la coordination de l'action se solde par la disjonction entre les interactions et le monde vécu. Des médiums comme l'argent et le pouvoir « codifient le commerce rationnel en vue d'une fin avec des valeurs quantifiables et calculables, et rendent possible une influence stratégique généralisée sur les décisions d'autres participants de l'interaction, en *contournant* les processus de formation d'un consensus par le langage[34] ». À terme, on n'a plus besoin du monde vécu pour s'assurer de la coordination des actions.

Notons qu'il y a une tension entre sa théorie de l'action et sa conception des systèmes sociaux[35]. Si la première est fortement élaborée dans le sillage d'une réflexion sur le monde vécu et suite à la rupture des images unitaires du monde, la deuxième, au contraire, s'affirme à partir d'un modèle fonctionnaliste. Le lien entre les deux est au fond donné par le souci primordial de l'intégration, une préoccupation qui permet de mettre en relation la recherche du consensus par la communication avec une certaine interprétation des impératifs systémiques du fonctionnalisme. C'est ici, au niveau de l'architecture d'ensemble de la pensée, que s'affirme le primat analytique accordé par Habermas à la logique systémique sur la sociologie de l'action. Parfois même l'hypostase va jusqu'à la tentation de remplacer les acteurs sociaux par des catégories analytiques. La société moderne se définissant alors, avant tout, par une superposition de mécanismes d'intégration, voire par l'invasion d'un secteur social par un autre. Au fond, la force et la limite du projet de Habermas ont les mêmes sources, à savoir sa volonté d'établir une homologie radicale entre le besoin d'entente qu'il trouve à la racine de l'agir communicationnel et sa volonté d'hypostasier cette exigence au niveau d'une analyse de la société tout entière. C'est très probablement de là que viennent à la fois son attirance pour la théorie parsonnienne des systèmes, et sa résistance, voire son hostilité, à la théorie luhmannienne des systèmes[36]. L'une et l'autre théories ne sont au fond jugées que selon la place qu'elles octroient à l'accord normatif dans l'intégration de la société.

III. LES PATHOLOGIES DE LA MODERNITÉ

Récapitulons. L'œuvre de Habermas part de la distinction entre deux formes paradigmatiques d'action, le travail et l'interaction, toutes les deux donnant lieu à deux conceptions radicalement différentes de la rationalité, qui engendrent deux principes différents d'intégration de la société, reposant à terme, tous les deux, sur deux univers sociaux divers, à savoir l'ordre des systèmes sociaux et le domaine du monde vécu. Dans le premier secteur, la rationalisation va de pair avec l'extension de la technique et du savoir stratégique ; dans le deuxième, la rationalisation équivaut à la libération de toutes les contraintes pesant sur la communication. La conception de la modernité que Habermas finit par dégager est celle d'un profond dualisme entre un univers de la rationalité téléologique propre aux sous-systèmes sociaux et l'univers de la rationalité communicationnelle propre à la vie quotidienne.

Or, cet équilibre nécessaire au bon déroulement de la modernité va s'unidimensionnaliser au profit des mécanismes de l'intégration systémique. Si dans la formulation initiale de sa réflexion, Habermas est surtout soucieux des difficultés d'intégration de la société du point de vue des systèmes sociaux, dans un deuxième temps, à l'inverse, il est plutôt préoccupé par l'envahissement du monde vécu par les exigences de l'intégration systémique. Il n'y a pas vraiment de contradiction entre les deux bilans critiques, mais le déplacement du regard est hautement significatif.

Les risques de crise dans le capitalisme avancé

L'étude que Habermas consacre aux crises du capitalisme avancé au début des années soixante-dix est animée par une conviction majeure. À cause du rôle croissant de l'administration, les crises économiques cycliques propres au capitalisme ont tendance à se déplacer vers le domaine politique, puisque désormais l'État, à travers ses techniciens et ses administrateurs, a une implication majeure dans les affaires économiques. Même si les risques de crises peuvent se produire à différents niveaux et ont diverses significations, ils renvoient en dernier ressort à la contradiction principale de la société capitaliste, prise entre les exigences de la production sociale et l'appropriation privée du profit[37].

Habermas en arrive à distinguer quatre types de crise. Une crise économique, lorsque le système économique ne produit pas la quantité nécessaire de biens consommables. Une crise de rationalité lorsque l'État est incapable de répondre à la fois au besoin de planification de l'économie et à celui de maintenir les mécanismes privés de l'accumulation du capital, lorsque le système administratif ne prend pas la quantité nécessaire de décisions rationnelles. La non-résolution de cette contradiction ouvre la voie, en troisième lieu, à des crises de légitimation proprement dites où un écart se creuse entre les motivations nécessaires au fonctionnement du système politico-économique et les motivations produites par le système socioculturel. Enfin, tout cela peut déboucher sur une crise de motivation lorsque le système socioculturel ne fournit pas la quantité nécessaire de sens pour motiver l'action[38].

Le fait que les sociétés capitalistes avancées souffrent d'une crise de légitimation tient au déplacement des conséquences de la crise économique vers la sphère des politiques publiques et de la motivation individuelle. Dans cette période, la perception habermasienne des tendances à la crise propres au capitalisme avancé garde au fond une forte ressemblance avec la manière dont le matérialisme historique rend compte de ses contradictions. À ce stade, on peut aussi repérer l'emprise des modèles systémiques sur sa réflexion. Malgré l'importance qu'il octroie déjà à l'interaction et au monde vécu, sa représentation est tout entière soumise aux impératifs d'une représentation fonctionnaliste de la société. Certes, il déplace le cœur de la crise vers le système socioculturel, mais le maillon faible reste toujours l'État. Dans cette représentation classique, c'est au fond le désaccord entre le monde vécu et le système qui finit par mettre en crise le fonctionnement du capitalisme avancé.

Notons que dans cette représentation le pouvoir gouvernemental est « une ressource aussi innocente qu'indispensable », en tout cas, les interventions de l'État social dans la sphère de vie de ses propres citoyens vont de soi et semblent ne pas poser problème. Or, l'extension du droit et de la bureaucratie, tout comme les effets contre-productifs engendrés par la politique sociale de l'État, ou encore la scientifisation des services sociaux, ne sont pas, loin s'en faut, des médiums passifs et anodins. Habermas prendra acte de cette situation en rendant alors la principale défaillance de l'État providence consubstantielle à sa propre utopie, à savoir que par sa réussite « un réseau toujours plus dense de normes juridiques, de bureaucraties étatiques et para-étatiques finit par recouvrir la vie quotidienne des usagers potentiels et effectifs[39] ». Cette deuxième version est dès lors différente, et l'accent se déplace d'une crise du capitalisme avancé vers un contrôle accru de la vie des individus. La première représentation que se fait Habermas des pathologies propres à la modernité est encore sous l'emprise du matérialisme historique, et semble vouloir guetter une possibilité de dépassement de la société capitaliste. La deuxième, dans le sillage d'une conception wébérienne, insiste à l'inverse sur les risques d'envahissement de la vie quotidienne par les mécanismes systémiques.

La colonisation du monde vécu

L'évolution des sociétés modernes mène à une complexité croissante des systèmes sociaux ainsi qu'à une transformation de ses formes d'équilibre social. Dans cette voie, la séparation entre le système et le monde vécu, qui était à la racine de la conception dualiste de la modernité, finit par se traduire dans un découplage entre les systèmes sociaux (notamment les sous-systèmes économique, politique et administratif) et le monde vécu. À terme, l'agir communicationnel, qui est le moyen de reproduction des structures symboliques du monde vécu, et qui dans la modernité est pris en charge par des systèmes d'action spécialisés dans les fonctions de reproduction culturelle (l'école), ou d'intégration sociale (le droit) ou encore de socialisation (la famille) finit par être éjecté par les mécanismes de l'intégration systémique, notamment l'argent et le pouvoir.

La conception normative que Habermas forge de la modernité souligne l'interdépendance qui doit exister entre les deux formes d'intégration. Pour lui, il est impossible de comprendre une société moderne en dehors des orientations des acteurs et sans s'appuyer sur la notion de système. Mais dans la réalité cette interdépendance n'est pas équilibrée. Le décalage entre les deux formes de rationalité explique l'ironie de l'*Aufklarüng* aux yeux de Habermas : « La disjonction largement opérée entre système et monde vécu est une condition nécessaire pour passer des sociétés de classes stratifiées du féodalisme européen aux sociétés de classes économiques de la première modernité ; mais le modèle capitaliste de modernisation possède le caractère suivant : les structures symboliques du monde vécu sont perverties, c'est-à-dire réifiées, par les impératifs des sous-systèmes qui se sont différenciés et autonomisés à travers l'argent et le pouvoir[40]. » Dans la modernisation, et à l'inverse du schéma marxiste, les superstructures (via la marchandisation, la bureaucratisation et la juridisation des relations sociales) finissent par coloniser la base communicationnelle de la société.

Mais la vision n'est pas simpliste. Habermas est sensible, par exemple, aux excès de normativité juridique propres aux sociétés modernes, et leur volonté croissante de réguler chaque fois davantage un nombre chaque fois plus grand de secteurs de la vie publique et privée. Il est conscient ainsi du risque de colonisation présent dans le déploiement croissant des relations personnelles, familiales, scolaires ou culturelles au sein d'univers devenus normatifs. Pourtant, de ce processus, il est loin de n'entrevoir que les aspects négatifs. Il témoigne aussi de la volonté de défendre l'intégration sociale de sa soumission aux impératifs de l'économie et de l'administration, et d'empêcher que les sphères vécues (école, famille, politique sociale) ne soient transférées à un principe de socialisation qui pour elles serait cause de dysfonctionnements[41]. Autrement dit, la domination de l'homme ne procède plus seulement, comme c'est le cas chez Weber, de l'accroissement de la rationalisation, et surtout de la bureaucratisation ; c'est l'insuffisante rationalisation du monde vécu qui est à la racine de sa disjonction d'avec les systèmes. Le diagnostic est autre, et la réponse de Habermas au dilemme majeur de la modernité sera elle aussi autre.

L'analyse des nouveaux mouvements sociaux trouve ici son cadre. Les nouvelles luttes sociales sont caractérisées comme des potentialités de protestations qui surgissent de la sphère de la reproduction culturelle et de l'intégration sociale ; leurs actions sont infra-institutionnelles ou extraparlementaires s'originant dans des déficiences dues à la réification du monde communicationnel, elles ne peuvent être résolues par de nouvelles indemnités que l'État providence pourrait, éventuellement, donner. « Bref, les nouveaux conflits ne naissent pas de *problèmes de redistribution* mais de questions qui touchent à la *grammaire des formes de vie*[42]. » Au fur et à mesure que le complexe économico-administratif colonise le monde vécu, on voit apparaître une juxtaposition de luttes sociales. Aux vieux conflits situés au centre de l'économie, et immédiatement en référence au processus de production, viennent s'ajouter les nouveaux problèmes situés dans la périphérie productive et dont le seul thème commun semble être la critique de la croissance. Les nouveaux mouvements sociaux sont caractérisés, parce que leur naissance est liée à la colonisation du monde vécu, par des réactions défensives (à l'exception notable du féminisme) agissant tout autant pour conserver les sphères structurelles de la communication que pour conquérir de nouveaux territoires. Habermas parle même d'un déplacement des conflits centrés sur les rôles de salarié et de contribuable vers ceux de consommateur et de client, l'un n'augmentant pas les possibilités d'autoréalisation humaine, l'autre n'étendant pas les possibilités d'autodétermination.

Si chez Weber le caractère tragique de l'histoire est plutôt à chercher du côté des divisions internes existant dans la sphère éthique, placées donc au-delà de l'univers de la rationalité, mais pouvant parfois se diriger contre elle, la vision de Habermas, préparée par le jeune Lukács et la première génération de l'école de Francfort, tend plutôt à inscrire le dilemme de la modernité dans un espace d'opposition entre deux univers de rationalité complémentaires mais dont l'un finit par croître aux dépens de l'autre. Habermas finit alors par reformuler, d'une manière nouvelle, l'opposition radicale entre l'objectivité des règles du système et la subjectivité des acteurs. C'est dans cet espace intellectuel qu'il faut comprendre l'inflexion et la continuité du projet wébérien. Face à la torsion des Lumières présente dans l'œuvre de Weber, il n'est pas alors exagéré de comprendre l'œuvre de Habermas comme une torsion critique de la torsion tragique wébérienne. Si dans toute société existent deux formes d'intégration, systémique et sociale, qui sont complémentaires et dépendantes l'une de l'autre, il s'avère qu'alors la colonisation du monde vécu dans le monde moderne est une (et seulement une) des possibilités de la modernité. Et que de surcroît, et dans la mesure où cette tendance s'avère déstabilisatrice pour l'harmonie nécessaire entre les deux ordres, elle peut, sans hésitation, être cataloguée comme une pathologie. La modernité, telle qu'elle s'est développée, n'est qu'une des alternatives historiques possibles.

IV. LES PROMESSES DE LA MODERNITÉ

Les sociétés modernes disposent de trois ressources pour subvenir à leurs besoins de régulation : l'argent, le pouvoir et la solidarité. Il doit exister, pour Habermas, un rééquilibrage de leurs sphères d'influence, et surtout il faut que les sociétés modernes s'avèrent capables d'accentuer la puissance de l'intégration sociale propre à la solidarité face à l'argent et au pouvoir administratif. Le vrai problème de la modernité consiste alors à dégager une volonté politique capable d'influencer le tracé des frontières entre les domaines de vie structurés par la communication, et, de l'autre côté, l'État et l'économie. Une position qui exige la remise en circulation de l'idée normative d'un pouvoir démocratique. Cette voie engage Habermas dans la quête des bases d'une éthique de la discussion afin de parvenir à la fondation rationnelle de la démocratie.

Impossible de détacher cet effort du souci majeur inspirant la totalité de son œuvre, à savoir sa volonté d'ancrer la démocratie dans un pays sans véritable tradition démocratique, tout comme son effort pour placer la démocratie dans le sillage d'une conception rationnelle de la modernité. D'où le rôle central que tiennent dans son œuvre proprement philosophique la volonté de reconstruire, à partir de principes normatifs présupposés par les actions communicationnelles, l'éthique kantienne, ainsi que son souci, plus sociologique, de fonder sur des critères normatifs renouvelés le cadre de la démocratie. Pourtant, étant donné son adhésion à la thèse wébérienne du désenchantement du monde, il est contraint de formuler une conception universaliste non transcendante de la morale. Si ses travaux sur l'éthique restent pour beaucoup en dehors de notre préoccupation actuelle, il nous faut néanmoins, avant d'aborder ses réflexions sur la démocratie, comprendre leur état d'esprit.

De la morale à la démocratie

Comment faire, lorsque Dieu est mort, pour que tout ne soit pas permis ? Pour Habermas cette question de nature morale est consubstantielle à une théorie de la société moderne, pour peu qu'elle vise à être autre chose qu'un simple reflet analytique de sa croissante complexification. Il faut donc qu'un lien fort s'établisse entre la critique du dilemme propre à la modernité et une théorie de l'émancipation, en acceptant cependant, dès le départ, la fin de toute velléité quant à l'existence d'un supposé macro-sujet de l'histoire[43] ainsi que, suite au désenchantement du monde, l'impossibilité de fonder un appel critique sur des éléments non séculiers.

L'éthique de la discussion de Habermas sera ainsi, de part en part, laïque et séculière, puisqu'elle résulte, encore une fois, d'une réflexion sur les compétences communicationnelles des hommes. Dans ses travaux sur la morale, Habermas ne fait que prolonger sa volonté de fonder la raison comme réflexion sur les conditions universelles nécessaires à son application. Une attitude qui permet de dégager une « pragmatique formelle » qui clarifie les propriétés de l'agir orienté vers l'intercompréhension et qui en dernier ressort trouve dans la compétence communicationnelle humaine les principes idéaux qui guident normativement toute interaction. C'est à bien des égards un des objectifs majeurs de Habermas pour qui, et suite à cette réflexion, les normes ne sont ni arbitraires ni légitimées par des valeurs exogènes à l'action, mais extraites à partir de la structure même de la communication humaine. En bref, la morale est tirée des exigences de validité immanentes au langage humain.

C'est parce que la décentration des conceptions du monde pose le problème de la formation du consensus dans la société moderne, qu'on voit naître la nécessité de trouver des principes normatifs, forcément immanents, fondant les bases d'un accord intersubjectif. L'idée d'intercompréhension humaine est un régulateur des attentes réciproques des intervenants et c'est à partir de sa structure même que se dégagent les différentes exigences de validité. Le fondement de la raison pratique se trouve donc dans la nature même de la discussion humaine, puisqu'on ne peut pas affirmer une proposition sans prétendre énoncer une vérité, et accepter dès lors une discussion sur cette vérité. La communication, dans la mesure où elle vise l'intersubjectivité, ne peut que présupposer des interlocuteurs égaux, même si, dans les faits, cette condition n'est pas toujours remplie. Il ne s'agit pas d'un idéal au sens propre du terme, mais bien plutôt d'un présupposé[44].

Or, puisque pendant le processus de communication le consensus peut changer ou être détruit, les locuteurs doivent établir une stratégie pour résoudre leurs conflits interprétatifs. Ce sera le propre du processus d'argumentation, un mécanisme qui permet la continuation du dialogue quand l'interférence surgit dans la communication. Son utilité s'accentue quand les conceptions traditionnelles du monde ont été dissoutes et qu'il n'est plus possible de trouver des principes exogènes de validité des discours. Or, la raison fondée sur la communication n'est pas, à la différence de la raison pratique traditionnelle, source de normes d'action. Certes, les locuteurs doivent accepter quelques principes, notamment quelques présuppositions pragmatiques de type contrefactuel, mais celles-ci sont loin d'imposer un quelconque devoir prescriptif à l'action. C'est avec une conception du principe de discussion de cette nature que Habermas aborde alors le problème de la démocratie.

La démocratie délibérative

Si Habermas veut fonder la démocratie sur un principe de discussion, il veut aussi distinguer le principe démocratique d'un principe moral. Les principes d'une morale universelle ne sont pas forcément articulés avec les principes de la légitimité démocratique[45], puisque seules les présuppositions communicationnelles et les conditions procédurales présidant à la formation démocratique de l'opinion et de la volonté sont les sources de la légitimité[46]. Pour Habermas, le principe démocratique n'apporte pas une réponse à la question de savoir si les affaires politiques peuvent être traitées par la discussion. Il se limite seulement à dire la manière dont la formation rationnelle de l'opinion et de la volonté peut être institutionnalisée au moyen d'un système de droits qui assure à chacun une égale participation à ce processus d'institution du droit et dont les présupposés de communication sont du même coup garantis. Mais surtout, tandis que le principe moral s'étend à toutes les normes d'action, le principe démocratique, lui, n'est compatible qu'avec les normes juridiques[47]. « L'idée décisive est que le principe démocratique est dû à l'intrication du principe de la discussion et de la forme juridique[48]. »

Sa position est fortement hostile à toute réduction positiviste en excluant en même temps tout retour nostalgique à une source sacrée du droit ou à la seule valeur octroyée à la tradition. La profonde unité de la vision que Habermas donne de la modernité est ici encore une fois à l'œuvre. Dans un seul et même mouvement, il affirme l'autonomie des sphères du droit, de la politique et de la morale et il établit la relation qui se noue entre elles à partir de leur rationalité spécifique commune. De fait, ce que Habermas récuse c'est l'idée, chère au positivisme juridique moderne, de fonder la légalité positive à partir de la propre contingence du cadre légal. Pour lui, à l'inverse, et même si cette démarche ne présuppose aucune conception substantialiste de la justice, il existe, étant donné l'histoire sociale du droit moderne, une relation intime et nécessaire entre le droit et la justice. Le principe à l'œuvre n'est alors autre que celui qui fonde l'acceptation des règles sur le consentement non forcé des individus. Par là, Habermas introduit une distinction entre les normes, les principes de justification et les procédures de validation des normes qui permettent d'asseoir sur une morale autonome l'imbrication du politique et du juridique. « La force d'obligation d'un accord moral mutuel fondé sur le sacré ne peut être remplacée que par un accord moral qui exprime, dans une forme rationnelle, ce qui était depuis toujours visé dans le symbolisme du sacré[49]. »

Sur ce point, la position de Habermas n'a pas changé depuis le début de ses travaux, puisque la raison doit, dans la modernité, non seulement combler l'espace laissé vide par le recul de la religion, mais, plus encore, fonder normativement les principes sur lesquels s'appuie ou doit s'appuyer une société démocratique[50]. L'intégration sociale opérée au niveau politique doit passer par le filtre de la discussion, puisqu'elle doit traduire, sous une forme abstraite mais ayant force d'obligation, les structures de reconnaissance réciproque propres aux rapports de solidarité spontanés dans les domaines d'action complexes des sociétés différenciées. « Le cœur de la politique délibérative réside en effet dans un réseau de discussions et de négociations dont le but est d'apporter une solution rationnelle aux questions pragmatiques, morales et éthiques : plus précisément, aux problèmes accumulés d'une intégration à la fois fonctionnelle, morale ou éthique de la société, qui a échoué à d'autres niveaux[51]. »

En s'appuyant sur les trois niveaux de conscience morale établis par Kohlberg (préconventionnel, conventionnel et postconventionnel)[52], Habermas entend pouvoir fonder l'argumentation morale comme la procédure adéquate à la formation d'une volonté rationnelle. Mais surtout, il insiste sur le fait qu'entre l'ordre du droit des procédures et la fondation morale des principes il y a une différence, même si tous les deux se renvoient l'un à l'autre et se contrôlent mutuellement. Un bon exemple de cette tension est donné par les cas de résistance des individus à la loi ou de désobéissance civile[53], puisqu'« on ne peut pas exclure que même dans le cadre d'un ordre juridique légitime dans son ensemble, un phénomène singulier d'injustice légale perdure sans connaître de correction[54] ». Pourtant le rôle clé dans ce processus ne revient pas à la conscience individuelle, mais à l'exigence, exprimée par un individu ou un groupe d'individus, d'un débat public et d'une réflexion collective concernant des principes ou des situations qui affectent la collectivité.

L'appel au discours permet de fonder la morale sur la base du raisonnement et, en même temps l'importance octroyée au consentement libre de contrainte en tant qu'élément majeur de la démocratie l'assoit, en dernier ressort, sur une conception morale universaliste. « Dans un contexte postmétaphysique, la seule source de légitimité est la procédure démocratique par laquelle le droit est généré[55]. » Autrement dit, Habermas fonde la légitimité, de manière en apparence paradoxale, à partir de la légalité, puisque la procédure démocratique tire sa force légitimante du seul fait qu'elle permet « le libre jeu des thèmes et des contributions, des informations et des raisons, elle assure à la formation de la volonté politique son caractère de discussion et justifie ainsi la supposition faillibiliste que les résultats obtenus grâce à cette procédure sont plus ou moins raisonnables[56] ».

Le droit devient dans ce contexte le moyen par lequel le pouvoir communicationnel se transforme en pouvoir administratif. L'État de droit n'est alors que l'exigence d'unir le système administratif orienté selon le code du pouvoir avec le pouvoir communicationnel producteur de droit, en essayant de libérer ce dernier des influences du pouvoir social agissant par la force des intérêts privilégiés. Le pouvoir administratif ne doit alors jamais, pour Habermas, se fermer sur lui-même en s'autoreproduisant, mais au contraire se régénérer constamment en transformant le pouvoir communicationnel en pouvoir politique. À terme, l'État de droit doit justement réguler cette forme de transformation et par là intervenir activement dans l'autorégulation du système administratif lui-même afin d'établir un équilibre entre les diverses ressources de régulation sociale que sont l'argent, le pouvoir administratif et la solidarité. C'est le propre de l'institutionnalisation juridique que d'ancrer, par le biais de l'activité communicationnelle, l'argent et le pouvoir dans les ordres du monde vécu[57].

Le droit possède ainsi un rôle charnière entre le système et le monde vécu. En effet, il fait partie en tant qu'ordre légitime, devenu réflexif, de la composante société du monde vécu, et il empêche le tissu de la communication à l'échelle de la société de se déchirer. La composante société du monde vécu renvoie à l'ensemble des relations interpersonnelles légitimement ordonnées et de ce point de vue comprend à la fois les collectivités, les associations et les organismes spécialisés dans certaines fonctions particulières. Comme on l'a vu, dans le processus de modernisation certains de ces systèmes fonctionnellement spécialisés s'émancipent des domaines d'action intégrés par des mécanismes sociaux (valeurs, normes, entente) et développent des codes qui leur sont propres (l'argent et le pouvoir administratif). Or, et c'est toute l'importance cardinale du droit dans la modernité, par l'institutionnalisation juridique ces systèmes restent néanmoins ancrés dans la partie sociale du monde vécu. Le droit opère comme une sorte de transformateur permettant que les messages à contenu normatif, traduits dans le langage du droit, puissent circuler à l'échelle de la société dans son ensemble[58]. Par là, le langage du droit assure véritablement la communication entre le système et le monde vécu.

Habermas abandonne ainsi toute velléité quant à la possibilité de l'existence d'un macro-sujet historique renvoyant à une conception de la totalité sociale ou d'une raison inscrite dans le sens de l'histoire. La démocratie devient un espace public constamment ouvert, dont l'infrastructure communicationnelle est de manière permanente alimentée par des forces sociales hétérogènes et plus ou moins spontanées. Mais il résiste à l'idée d'un pluralisme de valeurs réticent à tout traitement rationnel. Les normes, même si elles ne peuvent plus être ancrées autour de valeurs suprêmes, restent pourtant objet de vérité et de justification du fait même des conditions de la discussion. C'est par la pratique de la discussion que se dégagent, à partir de l'intersubjectivité et de l'interaction permanente des membres d'une société, des formes de solidarité sociale, qui permettent à la fois d'asseoir la légitimité de l'ordre démocratique et d'assurer une intégration réflexive de la société moderne.

Pour Habermas, la véritable ressource de l'intégration sociale menacée de la modernité, à savoir la solidarité, peut plausiblement se développer à la fois grâce à des espaces publics autonomes largement ouverts et aux procédures, institutionnalisées par l'État de droit, grâce auxquelles l'opinion et la volonté démocratiques parviennent à se former. Autrement dit, le principe de discussion doit prendre la forme juridique d'un principe démocratique, c'est-à-dire être complété par des droits de communication et de participation garantissant l'usage public, à chances égales, des libertés communicationnelles[59]. Or, cela exige de manière très pratique un certain niveau de discussion dans les débats publics, d'où l'importance cruciale qu'a, dans cette conception de la démocratie, la réalité de l'espace public. Encore une fois, l'acceptation de la loi découle du fait qu'elle est le produit, au moins en tant qu'idéal, de la délibération de tous.

Si Habermas, malgré ses évolutions, n'a pas cessé d'octroyer un rôle majeur à la démocratie dans sa réflexion sur la modernité, il manifeste pourtant, dans ses premiers travaux, bien des réticences quant au fonctionnement réel de l'espace public dans les sociétés modernes. Dans un premier moment, il rappelle l'importance de l'espace public comme domaine de constitution d'une volonté générale, mais il n'est pas moins sensible également, à cette période, à la perversion de l'espace public qu'ont connue les sociétés du capitalisme avancé[60]. Dans les années soixante, la vision de Habermas est empreinte de nostalgie et de pessimisme historique : la publicité aurait cessé d'être un élément d'information majeure pour la formation d'une opinion publique éclairée et serait devenue une technique de contrôle social. Le sujet du politique cesse alors d'être l'individu de la tradition libérale et devient les divers groupes sociaux dont les désaccords d'intérêts et les rapports de forces finissent par tracer les frontières de l'intervention publique.

Face à une situation de ce type, et le risque qu'elle comporte pour l'exercice d'une certaine conception de la démocratie, Habermas n'entrevoit d'autre solution que l'intronisation d'une publicité critique, seule garantie d'un espace public à l'abri de toute reféodalisation future. La discussion doit permettre à la fois l'expression des conflits réels et le dégagement d'un véritable consensus. Surtout, il lui faut insister sur le fait que, dans certaines conditions, la société civile est effectivement capable d'exercer une influence sur l'espace public, puisqu'en dépit d'accès asymétriques à cet espace et de capacités limitées, elle garde toujours la capacité de donner une autre traduction des problèmes en jeu. Par là même, Habermas est contraint d'infléchir sa représentation de l'espace public dans les sociétés modernes, en le théorisant davantage comme un système d'alerte doté d'antennes hautement sensibles aux problèmes de la société, puisque alimenté par tout un conglomérat disséminé d'acteurs sociaux, qui ont la capacité de « formuler les problèmes de façon convaincante et *influente*, les appuyer par des contributions et les dramatiser de façon qu'ils puissent être repris et traités par l'ensemble des organismes parlementaires[61] ». C'est l'ensemble des associations non étatiques et non économiques à base bénévole qui accueille et répercute dans l'espace public politique les problèmes sociaux propres aux sphères de la vie privée. L'espace public est le véritable médiateur entre, d'un côté, le système politique et, de l'autre côté, les secteurs privés du monde vécu et les systèmes d'action fonctionnellement spécifiés. Puisque les garanties constitutionnelles, pour importantes qu'elles soient, sont incapables de préserver l'espace public et la société civile de toute déformation, Habermas conclut que « les structures communicationnelles de l'espace public doivent être maintenues intactes par une société civile vivace[62] ».

La démocratie ou l'impératif du consensus

Il serait injuste de critiquer Habermas dans le choix d'une situation idéale de communication, en soutenant la variété infinie des relations communicationnelles possibles. Cette situation de communication lui permet de reconstruire, à partir d'une perspective particulière, une théorie de la société. C'est pourquoi l'objection qui lui est si souvent adressée et selon laquelle l'écart postulé dès le départ entre les conditions idéales de communication et les situations réelles n'est jamais entièrement neutralisé dans sa théorie, ne touche pas au fond le cœur de sa conception[63]. Admettons même que si ambiguïté il y a sur ce registre, elle est savamment entretenue par Habermas lui-même, pour qui, effectivement, le propre d'une théorie critique de la modernité est de parvenir à structurer à la fois une théorie descriptive prétendant à des critères de vérité, un cadre général donnant une représentation d'ensemble de la modernisation mais dont la plausibilité ultime reste à confirmer en fonction des recherches futures, enfin, une vision normative et critique de cette même modernité. Pour Habermas, la distinction intellectuelle est nette entre les consensus empiriques auxquels parvient une société et ceux d'une communauté idéale de dialogue, qui pourrait justement mettre en question les jugements adoptés par la majorité à partir de l'adoption du point de vue universel des conditions de possibilité de tout discours futur possible. D'ailleurs, il en était déjà convaincu dès le début des années soixante-dix : « Parce que le discours empirique n'est *possible* que grâce aux normes fondamentales du discours rationnel, la contradiction entre une communauté de communication réelle et une communauté de communication idéalisée (même si elle n'est que supposée idéalement) n'est pas seulement intégrée dans l'argumentation, mais déjà dans la pratique vécue des systèmes sociaux[64]. » Habermas montre à la fois dans quelle mesure un consensus libre de contrainte peut opérer malgré les limites existant dans la réalité et de quelle manière l'existence de cet idéal d'intercompréhension permet de critiquer les distorsions actuellement à l'œuvre dans la vie sociale. Le fait qu'aucune société ne correspondra jamais au modèle d'une socialisation communicationnelle pure fait qu'« à travers le concept procédural de démocratie, cette idée prend la forme d'une communauté *de droit* qui s'organise elle-même[65] ».

Plus profonde et contestable est la nature de la démocratie dégagée par Habermas dans ses efforts pour l'enraciner à partir d'une éthique de la communication. La démocratie devient dès lors, inévitablement, et avant tout, un consensus cognitif, dans lequel bien des aspects de la domination sociale sont, sinon véritablement évacués, au moins mis en sourdine. En effet, la plausibilité de l'idéal de l'intercompréhension suppose non pas l'abolition des relations sociales inégales, mais l'avènement effectif d'un monde d'égalité symbolique entre les locuteurs. Or, si Habermas est conscient de cette limitation selon laquelle « le respect réciproque des droits et des devoirs se fonde ici sur des rapports de reconnaissance réciproques[66] », il ne tire pas toujours toutes les conséquences de cette perspective. Elle évacue d'emblée la prise en considération d'un certain type de conflits au sein de la modernité, et notamment ceux qui opposent des individus qui ne se reconnaissent pas mutuellement ce droit. L'agir communicationnel exige pour pouvoir opérer politiquement que l'humanité de l'Autre soit acceptée en tant que telle. Du coup certaines formes de privilèges et de relations de domination qui annulent le droit énonciatif de l'Autre, sont des formes conflictuelles qui sont au-delà de l'univers communicationnel et ne peuvent pas être comprises à partir de lui. Au contraire, ce n'est que dans une société déjà largement démocratisée que le problème de la communication peut se poser dans les termes choisis par Habermas, là où l'espace public est effectivement illimité et capable d'être le théâtre de véritables luttes pour la reconnaissance. Mais cela implique de donner une filiation historique précise à la notion de l'agir communicationnel, ainsi que d'éliminer certains conflits – comme la violence – de cet espace, puisque comme le faisait remarquer Rüdiger Bubner dès le début des années quatre-vingt, la nature linguistique du dialogue a dans ces situations moins d'importance que le principe de la reconnaissance réciproque des sujets en tant que sujets[67].

Mais plus important encore est sans doute le fait que, pour Habermas, toute mésentente se ramène toujours à un désaccord momentané susceptible d'être résolu par le dégagement d'une position autre qui intègre et dépasse les deux premières. La force de l'idée de consensus est inséparable du postulat, présent tout au long de sa réflexion, de la possibilité d'une éventuelle résorption ou d'un accord ultérieur possible au sein de chaque situation conflictuelle. Sur cet aspect, il faut constater les liens intimes que la notion de consensus entretient avec la triade dialectique, voire, non sans paradoxes, avec la notion de dépassement. Pour lui, l'antagonisme de A contre B est susceptible de faire naître une solution grâce à la discussion libre de contraintes. Pour Habermas, il est toujours possible de réélaborer les positions initialement opposées dans une troisième position qui tient compte des deux premières et les dépasse. Il va de soi comme supposition de base que « dès lors que l'on part d'un afflux d'informations pertinentes et d'un traitement approprié de ces informations, l'on parviendra à des résultats raisonnables ou équitables[68] ». Il y a là un postulat qui va bien au-delà de la conception strictement libérale de la démocratie. Au sein de cette conception, tout blocage prolongé comme toute manifestation de violence ne peuvent être perçus que comme des formes d'échec, plus ou moins transitoires, d'une solution négociée et pacifiée. La tentation est d'autant plus grande de s'enliser dans ce type d'affirmations que le recours aux institutions, et à la délibération, semble s'imposer comme évidence incontournable de la démocratie. Recours qui passe sous silence la face d'ombre constante présente dans toute société et qui cède à la tentation de postuler la possibilité d'une institutionnalisation achevée des conflits sociaux, en oubliant l'existence inéliminable au cœur de toute société de pratiques sociales institutionnellement refoulées. À l'encontre de Habermas il faut accepter que la violence est le résidu structurel constant non institutionnellement traité, parce que non institutionnellement traitable, d'un état historique de rapports sociaux de domination.

Il est ainsi faux d'affirmer que la position de Habermas ne tient pas compte du fait que la modernité n'est pas seulement le progrès, quoique colonisé, de la communication, mais qu'elle est aussi l'interférence des messages, ou encore, que sa conception du consensus ne rend pas justice à la rencontre antagonique d'acteurs aux orientations culturelles divergentes. Pour lui, comme pour Parsons, la société s'intègre par le biais du consensus culturel, mais à la différence de Parsons, il est loin d'adhérer au caractère donné et non problématique du système des valeurs d'une société. À l'inverse même, il est conscient que les valeurs et les normes sont ouvertes à la discussion, mais dans la mesure où sa préoccupation majeure le porte vers un effort de refondation rationnelle de la démocratie afin de surmonter les impasses de la modernisation, sa conception penche plus vers une prise en compte de ses dimensions institutionnelles que vers une prise en compte active de la lutte des classes ou des conflits sociaux dans les sociétés du capitalisme avancé. Dans son appel au droit et à la démocratie délibérative il y a la volonté de rétablir, par une discussion libre de contrainte, un principe d'unité au sein d'une société clivée.

La réflexivité impuissante

Le souci de Habermas de détacher sa conception de la raison de tout risque totalitaire le pousse vers une conception minimaliste de son rôle dans l'histoire. Le paradigme de l'intersubjectivité ne réussit qu'au prix de l'abandon de toute nostalgie d'une organisation globale de la société, au profit d'une conception modeste de ses capacités d'autoproduction. C'est pourquoi, dans cette représentation de la modernité, les mouvements sociaux deviennent des zones actives du monde vécu, participent à la formation de la conscience collective, mais sans avoir, étant donné la complexité sociétale, aucune capacité réelle de maîtrise directe. Ils seront avant tout à l'origine d'actions ayant pour but la réinstauration d'un consensus social. Habermas ne peut pas, lui-même, être plus explicite : « De toute évidence, il existe, dans les sociétés modernes, une asymétrie entre les (faibles) capacités d'une entente intersubjective et les capacités (inexistantes) de la société globale à se charger de sa propre organisation. Sous ces nouvelles prémices, il n'existe pas d'équivalent au modèle d'une action exercée sur soi-même en général, tel qu'il est développé par la philosophie du sujet, et plus particulièrement à l'idée hégélo-marxienne d'une action révolutionnaire[69]. » Autrement dit, les présupposés communicationnels de Habermas l'amènent à une conceptualisation largement défensive des mouvements sociaux. À terme la modernité, à la lumière de l'agir communicationnel, se caractérise par la tension entre ses faibles capacités d'autoconnaissance (malgré l'existence d'espaces publics partout disséminés) et son manque de capacité d'autoproduction centrale. C'est pourquoi « l'opinion publique qui, grâce aux procédures démocratiques, s'est transformée en pouvoir communicationnel, ne peut pas elle-même "dominer", mais doit se contenter d'orienter l'usage du pouvoir administratif dans un certain sens[70] ».

Au cœur de la théorie de Habermas se trouve l'idée que la société a une connaissance d'elle-même (grâce aux performances de la rationalité communicationnelle) mais qu'elle est incapable d'avoir une maîtrise sur elle-même (étant donné les limites de la capacité de transformation globale d'une société). Connaissance sans pratique possible, la vision reste donc au fond profondément pessimiste : le monde vécu de plus en plus colonisé par l'intégration systémique est capable de diagnostiquer la crise sans avoir de remède. La connaissance se sépare de l'agir[71]. En réalité, la conclusion était déjà inscrite à la base de cette réinterprétation des nouveaux mouvements sociaux : conceptualisés comme une forme collective de l'agir communicationnel ils ne pouvaient qu'être décrétés insuffisants en tant que forces sociales du point de vue téléologique. Difficile pour Habermas de sortir de la division du social entre l'expressivité du monde vécu et l'opérationnalité des systèmes administrativo-économiques.

Ce qui frappe le plus chez Habermas, ce sont les résistances à penser le Sujet collectif dans d'autres termes que ceux de l'héritage hégélien. Pour lui, pas d'alternative possible : si une conscience collective parvenait à se constituer elle ne pourrait s'exprimer qu'à travers un État qui « traduirait en autodétermination organisée de la société cette connaissance intersubjectivement constituée que la société possède d'elle-même[72] ». L'évidence des limites d'une action étatique au niveau de la société tout entière et le risque que cette volonté collective s'incarne dans un État se détachant de la société et se pensant libre de toute exigence de représentation réelle rendent impensable (et indésirable) le projet d'une société à la fois autoconsciente et autoproduite. Pour Habermas, la société moderne peut augmenter sa connaissance sur elle-même et choisir ses interventions sur elle-même, mais elle ne peut s'autodéterminer de manière globale.

Le diagnostic de la modernité de Habermas apparaît alors double. D'une part, dans le cadre de sa théorie de la société, son bilan critique n'est autre que le primat des mécanismes de l'intégration systémique sur les ressources du monde vécu, bilan contre lequel il dresse le rôle de l'espace public et du droit. D'autre part, sa propre théorie de l'espace public le conduit à une représentation dans laquelle la modernité est fortement caractérisée par l'ébranlement définitif de l'accord entre ses capacités cognitives et réflexives et ses marges réelles d'action, puisque la société moderne s'avère incapable de s'autoproduire de manière globale.

*

Le point de départ de Habermas est moins l'expérience historique de l'incapacité de la raison à se défendre elle-même que la volonté de produire les éléments théoriques permettant que la critique de la raison soit mise en œuvre par la raison elle-même. La modernité pour Habermas est, plus que toute autre chose, la prise de conscience d'« une raison qui engage des procès à l'encontre d'elle-même[73] ». Sa conception de la démocratie suit de près cette structure. Non qu'il en ignore les autres aspects, mais il a toujours tendance à les subordonner pratiquement à la possibilité d'une entente communicationnelle.

Habermas est la figure la plus achevée de la volonté de

parvenir à une conception critique du dualisme moderne et de ses impasses possibles. Peu d'auteurs ont placé avec autant de conviction la rupture de l'unité du monde à l'origine de la modernité. Peu d'auteurs également ont cherché autant à parvenir à une articulation des domaines ainsi clivés. Mais, à la différence de bien d'autres, Habermas résiste à l'idée que cette unité puisse se trouver, ou plutôt, qu'elle puisse être acceptée, du côté de l'expansion de la rationalité téléologique. Au contraire, il s'efforce de donner une autre conception de l'unité possible dans la modernité, dans laquelle, et malgré le dualisme qu'il affirme volontairement défendre, on ne peut que conclure à sa préférence unilatérale vers un rôle maximal octroyé à la raison communicationnelle. Conclusion surprenante si on se rappelle que le monde vécu et l'agir communicationnel sont dits colonisés par les mécanismes systémiques. C'est en voulant contrer ce processus que Habermas finit par faire de l'excès réflexif un véritable danger pathologique de la modernité, lorsque les capacités d'autoconnaissance de la société sur elle-même risquent à tout moment de se couper de tout enracinement dans la pratique sociale.

Peu d'auteurs nous ont autant appris à nous méfier des méfaits de la rationalité téléologique, et la matrice de la rationalisation ne sera plus jamais la même après Habermas. Mais c'est aussi dans son œuvre et de manière implicite que l'on voit pointer l'analyse de ce qui est déjà sans doute un des grands maux de la modernité, à savoir une surenchère réflexive qui, dans ses excès et ses déploiements, peut mener, tôt ou tard, à la paralysie de toute forme d'action. Cette conclusion provient à la fois de sa résistance à accepter les dimensions les plus matérielles de la vie sociale, et de sa méfiance à reconnaître que, même au cœur de la modernité, il y a dans le monde vécu des éléments préréflexifs et des automatismes toujours à l'œuvre échappant à tout projet d'autoréflexivité intersubjective. Voilà alors l'ultime avatar contemporain de la rationalisation : une raison effectivement capable de s'autocritiquer, mais qui se déleste lentement de sa confiance dans ses propres capacités d'autotransformation.

TROISIÈME PARTIE

La condition moderne

La sociologie n'a pas seulement fourni de sombres diagnostics de la modernité. Si sa sensibilité spécifique l'a souvent portée vers des conceptions pessimistes ou angoissantes, elle a su aussi développer une représentation plus positive de la modernité. Dans cette matrice, à la différence des deux autres, la réflexion sociologique s'organise autour des paradoxes et des contradictions insurmontables de la vie moderne. Consciente de l'aventure à laquelle nous convie la modernité tout autant que de ses dangers, elle souligne que le monde ne connaît désormais plus d'accalmie, qu'il est en changement perpétuel. Aucune image du monde, aucune représentation de l'individu n'est alors pleinement satisfaisante. Ou plutôt, seules sont acceptables les analyses qui rendent compte de ce mouvement incessant, dans cette rencontre, définie par Baudelaire, entre le fugitif et l'éternel : « La modernité, c'est le transitoire, le fugitif, le contingent, la moitié de l'art, dont l'autre moitié est l'éternel et l'immuable[1]. »

Cette tension entre l'essentiel et l'éphémère, comprise comme la manifestation phénoménologique et existentielle de l'expérience de l'individu dans la modernité, est au cœur de cette matrice : la modernité est alors une réflexion consciemment historique sur le « mode historique de la subjectivité[2] *». C'est ainsi que très tôt sont soulignés dans la condition moderne le changement dans la perception de l'espace et du temps, tout comme la vitesse des échanges. La vie dans la modernité sera ainsi maintes fois caractérisée comme l'expression d'un rythme accéléré d'événements, très souvent interprété en relation étroite avec la vie dans les grandes métropoles. Le mouvement est le véritable centre de la vie moderne, qui marque l'individu d'une forte « intensification de la stimulation nerveuse ». Sans aucun doute, et quelle que soit la réalité de son emprise intellectuelle tout au long du XXe siècle, c'est Georg Simmel qui a le plus profondément exprimé cet esprit.*

Ici la distance originaire de l'homme d'avec le monde devient un état social indépassable, l'horizon inépuisable de ressources et d'aventures. Mais de fortes tensions traversent cette matrice. Pour Georg Simmel le sentiment d'étrangeté au monde exprime le propre de la situation métaphysique de l'homme, toujours soumis à une tension irrépressible entre l'élan de sa vie et les formes qu'elle prend. Vision globale et à certains moments transhistorique, dont Simmel prend néanmoins soin, dans ses études, de délimiter la portée, de préciser ses manifestations dans la modernité, en essayant de mettre au jour les causalités spécifiques qui l'entretiennent et l'amplifient.

L'emprise de cette représentation, par l'importance qu'elle octroie à la dimension spatiale comme par l'esprit au fond optimiste qui la traverse, va marquer les sociologues de ce que l'on désigne comme l'école de Chicago. Chez eux, la distance originaire irrépressible et propre à la condition moderne est mieux délimitée sociologiquement, elle devient plus restreinte dans ses manifestations, elle apparaît en dernière analyse comme une expérience de l'entre-deux, davantage une faille sociale, spatiale et temporaire qu'un véritable état immuable de l'existence humaine. Mais c'est chez Erving Goffman que la représentation de la condition moderne obtient pour longtemps sa version intellectuelle la plus achevée. L'écart, et l'expérience de l'écart entre l'individu et le monde social, devient de manière explicite et consciente le thème central de sa sociologie. Mais cette distanciation est presque *entièrement dépourvue de charge tragique, elle cesse d'être l'expression, explicite ou sournoise, de l'aliénation, elle devient le fondement à partir duquel les individus éprouvent le monde. Contrairement aux auteurs de l'école de Chicago, cet écart constitutif de la condition moderne se généralise à nouveau puisqu'il semble concerner, malgré les imprécisions par omission à ce sujet repérables chez Goffman, tous les individus, quelles que soient leurs trajectoires ou positions sociales. Surtout, il rend explicite et opérationnel au sein de cette matrice ce qui n'était que tout au plus énoncé chez Simmel, à savoir le doute radical quant au statut ultime et du sujet et de la réalité. Tout autre est l'analyse d'Alain Touraine dont l'œuvre sera marquée en profondeur par un souci de l'action historique absente chez tous les auteurs précédents. Pourtant, il partage avec eux l'essentiel de l'intuition de départ, à savoir une condition moderne irréductible et définie par la distance entre les dimensions objectives et subjectives, son œuvre allant d'un primat des déterminismes objectifs à la prise en considération croissante du Sujet. Enfin, avec Anthony Giddens, l'écart constitutif de la modernité reste au centre de l'analyse, que ce soit celle des rapports entre l'agent et la structure, celle des rapports entre l'espace et le temps, ou encore, et surtout, à travers la nécessaire réflexivité par laquelle les individus modernes parviennent à combler leur sentiment d'absence des certitudes.*

C'est dans cette matrice que les sociologues exploreront le mieux l'idée de la fin de toute possibilité d'un ordre social harmonieux préétabli, que ce soit par la « ruse de la raison », la « main invisible » ou la « socialisation », tant ils acceptent la fragmentation, indépassable mais pas nécessairement destructrice, de la vie moderne. L'acteur, coupé du monde social et se référant toujours à lui-même, peut désormais multiplier un grand nombre de perspectives, qui certes ne doivent pas mener à un chaos relationnel, à une multiplicité ingérable de situations, mais dont l'horizon virtuel reste à jamais le désordre interprétatif. C'est à partir de cet axe que la sociologie moderne va déployer, dans les rares moments où elle s'engage vraiment dans cette voie, toutes les conséquences de la fin du sujet cohérent et homogène de la conscience classique. Cependant, le « sujet brisé » ne sera pas celui qui éclate dans l'extériorité, pur support des structures, mais à l'inverse, celui qui, défini par un rapport d'extériorité au monde, se sait incapable de trouver dans le monde les critères pour refonder l'ordre. À la différence d'une certaine tradition philosophique, le thème de la distance matricielle ne conduit pas la sociologie vers un perspectivisme radical où chaque individu devient maître de ses propres significations, et qui tôt ou tard réduit le problème de la condition sociale moderne de l'individu à une interrogation épistémologique. Plus modestement, cet écart pose le problème de la nature du rapport social de l'individu à un monde devenu une suite fragmentée de situations et de moments.

L'ambivalence, thème commun à bien des égards à tous les penseurs sociologiques, est loin d'être le propre de cette seule et unique matrice. Mais force est de constater que c'est ici qu'elle exprime le mieux toutes ses possibilités analytiques[3]*. La modernité est, enfin !, joyeuse,* *saisie avant tout dans la formidable explosion des horizons des possibles qu'elle a ouverts. La sociologie de la condition moderne garde en elle l'enthousiasme et l'anxiété des premiers penseurs face à la modernité. Elle est une lutte corps à corps avec ses ambiguïtés, ses dangers et ses contradictions, une lutte au cœur de laquelle elle ne cesse d'entrevoir de nouvelles promesses. Impossible alors de ne pas rendre hommage au très beau livre de Marshall Berman,* All that is Solid Melts into Air, *qui a su, sans doute mieux que quiconque, réhabiliter cette matrice à partir de la dialectique vieille de deux siècles entre modernisation et modernisme*[4]. *Pourtant, il est fort surprenant que l'auteur trouve chez Marx, comme l'affirme le titre même de l'ouvrage, et non pas chez Simmel, cité dans une note en bas de page, son principal représentant*[5]. *Certes, Marx est enthousiaste à propos du capitalisme dans le* Manifeste, *mais son œuvre, dans sa ligne centrale d'évolution, ne peut pas vraiment être identifiée à une réflexion sur la condition moderne. L'analyse des diverses formes de la domination prime largement tout comme l'influence, encore sensible dans son œuvre, d'une représentation enchantée du déroulement de l'histoire. Tout au plus est-il possible de dire que bien plus que d'autres penseurs sociaux et politiques du* XIXe *siècle, il est persuadé à la fois de la nouveauté radicale inscrite dans le monde par l'avènement du capitalisme et des promesses qu'enferme, suite à son épuisement, l'avenir. Mais ce n'est qu'avec Simmel que la réflexion sociologique tourne véritablement autour de la condition moderne.*

X

Georg Simmel, ou la modernité comme aventure*

Georg Simmel est un *border sociologist*. Il est fréquent, en effet, de parler de l'injuste destin de son œuvre, de son oubli, ou de ses redécouvertes partielles et toujours partiales, et d'ailleurs fortement opposées entre elles... Pour certains, c'est la rançon d'une œuvre trop ouverte, pour d'autres, le signe même de la difficulté à accepter une vision foncièrement ambivalente des possibilités de la modernité. Chez lui, pas de prophétisme philosophique, pas de pessimisme historique radical, pas de quête d'un systémisme moralisateur clos. Il a tout fait d'ailleurs pour désarçonner une lecture unique : ses études traversent toujours les frontières disciplinaires ; ses thèmes, en dépit même de la permanence de ses obsessions, sont marqués par une grande dispersion ; lui-même aurait évolué ostensiblement au long de sa vie, passant d'une forme de kantisme, voire de positivisme, au relativisme, enfin à la métaphysique de la vie, une évolution que l'on pourrait presque voir en action au travers des diverses éditions d'un même ouvrage[1]. Et pourtant, il est tout aussi fréquent d'insister sur l'existence d'une problématique centrale dans son œuvre. Certes, elle est loin d'être l'objet

* Georg Simmel (1858-1918).

d'un consensus, malgré l'air de famille existant entre les diverses interprétations. Simmel est alors tour à tour le penseur par excellence de la grande métropole, l'auteur des figures éponymes de la modernité, l'introducteur de l'élan moderne baudelairien au cœur de l'analyse sociologique[2].

C'est au sein de cette préoccupation d'ensemble qu'il faut, nous semble-t-il, le replacer et l'interpréter afin de faire de lui l'initiateur d'une des grandes lectures de la modernité que la sociologie porte en elle depuis le début, l'analyse de la condition moderne à proprement parler. Cette interprétation oblige à accentuer, à trop accentuer diront sans doute certains, une dimension au détriment de toutes les autres, voire à interpréter divers thèmes comme des simples variations d'une même partition. Perspective inévitable tant notre but est de trouver dans cette œuvre la première grande expression sociologique d'une analyse de la modernité qui a connu, par la suite, et bien au-delà des renvois et des rares aveux explicites des auteurs, une descendance majeure tout au long du XXe siècle.

I. AU DÉBUT ÉTAIT LA SCISSION

Simmel a compris bien mieux que d'autres la nature profonde du dilemme moderne et il s'est efforcé sa vie durant de percer les raisons les plus objectives de toutes les inquiétudes subjectives de la modernité. Il a par là dévolu aux individus modernes une dimension tragique que d'autres matrices sociologiques de la modernité ont, à l'inverse, essayé de lui retirer. Chez lui, les acteurs modernes doutent, sont assaillis par d'étranges états subjectifs ; souvent ils ne savent pas vraiment comment s'exprimer et se conduire, d'autres fois, à l'inverse, ils ont le sentiment que les formes dont ils disposent culturellement et socialement ne peuvent que les trahir. « L'insertion de l'humain dans les données naturelles du monde, au contraire de l'animal, ne s'opère pas sans problèmes : il s'en arrache, s'y oppose, il exige, il lutte, il exerce et subit la violence : ce premier grand dualisme est au commencement. du processus qui se déroule indéfiniment entre le sujet et l'objet[3]. » Certes, cette dimension centrale aura connu différentes formulations verbales, Simmel, au fond, et en dépit de la permanence de certaines d'entre elles, ne parvenant jamais à stabiliser entièrement un langage. Peu importe. Pour lui, la modernité est avant tout une dichotomie, plurielle dans ses manifestations mais bien plus unitaire qu'on ne l'a souvent dit, entre l'existence individuelle et ses formes. Pour lui, l'expérience du monde moderne renvoie toujours à une distance entre la culture subjective et la culture objective.

En fait, cette scission est au fondement même de la conception que Simmel se forge de l'individu et du monde. L'individu naît lui-même de cet acte de séparation avec le monde, lorsqu'il se détache d'un univers auquel il était confondu, enraciné, à tel point qu'il faisait partie d'un domaine continu de sensibilité. L'abstraction introduit une rupture doublement fondatrice : elle établit le primat de la médiation sur toute représentation d'une sensibilité immédiate au monde, elle fonde la possibilité même de l'existence et de l'errance des individus. C'est cette distance au monde que Simmel n'arrêtera d'explorer par tous les biais et dans tous ses détails. Il sait pertinemment que cet éloignement par rapport à l'environnement fonde le propre du psychisme humain, introduisant une frontière au sein d'un univers indifférencié puisque « la conscience d'être un sujet constitue déjà en soi une objectivation[4] ». Surtout, il est conscient du caractère doublement fondateur de cette rupture : « Sujet et objet naissent d'un même acte, logiquement, dans la mesure où la teneur factuelle purement abstraite, idéelle, est donnée tantôt comme le contenu de la représentation, tantôt comme celui de la réalité objective, et psychologiquement dans la mesure où la représentation encore dépourvue d'un moi, incluant personne et chose dans l'état d'indifférence, se clive et laisse se créer une distance entre le moi et son objet, de par laquelle chacun des deux acquiert son essence détachée de l'autre[5] ». D'ailleurs, Simmel est conscient que la réflexivité propre de la conscience est le recul par rapport à elle-même, sa capacité à se prendre à soi-même en tant qu'objet. Scission fondatrice et insurmontable dont découle un des traits propres de l'homme, à savoir son pouvoir de dédoublement intérieur : « La faculté de l'homme de se diviser lui-même en parties et de ressentir une quelconque *partie* de lui-même comme constituant son véritable Moi, qui entre en conflit avec d'autres parties et lutte pour la détermination de son activité – cette faculté met fréquemment l'homme, pour autant qu'il a conscience d'être un être social, dans une relation d'opposition aux impulsions et intérêts de son Moi qui restent extérieurs à son caractère social : le conflit entre la société et l'individu se poursuit dans l'individu comme un combat entre les parties de son être[6]. »

L'individu pour Simmel sera toujours saisi par cette volonté humaine de raccordement des domaines, d'objets et d'événements tout autant que par sa capacité à découper le monde, et à introduire, par là même, le besoin d'un lien entre lui et l'extérieur. L'homme est unification de sa scission avec le monde mais il n'existe que dans la mesure où il se détache de toute uniformité continue. L'homme est « l'être de liaison qui doit toujours séparer et qui ne peut relier sans avoir séparé[7] ».

Plus simplement, l'individualité ce n'est que la capacité à vivre ensemble deux dimensions : l'individu a une concentration intérieure, a un monde à soi, est un être autosuffisant mais il a aussi un rapport positif ou négatif, une tendance à s'identifier ou à se relier en relation à un tout auquel il appartient[8]. C'est pourquoi Julien Freund fait de l'essai sur le Pont et la Porte la clé de voûte de sa pensée : le pont étant le symbole de l'association, tandis que la porte est l'agent de la dissociation[9].

Cette rupture fondatrice entre l'homme et le monde entraîne un désir, parfois irrésistible, d'une totalité recomposée. Mais Simmel, à la différence de bien d'autres auteurs modernes, et en dépit même des tensions ici ou là présentes dans son œuvre, résiste au fond et à la nostalgie d'une unité primitive et à la promesse d'une totalité retrouvée. Pour lui, l'essentiel c'est sans doute l'unité, mais elle est irrécupérable, et surtout pas remplaçable par un appel à la totalité. Ces tensions ne s'expriment jamais avec autant de force que dans les études que Simmel réalisera, tout au long de sa vie, sur l'art. Elles sont présentes, par exemple, dans sa vision de Goethe, que Simmel semble trouver capable de dépasser la déchirure propre à toute médiation, tant chez lui le subjectivisme extrême s'allie à la plus grande manifestation d'objectivité, tant l'extériorité ne trahit pas l'intériorité, mais est au contraire toute vouée à son service, tant surtout Goethe paraît illustrer une parfaite symbiose entre l'œuvre et la vie[10]. Mais cette aspiration parcourt aussi sa perception des tableaux de Rembrandt, qui lui font dire que dans chaque expérience vécue sont présentes la totalité de la vie d'un homme et la hiérarchisation des impulsions de la vie. Dans ses portraits se révèle l'être entier[11]. Les artistes analysés par Simmel le sont toujours en tant que singularités exprimant une unité, et rendant compte, toujours de manière circonscrite et inimitable, de la totalité d'une vie.

Mais c'est dans ses études sur Rodin qu'il dévoile pleinement sa conception de la modernité : la dissolution des contenus stables dans le mouvement de l'âme. Rodin parvient à exprimer l'expérience des hommes sous forme de contradictions simultanées et à donner une forme au mouvement[12]. Mais Simmel ne tombera jamais complètement dans une esthétisation achevée de la vie sociale : quelque chose en lui lui a toujours rappelé, de manière lancinante, que l'essence de l'individu est d'être absolument dual. Ou encore, de manière sans doute plus centrale, la notion simmelienne de vie, ambiguë, équivoque, témoigne bien de cette tension jamais véritablement refermée.

Simmel s'intéresse moins à la genèse dernière de cette scission qu'à l'infinité de ses manifestations. L'œuvre paraît alors disséminée dans une série d'études ponctuelles qui, comme l'a dit Siegfried Kracauer, soulignent un ensemble de qualités essentielles de la vie sociale sans pour autant les insérer dans une totalité, sans parvenir « à dégager une loi qui ordonne sa diversité[13] ».

II. LA VIE EST MÉDIÉE

Les formes sociales

Simmel récuse une conception globale de la société au profit d'une certaine conception de la socialisation entre les individus. Faite de processus multiples et constants, la socialisation se fait et se défait sans arrêt, à travers un flux et un bouillonnement permanents des individus qui se cristallisent dans certaines « formes » sociales[14]. « Tous les grands systèmes et organisations super-individuels auxquels on pense d'ordinaire à propos du concept de société ne sont rien d'autre que des moyens de consolider – dans des cadres durables et des figures autonomes – des actions réciproques immédiates qui relient d'heure en heure ou bien la vie durant les individus[15]». La société se défait ainsi comme concept au profit de toute une série de formes de socialisation plus ou moins durables, plus ou moins éphémères.

Concept trop massif, la société aux yeux de Simmel a surtout le défaut de produire une représentation trop unitaire de la vie sociale, en passant sous silence la faille structurelle dont elle est issue. Pour Simmel, il y a société partout où des hommes se trouvent en réciprocité d'action et constituent une unité permanente ou passagère à l'aide des diverses formes de socialisation. Ces formes, produites par la vie sociale elle-même, sont l'objet privilégié de la sociologie, qui doit chercher à les isoler des contenus (des états psychiques, des pulsions, des intérêts, des buts des individus). Cette séparation analytique rend compte du fait qu'une diversité des comportements opère à l'aide de cadres formellement identiques tout comme du fait qu'un même contenu ou intérêt puisse se manifester dans une pluralité de formes sociales. La somme de ces formes sociales est ce qu'on appelle, par abstraction, société. Les formes, des modèles de socialisation, sont alors des médiations variées et constantes qui rendent compte de la régularité des pratiques humaines.

Mais celles-ci ne réduisent pas la sociologie de Simmel à une analyse «géométrique» de la vie sociale[16]; une vision trop rigide et délimitée qui ne fait pas justice aux aléas et aux contours toujours en mouvement des formes simmeliennes. La sociologie formelle de Simmel insiste autant, sinon plus, sur les processus et les mécanismes qui à chaque instant recréent la société, que sur un effort de classement des principales formes de la vie sociale. Simmel affirme la possibilité d'étudier les formes sociales indépendamment des états psychiques des individus, et pourtant ces mêmes formes ne sont jamais véritablement des schémas communs extraits à partir d'expériences diverses, puisqu'elles sont constamment étudiées en rapport avec les configurations concrètes et individuelles. Autrement dit, les formes simmeliennes ont avant tout un rôle de médiation : elles permettent de rendre compte, au sein de la distance inaugurale des hommes à la société, à la fois de la permanence de la vie sociale et de son mouvement perpétuel, de sa recréation constante. La société est la forme objective des consciences subjectives. Impossible d'éliminer la portée tragique de la notion de forme[17].

Les formes sociales sont ainsi un exemple de la scission entre l'objectif et le subjectif, de cette distance entre l'individu et ses manifestations, qui parcourt son œuvre. Mais peut-être ne l'a-t-il jamais traité avec autant de profondeur que lorsqu'il se demande « comment la société est-elle possible ?[18] ». Simmel avance déjà l'intuition qui sera maintes fois reprise par la suite : la société se réalise directement par ses propres éléments, d'où le besoin d'étudier les processus qui ont lieu dans les individus et conditionnent leur existence en tant que membres de la société. Simmel s'attarde sur trois *a priori* de ces formes de socialisation qui font référence autant au « je » qu'au « tu ». D'abord, la vie sociale repose sur des abstractions, sur des images partielles des autres ; on ne perçoit les autres qu'au travers de généralisations, des rôles joués au sein des contextes spécifiques. Ensuite, si l'individu est typifié à travers des rôles, il est aussi autre chose, il ne se résume pas seulement à sa dimension sociale, puisque « la vie n'est pas entièrement sociale[19] ». Enfin, la vie en société se déroule comme si chaque élément était prédéterminé par des positions objectives dans la hiérarchie sociale indépendamment du vouloir des individus.

On comprend facilement qu'il s'agit là certainement

d'une des premières versions de ce qui par la suite deviendra le paradigme interactionniste et de manière plus large le souci d'un niveau micro-sociologique. En tout cas, pour Simmel, cette conception de la possibilité de la société repose sur le besoin des typifications sociales de soi et des autres ; sur l'existence de structures et de rôles indépendants des hommes et qui ne les épuisent pas, tout en étant indispensables à la vie sociale. Il n'y a pas de possibilité de socialisation totale de l'homme. Une partie de lui reste toujours en dehors de la vie sociale, ce qui permet de comprendre que l'individu est toujours plus que l'addition de toutes ses manifestations. Dans chaque interaction l'individu n'est pris que sous un seul aspect sans que ses autres déterminations personnelles ne soient le moins du monde prises en considération. Comment ne pas voir alors dans cette représentation tout ce qu'elle doit à la scission matricielle de la modernité ? D'autant plus qu'à la fin de son essai, Simmel signale même le caractère fondamentalement aléatoire de la sociabilité humaine, l'espèce humaine ayant pu choisir une forme de vie non sociale comme c'est le cas dans certaines espèces animales. Remarque étrange et quelque peu candide. Et pourtant, elle témoigne aussi de la distance énorme qui pour Simmel s'établit phénoménologiquement dans la modernité entre le sujet et le monde : s'éprouvant à distance des formes sociales il peut même, pour oiseuse que semble la question, s'interroger sur le caractère hasardeux de la vie en commun.

L'argent

C'est sans doute dans l'étude et l'intérêt déterminants que Simmel porte à l'argent que ce besoin et les effets de la médiation se feront le plus sentir. Principe universel d'échange, l'argent est le symbole même de toutes les médiations. Tout son sens est d'exprimer le rapport de valeur des objets entre eux, en mettant sur pied d'égalité des choses inégales. L'argent, en universalisant la valeur et en favorisant l'échange, devient même le représentant par excellence de la tendance cognitive de toute la science moderne, et surtout de la vie moderne, à savoir « la réduction des déterminations qualitatives à des déterminations quantitatives[20] ».

L'argent est la manifestation la plus visible de l'être universel, « d'après laquelle les choses prennent sens les unes au contact des autres et doivent leur être et leur être-ainsi à la réciprocité des relations, dans quoi elles baignent[21] ». Dans la vie sociale l'homme est contraint à une évaluation constante. Il est même, dira alors Simmel, « un animal échangiste », c'est-à-dire défini par le caractère spécifique de l'objectivité, « cette faculté de considérer et de manipuler les objets en se plaçant au-delà du sentiment et du vouloir subjectifs[22] ». En fait, par la médiation de l'argent et au travers de la série des échanges, la valeur transcende les individus, devient supra-individuelle, sans néanmoins devenir une réalité propre à l'objet réel. C'est pourquoi l'emprise au quotidien de l'argent donne forme à une société qui passe des rapports directs aux objets à la médiation par les symboles. Cette tendance de l'évolution historique, Simmel, pourtant, a de la peine à la concevoir comme pouvant se réaliser jusqu'au bout[23]. Pour lui, le passage de la fonction monétaire au symbole monétaire, son affranchissement absolu de toute valeur substantielle, lui semble « techniquement infaisable[24] ». En réalité, ce qu'il n'accepte pas, ce sont les conséquences morales d'un tel état de choses. Mais une fois cette restriction posée et exprimée, il est conscient de l'évolution générale de la société vers la dissolution du substantiel. Sur ce point néanmoins, Simmel, écrivant au début du siècle, aura une sensibilité radicalement différente de celle de ses successeurs. Pour lui, la dépersonnalisation que l'argent introduit dans le monde va de pair avec un rapport de confiance croissant des individus avec les hautes sphères sociales centralisées.

Le cœur de l'analyse se plaçant au niveau de l'argent, il est évident que dans sa vision de l'économie, la primauté revient aux relations d'échange et non pas aux rapports de production. Paradigme de la médiation, l'argent permet de rendre compte de l'éloignement des buts et des diverses étapes à franchir afin de parvenir à les réaliser. L'argent s'insère dans la chaîne des buts comme un membre intermédiaire permettant à tout moment de convertir des biens. « Tout comme mes pensées doivent prendre la forme de la langue généralement comprise pour promouvoir mes buts pratiques par ce détour, ainsi mon action ou mon avoir doivent-ils adopter la forme de la valeur monétaire pour servir l'avancée de ma volonté. » L'argent est un point de passage obligé pour atteindre des objectifs « qui resteraient inaccessibles à un effort directement dirigé vers eux[25] ». Il est une médiation nécessaire et en même temps la preuve, au quotidien, d'une séparation irrépressible. Surtout, médiateur universel des choses et des hommes, il est le symbole par excellence du mouvement absolu de l'univers. L'argent « dès qu'il repose, (ce) n'est plus de l'argent », tant il est défini aux yeux de Simmel comme « un continuel dessaisissement de soi[26] ».

L'argent est le meilleur symbole du rapport relativiste de l'homme au monde, car il est vraiment le support actif et le reflet symbolique de ce qui lie et délie la vie sociale et la vie subjective. À travers lui, Simmel essaye de parvenir à établir un rapport entre les éléments les plus fragmentaires ou superficiels de la vie et les tendances les plus profondes et essentielles de la société.

L'étranger comme symbole de la médiation

Pour comprendre comment la figure de l'étranger devient le grand symbole humain de la médiation moderne, il faut replacer ce texte au sein de l'essai plus général de *Soziologie* (1908). Il devient évident alors que le thème de l'étranger est une figure de synthèse entre la vie errante et l'attachement à un endroit, c'est-à-dire une forme de médiation du groupe avec lui-même. Contrairement alors à ce que cette figure est parfois devenue, à savoir un symbole de la marginalité, elle est un synonyme de médiation, et d'autant plus qu'elle porte dans ses relations aux autres un lien entre le détachement et l'objectivité. L'étranger ne se définit ni par l'errance ni par la sédentarité, mais comme une médiation entre ces deux caractéristiques. C'est pourquoi, dans l'histoire économique, il fait si souvent son entrée comme commerçant[27]. Son rôle, au sein d'une communauté, est avant tout celui d'un intermédiaire par lequel se met en place tout un réseau d'échanges. Même si l'association peut sembler par moments abusive, l'étranger de Simmel se leste de bien des traits propres à l'argent, puisque « réduit au commerce intermédiaire, et souvent à la pure finance, comme si celle-ci en était la forme sublimée, il en acquiert la caractéristique spécifique : la *mobilité*[28] ». L'étranger rencontre les individus qui l'entourent mais, sans racines, il n'a aucune liaison organique avec eux. D'où son *objectivité* puisque délesté des particularismes et des partialités du groupe, il peut faire appel à des modèles plus objectifs, et il est moins contraint de se soumettre à la tradition. Avec l'étranger nous entretenons surtout des relations plus *abstraites*, les interactions avec lui sont interprétables dans des catégories plus générales, moins marquées par les liens organiques. Comme avec l'argent la relation avec l'étranger est marquée par la mobilité, l'objectivité et l'abstraction. Certes, l'étranger est aussi une figure ambivalente, comme d'ailleurs l'argent lui-même, mais il est avant tout un symbole de la médiation au sein du groupe du dedans et du dehors. Chez lui, avec lui, les similitudes générales l'emportent sur les relations particulières. Comme l'argent, il circonscrit ce qu'il y a de plus universel au sein d'un groupe et en même temps, et pour cela même, il ne peut y avoir avec lui d'intimité totale. C'est pourquoi il est toujours plus un type qu'un individu. L'étranger figure fidèlement ce triomphe de la culture objective sur la culture subjective, le besoin absolu du détachement entre les contenus et les formes. En bref, à travers le rapport particulier que le groupe entretient avec l'étranger, le groupe parvient, par sa médiation, à recréer son rapport avec lui-même.

III. LA VIE EST AMBIVALENTE

Simmel s'intéresse surtout aux effets rétroactifs des changements survenus dans la modernité sur les individus, et notamment à l'étroite corrélation entre l'économie monétaire, l'individualisation et l'élargissement de la sphère sociale. Une corrélation qui, au sein de la modernité, va donner lieu à toute une série d'ambivalences. Comme le signale Simmel lui-même : « À la multiplicité des aspects de notre être, à cette unilatéralité cherchant remède, qui caractérise toute expression singulière, abstraite, de notre rapport au monde, répond le fait – ou l'effet – qu'aucune expression de ce type n'est satisfaisante ni généralement ni durablement, et que chacune trouve d'habitude à se compléter, historiquement, par une affirmation contraire ; ce qui engendre, chez d'innombrables individus, des oscillations incertaines, des mélanges contradictoires, ou une aversion envers les principes englobants[29]. » À la différence de Weber, fasciné avant tout par les multiples mouvements de retournement de sens propres à la modernité, Simmel est plutôt attiré par les oscillations des hommes et l'ambivalence foncière qu'elle engendre. Entre la prépondérance d'une conscience claire et intelligente et les inquiétudes secrètes qui se vengent de toute image triomphante de l'homme moderne, naît « un obscur sentiment de tension et de nostalgie sans objet[30] ».

L'intellectualisation de la vie

L'intérêt de Simmel pour l'argent lui permet de saisir en profondeur quelques grandes évolutions de la vie moderne[31]. En tout premier lieu, et du fait que la progression de l'échange monétaire pousse à une utilisation de plus en plus étendue de substituts et de symboles n'ayant plus aucune relation matérielle avec les réalités qu'ils représentent, l'argent devient un pur symbole. Ce qui entraîne un formidable accroissement des mécanismes psychiques mais surtout contraint l'intellect à devenir la plus précieuse des énergies psychiques. « L'accroissement des capacités intellectuelles d'abstraction caractérise l'époque où l'argent, de plus en plus, devient pur symbole, indifférent à sa valeur propre[32]. » La vie quotidienne s'en trouve bouleversée. L'intellectualisation de la vie contraste en effet fortement avec les impulsions de nature plus affective des époques précédentes. La vie est soumise à des impératifs croissants de précision et de délimitation ; on doit y calculer, déterminer, peser, réduire les valeurs qualitatives en chiffres quantitatifs. L'expression chiffrée devient l'idéal de la vie moderne, toute soumise à l'emprise de la rigueur et de l'exactitude. L'intellectualité, comprise dans ce sens, n'est alors que le « représentant subjectif de l'organisation objective du monde[33] ». Mais l'accroissement des traits objectifs propres à l'homme moderne ne va pas sans ambivalence. D'un côté, grâce à l'intellectualisation de la vie, et à l'intensification de la stimulation nerveuse propre aux grandes métropoles, la conscience et la sensibilité des individus à la différence, notamment celle des expériences d'un instant à l'autre, ne font que s'exacerber. Mais de l'autre côté, cette même intellectualisation engendre un principe de défense de la subjectivité, tant l'homme devient calculateur, de plus en plus rationnel, soumis à l'emprise du quantitatif, voire indifférent à tout ce qui est proprement individuel[34].

À terme, « plus la vie sociale est régie par l'économie monétaire, et plus s'imprime efficacement et distinctement, au sein de la vie consciente, le caractère relativiste de l'être[35] ». Pour Simmel, le mouvement d'intellectualisation de la vie introduit par l'argent contient indissociablement des éléments d'émancipation et des réalités oppressives. Par l'argent, en effet, l'individu s'émancipe des formes traditionnelles de domination, mais au prix d'une instrumentalisation croissante de la vie, au risque à terme d'être tout simplement blasé[36].

Libération et dépendance

La vie moderne transforme les relations entre les hommes. L'argent, dans la mesure où « il s'interpose entre les choses et l'homme, permet à celui-ci une existence quasi discrète, libre de tout égard direct pour les choses, de tout rapport direct avec elles, liberté sans laquelle notre intériorité ne saisirait point certaines chances de développement[37] ». Mais cette tendance n'est pas univoque. Au fur et à mesure que le détachement face au monde s'accentue, que l'on peut tout vendre et tout acheter, l'individu est contraint de trouver dans les objets eux-mêmes cette solidité, cette force qu'il ne sent plus en lui-même. Il se libère des choses par l'argent, mais il n'en devient que plus dépendant de ses possessions concrètes[38]. Plus les rapports cessent d'être placés sous une dépendance personnelle, plus la liberté individuelle s'affirme, plus en même temps l'argent dégrade la personnalité, comme le montre Simmel à propos de la prostitution. En réalité, le passage d'un régime de travail de forme personnelle à une forme objective aggrave la situation du subalterne mais augmente aussi sa liberté, tant celle-ci suppose de l'irrégularité, de l'imprévisibilité, de l'asymétrie. L'individu est de plus en plus dépendant des prestations d'un nombre toujours croissant d'individus, et en même temps, et par là même, il est de plus en plus indépendant de chaque individu, et des personnalités qui se cachent derrière ces prestations[39].

Mais cette libération des individus de leur assujettissement personnalisé au profit de formes moins immédiates de dépendance renforce un autre mouvement. L'individu moderne est contraint de s'autogouverner et de s'autoréguler, mais de manière inversement proportionnelle à ses capacités et à ses ressources : « C'est un trait constant de notre société que de poser les plus hautes exigences, en matière de fermeté de caractère et de résistances aux tentations, précisément à ceux qu'elle prive le plus des conditions de la moralité[40]. » C'est ainsi par exemple que l'on demande au prolétaire affamé plus de respect de la propriété d'autrui qu'aux barons de la Bourse, et de la modestie et de l'honnêteté au travailleur tout en le séduisant par la tentation du luxe. L'ambivalence des hommes fait corps avec l'ambivalence de la domination morale : le devoir est d'autant plus strictement imposé que l'exercice est compliqué. Depuis Simmel cette tendance à l'intériorisation de la domination sociale sous forme d'automaîtrise des tentations auxquelles les individus ne cessent pas d'être exposés est devenue un trait majeur de la modernité. Libre, l'individu doit être maître de lui, et d'autant plus maître de lui qu'il n'a pas les ressources nécessaires pour le faire.

L'individualisme et le groupe

L'individu vit à la croisée de multiples liens sociaux, dans de multiples sphères. L'intérêt que Simmel porte alors au processus de différenciation sociale vient de ses conséquences pour l'individualisme moderne. Émile Durkheim lui-même commentait déjà cette différence entre leurs approches de la différenciation sociale : pour Simmel, dit-il, « il n'est pas question de la division du travail spécialement, mais du *processus* d'individuation, d'une manière générale[41] ». Plus l'individu appartient à différents cercles sociaux, et plus il vit un processus ambivalent d'émancipation individuelle.

Au cœur de ce processus, les risques de fragmentation du sujet sont constants. La modernité est à la fois la possibilité inouïe de l'exploration de nouvelles dimensions de l'individu et le risque insoupçonné jusqu'alors de son égarement dans l'éclatement de soi. L'individualisation des formes de vie intérieures et extérieures et la dissolution consécutive des attaches originaires favorisent des rapports différenciés à des réalités autonomes. Du point de vue de l'espace, elles favorisent un éloignement de l'homme des cercles les plus proches et un rapprochement des plus éloignés, comme en attestent les analyses consacrées par Simmel aux paysages[42]. Du point de vue temporel, les réalités ont aussi tendance à s'autonomiser et à se fragmenter, comme en témoignent notamment l'« aventure » qui casse la routine de la vie ou le fait que l'événement qui brise l'unité de la vie puisse être éprouvé comme vécu par quelqu'un d'autre[43]. Et pourtant, malgré tout, l'individu, chaque individu, malgré une existence pratique fragmentaire et insuffisante, parvient souvent à lui construire un sens et une cohérence[44].

Le rapport prétendument monolithique de l'individu à la société se brise au profit d'une multiplicité excentrée et hétérogène de relations diverses entre des individus et une pluralité de groupes sociaux. Simmel établit même une corrélation entre l'étendue du groupe et le développement de l'individualité, entre ces deux mouvements et l'extension des sentiments cosmopolites. L'individu émerge comme individualité à la croisée des différents cercles, puisque la combinaison qu'il opère peut être différente à chaque cas. Mais il peut aussi se trouver pris entre des tendances opposées, comme lorsqu'il fait partie, en même temps, de deux groupes farouchement opposés. Le bilan est tout ambivalent : à la fois conflit et oscillation, mais aussi expansion et enrichissement de la vie[45].

Le fait d'être pris dans ces sollicitations croissantes et hétérogènes n'explique pas à lui seul la fragilité de l'individualité moderne. Cette situation, en fait, n'est qu'un mince danger comparé au formidable dépassement de l'esprit subjectif par l'esprit objectif. Il entraîne la soumission croissante de l'individu à des contenus et des sollicitations impersonnels, et le contraint à exagérer les manifestations extérieures de sa personnalité afin de faire, tout simplement, entendre sa singularité et sa différence. L'atrophie de la culture individuelle n'est qu'une conséquence de l'hypertrophie de la culture objective[46], le souci extrême de l'expression singulière et authentique de soi étant d'ailleurs favorisé par une structure sociale différenciée permettant une plus grande individuation des sujets.

Rien ne montre mieux ce déplacement normatif du primat de la société vers l'individu que l'inversion que constate Simmel des rapports entre l'amour et le mariage. Si au départ l'amour fut, parfois, une conséquence du mariage, désormais le mariage est une conséquence de l'amour. L'évolution, partie de l'intérêt social et de la norme, érige de plus en plus l'intérêt de l'individu en seul et unique critère[47]. Au fond, c'est aux individus de tisser leurs rencontres suite à leur formidable processus d'individuation. Le mariage comme alliance entre deux patrimoines cède le pas à l'union entre deux individualités. D'ailleurs, il est possible de lire bien des analyses précises et microsociologiques de Simmel dans cette perspective : la signification qu'il donne au conflit comme partie indispensable de toute unité[48], ou au secret comme expression du besoin d'opacité propre aux hommes et aux groupes[49], ou encore, l'importance qu'il octroie au rôle du tiers dans la socialisation humaine. Enfin, et peut-être surtout, l'analyse que Simmel fait de la mode, comme double direction vers l'imitation sociale et la distinction individuelle, témoigne bien du double désir de surmonter une distance aux autres et en même temps de la préserver ; il trouve surtout en elle une expression symptomatique de l'irritabilité nerveuse de la vie moderne, du double attrait du nouveau et du périssable[50]. Simmel laisse parfois entendre que l'individu peut s'en servir pour mieux ruser : il abandonne son apparence à l'asservissement collectif de la mode, afin de sauver, d'autant mieux, sa liberté intérieure[51]. L'homme moderne cherche dans la fugacité le remède à l'inquiétude que cette même fugacité produit en lui.

Le blasé comme symbole de l'ambivalence

Il est difficile d'extraire une figure par antonomase de l'ambivalence de la vie pour Simmel, tant cette attitude traverse bon nombre de descriptions des états psychiques. Néanmoins, le blasé pourra faire l'affaire[52]. Du fait même de la formidable différenciation de la vie et des stimulations nerveuses auxquelles il est soumis, il finit par se barricader dans une attitude qui lui fait ressentir comme vaines la signification et la valeur des différences entre les choses. C'est en quelque sorte le reflet subjectif et intériorisé de l'économie monétaire, tout comme de la vie dans les grandes métropoles. Pour lui toutes les choses sont mornes et grises. L'indifférence, plus que la dévaluation de la valeur des choses, le caractérise. Il est assailli par l'intime conviction que l'on peut acquérir les multiples biens de l'existence pour la même somme d'argent. Le dégoût guette davantage les riches, dépourvus de l'obligation de l'individualisation de l'effort pour obtenir tel ou tel bien. De là découle l'avidité de l'individu blasé pour les incitations et les excitations, pour la rapidité de l'alternance des moments, afin de se distraire un peu de sa vision morne de l'existence. L'imprégnation de l'économie monétaire engendre ce sentiment d'indifférence, l'argent devenant le niveleur le plus redoutable de toutes les choses. Mais il n'est pas le seul, surtout dans l'expérience des riches, à être coupable. Pour Simmel, le blasement est le phénomène de l'âme le « plus incontestablement réservé à la grande ville ». Et il semble conclure alors de manière négative : « Avec la civilisation monétaire, la vie devient tellement prisonnière de ses propres moyens que, tout naturellement, pour se délivrer de ses fatigues, elle a recours à un moyen pur et simple, lui-même gardant le silence sur sa propre finalité, je veux dire à ce qui est, tout bonnement, “excitant”[53]. »

Pourtant, être blasé est une attitude ambivalente, tout d’abord parce qu’en faisant appel à l’excitation, elle produit une forme extrême de subjectivisme à l’encontre de l’objectivation croissante du monde. Plus profondément, si par l’indifférence il est aussi une protection de l’individu face à la surexcitation à laquelle il est exposé dans une grande ville, il est une « mesure d’autoconservation chez certaines natures au prix de la dévaluation de tout le monde objectif[54] ». Une attitude qui peut certes entraîner à terme une dévaluation identique de soi, mais qui s’avère indispensable pour éviter l’atomisation de l’individu. La multitude des interactions propres à la grande ville force à une différenciation interne de la vie d’échange, à la constitution « d’une pyramide de sympathies, d’indifférences et d’aversions d’une espèce très courte ou très durable ». Certes cette réserve n’est pas forcément le dégoût, car elle est moins intense même si elle est tout aussi généralisée, mais c’est dans l’expansion de ces attitudes que se trouve le critère par excellence de la socialisation urbaine et moderne : le fait d’établir les distances et les éloignements, mais aussi l’intensité et le dosage de nos implications, sans lesquels « nous ne pourrions tout bonnement pas mener ce genre de vie[55] ». La force de l’analyse de Simmel est d’avoir compris que derrière un comportement caractérisé par une dominante psychologique mélancolique se cachait un facteur d’intégration sociale[56].

IV. LA VIE EST DÉCHIRÉE

La tragédie de la culture

Pour Simmel, au-delà des médiations dont la vie ne pourra pas se passer, voire des multiples ambivalences qu'il repère dans la situation moderne, il faut prendre acte du déchirement irrépressible de l'individu[57]. Tout en étant toujours en lui-même la vie, d'une manière immédiate et énergétique, il ne la connaît que dans des formes toujours spécifiques, des formes qui, dès qu'elles sont empruntées, se révèlent comme appartenant à un tout autre ordre, en affirmant même une consistance supérieure à la vie elle-même. Le contraste est évident « entre la vie subjective qui est sans repos, mais limitée dans le temps, et ses contenus qui, une fois créés, sont immuables mais intemporels[58] ». Les formes deviennent des fins en soi, elles deviennent agissantes par leur propre force en dehors de leur insertion dans l'existence, indifférentes à la vie qui à l'origine les a fait naître et les a commandées. L'homme est la source originaire du sens mais il est pris à la fois dans un tourbillon de significations qui l'excède. François Léger souligne que la vie « est création de quelque chose qui lui devient étranger, elle produit un monde objectif dans lequel elle s'aliène, mais avec lequel elle forme pourtant une unité, puisqu'elle se façonne à l'image de ce qu'elle a elle-même créé[59] ». La vie dans sa pure immédiateté est force sans forme, mais à terme, la forme, grâce à sa consistance durable, devient la manifestation principale de la force.

La notion de culture a ici une signification précise. Elle renvoie à un état de perfection de l'âme qui à la différence d'autres manifestations purement intérieures (l'approfondissement religieux, la pureté morale) a besoin, afin d'atteindre son expression suprême, de faire un détour par les créations du travail de l'esprit humain. Dans ce mouvement réside toujours à terme un danger d'égarement. Or, Simmel est aussi sensible, ne serait-ce que par l'emprise que l'art a chez lui, au génie de certaines époques qui favorisent l'émergence de formes capables d'accueillir de manière harmonieuse, au moins pendant un certains laps de temps, la vie en soi. Il est conscient du caractère daté de ces harmonies, et persuadé que tôt ou tard, la contradiction est souvent inévitable, et que la vie reprend ses droits. En bref, la culture naît « de la rencontre de deux éléments, qui ne la contiennent ni l'un ni l'autre : l'âme subjective et les créations de l'esprit objectif[60] ». Insistons sur ce point : quelle que soit l'opposition entre l'esprit subjectif et objectif, l'unité de la culture, elle, passe toujours à travers les deux ; l'expression du sujet passe par des réalités objectivement spirituelles, et celles-ci, à leur tour, doivent permettre le passage en elle du chemin de l'âme. La culture est toujours synthèse.

C'est pourquoi, pour exprimer ce déchirement, Simmel ne retiendra pas vraiment le mot d'aliénation, lui préférant, et de beaucoup, la notion d'objectivation. À condition toutefois de comprendre que si elle désigne l'inévitable sortie de soi, elle ne présuppose pas nécessairement un retour vers soi sous forme supérieure de synthèse, comme le voulait Hegel à la fin du déploiement de l'Esprit. Là où Marx voit une faille spécifique propre au mode de production capitaliste, Simmel conçoit une dichotomie propre de la condition humaine. L'attribution de la valeur de fétiches aux objets économiques à l'ère de la production marchande n'est alors, tout au plus, qu'un cas particulier[61]. Pour Simmel, la tragédie de la culture n'est ni une forme historique spécifique d'aliénation susceptible d'être dépassée par le déroulement même de l'histoire ni, non plus, sauf peut-être dans quelques expériences singulières, une diversité de manifestations objectives qui permettraient à terme le ressaisissement du sujet. Sa conception du monde s'ancre, comme l'a bien signalé François Léger, dans une « dialectique sans synthèse[62] ».

L'individu doit surmonter le conflit entre la vie et la culture sans en être entièrement capable. Cette conception tragique de la vie a permis à Georg Lukács de caractériser l'œuvre de Simmel comme une philosophie de l'impressionnisme, c'est-à-dire une philosophie de la transition, incapable de parvenir à une clôture, mais, au contraire, traversée par le rejet des formes rigides afin de s'en remettre à la plénitude de la vie. Toute forme est toujours, pour l'impressionnisme, à la fois trop figée en elle-même et trop faible pour cantonner le mouvement foisonnant de la vie. Chaque position est nécessaire et inconditionnelle, mais aucune ne parvient à embrasser la totalité de la vie. C'est pourquoi Lukács dira que la sociologie de Simmel n'est, elle-même, qu'une expérience, une transition, le reflet d'une perception intensifiée de la réalité dépourvue de la capacité de la surmonter et de parvenir à une vision globale de la société[63]. Le conflit entre l'unité déchirée et la totalité retrouvée aura traversé le siècle. Mais Simmel verra dans la culture l'essence même du tragique, ainsi qu'il le dit dans son Testament philosophique : « Un destin est orienté d'une façon destructrice contre le vouloir-vivre d'une existence, contre sa nature, son sens et sa valeur – et en même temps on sent que ce destin provient de la profondeur et de la nécessité même de cette existence[64]. »

La crise de la culture moderne

Si le conflit est métaphysique et renvoie à terme à une conception de l'homme et du monde, presque à une analyse existentielle avant la lettre, Simmel s'efforcera de délimiter, au sein de cette représentation globale de la tragédie de la culture, ce qui revient en propre à la situation des modernes. La métaphysique est ainsi à la fois prolongée et infléchie par la sociologie.

Si la vie dans son mouvement finit toujours par ressentir la forme comme en opposition latente avec elle, la modernité fait l'expérience d'un conflit généralisé entre la vie et les formes. Il s'agit d'une « nouvelle phase de l'ancien conflit qui n'est plus le conflit de la forme que la vie investit actuellement contre la forme ancienne devenue sans vie, mais le conflit de la vie contre la forme en général, contre le principe de la forme[65] ». La pure immédiateté de la vie veut accéder à l'expression sans médiation, surmonter tous les obstacles, afin de s'épancher de façon créatrice. La vie s'écarte de ces formes dans tous les domaines de la vie moderne. Les exemples sont abondants. Dans l'expressionnisme, par exemple, Simmel repère cette volonté visant à prolonger de manière immédiate l'émotion intérieure ; mais il la trouve aussi dans le mouvement de la vie érotique pour s'émanciper des formes et des contraintes dans lesquelles elle a été si souvent enfermée, des schémas généraux qui ne peuvent être vécus que comme des violences faites à ses incarnations particulières. Simmel est extrêmement sensible au danger inévitable qui guette toutes ces expressions de la vie dans toute sa nudité. Elles finissent souvent par se cantonner à des manifestations dépourvues de toute expression, par se figer, paradoxalement, dans un chaos de formes atomisées, comme il le constate à propos du futurisme. On retrouve ici, bien sûr, une des expériences les plus récurrentes de la modernité, d'ailleurs toujours énoncée, malgré la multitude d'auteurs et de périodes, à l'aide de formules verbales fort semblables : « il y a là de la part de la vie une volonté passionnée de s'exprimer qui ne trouve pas de place dans les formes traditionnelles sans avoir encore trouvé de nouvelles formes[66] ». Bien des réalités sociales de la vie moderne peuvent être interprétées à partir de cette déchirure, comme c'est le propre, par exemple, pour Simmel (déjà...) du mariage, dont l'esprit objectif, les formes sociales ont pris un retard par rapport aux esprits subjectifs, aux nouvelles conditions de vie qui se créaient pour les femmes de la bourgeoisie à la fin du XIXe siècle[67] : un écart qui favorise l'émergence brute de la vie.

Dans la recherche de l'originalité des modernes il décèle la passion d'exprimer leur vie réelle, mais aussi la recherche d'une preuve, presque une quête d'assurance qu'il s'agit bien de leur expression propre. Ainsi, la vie a le sentiment de ne pas avoir été trahie en empruntant des formes qui lui seraient extérieures. À l'inverse de l'art où il est possible de trouver dans quelques individus la manifestation de l'universalité de l'homme, le dilemme de la modernité pousse plutôt les individus vers une exigence d'unicité qualitative, vers la quête d'un caractère irremplaçable (ce que, bien après lui, d'autres appelleront le narcissisme de l'homme moderne) : « il ne s'agit plus qu'on soit en général un être particulier libre, mais qu'on soit cet être déterminé et non un être interchangeable[68] ». Il y a une possibilité de révolte « romantique » toujours latente au cœur de l'individu de la modernité. L'homme se sent perturbé par un grand nombre de contenus objectifs et de sollicitations matérielles, pense trouver son être personnel et naturel en se débarrassant des cercles de sociabilité ; mais, et Simmel préfigure déjà ce que Goffman dira plus tard, « l'aspect personnel ne constitue pas l'homme sociable dans toute sa singularité et son intégrité naturaliste, mais seulement au prix d'une certaine réserve et d'une stylisation[69] ». L'homme moderne est pris dans cette tension : il doit jouer des rôles, se servir des formes sociales, sans pouvoir jamais parvenir à coïncider totalement avec elles. L'individu risque alors à tout moment de renoncer à toute forme extérieure et de se replier sur sa propre subjectivité immédiate.

Le fait que l'individu soit obligé de faire face à d'innombrables objectivations de l'esprit mène aussi à un deuxième danger. L'homme, face à toutes ses manifestations de l'esprit objectif, peut se sentir « comme en face d'empires gouvernés selon leurs propres lois qui cherchent à devenir le contenu et la norme de notre existence individuelle, qui ne sait pas trop bien quoi en faire, et les ressent assez souvent comme une charge et une force contraire[70] ». Il a l'impression d'être comme écrasé par une infinité quantitative, par un nombre énorme d'éléments culturels qu'il ne peut ni assimiler intérieurement, ni refuser entièrement. Autrement dit, dans la modernité, il ne s'agit pas seulement de l'écart croissant entre la culture objective et la culture subjective, mais aussi du risque d'écrasement de l'individu par l'esprit objectif, du fait de son rythme vertigineux de croissance. Déchirement irrépressible, tant la culture objective s'affine et s'étend à l'aide de forces qui dépassent, de beaucoup, les capacités inévitablement partielles et limitées des individus. Dans la modernité, l'individu aura toujours à la fois le sentiment de manquer et d'avoir trop. En effet, les objets prennent la forme d'une altérité grandissante, ils envahissent même parfois la vie de l'homme, et pourtant ils l'indiffèrent profondément, tout en le harcelant, convaincu comme il l'est qu'il peut toujours les remplacer. Les objets qui l'entourent sont insignifiants sans cesser d'être signifiants, mais ils restent, néanmoins, l'univers potentiel de la propre évolution culturelle de l'homme.

La culture se diversifie dans des branches particulières qui tendent à se séparer entre elles et à prendre des directions divergentes. L'harmonie de la culture moderne est dès lors menacée de destruction, suivant le destin de la tour de Babel. « Que tous les contenus perceptibles de notre vie culturelle se soient dissociés en une pluralité de styles, voilà qui brise cette relation originaire envers eux où sujet et objet reposent encore dans l'indivision, voilà qui nous confronte à un monde des possibilités expressives se développant selon ses propres normes, un monde des formes pour exprimer la vie, de sorte que ces formes d'un côté, le sujet de l'autre, sont là comme des parties face à face, entre lesquelles règne un rapport purement accidentel de contact, d'harmonie et de dissonance[71]. » Surtout de dissonance au fur et à mesure que l'individu a de plus en plus de peine à établir un lien entre l'aspect fragmentaire et imposant des choses qui lui sont livrées de l'extérieur et ses capacités à donner une signification unitaire à la vie à partir de son intériorité. La relation est désormais claire entre l'esprit objectif et l'esprit subjectif : la scission, l'harmonie momentanée, le compromis, l'antagonisme, jusqu'au sentiment d'écrasement de l'individu moderne.

La femme comme symbole du déchirement

Si Simmel est hautement conscient de l'importance centrale du mouvement des femmes pour le XXe siècle (un « mouvement qui influera sur l'avenir de notre espèce plus profondément que la question ouvrière elle-même[72] »), c'est que, pour lui, la condition de la femme dans la société est l'expression la plus achevée du tragique moderne. Elle incarne de trois manières différentes le déchirement de la vie.

Par la nostalgie tout d'abord. Simmel lorsqu'il oppose le masculin et le féminin est tenté d'affirmer que la séparation radicale entre l'objectif et le subjectif est le propre de l'esprit masculin, tandis que la femme semble garder en elle une plus grande réconciliation, grâce au « merveilleux rapport que l'âme féminine paraît encore entretenir avec l'unité intacte de la nature[73] ». Vision mystificatrice de la femme, que Simmel critique mais dans laquelle néanmoins il semble glisser parfois, cédant à la tentation d'affirmer, malgré ses démentis constants, la possibilité d'une vie unitaire.

Ensuite, sous forme de domination sociale. C'est chez la femme que Simmel trouve l'expérience sociale la plus pure de la tragédie culturelle de la modernité, lorsque la femme, par exemple dans le lyrisme, éprouve le caractère étanche de sa condition : « la vie intérieure, qui pousse à son objectivation dans une figure esthétique, ne remplit pas entièrement les contours donnés de celle-ci, de sorte que les exigences émanant d'elle, à quoi il faut bien satisfaire, ne pourront être apaisées qu'au moyen d'une certaine banalité, d'un certain conventionnalisme ; tandis que d'un autre côté, dans le champ de l'intériorité, un reste de sentiment et de vie demeure privé de forme et d'accomplissement[74] ». Si la femme a tant de mal à oublier qu'elle est une femme, c'est-à-dire autre, c'est que sa vie se déroule dans le sentiment que l'universel humain régulant les manifestations du masculin particulier et du féminin particulier repose de fait sur la position de force des hommes.

Enfin, en tant que dimension particulière de l'Absolu redoublé. La féminité intervient en tant que manifestation du dualisme sexué irrépressible de l'être humain, comme une des particularités qui déchire toute aspiration unitaire à l'universel. Le masculin et le féminin ne sont alors que des symboles de la scission fondatrice de la vie : d'une part, le masculin en tant qu'Absolu, c'est-à-dire en tant qu'objectivité, élévation normative au-dessus de toute subjectivité, et qui entretient pratiquement le dualisme, d'autre part, le féminin en tant qu'Absolu, c'est-à-dire en tant que clôture substantielle et immobile de l'unité de l'être humain, et qui renvoie pour ainsi dire à un avant de la séparation en sujet et objet[75].

*

« La voie de tout développement achevé passerait de l'unité indifférenciée à travers une multiplicité différenciée à une unité différenciée[76]. » On peut à la lumière de cette phrase interpréter bien des lectures réalisées de l'œuvre de Simmel, ainsi que les oscillations qui n'ont pas cessé de parcourir son travail. La conception de la modernité qu'a exprimée Simmel aura une longue descendance. Certes, elle empruntera rarement directement ses mots, et sans doute, peu d'autres auteurs auront donné un ton aussi tragique à l'expérience moderne. Dans la descendance de cette matrice de la modernité, les interrogations auront plutôt tendance à se centrer autour des différents processus sociaux qui animent la déchirure du sujet et de l'objet. Les analyses porteront alors très souvent sur la nature du sujet, et la difficulté – en fait souvent non prise en compte – de son décentrement. Mais au-delà du changement inévitable des langages, voire de l'inflexion des interrogations, comment ne pas sentir, derrière bien des formules en apparence froides et distantes, le frémissement de l'intuition simmelienne de la vie. Personne ne le redira mieux que lui tout au long du siècle :

« La grande entreprise de l'esprit : surmonter l'objet comme tel en se créant lui-même en tant qu'objet, pour ensuite revenir à lui-même enrichi de cette création, réussit d'innombrables fois ; mais il lui faut payer cet accomplissement de soi par le risque tragique de voir s'engendrer, dans l'autonomie du monde créé par lui et qui en est la condition, une logique et une dynamique détournant, à une rapidité toujours accélérée et à une distance toujours plus grande, les contenus de la culture de la finalité même de la culture[77]. »

XI

L'école de Chicago, la condition humaine dans la ville moderne*

Inutile de chercher une filiation stricte entre l'œuvre de Simmel et le développement de la sociologie à Chicago. Même si Robert Park a suivi quelques cours de Simmel en Allemagne, même si ce dernier détient dans un des plus célèbres manuels de sociologie jamais écrits, réalisé par Park et Burgess, une place prépondérante[1], l'influence majeure du pragmatisme sur cette sociologie, son souci réformateur, son intérêt pour une professionnalisation de la sociologie, ainsi que le déploiement de méthodologies de recherche empirique, empêchent toute filiation stricte[2]. Et pourtant, une partie des études et des préoccupations des auteurs de ce qu'on a fini par dénommer l'école de Chicago[3] doit se replacer dans le sillage simmelien[4]. Mais ce qui pour Simmel était avant tout un trait spécifique de l'homme, et l'objet des formulations les plus pathétiques, devient chez les auteurs de l'école de Chicago un problème spécifique à la modernité, voire une réalité propre à certaines époques et à certaines expériences de transformation sociale. Conséquence, entre autres, de la préférence de ces auteurs pour la description des situations au détriment des spéculations conceptuelles. Mais en socia-

* L'école de Chicago (1918-1940).

lisant davantage que Simmel ne l'avait fait la distance matricielle propre à la modernité, l'école de Chicago réduit en même temps sa portée sociale[5].

I. LA VILLE ET LA MODERNITÉ

L'école de Chicago trace la frontière entre le type idéal de la société rurale traditionnelle et de la société urbaine industrielle. Certes, on a critiqué l'association radicale établie par les auteurs de l'école de Chicago entre le milieu urbain et l'émergence d'une forme spécifique de caractère humain. Si l'association est abusive, elle visait pour l'essentiel aux yeux des auteurs à rendre compte du caractère mouvementé et instable de la modernité, de ces déplacements dans l'espace tout comme de la mobilité sociale des individus.

La mosaïque urbaine

« Le fait saillant de la société moderne est la croissance de grandes villes. Nulle part ailleurs, les changements considérables entraînés par l'industrie mécanisée sur notre vie sociale ne sont inscrits avec autant d'évidence que dans la ville[6]. » La ville devient à la fois le lieu massif de l'expérience des hommes de la modernité et le centre d'impulsion de la vie économique, culturelle et politique. La ville de Chicago c'est le maelström de la modernité. La croissance exponentielle de la ville qui compte en 1900 deux millions d'habitants, qui accueille chaque année plusieurs dizaines de milliers d'immigrés, qui est à la fois un lieu de contact et la plaque tournante de tous ceux qui partaient vers l'Ouest font d'elle l'expression par excellence de la condition moderne. Chicago, dont, vers 1900, la moitié de sa population est née hors des États-Unis, est le théâtre d'importantes luttes ouvrières. La répression de l'une d'entre elles un 1er mai 1886 deviendra le symbole même du mouvement ouvrier international.

L'industrialisation et l'urbanisation changent le visage de la ville, en la morcelant en un grand nombre de groupes sociaux aux caractéristiques spécifiques[7]. Les individus sont pris dans ce mouvement chaotique de déplacement, parfois de mobilité, de transferts d'emplois, des diverses crises statutaires. La socialisation traditionnelle se trouve alors profondément bouleversée, d'autant plus que la vie en milieu urbain favorise toute une série de poussées vers l'individuation. La ville est une constellation d'aires naturelles, chacune avec son milieu caractéristique et avec des fonctions spécifiques au sein de l'économie globale. Dans cette mosaïque, « les distances sociales sont maintenues, en dépit de la proximité géographique[8] ».

C'est dans cette réalité multiforme de la grande ville que se manifeste avec le plus de force le phénomène d'individuation dans lequel la locomotion des hommes tient une place importante. « Le fait que tout individu soit susceptible de se déplacer dans l'espace lui assure une expérience particulière qui lui est propre, et cette expérience – acquise au cours de ses aventures dans l'espace – lui procure, dans la mesure où elle est unique, un point de vue indépendant : elle devient pour lui le point de départ d'une action individuelle[9]. » Dans la grande ville, les individus ne cessent pas de faire l'expérience de la transition entre divers mondes moraux, et vivent en même temps dans une pluralité de mondes. « La situation la plus courante de notre civilisation […] peut donc être caractérisée par une pluralité de complexes de schémas rivaux, chacun régulant d'une manière traditionnelle précise certaines activités et chacun disputant aux autres la suprématie au sein d'un groupe donné[10]. » Surtout, contraint de faire quotidiennement l'expérience de la pluralité des régions morales, le citadin développe une vision relativiste et un sens de la tolérance des différences[11].

Ces changements affectent aussi la nature des interactions entre les individus, qui deviennent plus transitoires et plus instables, fortuites ; l'individu se détermine de manière croissante par des signes conventionnels « et tout l'art de vivre se réduit pour l'essentiel à effleurer la surface des choses et à observer scrupuleusement les styles et les manières[12] ». Une superficialité des relations qui rendrait même compte de la sophistication et de la rationalité des citadins, de leur aptitude grandissante à déceler les artifices. Les dépendances entre les individus augmentent en général, mais chaque individu voit sa dépendance vis-à-vis des autres se parcelliser dans des tâches spécifiques. Dans la ville alors, comme nous l'avons déjà vu chez Simmel, se produit un phénomène ambivalent : « Tandis que l'individu gagne, d'un côté, un certain degré d'émancipation ou de liberté par rapport aux contrôles personnels et affectifs exercés par les petits groupes intimes, il perd, d'un autre côté, l'expression de soi spontanée, le moral et le sens de la participation qui accompagnent la vie dans une société intégrée[13]. » À terme, le citadin est exposé à un nombre croissant d'interactions avec des individus divers, assujetti à des statuts fluctuants au sein de la ville, toujours assailli par des sentiments d'instabilité et d'insécurité. L'individu n'appartient alors en propre à aucun groupe : il ne connaît que des allégeances partielles. La pluralité des clivages et des groupes à laquelle chaque citadin appartient fait qu'il est différent des autres.

Face à cette situation les auteurs de l'école de Chicago finiront par avoir une attitude ambivalente. D'un côté, elle se trouve à la racine de divers processus d'individuation et de différenciation, fortement valorisés en tant que tels, parce qu'ils amènent avec eux la généralisation d'expériences nouvelles. De l'autre côté, l'existence d'une pluralité des principes et des normes propres à chaque groupe social[14] rend parfois la différence normative synonyme de désorganisation sociale[15].

La désorganisation sociale

Là où Simmel accentue le caractère quasi métaphysique de la distance entre les formes sociales et culturelles et l'expérience individuelle, l'école de Chicago, en s'appuyant notamment sur la notion de désorganisation sociale, va donner une traduction strictement sociale de cet état de faits. La notion désigne une réduction de l'influence des règles sociales sur la conduite individuelle, et surtout de la « diminution de l'influence des règles sociales existantes du comportement sur les membres individuels du groupe[16] », intimement liée aux bouleversements de la modernité. Développée au départ par William Isaac Thomas et Florian Znaniecki pour rendre compte de l'expérience des immigrés, elle est reprise et étendue par les auteurs de l'école de Chicago. En fait, dès le départ, elle signale l'affaiblissement de l'ordre traditionnel, ou des groupes primaires, « la plus importante forme de vie sociale pour l'immense majorité de l'humanité[17] » et l'entrée dans la vie moderne où les groupes primaires ont perdu leur importance. De nouvelles attitudes se développent qui ne sont plus contrôlées par les anciennes organisations sociales et ne parviennent pas à trouver en elles une expression adéquate.

Néanmoins, et à la différence d'une vision conservatrice, les auteurs de l'école de Chicago, tout en étant fortement préoccupés par les conséquences morales de l'urbanisation, restent attachés à une image positive de ce mouvement. Cette attitude, elle-même ambivalente, explique la tension repérable au sein de leurs études entre une orientation « morale » et une orientation « écologique[18] ». La dernière cherche la façon de rendre compte de manière ordonnée de cet ensemble de phénomènes disparates, n'hésitant pas à faire appel à des principes plus ou moins implicites ou mécaniques d'occupation de l'espace, cherchant à décomposer les problèmes sociaux en termes de changement de position des individus dans une aire naturelle, ce qui faciliterait l'application aux rapports entre les hommes de la logique fondamentale des sciences physiques. De l'autre côté, l'orientation plus morale accentue la distance subjective des individus à leurs situations sociales, mais surtout s'insère dans une image épique de la ville comme lieu de l'individuation. Même si les analyses fournies par ces deux démarches sont fort différentes, elles partagent une vision commune de la ville en tant que lieu paradoxal de la distance matricielle moderne. Dans les deux cas, il s'agit pour les auteurs de trouver un modèle complexe de causalité, à partir de la coexistence spatiale des divers éléments[19]. Les formes de vie sociale s'inscrivent dans l'espace, s'objectivent, et en même temps, par là même, creusent la double réalité d'un émiettement de la ville dans une pluralité de mondes et d'une séparation-proximité croissante entre les individus. La vie dans la ville, véritable symbole de la modernité, est, comme le dira Park, « un état d'esprit » instable et en perpétuelle redéfinition et mouvement, et pour lequel « la communauté est dans une situation chronique de crise[20] ».

Face à tous ces changements simultanés et constants, l'homme parvient à une meilleure adaptation, à une efficacité réduite ou à la disparition. « La désorganisation comme préliminaire à la réorganisation des attitudes et des conduites est presque invariablement le lot du nouveau venu à la ville, et il n'est pas rare que l'abandon de ses habitudes, souvent même de ce qui a constitué sa morale, s'accompagne d'un conflit intérieur et d'un sentiment de désorientation d'une grande acuité. Le plus souvent, sans doute, le changement donne tôt ou tard un sentiment d'émancipation et incite à poursuivre de nouveaux objectifs[21]. » Dans la ville, l'individu s'émancipe de la coutume ancestrale, mais détaché de la sagesse collective et de la communauté paysanne, il devient son propre maître. « L'homme, transplanté en ville, est devenu pour lui-même et pour la société un problème dont la nature et l'ampleur sont sans précédent[22]. » Le nouvel ordre social à trouver n'est ni absolu ni sacré, « mais pragmatique et expérimental », autant dire transitoire et délimité. La vision souvent lyrique de la ville est sous-tendue par une représentation malgré tout ambivalente de la modernité : il se peut, toujours, que la désorganisation l'emporte sur l'organisation. C'est pourquoi la désorganisation de la personnalité et les pathologies sociales trouvent dans la ville un de leurs lieux privilégiés d'expression.

Mais la désorganisation sociale n'est pas un phénomène exceptionnel et limité seulement à certaines périodes ou à certaines sociétés. Pour Thomas et Znaniecki, elle existe dans toute société, mais dans les phases de stabilité ces tendances sont contrées par les activités du groupe visant à assurer sa cohérence par les sanctions sociales. Autrement dit, la stabilité du groupe n'est que le résultat d'un équilibre dynamique entre processus de désorganisation et de réorganisation sociales. Pourtant, à certains moments, et pendant un certains laps de temps, les forces de la désorganisation l'emportent, lorsqu'elles ne sont pas contrées par les tendances visant à renforcer les règles existantes. Lorsque « le groupe primaire est brusquement mis en contact avec le monde extérieur et ses nouveaux schémas rivaux, c'est l'organisation ancienne tout entière qui risque de s'écrouler d'un coup, parce que précisément tous les schémas anciens étaient liés les uns aux autres dans la conscience sociale ; quant à l'individu dont l'organisation de vie reposait sur l'organisation de son groupe primaire, il a également toutes les chances de se retrouver complètement désorganisé dans ces conditions nouvelles, car le rejet de quelques schémas traditionnels entraîne avec lui une attitude générale négative envers le capital tout entier de traditions qu'il révérait jusque-là, alors qu'il n'est pas préparé à la tâche consistant à réorganiser sa vie sur une base nouvelle[23] ». S'ouvre alors une phase qui mènera à une réorganisation sociale à travers l'élaboration de nouvelles règles de comportement. Surtout, à la suite du changement, les individus sont confrontés à un monde plus fluide et plus varié ; une conscience technique et plus réflexive vient se substituer à une demi-conscience routinière puisque les habitudes, de nature avant tout biologiques, ne sont fonctionnelles que dans la mesure où les nouvelles situations peuvent être associées aux anciennes. Or, dans la mesure où de nouvelles situations se déploient, la part du comportement conscient et réflexif augmente. « La réflexion n'advient que lorsqu'il y a déception, lorsque les expériences nouvelles ne peuvent être assimilées d'un point de vue pratique aux expériences anciennes[24]. »

À Chicago s'invente véritablement un des grands récits sociologiques de la modernisation, un récit qui fera d'elle un mouvement de désordre, de remplacement des contacts primaires par des contacts secondaires, de l'affaiblissement des liens de parenté, de l'érosion des bases traditionnelles de la solidarité sociale, suite à l'industrialisation et à l'urbanisation, et au déplacement d'hommes. La ville brise les clivages de caste et accentue la différenciation des groupes de revenu et de statut. Dans ce maelström de la modernité, les individus auront souvent à faire face à des situations nouvelles, voire inédites. Pour les auteurs de l'école de Chicago, notamment pour Thomas, c'est certainement cette situation qui explique la nécessaire prise en considération des aspects objectifs et des dimensions subjectives des phénomènes sociaux, à la fois des valeurs sociales et des attitudes individuelles. Leurs analyses sont alors, très souvent, la juxtaposition, d'une part, d'une toile de fond de transformation, et, d'autre part, de la prise en compte précise d'un milieu social. Le raisonnement, qui deviendra un véritable pilier de la grammaire sociologique est, au fond, toujours le même : l'état subjectif des individus est directement lié aux changements sociaux intervenus dans la vie quotidienne. Il y a ainsi toujours une corrélation à établir entre la désorganisation sociale présente dans certaines zones urbaines et la désorganisation de la vie familiale, tout comme entre la désorganisation sociale et la désorganisation psychique des individus. Mais, et à l'inverse du récit qui finira par s'imposer dans la matrice de la différenciation sociale, notamment dans l'œuvre de Parsons, pour les auteurs de l'école de Chicago, le désordre est inhérent à la modernisation[25]. Ou plutôt, pour les auteurs de Chicago, les individus sont toujours socialisés de manière différentielle et incomplète ; l'ordre social n'est jamais total. C'est pour cela qu'émergent de manière inévitable des processus de désorganisations personnelle et sociale. En bref, c'est le grand mérite de Thomas que d'avoir compris que ce qui, du point de vue de la communauté et de la société, apparaît comme de la désorganisation sociale doit s'interpréter du point de vue de l'acteur comme un processus d'individuation. Affirmée de cette manière, et avec cette force, la proposition est d'une nouveauté considérable.

II. QUELQUES FIGURES ET EXPÉRIENCES DE LA MODERNITÉ

Le paysan polonais

Rarement la distance originaire de l'homme d'avec le monde d'autrefois n'aura été présentée avec autant de rigueur dans ses rapports étroits avec les changements sociaux que dans *The Polish Peasant in Europe and America*, malgré la composition désordonnée du livre[26]. D'autant plus qu'au-delà des raisons plus conjoncturelles ayant conduit les auteurs à se centrer sur l'immigration polonaise (leur nombre à Chicago et la facilité relative à obtenir du matériel à leur sujet), ils trouvent dans le paysan polonais un individu à mi-chemin entre deux situations, caractérisé par le maintien d'un certain nombre d'anciennes attitudes, ce qui permet la reconstruction sociologique de l'ordre traditionnel, et en même temps déjà suffisamment avancé dans le nouvel ordre social pour rendre possible une analyse des attitudes modernes.

Les auteurs, Thomas et Znaniecki, commencent leur étude d'abord en Europe, où l'organisation sociale primaire des paysans polonais se fragilise suite à des bouleversements économiques et culturels (l'expansion du système ferroviaire et la pénétration de l'économie monétaire ouvrent les sociétés traditionnelles au changement) qui entraînent une réorganisation du milieu traditionnel et favorisent l'émigration vers les États-Unis. La crise de la société traditionnelle est particulièrement étudiée à partir de la transformation du système familial. Les auteurs insistent sur le fait que le bouleversement de la société traditionnelle était déjà en cours dans le pays d'origine et n'est donc pas une conséquence directe de l'immigration. Ensuite, aux États-Unis, l'immigré doit s'adapter à une nouvelle situation, entrer dans une autre organisation sociale. Enfin, à l'issue de ce processus, l'individu se trouve profondément transformé : il a traversé des phases de désorganisation familiale et communautaire, une ébauche de réorganisation, sans néanmoins parvenir à se fondre totalement dans le nouveau groupe d'accueil. À sa manière, le paysan polonais est la figure type d'une expérience commune à la modernité. Chez lui, on retrouve déjà ce qui sera le propre de bien des héros de l'école de Chicago, l'expérience de l'affaiblissement des liens de solidarité locale et familiale, et la constitution d'une réalité désorganisée qui fait échapper nombre de comportements au contrôle social.

Ces divers processus sont largement détaillés dans l'ouvrage. Le détachement de l'individu de sa famille élargie, la consolidation de diverses attitudes d'individuation par rapport aux normes communautaires (comme par exemple le rôle de l'amour ou le primat de la valeur du succès économique), l'affaiblissement des conventions et des valeurs traditionnelles au contact des changements rapides, à terme l'écart entre les attitudes individuelles et les valeurs sociales institutionnalisées. On assiste alors à une modification des attitudes préexistantes sous l'influence des nouvelles valeurs, accentuant le passage d'attitudes basées sur le « nous » à des attitudes centrées sur le « je ». Cette désorganisation est à la racine du désordre urbain et de bien des problèmes sociaux, notamment de la délinquance juvénile ou d'autres comportements inadaptés. Mais pour les auteurs, la réorganisation sociale des anciennes institutions reste possible à condition d'accepter qu'elle doit se faire « sur des bases entièrement nouvelles – celles d'une coordination morale et réflexive et d'une harmonisation des attitudes individuelles pour la poursuite des buts communs[27] ». La désorganisation sociale, même si elle semble n'être aux yeux de Thomas et Znaniecki qu'un état transitoire, ne donne que rarement lieu à une parfaite insertion sociale, à une réorganisation sociale achevée de l'individu, qui le plus souvent reste défini par une distance et un retrait sociaux. C'est pourquoi les auteurs valorisent positivement les regroupements ethniques des immigrés, une sorte d'adaptation des groupes primaires qui facilite leur insertion progressive dans la société d'accueil[28]. À leurs yeux, l'assimilation s'opère d'autant mieux que les groupes d'immigrés participent à la transformation des valeurs de la société tout entière.

Les processus sociaux peuvent ainsi être décrits soit en fonction de critères externes ou de valeurs sociales, soit selon des dispositions subjectives ou des attitudes. Si l'accord entre les deux dimensions est plutôt de rigueur dans l'ordre traditionnel, leur désaccord, et surtout la diversité des formes de réorganisation, devient fréquent dans les sociétés modernes. La crise, le changement, la mutation sont à l'origine de la rupture de l'accord relatif entre les valeurs et les attitudes, et l'autonomisation de la problématique cognitive du rapport au monde et aux autres. Aussi, de nouveaux désirs émergent qui ne parviennent plus à être régulés et satisfaits dans le cadre de l'ordre traditionnel. « Ce qui est réellement en question, ce n'est pas en fait l'adaptation en tant qu'état atteint à tel ou tel moment, mais le processus d'élargissement ou de rétrécissement de la sphère d'adaptation. Or celui-ci dépend essentiellement de l'individu lui-même, et non pas de son environnement[29]. »

Dans ce cadre général s'impose le besoin d'une étude des attitudes subjectives des immigrés afin de comprendre la manière particulière dont ils réagissent aux facteurs objectifs et redéfinissent l'organisation de leur vie. Thomas et Znaniecki définissent trois types fondamentaux de personnalité. Le philistin, rigide et conformiste, incapable de s'adapter à de nouvelles situations tant il soumet son comportement individuel aux normes du groupe. Ensuite, le bohémien, dont le caractère, à un stade de formation inachevé, mélange des orientations qui sont restées à un niveau primaire, des attitudes de tempérament intellectualisées mais non reliées entre elles, non stabilisées ni systématisées. Le bohémien a une capacité d'acquisition de nouvelles attitudes, mais il perd sa vie en essayant de fuir les définitions qu'on tente de lui imposer. Enfin, le créatif possède un caractère structuré et stabilisé qui a la capacité d'évoluer, de s'adapter à de nouvelles situations, puisque ses attitudes réflexives intègrent une tendance au changement, ce qui lui permet à la fois de rester ouvert aux influences externes tout en étant conforme à sa ligne préconçue de développement[30]. Le créatif n'organise pas sa vie en fonction de la croyance dans l'invariabilité des situations et de son cadre des valeurs, mais il vise à élargir son champ en fonction des nouvelles situations ; s'il désorganise momentanément l'ancien système, il apporte toujours des éléments pour une autre organisation.

Le contrôle social traditionnel s'étant cassé, la société moderne doit trouver d'autres critères de régulation des individus dans la vie sociale. Mais si Thomas et Znaniecki restent attachés à l'idée d'une dépendance réciproque entre l'organisation sociale et la personnalité sociale, ils sont conscients, non seulement de leur désaccord croissant, de l'affaiblissement de l'influence des normes du groupe sur le comportement des individus, mais aussi et peut-être surtout de la distance irrépressible existant entre les institutions et les individus. Bien que la désorganisation sociale entraîne la désorganisation de la personnalité, les deux ordres n'en gardent pas moins une certaine autonomie[31]. Il y a toujours des réponses différentielles au changement social ; l'organisation sociale n'est pas coextensive avec la moralité individuelle, tout comme la désorganisation sociale ne correspond pas toujours et partout avec la démoralisation individuelle[32].

Comment ne pas être sensible à un ouvrage qui met en scène de manière si précoce et si structurée ce qui, sans doute, est devenu la grammaire de lecture la plus immédiate que nous ayons de l'expérience moderne ? Celle qui ne cesse de faire de la modernité un mouvement incessant d'oscillation entre des phases de réorganisation sociale et des périodes de désorganisation, celle qui octroie aux grands changements (économique, politique, social et culturel) la raison finale du bouleversement de la vie quotidienne. Partout et toujours, d'une manière ou d'une autre, cette grammaire reste, implicitement ou explicitement, un principe ordonnateur majeur du sens de la modernité.

L'homme marginal

C'est avec la figure de l'homme marginal, que Park place dans la descendance de la figure simmelienne de l'Étranger, que va se préciser pour l'école de Chicago une des principales représentations de l'individu moderne[33]. L'homme marginal est un homme de l'entre-deux[34]. Il habite entre deux sociétés, entre deux cultures. Il est constamment déchiré en son for intérieur par l'antagonisme des forces sociales dont il est issu. Parfois, mais pas toujours, il porte en lui, dans sa nature même, la trace de ce mélange. L'ambivalence de son attitude vis-à-vis des siens et des autres le constitue profondément. L'effondrement du monde traditionnel auquel il était si fortement attaché l'émancipe de manière radicale. Son énergie n'est plus contrôlée par les coutumes passées, et il est ainsi libre de s'engager dans de nouvelles aventures, même s'il le faut, et pour la même raison, souvent sans direction. Comme Simmel à propos de l'Étranger, Park souligne, plus explicitement encore peut-être, le caractère cosmopolite de l'homme marginal, l'extension de son horizon culturel, son intelligence plus vive parce que plus détachée du monde. Mais il se dote aussi chez lui d'une épaisseur subjective plus tragique, parce qu'il est traversé et constitué par un écartèlement qu'il ne parvient pas toujours à maîtriser. À la différence de l'Étranger de Simmel qui vient d'ailleurs et qui restera demain, l'homme marginal veut, en même temps, rester et partir, et il sait qu'il restera en voulant partir. Il est alors surexposé au regard des autres, toujours défini par un conflit qui lui est extérieur mais qu'il vit comme quelque chose de profondément intime et personnel. L'homme marginal est ainsi l'immigré, mais aussi le métis, et il est surtout, comme chez Simmel, le juif émancipé. Park n'hésite pas à parler de lui comme le premier cosmopolite et le premier citoyen du monde, voire comme le plus civilisé des êtres humains, en tout cas celui qui dispose de l'horizon le plus large, du point de vue le plus rationnel, de l'intelligence la plus pénétrante. L'homme marginal est, encore davantage que la figure de l'Étranger chez Simmel, à la fois le véritable symbole de la modernité et un type humain permettant de rendre compte d'une expérience valable pour bien d'autres groupes sociaux.

D'où toute l'importance de l'étude que Louis Wirth consacre au ghetto. Tout au long du livre, autant dans l'histoire centenaire du ghetto en Europe que dans son dernier avatar dans la ville de Chicago, Wirth s'efforce d'enraciner socialement et spatialement cette expérience de la marginalité. La distance matricielle se leste et s'inscrit dans une dimension spatiale. Ségrégé dans le ghetto, le juif vit la traduction géographique paradigmatique du sentiment moderne : le monde extérieur apparaît comme froid et étranger, le lieu de rapports abstraits et rationnels, et non à l'inverse, comme dans le ghetto, de rapports chaleureux, intimes, spontanés. Même lorsqu'il s'en éloigne, il vit sa vraie vie intérieure en lui, dans ses rêves et ses espoirs. Et pourtant, la chaleur du ghetto ne suffit pas à tous pour « satisfaire l'impérieux désir d'expériences nouvelles, d'émotions inédites et d'aventures[35] ». C'est pourquoi le juif est un héros de cette représentation de la modernité : il vit à la périphérie des deux mondes sans faire pleinement partie d'aucun d'eux ; enfermé dans le ghetto, il désire intensément les contacts qui lui étaient interdits. L'isolement du juif opère chez Wirth comme un substitut spatial de cette étrangeté au monde propre à l'Étranger de Simmel, un isolement qui, comme chez Simmel, est à la base du développement d'un regard objectif sur le monde social[36]. Mais chez Wirth la sortie du ghetto, et surtout les ambivalences qu'elle engendre, est tragique. Lorsque les murs du ghetto tombent, le juif doit faire face aux murs invisibles ; il cesse parfois de se sentir perdu dans le monde extérieur, mais ce n'est qu'au prix d'un sentiment aigu et pénible de lui-même et de sa situation. Il prend conscience du déchirement de sa condition, puisque tout en n'appartenant plus au monde du ghetto, il est rejeté par les non-Juifs en tant qu'individu. À la différence d'autres hommes marginaux ou encore des immigrés, le juif est contraint alors de rester de manière plus structurelle dans un entre-deux, ou de devenir un hybride. La situation objective se prolonge par des angoisses subjectives et comme le dit Wirth « le ghetto montre que l'essentiel dans la vie sociale ne réside pas tant dans les faits objectifs de l'existence et des formes extérieures, que dans les sentiments subtils, les rêves et les idéaux d'un peuple[37] ».

C'est en s'inspirant de la conception de l'homme marginal de Park que Everett V. Stonequist a développé, à la fin des années trente, l'énumération d'abord, puis l'étude de l'ensemble de ces figures. Le point de départ est toujours une dislocation sociale à la suite d'un changement entre groupes sociaux, culturels ou raciaux, chaque fois qu'un individu, pour des raisons multiples, abandonne un groupe social sans parvenir véritablement à s'ajuster convenablement à un autre. Le parvenu tout comme le déclassé, ou encore l'homme dépaysé voire déraciné, sont évidemment des figures exemplaires. Mais il faut encore ajouter les femmes, que la transformation du rôle traditionnel confronte à deux domaines d'action, public et privé, avec différents critères d'action. Enfin, et surtout, et c'est sur cette figure, dans l'étroite descendance des travaux de Chicago, que se centre le livre, l'homme marginal est l'expérience de base des individus contraints de se définir dans un entre-deux produit par l'immigration. C'est le cas de l'hybridation raciale, ou culturelle, mais surtout l'expérience de la deuxième génération, avec la déchirure entre deux systèmes culturels. Mais l'auteur insiste aussi sur l'expérience très différente des Noirs américains, que le déracinement force à s'exprimer dans la seule culture qu'ils connaissent, celle de l'Amérique blanche, dans un mouvement qui les contraint inévitablement à l'assimilation, à défaut de pouvoir s'appuyer véritablement sur des critères collectifs leur permettant d'assurer leur différenciation. Ils sont contraints de « devenir comme un Blanc », ce qui est d'ailleurs mal ressenti et refusé par les individus blancs ayant des préjugés, voulant qu'ils « restent à leur place[38] ». Mais dans tous les cas, et même si c'est par des voies différentes, l'homme marginal a une « double conscience » ; il est contraint de s'observer soi-même au travers de deux regards fort opposés. Les multiples subtilités présentes dans ces processus, tout comme les différentes étapes du cycle de vie de l'homme marginal (de son ignorance initiale aux divers ajustements qu'il met en place pour se conformer aux situations, en passant par le moment de la prise de conscience du conflit culturel dont il est porteur) sont justement décrites dans ce livre à l'aide d'un matériel qualitatif fort divers. L'homme marginal est celui qui, contraint de devenir comme les autres, n'y parvient que rarement, et, encore davantage, celui qui, y étant parvenu, ne peut que vivre son refus personnel au milieu d'un profond sentiment de confusion identitaire.

La quête des expériences nouvelles

Même si pour les auteurs de l'école de Chicago les problèmes sociaux sont inséparables des processus de déracinement et de désorganisation sociaux, ils sont loin de tomber dans une vision misérabiliste des défavorisés, de la délinquance, de la précarité, de la marginalité. Au contraire, ce qui peut même nous frapper aujourd'hui c'est la place qu'ils octroient très souvent à la quête des expériences nouvelles au sein de ces parcours.

La paternité de l'idée en revient à Thomas qui distingue quatre désirs fondamentaux : expériences nouvelles, sécurité, réponse, reconnaissance[39]. De tous ces désirs, celui des expériences nouvelles mérite une attention toute particulière, tant il a eu tendance à être relativement négligé depuis par la sociologie. Au-delà de la volonté de Thomas de l'enraciner dans la nature humaine, ce désir correspondait au propre de la modernité, à l'exaltation joyeuse de la vie, à la nouveauté radicale. Dans bien des travaux de l'école de Chicago, cette dimension est présente : notamment à propos des marginaux, chez qui, et à l'inverse de ce à quoi nous a habitués par la suite la sociologie, ils croient toujours pouvoir déceler le désir de nouvelles expériences. Parfois ce désir se trouve à la racine même de la séparation entre les attitudes individuelles et les valeurs sociales : le désir de l'individu d'avoir un maximum de nouvelles expériences est en conflit fondamental avec la nature de la société qui demande un maximum de stabilité[40].

C'est une des raisons du contraste repérable entre le « philistin » et le « bohémien ». Chez le premier prime le désir de sécurité, tandis que le deuxième est dominé par le désir de nouvelles expériences. Mais on l'a aussi vu à propos du juif dans la représentation qu'en donne Wirth, pour qui un des mobiles fondamentaux de la volonté de sortie du ghetto n'est autre que le désir de « fuir le monde familier, et se perdre dans l'anonymat[41] ». C'est en fait le propre d'un bon nombre d'acteurs étudiés par l'école de Chicago chez qui ils accentuent les manifestations de résistance ou d'opposition subjectives des individus aux situations, afin de mettre en relief des dimensions positives, non dénuées d'un certain romantisme, de l'expérience moderne. La délinquance, par exemple, a bien ces deux dimensions : d'un côté, le gang est une région interstitielle qui reflète la désorganisation d'ensemble de la ville, de l'autre côté, il incarne un souci d'indépendance, et le désir d'expériences nouvelles. C'est pourquoi Thrasher, écrivant sur les gangs de Chicago, signale qu'« une fois qu'un garçon a goûté la vie de rue palpitante d'un gang, il trouve les programmes des travailleurs sociaux insipides et insatisfaisants[42] », tant il finit par habiter dans un monde épris d'imaginaire, romantique : « Non seulement l'adolescent transforme son environnement sordide grâce à son imagination, mais il vit au milieu de soldats, de chevaliers, de pirates et de brigands de grand chemin. Il distribue à ses ennemis des rôles spéciaux : la vieille femme bossue qui vit au bout de l'allée est une sorcière ; l'agent de police du voisinage devient un géant mangeur d'hommes ou un noblaillon chef d'une troupe de brigands[43] ».

C'est d'ailleurs aussi un des traits marquants du hobo, ce travailleur dépourvu de travail et souvent de domicile fixes, une figure spécifique de l'histoire du nomadisme de la classe ouvrière américaine. Mobile, s'adaptant aux fluctuations saisonnières de l'activité économique, polyvalent, le hobo de Chicago, comme le signale Nels Anderson lui-même, appartient, comme le cow-boy, à l'histoire de la « frontière » des États-Unis, et comme lui répond aux besoins du marché du travail[44]. Sa grande spécificité est de frôler constamment le seuil de l'indigence sans nécessairement y tomber. Il est le produit de l'industrialisation et de l'alternance des périodes d'emploi et de chômage qui mènent de l'indépendance économique au paupérisme. Il reste un travailleur migrant, à la différence du vagabond qui est migrant mais qui ne travaille pas ou du clochard qui se sédentarise. Le hobo crée ainsi un monde à part, et à lui, au sein de la ville ; comme les autres figures marginales il se dote d'une région morale spécifique. Or, le hobo, retardataire de la frontière, n'est pas seulement le reflet des besoins de flux et de reflux du marché du travail, il est aussi une figure de l'inadaptation des hommes au travail en usine, tout comme de l'expérience des difficultés personnelles – défauts de personnalité, problèmes de vie privée, discriminations raciale ou nationale[45]. Mais il est aussi soumis au désir de nouvelles expériences, il cherche le mouvement, le changement, le danger, l'instabilité, voire l'irresponsabilité sociale. Pour Anderson, le hobo a le désir « de vivre le frisson de nouvelles sensations, d'affronter de nouvelles situations, et de connaître la liberté et le vertige d'être un étranger[46] ». La route le fascine, parce qu'il voit en elle une aventure qui lui permettra d'assouvir son désir de devenir une personne.

La modernité, on le sait, est très souvent inscrite, par l'art, dans une expérience de voyage. Le départ fait partie de manière essentielle des images de la modernité. Or, bien des héros de l'école de Chicago se définissent avant tout par leur mobilité, leur déplacement, leur départ et leur arrivée, en fait, leur arrivée toujours provisoire. Park soulignera, davantage encore qu'Anderson, cette dimension du hobo, un homme toujours en mouvement, et sans direction aucune ; quelqu'un qui sacrifie même le besoin grégaire à la passion romantique de la liberté individuelle[47]. Il est à la fois, et inextricablement, un déraciné et un héros de la modernité. C'est qu'au commencement de la modernité, pour l'école de Chicago, il y a toujours la locomotion. La mobilité est le grand signe distinctif de la société moderne. Et son centre inévitable est dès lors le marché, là où les individus se rencontrent, non pas parce qu'ils sont semblables, mais parce qu'ils sont différents, non pas pour l'action collective, mais pour le commerce ; pour l'échange de biens, de services et d'idées, en bref, motivés par leurs intérêts et leurs curiosités réciproques.

L'individu et la distance

Dans les travaux de l'école de Chicago, et notamment ceux de Park dans ses essais, pointent déjà des thèmes qui rendront Goffman justement célèbre. D'une part, le problème de la gestion de la différence culturelle et de la distance sociale dans une société moderne, et d'autre part, la thématique de la dissociation potentielle entre les dimensions objective et subjective de l'individu. Dans la mosaïque sociale de la ville se forme le propre de l'individu moderne ; le citadin devient une personne, quelqu'un « qui, quelque part, dans un milieu quelconque, a un statut social, mais le statut se révèle être finalement affaire de distance – de distance sociale[48] ». Il faut qu'une société dispose de formes contraignantes permettant aux individus de garder leur place. Notion clé, la distance sociale permet de rendre compte de la nature des interactions des individus dans une ville moderne. Elle permet d'exprimer, voire de mesurer, les divers degrés d'intimité ou d'étrangeté, de sympathie ou de concurrence entre les membres d'une communauté urbaine. Mais Park comprend vite, dans un héritage tocquevillien, la signification contradictoire des distances sociales dans la démocratie. En principe, elles ne devraient pas exister. Or, la démocratie les abhorre mais les maintient. Mais à la différence d'autres formes de société, elle refuse de faire des classes ou des races des critères de distinctions entre groupes. Les distinctions et les distances doivent être purement individuelles et de nature personnelle. Dans une société individualiste comme la société américaine, souligne Park, chaque individu doit théoriquement être traité en fonction de ses mérites comme individu[49].

Si la dissociation entre les dimensions sociales et subjectives, dont nous verrons toute la force dans l'œuvre de Goffman, reste souvent implicite pour bien des auteurs de Chicago, elle prend une dimension importante chez Park. La pluralité des mondes constituant la ville contraint les individus à jouer différentes représentations pour divers publics. Park rappelle alors que l'origine première du mot « personne » est « masque », et que toujours et partout les individus sont contraints de jouer, de manière plus ou moins consciente, des rôles. « Nous sommes parents ou enfants, maîtres ou serviteurs, enseignants ou élèves, clients ou professionnels, Gentils ou Juifs. C'est dans ces rôles que nous connaissons les autres ; c'est dans ces rôles que nous nous connaissons nous-mêmes[50]. » L'homme vit dans deux mondes, actuel et idéal, il apprend à s'exprimer à l'aide de conventions sociales, l'artifice présent dans les conduites devient un élément indéniable de la sophistication des comportements humains. « Il est un acteur, avec un œil toujours porté vers la galerie[51]. »

Mais l'individu ne peut pas ne pas s'identifier fortement à ses rôles sociaux, des rôles par ailleurs en accord avec sa position sociale. Le désaccord ne peut qu'être temporel, tout au plus le fruit d'une période de désorganisation sociale ou le propre d'individus aux marges de la société. Le conflit culturel apparaît alors davantage comme une étape nécessaire et obligée, mais transitoire, vers l'assimilation, que, comme c'était le cas chez Simmel, un état généralisé de la vie moderne. La position de Park est à mi-chemin entre, d'un côté, une fusion accomplie de l'individu et de la société, qu'il refuse implicitement, ne serait-ce que parce qu'il reconnaît que les individus sont plus ou moins conscients partout de jouer un rôle social, et de l'autre côté, une représentation généralisée du sentiment d'étrangeté virtuel des hommes à leurs rôles sociaux. Pour lui, la plupart des individus vivent une forte corrélation entre les rôles et la personne, entre le masque et le moi : le masque est la conception que l'individu se forme de lui-même, mais surtout, il devient son moi le plus vrai, en tout cas, celui qu'il voudrait être. La conception du rôle devient une véritable seconde nature et une partie intégrale de la personnalité. L'individu a une existence duale. À sa manière, Park reprend le conflit latent chez Thomas et Znaniecki entre le tempérament et le caractère. L'individu est incapable d'agir spontanément, mais il est contraint d'agir d'une manière appropriée à la situation. C'est l'ensemble de ces comportements conventionnels qui prend la forme d'un « masque », même s'ils deviennent lentement une seconde nature : « Nous pouvons appeler le comportement contrôlé de cette manière une conduite ; c'est-à-dire un comportement moralement sanctionné et subjectivement conditionné[52]. »

Le point est important parce qu'il énonce clairement la place et la sensibilité spécifiques de l'école de Chicago dans le développement de la matrice de la condition moderne. Malgré l'importance que la distance matricielle tient dans leurs œuvres, en exprimant le propre du maelström de la ville moderne, elle ne peut qu'être au fond transitoire ou le seul fait des individus marginaux. Certes, ces marginaux, ces diverses figures de l'homme marginal, sont loin d'être rares dans une grande ville. Il n'empêche. Ils ne sont que le revers d'une modernité au sein de laquelle ils veulent toujours trouver, non sans paradoxes, un modèle prescriptif d'individu parvenant à jongler de manière adéquate entre ses dimensions objectives et subjectives. Quelles que soient la réserve ou la résistance possibles d'un individu à accomplir les rôles sociaux qui lui ont été assignés, il est contraint de les réaliser, poussé tout autant par la nécessité que par ses propres intérêts. C'est pourquoi, à cet égard, les auteurs de l'école de Chicago sont probablement moins empreints de véritable nostalgie que sous l'emprise d'un évolutionnisme empli d'optimisme, disons critique, notamment à propos de l'immigration. Un modèle prescriptif, à peine implicite, est indéniablement à l'œuvre : nous venons au monde en tant qu'individus, nous réalisons notre caractère, et nous devenons des personnes[53].

III. LA DÉFINITION DE LA SITUATION

Malgré leur attachement évolutionniste, et au fond peut-être nostalgique, à un accord entre les positions et les valeurs sociales, et les perceptions et attitudes subjectives, les auteurs de l'école de Chicago sont conscients, du fait même des déplacements et des changements propres à la modernité, des écarts plus ou moins constants qui peuvent s'établir entre les individus et les situations et, surtout, entre les différentes manières de définir les situations. La sociologie c'est aussi, peut-être surtout, semblent dire ces auteurs, apprendre à voir le monde avec les yeux des autres[54], que ce soit à cause des trajectoires personnelles d'immigration des acteurs, de leur position sociale ambiguë ou encore, et plus tard, dans les réaménagements réciproques lors des interactions de face-à-face. Ils insistent constamment sur le besoin d'étudier en même temps les principes de l'organisation sociale et les aspects subjectifs de la réalité sociale. Mais « en même temps » ne veut pas dire qu'il y ait, toujours et partout, une correspondance étroite entre les deux : au contraire même, la nature de leur influence réciproque ne peut qu'être précisée toujours de manière circonscrite.

Cet accord problématique est au centre de l'importante note méthodologique de Thomas et Znaniecki dans *Le paysan polonais en Europe et en Amérique.* Ils y insistent sur le problème des influences réciproques de l'individu, de la culture et de l'organisation sociale[55]. La corrélation, si elle est toujours présupposée, même dans les cas pathologiques, est complexe car de nombreuses valeurs sociales informent chaque attitude subjective, et de nombreuses attitudes subjectives peuvent se reporter à une même valeur. Mais l'existence et le besoin de règles communes montrent aussi, même s'il ne s'agit souvent que de cas isolés, l'existence d'attitudes qui ne sont pas entièrement harmonisables avec les règles du groupe et dont ce dernier doit se défendre. D'ailleurs, si l'individu accorde habituellement son action avec ces règles, ce n'est ni à cause de son caractère rationnel ou de ses conséquences concrètes, mais de la conscience que ces règles représentent les attitudes de son groupe et qu'il y aurait des conséquences sociales s'il se décidait à les transgresser.

En réalité, la problématique de la définition des situations, dont le cadre ultime d'interprétation se trouve dans la manière même dont la matrice de la condition moderne saisit la vie dans la modernité, est interrogée à partir de deux perspectives quelque peu différentes, même si elles sont largement complémentaires entre elles. La première la place explicitement dans la descendance de la problématique du changement social. Tant que la communauté reste isolée, le changement s'opère lentement, au point que la stabilité du groupe prime d'une génération à une autre. Mais que cet isolement soit brisé, que la communication avec le monde extérieur se généralise, que la modernisation se déploie, et le détachement du groupe devient un trait normal de la vie sociale. Dans cet univers, chaque nouvelle invention, chaque nouvel environnement a la possibilité de redéfinir les situations et d'introduire le changement, c'est-à-dire à la fois la désorganisation et un autre type d'organisation dans la vie des individus. Or, la rapidité du changement dans la modernité est telle qu'aucune institution n'est suffisamment développée pour réguler le comportement des individus après la défaillance des anciennes institutions communautaires. Il n'y a plus un corps universellement accepté de doctrines et de pratiques. L'indétermination des situations prime : « Dans le mir russe et dans la communauté rurale américaine d'il y a cinquante ans rien n'était laissé indéterminé, tout était défini. Mais dans le mouvement général du monde [...], lié à la libre communication dans l'espace et à la libre communication de la pensée, non seulement les situations particulières mais la plupart des situations générales sont devenues indéterminées. Certaines situations qui étaient jadis (*once*) définies sont redevenues indéterminées à nouveau ; d'autres ont émergé et n'ont jamais été définies[56]. » En bref, dans la modernité, l'absence de caractérisations consensuelles des situations est bel et bien leur seule définition commune. Certes, comme Thomas lui-même le rappelle, la consolidation de cet individualisme n'entraîne jamais un degré absolu d'individuation, mais désormais l'individu décide des choses de manière de plus en plus singulière et à sa propre façon[57].

La deuxième perspective s'inscrit plutôt dans la descendance des notions de tempérament et de caractère, le premier étant de nature biologique et instinctive, le deuxième étant un ensemble d'attitudes développées sous des influences sociales[58]. Le processus par lequel les tempéraments se changent en caractères est ce que Thomas, avec Znaniecki, dénomme comme l'organisation de vie (*life organization*) de l'individu. Il y a là une tension irrépressible, bien que plus ou moins bien maîtrisée, selon les époques et les individus. Le caractère n'est à terme que l'expression d'une organisation des désirs qui résultent et du tempérament et de l'expérience ; les désirs étant l'élément moteur et primaire de l'activité. Les personnalités concrètes sont justement la manière particulière dont les individus organisent ces désirs. Mais dans la mesure où certains désirs de l'individu vont à l'encontre des intérêts du groupe, des conflits potentiels peuvent toujours éclater. Le groupe vise « à supprimer désirs et activités qui sont en conflit avec l'organisation existante, ou qui semblent être un point de départ vers la dysharmonie sociale, et à encourager désirs et actions qui sont nécessaires pour le système social existant[59] ». Autrement dit, au-delà du rôle moteur octroyé au changement, la possibilité ultime de rivalité entre les différentes définitions possibles des situations sociales renvoie à la nature même de l'homme, qui naît et grandit dans une société qui a déjà élaboré des règles de conduite appropriées et auxquelles l'individu doit s'adapter. « Il y a donc toujours rivalité entre la définition qu'un individu fait spontanément d'une situation, et celle que la société à laquelle il appartient met à sa disposition[60]. » À travers les différentes instances de socialisation (la famille, l'école, les camarades, la communauté), l'individu apprend lentement à faire siens les codes au travers desquels sa société définit les situations sociales. Mais ce conflit renvoie en dernière analyse à une réalité fondatrice exprimée parfois dans la tension entre le désir des individus d'avoir de nouvelles expériences et le besoin de sécurité de la société[61].

Au fond, les deux perspectives sont profondément complémentaires et il ne s'agit que d'une simple affaire d'accentuation. Dans les deux cas, il s'agit pour Thomas d'insister sur le fait qu'il n'y a pas d'harmonie préétablie entre les différentes définitions possibles des situations, et que bien des traits fondamentaux de l'individu se trouvent toujours d'une certaine manière en désaccord avec des tendances fondamentales du contrôle social. Une situation qui sera amplifiée dans ses conséquences par l'importance croissante que la conscience et la technique rationnelles ont tendance à prendre dans la vie sociale. Cette évolution rend possible le développement d'une attitude objective vis-à-vis du monde[62]. À la suite du changement, les individus sont confrontés à un monde plus fluide, l'évolution sociale devient plus rapide, les crises plus fréquentes et plus variées ; en bref, une conscience technique et plus réflexive vient se substituer à une demi-conscience routinière. Le sens commun, l'idée que nous connaissons de manière directe et adéquate le monde social parce que nous vivons en lui, est une représentation fausse de la situation de l'individu dans la modernité. Certes, généralement les actions coutumières sont couronnées de succès, mais il y a différents degrés de succès, et les critères en sont d'ailleurs largement subjectifs, la plupart d'entre eux se limitant à gommer bon nombre d'échecs.

Ce processus mène à ce que Thomas appelle déjà l'individuation, qui suppose que le système des coutumes (*habit system*) du groupe change plus lentement que le système de stimulation de l'individu[63]. La modernité devient le théâtre de véritables conflits et désaccords pour définir les situations : « Aussi longtemps que les définitions des situations restent constantes et communes nous pouvons anticiper les réactions ordonnées. Quand des définitions rivales surgissent [...] on peut anticiper la désorganisation sociale et la démoralisation personnelle. Il y a toujours des constitutions inférieures (*constitutional inferiors*) et des personnalités divergentes dans toute société qui ne parviennent pas à s'ajuster, mais la masse de délinquance, de crime, d'instabilité émotionnelle c'est le résultat des définitions conflictuelles[64]. » La modernité est alors le lieu permanent d'affrontement entre d'anciennes normes ayant perdu toute signification sociale, et l'émergence constante de nouvelles situations exigeant la création d'autres normes. En tout cas, lorsqu'une société se défait des définitions traditionnelles des situations et se dirige vers des définitions plus rationnelles des situations, la divergence des points de vue entre les membres d'une société s'agrandit considérablement. La réflexivité croissante des conduites individuelles, dit Thomas en essence, ne mène pas vers l'utopie d'un consensus croissant, mais vers la multiplication de différentes possibilités de désaccord.

Les relations sociales ne sont jamais établies de manière définitive, mais toujours ouvertes à divers processus d'interprétation. Toute définition d'une situation comporte alors sa part inévitable de risque. Et surtout, il est possible de repérer la méfiance de Thomas quant à l'existence de systèmes unitaires et fortement cohérents de définition des situations, ou encore de capacités de réponse adéquate à toutes les situations. Thomas est vivement conscient que les définitions que les individus se font des situations deviennent des éléments tout aussi réels du monde social que les traits objectifs eux-mêmes. C'est ce que Robert K. Merton appellera plus tard le « théorème de Thomas[65] », à savoir que « si les hommes définissent leurs situations comme réelles, elles sont réelles dans leurs conséquences[66] ».

*

Bien des thèmes présents dans l'école de Chicago seront prolongés et sans doute articulés avec plus de force et de talent par Goffman. Surtout, chez lui, le dernier reste de nostalgie pour un monde prémoderne, cohérent et homogène, dont d'une certaine manière la notion de désorganisation sociale témoigne, disparaîtra définitivement. Mais c'est bien à Chicago que prend véritablement forme la matrice sociologique de la condition moderne. Les observations en même temps si profondes et si subtiles de Simmel, emplies de génie et de sensibilité, deviennent à Chicago un *corpus* organisé des représentations. Les apports des auteurs de l'école de Chicago ont été multiples, autant du point de vue de la théorie que de la recherche sociologique proprement dite, et cela en dépit même de leurs diverses limites et défauts dans les deux domaines. Mais avant toute autre chose, c'est le regard qu'ils portent sur la modernité, plein d'une ambivalence fortement positive, qui sera leur principal héritage. Après eux, la société moderne, en fait l'Amérique, comme la décrira brièvement Park[67], sera définitivement conçue comme une société complexe, soumise à un degré inédit de changement, de communication et de vitesse. Une société où la production ne cesse d'augmenter, les marchandises de se multiplier et le brassage des hommes, appartenant à différentes traditions culturelles, de s'étendre. La société moderne est une société libre, fondée sur l'extension de la raison et le recul des superstitions, comme en atteste le fait qu'elle est, pour l'essentiel, une société avant tout urbaine et séculaire. Une société qui s'organise autour de ses marchés, de l'échange sous ses multiples formes, et où apparaît le mieux l'absence d'une nouvelle tradition, d'un corps stable de coutumes ou de solidarité entre ses membres. Là où, enfin, et à cause de cela, la vie est définitivement une aventure.

XII

Erving Goffman, la condition moderne ou le soupçon permanent*

I. MODERNITÉ, DÉMOCRATIE, FICTION

Si le thème de la modernité semble absent de l'œuvre de Goffman, l'essentiel de son travail, au-delà de ses variations et de son opportunisme méthodologique[1], n'est pourtant qu'une réflexion sur la situation moderne. Une réflexion qui se place dans la descendance ouverte par les intuitions de Simmel[2], et qu'il va radicaliser bien davantage, en mettant l'accent sur les conséquences nouvelles de la séparation croissante, et propre à la condition moderne, de l'objectif et du subjectif. Face à la réponse sociologique traditionnelle, selon laquelle cet écart était réduit grâce à l'existence des rôles et des statuts, en bref, grâce à l'accord entre les positions sociales et les dimensions subjectives, Goffman insiste, tout au long de son œuvre, sur la *distance* entre ces deux ordres. D'un point de vue sociologique, c'est sans doute le mérite majeur de Goffman. Les individus, dans la modernité, se définissent de manière croissante par une distance à leurs images sociales, par une maîtrise réflexive croissante de leur présentation

* Erving Goffman (1922-1982).

en public (quels que soient par ailleurs les cadres sociaux déployés – dramaturgique, ritualiste, stratégique[3]). Et surtout, l'analyse de la condition moderne récupère avec Goffman le degré de généralisation qu'il avait chez Simmel mais conserve, et peaufine même, le caractère profondément sociologique que lui avaient donné les membres de l'école de Chicago[4].

Mais un deuxième thème prend une importance décisive pour saisir le sens final du projet de Goffman, à savoir la difficulté de l'interaction dans des sociétés démocratiques égalitaires. L'interrogation sur la manière dont les acteurs se présentent, dont ils gouvernent leurs impressions, et dont ils décident ce qu'ils peuvent se permettre ou non tout au long de leurs interactions n'a de sens que replacée au sein d'un cadre relationnel démocratique, certes illustré de préférence par les couches moyennes américaines, évoluant notamment dans l'univers des activités tertiaires[5]. Dans ces sociétés, et à la différence des sociétés hiérarchisées, c'est la personne qui est, comme le signalait déjà Durkheim, « sacrée ». Une sacralité rendue néanmoins problématique par la tension entre l'exigence d'un traitement égalitaire entre tous les individus au-delà de leur rang social, et à l'inverse, la permanence de hiérarchies sociales dans la société moderne qui, sans mettre en cause le principe de base de l'égalité des individus, oblige toujours à un traitement de déférence des uns envers les autres.

C'est à ce deuxième niveau de signification que peuvent se comprendre bon nombre d'ambivalences de ses formules et de ses livres, qui peuvent être interprétés tour à tour comme des analyses descriptives des interactions quotidiennes ou comme des modèles prescriptifs. Certes, il serait excessif de lire l'œuvre de Goffman dans le sillage des anciens manuels de bonnes manières. Goffman ne prescrit pas à travers le rappel des bonnes manières et du respect à la tradition, mais à travers l'extension de la réflexivité dans le domaine privé. Le « comment faire » déplace et remplace le « que faire ».

Mais toutes ces autres dimensions, pour importantes qu'elles soient, doivent être subordonnées à la problématique de la disjonction entre l'objectivité et la subjectivité. L'oubli de cette exigence transforme l'apport intellectuel fondamental de Goffman en un pur témoignage, de surcroît plus ou moins autobiographique, de notre modernité[6]. Après tout, l'histoire abonde d'exemples où l'effondrement d'un cadre social est compensé par la plongée des individus dans leur for privé ou intérieur[7]. Une interprétation basse de son œuvre revient à le réduire à une des multiples versions sociologiques de l'abandon des interprétations du social en termes de rapports sociaux structurels et de glissement vers des lectures interactionnistes. Goffman serait, ainsi, moins le sociologue d'une des dimensions centrales de la modernité, que le héros d'une conjoncture bien précise, marquée par la disparition d'un ensemble sociétal organisé.

Pourtant, si c'est la distance matricielle qui doit être considérée comme étant le véritable arrière-plan intellectuel de son œuvre, la situation démocratique à partir de laquelle il déploie ses analyses et tire son matériel de réflexion est loin d'être purement anecdotique. En fait, c'est de la rencontre analytique de ces deux ordres de problématique que découle le propre de son œuvre. C'est pourquoi peu d'exemples montrent aussi clairement la vision que se faisait Goffman du monde social que la réflexion qu'il a effectuée à propos de la file d'attente lors des transactions dans les services[8]. Symbole de la démocratie, elle impose prescriptivement une égalité de traitement entre les individus, qui ne se réalise guère dans les faits. La file d'attente renvoie à l'univers social et aux catégories essentielles de la démarche sociologique de

Goffman. De surcroît, elle montre les relations multiples entre une définition globale des situations et les interactions réelles, puisque malgré le cadre d'interaction et les éléments structurels standards des prestations de service, ce cadre peut être travaillé de diverses manières, et, en tout cas, détourné d'une infinité de manières. Surtout, elle permet de souligner les marges de manœuvre irrépressibles dont jouissent les individus au sein de situations relativement bien structurées et définies en fonction de leurs positions sociales ou de leurs compétences interactionnelles. Dans la file d'attente se dévoile surtout la profondeur sans fond des fictions constitutives de la vie sociale, là où on neutralise quelque peu, mais jamais entièrement, les influences externes aux interactions, là où les individus sont capables de défaire et de contourner à leur profit leur ordre d'arrivée en se gardant bien, néanmoins, de ne pas ébranler totalement l'ordre implicite sur lequel elle repose ni, surtout, de piétiner autrui trop ouvertement et sans égards.

Des doutes conjoncturels au soupçon structurel, l'œuvre de Goffman ressemble fortement aux dispositifs théâtraux de Luigi Pirandello, pour qui il s'agit toujours de rendre compte simultanément du maintien du respect d'un cadre, de bouleverser le rapport entre l'acteur et le personnage, enfin de questionner sans arrêt la frontière entre la scène et l'assistance[9].

II. Y A-T-IL UN SUJET ?

S'il fallait avancer une explication structurelle de la méfiance de Goffman vis-à-vis des risques d'imposture chez les sujets modernes, il faudrait s'accorder avec lui sur le fait que suite à la différenciation sociale croissante des domaines d'action, les individus ont été soumis, à l'inverse, à un processus de dédifférenciation des façades individuelles[10]. Dans une société traditionnelle, chaque fonction ou place a une façade spécifique, tandis que dans une société moderne et à cause de la diversification des fonctions et des places que chaque individu doit remplir, la tendance dominante sera de « présenter un grand nombre d'actions derrière un petit nombre de façades[11] ». Lorsque différents rôles ont recours aux mêmes façades, le degré d'abstraction et de stéréotype de ces façades sociales se trouve renforcé et accentue le sentiment de distance subjective au monde social. C'est bien le mouvement de la société moderne qui amène à la distanciation au rôle. Les agencements uniques entre un décor, une apparence et une manière sont désormais l'exception et non plus la règle. Une situation matricielle qui explique les différentiels de dramaturgie fort inégaux entre les acteurs.

À cette situation, il faut encore ajouter le souci plus ou moins constant des individus de donner une impression idéalisée d'eux-mêmes[12]. Cette vocation à se montrer sous son meilleur jour est le résultat direct d'une société démocratique qui impose aux individus le souci de leur propre dignité personnelle mais qui en même temps, et du fait de la distanciation croissante au rôle, leur permet effectivement d'accomplir, avec des doses accrues de réflexivité, cette tâche. D'ailleurs, la séparation des domaines d'action favorise grâce à la séparation des publics le souci d'idéalisation personnelle : les personnes auprès desquelles on joue un rôle donné, par exemple dans le monde professionnel, ne sont pas les mêmes que celles avec lesquelles on joue un autre rôle, par exemple dans la sphère privée.

Cette réflexivité sur soi et cette idéalisation de soi

seront moins saisies par Goffman comme le résultat d'un quelconque sentiment pathologique d'étrangeté à soi et au monde propre à la modernité que définies au travers de la nature des interactions et de leur déroulement dans un cadre de confiance tacite non calculée. « Quoique l'on puisse s'attendre à trouver un mouvement naturel de va-et-vient entre le cynisme et la sincérité, on ne peut ignorer l'existence d'une sorte de point intermédiaire où l'on peut se tenir au prix d'une relative lucidité sur soi. L'acteur peut tenter d'amener son public à juger et lui-même et la situation qu'il instaure d'une façon déterminée, et tenir l'obtention de ce jugement comme une fin en soi, sans pour autant croire vraiment qu'il mérite l'appréciation escomptée ou qu'il donne une indiscutable impression de réalité[13]. » En d'autres termes, le propre des individus est de se placer à mi-chemin entre la sincérité et le cynisme. Comme le dit Goffman lui-même, entre les apparences et la réalité il y a « une corrélation statistique et non pas une relation de nécessité[14] ». Notons qu'il s'agit tout simplement de la construction d'un autre modèle d'implication des individus dans la société : face au modèle parsonien qui suppose une forte identification de l'individu à ses rôles sociaux (tous les autres cas de figure étant des figures déviantes), Goffman propose un modèle basé sur l'existence d'une distance irréductible entre l'individu et la société, le problème étant alors de doser son implication dans l'interaction.

Fragilité et organisation de l'interaction dans un cadre démocratique

Un des soucis majeurs de l'acteur moderne est de s'assurer de la cohérence de son expression. Les situations sociales étant vécues comme particulièrement fragiles et incertaines, soumises au risque de voler en éclats au moindre accident, l'acteur est contraint de maîtriser sa présentation et d'éviter les maladresses. Cette conception fragile du monde social est essentielle pour comprendre l'œuvre de Goffman. L'incertitude des situations tient moins à la nature objective de l'interaction qu'à la perception subjective que l'on en a dans une société démocratique égalitariste soumise avec force au problème de la déférence envers autrui. Isaac Joseph a fortement raison de souligner jusqu'à quel point pour Goffman la scène primitive de la sociologie n'est autre que le contact mixte, le face-à-face embarrassant[15]. Plus une société est égalitaire, plus le problème de la déférence devient marquant, plus il expose à toute une série d'offenses situationnelles. Dans une société hiérarchisée les places et les rangs sont clairement octroyés et dictés, tandis que dans une société démocratique, au-delà des classements sociaux, il s'agit de donner forme à un rapport égalitaire et à l'inverse, au-delà d'un rapport égalitaire, de respecter les allégeances dues au rang social. Rien n'est plus clair à cet égard que les efforts réalisés par les individus en situation d'infériorité sociale pour rétablir leur dignité. C'est, par exemple, le cas des serveurs qui tiennent en coulisse un comportement qui contredit celui qu'ils ont dans le face-à-face. Par là ils désacralisent le public et sauvent la face (parodie du rôle, appellations peu flatteuses, lorsqu'en l'absence du public on parle de son rôle entre collègues en termes cyniques ou techniques). Au-delà du défoulement naturel de l'acteur, comment ne pas voir dans cette attitude, souvent à l'œuvre chez des individus se trouvant dans des situations de subordination statutaire, un trait propre à une société égalitaire, où on est contraint de « rétablir » une égalité formelle, même en coulisses, avec autrui[16] ?

Dans ce contexte, l'interaction réussie est celle où les acteurs mettent entre parenthèses ce qu'ils peuvent connaître par ailleurs de leur partenaire, acceptent la présentation qu'ils donnent de lui, projettent une image de soi et de l'autre acceptable pour les deux parties et s'engagent à aider l'autre à maintenir l'impression qu'il s'efforce de produire de lui[17]. Là où « désirant sauver la face d'autrui, on doit éviter de perdre la sienne, et, cherchant à sauver la face, on doit se garder de la faire perdre aux autres[18] ». Le propre des interactions dans les sociétés démocratiques égalitaires est justement leur fragilité constitutive, le fait « que les impressions données dans les représentations quotidiennes sont exposées à des ruptures[19] ». Une dérégulation qui peut résulter d'actions plus ou moins involontaires, de maladresses, d'intrusions intempestives, de faux pas ou de « scènes » dans lesquelles l'acteur finit par détruire la courtoisie apparente du consensus. Mais pour éviter ces mésaventures, se développe tout un ensemble d'éléments. D'ailleurs, lorsque Goffman les évoque (les techniques défensives, les techniques de complicité avec l'autre partenaire, les diverses manifestations du tact), force est de constater la rupture de ton qui se glisse dans son texte : il passe sournoisement d'une analyse descriptive à des recommandations prescriptives. L'acteur est supposé avoir de l'« engagement dramaturgique », mais aussi exceller dans la « circonspection dramaturgique[20] ». Les frontières se brouillent : il s'agit à la fois de fournir une analyse sociologique, un manuel des mœurs, voire d'énoncer l'idéal de sociabilité d'une société démocratique[21]. Pour Goffman et du fait de l'égalité formelle des individus, il faut non seulement avoir du tact envers les autres, mais du tact concernant le tact. Autrement dit, il faut minimiser les situations où l'action réalisée est étrangère à l'impression que l'individu veut produire, lorsque la distance au rôle devient manifeste aux yeux de tout le monde.

Cet idéal de soi que nous devons montrer aux autres est

d'ailleurs facilité par la division des sphères de l'interaction dans une société démocratique. « Dans la société anglo-américaine, qui est relativement fermée, il est d'usage de ne donner une représentation que dans une région strictement délimitée, à laquelle s'ajoutent le plus souvent des limites temporelles[22]. » Il y a ainsi notamment une région antérieure, là où se déroule la représentation, et la manière dont l'acteur satisfait à certaines normes à travers la politesse (la manière dont l'acteur traite son public pendant sa conversation avec lui) et la bienséance (la manière dont l'acteur se comporte lorsqu'il est dans le champ visuel du public). Mais à côté, existe une région postérieure, les coulisses : là où on fabrique les mises en scène, où l'acteur se permet des pauses au cours d'une interaction ; bref, où on met en place les éléments indispensables pour assurer une bonne représentation dans la région antérieure. La région postérieure permet de se ressourcer pour pouvoir maintenir un contrôle strict de ses impressions. Dans ces deux régions on observe des comportements différents. Dans la région antérieure priment la maîtrise de soi et un climat de cérémonie, tandis que dans la région postérieure prime un climat de familiarité. Les deux comportements sont soigneusement clivés, Goffman insinuant même que dans les régions postérieures ont lieu des actions que les psychanalystes dénomment des régressions[23] : la régression étant l'application à contretemps d'une action de la région postérieure dans la région antérieure.

Mais c'est dans le contraste de la maîtrise des impressions dans une société aristocratique et une société démocratique que s'observe le mieux cet aspect majeur du travail de Goffman. À bien des égards, la maîtrise de soi qu'il décrit peut être interprétée, jusqu'à un certain point, comme une version démocratique, voire de masse, de l'ancienne exigence aristocratique. Pour l'aristocrate, il s'agissait à travers la maîtrise de ses émotions de montrer l'excellence de son rang, en s'efforçant le plus possible de refouler et de réduire sa région postérieure. Et plus ce contrôle était réussi, plus il faisait état de sa grandeur personnelle. L'individu de la société démocratique de masse est soumis à une injonction plus contradictoire : si sa sincérité est définie par sa capacité à exprimer publiquement ce qu'il ressent[24], il n'a pas néanmoins le droit de se laisser aller et d'extérioriser sa mauvaise humeur en public, ne serait-ce que parce que les autres, ses égaux, ne sont pas supposés avoir à la subir. Certes, et comme le signale Goffman lui-même, entre membres d'une équipe ou dans une relation professionnelle hiérarchique, on peut lui donner libre cours, mais il s'agit là de cas plutôt rares. L'individu moderne est soumis à une étiquette molle, instable et incertaine, puisqu'on exige de lui, en même temps, d'être authentique et déférent. Le contrôle de soi est le « tribut » que l'individu doit payer au culte de la personne propre à une société où il est obligé de se tenir. La dignité démocratique, et son corollaire, les hiérarchies et distinctions sociales, sont une version désenchantée du rang aristocratique. Et « plus le rang est élevé, plus les territoires du moi sont vastes et plus le contrôle de leur accès est strict[25] ».

Le problème de la différence

L'exigence de l'idéal de soi et de la déférence à l'autre, des exigences radicalisées dans une société démocratique, expliquent la centralité du thème du stigmate chez Goffman. Disons-le d'emblée : pour Goffman, qui suit en cela de près la réalité de base de la sociabilité démocratique, le stigmatisé ce n'est pas (seulement) quelqu'un qui est exclu et enfermé, mais c'est aussi (et surtout) quelqu'un qui fait partie des interactions quotidiennes communes. Mais l'important n'est pas tant ce constat que la préoccupation dont il témoigne au cœur de l'œuvre de Goffman, celle de savoir comment parvenir à établir une relation égalitaire avec quelqu'un de différent. C'est que la relation avec le stigmatisé n'est que l'essence même du problème du lien démocratique. Désormais, et de plus en plus[26], le stigmatisé est moins un type de personne qu'un point de vue à jouer selon les moments. À la différence de la communauté qui repose sur une image consensuelle de la subjectivité (un modèle d'Homme auquel doivent ressembler tous les individus), la société démocratique moderne, parce que ce modèle anthroposocial dominant n'existe plus qu'en creux, fait du problème du stigmate la chose la mieux partagée du monde.

De ce point de vue, une profonde continuité est repérable entre *Asiles* et *Stigmate*. Au-delà des critiques qui affleurent dans *Asiles* (le caractère inhumain des institutions, la dégradation morale qu'elles impriment sur les individus, l'institutionnalisme maladif qu'elles génèrent), l'œuvre se centre autour de la contradiction majeure repérable entre l'existence d'« institutions totalitaires » (*total institutions*) et les principes formels de base de la sociabilité démocratique. Les institutions totales, ce sont ces endroits où les individus résident ou travaillent, isolés du reste de la société, pendant un laps de temps non négligeable, en partageant la routine quotidienne, et où, surtout, la presque totalité de l'expérience est sous contrôle. Goffman souligne fortement la ressemblance de toutes les institutions totales qui, bien au-delà de leurs caractéristiques propres, exercent les mêmes fonctions[27].

Surtout, Goffman va se centrer sur le fait que dans ces institutions totales, les individus sont dépossédés de leur identité préalable. C'est pourquoi il parle même d'une carrière morale du malade mental : le processus par lequel celui-ci se déprend de son ancienne identité et devient un individu soumis et docile à l'institution, après toute une série de mortifications. Une véritable (ré)socialisation a lieu dans ces institutions. Plus encore, elles produisent toute une série d'adaptations secondaires qui sont, aux yeux de Goffman, la preuve même de leur institutionnalisme maladif. Il ne s'agit en effet que d'actions visant à obtenir des petits privilèges, tournant autour du plaisir de l'interdit[28], mais montrant également toute la série d'efforts que l'individu fournit pour s'écarter du rôle et du personnage que l'institution lui assigne. Dans tous les cas, il s'agit de mécanismes de défense du moi, de formes de résistance passive, par lesquelles l'individu s'oppose au système sans néanmoins pouvoir le changer, une « forme particulière d'absentéisme qui consiste à prendre ses distances, non par rapport à une activité, mais par rapport à un personnage prescrit[29] ».

Soulignons que la critique portée par Goffman à l'ensemble des institutions totales et en particulier à celles du domaine médical se fait au nom de la dignité de l'individu démocratique[30]. Même si Goffman ne l'exprime pas forcément dans ces termes, c'est là que réside le cœur de la dénonciation. C'est à partir d'elle que la contradiction sous-jacente à l'asile devient criante, quand les hommes sont traités en tant que matériaux, en revêtant alors « les mêmes caractéristiques que des objets inanimés[31] ». De ce point de vue, et malgré la tendance de certains interprètes à lire *Asiles* en continuité avec l'étude de Foucault sur la folie, l'écart ne pourrait pas être plus grand entre les deux auteurs. Pour Goffman, il s'agit de s'opposer, au nom de la dignité humaine telle qu'elle est sanctionnée par la société démocratique, à ces poches contradictoires qui subsistent. Les institutions totales sont en fait une sorte de dilemme organisationnel pour une société démocratique. Surtout pour lui, et de manière fort opposée à Foucault, « dans la mesure où le nombre des "malades mentaux" qui vivent hors de l'hôpital approche celui des internés ou même le surpasse, on pourrait dire que c'est moins la maladie mentale que les contingences de la vie qui décident de l'internement[32] ». À l'inverse, pour Foucault, l'enfermement des individus est le véritable arrière-plan de la société moderne, marquée par l'obsession de l'enfermement et du classement – les fous à l'asile, les malades à l'hôpital, les délinquants en prison. Les institutions totales sont le cœur d'une modernité incapable de laisser une place à la diversité et visant à la normalisation de tous les individus. L'un, Goffman, croit au pouvoir et à la loi, ou plutôt, il croit à la séparation du pouvoir et de la loi ; l'autre, Foucault, ne voit dans la loi que l'application chirurgicale d'une forme de pouvoir.

L'emprise déterminante de l'idéal démocratique dans cette représentation du sujet est encore plus manifeste dans l'analyse que Goffman donne du stigmatisé. Celui-ci est « l'individu que quelque chose disqualifie et empêche d'être pleinement accepté par la société[33] ». Mais Goffman prend bien soin de signaler, comme il le fera à propos de la réalité, qu'il faut raisonner en termes de relations et non pas d'attributs[34] : remarque clé qui, à sa manière, explique le caractère général de la problématique de la stigmatisation. Le stigmatisé et le normal résultent d'un processus social, ils « ne sont pas des personnes mais des points de vue[35] ». Au fond, et même si par là on radicalise le point de vue de Goffman, le stigmate n'existe que lorsqu'il y a désaccord entre une identité sociale virtuelle et une identité sociale réelle, entre ce que l'on suppose que l'autre est et ce qu'il est véritablement. L'importance de cet écart est fortement liée au cadre démocratique lui-même où on a une grande difficulté à accepter le stigmate d'autrui, et parfois, à s'avouer à soi-même le rejet du stigmate, ce qui pousse alors les individus à rationaliser leur conduite vis-à-vis des stigmatisés. C'est qu'à y regarder de plus près il n'y a pas tant un problème du stigmatisé qu'un dilemme démocratique de l'interaction. Le stigmatisé se perçoit comme ayant la même conception de l'identité que les normaux (caractère universel de l'individu démocratique) mais doit faire la preuve quotidienne qu'il est différent et surtout que les autres n'ont pas à son égard le respect ou les égards auxquels il pense avoir droit.

Lors des contacts mixtes entre des stigmatisés et des normaux se joue, dit Goffman, « l'une des scènes primitives de la sociologie », en fait l'essence de l'interaction démocratique. Incertaine et aléatoire, elle repose, comme toute interaction, sur une exigence de tact, supposée néanmoins opérer le plus souvent parmi des égaux. Or le souci du tact devient particulièrement incertain à propos du stigmatisé. Il ne sait jamais vraiment ce que l'autre pense de son identité, et les normaux doivent trouver une manière de mener à bien cette interaction. « Il nous semble que, si nous sympathisons sans détours avec sa condition, nous risquons d'outrepasser nos sentiments ; mais, si nous oublions sa déficience, nous risquons aussi d'exiger de lui des choses impossibles, ou d'offenser sans le vouloir ses compagnons d'infortune[36]. » La relation devient à terme hautement réflexive et problématique : lorsqu'une interaction de ce type se déroule, les individus normaux perçoivent que le stigmatisé est conscient de cet état des choses, parfois même qu'il est conscient de la conscience qu'il (le normal) en a, voire qu'il devient conscient de la conscience qu'a le normal de sa propre conscience de la situation…

Les stigmatisés deviennent alors surtout maîtres dans l'art du faire semblant[37]. Cette attitude suppose une dose accrue de réflexivité de la part des acteurs, capables de maîtriser l'information sociale destinée aux autres. Mais pour Goffman, il ne s'agit pas d'affirmer que les stigmatisés auraient de ce fait des comportements propres : comme les normaux, ils ne sont pas divisés entre des relations de dissimulation et des relations intimes, mais comme eux, ils sont contraints de gérer des situations qui se caractérisent « par certains écarts entre les identités sociales réelle et virtuelle », ce « qui entraîne des efforts spécifiques pour affronter la situation[38] ». Rien ne l'illustre mieux que la notion de faux-semblant qui se place au milieu de deux extrêmes : il n'y a pas d'un côté le secret absolu et de l'autre l'information complète, mais étant donné l'intérêt que nous avons tous à être considérés comme normaux, tôt ou tard, beaucoup d'entre nous sommes tentés de faire semblant[39]. Mais il y a aussi, et c'est une attitude beaucoup plus répandue, la couverture, c'est-à-dire les efforts faits par le stigmatisé lui-même pour ne pas trop s'imposer, et même pour aider les autres à détourner l'attention furtive qu'ils portent au stigmate. En fait, la couverture est l'effort que doit faire le stigmatisé pour faciliter l'interaction dans une société démocratique égalitaire. Cependant, les deux procédés sont à interpréter au sein de la distance fondamentale et constitutive de l'individu moderne : « Le faux-semblant et la couverture sont au nombre de ces procédés, applications particulières de l'art de manipuler les impressions, cet art, fondamental pour la vie sociale, grâce auquel l'individu exerce un contrôle stratégique sur les images de lui-même[40]. » Les interactions ont une structure définie imposant certaines obligations mais elles représentent aussi « une petite habitation étroite où il y a plus de portes et plus de raisons psychologiquement normales pour sortir de tout ce que peuvent imaginer tous ceux qui sont toujours loyaux envers la société situationnelle[41] ».

Pour rendre compte de cette situation Goffman introduit la notion d'« identité pour soi », afin d'« analyser ce que l'individu ressent à l'égard de son stigmate et de ce qu'il en fait[42] ». À partir de cette dimension, Goffman signale d'abord le sentiment irrépressible d'ambivalence, bien montré par les attitudes du stigmatisé vis-à-vis des siens en fonction de la visibilité du stigmate ou encore ses réactions face aux divers professionnels qui lui conseillent de le dévoiler ou de le dissimuler. Le résultat est que l'individu gagne en réflexivité ce qu'il perd en authenticité, et qu'à terme il a le sentiment d'une perte d'intimité dans la mesure où tous ces conseils touchent des parties enfouies de sa personnalité. L'individu finit tiraillé entre une appartenance à son vrai groupe et son désir d'exister hors du groupe.

C'est à ce propos que, encore une fois, Goffman change de ton. L'analyse cède le pas, de manière sournoise mais ferme, aux conseils ; la sociologie devient un traité de bonnes manières[43]. Le processus est toujours le même : plus l'individu est frappé par un stigmate, plus il doit s'efforcer de montrer aux autres qu'il possède le moi subjectif standard ; plus les autres ont de la peine à oublier son stigmate, plus l'individu stigmatisé doit s'appliquer à réduire la tension, à briser la glace. Ainsi, les normaux sont à l'abri de la souffrance et de l'injustice ressenties par les stigmatisés : « On demande à l'individu stigmatisé de nier le poids de son fardeau et de ne jamais laisser croire qu'à le porter il ait pu devenir différent de nous ; en même temps, on exige qu'il se tienne à une distance telle que nous puissions entretenir sans peine l'image que nous nous faisons de lui. Ainsi, une *acceptation fantôme* est à la base d'une *normalité fantôme*[44]. » Le stigmatisé doit être pour les autres ce que les autres lui refusent d'être pour eux, situation ambivalente, où non sans paradoxe, il obtient sa plus grande marge de manœuvre.

La centralité du stigmatisé dans la société démocratique ne peut pas être exprimée avec plus de clarté. Le stigmatisé, dans un seul et même mouvement, appartient à la société mais il est aussi, indéfectiblement, différent. Les deux processus sont le résultat d'une construction collective : c'est la société démocratique moderne qui se veut une société d'intégration, c'est la société démocratique moderne qui produit toute une série de pathologies d'intégration. La tension à laquelle il est soumis fait du stigmatisé une figure emblématique de la société démocratique moderne : là où aucune discrimination n'est légitime, là où toutes les discriminations sont de rigueur. Là où tous sont égaux, sans que personne ne le soit véritablement. Le stigmatisé ne fait que rendre visible cette tension[45]. Goffman, au fond, ne fait que retrouver le problème sociologique majeur d'une société démocratique, si bien posé par Tocqueville, à savoir celui de la distance sociale et de la discrimination, dans un contexte qui multiplie les occasions où un individu, normal dans un contexte, peut être stigmatisé dans un autre.

C'est dans des livres comme *Stigmate* ou *Asiles* qu'effleure avec le plus de force la véritable nature de l'œuvre de Goffman. Au-delà du ton de ces livres, comment ne pas être sensible à ses efforts répétés pour nous sensibiliser aux problèmes des stigmatisés, à la nature particulière de nos interactions avec eux ? Ses analyses ne sont pas désocialisées comme on l'a dit, ici ou là, de manière trop cavalière. Au contraire, la minutie de la description des situations sociales des personnages a toujours de quoi impressionner. Si l'œuvre semble peu sociale c'est parce qu'elle mobilise, et toujours d'une manière inextricable, une autre dimension, celle de la prescription analytique des codes de conduite entre individus formellement égaux, bien que toujours différents ou inégaux. À cet égard aucun exemple n'est aussi probant que les analyses fournies par Goffman du besoin irrépressible de consolation propre aux individus modernes. Pour lui, la société démocratique moderne doit toujours, et partout, « calmer le jobard[46] » :

de mille manières, il s'agit de parvenir à proposer à l'individu une définition de la situation l'aidant à l'accepter. Ce besoin d'être calmé, rassuré, consolé est en fait consubstantiel à une société instaurant les hommes comme seuls maîtres de leur vie et les poussant à une réalisation en principe illimitée de leurs propres possibilités. Mais cette exigence n'est elle-même une exigence que parce que dans cette même société les individus sont contraints de garder la tête haute, de rester toujours présentables. Et, conclut Goffman, c'est cette difficulté croissante qui pousse de plus en plus les individus à faire appel aux professionnels comme par exemple le psychothérapeute. « Son travail consiste à apaiser et à réorienter les personnes désorientées ; il a pour tâche de renvoyer le patient à son monde, ou de le pousser vers un monde nouveau, et de le faire de telle sorte qu'il ne puisse plus faire d'histoires. En somme, si l'on prend la société, et non la personne, comme unité, c'est au psychothérapeute que revient la tâche capitale de calmer le jobard[47]. »

Mais il n'y a pas que les échanges réparateurs. L'individu a envers lui-même et les autres un ensemble de devoirs, il est tenu à donner une image de fierté et d'honneur. La face d'une personne « n'est qu'un prêt que lui consent la société : si elle ne s'en montre pas digne, elle lui sera retirée. Par les attributs qui lui sont accordés et la face qu'ils lui font porter, tout homme devient son propre geôlier[48] ». Mais voyons plus en détail cette pérégrination des significations.

La réalité du sujet

Insistons tout d'abord sur la nature unique du sujet présenté par Goffman au long de ses livres. Il n'y a pas, en effet, de rupture entre le sujet d'*Asiles* ou *Stigmate* et celui de la *Présentation de soi* ou des *Rites d'interaction*[49]. Dans tous les cas, l'acteur est toujours défini par sa capacité à maîtriser ses images de soi et par la distance entre son expérience subjective et son identité sociale. C'est au sein de cette réalité de base que des différences émergent : dans *Asiles*, les individus placés dans un univers cloisonné sont davantage contraints de s'appuyer sur leurs forces psychiques pour résister à l'emprise d'institutions qui visent à modeler leur identité personnelle, après les avoir dépossédés de leur identité sociale[50]. Dans *Stigmate*, l'écart entre idéal de soi et infirmités, et la blessure qu'il risque de produire, amène l'individu à se défendre en établissant un faux-semblant. Si l'attitude des normaux est la même lors des rituels quotidiens de la vie sociale, Goffman rend compte du caractère plus dramatique de l'expérience des acteurs stigmatisés ou placés dans des institutions totales, en tournant son regard vers l'intériorité de celui qui fait semblant, en se posant « des questions sur l'état d'esprit de ceux qui s'y livrent[51] », et surtout, en montrant l'ambivalence structurelle de leurs émotions. Mais même lorsqu'il rend compte des interactions quotidiennes entre acteurs normaux, les analyses de Goffman ne sont pas dépourvues d'un ton tragique. Il insiste, par exemple, du fait de la fragilité constitutive des interactions, sur le doute qui assaille les acteurs face aux représentations frauduleuses auxquelles peut se livrer un partenaire, tout autant que sur les lourdes contraintes qui pèsent sur l'individu tenu à jouer un rôle social : « Un comédien solitaire tourmenté par le souci de sa représentation. Derrière beaucoup de masques et de personnages, chaque acteur tend à prendre une physionomie sincère, dépouillée de tous ses ornements sociaux, la physionomie de quelqu'un qui est absorbé, personnellement engagé, dans une tâche difficile et mensongère[52]. »

Le problème de la morale se pose alors. Les individus

modernes sont moraux parce qu'ils vivent dans un monde où les normes sont innombrables et partout présentes, mais leur souci majeur est « la question amorale de la mise au point d'une impression propre à faire croire qu'ils sont en train d'actualiser ces normes ». Ils sont, dit alors Goffman, « des boutiquiers de la moralité[53] ». Il peut y avoir du cynisme dans cette phrase, mais il s'agit surtout d'une définition plausible des individus modernes, et d'un saisissement plausible du rapport à la morale entretenu par des individus constamment définis par un sentiment d'étrangeté, non pas vis-à-vis d'eux-mêmes, mais vis-à-vis de leurs identités sociales.

En fait, c'est la distance au rôle qui permet de rendre compte de la totalité de ces attitudes, à la croisée de divers ordres analytiques. D'une part, elle renvoie à la matrice sociale dans laquelle se déploie au moins implicitement la pensée de Goffman, et elle est le résultat analytique du propre de l'expérience moderne, la distance croissante entre l'objectif et le subjectif. Certes, le degré d'identification au rôle social varie fortement en fonction de son caractère agréable et gratifiant, ainsi que du prestige social qui s'y rattache ; il est évidemment plus facile de s'identifier à un rôle social prestigieux qu'à un stigmate négatif. Mais dans tous les cas de figure, la distance au rôle définit l'expérience des individus. D'autre part, la notion de distance au rôle renvoie au cadre politique de la problématique goffmanienne, et elle est une conséquence de la forme culturelle spécifique que prend l'interaction dans une société démocratique (là où les égards à autrui sont plus instables que dans le passé). Ici, la notion de société démocratique doit être comprise au sens large du terme, et intégrer une représentation de type durkheimien. Dans une société délestée de la tradition, où il y a un nombre croissant et de plus en plus hétérogène d'expériences sociales, le minimum dénominateur commun de la société est la capacité que nous avons tous d'être acteurs, de préserver notre dignité, mais aussi de demander la déférence des autres. « Bien des dieux ont été mis au rancart, mais l'individu demeure obstinément, déité d'une importance considérable[54]. » C'est pourquoi dans la société contemporaine nous devons d'autant plus souvent maîtriser la capacité de nous laisser voir ou de nous cacher au regard des autres. Goffman ne peut pas être plus explicite : « Parmi les normes que l'individu en société est obligé de respecter, il en est un groupe important dont on dévie sans causer de tort ni de soucis à d'autres qu'à soi-même. Enfreindre ces normes a principalement pour effet de mettre en cause la revendication tacite de chacun à être une personne d'une compétence et d'un caractère normaux. L'image offensée est la propre image de l'offenseur[55]. »

Ces deux niveaux, inextricablement intellectuels et pratiques, donnent lieu aux divers sentiments qu'ont les acteurs que derrière l'autre se cache un mystère personnel. En vérité, derrière l'autre il n'y a aucun mystère[56], ou un mystère dérisoire ; mais le sentiment de ce mystère, lui, est essentiel et structurel. C'est la distanciation croissante des individus au monde social qui donne forme à ce sentiment de mystère et en même temps qui permet de comprendre son inexistence. Pour Goffman alors, être réellement quelqu'un c'est ne « pas se borner à posséder les attributs requis, c'est aussi adopter les normes de la conduite et de l'apparence que le groupe social y associe[57] ». Pour glissante que soit la phrase, elle ne dit jamais que l'individu n'est pas ou qu'il n'est qu'une représentation. En fait, chez Goffman, le fait qu'une situation sociale exige des modèles de présentation de soi donne lieu à l'illusion de l'existence d'un moi solide autre que social. Goffman ne dira jamais qu'il n'existe pas (le contraire est plutôt vrai) mais il signale que cette illusion est elle-même engendrée par le cadre des interactions.

Les analyses de Goffman varient d'un livre à un autre, moins dans le contenu lui-même que dans le choix des termes. Ainsi, parfois, il organise sa réflexion autour de la doublure repérable entre l'acteur et le personnage[58] ; d'autres fois, il préfère distinguer entre l'identité personnelle, l'identité sociale et l'identité pour soi[59] ; ou encore il différencie le rôle (aptitude ou fonction), la personne (sujet d'une biographie) et le personnage (la vision théâtrale que l'on peut en donner)[60]. Mais au-delà de ces variations, Goffman conteste, tout au long de son œuvre, l'identification sans faille entre le personnage joué et le moi. Au contraire, une distance s'établit entre ces deux ordres. Le personnage, c'est-à-dire la perception d'autrui à partir de ses conduites objectives, la silhouette qu'il donne de soi, ne se confond jamais, du point de vue extérieur, avec le moi de l'individu. En fait, l'idée d'un moi derrière le personnage est une conséquence de la représentation elle-même : « Un spectacle correctement mis en scène et joué conduit le public à attribuer un moi à un personnage représenté, mais cette attribution est le produit et non la cause d'un spectacle[61]. » Goffman est encore plus explicite : le moi est « un effet dramatique qui se dégage d'un spectacle que l'on propose et la question décisive est de savoir si on y ajoute foi ou non[62] ». Autrement dit, ce sont les supports sociaux qui entretiennent l'idée d'un moi derrière le personnage. Du point de vue extérieur, l'individu est (mais il ne peut pas se réduire à être) l'image qu'il donne de lui. Les attitudes paradoxales et les formulations ambiguës ne sont pas bien sûr à exclure comme lorsque, par exemple, un patient agit « explicitement comme un fou pour laisser clairement entendre aux personnes respectables qu'il est complètement sain[63] ». C'est que l'individu est cette image : désormais dans un monde de fictions, l'être se réduit au paraître. Il ne peut pas être totalement cette image[64] : il y a une faille constitutive de la personne humaine moderne, établie par sa distance au monde et la sacralité de l'individu. Mais ce qui est vrai à partir d'un point de vue extérieur le sera davantage à partir d'un point de vue intérieur. Dans son expérience subjective immédiate, l'individu a la sensation de ne pas s'épuiser dans le regard des autres, de fuir toujours leurs regards, d'être aussi autre chose. Il ne définira jamais véritablement cette « autre chose » tant cette expérience n'est, en fait, qu'une conséquence sociale de la distance croissante qu'il ressent par rapport au monde et de l'imposition par le regard des autres de la construction d'une apparence normale. « La nature la plus profonde de l'individu est à fleur de peau : la peau de ses autres[65]. »

En fait, l'ensemble de ces considérations n'est compréhensible que parce que nous les regardons comme les effets d'un cadre d'interprétation. C'est pourquoi « il faut se garder de toute considération sur leur essence respective[66] ». Il n'y a pas d'un côté l'apparence et de l'autre la réalité : le joueur, et son rôle dans le jeu, sont des entités problématiques dont les définitions sociales sont variables. Ainsi, par exemple, ce qu'on appelle individu dans un contexte, on l'appelle rôle dans un autre. L'idée de la permanence n'est alors que le fruit d'une convention quant à la continuité supposée des choses spirituelles : en Occident, dira Goffman, nous vivons avec la forte conviction qu'un individu peut déployer divers rôles dans différentes situations sans être embarrassé par le fait d'être chaque fois le même individu[67]. Il est en effet difficile, en Occident, de ne pas faire l'hypothèse que nos actes sont l'expression d'un soi qui subsiste derrière nos rôles[68]. D'autant plus que, comme le souligne Goffman, l'impression d'humanité qui se dégage d'un individu provient très souvent de sa distance au rôle, distance qui peut elle-même être manipulée pour les avantages qu'elle procure : lors d'un face-à-face, le soi qui émerge de manière furtive derrière le rôle ne dépend pas plus de ce qui est extérieur à la situation que le rôle. D'ailleurs, il ne nous importe pas vraiment de savoir ce qu'il en est vraiment ; « ce qui nous préoccupe, c'est l'impression qu'il (l'individu) nous donne d'être une certaine personne derrière le rôle qu'il tient[69] ». Certes, on est renvoyé à un soi au-delà de la situation, mais, insiste Goffman, à un soi qui fluctue à chaque nouvelle situation.

Le sujet n'est rien d'autre qu'une convention culturelle occidentale (l'idée qu'il doit exister une continuité biographique d'une personne derrière ses rôles) et la conséquence plus ou moins directe d'un cadre d'interaction (on suppose qu'il y a quelqu'un derrière le personnage). Autrement dit, l'individu se dissout dans les moments ; il « est » lui-même le produit d'un cadre. Pourtant, il s'agit moins de la fin d'une conception substantielle (ou prédicative) de l'individu humain que du déplacement de la représentation du sujet vers une conception situationnelle. L'ambiguïté constitutive du sujet de Goffman est ainsi moins le résultat d'une quelconque indécision théorique que le fruit des tensions propres à l'espace d'interprétation dans lequel se situe son œuvre. Le sujet est un gestionnaire de ses images sociales mais, étant donné le culte que la société démocratique lui délivre, il est aussi supposé être autre chose. « À une époque où l'individu peut se décharger de presque tout le reste, il garde sur le dos la croix du caractère personnel, croix légère il est vrai, qu'il porte en présence des autres[70]. »

III. QU'EST-CE QUE LA RÉALITÉ ?

Du début de sa vie intellectuelle jusqu'à son œuvre majeure, *Les cadres de l'expérience*, Goffman est persuadé que nous vivons, comme le dit W.I. Thomas, « sur des hypothèses[71] ». Mais pour lui le problème n'est pas d'établir la réalité de la réalité mais de cerner les manières de plus en plus diverses par lesquelles va s'agencer le sens des situations. Encore une fois, c'est l'expérience centrale de l'écart entre l'objectivité et la subjectivité qui donne toute son acuité à la problématique de la définition de la situation chez Goffman. C'est parce que les individus ont de plus en plus un sentiment d'étrangeté à l'univers social que l'imposition d'une définition de la situation devient une des issues majeures de toute interaction. Peu importe, en fait, que ces définitions ne soient que rarement de véritables inventions interactionnistes, l'important est qu'on les éprouve comme brouillées. Situation inévitable dans la mesure où même lorsque l'acteur est impliqué dans une interaction il garde souvent la capacité de s'en distancier. « Or cela implique qu'ils (les acteurs) se demandent quelle sorte d'activité est engagée et s'il y a duperie ou simulation ouverte[72]. » Plus l'espace (ou le sentiment de la distance) entre l'objectif et le subjectif est grand dans la modernité, et moins l'acteur est immédiatement assuré de la pertinence de ses analyses sur le monde et envers les autres.

La réalité est multiple

C'est dans *Les cadres de l'expérience* que Goffman livre l'essentiel de sa réflexion à ce sujet. C'est là qu'il s'interroge, mieux qu'il ne l'avait jamais fait auparavant, sur le sens des situations, la manière dont nous ajustons leur sens, la manière dont s'organise l'expérience subjective de chacun, et surtout, la nature de l'expérience du réel dans notre société. Goffman saisit le réel comme un ensemble interrelié de multiples réalités ; la réalité est une expérience sur laquelle s'impose un cadre[73]. Or, les différents cadres ne sont ni l'œuvre ex-nihilo de l'acteur (d'où la direction de la pensée de Goffman des moments aux hommes et non l'inverse) ni non plus toujours ajustés aux situations[74]. Au contraire même, c'est parce que la réalité peut être l'objet d'un grand nombre de cadrages différents que le réel en tant que tel est toujours problématique. Les cadres sont les éléments de base qui nous permettent de comprendre les événements, mais, et l'essentiel du propos se place ici, il arrive souvent que ce que nous tenons pour réel ne soit qu'un rêve, une plaisanterie, ou encore, que le sens d'une même situation ne soit pas le même pour les divers participants. Remarquons que si Goffman s'attarde longuement sur les erreurs de cadrage, il signale que la plupart du temps, nous pouvons comprendre ce qui nous arrive et y prendre part. Mais si nous n'arrêtons pas de projeter nos cadres sur les situations, dans la mesure où ceux-ci sont confirmés, et ils le sont d'habitude, nous oublions que nous l'avons fait[75].

Dans son analyse, Goffman distingue plusieurs ordres différents. En tout premier lieu, il y a ce qu'il appelle les cadres primaires, c'est-à-dire « un cadre qui nous permet, dans une situation donnée, d'accorder du sens à tel ou tel de ses aspects, lequel autrement serait dépourvu de signification[76] ». Il s'agit de cadres qui ne se rapportent pas à des interprétations préalables ou « originaires[77] ». Ce sont ces cadres, en eux-mêmes peu problématiques, qui vont subir une série de transformations.

Mais ce qui intéresse davantage Goffman est que toute

séquence d'activité peut connaître deux types de transformations : modalisation et fabrication. Par modalisations, il entend « un ensemble de conventions par lequel une activité donnée, déjà pourvue d'un sens par l'application d'un cadre primaire, se transforme en une autre activité qui prend la première pour modèle mais que les participants considèrent comme sensiblement différente[78] ». Par exemple, l'acte de se droguer est un acte instrumental non transformé, une expérience scientifique avec stupéfiants est une modalisation. Une modalisation produit une action qui n'a pas eu lieu littéralement, même si la mise en scène, elle, a véritablement eu lieu. Une action non littérale est pourtant littéralement effectuée si on se conforme aux pratiques en vigueur (comme dans les cas de faire semblant ou dans les diverses expériences de réitérations techniques au cours de la vie sociale, par exemple, l'apprentissage d'une tâche, les démonstrations, les enregistrements, les jeux de rôles dans des thérapies, etc.). En fait, chaque modalisation ajoute une couche ou une strate supplémentaire à l'activité : une strate profonde (qui absorbe par exemple ceux qui participent à une activité dramaturgique) et une strate externe, la frange du cadre, le statut de l'activité dans le monde réel[79].

À cette première forme de transcription, la modalisation, s'ajoute une deuxième, la fabrication. « Il s'agit des efforts délibérés, individuels ou collectifs, destinés à désorienter l'activité d'un individu ou d'un ensemble d'individus et qui vont jusqu'à fausser leurs convictions sur le cours des choses[80]. » À la différence de la modalisation qui amène tous les acteurs à partager le même point de vue sur ce qui se passe, les fabrications sont fondées sur les différences de points de vue. La frange du cadre définit l'activité comme machination mais seuls les comploteurs le savent. C'est pourquoi les fabrications sont sujettes à un type particulier de discrédit : lorsqu'on découvre une tromperie, elles s'effondrent. D'ailleurs, lorsque le discrédit se produit, on est amené à observer sous une nouvelle perspective tous les faits antérieurs et ultérieurs. En conséquence dans la vie quotidienne, et malgré la permanence et l'adéquation des cadres, le doute est une expérience fort commune.

Or, les choses sont évidemment plus complexes que ne pourrait le laisser entendre l'existence de ces deux niveaux. En effet, on peut transformer un cadre primaire, à travers une modalisation, mais on peut aussi transformer une modalisation, et opérer alors une remodalisation. À travers ces différentes transcriptions d'une séquence d'activité, et au fur et à mesure que nous ajoutons des strates à la séquence initiale, la signification des situations se complexifie toujours davantage. Les diverses situations de double jeu rendent bien compte de ce processus, par exemple lorsque quelqu'un infiltre une organisation, ou encore, dans ces jeux de dupes où on peut amener la victime à découvrir une machination pour mieux la piéger par celle qui suit ; enfin, le cas de l'espion, ou de l'agent double, qui, démasqué, change encore une fois de camp. Cette complexification peut être intentionnelle (je pense qu'il pense que je pense…) ou en extension (par enchaînement des coups).

Plus encore, nous sommes désormais capables de gérer simultanément des messages sur différents canaux. En effet, très souvent les participants suivent une ligne d'activité centrale – une intrigue – autour de laquelle gravitent d'autres activités considérées hors cadre. Mais nous avons une grande capacité à recevoir des messages latéraux sans nous distraire de notre activité principale (comme par exemple la lecture des panneaux publicitaires sur une route). À côté d'un canal principal ou intrigue, il y a quatre canaux subordonnés : canal de distraction, canal directionnel, canal de communication collusoire (constitution d'un mini-groupe avec quelques participants), canal de dissimulation. L'acteur n'est pas toujours distrait mais l'engagement dans une situation est toujours plus complexe que ce qu'on croit. Or, ces canaux eux-mêmes peuvent être réutilisés au cours d'une interaction. Par exemple, on peut utiliser un canal de distraction pour transmettre des informations secrètes (jeux de cartes, systèmes de surveillance dans des banques, tricheries lors d'examen, etc.). Cette capacité est essentielle aux yeux de Goffman : « Nous sommes dotés de cette capacité fondamentale d'accepter que les principes organisationnels de notre expérience changent de telle sorte que le sens d'un segment d'activité s'écarte de son modèle tout en restant significatif, capacité qui met en jeu un mécanisme de correction permettant d'éviter que la confusion ne s'installe dans ce que nous percevons de l'intrigue[81]. » En bref, nous sommes capables de mettre en scène des personnages dotés de statuts de participation variés et pouvant manipuler de multiples façons les canaux de l'expérience.

La réalité est fragile

La réalité des situations est, ne l'oublions pas, toujours fragile, elle est toujours soumise au risque de dissolution, de désintégration. Ce sont les erreurs de cadrage. Lors de certaines situations on éprouve un certain embarras, on hésite, on est dans l'incertitude, parfois même au sujet des cadres primaires (nous entendons un bruit sur la porte, s'agit-il d'un bruit purement naturel ou de quelqu'un qui frappe ?). D'autres fois, une mauvaise appréciation de la situation nous rend captifs d'un rapport inadéquat aux événements. La chose est inévitable du fait qu'une même situation peut avoir différents cadres et que les acteurs peuvent rester dans des cadres opposés (par exemple, les adolescents peuvent voir un jeu de mains là où d'autres peuvent voir du vandalisme). Dans ce dernier cas de figure, les controverses portent alors sur les cadres. Mais d'autres fois, il peut y avoir des controverses sur les cadres au deuxième degré, les acteurs peuvent être d'accord sur la manière dont ils devraient voir les choses, mais discutent des raisons pour lesquelles ils n'y sont pas parvenus. Nous nous efforçons alors de nous en sortir en réclamant un supplément d'information ou en nous justifiant. Mais lorsque nous sommes sous l'emprise d'une manœuvre, les conséquences de l'inadéquation peuvent durer plus longtemps. Si on parvient à y voir clair, on dira que le cadre a été épuré ; le rapport au cadre est dorénavant clair pour tous les participants (et non seulement pour le tricheur). Ces recadrages sont parfois instantanés (tout d'un coup on cesse de se méfier de tout le monde) ; d'autres fois, on laisse l'autre croire que nous sommes toujours bernés pour en tirer toutes sortes d'avantages.

L'important n'est pas de conclure que la vie est pleine de malentendus mais que nous sommes capables de nous prémunir et de nous assurer que ces situations resteront exceptionnelles. « Ainsi la discrétion et le bon sens contribuent à faire que ce monde demeure interprétable, dans ses intentions sinon dans sa nature[82]. » Ce qui nous sauve est autant notre aptitude remarquable à percevoir les différences que le soin que prennent nos interlocuteurs à se comporter de manière précise.

Or dans la mesure où le cadre nous aide à faire front à une situation, nous sommes dépités lorsque nous sommes face à des situations que nous ne savons plus traiter : nous subissons une rupture du cadre. Il en existe de deux sortes. La première est autorisée (un conférencier qui prend un verre d'eau), la seconde consiste à se retirer de la situation sans autorisation préalable (on éclate en sanglots ou de rire). Une manière de revenir dans la situation et de s'en sortir est alors de plaisanter, de ridiculiser le personnage pour sauver l'acteur lui-même[83]. Lorsque nous vivons une rupture de cadre, nos croyances et nos engagements s'effondrent. Nous ne savons pas quoi faire et nous faisons face à une réalité qui flotte de manière inquiétante. L'expérience elle-même reste sans forme et disparaît en tant qu'expérience. Elle devient une expérience négative : négative parce qu'elle s'oppose à une réponse organisée et soutenue de manière cohérente[84].

Si la réflexion sur le cadrage est avant tout un trait dominant de l'art contemporain (il suffit de penser à toutes les œuvres d'art qui, d'une manière ou d'une autre, attirent l'attention du public sur le caractère fictif de la représentation afin d'empêcher le spectateur de s'installer trop longtemps sur une strate), cette dimension élargie est « une évolution originale et générale, un mouvement de mode qui se traduit par toute une série de pratiques[85] ». C'est ainsi qu'on fait passer à l'antenne des choses censées rester cachées, que l'on se sert du sport pour faire autre chose, que l'on prend des libertés par rapport à une représentation, que l'on amène les individus à réfléchir sur le cadre dans lequel se déroule une activité. « En somme, tout le monde est d'accord aujourd'hui pour introduire plus de jeu dans les dispositifs de mise en scène d'un personnage ou d'un rôle[86]. »

Or, si le plus souvent ces mouvements restent dans des bornes précises, c'est que les auteurs n'ont aucun intérêt à détruire leur propre spectacle. Tout autre est la situation lorsqu'il s'agit de menacer le rapport entre les marges et l'activité centrale, et contester un cadre dominant. C'est ainsi que les « ruptures de cadre sont utilisées par ceux d'en bas pour mettre à mal une situation[87] ». Il y a ainsi des ruptures de cadres qui visent à décontenancer et discréditer un adversaire en transgressant les règles de cadrage de l'interaction qu'il contribue à maintenir. On vise alors la vulnérabilité de l'expérience cadrée, comme dans les pratiques de sabotage social où ce qui est central est la pertinence elle-même de la menace sur le cadre et non pas l'ampleur du choc ou la fureur. Par là, Goffman parvient à une définition du pouvoir comme capacité de restructurer radicalement le cours des choses[88].

La réalité est furtive

La conception du réel que développe Goffman insiste sur deux choses apparemment contradictoires. La force des certitudes de la vie sociale permet de récuser l'idée d'un scepticisme radical, qui ferait douter de tous les domaines de l'existence et empêcherait même d'emblée une attitude analytique comme celle de Goffman. Mais pourtant l'erreur ou la rupture de cadrage peuvent se produire dans n'importe quel type d'activité à condition que les circonstances s'y prêtent. Goffman exprime alors sans ambiguïté sa conception du réel : « Le soupçon est donc, universellement, fondamentalement et structurellement, dans l'ordre des choses de la vie sociale et l'analyse du soupçon est la meilleure manière d'apprécier le caractère cadré des régions de signification et des réalités qui sont les nôtres[89]. » Une attitude qui au fond repose sur l'intime conviction que l'inexpliqué n'est pas inexplicable, et qu'il suffirait tout au plus de lui consacrer plus de temps pour l'élucider.

C'est qu'aux yeux de Goffman le réel apparaît toujours dans une opposition ; il est plutôt une relation qu'une substance tant une séquence ordinaire comporte souvent des épisodes différemment cadrés et appartenant à différents domaines de réalité. Goffman refuse l'opposition simple réel-irréel. Le réel s'oppose aussi au jeu, au rituel, au sport, à l'apprentissage, à l'imposture, à l'expérimentation... «Les séquences d'activité et les figures qui les peuplent devraient donc être traitées comme appartenant à un seul et même champ d'analyse, qui aurait pour objet véritable l'ensemble des différents domaines d'existence et dans lequel la vie quotidienne ne serait pas un domaine opposé à tous les autres, mais un domaine parmi d'autres[90].» C'est d'ailleurs la raison principale pour laquelle l'ancrage d'une activité cadrée dans le cours des événements est de même nature que celui des modalisations et des fabrications: «Les modalités selon lesquelles une activité s'inscrit dans le cours du monde sont, paradoxalement, de même nature que celles par lesquelles on fabrique une imposture[91].» On peut comprendre notre sens ordinaire de la réalité en étudiant la manière dont nous la falsifions ou l'imitons.

Le soupçon goffmanien sur le réel peut être interprété comme un élargissement d'un thème littéraire ou épistémologique classique à la sociologie. Mais il a fait aussi évoluer sa pensée d'une matrice critique du modèle sociologique normatif de Parsons à une matrice sociologique cognitive. En effet, Goffman résume, mieux que personne, cette évolution de fond de la sociologie contemporaine: le passage de l'acteur intériorisant les normes et intégré dans une situation à un acteur défini par la distance à la situation et donc avant tout saisi en termes cognitifs.

Notons néanmoins qu'à la différence de positions philosophiques radicales mettant en cause le réel en tant que tel, Goffman déploie son argumentation à l'intérieur d'un cadre de bon sens. Ou plutôt, il signale que le fait de mettre en question la totalité du réel empêche de produire l'analyse qu'il propose. Son objectif est pourtant bien de complexifier le lien entre le réel et l'irréel en montrant qu'il n'est rien d'autre qu'une superposition de strates d'interprétation (modalisations et fabrications), ayant des domaines de réalité différents. Ce qui l'intéresse est alors non pas le caractère ontologique du réel, mais plutôt notre capacité sociale et culturelle à définir ce qui se passe à un moment donné.

Pour ce faire, Goffman n'ancre sa réflexion ni dans un cadre strictement pragmatique ni dans un cadre strictement phénoménologique. Il ne se contente pas d'une conception du réel liée à la réussite d'une activité, et il ne réduit pas non plus le réel aux conditions intersubjectives (ou propres à la conscience humaine). Mais le réel n'est pas non plus ancré dans le langage comme ont tendance à le signaler certains courants ethnométhodologiques. Le problème du réel émerge pour Goffman de la distance entre l'objectif et le subjectif, et le soupçon à son égard est avant tout le fruit d'une expérience sociale, celle d'un sentiment d'étrangeté, radical ou momentané, au monde social. L'individu n'est pas incrusté dans un ordre social, il n'est pas solidement « enraciné » dans le quotidien, au contraire, il se définit surtout par son détachement, et sa volonté de détachement, des situations, ainsi que par son effort pour en imposer une définition. L'instantanéité des situations explique en partie leur caractère furtif. En tout cas, il est convaincu que « notre manière d'être déposés dans la vie a pour une part ce caractère d'instantané[92] ».

Mais l'importance du soupçon quant à la réalité des situations et de leurs définitions ne doit pas faire oublier que pour Goffman, les unes comme les autres s'enracinent dans des cadres extra-situationnels, où les individus puisent une partie de leurs informations, ce qui leur permet d'appliquer des conventions semblables à toute une classe d'événements et de situations. Goffman trace même une distinction entre « ce qui relève *de* la situation et ce qui est *en* situation[93] » afin de bien souligner la spécificité des niveaux de la vie sociale, l'autonomie relative de l'ordre de l'interaction par rapport aux éléments macrosociologiques de la société. Goffman parle à propos des sociétés modernes « d'un lien non exclusif, d'un "couplage flou" entre des pratiques interactionnelles et les structures sociales », c'est-à-dire jusqu'à quel point « les catégories elles-mêmes ne correspondent terme à terme avec aucun élément du monde structurel » ; il s'agit plutôt d'une « membrane sélectionnant la manière dont diverses distinctions sociales, extérieurement pertinentes, seront prises en compte au cours de l'interaction[94] ». Goffman est encore plus explicite : « La dépendance de l'activité interactionnelle vis-à-vis d'éléments extérieurs à la situation – fait négligé de façon caractéristique par ceux d'entre nous qui s'intéressent aux situations de face-à-face – n'implique pas en soi de dépendance à l'égard des structures sociales[95]. » Formules précises et explicites pour délimiter tout l'implicite et toute l'ambiguïté qui existent dans l'ordre de l'interaction. Quelle que soit la valeur heuristique de l'idée d'un couplage flou, sa place ne peut qu'être centrale dans la philosophie sociale de la modernité que fait Goffman. C'est elle qui explique le mieux l'incertitude foncière qui traverse son œuvre.

*

On peut proposer diverses interprétations de l'œuvre de Goffman, mais toutes doivent répondre au problème du soupçon qui la traverse et la structure. Sa sociologie, en effet, est d'un bout à l'autre traversée par un étrange sentiment, à savoir que « la méfiance généralisée à l'égard des personnes et de leurs apparences peut bien être rare, mais les doutes quant au caractère naturel d'un événement semblent partout et toujours possibles, particulièrement ces doutes d'un instant, entretenus et fugitifs, qui concernent les "véritables" croyances ou intentions de l'autre à propos d'une affaire en cours[96] ».

Cette méfiance, constitutive de sa pensée, structure, à y

bien regarder, de nombreux domaines de son œuvre. Pour mieux en rendre compte, Goffman n'hésite pas, par exemple, à faire recours à une forme d'écriture toute particulière. À la différence de la plupart des études sociologiques qui se fondent soit sur l'idée d'une rupture épistémologique (d'un côté, un acteur aveugle, de l'autre, un sociologue capable de déchiffrer le sens profond d'une action), soit sur une transcription plus ou moins « littérale » de ce que dit l'acteur (la plupart des sociologies phénoménologiques, et surtout les excès ethnométhodologiques qui finissent par abolir la distance entre l'acteur et l'interprète), Goffman écrit ses livres avec la technique littéraire du narrateur omniscient[97]. C'est ainsi qu'il passe de l'observation externe au vécu interne sans qu'il y ait, à la lecture, une quelconque rupture entre ces deux ordres d'événements. Au fond, il n'y a rien d'opaque à l'œil du sociologue-écrivain. Mais, chez Goffman, cette prise en compte de la subjectivité ne se veut jamais une prise en compte de la dimension existentielle ou tragique de l'expérience humaine ; elle est une pure conséquence d'un regard sociologique. À terme, c'est peut-être la seule véritable différence entre le sujet de *Présentation de soi* et celui de *Stigmate* : la subjectivité du premier est une hypothèse de recherche qui n'a pas besoin d'être vraiment développée (bien qu'elle soit toujours insinuée), la subjectivité du stigmatisé, à l'inverse, est une hypothèse abordée, et déployée, parce que nécessaire à la bonne compréhension du stigmate. Mais dans les deux cas, c'est la situation et le cadre d'interaction qui commandent le recours à cette technique de présentation et d'analyse. Dans tous les cas « la face n'est pas logée à l'intérieur ou à la surface de son possesseur, mais elle est diffuse dans le flux des événements de la rencontre, et ne se manifeste que lorsque les participants cherchent à déchiffrer dans ces événements les appréciations qui s'y expriment[98] ».

Cette méfiance structurelle suit de près, d'ailleurs, l'inquiétude relationnelle de l'interaction égalitaire. Dans une société démocratique, il y a bien sûr toujours des rituels, mais ils parviennent de moins en moins à dédramatiser le face-à-face des individus. À bien des égards, les interactions sont nues. Comme Hegel ou Sartre avant lui, Goffman pose le problème de la violence du choc des consciences ou des regards entre des individus. Mais pour lui, dans une société démocratique où le face-à-face pose problème, du fait de l'égalitarisme, la question de l'intentionnalité de l'autre devient essentielle. Dans la mesure où la hiérarchie, la tradition ou l'ordre du monde ne protègent plus de la méchanceté d'autrui, l'individu goffmanien est toujours sur le qui-vive, il essaye toujours de découvrir les dangers, réels ou imaginaires, qui l'entourent. Une situation qui exige une forte expansion de la réflexivité des acteurs. C'est pourquoi Goffman insiste maintes fois sur l'extension dans la vie quotidienne des quiproquos propres au théâtre ; de plus en plus, les acteurs savent jongler avec le sens des différents cadres. Et c'est de la vulnérabilité de l'ordre de l'interaction que proviennent bon nombre des possibilités d'action : « nos vulnérabilités rituelles sont aussi nos ressources rituelles[99] ».

L'œuvre de Goffman est traversée à la fois par une méfiance structurelle envers les autres et envers le monde, et par une multitude de réponses toujours circonscrites à ce soupçon. Sa force provient de ce que, tout en transformant le monde en une série d'illusions, de stratégies de déguisements et de détournements, il se garde bien de radicaliser à l'excès ses analyses. Comme chez Pirandello, il nous dévoile les illusions des autres, afin de mieux insinuer que nous aussi, nous vivons dans un monde d'illusions. Il serait certainement exagéré de dire que pour Goffman rien n'est comme il le paraît, et pourtant, rien n'est entièrement comme il semble.

XIII

Alain Touraine, le Sujet de la condition moderne*

Le parcours intellectuel d'Alain Touraine est intimement lié à la volonté de dégager une conception conflictuelle de la modernité, en étroite imbrication avec les événements ayant bouleversé le monde contemporain. Mais le propre de sa pensée est d'interpréter la modernité au sein d'une réflexion sur l'écart croissant entre les dimensions subjectives et objectives[1], et ce au travers de trois mouvements successifs. Tout au long de cet itinéraire intellectuel, lentement, mais de manière univoque, l'idée d'un accord relativement immédiat, et au fond peu problématisé, entre l'acteur et le système cède le pas à une séparation croissante entre les dimensions objectives et subjectives de la vie moderne. Là où, au départ, une relation étroite et quelque peu déterministe existait entre les formes d'industrialisation et les niveaux de la conscience ouvrière, on parvient à l'affirmation d'une séparation radicale entre les logiques de rationalisation du monde et les éléments privés et communautaires des individus. Là où, surtout, l'accord entre les dimensions était donné par une conception globale de l'action de la société sur elle-même, présentée sous forme de types

* Alain Touraine (1925)

sociétaux (industriel ou postindustriel), la possibilité d'articulation n'est à terme octroyée exclusivement qu'au sujet. De fait, ce qui était une dialectique (« le travail apparaît donc comme déterminé par les conditions sociales et comme leur déterminant[2] »), deviendra une tension (« l'analyse de la société ne se construit pas directement autour du contenu de l'historicité, mais autour de la tension entre celle-ci et les systèmes naturels mobilisés par l'activité sociale[3] »), avant de se constituer dans une véritable opposition (« la démodernisation est avant tout la rupture entre le système et l'acteur[4] »). Sa démarche intellectuelle est ainsi un basculement entre une position accentuant les dimensions objectives de l'explication sociologique vers une interprétation largement centrée autour du Sujet.

I. DE L'ÉVOLUTION DU TRAVAIL À LA CONSCIENCE OUVRIÈRE

Même si Touraine affirmait en 1965 que « la problématique de l'action n'est plus identifiable au mouvement de l'histoire[5] », il est à bien des égards clair que dans cette période la compréhension de l'action sociale est subordonnée nettement à l'évolution des situations professionnelles. Dès les années soixante, Touraine a ouvertement rompu avec toute velléité de philosophie de l'histoire, mais cependant sa réflexion reste indissociable d'une certaine conception évolutionniste de la société. Son analyse part de la reconnaissance de divers moments dans l'évolution du travail ouvrier. Les progrès de la mécanisation entraînent dans un premier moment la disparition d'un grand nombre de métiers qualifiés et une élévation importante du nombre d'ouvriers spécialisés. Dans un deuxième moment, et suite à la mise en place d'une nouvelle organisation du travail avec regroupement des tâches, complexification et automatisation croissante de la fabrication, le personnel qualifié s'accroît[6]. Mais ce qui intéresse Touraine est de saisir le sens de cette évolution, c'est-à-dire le passage d'un système professionnel à un système technique de travail.

Le passage d'un système à l'autre traverse trois phases que Touraine appelle A, B, C, successivement la prédominance de l'artisanat, la production de masse et l'automatisation. Dans chacune d'entre elles il y a, mais à des doses fort différentes, la présence des deux systèmes de travail. Dans la phase A, il existe un large primat du travail professionnel même si la situation productive est déjà celle de l'industrie. Dans la phase B se juxtaposent d'une part le travail en grande série et à la chaîne où l'ouvrier intervient encore directement même si c'est de manière parcellaire et répétitive et d'autre part, l'organisation collective qui commande déjà fortement l'exécution individuelle du travail. Enfin, la phase C est celle du regroupement des tâches, de l'automatisation croissante, bien que le travail d'exécution soit toujours et encore présent. Pour Touraine c'est dans la phase B, quand le travail ne peut être considéré que du double point de vue de la décomposition du système professionnel et de la consolidation du système technique, que le syndicalisme parvient à se transformer véritablement en mouvement ouvrier. C'est dire que même si le conflit traverse toutes les phases de l'évolution du travail, ce n'est qu'à ce moment qu'il prend une importance centrale. Là où l'organisation dite scientifique du travail, surtout le taylorisme et le fordisme, s'attaque directement à l'autonomie des travailleurs, et surtout à l'autonomie des travailleurs qualifiés. Un choc oppose la conscience des ouvriers d'être des travailleurs productifs et leur expérience d'une gestion de la production contraire à leurs propres intérêts. Alors se produit la rencontre entre les deux pôles principaux de la conscience ouvrière. D'une part, une conscience fière, portée par les ouvriers de métier ayant une grande autonomie professionnelle, conscients de leur savoir-faire, ne considérant les patrons, voire les partis politiques, que comme des intermédiaires et croyant même à l'idée d'une reconstruction de la société à partir de l'usine. D'autre part, une conscience prolétarienne, celle des manœuvres exécutants, conscients de leur pauvreté, de leur incapacité, et ayant tendance à confier leur sort aux partis politiques, ou à miser sur des revendications strictement économiques[7]. L'âge d'or du mouvement ouvrier a lieu lorsque la conscience de classe ouvrière intègre à la fois la conscience fière des professionnels luttant pour la défense de leur autonomie et leur savoir-faire et la conscience prolétarienne des ouvriers spécialisés incorporés à un système technique de travail, au sein d'une organisation où le travail est répétitif et parcellisé. À l'inverse, le déclin du mouvement ouvrier est marqué par le clivage de l'acteur ouvrier, là où conscience fière et conscience d'exploitation se séparent, et où deux définitions de l'acteur se juxtaposent sans s'unir.

Le moment culminant du mouvement ouvrier au sens strict est à étudier en rapport à un certain état de la conscience ouvrière, elle-même déterminée par les relations de travail et l'organisation du travail. Touraine se défendra plusieurs fois de la présence dans son œuvre d'un fort déterminisme technologique. Pourtant, sans être à proprement parler déterministe, son analyse est toujours surplombée par des représentations d'ensemble de la vie sociale où un certain déterminisme est de rigueur. Le mouvement ouvrier s'organise ainsi autour de conflits pour l'appropriation des ressources engagées dans la production industrielle, dont chacun des adversaires reconnaît la valeur positive et dont il se veut le meilleur défenseur contre les intérêts particuliers de l'autre[8]. S'il est vrai donc que les ouvriers contestent l'organisation du travail au nom de l'autonomie professionnelle, il n'y a pas, à ce stade de la pensée de Touraine, lieu d'opposer subjectivité et rationalité. Au contraire même, dans le premier récit analytique implicite de la modernité présent dans son œuvre, il y a plutôt l'idée d'une articulation, voire d'une transition, entre une contestation menée au nom de la subjectivité et un conflit animé par l'idéal d'une autre gestion, plus rationnelle, de la production. À sa manière, l'analyse de Touraine peut rejoindre l'étude historique d'E.P. Thompson pour qui la naissance du mouvement ouvrier n'est que le passage de l'économie morale de la protestation (le refus de la faim, de la désintégration culturelle, de l'injustice au nom des anciennes traditions féodales) à une culture de classe basée sur une économie politique de l'exploitation[9].

Or, ce déterminisme technologique va alimenter très vite une conception totalisante de la société industrielle. Touraine rendra compte de la centralité du mouvement ouvrier et de la spécificité de sa démarche analytique à l'aide de la notion de Sujet historique qui désigne le principe d'unité et de signification d'un système d'action historique, le rapport que la société entretient avec elle-même, la manière dont une société donnée se saisit de son propre travail et de ses résultats pour doter de sens son activité historique. « Le sens de l'histoire ne se saisit qu'au niveau d'un sujet historique, qui n'est ni une réalité empirique ni une réalité transcendantale, mais une notion sociologique dont la nature dialectique est telle que les acteurs historiques ne peuvent ni être jamais identifiés à lui ni compris hors de leur relation à lui[10]. »

C'est dire jusqu'à quel point le sujet historique est une

construction intellectuelle en tension avec les pratiques socialement accomplies au sein d'une situation donnée. Dans ce sens, et dans ce sens seulement, l'influence d'un marxisme revisité par Georg Lukács, et surtout l'ombre de la notion de totalité, sont importantes chez Touraine. Mais pour lui, à la différence de Lukács, la volonté de parvenir à articuler la société en tant que sujet historique suppose le saisissement d'un enjeu central qui, pris dans sa plus haute abstraction théorique, s'incarne ensuite dans différents conflits et niveaux sociaux[11]. Autrement dit, c'est par rapport au sujet historique que doivent s'interpréter les pratiques sociales. La dialectique entre le sujet historique et le sujet personnel est alors d'une nature toute particulière. Comme l'avançait Touraine, « le principe d'analyse du sujet personnel est très simple : toutes ses formes sont des niveaux de dégradation d'un état de sujet historique[12] ». Le saisissement du sujet personnel est alors directement proportionnel au sujet historique à condition de bien comprendre que le niveau du premier est d'autant plus élevé qu'il assume plus profondément une situation sociale. En bref, le sujet personnel est toujours à analyser en amont de son institutionnalisation.

Pourtant, le degré d'implication du sujet personnel dans le sujet historique ne peut jamais être tiré de la seule conscience des individus et en voie de conséquence plus on se rapproche de l'action concrète (en nous éloignant du maximum d'action possible) et plus les pratiques sont à saisir à proximité avec l'expérience vécue des acteurs. Cette démarche se différencie alors clairement du fonctionnalisme parsonien. Dans ce dernier, on part des orientations normatives de l'action pour descendre aux comportements, en établissant une réciprocité entre les attributs du système et les conduites sociales, tandis que dans l'actionnalisme, et à l'inverse, on vise à trouver derrière les institutions les projets des acteurs, l'analyse se faisant en fonction de leur niveau d'engagement dans le système d'action historique, en termes des modèles sociaux et culturels à partir desquels s'organise la société. Plus simplement, entre le système de valeurs et les normes, Touraine place les rapports sociaux de classes et l'action des mouvements sociaux. Cette conception du sujet historique ne pouvait que mener Touraine vers une sociologie des mouvements sociaux. Et même s'il n'y aura jamais de correspondance étroite et précise entre le sujet historique et les formes concrètes que prennent les mouvements sociaux, leur signification est à interpréter en référence à l'espace défini par le sujet historique.

La modernité occidentale, comprise alors comme société et civilisation industrielles, se définit par l'existence d'un lieu central et d'un couple antagoniste central d'acteurs sociaux. À ce stade, la conception de la modernité qui anime l'œuvre de Touraine est encore largement débitrice de la philosophie des Lumières. Et pourtant, la sociologie de l'action se définit déjà comme un type d'analyse à l'opposé de l'évolutionnisme né de la philosophie des Lumières et développé au début du XIXe siècle. Mais c'est que l'imbrication se situe ailleurs. La rupture opérée par la notion d'historicité par rapport à l'historicisme, le passage d'une société placée dans l'histoire – et sous l'emprise de l'évolutionnisme – à la prise en compte active de l'histoire au sein de la société ne doit pas, en effet, induire en erreur. Si les sociétés industrielles font davantage leur histoire que les précédentes, c'est parce qu'elles parviennent de manière plus nette à s'autosaisir en tant que système d'action historique. Ainsi le couple central d'acteurs que Touraine décèle dans la société industrielle, les maîtres de la production et les travailleurs, participe activement des idéaux de la modernité. Comme d'autres hommes des Lumières, il croit, et cela en dépit même de la forte influence que le pessimisme critique de Georges Friedmann exerce sur lui, au caractère progressiste de l'histoire, à la progression continue du savoir, à l'augmentation croissante de l'emprise des hommes sur leur histoire au fur et à mesure qu'ils abandonnent les références aux anciens critères transcendants d'ordre. Mais il est possible d'affirmer que, avec Friedmann, il partage au fond l'idée que l'ouvrier qualifié, voire l'artisan, est non seulement un modèle historique du travail humain, mais aussi, et plus profondément, l'aune à partir de laquelle doivent se juger les dimensions sociales et spirituelles du travail en général[13]. Touraine est à cette époque, au lendemain de la Libération et en pleine phase d'industrialisation de la France, un modernisateur[14]. La représentation qu'il donne alors du conflit ouvrier au cœur de la société industrielle est un mélange de Saint-Simon et de Proudhon. Du premier, il reprendra la confiance dans le progrès et une certaine philosophie implicite du changement, tout comme une fascination réelle pour les professionnels et les ingénieurs capables de bâtir un nouveau monde. Du deuxième il retiendra, *via* Friedmann, une bribe de nostalgie transfigurée en anthropologie prométhéenne pour une conception de l'acteur définie par l'expérience de son autonomie et de sa créativité au travail, puisque « c'est bien la notion de travail ou, si l'on préfère, de création, qui constitue le principe central de toute sociologie de l'action[15] ».

Véritable dialectique entre une conception de l'action humaine et ses possibilités de réalisation historiques. D'une part, la conception de l'action humaine anime une « sociologie de la liberté », la « recherche du mouvement par lequel sont à la fois constituées et contestées, organisées et dépassées les formes de la vie sociale[16] ». D'autre part, une représentation sociologique des possibilités d'action historique placée sous l'emprise d'un modèle d'analyse affirme l'étroite correspondance entre les niveaux de conscience des acteurs et l'évolution des systèmes de travail. Mais comment ne pas reconnaître dans cette période et au cœur de cette dialectique la prédominance des dimensions objectives ?

II. LA SOCIÉTÉ PROGRAMMÉE ET LES NOUVEAUX MOUVEMENTS SOCIAUX

Cette dialectique où priment les dimensions objectives va donner forme à une véritable tension entre les deux dimensions dans les travaux souvent prémonitoires que Touraine a consacrés à la société programmée. Dès la fin des années soixante en effet, il consacre l'essentiel de sa réflexion sociologique au passage d'un type de société à un autre. Il serait faux de voir dans cette attitude un simple héritage de l'historicisme du XIXe siècle. Beaucoup plus profondément, il s'agit là d'un des effets d'argumentation induits par la notion de sujet historique qui impose toujours d'une certaine manière une représentation du sens global d'une société. De fait, c'est parce que les sociétés contemporaines (et les sciences sociales) ont, en cette fin de siècle, de la peine à raisonner en termes historiques que l'étroite imbrication de la sociologie et de l'histoire présente chez Touraine dérange[17]. Le problème évidemment n'est pas de nature épistémologique, puisqu'il ne concerne pas seulement la manière dont les sciences sociales raisonnent. De ce point de vue, l'affirmation maintes fois répétée par Touraine selon laquelle il ne s'agit pas de placer une société dans l'histoire, mais de placer l'historicité au cœur de la société[18] n'énonce qu'une partie de la vérité. C'est l'hypothèse historique qui commande l'argument du drame de la société, même si, par la suite, la mise en œuvre de l'argument est vouée exclusivement à l'action de la société sur elle-même à partir de son propre travail. En bref, l'acteur n'est défini « que par sa place dans un type ou dans un autre de relations sociales et le système ne peut pas être défini sans reconnaître qu'il traite de conduites orientées, significatives[19] ».

L'intuition historique majeure de Touraine est celle du passage d'une société industrielle qui pense le mouvement comme orienté par les lois du marché ou vers la création d'un cadre économique, mais toujours sous forme d'ouverture et d'aventure, celles de l'entrepreneur et du profit, vers une société postindustrielle, toujours orientée vers le mouvement, mais qui « le pense comme gestion de systèmes, comme capacité de programmer le changement[20] ». Hypothèse historique lourde de sens puisqu'elle n'affirme rien de moins que l'entrée vers une nouvelle étape du sujet historique[21], elle-même menant au renouveau d'une sociologie des mouvements sociaux. La société qui naît est définie par un niveau croissant d'historicité, là où se structurent les grandes orientations culturelles, grâce à la distance que la société prend à l'égard de son activité et de l'action par laquelle celle-ci détermine, au travers des conflits sociaux, ses grandes orientations sociales et culturelles[22]. La société programmée se définit plus que toute autre société avant elle comme un pur système de rapports sociaux, une société dans laquelle « ce qui semble d'abord un ensemble de "données" sociales est reconnu comme le résultat d'une action sociale, de décisions ou de transactions, d'une domination ou de conflits[23] ».

Dans ce nouveau type sociétal, la domination sociale change de visage et se définit de manière croissante en référence aux mécanismes qui dirigent le changement et les instruments d'intégration sociale et culturelle. « Ce n'est pas le travail directement productif, le métier, qui s'oppose au capital ; c'est l'identité personnelle et collective qui s'oppose à la manipulation[24]. » L'enjeu des mobilisations n'est plus seulement l'appropriation du profit mais le contrôle du pouvoir de décider, d'influencer et de manipuler. La domination s'étend de l'entreprise à tous les autres aspects de la vie sociale, la conscience de l'exploitation étant remplacée par la conscience de l'aliénation au fur et à mesure que les individus doivent faire face « à une domination étendue à un système de production qui intègre fabrication, information, formation et consommation plus étroitement qu'avant[25] ». La nouvelle classe dominante, la technocratie, appuie sa domination moins sur l'organisation du travail qu'autour du contrôle souvent monopoliste de la fourniture et du traitement d'un type d'information.

Mais pour Touraine deux limitations sont à imposer à cette nouvelle forme de domination. Même si elle est littéralement partout, elle « vient de quelque part, des grands appareils technocratiques, centres de domination qui constituent la classe dirigeante[26] ». D'autre part, et quelle que soit l'extension de cette domination, la société doit toujours être représentée comme un champ de création conflictuelle. L'ordre social n'est jamais total ni sans limites, et toute société est toujours traversée par des refus, des révoltes et des conflits. Pour Touraine, dans une affirmation qui se rapproche de celle de Gramsci, c'est la faible intégration des pratiques sociales et culturelles qui explique même à un certain niveau la possibilité de l'existence de mouvements sociaux. Puisque la société ne se réduit pas à son fonctionnement[27], la tâche de la sociologie n'est autre alors que de montrer, derrière l'ordre et le pouvoir, le système d'action historique et les rapports de classes, « regarder ce qui est caché, dire ce qui est tu, faire apparaître la faille d'un discours, la distance de la parole et de l'action[28] ». Mais l'extension et la transformation de la domination sont telles que souvent l'acteur n'a d'autres possibilités de résistance qu'un appel à la nature, à un certain substrat biologique afin de se mettre à l'abri de l'intrusion du pouvoir. « Ce qui résiste au pouvoir et à son désir d'ordre n'est pas un principe moral ou une force naturelle mais le double appel des mouvements sociaux à l'historicité et à la naturalité. Le premier conteste le pouvoir qui s'approprie cette historicité ; le second résiste à l'emprise de plus en plus envahissante des lois et des règles. Ils ne peuvent aller l'un sans l'autre[29]. » D'où l'importance, mais pas encore la centralité, que Touraine octroie alors aux luttes s'appuyant sur un statut biologique comme la féminité, la jeunesse, la vieillesse, l'appartenance à un groupe ethnique et même, dans une certaine mesure, l'appartenance à une culture locale ou régionale[30].

Les « nouveaux mouvements sociaux »

L'hypothèse de la société programmée portait en elle une conséquence majeure, à savoir celle de l'élargissement du conflit de classes au domaine du hors travail. L'analyse des révoltes devenait alors particulièrement complexe puisqu'il s'agissait toujours de déceler à l'œuvre derrière les attitudes de refus, souvent désorganisées, des bribes du nouveau sujet historique en train de se constituer, et de parvenir à démêler au sein des actions collectives réellement existantes les significations propres à la société programmée. L'inextricable imbrication entre l'hypothèse historique et l'analyse sociologique donnera lieu à toute une série d'études dont l'objectif principal sera de parvenir à démêler le nouveau de l'ancien. Des phrases à très forte tonalité gramscienne seront maintes fois mobilisées. L'analyste est toujours soumis à la confusion irrépressible entre le vieux monde et l'avenir, tiraillé entre le poids du passé et l'horizon qui se dégage au futur, constamment confronté à la dissociation entre les actions et les consciences, entre les enjeux de mobilisations et les rhétoriques employées comme en atteste notamment l'analyse fournie à propos de la lutte étudiante de 1976[31].

D'ailleurs, c'est parce que cette hypothèse historique commande l'analyse sociologique que Touraine ne cessera de peaufiner pendant vingt ans ses catégories et ses classifications, afin de pouvoir mieux décerner ce qui correspond à des problèmes de changement, ce qui relève de conflits structurels propres à un type sociétal, ou ce qui tient au mélange entre l'innovation culturelle et la contestation sociale. Le but clairement énoncé est de parvenir à identifier les mouvements sociaux les plus importants, ceux qui mettent en cause l'orientation générale du système d'action historique, parvenant par là à donner un sens au « tumultueux et dangereux passage d'un type de société à un autre ». La tâche de l'œuvre ne saurait être exprimée avec plus de netteté : « découvrir le mouvement social qui occupera dans la société programmée la place centrale qui fut celle du mouvement ouvrier dans la société industrielle et du mouvement pour les libertés civiques dans la société marchande qui la précéda[32] ».

L'analyse sociologique visait donc à tester la validité de l'hypothèse d'un nouveau sujet historique, axé autour de la maîtrise des biens symboliques, et susceptible de donner un cadre de repère à l'émiettement des pratiques[33]. Les luttes antitechnocratiques étudiées, en s'attaquant aux bases mêmes de la société programmée, seraient des réactions contre les détenteurs des appareils de gestion qui, par la stimulation de fausses nécessités, imposent leurs projets[34]. Leur opposition se dirigerait contre le noyau dur du pouvoir technocratique, le contrôle exercé à travers les industries culturelles. Les principales recherches menées à cette époque par Touraine, à l'aide de l'intervention sociologique, visaient justement à faire la part des choses en proposant une analyse sociologique elle-même dépendante de l'interprétation historique[35]. Le but étant de dégager au sein d'une conjoncture déterminée la composante de mouvement social présente dans toute une série de nouvelles luttes sociales. En réalité, la tension entre les deux hypothèses a fait constamment basculer les analyses vers une dépendance croissante de l'interprétation sociologique d'un raisonnement de nature historique. Certes, Touraine s'est bien gardé d'annuler l'analyse sociologique au seul profit de l'interprétation historique, mais la reconstruction des différentes significations présentes dans l'action renvoie toujours, en dernière analyse, à une hypothèse de nature historique. En fait, la nature de l'action, frappée par une multiplicité de sens, et surtout par la tension repérable entre l'ancien monde et la nouvelle société, s'avère indissociable de son contexte historique, seul moyen, selon Touraine, de parvenir véritablement à distinguer son niveau de signification. L'analyse sociologique n'est possible qu'en faisant appel à une interprétation historique, où le sens de l'action est tiré d'une totalité historique en formation.

En vérité, les tensions de ses démarches n'ont jamais été aussi fécondes qu'au sujet de l'analyse à chaud que Touraine livre du mouvement de Mai 68, formidable télescopage entre diverses formes de raisonnement. D'abord, des résidus de l'ancien déterminisme technologique sont encore à l'œuvre, notamment lorsqu'il s'efforce de voir dans le rapprochement entre les étudiants et les techniciens une alliance commandée par la place centrale présente ou future de ces catégories dans le système de production en voie de constitution[36]. De l'autre côté, l'analyse des significations véhiculées par les étudiants en Mai 68 est clairement subordonnée ou tirée de la constitution d'un nouveau type sociétal qui chapeaute l'interprétation. Touraine a dès lors tendance, à l'époque, à fusionner les deux modes de raisonnement lorsqu'il s'agit de résumer le niveau de signification central des événements de Mai comme un « moment de la formation d'un nouveau conflit de classes dont l'élite ouvrière n'est plus l'acteur principal, et est remplacée par les techniciens et les experts – qu'on les nomme de ces noms ou qu'ils soient ouvriers de certaines industries, ou étudiants – comme animateurs d'une classe qui s'oppose à celle des détenteurs du pouvoir technocratique[37] ».

La tension

Néanmoins, et malgré toute l'importance que Touraine ne cesse d'octroyer au poids des structures sociales, au point d'affirmer que « les conflits sociaux se sont déplacés, parce que la nature de la domination sociale s'est transformée[38] », sa conception de l'action et de la créativité du sujet se renforce aussi considérablement. « La société humaine dispose d'une capacité de création symbolique grâce à laquelle, entre une "situation" et des conduites sociales, s'interpose la formation du sens, un *système d'orientation des conduites*[39]. » Au fondement de cette possibilité se trouve la capacité d'une société de prendre de la distance envers elle-même, de se construire une représentation d'elle à distance des faits. Comme l'écrit Touraine dans une affirmation emplie d'emphase sartrienne, « *la société n'est pas ce qu'elle est*, mais ce qu'elle se fait être[40] ». Mais ici encore cette représentation de l'action sociale est subordonnée aux rapports sociaux et à la représentation d'ensemble d'un type sociétal ; elle est organisée par une forme de domination. Le type sociétal informe le sujet historique. Touraine dira alors qu'il

« existe une tension fondamentale entre l'historicité d'une société et le fonctionnement ou la reproduction d'une collectivité[41] ». Il s'agit là d'une différence de taille entre Touraine et les travaux d'inspiration marxiste. Pour lui, les mouvements sociaux sont culturellement orientés et ne peuvent pas être saisis seulement comme la manifestation des contradictions objectives d'un système de domination[42]. La société est capable de produire ses propres orientations, de générer ses objectifs et sa normativité, ainsi que de les changer, cependant cette conception prométhéenne de l'action de la société sur elle-même est toujours saisie, empiriquement, à travers des actions collectives dont le sens ne peut pas aller au-delà du système d'action historique dont elles sont issues.

Révélatrices de ces tensions, les trois principales critiques virtuelles auxquelles cette démarche pouvait être soumise lui ont été effectivement adressées. À savoir, de trop se laisser entraîner par une « sociologie de l'aube » en tombant même dans des travers prophétiques où une certaine intuition de l'histoire surplombe la représentation des faits sociaux[43]. Ensuite, de trop pencher vers une conception prométhéenne de l'acteur et de l'action comme capacité radicale de création à la lisière d'une philosophie du sujet[44]. Enfin, et sans doute de manière plus centrale, de s'incliner soit vers un nouvel avatar du déterminisme de l'action, soit de faire cohabiter au sein de l'actionnalisme des propositions contradictoires entre une conception déterministe des types sociétaux et une conception créatrice de l'action sociale[45].

En réalité, les trois critiques proviennent d'une seule insuffisance. La créativité se détache progressivement pour Touraine de son enracinement dans le travail sans parvenir à s'ancrer autour d'une conception achevée du conflit social. Pour lui, « les hommes font leur histoire, non par leurs intentions et leurs valeurs, *mais par le sens de l'action que la société exerce sur elle-même*, action à la fois subjective et objective, définie conjointement par une accumulation et un modèle culturel[46] ». L'imbrication entre les dimensions objectives et subjectives est plus affirmée que démontrée, en tout cas, elle reste une possibilité souvent abstraite, dont la signification ultime renvoie au fait que le sociologue garde une représentation totalisante de l'histoire. Au fond, ce qui fait le plus problème à cette époque est la matérialité réelle des conflits sociaux. Tant que la société industrielle disposait, au moins dans certaines de ses représentations, d'un lieu social central et d'une pratique sociale normative, l'entreprise et le travail, tous les deux organisés autour de la production, la matérialité du projet allait de soi. Mais avec l'opacité croissante, pratique et intellectuelle, de l'enjeu central de la société et l'éparpillement des luttes, l'analyse risquait de perdre tout ancrage dans le réel. En fait, la double tension centrale qui traverse cette époque de la pensée de Touraine provient de cet état de faits et de réflexion, l'analyse ne pouvant que basculer vers des éléments objectifs compris de multiples manières (déterminismes sociaux ; positions occupées aux niveaux inférieurs d'action – institutions ou organisations) ou vers des éléments de plus en plus volontaristes de l'action sociale. Au cœur du problème, l'insuffisance théorique de l'idée et de la pratique du conflit social et l'articulation souvent seu lement abstraite des diverses composantes de l'historicité (le mode de connaissance, l'accumulation et le modèle culturel). Un écart analytique apparaît entre les dimensions objectives, elles-mêmes mêlées et comblées par une intuition historique, et les dimensions subjectives conçues au travers d'une conception fort prométhéenne de l'acteur social.

Si dans ses études sur la société industrielle il est indéniable que la balance penche du côté des dimensions objectives déterminant ou encadrant l'action sociale, dans les travaux autour des nouveaux mouvements sociaux de la société programmée la tension est constante et reste irrésolue. D'ailleurs, la réponse que Touraine lui-même donne à l'absence de luttes véritablement porteuses de la nouvelle historicité reproduit cette même tension, puisqu'il ne s'agit que d'une réponse de nature historique, selon laquelle les faits observés, le flux et le reflux des nouveaux mouvements sociaux, n'auraient été que la première vague, encore inconsistante, des luttes de la société programmée[47]. Jusqu'à la fin l'intuition historique de départ opère encore et toujours. Elle informe l'hypothèse et la réponse aux limites de l'hypothèse. Il s'agit bien plus que d'une simple hypothèse *ad hoc*. L'emprise d'une certaine représentation de l'histoire et de la société industrielle est profonde chez Touraine. Le détour par l'histoire n'a jamais été pour lui une manière d'évasion, mais plutôt un recours constant pour interpréter la société. Mais ce désir d'histoire était la seule manière de combler la tension entre les dimensions objectives de la société et les dimensions subjectives de l'action, qui ne parvenaient plus à se structurer à l'aide de la notion de conflit social. Cette tension, à ce moment de sa pensée, peut d'ailleurs être comprise à la croisée de l'influence de deux auteurs ayant fortement marqué cette partie de son œuvre, Parsons et Sartre, deux auteurs chez qui l'objectivisme et le volontarisme, même si c'est de manière fort différente, sont loin d'avoir trouvé une réponse satisfaisante.

III. LE SUJET DE LA NOUVELLE MODERNITÉ

Face à cette situation l'analyse aurait pu se déplacer soit vers une analyse approfondie des rapports de domination et des classes dirigeantes[48], soit vers une interprétation plaçant au cœur de l'analyse de manière explicite et centrale la distance entre les dimensions objectives et subjectives. C'est cette deuxième voie qui a été choisie. Dans sa troisième période cette tension analytique entre la société programmée et les nouveaux mouvements sociaux s'effacera au profit de la dissociation entre la rationalisation et les communautés dont le Sujet ne devient que le seul principe actif d'articulation.

Le récit de la modernité

Pour Touraine la modernité dans sa tendance centrale est l'interpénétration des idées de société, de culture et de raison. Version intégrée et globale qui, délestée de sa charge chrétienne, s'identifie à la raison et surtout à son devenir monde, en établissant une coupure radicale entre le spirituel et le mondain. Et peu importe en fait, pour Touraine, que le désenchantement soit ou non imputable au christianisme, l'important est que le bien cesse de plus en plus d'être défini en relation à Dieu et qu'il le soit de plus en plus en termes de fonctionnement sociétal. L'utilité sociale sera à la base de l'idée de société et de l'ordre social que se forge la modernité. La quête d'un principe d'autofondation du social par lui-même ne pourra se faire à terme (après quelques transferts du sacré au politique) que par un fonctionnalisme, au sein duquel c'est en fonction de leur utilité dans le maintien de l'ensemble social que vont être jugés les actes humains. L'équilibre de l'ensemble social prime sur toute éthique. Il devient même, à lui tout seul, la morale des temps modernes. Mais ce mouvement d'inscription de la raison sur le monde aura aussi un pendant subjectif. Il s'efforcera d'assurer le contrôle des passions et des excès, individuels et collectifs. Sous forme de contraintes personnelles intériorisées, la politesse ou l'éducation, ainsi que par le monopole de la violence légitime par l'État, la raison finira, au mieux, par s'incarner comme une seconde nature chez les hommes, au pire par devenir une force inébranlable de répression. Plus encore : la modernité triomphante établira l'équation entre le progrès et le bonheur personnel.

Mais si cette conception de la modernité est plus ou moins consensuelle, c'est de sa dissolution que provient l'originalité de la vision tourainienne. La modernité a pris la forme d'un projet à parcourir et à déployer, au terme duquel le bonheur des hommes serait définitivement acquis. Le futur, indéterminé en soi, était envisagé comme un moment possible de la réconciliation des hommes. Ce projet fut condensé dans la notion de Raison, à la fois principe d'action et d'intelligibilité, un principe présent dans toute la réalité et assurant l'harmonie du monde, un principe organisateur du réel. C'était la Raison objective. La crise de la tradition apporte la première inflexion, la Raison cessant d'être une économie générale du monde structurant les rapports entre les hommes. La décomposition sera marquée par l'effondrement d'abord, la rupture ensuite du monisme moderne. Le formidable agencement autonome des forces assurées par la vision rationaliste de la modernité éclate. Elle ne peut plus être considérée comme purement endogène, la modernisation fait appel à la volonté et la nation sera alors à la base de la modernité. Mais sa décomposition se solde surtout par une explosion et un éloignement de l'individuel et du collectif, de l'être et du changement. Plus simplement, il y aura d'un côté une nostalgie de l'être et de l'Un, d'un principe unique informant le monde, et de l'autre, l'appel à l'Éros, le désir. La crise de la raison objective se solde alors par le triomphe d'une raison subjective, c'est-à-dire l'alliance d'une rationalité instrumentale subordonnée à une pure logique marchande et un appel à l'être sous forme de nostalgie communautaire ou de vision hédoniste. La communauté et la consommation signent la mort d'une modernité occidentale[49].

L'effort de Touraine consiste à lier la décomposition du modèle matérialiste moderne avec une recomposition qui trouve, chez Descartes, son point, plus ou moins arbitraire, de départ. Une recomposition qui se construit désormais contre l'holisme (communautaire, totalitaire) et contre l'individualisme (hédoniste, consommation). « La modernité nouvelle unit la raison et le Sujet qui intègrent chacun deux des éléments culturels de la modernité éclatée. La modernité, qui avait refoulé et réprimé la moitié d'elle-même en s'identifiant à un mode de modernisation conquérante et révolutionnaire, celui de la table rase, peut enfin retrouver les deux moitiés d'elle-même[50]. » Le Sujet permet d'intégrer dans cette nouvelle représentation de la modernité la vie et la nation, tandis que la Raison continue à intégrer la consommation et l'entreprise. Cette nouvelle modernité se recompose sous forme de conflictualité, de manière exemplaire à travers l'action des dissidents, mais aussi par la révolution d'un être non social en opposition à un système global. D'ailleurs, les deux processus participent d'un même mouvement, celui de la sortie d'une conflictualité opposant classe contre classe, et l'entrée dans une conflictualité axée autour de la défense du sujet contre l'emprise grandissante du système. C'est ici que Touraine retrouve la ligne avortée de l'autre modernité, celle qui va de Descartes à la Déclaration des droits de l'homme, et largement basée sur le droit naturel. D'où, bien entendu, la force de l'idée de dégagement en tant que principe actif par lequel le Sujet résiste aux logiques systémiques, au pouvoir (le Surmoi), mais aussi aux rôles imposés par le système (le Moi). Le « je » ou la résistance à la raison objectivante n'est que l'affirmation du Sujet. « On voit s'opposer une logique de l'intégration sociale de plus en plus utilitariste et un sujet défini par un rapport de l'individu à lui-même et non plus par son appartenance à une essence ou à une communauté[51]. »

Pour Touraine désormais la dissociation et l'exigence d'articulation de la rationalisation et de la subjectivation sont au cœur de la nouvelle modernité. Bien sûr, on peut dire que cette vision n'entraîne pas de changements considérables dans le modèle actionnaliste, et que malgré tout, la défense du Sujet contre les logiques du marché ou l'emprise des communautés est encore, et toujours, l'enjeu central repérable dans les nouveaux conflits sociaux. On peut dire aussi que l'idée du Sujet comme mouvement social n'est que le prolongement de la notion de mouvement social en tant qu'acteur de classe[52]. Ou insister encore sur la continuité profonde observable dans la caractérisation de la société programmée. Après tout, Touraine a toujours défini, et dans des termes très proches, la conflictualité propre à cette société : « Face au mouvement dominé par les appareils et la classe dirigeante, celle de l'être, de l'autonomie de son expérience et de son expression, de sa capacité de gérer ou de contrôler les changements qui l'affectent. » On est en 1973[53].

Pourtant, si la conception est pour beaucoup la même, les stratégies analytiques sont différentes. Dans un cas, ce sera l'esquisse d'un nouvel enjeu central, et l'intuition historique du passage à un autre type sociétal où les acteurs ont des marges d'action grandissantes. Dans l'autre cas, l'écartèlement entre la rationalisation et la subjectivation sera la tendance prédominante. D'un côté, c'est le type sociétal lui-même qui est au centre de l'étude, et c'est de lui que dérive, directement, l'étude des nouveaux mouvements sociaux, de l'autre côté, c'est à l'analyse du Sujet lui-même qu'est consacré l'essentiel de la réflexion de Touraine. Mais risquons encore une troisième formulation : si dans la première phase l'enjeu central esquissé de la société programmée donne une importance majeure aux luttes antitechnocratiques, dans la deuxième phase, là où la modernité s'articule avec le Sujet, ce sont, jusqu'à un certain point, les avatars du mouvement des femmes qui sont au centre de l'analyse. Certes, Touraine résiste à l'idée selon laquelle il y aurait désormais une prévalence du sujet personnel sur le sujet historique ; pour lui, il n'y a pas à choisir entre les deux notions, puisque « le sujet est à la fois historique et personnel ». Et pourtant, désormais « il faut toujours retrouver le sujet personnel, l'individu comme sujet, au cœur des situations historiques, comme il faut reconnaître aujourd'hui que ce sont les problèmes de la vie privée, de la culture et de la personnalité qui sont au cœur de la vie publique[54] ». Inflexion plus que rupture, elle est néanmoins de taille et mérite un examen plus attentif.

Retour sur le Sujet

L'importance octroyée au Sujet est désormais radicale. Le Sujet est au fondement de sa propre autofondation et autocréation, il n'y a rien avant la volonté du Sujet de se poser lui-même comme substrat non social de l'action. Pour Touraine, cette conception du Sujet naît de la destruction du Moi, et en ce sens c'est Freud qui a donné la formulation la plus satisfaisante du processus.

Le Sujet était confondu avec le Moi, il était le lien qui attachait l'individu à l'universel, en s'identifiant à Dieu, la Raison ou l'Histoire. Or, la mort ou la torsion de ces figures amènent à la destruction du Moi dont se détachent le Ça et le Surmoi, ou plus précisément, un principe de plaisir et un principe de réalité. Pour Touraine, Freud a signalé, mieux que quiconque, l'opposition entre les instincts et le domaine de la loi ; la socialisation n'étant que la subordination des individus aux lois de la société, toujours sous forme d'un refoulement jamais complètement stabilisé. Mais, selon Touraine, Freud ne s'en tient pas là. Le Surmoi n'est pas seulement répressif, il peut aussi accueillir les demandes du Ça et leur donner un sens sublimé. Le conflit n'est plus alors entre le Ça et le Surmoi, mais entre le Ça et le Surmoi contre les diverses identifications sociales grâce au retour sur soi assuré par le narcissisme secondaire. Cette sublimation est à la base du Sujet qui n'est qu'une volonté de transformation de Soi en acteur, processus rempli par la libido et les rôles sociaux. Le Je n'existe qu'en tension entre la sexualité et les identifications sociales, là où il résiste à sa projection hors de lui, en incarnant la loi. Retour sur soi qui a besoin pour s'accomplir, sous forme d'amour, d'un détour par l'Autre.

Récapitulons. C'est la destruction du *Moi* (et de ses identifications traditionnelles) qui ouvre la voie au Sujet contemporain. Celui-ci consiste dans l'inondation du *Surmoi* par le *Ça*, sous forme de sublimation. Le Sujet se construit alors en s'arrachant au *Soi*, c'est-à-dire aux images socialement déterminées de l'individu, en bref, aux rôles et aux attentes de rôles, aux expectatives des autres à son égard et au contrôle que les règles institutionnelles exercent sur lui. Le Sujet n'est ni utilité, ni plaisir, ni définition de l'individu en fonction de ses rôles sociaux. Dans cette approche, la notion de *personnalité*, en tant que correspondance entre le Soi et le Je, se dilue. À terme, le *Sujet* est une revendication, contre la logique de la domination sociale, de liberté personnelle et collective. Le Sujet est la non-correspondance entre le « je » et le « soi », une lutte pour préserver justement la distance entre ses dimensions subjectives et ses dimensions objectives.

Au sein de la modernité, on assiste à une extension de l'horizon même des possibles. Confrontés à des conduites objectives et des contraintes réelles, l'individu doit choisir, de manière conflictuelle, son authenticité. Or, celle-ci pose problème. Conditionné par des facteurs externes limitant son champ d'action, l'individu ne peut pas vraiment choisir un projet individuel à l'encontre des figures sociales qu'il incarne ou de l'ensemble des rôles sociaux dont il dispose dans sa société. Il est tout simplement faux de penser que les individus peuvent créer, librement et de manière autonome, des images de soi. C'est pourquoi le Sujet chez Touraine se définit au niveau d'une action collective et par le biais d'un conflit social et non pas principalement par une autoréflexivité personnelle ou par une création radicale continue de soi. À la différence notamment de Sartre, qui voulait au fond dépasser sans le pouvoir la conscience malheureuse de l'individu, Touraine pense, au contraire, qu'un des objectifs de la lutte collective est justement de parvenir à préserver l'ouverture de cette béance, d'empêcher qu'elle se referme, et de définir alors le Sujet comme un conflit sans relâche contre l'emprise permanente de la société, contre le monde des marchandises et contre les forces le réduisant à une identité collective.

En réalité la notion de Sujet vise à intégrer deux dimensions. Au point de départ, il y a en effet un mélange entre l'origine historique du Sujet dans la descendance de la modernité d'une part et la prise en considération de sa constitution actuelle à l'issue d'un long processus de désinstitutionnalisation d'autre part. Évidemment pour Touraine les deux dimensions marchent étroitement ensemble. Pourtant, la première renvoie à des considérations historiques et prend en compte le fait que les individus, placés en aval du processus de libération propre à la modernité, et éventuellement définis par un conflit social, sont désormais contraints de construire leurs identités de manière de plus en plus individualisée, ce travail exigeant, néanmoins, encore et toujours, des figures communes, sociales. Tandis que, de manière différente, la deuxième perspective définit le Sujet comme fruit d'un processus postinstitutionnel, une construction appelant une définition des concepts par lesquels traditionnellement la sociologie rendait compte du processus de socialisation, et plus largement de la subjectivité des acteurs.

Cette double origine conceptuelle du Sujet explique d'une certaine manière les dangers auxquels il est soumis dans la modernité. D'abord, il est confronté à un rapport à soi qui porte toujours en lui les germes d'une montée en puissance d'un intimisme psychologique, là où l'appel au Sujet et la fascination pour la découverte de sa vraie individualité participent du processus de culte de la personnalité, risquant à tout moment de s'égarer dans le pur hédonisme ou le narcissisme, là où l'individu succombe aux logiques du marché. Ensuite, le péril est tout aussi grand d'assister à un repli identitaire d'autant plus dangereux que l'appel aux communautés tient souvent lieu de ressource mais risque en même temps de placer l'individu dans un rejet virtuel de toute différence, dans une guerre interminable de tous contre tous au nom d'une multiplicité d'intégrismes culturels. Enfin, le Sujet peut s'égarer dans l'orgueil technocratique, en s'identifiant exclusivement à sa capacité de rationalisation et de maîtrise de la nature et de lui-même.

Le Sujet est « dégagement de l'individu créé par les rôles, les normes, les valeurs de l'ordre social. Ce dégagement ne s'opère que par une lutte dont l'objectif est la liberté du Sujet et dont le moyen est le conflit avec l'ordre établi, les comportements attendus et les logiques du pouvoir. Il ne s'opère que par la reconnaissance de l'autre comme Sujet, aussi bien positivement, par la relation d'amour ou d'amitié, que négativement, par le refus de ce qui empêche l'autre d'être Sujet, que ce soit la misère, la dépendance, l'aliénation ou la répression[55] ». Cette conception extrême du Sujet, en tant que fondement ultime de la vie sociale, ne pouvait mener qu'à une opposition radicale contre un ensemble d'appareils sociaux perçus globalement comme un « Système ». La sociologie du Sujet risque de se bâtir en opposant deux blocs ou figures extrêmes, d'un côté le Sujet et de l'autre côté le Système. Certes, des nuances sont apportées par Touraine des deux côtés, mais le cœur du raisonnement a tendance à opposer deux blocs dans un face-à-face radical. La réflexion de la société contemporaine en cette fin de siècle se fait pour Touraine à partir de deux constatations : « d'abord la dissociation croissante de l'univers instrumental et de l'univers symbolique, de l'économie et des cultures, et, en second lieu, le pouvoir de plus en plus diffus, dans un vide social et politique croissant, d'actions stratégiques dont le but n'est pas de créer un ordre social mais d'accélérer le changement, le mouvement, la circulation des capitaux, des biens, des services, des informations[56] ».

À l'ancienne conflictualité opposant des acteurs partageant un même système de valeurs, succèdent des conflits qui risquent d'opposer à tout moment le monde de l'action instrumentale et celui de la culture du *Lebenswelt*, ou encore, la défense de l'identité ou le désir de la communication. La sociologie devient morale, elle cherche à assurer la communication, à travers un discours prescriptif visant à articuler l'objectif et le subjectif, l'égalité et la différence, là où il n'y a qu'isolement et rejet absolu de l'autre. En tout cas, l'appel au Sujet et au principe non social qui le constitue sont à la base d'une réflexion éthique selon laquelle c'est le rapport à soi-même qui commande le rapport aux autres[57]. Autrement dit, Touraine replace un principe non social au cœur des relations sociales. Pour lui, le social ne se définit maintenant que par la place qu'il accorde ou refuse à ce principe non social qu'est le Sujet. À l'arrivée, et contrairement à l'histoire du mouvement ouvrier, l'économie politique de l'oppression est remplacée par une économie morale de la domination.

Faiblesse et centralité du Sujet

L'équilibre conflictuel que Touraine voyait au début des années quatre-vingt-dix entre la rationalisation et la subjectivation comme possibilité de la nouvelle modernité était au fond trop instable pour pouvoir être définitif. Les deux forces auraient tendance à se séparer, la société de production se transformant en société de marché et l'identité personnelle s'enfermant dans une identité communautaire. Le Sujet devient une force de plus en plus difficilement identifiable, socialement placé « entre l'univers de l'instrumentalité et celui de l'identité, comme la seule force qui puisse arrêter leur dérive et leur dégradation, comme un principe de reconstruction de l'expérience sociale[58] ». Comme le signale justement André Gorz, ainsi conçu, le Sujet ne peut pas être étudié, déduit ou identifié à partir de méthodes empiriques positivistes, il ne peut dès lors être étudié qu'à partir de ses propres autoaffirmations par des sociologues se concevant eux-mêmes comme des sujets autoaffirmatifs[59].

La mise en situation sociale du Sujet devient dès lors problématique tant il n'est conçu que comme l'appel à une subjectivité non sociale, caractérisée uniquement par l'opposition à des tendances contradictoires. « Le Sujet n'a pas d'autre contenu que la production de lui-même[60]. » Touraine s'efforce alors de lui donner des visages analytiques. Il revient ainsi sur la Nation, interprétée comme un Sujet politique médiateur entre l'internationalisation économique et la fragmentation des identités ; à l'idée d'ethnicité comme une combinaison, dans la vie personnelle, d'une rationalité instrumentale et d'une identité culturelle ; au rôle majeur des femmes dans leur plus grande capacité, vis-à-vis des hommes, à combiner les deux dimensions de leur expérience ; à la démocratie comme capacité à établir une articulation entre ces deux mêmes dimensions ; ou encore, à la redéfinition de l'éducation comme capacité des individus à faire tenir ensemble leurs univers de possibles matériels et un univers construit autour de la culture de la jeunesse. Dans cet effort, et pour le mener à bien, le Sujet est contraint de se délester radicalement de toute emprise sociale, puisque quel que soit le niveau d'analyse il s'agit « d'un Sujet *vide*, sans autre contenu que son effort de reconstruction d'une unité entre le travail et la culture, entre les pressions du marché et des communautés[61] ».

Rien n'exprime mieux cette inflexion que l'abandon explicite et réitéré par Touraine de l'idée de société (à cause de la charge normative qu'elle porte inévitablement en elle)[62] au profit de la seule et exclusive notion de Sujet. En fait, le rôle pratique et intellectuel octroyé désormais à la notion du Sujet est fonctionnellement équivalent à celui octroyé hier à l'idée de société. Le Sujet devient *et* le critère du bien *et* le principe de l'intégration. « Le respect du Sujet est aujourd'hui la définition du bien[63] » ; ou encore, et dans le même sens, « s'il fallait mesurer la modernité, c'est par le degré de subjectivation acceptée dans une société qu'il faudrait le faire[64] ». Touraine ne peut pas être plus explicite sur ce point : les acteurs « ne se définissent plus par rapport à la société mais par rapport au Sujet[65] ». L'organisation sociale doit reposer sur un principe non social, à savoir la protection de la liberté du Sujet.

Pourtant, le recul de l'action dans cette fin de siècle mène Touraine à la lisière d'un pessimisme profond. « L'affirmation la plus forte de la modernité était que nous sommes ce que nous faisons ; notre expérience la plus vive est que nous ne sommes plus ce que nous faisons, que nous sommes de plus en plus étrangers aux conduites que nous font jouer les appareils économiques, politiques ou culturels qui organisent notre expérience[66]. » Touraine est trop proche d'une certaine tradition intellectuelle pour ne pas entrevoir dans cet état de choses une forme d'aliénation, mais en même temps, il est tellement éloigné d'une certaine conception de l'engagement qu'il ne peut voir là qu'une des possibilités d'émancipation du sujet. Le Sujet est désormais défini par son désir et non plus, soulignons-le, par sa capacité d'être un acteur[67]. « La souffrance individuelle est la principale force de résistance au déchirement du monde démodernisé[68]. » La possibilité de libération ne repose plus désormais que sur le Sujet lui-même et lui tout seul. « Ce ne sont pas les catégories le plus objectivement définies qui seront, comme ce fut le cas dans le passé, des acteurs historiques ; ce sont les catégories, non pas les plus fragiles, mais le plus directement définies par la nécessité ou la volonté de rendre compatibles les deux univers que la démodernisation sépare[69]. » À Touraine de les nommer : la jeunesse, les femmes, les immigrés, les membres de minorités et les défenseurs de l'environnement, puisque ce sont eux qui s'efforcent le plus consciemment d'agir et d'être reconnus comme des Sujets.

*

À la dialectique de l'évolution du travail et de la conscience ouvrière sous le primat des situations objectives, a succédé une tension analytique non résolue entre un nouveau type sociétal et de nouveaux mouvements sociaux, précédant une séparation radicale des dimensions objectives et subjectives menant à la prédominance, sans appel, du Sujet. « D'un de mes livres à l'autre, le Sujet a pris une figure plus dramatique ; en même temps il a acquis une place plus centrale, puisqu'il n'est plus défini comme une des faces de la modernité mais comme son unique défenseur, dans un univers en pleine décomposition et en régression accélérée[70] ». Le Sujet apparaît tout à la fois comme un principe faible et central d'intégration. Rarement les conséquences de la distance matricielle propre à la modernité auront été tirées avec autant de force. Tout au long de ce parcours, de l'usine au Sujet, de l'optimisme modernisateur au pessimisme volontariste, la préoccupation est toujours la même, à savoir inscrire la condition moderne à la racine même de la possibilité de l'action sociale.

Insistons : malgré l'importance ultime du Sujet, c'est la condition moderne en tant que telle qui reste au centre de l'analyse de Touraine. À la différence de Sartre il ne rechigne pas à accepter la réalité et l'épaisseur de la vie sociale. Le Sujet est plus chez lui une promesse qu'un échec existentiel. Il est conscient que le décentrement de l'analyse de la condition moderne proprement dite, avec sa tension irréductible entre l'objectif et le subjectif, au seul profit d'une philosophie du sujet, ne se sera fait qu'au prix d'un abandon de la capacité d'interprétation de la modernité elle-même. Et en dépit de la longue influence que l'existentialisme a exercée sur lui, Touraine connaît les impasses que cette attitude a entraînées chez Sartre. Pour ce dernier, en effet, l'individu comme pour-soi ou comme être organique n'est défini à terme que par ce qu'il n'a pas, par ce qui lui manque, il est toujours un être incomplet, et la possibilité de se compléter lui est toujours formellement interdite. La matière porte toujours une dimension aliénante et la conscience est définie par un besoin permanent de désaliénation impossible à assouvir. Difficile de trancher quant au caractère de cette aliénation, radicalement socio-historique ou empreinte d'éléments métaphysiques, mais force est de constater l'impossibilité chez Sartre de son dépassement définitif, mais surtout de son incapacité à penser vraiment en termes historiques et sociaux la séparation radicale et originelle établie entre le Sujet et le monde[71].

Touraine, comme Sartre, a toujours refusé toute velléité d'historicisme au profit d'une conception radicale de l'homme comme acteur de sa vie, voire d'une conception de l'histoire comme résultat conscient des actions humaines. Mais à la différence de Sartre, le social et l'histoire ne sont jamais pour lui qu'un résidu opaque d'actions passées ou au contraire de pures structures toujours informées par la pratique en action des hommes. Dans la conception sartrienne, il n'y a point de salut alors en dehors de ces moments fulgurants où effectivement les hommes, à l'aide de leur récit collectif, dominent le monde à force de travail ; le reste n'est que le retour de l'inorganique sous forme d'inertie, là où l'inhumain finit par se dresser comme le visage ultime de la *praxis* humaine. Il n'y a pas dans la conception que Sartre se fait du monde moderne un espace pour une figure acceptable ou réussie de médiation entre l'objectif et le subjectif, entre l'être et le projet en perpétuelle fuite. La passivité est au fond le mal absolu puisqu'elle porte avec elle le risque de la séduction de l'identification avec les choses, sous forme de promesse de médiation de l'homme et du monde. La fascination et la force certaine de son œuvre proviennent de cette structure. Il ne cesse de décrire l'homme dans un mouvement perpétuel de chute irrépressible vers la matière, là où il cesse d'être une conscience en fuite et il se laisse attraper par la séduction des choses, croyant, toujours à tort, pouvoir s'exprimer à travers elles. C'est que l'homme n'existe, à ses propres yeux comme homme, qu'en se détachant des situations qui risquent, à tout moment, de l'engloutir[72]. Rarement quelqu'un se sera autant opposé à l'épaisseur constitutive de la vie sociale. Pour Sartre, et cela a été toute sa vie durant le cœur de sa démarche intellectuelle, l'homme enraciné et traversé de part en part par le social doit être conçu radicalement en opposition absolue à lui. Non à distance, mais en opposition. Le social est toujours, pour paradoxal que cela puisse paraître, en rupture avec l'homme. Si Touraine, comme Sartre, ne se résigne jamais entièrement à la force indépassable de la distance historique entre les hommes et le monde, c'est plus la structure sociale de cette séparation qui l'intéresse que le fardeau métaphysique de l'existence. Analyser sociologiquement la condition moderne exige d'accepter cette vérité première comme une donnée constitutive de la vie sociale. Et ce n'est qu'à l'intérieur de cette béance que le Sujet existe comme liberté qui se défend contre le pouvoir, une liberté qui n'est possible que par l'entretien actif de cette même béance. La distance matricielle propre à la condition moderne est ce qui rend possible la réalisation de l'histoire.

XIV

*Anthony Giddens**, *la condition moderne comme distanciation espace-temps*

On peut entrer de plusieurs manières dans la vision de la modernité d'Anthony Giddens. En tout premier lieu, par un Giddens lecteur des théories sur la société moderne, entrée d'autant plus justifiée que sa réflexion critique autour de certains auteurs classiques, notamment Marx et le matérialisme historique, est véritablement inséparable du développement de ses propres études. Ensuite, il est possible de repérer dans son travail la volonté de parvenir, après bien d'autres, à une caractérisation du propre de la société moderne à partir d'une perspective historiquement comparative. En troisième lieu, on peut partir de la présentation articulée qu'il fait des différents composants institutionnels de la modernité et de leur consolidation au long de l'histoire. Ajoutons encore le projet de parvenir à un repérage des conditions, toujours plus ou moins aléatoires, de changement d'une société, le constat de l'importance croissante de la réflexivité au cœur des sociétés modernes. Cette pluralité est encore élargie par le basculement relatif, repérable dans son travail, même si des liens relient les deux perspectives, entre une démarche visant à produire une théorie sociologique, la théorie de la

* Anthony Giddens (1938).

structuration, et une autre démarche plutôt axée autour de l'étude de la société moderne à proprement parler.

Néanmoins, et pour importantes qu'elles soient, toutes ces entrées délaissent ce qui est probablement la spécificité majeure de l'interprétation de Giddens, à savoir une analyse de la condition moderne où la problématique de l'espace et du temps détient un rôle majeur[1]. Comme nous nous efforcerons de le montrer, c'est là que se trouve le cœur de la représentation qu'il se forge de la société moderne, mais aussi là où se trouve l'explicitation pratique la plus riche et achevée de ses réflexions, bien souvent trop abstraites ou formalistes, autour de la théorie de la structuration. Disons-le d'emblée : le problème de l'espace-temps est la manière particulière dont Giddens rend compte du propre de la condition moderne. Chez lui, les écarts spatiotemporels prennent très souvent la forme d'obstacles à dépasser. C'est par eux qu'il pénètre dans la phénoménologie analytique de la modernité. Si pour lui l'avènement du capitalisme industriel change profondément les relations entre la vie sociale et le monde matériel[2], cela n'empêche pas l'essentiel de ces changements d'être analysé à partir de la distanciation espace-temps. Dans ce sens, elle a une double signification. Elle est, d'une part, un objet d'étude reflétant les nouvelles conditions sociales propres à la modernité, et d'autre part, elle est souvent employée comme une métaphore générale du propre de la condition moderne, à savoir la métamorphose de la nature de l'expérience sociale des individus, et le sentiment d'inquiétude que les individus ressentent. Ce qui explique parfois, au vu d'une sociologie strictement urbaine, le flottement de certaines affirmations[3] lorsque Giddens passe d'une dimension à l'autre. La difficulté, sinon l'imprécision verbale, se lève pourtant dès que l'on prend en compte le rôle particulier, et surtout la double signification, que la problématique de l'espace-temps détient dans ses analyses[4].

Le rapport entre les limitations inhérentes à la présence des individus et leur dépassement par des mécanismes permettant d'organiser les actions dans l'espace et dans le temps est une des problématiques majeures de Giddens, et un des liens essentiels à tracer entre sa réflexion sur la modernité et sa théorie de la structuration. En effet, comme bien d'autres auteurs s'intéressant à la modernité, il veut, lui aussi, dépasser le dualisme de l'objectivisme et du subjectivisme, ou ce qui à ses yeux n'en est qu'une variante, l'opposition entre la microsociologie et la macrosociologie[5]. Pour lui, ce dualisme et cette opposition doivent plutôt être théorisés en termes spatio-temporels, la question centrale étant alors de savoir comment des interactions dans des contextes de coprésence sont structurellement engagées dans des systèmes caractérisés par une grande distanciation spatio-temporelle. L'ensemble de sa réflexion sur la modernité se présente comme une analyse des significations, à la fois institutionnelles et phénoménologiques, se dégageant à partir de l'écart constitutif de la condition moderne. En réalité, ce que Giddens essaye de dépasser dans le cadre de sa théorie de l'action réapparaîtra avec force comme le propre de la condition moderne dans ses travaux sur la « haute » modernité. Si dans sa théorie de l'action, il vise par le biais des notions de dualité du structurel et de structuration à dépasser le clivage entre l'agent et la structure, il fera de la distanciation espace-temps la clé de voûte de la condition moderne dans ses études sur la société contemporaine.

I. LA THÉORIE DE LA STRUCTURATION

Pour Giddens une des défaillances majeures de la théorie sociale est son incapacité à prendre en compte la temporalité des conduites sociales ainsi que leurs attributs spatiaux[6]. Ce qui exige même un déplacement du problème de l'ordre et de l'intégration de Parsons vers la question de savoir comment les systèmes sociaux lient le temps et l'espace, et le problème de la présence/absence[7]. « Il faudrait reformuler la question de l'ordre en se demandant pourquoi les systèmes sociaux bornent le temps et l'espace[8]. » C'est ainsi que l'espace et le temps sont au centre du travail de Giddens, de manière explicite et fortement accentuée, dès la fin des années soixante-dix.

La vision que Giddens possède de la vie sociale est fortement dynamique, on pourrait presque dire ontologiquement dynamique, puisque dans la théorie de la structuration tous les éléments de la vie sociale sont constitués à travers les pratiques sociales. Pourtant, cette ontologie des pratiques sociales ne présuppose pas des changements historiques inévitables ou des mécanismes immuables de changement. Elle est avant tout concernée par les capacités uniques qui permettent aux agents d'instituer, de maintenir ou de transformer la vie sociale. Les contraintes et les compétences des acteurs, et à terme la forme et la direction du changement social, sont constituées par des pratiques qui peuvent varier dans leur exécution, mais aussi en fonction des contextes historiques. C'est pourquoi, dans son interprétation de la théorie de la structuration, Ira Cohen a raison de souligner avec force le fait que la théorie s'appuie davantage sur une ontologie des possibilités que sur des traits fixes ou systématiques d'évolution[9]. Dans la mesure où les possibilités repérées par la théorie peuvent connaître différents agencements, aucune explication historique spécifique, soit de nature téléologique, soit de nature évolutionniste, ne peut être tirée de la théorie[10].

La nature proprement dynamique et récursive de la vie sociale est toujours au cœur des études de Giddens[11]. Il voudrait ainsi à la fois rendre compte de la permanence des traits de la vie sociale et du caractère actif et transformateur produit par l'implication des agents dans son déroulement[12]. Le sens de la notion de « dualité du structurel » est à comprendre dans ce contexte puisque les structures sociales sont des conditions toujours présentes, toujours déjà là, tout en étant, en même temps, et perpétuellement, le résultat des actions humaines. Les propriétés structurelles des systèmes sociaux sont à la fois des conditions et des résultats des activités accomplies par les agents. La centralité de la pratique et son déroulement et maintien dans l'espace et le temps sont ainsi fortement posés au centre de la théorie de la structuration, puisque la théorie vise, en tout premier lieu, à rendre compte justement du fait que « les propriétés structurelles des systèmes sociaux n'existent que si des formes de conduites sociales se reproduisent de façon chronique dans le temps et dans l'espace[13] ». Autrement dit, le véritable objet de cette théorie n'est ni les totalités sociétales ni l'expérience individuelle des acteurs, mais l'ensemble des pratiques sociales accomplies et ordonnées dans l'espace et dans le temps.

Les propriétés structurelles de pratiques sociales peuvent se décomposer en règles et ressources, toutes les deux inextricablement liées à la réalité concrète des formes institutionnalisées de vie[14]. Le structurel est justement pour Giddens l'ensemble des règles et des ressources engagées de façon récursive dans la reproduction sociale ; les structures étant à la fois l'instrument et le résultat de la reproduction des pratiques sociales : c'est-à-dire qu'elles font partie de la constitution des pratiques et qu'en retour, elles n'existent que lorsqu'elles sont générées par les pratiques des agents [15]. Giddens établit même des distinctions selon la profondeur de l'enracinement des propriétés structurelles, leur extension dans l'espace et dans le temps, et selon leur caractère plus ou moins formel, plus ou moins sanctionné. Mais tous ces développements visent un seul objectif, couper court à toute conception établissant le structurel comme quelque chose d'extérieur aux agents. « Le structurel n'a pas d'existence indépendante du savoir qu'ont les agents de ce qu'ils font dans leurs activités de tous les jours [16]. » À la base de sa conception de l'action, se trouve ainsi une conception particulière du pouvoir en tant que capacité des individus à intervenir sur le déroulement des événements. En bref, la compétence des acteurs pour transformer les événements ou les choses du monde est un trait constitutif essentiel de la pratique humaine [17]. La théorie postule une dialectique du contrôle sur les systèmes de tout type. Les groupes dominants ont des ressources pour accomplir leurs tâches, les groupes dominés ne sont jamais complètement dépourvus de ressources pour résister ou pour réorienter le contrôle. Les relations systémiques du pouvoir sont constituées par le balancement entre autonomie et contrôle [18].

Une fois ce point établi, Giddens est contraint d'analyser en détail la nature spécifique de la conscience propre aux agents, afin de ne pas retomber dans une vision passive où ils ne seraient que les purs supports des structures sociales. Mais il est aussi contraint de distinguer différents types de conscience afin de préserver la dimension du pouvoir, en tant que capacité de transformation de toute pratique humaine, indépendamment du degré de réflexivité d'une pratique sociale [19]. Giddens distingue alors entre diverses formes de conscience, plus ou moins discursives, réflexives ou pratiques, qui expliquent le fait que les agents n'aient pas besoin d'être forcément conscients discursivement pour reproduire ou transformer par leur action les pratiques institutionnalisées. Il affirme ainsi avec force la capacité des individus à l'autoréflexivité quotidienne même si celle-ci n'est pas toujours discursive ou consciente. Les acteurs sociaux sont toujours capables de comprendre ce qu'ils font pendant qu'ils le font. Mais cette réflexivité, néanmoins structurée par des pratiques routinisées et récursives au travers de l'espace et du temps, n'est justement possible que par la continuité des pratiques. C'est dire jusqu'à quel point la réflexivité pour Giddens n'est pas une conscience de soi, mais « la façon spécifiquement humaine de contrôler le flot continu de la vie sociale[20] ». Par là, Giddens se garde d'une réduction de l'action sociale à la seule dimension de l'intentionnalité, puisqu'à ses yeux un bon nombre de pratiques sociales sont effectuées sans motivation immédiate[21]. Pourtant, cet enracinement de l'agent est d'une tout autre nature que dans l'œuvre de Bourdieu. Toute l'œuvre de Giddens est une réflexion sur le caractère de plus en plus problématique de cet enracinement dans l'espace et dans le temps de l'agent social, là où, comme nous l'avons vu, la notion d'habitus vise à donner, au moins théoriquement, une réponse transhistorique. Pour Giddens la reproduction de la vie sociale est toujours soumise à la contingence[22]. Certes, la dualité du structurel et l'emprise des routines passées sur les pratiques des agents ne sont pas négligeables, mais pour Giddens, et à cause du caractère foncièrement dynamique de sa théorie de la structuration, il n'y a aucune garantie absolue quant à la reproduction des pratiques sociales. Cette distanciation spatio-temporelle est aussi en rapport avec l'importance que Giddens octroie à la multiplication des conséquences non intentionnelles des actions. Ce dernier point est fort important. Pour la théorie de la structuration, tout comme pour la réflexion autour de la modernité, la structuration (c'est-à-dire à la fois la reproduction et la transformation des relations sociales) n'a lieu qu'à travers les conséquences inattendues des actions.

Le problème principal de la théorie de la structuration tourne moins autour des divers degrés de conscience des agents que de la coordination des actions dans leurs aspects transsituationnels. C'est sur ce versant que le travail de Giddens se sépare le plus de l'œuvre de Goffman ou de Garfinkel. Même s'il est possible d'observer une certaine parenté dans leurs conceptions respectives de l'action sociale, la prise en compte déterminante de l'espace-temps éloigne dans un premier moment Giddens de la réponse strictement phénoménologique apportée par Goffman et dans un deuxième moment le contraint à déployer un autre regard phénoménologique sur la modernité. La vie sociale se déroule à travers des interactions institutionnalisées et des relations articulées à travers le temps et l'espace. D'ailleurs, la perméabilité ou la rigidité des frontières systémiques dépendent de l'articulation de la production des pratiques sociales. Les interactions entre agents peuvent être institutionnalisées dans des systèmes de relation de face-à-face ou dans des systèmes impliquant des échanges relationnels entre des agents fort éloignés. Les systèmes désignent alors la configuration des interactions et des relations sociales à travers l'espace et le temps et non pas des traits réifiés.

À cet égard, la distinction faite par Giddens entre l'intégration sociale qui suppose la coprésence dans l'espace et dans le temps des individus, et l'intégration systémique qui fait référence aux relations entre des personnes ou des collectivités éloignées dans l'espace et dans le temps, s'avérera déterminante. Elle est, pour Giddens, et depuis la fin du XVIIIe siècle, le propre de l'idée de société. La double importance de l'idée de routine se comprend à ce niveau. La routine est un concept à la fois intrinsèque au maintien de la personnalité de l'agent qui obtient par là une source de sécurité non négligeable, et aux institutions sociales, dont le caractère institutionnel dépend justement de leur reproduction continue[23].

Lorsque nous circulons dans des espaces voués à l'intégration sociale, des lieux quotidiens où nous rencontrons des personnes familières, nous vivons dans des situations qui facilitent la sécurité ontologique, et qui encouragent la mise en place de routines sociales sans besoin de réflexivité. C'était le propre du type d'intégration des sociétés prémodernes. Mais avec la modernité, depuis la fin du XVIIIe siècle, la situation change radicalement, un nombre toujours croissant d'interactions ont lieu avec des individus absents. Désormais, l'intégration de la société moderne pose le problème d'une intégration systémique ne pouvant plus se résoudre au niveau des interactions de face-à-face. La distanciation de l'espace-temps devient déterminante dans la société moderne avec les nouveaux moyens de communication, les plus grandes capacités de déplacement, et le recours massif à des systèmes abstraits. Le lien entre les conduites et l'inscription physique se détend fortement. Se renforce alors le besoin d'un contrôle, essentiellement effectué par l'État nation, afin d'assurer la surveillance des conduites. Mais surtout ce qui se passe dans un endroit est de moins en moins exclusivement déterminé par ce qui se passe à ce seul endroit. De plus en plus, se constituent des « expériences médiatisées » par les moyens de communication et les systèmes abstraits, ainsi que par l'intrusion de ce qui est distant dans les événements quotidiens.

Or, chez Giddens la notion d'intégration systémique ne suppose pas, comme c'est le cas chez Lockwood ou encore chez Habermas, des propriétés spécifiques ou des systèmes, donc à terme une certaine objectivation, voire la constitution de complexes organisés d'actions au travers des conséquences voulues ou non voulues des actions[24]. Pour Giddens peu importe que l'intégration systémique se réalise au niveau des agents ou des collectivités, puisqu'elle se confronte avant tout à l'absence des personnes dans l'espace et le temps.

L'importance de ce que Giddens désigne comme la dualité du structurel ne deviendra explicite que lorsque nous aurons présenté sa conception de la modernité. Pourtant la notion est problématique et recèle bien des imprécisions. Surtout, la manière particulière dont Giddens entend la notion de structure qui, pour lui, désigne les règles et les ressources qui en même temps émergent et informent récursivement les interactions, tient plus d'une résolution verbale que d'une véritable réponse au problème des pratiques sociales. C'est pourquoi la remarque critique de Margaret Archer, selon laquelle la notion risque à tout moment de s'unidimensionnaliser soit dans une hyperactivité de l'agent supposant une volatilité de la société, soit dans une cohérence rigide des propriétés structurelles à partir du caractère récursif de la vie sociale, n'est pas entièrement dépourvue de fondement[25].

En fait, si l'intérêt de la notion semble limité, son importance théorique ne peut pas être négligée dans l'ensemble du projet de Giddens. Si ce dernier accentue résolument l'écart constitutif de la condition moderne, son effort est de parvenir, certes à en rendre compte, mais aussi à en pallier et limiter les effets. Il prétend revenir à une généralisation radicale du propre de la condition moderne en la socialisant davantage que chez Simmel, et en même temps, refuser le glissement et l'épuisement de la sociologie dans une pure analytique des signes. Cet effort le mène à une vision large de l'expérience dans la modernité, et à des représentations qui font dès lors abstraction des divisions sociales, même si elles se gardent bien de les nier. Chez Giddens, cette volonté est particulièrement visible dans le fort contraste entre son intérêt initial pour les classes sociales et son relatif désintérêt ultérieur[26].

II. LA MODERNITÉ TARDIVE

Pour Giddens, la société moderne qui émerge dans l'ordre postféodal, mais qui se consolide véritablement au XXe siècle, suppose un changement radical par rapport aux sociétés précédentes[27]. Discontinuité que Giddens met surtout à l'actif de deux tendances contemporaines très fortes, leur dynamisme et leur mondialisation.

Le dynamisme de la modernité est lié à trois grands processus. D'abord, la séparation et la recombinaison de l'espace et du temps. Dans une société traditionnelle, le temps et l'espace restent étroitement enracinés dans des contextes locaux. À l'inverse, dans une société moderne, le temps et l'espace se vident de tout enracinement et surtout se séparent fortement l'un de l'autre. On assiste d'abord à la constitution d'un temps abstrait, uniforme et universel, qui permettra ensuite de parvenir à une coordination des actions à travers l'espace. La séparation du temps et de l'espace, trait structurel et à bien des égards central de la société moderne, permet la reconstruction des rapports sociaux, et l'émergence de toute une série de nouvelles possibilités. Il y a un déboîtement de l'espace et du temps[28].

Ensuite, la dé-localisation des relations sociales de leurs contextes locaux d'interaction. Encouragé par la séparation espace-temps, ce désengagement des relations sociales la favorise et l'accroît à son tour[29]. Cette dé-localisation passe par deux mécanismes : d'une part, des gages symboliques (des instruments d'échange pouvant circuler à tout moment en dehors des traits propres des individus qui les manient – Giddens donne comme principal exemple l'argent) et d'autre part, par des systèmes experts. L'analyse que Giddens fait de l'argent en tant que gage symbolique est symptomatique de sa vision d'ensemble de la modernité. En effet, ce qu'il accentue dans l'argent n'est rien d'autre que sa capacité à relier des agents éloignés dans l'espace et dans le temps, et par là, à dégager les échanges de lieux de transactions particulières, cette dé-localisation posant avec force le problème de la confiance dans des instruments abstraits. Quant aux systèmes experts, ils désignent pour Giddens les domaines techniques ou les savoir-faire professionnels concernant notre environnement matériel ou social. Pour fonctionner dans une société moderne, nous sommes de plus en plus contraints de nous appuyer sur des connaissances ésotériques pour nous mais qui nous garantissent la réalisation de nos attentes par rapport à un espace-temps lointain. Ce qui explique toute l'importance que Giddens octroie à ce qu'il appelle les points d'accès, où se produit le contact entre les profanes, les collectivités et les représentants des systèmes abstraits. Ces points sont à la fois le lieu de vulnérabilité du système et une des racines de la confiance dans la modernité, une confiance qui, d'une manière ou d'une autre, a toujours besoin d'interagir dans des contextes re-localisés.

Dans les sociétés traditionnelles, les relations de parenté et la forte inscription locale des pratiques favorisent le maintien des routines, tandis que dans la société moderne émerge le problème de la coordination des individus disséminés dans l'espace-temps, ainsi que celui de la production de leur confiance mutuelle. La sécurité ontologique

Exemple ? le conte

récréée est dès lors d'une autre nature que celle des sociétés plus traditionnelles. Le recours à des systèmes abstraits pour organiser la dé-localisation des relations sociales des contextes locaux pose le problème de la confiance et de ses figures particulières dans la modernité.

Enfin, le savoir produit sur le monde social et la réflexivité qu'il entraîne ont tendance à accentuer les dimensions et la rapidité du changement. Mais il est important de bien distinguer ce trait du contrôle réflexif de l'action présente dans toute pratique sociale telle qu'il est décrit par la théorie de la structuration. Pour Giddens, la réflexivité propre à la modernité fait référence de manière précise à l'appropriation réflexive des conditions de reproduction d'un système social, au fait que la pensée et l'action se renvoient constamment de l'une à l'autre. Autrement dit, le rôle de la tradition dans la société moderne s'épuise et avec elle sa capacité à lier le passé, le présent et le futur en subsumant les actions à un cadre de valeurs sédimenté pendant des générations et assurant la permanence des pratiques. Dans la modernité, la tradition est ébranlée, on assiste à une formidable expansion du savoir, qui finit par affecter les routines quotidiennes tout comme les dimensions institutionnelles larges. Les pratiques sociales ne peuvent plus se légitimer simplement par l'appel à la tradition. Si elle reste une source des pratiques sociales non soumises à examen, elle est prolongée ou transformée en fonction des nouvelles informations disponibles. Par là, Giddens ne veut absolument pas dire que les différents types de changement social doivent s'unidimensionnaliser au seul profit de l'appropriation réflexive des conditions de reproduction d'un système. De toute évidence, il continue à voir à l'œuvre dans la modernité divers types de changement mais l'appropriation réflexive du changement est malgré tout un trait saillant de la modernité[30]. « Ce qui caractérise la modernité n'est pas l'adhésion au nouveau en tant que tel, mais la présomption de réflexivité systématique – qui bien sûr comprend une réflexion sur la nature de la réflexion elle-même[31]. » Et pourtant elle se dérobe constamment parce que le savoir, lui-même, est toujours remis en cause.

Pour Giddens, les sciences sociales participent fortement à ce processus et jouent un rôle majeur dans la tendance lourde à une réorganisation réflexive permanente de la vie sociale[32]. Ce que Giddens saisit au travers de ce qu'il dénomme la double herméneutique propre au savoir social. Par un va-et-vient constant le savoir sociologique se forge en puisant dans des concepts profanes, les savoirs produits étant réinjectés dans la vie sociale. C'est pourquoi pour Giddens, les sciences sociales sont au fond davantage impliquées dans la modernité que les sciences naturelles. Dans les sciences sociales, il revient à la sociologie d'occuper la place centrale. « *La modernité est profondément et intrinsèquement sociologique*[33]. »

Néanmoins, la réflexivité ne saurait être, pour Giddens, le moteur d'un progrès continu[34]. La double herméneutique constitutive de la vie sociale rend l'intervention du savoir dans la vie humaine problématique puisqu'on ne peut penser qu'il est entièrement indépendant de la vie, ou encore, présupposer que la connaissance peut avoir un rôle exclusif et permanent de motivation des conduites humaines. Il faut aussi tenir compte de la dissymétrie des connaissances associées au pouvoir ou des conséquences inattendues de l'action.

La société de classes du capitalisme moderne s'organise selon un axe reliant les institutions étatiques et les institutions économiques. L'expansion de l'économie monétaire, en effet, crée les conditions de l'accumulation du pouvoir politique dans les mains des États nations. En réalité, pour Giddens la transformation des aspects économiques et des traits politiques ainsi que leur imbrication peuvent permettre de comprendre les principales institutions du capitalisme moderne. Dans les sociétés précapitalistes, la domination était surtout basée sur le contrôle des ressources d'autorité, l'État étant alors à l'origine du pouvoir des classes sociales[35]. Dans le capitalisme, avec la distanciation de l'espace-temps, la production est susceptible d'être organisée de manière globale en permettant une allocation des ressources à travers l'espace et sur une temporalité longue[36]. Sur ce point, Giddens n'est pas loin des réflexions de Simmel. Tout comme lui, il pense à l'argent comme un moyen central permettant la constitution d'une économie capitaliste dans l'espace, puisque grâce à lui les ressources d'allocation peuvent véritablement se libérer des attaches locales et permettre la marchandisation de la vie et la reproduction continue du flux économique. Mais cette expansion suppose aussi la croissance des ressources d'autorité, surtout au sens d'une augmentation des capacités de surveillance des groupes dominés. Une des principales limites de l'analyse de Marx est justement, pour lui, de s'être limitée à l'étude des dimensions proprement capitalistes de la société moderne en négligeant le fait qu'elle est aussi une société industrielle, une société développant des moyens spécifiques de surveillance et de contrôle[37], enfin, une société intégrée dans un système d'États nations dans lequel les aspects militaires deviennent très importants.

Le caractère proprement capitaliste de la société moderne perd alors de sa centralité au profit d'une analyse plus multidimensionnelle des domaines institutionnels propres à une société moderne. L'effort de Giddens, surtout dans sa relecture critique du matérialisme historique, est de dégager l'importance de l'État-nation dans l'avènement et dans l'expérience de la modernité, non seulement en tant que facteur de changement ou de garant de l'ordre interne, mais aussi dans le domaine géopolitique. Pourtant, ce serait une erreur d'affirmer que Giddens finit par octroyer à l'État-nation (et aux tâches de surveillance et de pouvoir militaire) le rôle majeur ou central auparavant octroyé aux dimensions capitalistes ou industrielles des sociétés modernes[38]. Ces quatre traits institutionnels de la modernité sont irréductibles entre eux, et permettent même de comprendre certaines tensions propres au développement des sociétés modernes[39]. D'autant plus qu'un des traits spécifiques de ce que Giddens appelle la haute modernité est, justement, la globalisation des tendances sociales.

Les éléments constitutifs du dynamisme de la modernité sont prolongés par la tendance à la mondialisation de ses effets. Avec ce processus, on assiste à un étirement sans précédent du lien entre les actions se déroulant dans des circonstances de coprésence et les relations à distance, mais surtout, et à cause d'une série de mouvements institutionnels, « les modes de relation entre différents contextes sociaux ou différentes régions forment peu à peu un réseau couvrant la surface du globe[40] ». Il s'agit d'une véritable intensification des relations sociales planétaires. Le propre de la haute modernité est la mondialisation tendancielle des dimensions institutionnelles de la modernité : formation d'une économie capitaliste mondiale, accentuation de la division internationale du travail, constitution du système de l'État nation et croissance des divers systèmes de contrôle, marche vers un ordre militaire mondial. Mais ces grandes tendances s'accompagnent de toute une série de transformations importantes dans la vie quotidienne. C'est dire jusqu'à quel point l'étude de la modernité, dans toute la diversité de ses manifestations, est inséparable de la prise en compte de la dialectique de la présence et de l'absence, du local et du global. Giddens parvient même à signaler que le propre de la situation actuelle, celle de la radicalisation de la modernité, est une extraordinaire intensification des conséquences des choix quotidiens sur les résultats globaux, tout comme des processus globaux sur la vie individuelle. Mais encore une fois, pour Giddens le propre de la mondialisation est avant tout l'action à distance, un univers social où l'absence, grâce à la restructuration de l'espace, prime sur la présence, et où, par voie de conséquence, chaque individu est constamment en relation avec d'autres styles de vie alternatifs.

III. L'EXPÉRIENCE DE LA MODERNITÉ

Le résultat de ces changements institutionnels ne se fait pas attendre. La sécurité ontologique indispensable aux individus est ébranlée et requiert d'être structurée sur de nouvelles bases. L'existence moderne est en fait confrontée à toute une série de risques et de dangers non plus liés à des événements naturels non maîtrisés, mais à des dangers issus de l'environnement socialement construit et de la défaillance de la tradition. À cet égard la lecture que Giddens fait du sentiment de sécurité ontologique d'Erik Erikson est hautement suggestive[41]. Comme on le sait, pour Erikson ce sentiment est lié, surtout dans les premières étapes de la vie, à la capacité d'apporter une confiance à l'enfant, une confiance qui se manifeste par sa tolérance à l'absence physique de la mère. Le sentiment de sécurité se manifeste lorsque l'enfant apprend que la mère existe et prend soin de lui même lorsqu'elle est physiquement absente. Pour Giddens, la confiance en soi est donc avant tout un médium de la distanciation espace-temps puisqu'il s'agit d'un sentiment de sécurité capable de faire face aux déplacements des autres dans l'espace et le temps. Cette sécurité ontologique s'appuie à l'origine sur la confiance que l'enfant dépose auprès de ceux qui s'occupent de lui et elle est prolongée, tout au long de la vie, par le caractère routinier des pratiques sociales. L'autonomie de l'individu ne veut rien dire d'autre que sa capacité à élargir à d'autres personnes et à des situations éloignées de son expérience immédiate cette sécurité de base de la personnalité. L'individu se dote par là de réponses aux questions existentielles de la vie.

C'est ce trait et ce besoin psychologique inhérent aux individus qui subissent une transformation importante dans la modernité. Mais le privilège donné par Giddens à la théorie des relations objectales par rapport à d'autres conceptions du sujet mérite d'être souligné. Par là, il ne s'oppose pas forcément à une représentation plus fragmentée du moi, mais il veut souligner la manière dont l'individu parvient à se doter d'un sentiment de cohérence, lui-même lié à la confiance quant à la réalité du monde extérieur. Encore une fois, et quel que soit le degré d'ouverture de la condition moderne reconnu par Giddens, tout l'effort intellectuel consiste à parvenir à une conception structurée de l'agent et des situations.

Dans les sociétés traditionnelles il y a quatre contextes localisés de confiance prédominants. L'essentiel des activités se déroule dans le cadre des relations de parenté, au sein des communautés locales, et leur sens est préservé par les cosmologies religieuses et la tradition. L'autorité de la tradition assure la routinisation des pratiques en les ordonnant à travers l'espace et le temps. Avec l'écriture et l'avènement des civilisations agraires, elle commence à être le lieu de discussion et de conflit. Sur cette voie, la modernité signifie non pas son abandon, mais l'exigence de fonder ses *diktats* sur des arguments rationnels.

Même s'ils ne disparaissent pas entièrement dans la

modernité, aucun de ces foyers de sécurité ontologique ne garde une importance majeure. Désormais, le régional et le mondial deviennent étroitement imbriqués. Surgit alors le besoin de parvenir à stabiliser des mécanismes de confiance dans des échanges lointains à l'aide des systèmes abstraits (les gages symboliques et les systèmes experts). Dans ce contexte, le danger ne provient plus de la nature, mais il est plutôt une conséquence de l'environnement socialement construit sous forme de périls psychologiques ou écologiques. Pourtant, les dangers modernes sont d'une autre nature que ceux des sociétés prémodernes, puisqu'ils résultent d'un savoir socialement organisé. Au risque écologique, encore faut-il ajouter l'effondrement des mécanismes de croissance économique, le développement des régimes totalitaires ou des guerres de grande ampleur. Il s'agit là pour Giddens du nouveau profil de risque dans la modernité : la conscience non seulement que les choses peuvent mal tourner, mais aussi que cette possibilité ne peut pas être entièrement éliminée. Néanmoins, et à la différence d'autres auteurs, notamment Ulrich Beck, Giddens reste attaché à l'idée que dans la modernité les opportunités et les risques se trouvent équilibrés entre eux[42].

Mais ces systèmes abstraits, et leur efficacité technique, ne donnent qu'une réponse insuffisante aux besoins psychologiques de sécurité ontologique propres aux individus. L'affaiblissement de la sécurité ontologique entraîne le besoin de le produire ou le stabiliser par le biais des liens personnels avec les autres. En effet, les systèmes abstraits ne fournissent qu'une confiance de nature statistique, insuffisante et peu gratifiante pour les besoins psychologiques des individus. Ce qui explique d'une part l'importance des points d'accès, là où les systèmes abstraits se dotent d'un visage humain, mais surtout, qui rend compte de l'obsession des modernes de leurs relations intimes avec les autres. Le soi devient un projet à formuler et à réaliser. En bref, cet investissement de la confiance dans des systèmes abstraits, désincarnés et désencastrés, contraint les agents à une stabilisation de leur sécurité ontologique par le biais des relations interpersonnelles d'amitié et d'amour. Il s'agit de contrer par les expériences intimes l'engagement impersonnel du monde extérieur.

C'est à ce niveau que Giddens établit un rapport étroit entre les tendances mondialisatrices institutionnelles de la modernité et la transformation de l'intimité dans la vie quotidienne. Toute l'importance des relations pures s'ancre ici[43]. Le détachement existentiel de l'individu est tel que l'on assiste à la diffusion de relations qui, à proprement parler, tournent sur elles-mêmes. Des relations détachées de tout conditionnement externe, valorisées exclusivement par ce qu'elles apportent aux participants et exigeant tout autant une forte réflexivité qu'un fort engagement personnel. Le domaine privé se leste de nouvelles dimensions puisque c'est là que doit se forger une partie importante de la sécurité identitaire des modernes. Par le biais des relations pures et de l'ouverture réciproque et bien intentionnée, l'individu cherche à préserver son bien-être émotionnel. Giddens ne peut pas être plus explicite : « Les relations personnelles, dont le principal objectif est la sociabilité déterminée par la loyauté et l'authenticité, deviennent un élément social de la modernité au même titre que les institutions intégrant la distanciation spatio-temporelle[44]. » D'ailleurs, c'est bien dans ce contexte que Giddens reformule le problème simmelien de l'étranger comme une problématique de confiance vis-à-vis des inconnus[45].

Pourtant, cette recherche de la sécurité ontologique par le biais des relations personnelles ne va pas sans danger. Le plus évident n'est autre que la codépendance que manifestent certains individus envers d'autres pour pouvoir surmonter leurs défaillances, voire lorsque la création d'un sentiment d'autoconfiance oblige les individus à être entièrement dévoués aux besoins des autres. L'individu, au-delà des diverses manifestations de la codépendance, immerge son identité dans celle de l'autre ou dans la réalisation de routines[46].

Le résultat ne peut dès lors être autre que la formulation d'une phénoménologie de la modernité structurée autour d'expériences déchirées : à la fois de déplacement et de relocalisation, d'intimité et d'impersonnalité, de spécialisation croissante et de réappropriation de ce savoir, de privatisation ou particularisme des individus et d'engagement radical dans des mouvements sociaux. En bref, la modernité est la coexistence contradictoire de la sécurité ontologique et de l'angoisse existentielle.

Au cœur de cette phénoménologie de la modernité Giddens prend bel et bien en compte l'écart constitutif de la condition moderne. L'interprétation de la modernité « découle en dernière analyse de la dialectique spatio-temporelle, exprimée par la constitution spatio-temporelle des institutions modernes[47] ». Dans la modernité, bien des routines de l'espace-temps, dans la mesure où elles perdent leur ancrage moral et rationnel dans la tradition, se transforment en pratiques vides, qui témoignent de la fragilisation de la sécurité ontologique, ou qui se transforment en mouvements compulsifs. L'ébranlement relatif de la tradition se traduit par des tendances émotionnelles à la répétition, souvent inconscientes ou incomprises par les individus, qui permettent au passé de rester vivant sans être reconstruit à l'aide de la tradition, mais plutôt dominé alors par un type d'action semi-causal. La compulsivité, en tant que pratique socialement généralisée, est pour Giddens une des manifestations de la « tradition sans traditionalisme[48] ». À vrai dire, la compulsivité des pratiques, dans le contexte de la radicalisation de la modernité, n'est qu'une forme de confiance gelée, dans laquelle la présence de compromis inexpliqués cède le pas à une pure urgence répétitive.

Là où les sociétés traditionnelles scandaient les changements à l'aide de rites de passage, les agents modernes sont contraints de construire leur soi en établissant eux-mêmes un lien entre leur expérience individuelle et le changement social. Les individus reviennent dès lors constamment sur leur propre expérience passée pour se ressaisir dans un va-et-vient réflexif permanent. La modernité porte en elle un véritable impératif de réflexivité : les agents doivent savoir ce qu'ils font et savoir pourquoi ils font ce qu'ils font. L'identité est dès lors le fruit d'une autoréflexivité grâce à laquelle l'individu parvient à tenir sur soi une continuité narrative. L'individu doit s'enraciner en lui-même, s'incarner lui-même, parvenir à établir une jonction entre son corps et le soi, que la dissociation guette toujours[49].

C'est dans ce besoin constant de réorganisation réflexive de soi que l'individu moderne passe du sentiment moral de la culpabilité à celui de la honte[50]. Le problème auquel l'individu est confronté est moins celui de la violation d'un tabou intériorisé, que de sa capacité à parvenir à se doter d'une confiance, une sécurité identitaire lui permettant de se donner à voir aux autres, de s'exposer sans anxiété à leur regard. La honte corporelle devient d'autant plus lourde de sens que l'individu est rendu responsable de son physique (d'ailleurs, dans ce domaine aussi on assiste à un élargissement des possibles : apparences de moins en moins standardisées, augmentation des techniques de présentation ordinaires de soi, importance des régimes). Cette responsabilisation de son apparence mène certains individus vers de véritables pathologies, comme l'anorexie mentale qui résulte justement de cet excès d'autocontrôle, surtout pour les femmes, contraintes à des fortes pressions d'autocontrôle de soi sans avoir toujours les possibilités objectives d'expression de leurs performances[51].

La condition moderne est donc traversée par une tension irrépressible entre la sécurité et le danger, entre la confiance et le risque. Le risque est désormais constitutif de l'horizon de l'action. D'autant plus qu'avec l'expansion du savoir, et les conflits d'interprétation qui en découlent, les individus vivent dans des mondes à autorités multiples et dépourvus de tout recours à une instance ultime, à un super-spécialiste. La vie moderne ne se déroule pas dans des contextes de plus en plus sûrs, mais au milieu d'un doute méthodologique généralisé[52]. Pourtant, Giddens ne tombe jamais entièrement dans une vision pessimiste des Lumières. Pas de véritable torsion du projet moderne dans son œuvre, même si, pour lui, le rapport entre le savoir et le contrôle du monde s'est avéré indubitablement plus complexe que celui qui avait été pensé au début de la modernité[53]. Il refuse toute pertinence à la vision panoptique qui dans la descendance de la matrice de la rationalisation avait fini par octroyer à la modernité la responsabilité de tous les maux, et il établit en même temps la nécessité d'une inflexion dans les modes d'intervention des politiques publiques au moment où il n'est plus possible de continuer à adhérer à l'idée d'un pilotage cybernétique de la société par l'État[54].

IV. RÉFLEXIVITÉ ET AUTO-IDENTITÉ

Pour Giddens la condition moderne contraint les agents à transformer leur soi au travers d'un projet réflexif, et par la production d'un récit de soi. L'identité personnelle n'est plus à chercher du côté des conduites ou des réactions vis-à-vis des autres, mais dans la capacité à entretenir un récit continu sur soi-même[55]. Face au doute permanent et radical auquel est soumise l'identité dans la modernité, l'individu essaye de parvenir à une maîtrise lui permettant de mieux anticiper le futur, de mieux intégrer son passé. Dans cet effort, il s'aide d'une profusion de moyens réflexifs comme les thérapies, des manuels, des articles de revues, des interventions des spécialistes et, bien sûr, des programmes de télévision. Sur ce point, la vision de Giddens est presque aux antipodes de celle de Foucault : là où ce dernier ne voyait que l'intrusion du pouvoir dans la sphère privée et la généralisation de la technique de l'aveu, Giddens décèle le propre du projet réflexif de soi dans la modernité[56].

Le soi est un projet réflexif, permanent, explicite. L'individu est censé être capable de distinguer son être véritable de sa fausse identité et pour cela, il n'a d'autre recours que ses propres capacités d'auto-observation. Des exigences d'autant plus pressantes que dans la modernité l'individu est confronté à différents styles de vie et que, dans bien des domaines, aucune contrainte de choix ne s'impose à lui. L'individu se dote alors de divers styles de vie dans différents secteurs. L'obligation du choix mais aussi son ouverture encouragent, chez certains individus, le déploiement de vices comme façons d'affronter la multiplicité des aspects de la vie quotidienne mais aussi comme manifestations de leur incapacité à gérer le futur[57]. Dans tous les domaines de la vie personnelle, les styles de vie sont, en partie au moins, le résultat d'un choix de l'individu. Par là, c'est à terme la frontière de la normalité qui se trouve ébranlée : après tout, et sans l'appui de la tradition, toute expérience, pour normale qu'elle ait été dans un passé proche, n'est désormais qu'une expérience parmi bien d'autres. Cette situation est à la base de ce que l'auteur appelle des « politiques de vie », mettant en débat les différents styles de vie possibles dans une société. Cet espace ne cesse de s'accroître dans la mesure où la tradition et la nature ne déterminent plus les pratiques sociales[58].

Pourtant, le besoin psychologique de trouver un sentiment de confiance par le biais des relations personnelles avec les autres ainsi que l'injonction de s'ouvrir à autrui et de ne rien cacher sont à la fois une source de réconfort et d'anxiété. La quête de cette forme spécifiquement moderne de confiance exige une très forte connaissance et expression de soi-même – elle est alors à la base de bien des tensions psychologiques. Toute l'importance que Giddens donne à la transformation de l'intimité découle de cet aspect des choses. Désormais, les expériences intimes, et leur modèle presque idéal-type de relations pures, deviennent de véritables aventures d'ouverture à autrui et d'autoquestionnement personnel. L'amour ou l'amitié, tout comme les relations entre les générations, deviennent, dans un monde post-traditionnel, l'objet de réflexivités personnelles inédites. À cet égard, Giddens souligne avec force, en s'appuyant sur diverses études, l'écart qui s'est creusé entre les hommes et les femmes. Là où les premiers ont tendance à parler de leurs expériences amoureuses en termes de relations épisodiques et fragmentaires, les femmes, à l'inverse, ont une plus grande capacité à insérer leurs expériences dans des univers hautement significatifs par le biais de l'angoisse, de l'intrigue ou de l'implication personnelle[59]. Là où un bon nombre d'hommes ont de la peine à évoquer des amitiés intimes, les femmes y manifestent une implication beaucoup plus large[60]. Surtout, elles consacrent un temps non négligeable de leur vie à la conversation intime, par laquelle elles parviennent à des degrés supérieurs d'autoréflexivité personnelle. Le résultat de cette expansion de la réflexivité dans la vie des gens n'est autre que la quête incessante de relations pures, la volonté de ne plus se satisfaire de relations ordonnées par la coutume ou la tradition, ce qui, inévitablement, se traduit par une augmentation de la contingence des relations humaines. C'est dans la relation elle-même, et seulement en elle-même, qu'il faut parvenir à coétablir le sens de chaque relation. L'exigence de démocratisation du domaine intime fait alors choc avec l'abîme émotionnel existant entre les sexes. Les hommes s'avérant particulièrement mal disposés à construire une identité propre en dehors du monde du travail, grâce à un projet réflexif parvenant à intégrer leur passé émotionnel. Pour Giddens alors, le problème n'est pas tant l'incapacité des hommes à exprimer leurs sentiments, que leur incapacité à construire un récit de soi leur permettant de devenir de véritables acteurs dans une sphère privée de plus en plus démocratisée et réorganisée[61]. Face à cette difficulté, on assiste à une extension et à une transformation des formes et de la signification de la violence masculine envers les femmes. Plus les femmes tendent à la réalisation d'une éthique de l'amour partagée et d'une microsocialité conviviale, plus la dépendance émotionnelle des hommes leur devient insoutenable, et plus ils ont de la peine à accepter la pauvreté morale de leur propre situation. La pornographie, par exemple, avec la mise en scène constante d'attitudes de soumission des femmes désormais inexistantes dans la vie sociale, manifeste ainsi la volonté des hommes d'affronter le désir féminin mais dans leurs propres termes, témoignant alors moins de la continuité de la domination patriarcale que de leur insécurité croissante. Pourtant, l'entrée dans une société post-traditionnelle contraint les acteurs à s'engager, afin de parvenir à stabiliser leurs relations, dans différentes expériences de démocratie au quotidien, de véritables démocraties de dialogue, passant par toute une dissémination des débats dans des domaines chaque fois plus amples de la vie sociale[62].

La forte imbrication des transformations institutionnelles et de leur effet sur l'intimité expose les individus à divers processus menant à la séquestration de leurs expériences. La vie sociale se sépare des dilemmes moraux centraux dc l'existence humaine. À travers l'évocation des expériences telles que la folie, la criminalité, la maladie ou la sexualité, Giddens souligne avec force cette tendance lourde de la modernité visant, pour chacune de ces issues existentielles, à établir une coupure entre des expériences limites ou alternatives et les routines quotidiennes[63]. Par là, se dégage, malgré les contradictions, une source non négligeable de sécurité ontologique du fait de la distance établie par rapport aux dilemmes existentiels. On assiste à une dissolution des éléments moraux et éthiques reliant les activités sociales aux interrogations sur la transcendance, la nature ou la reproduction. Et pourtant, là encore, le mouvement est loin d'être en sens unique. Malgré cette séquestration de l'expérience, la modernité n'est jamais à l'abri d'un retour du refoulé, c'est-à-dire des questions existentielles que la modernité pensait avoir mis définitivement entre parenthèses, ou dont l'individu pensait pouvoir se débarrasser à l'aide des routines quotidiennes. Les débats autour de la mort et de la procréation assistée, sur la décarcération ou l'ouverture des asiles psychiatriques, tout comme le retour du religieux ou les préoccupations sur la nature ou la sexualité signalent, au sein même de la modernité, ce balancement de tendances. Pour Giddens, c'est même tout le sens de l'importance que la sexualité a prise dans la modernité : elle est moins un domaine central du contrôle social qu'une pratique assurant l'articulation entre deux processus opposés de la modernité, à savoir la séquestration de l'expérience et la transformation de l'intimité[64].

Pour Giddens, un des enjeux majeurs de la modernité n'est autre que la capacité à produire des formes, diverses, de confiance active, tout comme la prise en compte de l'importance, dans ce contexte, des diverses pratiques de réflexivité institutionnelle[65]. Du point de vue politique, il s'agit de remplacer une politique de protection par une politique d'initiatives, visant à augmenter, par le biais de changements institutionnels, la capacité transmise aux acteurs sociaux de prendre des initiatives. Pourtant, et malgré les efforts qu'il déploie, le rapport entre ce qu'il est possible d'appeler la réflexivité structurelle et l'autoréflexivité est largement problématique, tant la confiance nécessaire dans les systèmes abstraits ne parvient jamais entièrement à juguler les sentiments divers d'insécurité des individus, voire à permettre une gestion acceptable de l'horizon des risques. Pour Giddens l'intimité n'est pas un substitut de la communauté ou sa forme dégénérée ; elle ne peut qu'être la manière dont le sentiment communautaire est continué et géré sous de nouvelles formes.

*

Pour Giddens, comme pour Simmel, l'expérience des hommes dans la modernité est soumise à la réflexivité, parce qu'elle se déroule dans un univers où les structures globales implicites de sens (intellectuelles et pratiques) ont été profondément bouleversées. Le monde est alors fortement médiatisé et l'individu contraint de se définir par ses capacités à s'impliquer face à un monde et à un environnement de plus en plus à distance. L'importance déterminante qu'il octroie aux relations personnelles pures dans la modernité ne vient que renforcer cette impression d'ensemble.

Sur cet aspect, Giddens apporte une relative nouveauté.

Contre l'affirmation du caractère hautement problématique des relations se tissant dans un face-à-face direct entre consciences, au-delà de toute formalisation sociale, Giddens pense, au contraire, que c'est dans l'idéal normatif des relations pures que se trouve le salut des sociétés modernes. L'infléchissement est important même si l'optimisme foncier de Giddens peut le faire oublier. Avec lui, l'éloge implicite que Simmel faisait de l'Étranger en tant que héros éponyme de la modernité se généralise et se banalise. Détachés des traditions, les individus doivent se construire eux-mêmes, en construisant leurs relations avec les autres et avec le monde. Plus de pathétique apparent dans cette démarche, et pourtant, combien de dangers se cachent derrière cette transmutation axiologique de la guerre de consciences à un modèle interactif prescriptif des relations pures ! Les exigences qui pèsent sur les agents modernes sont dès lors démesurées. La pression sur leurs existences est extrême et leur solitude radicale. Et pourtant, bien des dangers que Giddens repère, dans les divers rapports pathologiques au corps, les différentes formes de compulsivité post-traditionnelle, ou encore, dans les risques constants de codépendance entre les hommes ne sont de fait souvent conçus que comme un reste de tradition au cœur de la modernité. L'éloge normatif implicite de Giddens envers la réflexivité et la possibilité de relations pures le contraint à interpréter en termes forcément négatifs toutes les pratiques par lesquelles les individus essayent de récupérer des éléments de la tradition au sein de la modernité. Après tout, la codépendance n'est qu'une manière de faire revivre des liens communautaires, tout comme la compulsivité est un refus de choix, ou encore, la permanence de la honte peut être relue comme partiellement héritée de la tradition[66].

La valorisation positive de l'ambivalence en tant que trait constitutif de la modernité n'est alors qu'un pis-aller. La vision que Giddens donne de la modernité est, une fois de plus, celle d'une expérience soumise à des tensions ou à des ambivalences irrépressibles. Les individus sont en effet constamment sous l'emprise de tensions diverses les tirant vers l'unification ou la fragmentation ; ils sont pris entre des sentiments contradictoires d'impuissance ou de contrôle ; dans un monde dépourvu de sources ultimes d'autorité, ils oscillent entre des états d'incertitude et la tentation de faire appel à l'autorité ; enfin, ils doivent dégager un soi contre les standards imposés par la consommation de masse[67].

Giddens, comme les autres auteurs de la matrice de la condition moderne, pense que la distance des individus au monde s'est agrandie, et en tout cas, que la vie dans la modernité, dans ses diverses dimensions culturelles et sociales, devient de plus en plus consciente et réfléchie. Mais à la différence de Simmel ou des auteurs de Chicago, il ne pense plus possible de trouver dans la modernité des modèles exemplaires de vie, des modèles d'individualité à imiter. Pour lui, comme pour Goffman, s'impose désormais l'exigence générale d'une appropriation réflexive de sa propre vie par chaque individu. Surtout, et à l'instar de Touraine, il n'y a plus d'autre principe d'articulation de la société moderne que l'historicité ou la réflexivité en tant qu'éléments centraux de l'action de la société sur elle-même et de l'individu sur soi, l'un et l'autre interprétant la condition moderne à la lisière des phénomènes globaux, voire de la mondialisation, et de ses conséquences sur l'individuation. Toute expérience humaine est alors, du fait de sa contingence irrépressible, soumise à un effort constant d'autocritique. C'est là où la condition moderne se leste de dimensions proprement morales, puisque la vie dans la modernité est étroitement dépendante des décisions existentielles. Autrement dit, la réflexivité permet tout à la fois de combler l'écart entre l'individu et le monde, tout en augmentant la tension, entre la conscience de sa propre contingence et l'obligation qui lui est imposée de répondre de son propre destin. Par là, elle creuse une brèche qui peut mener, dans bien des situations, à une véritable destruction de l'individualité. Dans le modèle que Giddens donne de la condition moderne, cette tension impossible à éliminer, dans la mesure où elle ne parvient pas à être résolue par l'action, engouffre l'acteur dans une position de retrait sur soi, où à terme la frontière entre l'autoréflexivité et la prise en charge clinique de soi sous l'impératif du devoir d'être soi-même se rétrécit dangereusement. La réflexivité a dès lors deux faces et non pas une seule. Si d'un côté, effectivement, et comme le veut Giddens, elle est un élément incontournable de la condition moderne, dans laquelle résident un certain nombre de potentialités majeures, de l'autre côté, elle recèle un nombre non moins important de dangers.

De Simmel à Giddens, il serait absurde de ne pas reconnaître les percées effectuées par la pensée sociologique, mais il faut en même temps être sensible à la permanence des intuitions majeures de cette matrice. Certes, la portée des doutes change, et pour presque tous, la condition moderne est foncièrement ambivalente. Mais il ne s'agit là que de variations de degré, tant au fond, ces auteurs sont tous profondément marqués, voire aveuglés, par l'horizon des possibilités que la modernité ouvre aux individus.

Conclusion

L'objet de ce livre, les lectures sociologiques de la modernité, est tellement indissociable de la pratique sociologique qu'il ne pouvait s'agir d'en faire une présentation exhaustive. L'énormité de la matière et des connaissances à acquérir, l'effort de délimitation des périodes ou des écoles, l'importance des traditions nationales ou des changements institutionnels, ou encore le nombre de réflexions possibles sur les liens entre les divers auteurs décourageaient d'emblée une tentative de ce type. Pourtant, en partant des principales matrices à partir desquelles la modernité a été abordée, et en choisissant au sein de chacune d'entre elles quelques auteurs pertinents, il nous a semblé possible de contourner quelques-unes de ces difficultés. Des synthèses obtenues par l'approfondissement de certains thèmes au sein de certaines œuvres nous ont semblé le seul procédé valable, vu l'impossibilité d'un traitement global, pour parvenir à une représentation d'ensemble. C'est pourquoi le lecteur a dû souvent compléter par lui-même certaines analyses, et que, d'autres fois, son imagination a été implicitement sollicitée afin qu'elle lui restitue l'époque à laquelle appartenait une œuvre, même s'il faut garder à l'esprit l'effort chaque fois déployé par les auteurs pour résister à l'engloutissement de leurs études dans le seul présent. C'est pourquoi aussi, sans doute, les chapitres basculent entre des représentations générales, voire abstraites, et l'analyse plus concrète de certains processus. Séries de va-et-vient irrémédiablement incomplets mais qui devraient permettre, si l'objectif est atteint, de parvenir à une vision d'ensemble des regards sociologiques sur la modernité. La seule synthèse qui s'impose alors est celle que chaque lecteur aura effectuée par lui-même.

Plutôt que de résumer en quelques phrases les principales étapes de la présentation suivie, il vaut mieux, pour conclure, interroger l'écriture de ces réflexions sociologiques. On adresse trop souvent à la sociologie un reproche quelque peu injuste : celui d'être une discipline jargonnante, coupée de la réalité vécue par les acteurs, et incapable de rendre compte des problèmes concrets des individus. La distance nécessaire aux faits et les exigences de la construction intellectuelle finiraient par dresser un mur entre les conceptualisations sociologiques et les soucis réels des femmes et des hommes au quotidien. Cette critique est très souvent infondée, nous semble-t-il, en tout cas au vu des analyses fournies par la presque totalité des auteurs présentés ci-dessus et en dépit même de quelques recours maladroits, ici ou là, à des notions obscures. Au contraire même, la force majeure de la sociologie provient de la capacité de ses représentants à se placer à mi-distance entre la séduction et l'aversion que la modernité suscite en eux, ce qui les empêche de se détourner des problèmes contemporains. Au-delà donc des différences, la bonne sociologie garde toujours la capacité de parler aux contemporains de leurs propres problèmes. Son but est alors souvent de replacer les individus au sein d'univers chaque fois plus larges, imbriquant une biographie et un contexte, non pas seulement pour éclairer l'un à partir de l'autre et vice versa, mais pour montrer, très précisément, que les contextes ne sont jamais les mêmes ni n'ont jamais les mêmes effets. Certains individus sont littéralement pris par des forces qu'ils ne maîtrisent pas, qu'ils ignorent tout en les suivant aveuglément, mais qu'ils s'efforcent toujours de canaliser et de comprendre. Dans tous les cas de figure, la sociologie rend compte de la vie des gens à partir d'événements plus larges, qui les excèdent parfois dans leurs origines et toujours dans leurs conséquences, et grâce auxquels elle parvient à une description et à une analyse des problèmes existentiels auxquels ils sont confrontés.

Or, jamais la sociologie ne décrit ce qu'éprouvent les individus comme ils l'éprouvent eux-mêmes. Parfois la tentation existe, mais le procédé est trop littéraire pour qu'il soit véritablement mis en œuvre dans la sociologie. Les individus ne sont étudiés que dans la mesure où ils sont le vecteur d'une intrigue, mais surtout dans la mesure où ils s'insèrent dans un tableau plus vaste. Si l'écriture sociologique n'épouse jamais entièrement une écriture littéraire, c'est qu'il s'agit moins de la mise en situation sociale d'un personnage où l'intégration des individus et des événements à une histoire est au service d'une intrigue de fiction, que de l'éclairage des processus sociaux auxquels les individus font face à partir des rapports sociaux qui les constituent. Et pourtant, les représentations sont souvent justes, les analyses parviennent maintes fois à donner sens à des situations obscures. Le plus théorique des propos sociologiques s'incarne, tôt ou tard, dans des figures et des situations précises dont il procède et qu'il éclaire en retour.

C'est cette tension que l'on a souvent caractérisée, à juste titre d'ailleurs, comme l'écartèlement propre à la sociologie entre la science et la littérature. Cette caractérisation précise ne permet cependant pas de comprendre forcément l'opacité entourant la sociologie et sa réputation de discipline byzantine. C'est qu'en réalité, et tout au long du xxe siècle, le véritable drame de la sociologie a été moins celui de son profil épistémologique que de l'invention d'une écriture propre. C'est là que réside probablement un des écueils majeurs que la sociologie devra un jour lever. Il existe à cet égard, indéniablement, une spécificité disciplinaire. La sociologie semble ne pas encore avoir trouvé véritablement son dispositif d'écriture, à la différence des monographies chères à l'anthropologie, des fresques ou des récits historiques, de la force des traités d'argumentation philosophique, ou encore du degré de technicité analytique de la linguistique, voire du recours à la formalisation mathématique. L'écriture sociologique apparaît trop souvent, dans la pratique courante de la discipline, comme un tout informe. Elle est faite de morceaux divers, de structures de récits parfois opposées, elle est un mélange de faits chiffrés et d'opinions, qui ne sont pas forcément seulement là où on pense les trouver, d'études où l'intuition (souvent heureusement...) devance les éléments d'analyse fournis, de visions d'ensemble d'une société et de résultats anecdotiques de recherche... Il ne s'agit évidemment pas de porter un jugement esthétique (qu'est-ce que cela voudrait bien dire dans ce contexte ?), mais de reconnaître, sans tomber dans des purismes littéraires déplacés, qu'une discipline dont la vocation centrale est de parler aux individus de leur vie à partir de l'éclaircissement des processus et rapports sociaux auxquels ils sont confrontés, ne peut pas s'en tenir là. Ainsi, il y a plus de profondeur qu'on ne le croit souvent dans l'affirmation de Raymond Aron selon laquelle le jugement mitigé que bien des sociologues portent sur l'œuvre de Tocqueville doit beaucoup à ce qu'ils ne lui aient jamais pardonné de trop bien écrire... Mais disons plutôt que la sociologie ne manque ni d'âme ni de style, mais elle n'a pas encore inventé son écriture.

La présentation des auteurs que nous avons réalisée a été effectuée d'un bout à l'autre en tenant compte de cette situation. C'est pourquoi, et aussi discutable que cela puisse paraître, nous avons pour l'essentiel largement négligé les problèmes de méthodes et la nature des enquêtes sur lesquelles les divers auteurs appuyaient (ou non) leurs interprétations de la modernité. Il aurait alors fallu écrire un autre livre, peut-être par moments plus fidèle à l'image qui est celle de la discipline dans les départements de sociologie, mais certainement plus éloignée de ce qui fait son intérêt majeur, à savoir sa capacité à transmettre des repères intellectuels au sein de la modernité. Le choix d'une présentation rigoureuse des œuvres à partir des diverses techniques de recueil de données nous aurait conduit à un tout autre choix d'auteurs d'abord, à une tout autre démarche de présentation et de critique ensuite. Certes, les matrices de la modernité auraient toujours été les mêmes, mais la présentation des auteurs en aurait sans doute pâti. Il aurait fallu alors, tâche ingrate, discuter non pas tant de méthodologie, mais des rhétoriques d'énonciation scientifiques où très souvent d'ailleurs la réflexion méthodologique ne tient lieu que de congratulation des canons épistémologiques à la mode à un moment donné. Au-delà d'une indispensable explicitation de la manière dont les observations ont été réalisées et dont ont été tracées, par voie de conséquence, les limites des analyses, les réflexions méthodologiques ne sont très souvent rien d'autre qu'un pis-aller pour cacher des maladresses collectives d'écriture. Dans le cadre de notre approche, les considérations méthodologiques, pour importantes qu'elles soient, étaient toujours clairement subordonnées à l'interprétation d'ensemble que l'auteur donnait de la modernité. Tous les auteurs étudiés adoptent une écriture spécifique comme signature d'un regard sur la modernité, contrastant avec l'état disciplinaire de l'écriture sociologique dans son ensemble. Certes, tous n'ont pas de qualités littéraires, et nombre d'entre eux ont contribué pour beaucoup à la réputation d'obscurité entourant la sociologie, mais tous, par des voies bien différentes, ont su trouver une voie d'expression propre.

On pourra peut-être alors trouver trop littéraires les interprétations fournies des différentes lectures sociologiques de la modernité. Mais l'effort pour réhabiliter l'idée d'auteur dans la sociologie était à ce prix, et elle nous contraignait à admettre, au-delà des limites, voire des erreurs, repérées dans les thèses avancées par les uns ou les autres, la force d'une pensée livrée dans une écriture que tous énoncent en accord étroit avec un mode de connaissance et de démonstration, et au fond toujours traversée par des excès permanents d'évocation stylistique. À bien des égards, c'est dans leur écriture que se dévoile le mieux l'équilibre qu'ils ont secrètement cherché dans leur attitude ambivalente, à la fois immédiatement pour et contre la modernité. Pour tous, la modernité, au-delà parfois de leurs dénégations souvent multiples, a été bien plus qu'un simple arrière-plan de leurs réflexions. Pour tous, la modernité est un supplément de sens inscrit au cœur même de la sociologie.

ANNEXES

Contrepoints de la modernité

L'espace intellectuel propre aux sociologies de la modernité a été constamment marqué par des discours critiques, qui se veulent autant de contrepoints et se présentent souvent comme des tentatives de dépasser ou de dissoudre la sociologie. Ils ont pourtant marqué en profondeur l'évolution de cette discipline. Deux courants, d'importance fort inégale, mais qui permettent de mieux comprendre, à rebours, les sociologies de la modernité.

I. LA SOCIOLOGIE ET LE RÉCIT DE L'HISTOIRE

L'ambiguïté d'un héritage

Si la sociologie a eu des rapports tourmentés avec la pensée de Marx, la sociologie de la modernité a eu une conversation tronquée avec ses descendants. Si l'œuvre de Marx appartient au XIXe siècle, et précède donc la période étudiée, il faut essayer de comprendre pourquoi, en dépit même de son importance historique, intellectuelle et politique tout au long du XXe siècle, bien des sociologues ont été réticents face à son héritage[1]. C'est que tout d'abord ses axes constitutifs, y compris dans l'œuvre de Marx lui-même, apparaissent comme un mélange inégal et instable, dont la sociologie n'est que rarement parvenue à se libérer complètement, où la problématique de la modernité a été subordonnée au déploiement expressif d'un sujet collectif, à la croisée d'une interprétation de l'histoire comme devenir-monde de la *praxis* et d'une conception de l'évolution humaine comme manifestation-sens de l'histoire[2].

En tout premier lieu, en effet, Marx affirme nettement que malgré des opacités multiples toute la vie sociale est essentiellement pratique. Tout un versant de son œuvre tourne autour de la volonté de démasquer le réel, de percer l'occultation du monde en tant que pratique, de le décrire et l'expliquer à l'aide de l'aliénation, de l'idéologie, du fétichisme de la marchandise. Bref, de dévoiler la vérité derrière l'illusion, ou, dans les termes de l'époque, de séparer la conscience de la fausse conscience. Par là, la *praxis* permet de dépasser la distance matricielle moderne entre l'objectif et le subjectif en ancrant les propositions idéales dans la réalité. À l'inverse de la religion qui exprime en termes mystifiés le propre de l'aliénation historique des hommes, il faut être capable de remonter à la source des raisons sociales et historiques des souffrances humaines, c'est-à-dire de parvenir à une forme d'autoconscience qui ne peut qu'être, comme l'énoncent les *Thèses sur Feuerbach*, que de nature sensible et pratique. Cette nouvelle conception de la réalité exige même un nouveau critère de vérité, qui devient une question purement pratique.

Pour une lecture de ce type, il devient clair que l'effort de Marx dans *Le Capital* consiste avant tout à montrer le caractère historique du capitalisme, à mettre en cause la nature prétendument intouchable de ses lois économiques, à affirmer, mille et une fois, les capacités réelles d'émancipation de l'homme. N'oublions pas à cet égard que dans l'analyse que Marx fournit du travail capitaliste, seul le travail produit de la valeur. Les hommes font leur histoire parce qu'ils disposent, grâce au travail, d'une source inépuisable de création leur permettant d'ajouter de nouvelles formes et de nouvelles réalités au monde tel qu'il existe. Tous les objets créés par l'homme ne sont alors que du travail cristallisé, et l'aliénation n'émerge que lorsque les produits ainsi fabriqués se détachent complètement des producteurs et se retournent contre eux. D'ailleurs l'essentiel de l'étude économique de Marx consiste à dé-réifier les catégories économiques en montrant jusqu'à quel point elles ne sont rien d'autre que des mystifications du travail humain. Sur ce registre, jamais la démonstration critique n'aura été aussi concluante psychologiquement qu'à propos de la plus-value. Jamais comme à propos de ce travail disparu et non payé ne se dévoile aussi bien le saisissement pratique de la structure inexorable de l'univers économique. Dans tous les cas, le secret de la philosophie hégélienne, de la religion ou du monde économique est toujours étonnamment le même, à savoir le voile mis sur la *praxis* humaine[3].

Mais il est indéniable qu'il existe dans l'œuvre de Marx un autre versant tout aussi important, celui d'une conception de l'histoire humaine débarrassée de bien des postulats émancipateurs de la *praxis*. Certes, il est difficile d'affirmer jusqu'au bout, en dépit même de l'ambiguïté foncière de certains textes, que ses œuvres de la maturité réduisent toutes les réalités sociales à des catégories économiques, et que les hommes finissent par être pris dans les mailles des lois inexorables. Mais il est vrai que cette tendance est lourde, représentant le capitalisme comme un système économique nécessairement voué à son effondrement historique. Parfois même, ce scientisme objectif se prolonge et s'enchaîne avec des restes de conception hégélienne de l'histoire. Le travail de Marx vise alors à montrer à l'œuvre, en la dévoilant, la dynamique de la production et de la domination du capitalisme, et en fonction de cette analyse, à souligner le caractère inéluctable de la crise future. La dynamique ultime de l'Histoire échappe alors aux hommes. Elle est posée au-delà de leurs pratiques. Elle les surplombe. Une certaine philosophie de l'histoire rejoint alors une certaine conception évolutionniste. Il s'agit dans un exercice inextricablement scientifique et prophétique de repérer la naissance, dans la réalité sociale, de forces sociales qui portent des idées nouvelles et des exigences progressistes. L'explication ultime du capitalisme ne réside plus alors au niveau de la théorie des classes, mais bel et bien dans l'analyse de la dynamique des contradictions économiques inévitables. Inexorabilité de la crise qui faisait dire à Joseph Schumpeter que dans l'analyse économique de Marx la théorie de la lutte des classes était un supplément superflu[4].

Surtout, et en rupture et en descendance avec la pensée de Hegel, le philosophe de jadis devient un sujet collectif. La science se voudra l'expression de la vision qu'adopte structurellement le prolétariat, force sociale qui se transforme en mouvement total, et qui en tant que tel porte en lui la réalité de la société à venir. La pensée sociale se veut alors expression de la conscience d'une classe sociale et se comprend en tant que telle. Dans la phrase d'Engels, le prolétariat devient le grand héritier de la philosophie idéaliste allemande, en tout cas il devient le bras à peine laïcisé d'une vision providentielle de l'histoire.

Dans tous les cas, la distance matricielle propre à la modernité est évacuée. Certes, ces perspectives n'ont évidemment pas empêché des analyses éclairantes tout au long du siècle, mais elles ont fini par fermer la possibilité d'une véritable étude sociologique de la modernité. Au fond, la préoccupation majeure de Marx, et par la suite de la plupart des marxistes, a été de rompre avec toute réminiscence de dualisme, de rupture ontologique entre l'homme et la nature, de l'objectif et du subjectif, par le biais de la notion de *praxis*, du sens de l'histoire, ou du sujet collectif. L'essentiel de son effort est de se pencher sur le travail et l'univers des objets créés et recréés par le travail, c'est-à-dire cet échange inépuisable entre l'homme et la nature au sein de configurations sociales de plus en plus autonomes et épaisses afin d'expliquer comment, au sein du système capitaliste, cette capacité essentiellement productive de l'homme est mise au service d'une séparation croissante de l'homme et du monde, du sujet et de ses propres œuvres. Le renversement du capitalisme ouvrait la voie, dans l'avenir, à la fin de la préhistoire humaine, c'est-à-dire à la fin de la séparation de l'homme d'avec ses propres œuvres.

L'hostilité à l'égard de la distance matricielle propre à la modernité s'est avérée lourde de conséquences. C'est pourquoi, comme les critiques ne cesseront de le montrer tout au long du siècle, le marxisme a eu de la peine à distinguer l'inexorabilité de la différenciation sociale de l'aliénation, à interpréter l'aliénation comme un trait irréductible de la modernité, enfin, et surtout, à accepter l'idée d'une béance irrépressible entre les hommes et le monde. C'est pourquoi la production d'une analyse sociologique de la modernité, quelle que soit l'importance de la dette que bien des sociologues ont par rapport à son œuvre et à sa descendance, n'a été véritablement possible qu'à la suite de ruptures ou d'éloignements plus ou moins décisifs. La réflexion sociologique sur la modernité a été davantage marquée par l'ombre de Marx que par ses lumières. Son héritage, suite à de multiples et diverses inflexions de taille, se trouve dans une sociologie des conflits sociaux, dans une sociologie de la domination dans les sociétés capitalistes, ou encore, dans une réflexion autour de l'aliénation de l'individu. Or, la première démarche n'est pas spécifique à la modernité, la deuxième est plutôt un domaine spécifique d'étude, la troisième a fini par s'inscrire davantage dans la descendance de Weber.

Les impasses d'une filiation

La spécificité tronquée de la lecture marxiste de la modernité réside alors dans le récit du projet de faire l'histoire. À cet égard, le fait que la conception du sujet collectif ait été presque toujours écrite au xxe siècle par le marxisme occidental à partir de la lecture lukacsienne de Marx a été lourd de conséquences interprétatives[5]. En effet, une certaine conception de l'aliénation ou de la réification a pris une place démesurée, menant non pas à une compréhension erronée de l'œuvre de Marx (ce qui peut être légitimement soumis à discussion) mais à une véritable occlusion de l'analyse sociologique proprement dite au service de récits fortement volontaristes de la capacité du prolétariat comme sujet collectif à surmonter la distance matricielle[6]. Cette dernière, trop comprise sous la forme presque exclusive d'une déféticbisation du capitalisme, réduisait d'emblée sa portée à la manifestation d'une rationalité instrumentalo-stratégique dont les vertus émancipatrices n'ont pas cessé d'être dénoncées tout au long du siècle. L'étude sociologique de la modernité finissait alors trop souvent par être mélangée d'abord, subordonnée ensuite, oubliée enfin, au profit d'un récit volontariste de l'histoire.

Une lecture d'autant plus tentante que, dans *Histoire et conscience de classe*, la représentation de la modernité dégagée par Georg Lukács établissait normativement les hommes en tant qu'auteurs de l'histoire, à l'aide notamment des notions de réification et de totalité. Par la réification, c'est à dire la transformation de processus vifs en choses mortes, le monde ne tarde pas à se présenter comme une deuxième nature aliénée à l'homme. Le cœur du processus se trouve dans la structure de la relation marchande et la destruction de l'unité traditionnelle du processus de production. L'ouvrier cesse de produire des objets entiers, la division croissante du travail mène à la séparation de l'objet et du sujet. Dans le capitalisme, la parcellisation du travail et de la personnalité transforme la réalité quotidienne de l'homme, qui devient un spectateur impuissant d'un ensemble réifié de processus étrangers et menaçants. Autrement dit, comme déjà chez Marx, la réification désigne pour Lukács le processus par lequel les produits de l'action subjective sont perçus comme objectifs et autonomes par rapport aux hommes. La théorie de la réification est ainsi une généralisation du fétichisme de la marchandise de la théorie de Marx où les relations d'échanges sont perçues comme des relations entre objets. Mais Lukács étend le concept hors de son domaine économique jusqu'à en faire un élément d'analyse de toute la vie sociale. Or, cette réhabilitation de la *praxis* humaine est immédiatement subordonnée à une conception du sujet collectif animée par une vision particulière de la philosophie de l'histoire.

Chez Lukács, la présence aliénée d'un Esprit absolu qui détermine et se détermine, dans le devenir de l'histoire, n'existe pas. Au contraire même, il voit là les limites majeures d'une pensée hégélienne incapable de parvenir jusqu'aux forces véritablement motrices de l'histoire. Ce n'est qu'avec le marxisme, et dans le capitalisme, que l'on parvient à découvrir son vrai substrat matériel. Pourtant, malgré cette socialisation assurée par la notion de *praxis*, la pleine conscience de l'histoire ne peut s'acquérir qu'avec l'entrée en scène du prolétariat. En effet, cette connaissance est inaccessible pour la bourgeoisie car elle lui dévoilerait l'essence de la société et la rendrait consciente de sa situation de classe minoritaire oppressive. Au contraire, étant donné la situation qu'il occupe dans le processus productif, le prolétariat, et lui seul, peut appréhender la société en tant que totalité. Le prolétariat peut « considérer la société à partir de son centre, comme un tout cohérent et, par suite, agir d'une façon centrale, en modifiant la réalité ; en ce que, pour sa conscience de classe théorie et *praxis* coïncident, en ce que, par suite, il peut jeter dans la balance de l'évolution sociale sa propre action comme facteur décisif[7] ». Pour Lukács, la vérité est l'expression pratique d'un sujet collectif sous le guide du parti. À terme, comme chez Hegel, l'histoire se dote avec le prolétariat de sa propre conscience. C'est dire jusqu'à quel point les tensions à l'œuvre chez Marx entre la conception de la réalité comme *praxis*, le sens de l'histoire et le récit du sujet collectif deviennent ici à la fois extrêmes et susceptibles d'une expression consciente. L'héritage impossible était dès lors tracé entre la quête d'une absolue et agonique socialisation de la société, une représentation à peine laïcisée de la providence dans l'histoire, une vision expressive d'un acteur social prométhéen.

L'emprise de cette représentation sur le marxisme occidental tout au long du XXe siècle, et surtout de la notion de totalité, a été lourde de conséquences pour la sociologie[8]. Cette situation est d'autant plus étrange que dans sa jeunesse, comme peu d'autres auteurs de la période, Lukács, sous la double influence de Weber et de Simmel, est si sensible à l'écart entre l'objectif et le subjectif qu'il donne même pour tâche majeure et explicite au prolétariat de le dépasser. Mais cette vision, tout emplie de métaphysique, n'a jamais informé pratiquement son analyse du capitalisme. Il serait probablement injuste d'affirmer qu'il a plaqué sur l'histoire sociale un récit, mais il est évident qu'il n'a pas su expliciter les médiations pratiques par lesquelles l'histoire pouvait être saisie comme faite par les hommes. Incapacité d'autant plus notoire que Lukács, encore plus que Marx (et en fait, sur ce point en net recul par rapport à Marx), ne parvient pas à donner à la *praxis* toute sa réelle centralité, ni à penser cette *praxis* en dehors d'un rapport étroit avec le travail. Ces insuffisances criantes ont marqué en profondeur la représentation du sujet collectif et empêché, au sein de la tradition marxiste proprement dite, le dégagement d'une vision spécifiquement sociologique de la modernité. Celle-ci n'était possible qu'au prix d'une inflexion radicale de l'herméneutique du travail et d'une rupture définitive avec tout reste de philosophie de l'histoire. C'est à ce prix qu'il aurait été possible de tirer à partir de l'expérience mi-historique, mi-imaginaire du mouvement ouvrier, et de certaines intuitions de Marx, un modèle sociologique d'analyse de la modernité, à l'aide d'une conceptualisation des relations sociales par le conflit. C'est seulement alors qu'il aurait été possible de se débarrasser définitivement de la quête d'un savoir capable de déceler la fin de l'histoire.

Or, pour rendre cohérent ce modèle il fallait opérer au sein du marxisme une double inflexion. La première exigeait d'élargir la notion de *praxis* en la détachant quelque peu de ses liens stricts avec la seule expérience du travail[9], ou plutôt, de la relation homme-produit. Une position dont la limitation principale provenait de la volonté de chercher toujours l'auteur derrière ses œuvres, en montrant le lien entre le travail et le produit, voire à rechercher dans l'objet produit le processus de production plus que les relations sociales proprement dites. C'est ce que Sartre exprimera mieux que personne plus tard sous le terme de « pratico-inerte[10] ». Certes, tout au long du siècle l'emprise du travail n'a cessé de s'affaiblir, à la suite de toute une série d'efforts visant à élargir cette notion, à limiter dans le temps le caractère dévoilant du travail, à insister sur le fait que cette capacité de structurer le social n'était pas le propre du travail, mais tout au plus le propre des relations de production dans une phase historique déterminée. Pourtant, la rupture ne s'est jamais consommée au sein du marxisme lui-même. La deuxième inflexion exigeait de parvenir à une représentation au moins tendanciellement laïcisée de l'histoire. L'avenir devenait alors sombre, dépourvu de garanties eschatologiques définitives, plus un avatar qu'un destin, soumis à tous les aléas et à tous les risques. La vérité, elle-même, devenait une affaire de pratique, plus ou moins conjoncturelle, voire incertaine, et non plus une conscience sans faille. Or, si la conception marxiste de l'histoire s'est lentement ouverte à la créativité humaine, elle n'a jamais été vraiment débarrassée de la problématique d'un sens liminaire la surplombant. Le récit a trop souvent primé sur l'analyse, dans ces discours d'hier encore et aujourd'hui si étranges, si beaux et terrifiants, où la conviction se mélangeait si savamment, et si dangereusement, avec une confiance inusable dans la sagesse supposée de l'être de l'histoire.

Or, et malgré l'importance du marxisme occidental dans l'histoire intellectuelle de notre siècle, cette double rupture s'est avérée trop profonde pour pouvoir être menée au cœur du marxisme lui-même. La sociologie de la modernité n'était possible qu'au-delà d'une pure herméneutique du travail et en deçà d'une philosophie de l'histoire. Certes, il serait possible peut-être de montrer comment, pour des auteurs dans le sillage du marxisme, et en tout premier lieu Gramsci, la *praxis* cesse lentement d'être directement identifiée au travail ou encore comment les possibilités d'émancipation de la classe ouvrière ne sont plus un présupposé métaphysique mais découlent des analyses souvent concrètes de l'état de la lutte des classes. Mais force est de conclure que lorsque ce double mouvement intellectuel a été véritablement accompli il a poussé les auteurs en dehors des limites du sillage proprement marxiste. Ce n'est alors que là que la distance matricielle au monde pouvait enfin véritablement devenir en tant que telle l'objet de l'analyse, en cessant d'être perçue comme une faille temporaire surmontable. Mais l'analyse de l'écart entre les hommes et le monde rejoignait dans ce cas, jusqu'à s'y confondre, les autres matrices. L'étude sociologique proprement dite de la modernité épousait ainsi l'éclatement du vécu de l'individu moderne, la séparation des sphères et des domaines d'action, enfin, l'extension du pouvoir de planification et de contrôle social. Sinon, une confiance inusitée dans l'histoire, de surcroît gelée par les réalités sociopolitiques du XXe siècle, a empêché la plupart des autres auteurs marxistes d'étudier véritablement la distance matricielle propre à la modernité si ce n'est comme avatar d'un capitalisme dont l'avenir promettait secrètement le dépassement.

L'avenir en a décidé autrement. Nous avons moins assisté à un déroulement prométhéen de l'action humaine capable de transmettre une intelligibilité définitive de l'histoire qu'à une série d'échecs historiques, métaphysiques, sociologiques, d'une impossible réconciliation des hommes avec le monde. Les présupposés étaient tels que l'analyse sociologique de la distance matricielle a pris la forme unique d'un récit récurrent, de la chute dans une société dissociée et injuste, et de la possibilité et la promesse d'un nouvel univers harmonieux et utopique. Une représentation de l'histoire toujours en tension entre la nostalgie et l'utopie. Une nostalgie à peine implicite tant elle est souvent difficilement avouable. Une utopie constamment affirmée malgré les doutes.

Si l'exigence de la pratique révolutionnaire et de l'engagement politique a été pour beaucoup dans cette trajectoire, la limite ultime est venue d'emblée et pour toujours d'une certaine représentation de l'histoire, écartelée entre l'exigence de sa réduction à la *praxis* et l'appel à une conception extra-humaine. L'histoire ne pouvait être alors, d'une part, que le résultat de stratégies multiples, de pratiques dispersées, partiales et partielles, fruit de la spécialisation et de l'abus de la division sociale, superposition de volontés et de contre-finalités, bref, une pratique toujours en miettes. Mais de l'autre côté, elle restait une représentation surplomblant les faits sociaux, prêtant un sens capable d'ordonner, à l'aide d'un récit largement mythique, le chaos des événements, prônant à terme une vision sous contrôle, fascination policière qui a plus d'une fois ouvert le chemin des camps de concentration. Prise entre ces deux extrêmes, l'analyse sociologique de la modernité au cœur du marxisme s'est révélée en proie à des contradictions insurmontables.

II. LES CRITIQUES POSTMODERNES

La représentation marxiste de l'histoire a été intimement vertébrée par un récit spécifique, dans lequel un rôle majeur a été toujours octroyé à un sujet de l'histoire, qu'il s'agisse de la bourgeoisie ou du prolétariat, avant que la forme du récit ne s'applique à bien d'autres groupes sociaux – le tiers monde, les femmes, les minorités ethniques, les jeunes… De ce point de vue, il y a toujours eu, comme la critique postmoderne l'a bien signalé, un rapport étroit entre l'idée d'un méta-récit de la modernité et l'idée du sujet[11]. C'est pourquoi la fin d'une certaine représentation historique du sujet, ce qu'on a appelé la « mort du sujet », a entraîné dans sa dissolution l'épuisement de cette représentation de l'histoire. La critique de la postmodernité, même si le mouvement semble résister à toute synthèse et à une classification consensuelle de ses enjeux[12], peut être interprétée dans un de ses versants majeurs comme un effort radical pour se défaire des présupposés majeurs propres à la tradition marxiste. Et comme lui, mais avec bien moins de génie, la postmodernité à proprement parler ne tardera pas à s'enliser dans une voie analytique sans issue.

La fin de l'Histoire

La première critique concerne le récit de l'histoire et le rôle explicatif ultime qu'il détenait dans la conscience moderne. La postmodernité « se caractérise non seulement comme nouveauté par rapport au moderne, mais plus radicalement comme dissolution de la catégorie de nouveau[13] ». En fait, la postmodernité se pense libre de toute idée de fondement et s'élabore à travers la mobilité des interprétations, par une compulsion répétitive de formes et de thèmes, dont l'origine est oubliée. Et quel que soit le chemin choisi, celui de l'épuration critique du modèle fondateur de la philosophie[14] ou du classement des thèmes majeurs de la condition postmoderne (la fin des métarécits, l'ébranlement de toute synthèse essentialiste, la mort du sujet)[15], la postmodernité est toujours à saisir sous l'emprise de l'errance et des errements, ou ce qui revient ici au même, de l'herméneutique comprise comme l'abandon de l'idée de l'existence possible d'un langage unificateur de tous les discours. De l'herméneutique au constructivisme, la postmodernité signale l'ébranlement de la confiance métaphysique dans une certaine conception de la réalité sociale et de la vérité, en fait de l'histoire, puisque désormais il ne s'agit que d'interpréter des événements et des signes[16]. La réalité est constituée par des discours incommensurables, l'utilité pratique devenant le critère ultime de discrimination entre les diverses représentations. Le différend devient ainsi une question d'autant plus lancinante qu'en mettant l'accent sur l'hétérogénéité des cas possibles, ces auteurs finissent par mettre au premier plan les situations marquées par l'absence d'un langage commun, par des résidus inexprimés, par des singularités écrasées par de faux universels[17].

Malgré les différences, c'est probablement le point commun des projets intellectuels de Richard Rorty et Jean-François Lyotard. Si pour le premier il s'agit avant tout de «nettoyer» le langage ou la conscience, ce qui suppose d'emblée d'abandonner la «prétention de la Raison à s'ériger en tribunal du réel», pour Lyotard, la postmodernité («ou l'état du savoir dans la société postindustrielle») ne se légitime plus à travers l'appel à un métadiscours. On brise ainsi la nécessité d'un fondement dernier du savoir (le récit de l'émancipation de l'humanité à travers la science et l'idée d'une unité de l'humanité par la philosophie) et on se cantonne à une connaissance articulée non plus par l'idée de performance mais par la logique de coups. D'un côté, on met en cause l'idée de la philosophie en tant que théorie générale de la représentation du monde et de l'autre côté, on refuse l'idée d'une Raison, une et universelle, mais dans les deux cas on conteste et le primat de la quête de l'origine première dans la pensée occidentale et l'idée d'un avenir conçu sous l'emprise de l'idée du dépassement. La postmodernité n'est que le point extrême de ce tournant symbolique. À l'ombre de ce culturalisme toute la réalité sociale ne devient qu'un champ de représentations, tant l'absence d'un récit fondateur liminaire laisse flotter les signes. Désormais, chaque discours est contraint de générer par lui-même, et par la preuve de son efficacité, sa propre source d'autorité. La réalité sociale est structurée par une pluralité de langages, de textes soumis à une formidable dissémination dont la recomposition suit des formes hautement hétérogènes. La conscience du caractère aléatoire et arbitraire des représentations n'est ainsi qu'une longue litanie intellectuelle de l'abandon du récit unificateur de l'histoire. Dans son ombre, la Raison, à la suite d'une longue histoire critique postnietzschéenne de la philosophie, se voit ainsi enlever d'emblée la faculté de combler le vide de légitimation laissé derrière elle par la fin de l'histoire. Elle n'a plus aucun accès privilégié au réel ou à la nature, et aucune de ses manifestations ne peut prétendre incarner un modèle supra-historique de la rationalité. Comme le dira à juste titre Zygmunt Bauman, les analystes cessent d'être des «législateurs» du réel et doivent se cantonner à un rôle de simples «interprètes[18]».

S'en est suivi alors un véritable défoulement qui organise et accompagne l'effondrement de l'hégélo-marxisme. C'est que le moment postmoderne est inséparable de cette phase historique précise, où les intellectuels sentent qu'ils «n'ont plus rien à dire», s'autoproclament libres de devoir ou de fonction sociale, enfin, répètent (parfois avec un réel talent) ce message, qui n'en est pas un, depuis une vingtaine d'années. Et pourtant, ils gardent, notamment en France, la nostalgie de leur rôle de confidents de la Providence, ne se contentent pas, malgré leurs déclarations, d'être de simples intellectuels spécifiques, et enfin, dans un monde dominé par le marché et la raison instrumentale, font pâles figures à côté des entrepreneurs et des politiciens[19]. À terme, l'éclatement est tel qu'il ne s'agit plus de produire des cadres de pensée et d'action pour réduire ou exorciser le désordre, mais au contraire, de nier la validité de tout récit ordonnateur des événements, au profit d'une compréhension de la réalité sociale en termes de pur mouvement[20].

La mort du sujet

La deuxième critique, dans toute sa radicalité, ne se limite pas seulement à refuser la conception largement traditionnelle d'un moi non relationnel. Elle vise même à dissoudre l'idée de sujet lui-même qui cesse d'être pensé en termes de structure et ne l'est qu'en tant qu'événement. Davantage encore le sujet tel qu'il avait été conçu par la philosophie moderne perd sa fonction fondatrice. Représentation culturelle particulière propre à la philosophie construite afin de donner un principe et un fondement au monde moderne, il perd de sa centralité métaphysique pour ne devenir qu'un récit. Peu importe ici la pluralité de manières et de nuances par laquelle les auteurs postmodernes rendent compte de ce processus, pour tous il s'agit surtout de concevoir les conséquences de la fin de la pensée du fondement dans notre saisissement du monde[21]. Cette représentation jette par terre l'idée même d'aliénation qui reposait toujours, en dernière instance, sur un modèle plus ou moins normatif d'un moi cohérent, tandis que les postmodernes déploient une conception d'un moi éclaté, fragmenté, en rupture radicale avec toute idée de totalité. C'est qu'au-delà de la seule dissolution, certes radicale, de l'idée d'un sujet collectif[22], la critique a fini par éroder les bases mêmes d'une représentation du sujet moderne.

La « mort du sujet », c'est-à-dire de cette représentation historique du sujet, ouvre alors la voie dans cette fin de siècle au règne de l'individualisme. L'épuisement de l'ancien récit du sujet collectif amène certains auteurs à postuler au cœur de la postmodernité la constitution d'un nouvel individualisme émergeant de ses décombres. En fait, d'un sentiment. Du fait d'être après et de la certitude que la vie continue. Lipovetsky l'a dit avec toute l'emphase nécessaire : « Dieu est mort, les grandes finalités s'éteignent, mais *tout le monde s'en fout*, voilà la joyeuse nouvelle, voilà la limite du diagnostic de Nietzsche à l'endroit de l'assombrissement européen. Le vide du sens, l'effondrement des idéaux n'ont pas conduit comme on pouvait s'y attendre à plus d'angoisse, plus d'absurde, plus de pessimisme[23]. » Dans ce contexte, la tentation est grande de transformer, encore une fois, les projets sociaux en affaires éthiques. Le problème est de savoir comment l'homme peut assurer son bonheur au milieu d'une société en miettes, où les acteurs ne peuvent pas se placer dans un ensemble social saisi comme ordonné et cohérent. Comment alors faire pour que le social fasse individuellement sens[24] ?

L'identité des sujets apparaît éphémère et flottante. Les projets de vie des individus ne peuvent plus s'ancrer dans des univers solides de signification, et la construction des identités individuelles ne parvient plus à surmonter, sinon de manière temporaire et contingente, le désencastrement du sujet et du monde. Pour les auteurs postmodernes, les liens sont dissous dans une série de rencontres aléatoires, les identités sont une circulation de masques, les histoires de vie une série d'épisodes seulement reliés par une mémoire éphémère. Les identités individuelles ne sont alors que des palimpsestes, toute vie est un ensemble aléatoire de fragments.

Critique de l'herméneutique du travail

Enfin, la troisième grande critique organise comme une sorte de remplacement de l'idée de « production » par celle de « consommation[25] ». Un remplacement qui, lorsqu'il est mené à terme, se solde par l'abandon ou la relativisation de logiques proprement explicatives, basées sur les concepts forts de « vérité », de « réalité », de « fondement », de « sujet », au profit d'un saisissement de la vie sociale à l'aide de métaphores et de descriptions éphémères, ponctuelles et fragmentaires, épousant elles-mêmes la conduite effrénée et transitoire de la consommation. On peut alors se demander jusqu'à quel point toute la postmodernité n'est pas tout simplement un des résultats inévitables d'une société, où l'acte central n'est pas, comme le voudrait Gianni Vattimo, la communication[26], mais la consommation, qui précisément ne crée pas de rapports, mais se dilue dans un acte solitaire, certes répété maintes fois, mais toujours susceptible d'être vécu dans la même absence relationnelle. Avec la fin de la société industrielle s'effondrerait aussi l'image d'un homme acteur, auteur historique, créatif, comme si toute référence à une image de la société et à une idée du sujet devenait impossible en dehors de cette référence. Des transformations qui justifient le remplacement de l'économie politique par la sémiologie[27].

Bien avant d'autres, et à un degré extrême, Baudrillard a su tirer pour une réflexion sur la société moderne toutes les conséquences du primat de la consommation sur la production. Le propre d'une société de consommation c'est l'amalgame des signes, la place des produits au sein d'un univers d'échange faisant que toutes les catégories de biens seront « considérées comme champs partiels d'une totalité consommatrice de signes[28] ». Ce processus mènera inexorablement Baudrillard à la prise en considération croissante de la dénégation du réel au profit d'une appréhension des signes se détachant progressivement des objets. Dans la consommation, on ne finit jamais par consommer l'objet en soi, mais on manipule les objets comme source de distinction. De ce premier grand constat, Baudrillard passe à une critique sévère du marxisme dans sa volonté d'établir la production au fondement de l'évolution générique du devenir humain. Il lui reproche son incapacité à se délester d'une certaine conception naïvement réaliste du travail et du rapport à la nature. Il faut ainsi se détourner de la critique de l'économie politique afin de saisir la complexité de l'univers dans lequel nous vivons. « Le signe ne désigne plus rien du tout, il touche à sa vérité structurale limite, qui est de ne renvoyer qu'à d'autres signes. Toute la réalité devient alors le lieu d'une manipulation sémiurgique, d'une simulation structurale[29]. »

À terme, il s'agira de rendre compte d'une société où la conduite des consommateurs est en train de devenir « le centre cognitif et moral de la vie sociale, le lien intégrateur de la société[30] ». En bref, la boutique ou plutôt le supermarché remplace l'usine en tant que lieu de prégnance significative de la vie sociale. Une métaphore qui permet alors de comprendre l'accent mis par la postmodernité sur le détachement et l'éphémère, la liberté du consommateur étant toujours en adéquation plus ou moins aléatoire avec le marché. Le sens du monde ne se trouve plus dans l'acte créateur, dans la volonté plus ou moins consciente de faire l'histoire, mais justement à l'opposé, dans l'acte de consommation, seule pratique qui confère désormais du sens aux objets. Dans l'ancienne conception, l'idée d'auteur garde encore un sens, et même un sens prééminent, quel que soit, par ailleurs, le détournement de sens que vivent les objets dans le tumulte du monde. Pour la postmodernité, la centralité de la consommation élimine cette problématique. Le sens des objets ne préexiste pas à leur demande. La postmodernité peut dès lors être effectivement construite comme une explosion immaîtrisable des signes que, de temps à autre, les individus dotent de significations. Certes, les différences sont de taille selon que les interprétations insistent sur la domination globale qui s'exprime derrière ce déplacement, le rôle de la consommation dans le changement économique, les transformations survenues dans la production culturelle elle-même[31] ou que, au contraire, elles insistent sur les capacités de la consommation comme nouveau lieu de prégnance significative de la vie sociale permettant l'expression de l'évanescence spécifique et croissante de la condition moderne. Mais dans les deux cas la consommation est l'objet central de la réflexion.

Une sociologie postmoderne ?

La postmodernité n'est ni un cadre explicatif ni, non plus, une théorie de la société ni même une conjoncture historique précise. En réalité, elle est, avant tout, un discours qui rassemble (et renverse) des éléments décomposés d'un certain récit historique et leur mise en intrigue. À partir de là, on peut comprendre sans doute la nature particulière du phénomène, sa fracture constitutive, ni pur symptôme d'une crise ni véritable projet de reconstruction d'une démarche analytique. Elle est moins une rupture qu'elle ne tire toutes les conséquences d'une critique dévastatrice d'un certain récit de la modernité. Parfois aux bornes de la sociologie, parfois au-delà d'elle, les auteurs postmodernes reflètent dans leurs œuvres avant tout les effets de cette décomposition. Surtout, il s'agit non seulement de nier toute portée ontologique à l'histoire, mais plus radicalement de mettre en question tout discours historique, de mettre par terre l'illusion d'un projet cohérent dans l'histoire. C'est pourquoi on a pu dire de manière générale et à juste titre que la postmodernité est la période qui se vit comme étant *après*[32].

Le discours autour de la postmodernité érode tout à la fois l'idée de sujet collectif, d'histoire, ainsi que le primat d'une représentation de la société sous l'emprise presque exclusive de l'herméneutique du travail. Mais cette décomposition n'alimente pas une véritable analyse sociologique de la modernité. Au mieux, et dans les meilleurs travaux, la modernité est plus saisie qu'interprétée. Pourtant, les limites d'une sociologie postmoderne ne proviennent pas seulement de la spécificité de sa genèse historique. Elles se trouvent aussi dans l'impossibilité de produire véritablement une sociologie avec la notion d'un sujet brisé ou en tenant compte, jusqu'au bout, d'une conception chaotico-multiple du réel. Lorsque le modèle du sujet brisé est vraiment pris en considération, force est de constater que très souvent les analyses ne restent que métaphoriques, ou se cantonnent à l'évocation de situations que bien souvent une notion comme celle de l'incongruence des rôles, ou tout au plus une description phénoménologique suffisent largement à décrire. Lorsque la réalité est envisagée comme ontologiquement multiple, très souvent, là aussi, les analyses s'expriment en termes de contradictions ou d'ambivalence, la sociologie tendant alors à multiplier à l'infini, pour mieux prétendre les classer, les diverses formes ou principes d'action. Le résultat est très souvent doublement insatisfaisant. Soit on revient à une conception objective des principes d'action – et on évacue alors encore une fois de la sociologie l'idée d'un sujet brisé. Soit on prend au sérieux jusqu'au bout l'idée d'une réalité sociale irrépressiblement multiple et contingente et on est alors contraint de construire les sens des situations par la seule gestion de l'acteur – en revenant ainsi à une conception fort traditionnelle du sujet en tant que fondement dernier de l'unité de la vie sociale.

En sociologie, la perspective postmoderne n'est donc à terme ni celle de l'action, ni non plus, vraiment, celle d'une théorie de la société. Elle les intègre et les déborde à la fois, tout en se définissant, fort paradoxalement, par un double déficit théorique à leur égard. Elle apparaît, en effet, dans un seul et même mouvement à la fois comme plus qu'une théorie de l'action ou de la société modernes, tant elle est sous-tendue par des représentations culturelles élargies, et moins qu'une approche de l'action et de la société, tant ses analyses sociologiques se révèlent souvent insuffisantes ou péremptoires. L'analyse sociologique de la modernité demeure en dehors du discours postmoderne.

Notes

Introduction

1. Cf. les réflexions de Reinhart Koselleck, *Le futur passé* (1979), Paris, Éditions de l'École des hautes études en Sciences sociales, 1990.

2. Mazlich a ainsi profondément raison lorsqu'il caractérise la naissance de la société moderne et de la réflexion sociologique avant tout par la conscience de la disparition des liens antérieurs, voire par le sentiment lancinant que les anciens liens étaient supérieurs. Cf. Bruce Mazlich, *A New Science : The Breakdown of Connection and the Birth of Sociology*, New York-Oxford, Oxford University Press, 1989, p. 253 et suiv.

3. Pour un exemple achevé, cf. Raymond Aron, *Les désillusions du progrès*, Paris, Calmann-Lévy, 1969.

4. Hans Robert Jauss, « La "modernité" dans la tradition littéraire et la conscience d'aujourd'hui » (1974), *Pour une esthétique de la réception*, Paris, Gallimard, 1978, p. 213.

5. Harold Rosenberg, *La tradition du nouveau* (1959), Paris, Minuit, 1962.

6. Pour des réflexions en ce sens, Jeffrey C. Alexander, « Modern, Anti, Post, and Neo : How Intellectuals have coded, narrated, and explained the "New World of Our Time" », in *Fin de siècle Social Theory*, Londres-New York, Verson, 1995, p. 13 et suiv.

7. Pour la notion de *pathos*, cf. Arthur O. Lovejoy, *The Great Chain of Being*, New York, Harper, 1936, p. 10 et suiv.

8. Pour une interprétation des différents mouvements modernes à partir de cette tension constitutive de la modernité, cf. Matei Cali-

nescu, *Five Faces of Modernity*, Durham, Duke University Press, 1987.

9. Si l'on peut contester l'affiliation historique établie par Nisbet entre la sociologie et la pensée conservatrice du XIXe siècle, il faut lui rendre hommage d'avoir su clairement accentuer le paradoxe créatif de la sociologie dans sa tension entre son attachement aux valeurs du courant moderniste et l'emprunt de l'essentiel de ses concepts et présupposés d'un certain conservatisme philosophique. Cf. Robert A. Nisbet, *La tradition sociologique* (1966), Paris, PUF, 1984, p. 32.

10. On peut ainsi dire de la sociologie ce que Baudrillard dit de la modernité « morale canonique du changement, elle [la modernité] s'oppose à la morale canonique de la tradition, mais elle se garde tout autant du changement radical ». Cf. Jean Baudrillard, « Modernité », *Encyclopaedia Universalis*, Paris, 1990, pp. 552-554.

11. Pour une excellente réflexion sur ces aspects, cf. Donald N. Levine, *Visions of the Sociological Tradition*, Chicago, The University of Chicago Press, 1995.

12. Wolf Lepenies, *Les trois cultures* (1985), Paris, Éditions de la Maison des sciences de l'homme, 1990.

13. Pour une histoire de la naissance de la sociologie en France sous cette perspective, cf. Laurent Mucchielli, *La découverte du social*, Paris, La Découverte, 1998.

14. Nous avons voulu réhabiliter la notion d'auteur en sociologie parce que c'est dans le cheminement et les inflexions d'une pensée que se dévoilent le mieux les limites d'une interprétation voulant insérer les œuvres dans une très hypothétique reconstruction théorique de leur espace des possibles. En sociologie c'est Alexander qui a su construire la version la plus achevée de cette dernière attitude intellectuelle. Cf. Jeffrey C. Alexander, *Theoretical Logic in Sociology*, 4 vol., Berkeley, University of California Press, 1982-1983 ; *Twenty Lectures : Sociological Theory since World War II*, New York, Columbia University Press, 1987.

15. Les livres d'Aron ou de Coser échappent à cette limitation, puisqu'ils parviennent, tous les deux de manière différente, à présenter les contextes intellectuels et sociaux comme des auxiliaires de compréhension des œuvres plus que véritablement comme des structures ultimes d'intelligibilité. Cf. Raymond Aron, *Les étapes de la pensée sociologique* (1967), Paris, Gallimard, 1985 ; Lewis

A. Coser, *Masters of Sociological Thought*, New York, Harcourt Brace Jovanovich, 1971.

16. Thomas S. Kuhn, *La structure des révolutions scientifiques* (1962), Paris, Flammarion, 1972. Notons que'en réponse aux différentes critiques adressées à sa notion de « paradigme », Kuhn l'a affaiblie par la suite (cf. la postface de 1969) parlant d'une « matrice disciplinaire » afin de souligner la coexistence d'éléments ordonnés de diverses sortes, mais fonctionnant toujours comme un tout. L'usage que nous faisons ici de l'idée de matrice en diffère considérablement. La parenté est sans doute plus grande avec la notion de « thémata » de Holton. Cet auteur croit pouvoir déceler dans la pensée scientifique des idées directrices, des présupposés fondamentaux, le plus souvent stables, largement répandus, qui interviennent dans les motivations d'un scientifique, dans son produit final et même dans l'acceptation ou le rejet de ses travaux. En nombre limité, ils exercent un fort pouvoir sur l'imagination d'un scientifique, lui permettant même parfois de passer outre le système d'axiomes d'une théorie, mais toujours en accord avec les thématas auxquels il adhère. Cf. Gerald Holton, *L'imagination scientifique* (1978), Paris, Gallimard, 1981. Si nous avons préféré la notion de « matrice » c'est pour souligner qu'à la différence des *a priori* mobilisés dans toute connaissance, il s'agit ici plutôt d'un schéma historique d'interprétation de la société moderne.

17. Pour une histoire de la sociologie à partir de cette perspective, cf. Robert A. Nisbet, *La tradition sociologique*, *op. cit.*

18. Surtout Don Martindale, *The Nature and Types of Sociological Theory*, Londres, Routledge and Kegan Paul, 1961 ; pour la France, Pierre Ansart, *Les sociologies contemporaines*, Paris, Seuil, 1990.

19. Jacques Le Goff, « Antique (ancien)/moderne », in *Histoire et mémoire*, Paris, Gallimard, 1988, p. 92.

20. Période qui pose évidemment le problème du difficile dialogue (pour ne pas dire avorté) que la sociologie a eu avec à la fois l'œuvre de Freud et l'héritage de Nietzsche. Pour un effort récent pour établir une tradition sociologique à partir de ce dernier, cf. Georg Stauth, Bryan S. Turner, *Nietzsche's Dance*, Londres, Basil Blackwell, 1988.

21. Raymond Aron, *Les désillusions du progrès*, *op. cit.*, p. 299.

22. Barrington Moore, *Les origines sociales de la dictature et de la démocratie* (1967), Paris, Maspero, 1979.

La différenciation sociale

1. Pour une bonne présentation voir le recueil d'articles, cf. Jeffrey C. Alexander, Paul Colomy (éd.), *Differentiation Theory and Social Change : Comparative and Historical Perspectives*, New York, Columbia University Press, 1990.

2. Le concept fait référence à la forte croissance et à la rapidité de la circulation des personnes, des biens, des informations au sein d'une société en voie de modernisation. Cf. Karl Deutsch, « Social Mobilization and Political Development », *American Political Science Review*, septembre 1961, pp. 493-514 ; Gino Germani, *Politica y sociedad en una época de transicion*, Buenos Aires, Paidos, 1962.

3. Pour une réflexion dans ce sens, parmi bien d'autres, cf. Neil J. Smelser, « Le lien problématique entre différenciation et intégration », in Philippe Besnard, Massimo Borlandi, Paul Vogt (éd.), *Division sociale et lien social*, Paris, PUF, 1993.

4. Il nous semble que le lien souvent, mais pas toujours, observable entre la matrice de la différenciation sociale et les théories systémiques, voire avec des démarches plus ou moins teintées de positivisme ou de scientisme, n'est pas une relation véritablement structurelle à la différence de ce que nous croyons déceler avec le fonctionnalisme.

5. Pour cette critique voir parmi d'autres Anthony Giddens, « Functionalism : *après la lutte* », in Anthony Giddens, *Studies in Social and Political Theory*, New York, Basic Books, 1977, pp. 96-129.

6. Un tout dernier point. Soulignons que lorsque les auteurs traités ont fait recours aux notions d'intégration sociale et d'intégration systémique nous ferons évidemment appel à elles. Pourtant, la distinction, pour utile qu'elle se soit avérée à certains égards, et en dépit même d'une certaine obscurité, est ici, pour nous, d'une faible portée analytique. Comme nous essayerons de le montrer, la distinction entre ces deux modèles d'intégration de la société chez Parsons repose toujours en dernière analyse sur le primat incontestable de l'intégration sociale conçue notamment à travers le processus de socialisation. Quant à Luhmann il nous semble qu'il y a dans son œuvre moins le primat unidimensionnel de l'intégration systémique que tout simplement la mise en berne de cette préoccupation au seul profit des diverses dynamiques contingentes de différenciation

sociale. Pour cette distinction, cf. David Lockwood, « Social Integration and System Integration », in George K. Zollschan, Walter Hirsch, *Explorations in Social Change*, Londres, Routledge and Kegan Paul, 1964, pp. 244-258 (trad. fr. partielle : « Intégration sociale et intégration systémique », in Pierre Birnbaum, François Chazel (éd.), *Théorie sociologique*, Paris, PUF, 1975).

Chapitre I

1. Comme pour les autres auteurs traités, nous n'aborderons pas ici les dimensions méthodologiques de l'œuvre de Durkheim. Limite certainement d'autant plus regrettable qu'il existe une relation à la fois intime et problématique entre les développements de ses idées et ses problèmes empiriques et de méthode (cf. à cet égard, Jean-Michel Berthelot, *1895 Durkheim, l'avènement de la sociologie scientifique*, Toulouse, PUM, 1995). Le développement et la crise, de son effort pour rendre compte de manière positiviste des faits moraux de la vie sociale se trouve au cœur même de la célèbre analyse que Parsons a effectuée de l'œuvre de Durkheim. Cf. Talcott Parsons, *The Structure of Social Action. A Study in Social Theory with Special Reference to a Group of Recent European Writers* (1937), Glencoe, Illinois, The Free Press, 1949, surtout dans la deuxième partie, pp. 301-450.

2. Émile Durkheim, Discussion suivant la présentation par Durkheim de « La détermination du fait moral » (1906), in *Sociologie et Philosophie*, Paris, PUF, 1996, p. 100.

3. Parmi bien d'autres références possibles, voir à cet égard le commentaire de Durkheim sur la manière dont les forces extérieures menant au suicide laissent pourtant libre cours à l'initiative individuelle. Cf. Émile Durkheim, *Le suicide* (1897), Paris, PUF, 1995, p. 368.

4. Émile Durkheim, *De la division du travail social* (1893), Paris, PUF, 1986, p. 2.

5. *Ibid.*, p. 26.

6. *Ibid.*, p. 157.

7. *Ibid.*, p. 47.

8. *Ibid.*, p. 101.

9. Cf. les réflexions dans ce sens de François-André Isambert, « La naissance de l'individu », in Philippe Besnard, Massimo Bor-

landi, Paul Vogt (éd.), *Division du travail et lien social. Durkheim un siècle après*, Paris, PUF, 1993, pp. 113-133.

10. Émile Durkheim, *Le suicide*, *op. cit.*, livre III, chap. I, pp. 333-368.

11. Pour une analyse de ces différentes pathologies dans l'ouvrage de 1893, cf. Philippe Besnard, « Les pathologies des sociétés modernes », in Philippe Besnard, Massimo Borlandi, Paul Vogt (éd.), *Division du travail et lien social*, *op. cit.*, pp. 197-211.

12. Émile Durkheim, *De la division du travail social*, *op. cit.*, p. 360.

13. Émile Durkheim, *Le suicide*, *op. cit.*, p. 273.

14. *Ibid.*, p. 280.

15. *Ibid.*, p. 285.

16. *Ibid.*, p. 304.

17. Philippe Besnard, *L'anomie*, Paris, PUF, 1987.

18. Il s'agit du « suicide fataliste », propre à une situation de trop grande réglementation, lorsque les passions des individus sont violemment comprimées par une discipline oppressive, et que dans la France au tournant du siècle Durkheim limite aux époux très jeunes et à la femme mariée sans enfants. Cf. Émile Durkheim, *Le suicide*, *op. cit.*, p. 311, n. 1.

19. *Ibid.*, p. 157.

20. *Ibid.*, p. 214.

21. Autrement dit, le suicide égoïste ici décrit correspond pour l'essentiel à l'état d'anomie tel qu'il avait été décrit par Durkheim dans *De la division du travail social*, *op. cit.*

22. Émile Durkheim, *Le suicide*, *op. cit.*, p. 260.

23. Pour une sévère critique des limites de l'interprétation durkheimienne, cf. Steven Lukes, *Émile Durkheim. His Life and Work* (1973), Stanford, Cal., Stanford University Press, 1985, chapitre 9, pp. 191-225.

24. Émile Durkheim, *Les règles de la méthode sociologique* (1895), Paris, PUF, 1987, pp. 18-19.

25. Émile Durkheim, *Le suicide*, *op. cit.*, p. 158. Comme le dira Giddens, la problématique de Durkheim consiste ainsi à étudier les relations complexes existant entre trois dimensions différentes d'anomie, d'égoïsme et d'individualisme. Cf. Anthony Giddens, « Durkheim's Political Sociology » (1971), in *Politics, Sociology and Social Theory*, Stanford, Californie, Stanford University Press, 1995, p. 81.

26. Émile Durkheim, *De la division du travail social*, *op. cit.*, p. 180.

27. *Ibid.*, p. 207.

28. Émile Durkheim, *Le suicide*, *op. cit.*, p. 382.

29. Pour des lectures historiques importantes de l'œuvre de Durkheim accentuant cette dimension, cf. Steven Lukes, *Émile Durkheim : His Life and Work*, *op. cit.;* Jeffrey Alexander, *The Antinomies of Classical Thought : Marx and Durkheim*, vol. II, de *Theoretical Logic in Sociology*, Berkeley, University of California Press, 1982.

30. Pour une lecture unilatérale de son œuvre en termes d'intégration sociale, cf. Talcott Parsons, *The Structure of Social Action*, *op. cit.;* et pour une lecture accentuant le poids de l'intégration systémique dans son œuvre, cf. Nicolas Abercrombie, Stephen Hill, Bryan S. Turner, *The Dominant Ideology Thesis*, Londres, George Allen and Unwin, 1980.

31. Pour diverses illustrations de cette tension au cœur même de sa conception méthodologique, cf. Charles-Henry Cuin (éd.), *Durkheim d'un siècle à l'autre. Lectures actuelles des « Règles de la méthode sociologique »*, Paris, PUF, 1997.

32. Pour une présentation de quelques-unes d'entre elles, cf. Steven Lukes, *Émile Durkheim. His Life and Work*, *op. cit.*, notamment pp. 16-30.

33. Pour être plus exact, nous aurions dû introduire à ce niveau la distinction entre l'intégration et la régulation sociales. Pourtant, dans la mesure où la distinction est elle-même traversée par la dichotomie majeure que nous privilégions dans l'œuvre de Durkheim et afin de ne pas alourdir la présentation, nous avons préféré, à la suite de bien d'autres auteurs, amalgamer dans un seul mot (« intégration ») l'ensemble des éléments renvoyant à la dimension normative de l'intégration de la société. Cf. Philippe Besnard, *L'anomie*, *op. cit.;* aussi, à cet égard, Philippe Steiner, *La sociologie de Durkheim*, Paris, La Découverte, 1994, surtout pp. 44-49.

34. Émile Durkheim, *Le suicide*, *op. cit.*, p. 431.

35. Émile Durkheim, *Les règles de la méthode sociologique*, *op. cit.*, p. 5.

36. Pour une critique sévère de cette position à partir d'une lecture visant à accentuer la part normative présente dans l'œuvre de Durkheim, cf. Talcott Parsons, *The Structure of Social Action*, *op. cit.*, surtout pp. 322-323.

37. Émile Durkheim, *De la division du travail social*, *op. cit.*, p. 253.

38. Cf. la lecture croisée proposée par Anthony Giddens, *Capitalism and Modern Social Theory*, Cambridge, Cambridge University Press, 1971, notamment au chapitre XV ; cf. aussi les réflexions de Alvin W. Gouldner, *For Sociology*, Londres, Allen Lane The Penguin Press, 1973, surtout chapitre 12.

39. Pour une vision d'ensemble de cette phase de modernisation, cf. Eugen Weber, *La fin des terroirs* (1976), Paris, Fayard-Éditions Recherches, 1983.

40. Émile Durkheim, *Le suicide*, *op. cit.*, pp. 435-436. Voir aussi les remarques faites par Durkheim à propos des groupes professionnels dans la préface à la seconde édition en 1902 de son livre *De la division du travail social*, *op. cit.*, pp. I-XXXVI.

41. Émile Durkheim, « Cours de science sociale, leçon d'ouverture » (1888) in *La science sociale et l'action*, Paris, PUF, 1970, pp. 109-110.

42. À ce propos, Richard Bellamy, *Liberalism and Modern Society*, Cambridge, Polity Press, 1992, notamment le chapitre consacré à la France et à son libéralisme socialisé.

43. Émile Durkheim, *Le socialisme* (1895-1896), Paris, PUF, 1992, p. 65.

44. *Ibid.*, p. 49.

45. *Ibid.*, p. 85.

46. Comme le souligne correctement Parsons, le choix de l'acteur n'est plus arbitraire, puisqu'il ne porte habituellement que sur les seuls buts légitimes d'une société, mais il n'en reste pas moins pour autant volontariste. Et pourtant, cet acte volontaire est restreint par l'adhésion volontaire de l'acteur aux normes, au travers d'une obligation de nature proprement morale. Cf. Talcott Parsons, *The Structure of Social Action*, *op. cit.*, surtout pp. 381-384.

47. Émile Durkheim, « L'éducation, sa nature et son rôle » (1911), in *Éducation et sociologie*, Paris, PUF, 1993, p. 45.

48. *Ibid.*, p. 59.

49. Émile Durkheim, « Pédagogie et sociologie » (1902), in *Éducation et sociologie*, *op. cit.*, pp. 99-100.

50. Émile Durkheim, *De la division du travail social*, *op. cit.*, p. 338.

51. Pour des mises en garde dans ce sens, cf. Émile Durkheim, *Le suicide*, *op. cit.*, pp. 427-428.

52. Émile Durkheim, «Pédagogie et sociologie», in *Éducation et sociologie*, *op. cit.*, p. 100.

53. Émile Durkheim, *L'évolution pédagogique en France* (1904-1905), Paris, PUF, 1990, p. 39.

54. *Ibid.*, p. 360.

55. Émile Durkheim, «Pédagogie et sociologie», in *Éducation et sociologie*, *op. cit.*, p. 109.

56. Émile Durkheim, *L'éducation morale* (1902-1903), Paris, PUF, 1992, p. 101.

57. Émile Durkheim, *De la division du travail social*, *op. cit.*, p. 144. Dans son ouvrage de 1893, on peut même trouver à ce sujet des passages à une forte sensibilité wébérienne (pp. 143-144). Cf. sur ce thème les remarques du lien entre Weber et Durkheim faites par Aron sur confidence de Mauss, Raymond Aron, *Les étapes de la pensée sociologique* (1967), Paris, Gallimard, «Tel», 1985, p. 545.

58. Émile Durkheim, *L'éducation morale*, *op. cit.*, p. 76.

59. Émile Durkheim, *Les règles de la méthode sociologique*, *op. cit.*, p. 7.

60. Émile Durkheim, *L'éducation morale*, *op. cit.*, p. 125.

61. Émile Durkheim, *Les formes élémentaires de la vie religieuse* (1912), Paris, PUF, 1985, p. 296.

62. Au-delà de l'influence qu'une certaine tradition pédagogique a pu exercer sur Durkheim, sa méfiance radicale vis-à-vis du rôle éducatif du groupe de pairs est sans doute fortement accentuée par sa conception verticale de la transmission des normes. Pour une critique des limites de cette représentation, cf. Jean Piaget, *Le jugement moral chez l'enfant* (1932), Paris, PUF, 1992, pp. 273-299.

63. Émile Durkheim, *Les formes élémentaires de la vie religieuse*, *op. cit.*, p. 53.

64. *Ibid.*, pp. 285-286

65. Émile Durkheim, *Le suicide*, *op. cit.*, p. 352.

66. *Ibid.*, p. 360.

67. Émile Durkheim, *Les formes élémentaires de la vie religieuse*, *op. cit.*, p. 630.

68 Autrement dit, si dans *De la division du travail social* il ressortait que Durkheim n'était pas au clair quant au destin de la conscience collective dans une société différenciée, par son étude sur la religion, Durkheim parvient enfin à une compréhension historique et morphologique satisfaisante. Toute société recrée, par

elle-même, en fonction de sa morphologie, sa propre conscience morale.

69. Émile Durkheim, *Les formes élémentaires de la vie religieuse*, *op. cit.*, p. 319.

70. *Ibid.*, p. 605.

71. *Ibid.*, p. 26, note 1.

72. *Ibid.*, p. 211.

73. *Ibid.*, p. 323.

74. *Ibid.*, p. 301 et suiv.; pp. 589-591. Et Émile Durkheim, « Jugements de valeur et jugements de réalité » (1911), in *Sociologie et philosophie*, Paris, PUF, 1996, p. 132 et ss.

75. Émile Durkheim, *Les formes élémentaires de la vie religieuse*, *op. cit.*, p. 574.

76. Émile Durkheim, « Représentations individuelles et représentations collectives » (1898), in *Sociologie et philosophie*, *op. cit.*, p. 36, c'est Durkheim qui souligne.

77. *Ibid.*, p. 43.

78. Émile Durkheim, *L'éducation morale*, *op. cit.*, p. 147.

79. Encore une fois, ce qu'il s'agit de souligner c'est le caractère dual de la réponse durkheimienne : il n'a jamais réduit l'essentiel de la vie sociale à la pure contrainte physique, mais c'est à travers elle, et à partir d'elle, qu'il décèle le propre de la moralité des faits sociaux. Dans la contrainte physique, dit Durkheim, « nous n'y avons jamais vu que l'expression matérielle et apparente d'un fait intérieur et profond qui, lui, est tout idéal ; c'est *l'autorité morale* » (souligné par Durkheim). Cf. Émile Durkheim, *Les formes élémentaires de la vie religieuse*, *op. cit.*, p. 298, note 2.

Chapitre II

1. Talcott Parsons, *The Structure of Social Action. A Study on Social Theory with Special Reference to a Group of Recent European Writers* (1937), Glencoe, Illinois, The Free Press, 1949, p. 44.

2. *Ibid.*, p. 58.

3. Pour les différences entre Parsons et Weber, cf. Wolfgang Schluchter, *Rationalism, Religion and Domination. A Weberian Perspective*, Berkeley, University of California Press, 1989, chap. II, pp. 53-82.

4. Pour une présentation détaillée de cette lecture critique parsonienne, cf. François Bourricaud, « Introduction. En marge de l'œuvre

de Talcott Parsons : la sociologie et la théorie de l'action », in Talcott Parsons, *Éléments pour une sociologie de l'action*, Paris, Plon, 1955, pp. 1-107.

5. Talcott Parsons, *The Structure of Social Action*, *op. cit.*, pp. 89-94.

6. *Ibid.*, p. 92.

7. *Ibid.*, p. 710.

8. *Ibid.*, p. 337.

9. *Ibid.*, p. 732.

10. Talcott Parsons, *The Social System*, Glencoe, Ill., The Free Press, 1951, p. 27.

11. Talcott Parsons, « Durkheim's Contribution to the Theory of Integration of Social Systems » (1960), in *Sociological Theory and Modern Society*, New York, The Free Press, 1967, pp. 3-34.

12. Ce qui justifie en partie les critiques de Garfinkel. Cf. Harold Garfinkel, *Studies in Ethnomethodology*, Englewood Cliffs, Prentice-Hall, 1967.

13. Cette propension de Parsons à souligner l'équilibre d'un système social, ou tout au moins, à postuler l'existence d'un cadre normatif régulateur à partir duquel s'interprètent les déviances, fut au cœur des critiques adressées à son œuvre par les partisans d'une sociologie du conflit. Cf. Ralf Dahrendorf, *Classes et conflits de classes dans la société industrielle* (1959), Paris, La Haye/Mouton, 1972 ; John Rex, *Key Problems in Sociological Theory*, Londres, Routledge and Kegan Paul, 1961 ; en France, surtout Alain Touraine, *Production de la société*, Paris, Seuil, 1973.

14. Talcott Parsons, Edward A. Shils (avec James Olds), « Values, Motives and Systems of Action », in Talcott Parsons, Edward A. Shils (éd.), *Toward a General Theory of Action* (1951), Cambridge, Harvard University Press, 1959, p. 180.

15. *Ibid.*, p. 77. C'est Parsons et Shils qui soulignent. Voir aussi *The Social System*, *op. cit.*, pp. 58-67.

16. La référence est explicitement énoncée par Parsons, et elle était déjà en germe dès son premier grand ouvrage, Talcott Parsons, *The Structure of Social Action*, *op. cit.*, pp. 686-694.

17. Sur les variables et ses limites, cf. François Chazel, *La théorie analytique de la société dans l'œuvre de Talcott Parsons*, Paris-Mouton-La Haye, École pratique des Hautes études et Mouton & Co., 1974, pp. 45-63.

18. Les variables de configuration constituent donc une explicitation de la première manière dont Parsons a essayé d'expliciter le problème cardinal de la double contingence de l'action sociale. Cf. Talcott Parsons, *The Social System*, *op. cit.*, p. 36 et suiv. pour l'explicitation de cette importance.

19. La célèbre analyse fournie par Parsons au chap. X de *The Social System* de la pratique médicale moderne en donne une illustration. Cf. Talcott Parsons, *The Social System*, *op. cit.*, pp. 428-479. (Il existe une traduction partielle en français : « Structure sociale et processus dynamique : le cas de la pratique médicale moderne », in *Élément pour une sociologie de l'action*, *op. cit.*, pp. 193-255).

20. Talcott Parsons, *The Social System*, *op. cit.*, p. 206.

21. La culture désigne à ce stade les grands éléments symboliques et de sens dont les individus ont besoin lors de leurs interactions ; la société fait référence aux interdépendances entre les diverses personnes lors des interactions ; la personnalité caractérise la singularité de chaque acteur. Or, ces distinctions, comme ce sera le cas plus tard avec le modèle AGIL, sont des catégories analytiques qui ne correspondent à aucune réalité concrète. Chaque unité concrète doit être analysée à partir des trois systèmes.

22. Talcott Parsons, *The Social System*, *op. cit.*, p. 39.

23. Pour une réflexion quant au caractère impur de la découverte d'AGIL, cf. François Bourricaud, préface in *Éléments pour une sociologie de l'action*, *op. cit.*, pp. 86-93.

24. Cf. à ce sujet l'aperçu idéal que Parsons donnait d'une théorie sociologique générale en 1950, avant même sa rencontre avec le schéma AGIL. Cf. Talcott Parsons, « The prospects of Sociological Theory » (1950), *Essays in Sociological Theory*, New York, The Free Press, 1954, pp. 348-369, surtout p. 352 et suiv. Bel exemple d'une rencontre entre une attente intellectuelle et un schéma d'analyse.

25. Talcott Parsons, *Structure and Process in Modern Societies*, Glencoe, Illinois, The Free Press, 1960, p. 13.

26. Pour une présentation ramassée des quatre fonctions, cf. l'introduction de Parsons, « An Outline of the Social System », in Talcott Parsons, Edward A. Shils, Kaspar D. Naegele, Jesse R. Pitts (éd.), *Theories of Society*, vol. I., New York, The Free Press, 1961, pp. 30-79. Pour une présentation didactique du modèle, cf. Guy Rocher, *Talcott Parsons et la sociologie américaine*, Paris, PUF, 1972.

27. Voir à ce sujet, en français, le chap. II de Talcott Parsons, *Sociétés. Essai sur leur évolution comparée* (1966), Paris, Dunod, 1973, pp. 6-38.

28. C'est ainsi, par exemple, que pour le sous-système économique on aura alors la propriété (A), la réglementation des conditions d'emploi (G), le contrat (I), la rationalité économique (L) ; tandis que pour le sous-système politique les composantes structurelles seraient : la régulation (A), l'autorité (G), le leadership (I), l'efficacité de l'organisation (L ; *organizational effectiveness*). Pour une présentation brève et comparative de ces deux sous-systèmes de la société, cf. Talcott Parsons, « Some principal characteristics of industrial society », in *Structure and Process in Modern Societies*, *op. cit.*, pp. 132-168.

29. Cf. la critique de Charles Wright Mills, *L'imagination sociologique* (1959), Paris, Maspero, 1967, chap. II.

30. François Chazel, *La théorie analytique de la société dans l'œuvre de T. Parsons*, *op. cit.*, 1972.

31. Plusieurs auteurs ont souligné ces bizarreries et la trop grande tendance de Parsons à plaquer, tout au plus de manière analogique, son modèle AGIL à tous les niveaux de la réalité. Pour une critique sévère et profonde sur ce point, cf. Jeffrey Alexander, *The Modern Reconstruction of Classical Thought : Talcott Parsons*, vol. IV., *Theoretical Logic in Society* (1983), Californie, University of California, 1985, p. 170 et suiv.

32. Signalons que vers la fin de sa vie, Parsons étendra la théorie des médias d'échange au niveau du système général d'action lui-même, établissant quatre autres médias – l'intelligence, la compétence, l'affect et la définition de la situation – en correspondance avec les quatre fonctions. Cf. Talcott Parsons, *Social Systems and the Evolution of Action Theory*, New York, The Free Press, 1977.

33. Talcott Parsons, Neil J. Smelser, *Economy and Society. A Study in the Integration of Economic and Social Theory* (1956), Londres, Routledge and Kegan Paul, 1957, pp. 140-141. Pour une critique sévère de l'hypergénéralisation du cas du moyen de l'argent aux autres moyens symboliques, cf. Jürgen Habermas, *Théorie de l'agir communicationnel* (1981), vol. II, Paris, Fayard, 1987, p. 285 et suiv.

34. Talcott Parsons, « The Distribution of Power in American Society », in *Structure and Process in Modern Societies*, *op. cit.*, p. 221.

35. Talcott Parsons, « On the Concept of Political Power » (1963), *Sociological Theory and Modern Society*, *op. cit.*, pp. 297-354.

36. Talcott Parsons, « On the Concept of Influence » (1963), in *Sociological Theory and Modern Society*, *op. cit.*, pp. 355-382.

37. Cf. sur ce point la pénétrante lecture de François Bourricaud, *L'individualisme institutionnel. Essai sur la sociologie de Talcott Parsons*, Paris, PUF, 1977, surtout p. 180 et suiv.

38. Robert Dubin, « Parsons' Actor : Continuities in Social Theory », *American Sociological Review*, 25, 1960, pp. 457-466.

39. Jürgen Habermas, *Théorie de l'agir communicationnel*, vol. II, *op. cit.*, p. 270 et suiv.

40. Talcott Parsons, « The Point of View of the Author », in Max Black (éd.), *The Social Theories of Talcott Parsons*, Englewood Cliffs, N.J., Prentice Hall, 1961, p. 342. C'est Parsons qui souligne.

41. Justification de Parsons en 1968. Tiré de Jürgen Habermas, *Théorie de l'agir communicationnel*, vol. II, *op. cit.*, p. 219.

42. C'est pourquoi il est difficile de suivre jusqu'au bout la critique de Habermas à propos de la notion d'intégration présente dans le modèle AGIL, qui décèle une sorte de confusion entre l'intégration par les normes culturelles et l'intégration par les échanges entre systèmes. En fait, la distinction doit s'établir entre les moyens de coordination des conduites et ce qui relève spécifiquement du domaine de l'intégration de la société, par la socialisation, *stricto sensu*.

43. Talcott Parsons, « An Outline of the Social System », in Talcott Parsons, Edward A. Shils, Kaspar Naegele, Jesse Pitts (éd.), *Theories of Society*, vol. I, *op. cit.*, p. 31.

44. Talcott Parsons, *The Social System*, *op. cit.*, p. 42.

45. Pour une présentation de ses développements sur la socialisation à partir notamment du modèle AGIL, cf. Claude Dubar, *La socialisation*, Paris, Armand Colin, 1991, pp. 46-53.

46. Pour les développements qui suivent, cf. Talcott Parsons, « Social Structure and the Development of Personality : Freud's Contribution to the Integration of Psychology and Sociology » (1958), in *Social Structure and Personality*, New York, The Free Press, 1964, pp. 78-111.

47. Talcott Parsons, « The Superego and the Theory of Social Systems » (1952), in *Social Structure and Personality*, *op. cit.*, surtout pp. 18-20.

48. Talcott Parsons, Robert F. Bales, et al., *Family, Socialization*

and Interaction Process (1955), Glencoe, Ill., The Free Press, 1960, p. 31.

49. La présentation la plus complète in Talcott Parsons, Robert F. Bales, et al., *Family, Socialization and Interaction Process, op. cit.*, chap. II, pp. 35-131 ; cf. aussi, Talcott Parsons, *The Social System, op. cit.*, pp. 207-226.

50. Talcott Parsons, « Social Structure and the Development of Personality : Freud's Contribution to the Integration of Psychology and Sociology » (1958), in *Social Structure and Personality, op. cit.*, p. 89.

51. Talcott Parsons, « The Father Symbol : an Appraisal in the light of Psychoanalytic and Sociological Theory » (1952-1954), in *Social Structure and Personality, op. cit.*, p. 38-39.

52. Talcott Parsons, Robert F. Bales et al., *Family, Socialization and Interaction Process, op. cit.*, p. 79 et suiv.

53. Parsons interprète même la bisexualité constitutive de tous les individus comme le résultat, au sein de la famille, du complexe des rôles auxquels sont soumis les enfants : une attitude affective, avant tout maternelle, et une attitude de performance dans la société, avant tout masculine.

54. C'est cette conviction qui conduira Parsons à faire une lecture alternative de l'abdication des pères telle qu'elle avait été diagnostiquée pour la société américaine des années cinquante par Riesman. Pour lui, le passage vers un modèle de socialisation hétéro-déterminé ne signifie pas une transformation radicale des valeurs, mais la prise en compte par le système familial du fait que la préparation de l'enfant à des rôles exigeant des degrés croissants d'indépendance, de compétence et de responsabilité ne peut s'opérer que dans la mesure où la famille, en tant qu'agent de socialisation, émancipe l'enfant de sa dépendance vis-à-vis de ses parents, une émancipation qui protège (*preclude*) les parents d'être des modèles de rôles trop définitifs. La transmission des rôles ne peut plus se faire à travers un système de rôles bien définis sans que ce changement opérationnel signifie un changement des valeurs fondamentales de la société américaine. Cf. Talcott Parsons, Winston White, « The Link between Character and Society » (1961), in *Social Structure and Personality, op. cit.*, pp. 212-217.

55. Pour ce qui suit, voir surtout Talcott Parsons, « The School Class as a Social System : Some of its Functions in American Society » (1959), in *Social Structure and Personality, op. cit.*, pp. 129-154. (Il

existe une traduction française partielle in Alain Gras [éd.], *Sociologie de l'éducation*, Paris, Larousse, 1974).

56. Le point est développé au chap. IV de Talcott Parsons, Robert F. Bales et al., *Family, Socialization and Interaction Process, op. cit.*

57. Notons au passage que Parsons est conscient des dimensions informelles de la classe allant à l'encontre de cette typification, mais qu'il pense, néanmoins, que leur rôle ne parvient pas à ébranler l'essentiel de la présentation formelle qu'il a effectuée. Cf. « The School Class as a Social System : Some of its Functions in American Society » (1959), in *Social Structure and Personality, op. cit.*, pp. 135-136.

58. Talcott Parsons, Robert F. Bales, et al., *Family, Socialization and Interaction Process, op. cit.*, p. 116.

59. Talcott Parsons, « The School Class as a Social System : Some of its Functions in American Society », in *Social Structure and Personnality, op. cit.*, p. 150.

60. Talcott Parsons, Robert F. Bales, et al., *Family, Socialization and Interaction Process, op. cit.*, p. 31.

61. Une perspective qui a été sévèrement critiquée dans la mesure où elle pouvait effectivement mener à une conception hyper-socialisée de l'acteur. Cf. Denis H. Wrong, « The Oversocialized Conception of Man in Modern Sociology », *American Sociological Review*, 26, 1961, pp. 183-193.

62. Parsons le caractérise comme un activisme instrumental. Instrumental : c'est-à-dire que la société n'est pas une fin en elle-même mais un instrument au service de fins qui sont en dehors ou au-delà d'elle. Ce qui fait référence, en termes d'héritage culturel, à des significations religieuses ; et en termes séculiers, à l'individualisme : la société existe afin de faciliter la réalisation d'une bonne vie pour les individus. Activisme : la société est conçue comme ayant une mission morale, au-delà de ses intérêts et au service de laquelle est conçu l'individu. En termes religieux, cela fait référence au *Divine Will* ; en termes séculiers, cela suppose la construction d'une bonne société dans laquelle la principale obligation des individus est leur *achievement*. Des attitudes qui exigent une mobilisation des ressources pour maîtriser le monde physique.

63. Sur cet aspect : Talcott Parsons, « Some Comments on the Pattern of Religious Organization in the United States », in *Structure and Process in Modern Societies, op. cit.*, pp. 295-321.

64. Sur ce point, voir la mise en garde critique de Parsons contre la thèse d'un changement des valeurs dans la société américaine prônée par Riesman. Cf. Talcott Parsons, Winston White, « The Link between Character and Society », in *Social Structure and Personnality*, *op. cit.*, pp. 183-235.

65. Talcott Parsons, « An Outline of the Social System », in Talcott Parsons, Edward A. Shils, Kaspar D. Naegele, Jesse R. Pitts, *Theories of societies*, vol. I, *op. cit.*, p. 36.

66. Cf. Frank J. Lechner, « Parsons and Modernity : an Interpretation », in Roland Robertson, Bryan S. Turner (éd.), *Talcott Parsons. Theorist of Modernity*, Londres, SAGE, 1991, pp. 166-186.

67. Talcott Parsons, *Sociétés*, *op. cit. ;* et *Le système des sociétés modernes* (1971), Paris, Dunod, 1973.

68. Pour une présentation de cette analyse, cf. le chap. II de *Sociétés*, *op. cit. ;* et *Le système des sociétés modernes*, *op. cit.*, le tableau de la page 11.

69. Talcott Parsons, *Le système des sociétés modernes*, *op. cit.*, p. 1. Nous ne suivrons pas ici de manière détaillée le récit fourni par Parsons, mais limitons-nous à signaler que dans ce processus Parsons croit constater du côté de la culture chrétienne « une différenciation plus nette et plus logique que celle de ses prédécesseurs », ce qui l'amène à faire remonter le début du système des sociétés modernes à certains développements de la communauté sociétale au XVIIe siècle, notamment l'apport de la religion chrétienne à la légitimation de la société, cf. *ibid.*, chap. III et IV.

70. Talcott Parsons, *Sociétés*, *op. cit.*, p. 147.

71. *Ibid.*, p. 27.

72. Pour une présentation très claire des implications conservatrices de la notion d'équilibre dans l'œuvre de Parsons, cf. Walter Buckley, *Sociology and Modern Systems Theory*, Englewood Cliffs, N.J., Prentice Hall, Inc., 1967.

73. Talcott Parsons, « Some Sociological Aspects of Fascist Movements » (1942), in *Essays in Sociological Theory*, *op. cit.*, p. 128.

74. *Ibid.*, pp. 137-138.

75. C'est ainsi, par exemple, que discutant de la conception du pouvoir et des élites présente chez Mills, il interprète l'émergence des grandes organisations et leur spécialisation économique comme un trait positif associé intimement à la différenciation fonctionnelle propre à la modernité. Quant à savoir si cette différenciation serait

allée « trop loin » (comme le suggère d'ailleurs Mills), Parsons se montre tout simplement sceptique. En tout cas, l'évidence empirique lui semble, à ce sujet insuffisante. Cf. Talcott Parsons, « The Distribution of Power in American Society », in *Structure and Process in Modern Societies*, *op. cit.*, surtout pp. 207-208.

76. Cf. la critique d'Alvin W. Gouldner sur le caractère conservateur du fonctionnalisme, *The Coming Crisis of Western Sociology* (1970), Londres, Heinemann, 1971, surtout chap. V, pp. 167-338.

77. La sensibilité critique de Parsons face aux mouvements de jeunes se comprend aisément en rapport au rôle que la socialisation détient dans sa théorie. C'est à propos des jeunes que les problèmes de transmission des valeurs communes dans une société moderne différenciée se manifestent avec le plus de force.

78. Certes, dans la présentation de son premier grand ouvrage de 1937 on a pu repérer des références critiques au climat intellectuel de la période, et notamment aux conceptions collectivistes de l'entre-deux-guerres (nazisme et communisme), mais force est de conclure au primat d'une préoccupation avant tout théorique au départ de son œuvre. Cf. Jeffrey Alexander, *Twenty Lectures*, New York, Columbia University Press, 1987, chap. II.

79. Pour Parsons, la science n'est évidemment ni la réalité externe elle-même, ni son pur reflet ; le savoir entretient plutôt une relation fonctionnelle avec la réalité dont il n'est, pour certaines visées scientifiques, « qu'une représentation adéquate » qui résulte d'une sélection d'éléments, d'une conceptualisation s'effectuant en accord avec les intérêts concrets d'un cadre de référence. Cf. Talcott Parsons, *The Structure of Social Action*, *op. cit.*, p. 753.

Chapitre III

1. Notons que Bourdieu n'emploie que rarement le mot modernité. Il préfère, pour désigner les sociétés traditionnelles et modernes, parler de sociétés peu différenciées ou précapitalistes et de sociétés hautement différenciées.

2. Pierre Bourdieu, Loïc J. D. Wacquant, *Réponses*, Paris, Seuil, 1992, p. 57 (c'est Bourdieu qui souligne). Pour une mise en garde contre la transversalité historique des concepts de Bourdieu, cf. Edward Li Puma, « Culture and the Concept of Culture in a Theory of Practice », in Craig Calhoun, Edward Li Puma, Moishe Postone

(éd.), *Bourdieu : Critical Perspectives*, Oxford, Polity Press, 1993, p. 26 et suiv., et surtout Craig Calhoun, « Habitus, Field, and Capital : the Question of Historical Specificity », *ibid.*, pp. 61-88. C'est aussi l'essentiel de la critique adressée par Lahire à Bourdieu, à savoir l'extrapolation historique de ces notions de base et leur généralisation abusive à partir de quelques types seulement d'action. Cf. Bernard Lahire, *L'homme pluriel*, Paris, Nathan, 1998.

3. On pourrait signaler que la différenciation sociale, chez Bourdieu, se place plus dans la descendance wébérienne des ordres de vie que dans une stricte filiation durkheimienne. Mais notre propos étant à son égard, comme pour la totalité des auteurs étudiés, non pas de retracer des influences, mais d'interpréter les œuvres à travers la principale matrice de la modernité qu'ils mettent, implicitement ou explicitement, en œuvre, il est plausible d'affirmer que c'est au cœur de cette matrice qu'il faut analyser son travail. Cf. Pierre Bourdieu, *La noblesse d'État*, Paris, Minuit, 1989, note p. 376.

4. Pierre Bourdieu, *Raisons pratiques*, Paris, Seuil, 1994, p. 159.

5. Pierre Bourdieu, *Choses dites*, Paris, Minuit, 1987, p. 149.

6. *Ibid.*, p. 149.

7. Pierre Bourdieu, *Méditations pascaliennes*, Paris, Seuil, 1997, p. 27.

8. Pierre Bourdieu, *Choses dites*, *op. cit.*, p. 22.

9. *Ibid.*, p. 34.

10. *Ibid.*, p. 34.

11. Michel de Certeau, *L'invention du quotidien*, vol. I, *Arts de faire*, Paris, Union générale d'Éditions, 1980, pp. 108-123.

12. Comme on le sait, l'analyse réalisée par Bourdieu de la maison kabyle reste inscrite, encore, dans le mode de pensée structuraliste malgré quelques aperçus des notions que l'auteur peaufinera plus tard. Mais M. de Certeau a raison de souligner son importance en tant que modèle presque normatif d'adéquation entre les structures cognitives et les structures sociales. Cf. Pierre Bourdieu, « La maison ou le monde renversé » (1970), in *Le sens pratique*, Paris, Minuit, 1980, pp. 441-461.

13. Pierre Bourdieu, *Raisons pratiques*, *op. cit.*, p. 171.

14. Pierre Bourdieu, *Esquisse d'une théorie de la pratique*, Genève, Droz, 1972, p. 237.

15. Pierre Bourdieu, *Choses dites*, *op. cit.*, p. 131.

16. Pierre Bourdieu, *Raisons pratiques*, *op. cit.*, p. 121.

17. *Ibid.*, p. 122.

18. *Ibid.*, p. 143-144 (c'est Bourdieu qui souligne).

19. Pierre Bourdieu, *Choses dites*, *op. cit.*, p. 99.

20. *Ibid.*, p. 81.

21. Sur l'autonomie des champs, cf. entre autres, Pierre Bourdieu, *Les règles de l'art*, Paris, Seuil, 1992, p. 279, et p. 302 et suiv. La logique voudrait, pourtant, que ce qui a lieu dans un champ soit de plus en plus dépendant de la seule histoire spécifique du champ, et donc de plus en plus difficile à prévoir à partir de la seule connaissance de l'état du monde social, cf. Pierre Bourdieu, *Raisons pratiques*, *op. cit.*, p. 77.

22. Pour une lecture accentuant fortement le déterminisme économique unidimensionnel opérant dans les divers champs sociaux, cf. Jeffrey Alexander, « The Reality of Reduction : The Failed Synthesis of Pierre Bourdieu », in *Fin-de-siècle Social Theory*, Londres, Verso, 1995, pp. 128-217. Pour une interprétation soulignant le caractère seulement plus subtil du déterminisme marxiste de Bourdieu et le rôle que la propre trajectoire de l'auteur tient dans son explication de la vie sociale, cf. Luc Ferry, Alain Renaut, *La pensée 68*, Paris, Gallimard, 1985.

23. Pierre Bourdieu, *La noblesse d'État*, *op. cit.*, p. 382 et suiv.

24. *Ibid.*, p. 376.

25. *Ibid.*, p. 415.

26. Pierre Bourdieu, *Raisons pratiques*, *op. cit.*, p. 55 et suiv.

27. *Ibid.*, p. 109.

28. Pierre Bourdieu, *Questions de sociologie*, Paris, Minuit, 1980, p. 127.

29. Comme le remarque alors justement Lahire, toutes les actions ne sont pas susceptibles d'être affectées à un champ, la notion ne désignant avant tout que les domaines d'activités professionnelles et ceux notamment où les agents sont en lutte à l'intérieur de ces champs. Cf. Bernard Lahire, *L'homme pluriel*, *op. cit.*, p. 38.

30. Implications qui réduisent, selon la critique de Caillé, l'ensemble de la pratique sociale au jeu, plus ou moins masqué, des intérêts matériels, tant de fait, et à terme, le capital matériel ou monétaire est à la fois le début, la fin et le moyen du procès d'ensemble de la vie sociale. Il s'agit à terme de « conceptualiser le rapport social comme une modalité élargie du rapport économique » (p. 81). Cf. Alain Caillé, *Don, intérêt et désintéressement*, Paris, La Découverte/MAUSS, 1994, pp. 55-172.

31. C'est à ce niveau que se place la critique de Bourricaud, selon laquelle l'hyperfonctionnalisme critique confère aux types abstraits, comme le capitalisme ou le système, les attributs d'action qu'il dénie à l'acteur. L'équation est simple et répétitive : l'acteur est toujours dans la méconnaissance de son action, face à un système qui le connaît à son insu. Cf. François Bourricaud, « Contre le sociologisme », *Revue française de sociologie*, XVI, 1975, pp. 583-603.

32. Pierre Bourdieu, *Raisons pratiques*, *op. cit.*, p. 154.

33. Pierre Bourdieu, *Méditations pascaliennes*, *op. cit.*, p. 170.

34. *Ibid.*, p. 179.

35. Pierre Bourdieu, *Le sens pratique*, *op. cit.*, 1980, pp. 85-86.

36. *Ibid.*, p. 88. (C'est Bourdieu qui souligne).

37. Wacquant souligne nettement ce point. Cf. Pierre Bourdieu, Loïc Wacquant, « Introduction », *Réponses*, *op. cit.*, pp. 20-22.

38. Pierre Bourdieu, *La distinction*, Paris, Minuit, 1979, p. 549.

39. Pierre Bourdieu, *La noblesse d'État*, *op. cit.*, p. 9.

40. Pierre Bourdieu, *Esquisse d'une théorie de la pratique*, *op. cit.*, p. 175.

41. Cf. aussi les commentaires critiques de François Héran, « La seconde nature de l'*habitus*. Tradition philosophique et sens commun dans le langage sociologique », *Revue française de sociologie*, 1987, XXVIII, 3, pp. 385-416.

42. Un aspect bien souligné dans ses liens avec l'œuvre de Wittgenstein notamment par Charles Taylor, « Suivre une règle », in *Critique*, numéro spécial consacré à Pierre Bourdieu, août-septembre 1995, nº 579-580, pp. 554-572, et Jacques Bouveresse, « Règles, dispositions, *habitus* », *ibid.*, pp. 573-594.

43. Pierre Bourdieu, *Le sens pratique*, *op. cit.*, p. 177.

44. Pierre Bourdieu, *La distinction*, *op. cit.*, p. 543.

45. Pierre Bourdieu, *Le sens pratique*, *op. cit.*, p. 115.

46. Pierre Bourdieu, *Les règles de l'art*, *op. cit.*, p. 245.

47. Pierre Bourdieu, *Le sens pratique*, *op. cit.*, p. 113.

48. Boltanski va encore plus loin et affirme même que « c'est l'hypothèse de l'inconscient, qui sans avoir été réellement construite théoriquement (à l'exception de la psychologie), a sans doute été le principe unificateur des sciences de l'homme dans les années 60 », position qui serait pour l'auteur à l'origine de l'affirmation des agents aveugles aux ressorts de leur action. Cf. Luc Boltanski, « Sociologie critique et sociologie de la critique », *Politix*, nº 10-11, 1990, p. 129.

49. Pierre Bourdieu, *Les règles de l'art*, *op. cit.*, p. 322 (c'est Bourdieu qui souligne). Notons la première partie de la phrase, non soulignée par l'auteur, en phase d'équilibre.

50. Pierre Bourdieu, Jean-Claude Passeron, *Les héritiers*, Paris, Minuit, 1964.

51. Pierre Bourdieu, Jean-Claude Passeron, *La reproduction*, Paris, Minuit, 1970.

52. Pierre Bourdieu, *La noblesse d'État*, *op. cit.*, p. 258.

53. Pierre Bourdieu, *La distinction*, *op. cit.*, p. 56.

54. *Ibid.*, p. 57.

55. C'est cette dimension qui a été fortement critiquée par Grignon et Passeron. Pour ces auteurs, Bourdieu ne parviendrait à parler du goût des classes moyennes et surtout de celui des classes populaires qu'à travers le prisme du goût dominant, donc en termes de manque et d'impossibilité. La critique mettait sur la sellette l'analyse négative de la culture populaire, perçue seulement au travers du regard réducteur de l'esthétique dominante, et enfermée dans une dichotomie misérabilisme/populisme. La spécificité de cette culture est fortement minimisée dans l'analyse. Ses traits propres sont bien sûr repérés, mais ils sont toujours subordonnés à la position qu'elle occupe dans l'espace social, laissant alors dans l'ombre la manière par laquelle la culture populaire opère encore en tant que culture. Cf. Claude Grignon, Jean-Claude Passeron, *Sociologie de la culture et sociologie des cultures populaires*, Document du GIDES, nº 4, 1982 ; Claude Grignon, Jean-Claude Passeron, *Le savant et le populaire*, Paris, Hautes Études-Gallimard-Seuil, 1989. Pour la réponse, cf. Pierre Bourdieu, « Vous avez dit populaire ? », *Actes de la Recherche en sciences sociales*, nº 46, mars 1983, pp. 98-106.

56. Pierre Bourdieu, *La distinction*, *op. cit.*, p. 111.

57. Une partie de la séduction de la théorie provient justement, comme le fait remarquer Brubacker, du fait que la notion d'habitus se construit contre l'objectivisme structuraliste, tandis que la notion de champ est construite, elle, à l'aide du relationnisme structuraliste. Cf. R. Brubacker, « Social Theory as Habitus », in Craig Calhoun, Edward Li Puma, Moishe Postone (éd.), *Bourdieu : Critical Perspectives*, Oxford, Polity Press, 1993, p. 223.

58. Pierre Bourdieu, *Méditations pascaliennes*, *op. cit.*, p. 79.

59. Pierre Bourdieu, *Le sens pratique*, *op. cit.*, p. 103.

60. Pierre Bourdieu, *La distinction*, *op. cit.*, p. 158.

61. Pierre Bourdieu, *Choses dites*, *op. cit.*, p. 91.

62. À partir d'une perspective interprétative différente, Caillé souligne aussi cette inflexion virtuelle dans l'œuvre de Bourdieu Cf. Alain Caillé, *Don, intérêt et désintéressement*, *op. cit.*, pp. 242-248.

63. Pierre Bourdieu, *Méditations pascaliennes*, *op. cit.*, p. 178

64. *Ibid.*, p. 187.

65. *Ibid.*, p. 189.

66. Pierre Bourdieu et al., *Travail et travailleurs en Algérie*, Paris, Mouton & Co., 1963, p. 266.

67. *Ibid.*, p. 287.

68. *Ibid.*, p. 301.

69. *Ibid.*, p. 316.

70. *Ibid.*, p. 316.

71. *Ibid.*, p. 325. Notons que bien des années plus tard, Bourdieu reste sur cette caractérisation, « dans les sociétés différenciées, l'esprit de calcul et la logique du marché rongent l'esprit de solidarité », cf. Pierre Bourdieu, *Raisons pratiques*, *op. cit.*, p. 195. Dans *Le déracinement* une analyse encore semblable est mise au jour : au fur et à mesure que se généralisent les échanges monétaires s'effritent les valeurs d'honneur. Cf. Pierre Bourdieu, Abdelmalek Sayad, *Le déracinement*, Paris, Minuit, 1964.

72. Pierre Bourdieu et al., *Travail et travailleurs en Algérie*, *op cit.*, p. 352.

73. *Ibid.*, p. 353.

74. Pierre Bourdieu, *Le sens pratique*, *op. cit.*, note p. 91. Cf. aussi Pierre Bourdieu, *Méditations pascaliennes*, *op. cit.*, p. 213 ; Pierre Bourdieu, *La noblesse d'État*, *op. cit.*, p. 12.

75. Conception qui explique une partie de la méfiance de Bourdieu envers la notion d'idéologie, concept encore trop dépendant d'une vision en termes de conscience et de représentation, tandis que la notion d'habitus vise à accentuer le fait que le monde social opère davantage en termes de pratiques et de mécanismes.

76. Pierre Bourdieu, *Méditations pascaliennes*, *op. cit.*, p. 256.

77. Pierre Bourdieu, *La noblesse d'État*, *op. cit.*, p. 553, p. 556.

78. *Ibid.*, p. 13.

79. *Ibid.*, p. 69.

80. *Ibid.*, pp. 163-165.

81. *Ibid.*, p. 538.

82. *Ibid.*, p. 409.

83. *Ibid.*, p. 480.

84. *Ibid.*, p. 556.

85. Pierre Bourdieu, *Le sens pratique*, *op. cit.*, p. 244.

86. Pierre Bourdieu, *Ce que parler veut dire*, Paris, Fayard, 1982, p. 150.

87. L'accord entre les structures mentales et les structures objectives « ne peut pas résulter d'une simple prise de conscience ; la transformation des dispositions ne peut aller sans une transformation préalable ou concomitante des structures objectives dont elles sont le produit et auxquelles elles peuvent survivre ». Cf. Pierre Bourdieu, *Raisons pratiques*, *op. cit.*, p. 213.

88. Pierre Bourdieu, *Choses dites*, *op. cit.*, p. 60.

89. Pierre Bourdieu, *Homo academicus*, Paris, Minuit, 1984.

90. Pierre Bourdieu, *Raisons pratiques*, *op. cit.*, p. 49.

91. Signalons que Passeron a tenu à se séparer d'une conception hégélienne de la reproduction sociale par l'école, dont le fonction nement serait une sorte de ruse de la Raison, et à insister sur le caractère daté et historique de la rencontre entre l'autoreproduction du système scolaire et la reproduction des rapports de domination. Cf. Jean-Claude Passeron, « Hegel ou le passager clandestin », in *Le raisonnement sociologique*, Paris, Nathan, 1991, pp. 89-109.

92. Pierre Bourdieu, *La noblesse d'État*, *op. cit.*, p. 314.

93. Pierre Bourdieu, *La distinction*, *op. cit.*, p. 159.

94. *Ibid.*, p. 161. Il insiste sur cet écart dans *Méditations pascaliennes*, *op. cit.*, p. 127.

95. Pierre Bourdieu, *Les règles de l'art*, *op. cit.*, p. 153-154.

96. *Ibid.*, pp. 162-163.

97 Pierre Bourdieu, *La distinction*, *op. cit.*, p. 283. Au fond, le petit-bourgeois est un individu dont l'habitus est toujours hanté par un risque permanent de décalage, *ibid.*, p. 388.

98. Pierre Bourdieu, *Méditations pascaliennes*, *op. cit.*, p. 187.

99. Pierre Bourdieu, *Méditations pascaliennes*, *op. cit.*, p. 190.

100. Pierre Bourdieu, *Sur la télévision*, Paris, Liber, 1996.

101. Pierre Bourdieu, *Les règles de l'art*, *op. cit.*, p. 62.

102. Pierre Bourdieu, *Choses dites*, *op. cit.*, p. 128.

103. *Ibid.*, p. 159.

104. Cet aveu est surtout net dans *Méditations pascaliennes*, *op. cit.*, p. 276.

105. La conclusion de Bourdieu rejoint ainsi l'observation avancée par des auteurs britanniques quant au fait que l'idéologie dominante n'est véritablement agissante que dans les couches supérieures

de la société. Cf. Nicolas Abercrombie, Stephen Hill, Bryan S. Turner, *The Dominant Ideology Thesis*, Londres, George Allen and Unwin, 1980.

106. Pierre Bourdieu et al., *Travail et travailleurs en Algérie*, *op. cit.*, p. 382.

107. À sa manière ce constat ne peut pas ne pas faire penser à la découverte par Bourdieu lui-même, à l'aide de la statistique, que le mariage considéré comme typique dans des sociétés arabo-berbères, celui avec la cousine parallèle, ne représentait que de 4 à 6 % des mariages. L'ajustement entre les structures objectives et les structures mentales, qu'il faudrait peut-être quantifier, se place sans doute tendanciellement dans un ordre de grandeur semblable. Cf. Pierre Bourdieu, *Le sens pratique*, *op. cit.*

Chapitre IV

1. Pour Bell, dans un ouvrage qui a eu un grand retentissement intellectuel, la société moderne n'est plus intégrée mais clivée par des contradictions insurmontables. Les tensions y tiennent un rôle plus important que les accords entre les différents domaines d'action, et surtout, il ne semble plus exister aucune possibilité d'intégration globale normative autre qu'un appel nostalgique à une forme de religion. Cf. Daniel Bell, *Les contradictions culturelles du capitalisme* (1976), Paris, PUF, 1979.

2. Pour une présentation pédagogique de ses concepts, cf. Giancarlo Corsi, Elena Esposito, Claudio Baraldi, *Luhmann in glossario*, Milano, Franco Angeli, 1996.

3. Le nombre des thèmes, des concepts et des outils développés par Luhmann au long de sa vie interdit un traitement en profondeur de l'ensemble de sa théorie d'autant plus qu'elle est pour l'instant très mal connue par le public français. Nous avons opté pour une présentation, non sans quelques simplifications nécessaires à la bonne lecture de ce chapitre, des contours de sa théorie générale de la société moderne, sans qu'il nous soit possible d'aborder les développements et applications que Luhmann a fait de sa théorie dans différents systèmes sociaux (économie, politique, religion, éducation, science, art). Par souci de clarté et de compréhension nous nous efforcerons avant tout de présenter les contours de sa théorie en laissant parfois de côté des considérations plus critiques. Pour une introduction générale à la pensée de Luhmann en français, cf.

Juan Antonio Garcia Amado, « Introduction à l'œuvre de Niklas Luhmann », *Droit et société*, 1989, n° 10-11, pp. 15-51 ; et le numéro spécial de *Recherches sociologiques*, « Niklas Luhmann en perspective », 1996, XXVII, n° 2.

4. Niklas Luhmann, *Soziale System. Grundriß einer allgemeinen Theorie*, Frankfort, Suhrkamp Verlag, 1984, chapitre III, pp. 148-190 (trad. angl., *Social Systems*, Stanford, Cal., Stanford University Press, 1995, pp. 103-136).

5. Niklas Luhmann, *Soziale System*, *op. cit.*, pp. 15-29 (trad. angl., *op. cit.*, pp. 1-11). Cette transformation a entraîné des développements différents, parfois même opposés, dans les sciences sociales. Elle est à la base d'au moins deux démarches fort différentes : (a) Le problème de l'institution du social comme résultat de la division entre la société et un lieu extérieur à elle, véritable source de significations. Bref, l'étude de l'autonomie en tant qu'institution non maîtrisable des significations (Jean-Pierre Dupuy, *Ordres et désordres*, Paris, Seuil, 1982, p. 24 et suiv.) ; (b) L'idée d'autorégulation du social. La « complexité par le bruit » comme version savante de l'idée de la « main invisible » de Smith, avec une insistance particulière sur les idées de complexité, d'incertitude et de paradoxe (parmi d'autres, en France, E. Morin, Y. Barel). Cf. pour une vision d'ensemble, Paul Dumouchel, Jean-Pierre Dupuy (éd.), *L'auto-organisation*, Paris, Seuil, 1983.

6. En France, une position de ce type est bien représentée par les travaux de Henri Atlan, *Entre le cristal et la fumée*, Paris, Seuil, 1979, surtout la première partie pp. 13-130 ; et *À tort et à raison*, Paris, Seuil, 1986. Cf. les remarques de Niklas Luhmann, *Soziale System*, *op. cit.*, p. 31 et suiv. (trad. angl., *op. cit.*, p. 12 et suiv.).

7. Pour les implications de ce changement de paradigme, cf. Jean Clam, *Droit et société chez Niklas Luhmann*, Paris, PUF, 1997, pp. 242-252.

8. Humberto Maturana, Francisco Varela, *Autopoiesis and Cognition*, Dordrecht, Reidel Publishing Company, 1980.

9. Cf. la lecture proposée par Jean-Pierre Dupuy, *Ordres et désordres*, *op. cit.*, p. 119. Surtout la distinction que l'auteur introduit entre la position de Maturana et de Varela, et celle de Atlan.

10. Lucien Sfez, *Critique de la communication*, Paris, Seuil, 1988, p. 194.

11. Sur ces points, en français, on peut voir deux articles de Niklas Luhmann, « Remarques préliminaires en vue d'une théorie des

systèmes sociaux», *Critique*, n° 413, vol. XXXVII, 1981, pp. 995-1014; «Développements récents en théorie des systèmes» (1988), in Gérard Duprat (éd.), *Connaissance du politique*, Paris, PUF, 1990, pp. 281-293.

12. Dans ce sens précis, la position de Luhmann se rapproche considérablement d'un constructivisme radical. Cf. à cet égard les propres éclaircissements apportés par Niklas Luhmann, «The Autopoiesis of Social Systems», in Felix Geyer, Johannes Van der Zouwen (éd.), *Sociocybernetic Paradoxes (Observation, Control and Evolution of Self-steering Systems)*, Londres, Sage, 1986, pp. 172-192. Et pour une perspective générale de cette problématique, Paul Watzlawick (éd)., *L'invention de la réalité. Contributions au constructivisme* (1981), Paris, Seuil, 1988.

13. Chez Luhmann il y a en réalité un double usage de l'idée de complexité. D'une part, et c'est à ce développement qu'il consacre la plupart de ses travaux, le concept fait référence à un type spécifique de connexions entre les éléments d'un système mais d'autre part, et souvent de manière implicite, la complexité opère comme un présupposé ontologique sur la nature de la réalité. Et de ce point de vue, le monde, encore plus que l'environnement d'un système, apparaît comme le lieu d'une complexité infinie, tant il est le lieu de toutes les complexités.

14. Niklas Luhmann, *Soziale System*, *op. cit.*, pp. 40-41 (trad. angl., *op. cit.*, p. 20).

15. *Ibid.*, pp. 59-60 (trad. angl., *op. cit.*, pp. 33-34).

16. Pour une interprétation de l'œuvre de Luhmann particulièrement attentive aux paradoxes qu'elle produit, Ignacio Izuzquiza, «Niklas Luhmann ou la société sans homme», *Cahiers internationaux de Sociologie*, vol. LXXXIX, 1990, pp. 377-387 (et plus largement, Ignacio Izuzquiza, *La sociedad sin hombres*, Barcelone, Anthropos, 1990, surtout, pp. 123-129).

17. À la différence d'autres auteurs, proches de lui, qui ont quelque peu infléchi leurs positions. Cf. par exemple, Gunther Teubner (éd.), *State, Law, Economy as Autopoietic Systems*, Berlin, De Gruyter, 1989.

18. Niklas Luhmann, «Clôture opérationnelle et couplage structurel», in André-Jean Arnaud et Pierre Guibentif (éd.), *Niklas Luhmann, observateur du droit*, Collection «Droit et Société», n° 5, Paris, 1993, pp. 73-98.

19. À ce sujet on peut même distinguer entre un couplage struc-

turel direct (là où, par exemple, une langue, en tant que système autoréférentiel, entre en couplage avec d'autres langues – les perturbations qu'une langue exerce sur une autre) et un couplage structurel indirect (comme lorsque, par exemple, il y a couplage entre un système phonologique et un système grammatical ou entre un système de circulation routière et le système correspondant d'actions). Pour des précisions dans ce sens, cf. Pablo Navarro, « Objetividad social, subjetividad social, y la noción de complementaridad teórica en sociologia », in *Niklas Luhmann. Hacia una teoría científica de la sociedad*, revue *Anthropos*, n° 173-174, juillet-octobre 1997, pp. 114-125.

20. Pour une présentation exhaustive du concept, Niklas Luhmann, *Soziale System*, *op. cit.*, chap. VI, pp. 286-345 (trad. angl., *op. cit.*, pp. 210-254).

21. Niklas Luhmann, *Soziale System*, *op. cit.*, p. 58 (trad. angl., *op. cit.*, p. 32). Cf. aussi les remarques critiques de Habermas à cet égard in Jürgen Habermas, *Le discours philosophique de la modernité* (1985), Paris, Gallimard, 1988, notamment pp. 434-454.

22. Niklas Luhmann, « The Individuality of the Individual », in Thomas C. Heller, Morton Sosna, David E. Wellbery (éd.), *Reconstructing Individualism*, Stanford, Cal., Stanford University Press, 1986, pp. 313-325.

23. Pour Luhmann le sujet n'est qu'un lest de l'ancienne tradition européenne incapable aujourd'hui de jeter les bases d'une théorie de la société ayant le niveau nécessaire de complexité. Cf. Niklas Luhmann, « La malice du sujet et la question de l'Homme », *Sociétés*, 1994, n° 43, pp. 3-15.

24. Nous ne pourrons pas aborder ici en détail les continuités et ruptures explicites entre l'œuvre de Luhmann et celle de Parsons en ce qui concerne la double contingence, l'interpénétration, la théorie des systèmes, voire le rapport pouvant s'établir entre la notion de code binaire et les variables de configuration. À ce sujet, parmi bien d'autres mises au point disséminées dans ses œuvres, cf. Niklas Luhmann, « Talcott Parsons : The Future of a Theory », *The Differentiation of Society*, New York, Columbia University Press, 1982, pp. 47-65.

25. Pour une étude sur les divergences entre Parsons et Luhmann à propos de l'intégration sociale, cf. O. Tschannen, « Anomie et intégration sociale : Fenn, Luhmann et le paradigme néodurkheimien », *Revue européenne des sciences sociales*, 1989, 27, n° 83, pp. 123-146.

26. Pour une très forte critique interne de ce durcissement de la théorie générale des systèmes au milieu des années quatre-vingt, cf. Danilo Zolo, « Autopoiesis. Un paradigma conservatore », *Micromega*, n° 1, 1986, pp. 129-173.

27. Luhmann distingue trois systèmes sociaux. D'abord, la société définie comme le système social incluant la totalité des communications. Ensuite, les interactions qui sont des systèmes sociaux qui exigent la présence physique permanente des participants à la communication. Enfin, l'organisation fixe les limites d'un système social à travers les rôles attribués aux participants dans la communication. Pour ces distinctions, cf. Niklas Luhmann, « Interaction, Organization and Society », *The Differentiation of Society*, *op. cit.*, pp. 69-89.

28. Pour les développements qui suivent, cf. surtout la présentation pédagogique fournie par Niklas Luhmann, Raffaele Di Giorgi, *Teoria della Società*, Milan, Franco Angeli, 1992 ; également, Niklas Luhmann, « The two sociologies and the theory of Society », *Thesis Eleven*, 1995, n° 43, pp. 28-47.

29. Niklas Luhmann, *Macht* (1975), Stuttgart, Ferdinand Enke Verlag, 1988, p. 5 (trad. angl., *Trust and Power*, Chichester-New York, John Wiley & Sons, 1991, p. 108).

30. Pour la différence entre sa position et celle de Parsons, cf. Niklas Luhmann, « Generalized media and the problem of contingency », in Jan J. Loubser et al. (éd.), *Explorations in General Theory in Social Science. Essays in Honour of Talcott Parsons*, New York, The Free Press, 1976, pp. 507-532.

31. Cf. entre autres, Niklas Luhmann, *Ökologische Kommunikation* (1986), Opladen, Westdeutscher Verlag, 1990, chap. VIII (trad. angl., *Ecological Communication*, Cambridge, Polity Press, 1989, pp. 36-43).

32. Niklas Luhmann, *Amour comme passion* (1982), Paris, Aubier, 1990, p. 18.

33. Niklas Luhmann, « Generalized media and the problem of contingency », in Jan J. Loubser et al. (éd.), *Explorations in General Theory in Social Science. Essays in Honour of Talcott Parsons*, *op. cit.*, p. 511.

34. Niklas Luhmann, *Macht*, *op. cit.*, p. 11 (trad. angl, *op. cit.*, p. 114).

35. *Ibid.*, p. 7. (trad. angl., *op. cit.*, p. 111).

36. *Ibid.*, p. 36 (trad. angl., *op. cit.*, p. 130).

37. À terme, s'établit un couplage strict à l'aide de la forme spécifique d'un média. Une certaine représentation du sens est alors retenue dans ses trois dimensions, c'est-à-dire de façon durable dans le temps, générale vis-à-vis des domaines objectifs, enfin, totalement valable dans la dimension sociale. Pour les réflexions sur le sens, cf. Niklas Luhmann, *Soziale System*, *op. cit.*, chap. II, pp. 92-147 (trad. angl., *op. cit.*, pp. 59-102).

38. Luhmann dégage quatre constellations différentes : (1) par la communication de son vécu intérieur Alter active un vécu intérieur d'Ego (vérité, relations de valeur) ; (2) le vécu intérieur d'Alter mène à un agir d'Ego (amour) ; (3) l'action d'Alter est vécue seulement intérieurement par Ego (propriété/argent, art) ; (4) l'action d'Alter produit une action d'Ego (pouvoir/droit). Pour une présentation en français de ce tableau, Niklas Luhmann, *Amour comme passion*, *op. cit.*, p. 226, note 9.

39. Pour la théorie de l'évolution de Luhmann, cf. Niklas Luhmann, Raffaele Di Giorgi, *Teoria della società*, *op. cit.*, notamment chap. III.

40. Cf. surtout Niklas Luhmann, *Soziale System*, *op. cit.*, chap. VIII, pp. 377-487 (trad. angl., *op. cit.*, pp. 278-356).

41. Niklas Luhmann, « The Direction of Evolution », in Hans Haferkamp, Neil J. Smelser (éd.), *Social Change and Modernity*, Berkeley, University of California Press, 1992, pp. 279-293.

42. Signalons que pour Luhmann cette même théorie de l'évolution rend compte tout autant de l'évolution de la société, des systèmes partiels que des idées. Il existe en effet d'après lui une corrélation entre la mutation sociostructurelle et l'évolution des idées, la complexité du système et la contingence de ses opérations contraignant à une variation des sémantiques. La structure sociale limite l'arbitraire possible des idées, même si elle ne parvient, en aucun cas, à délimiter des options précises. Les structures tracent des plausibilités plus ou moins grandes, elles apportent une espèce d'indice de réalité, et les idées qui ne s'y conforment pas ont peu de chances de se stabiliser. Sur ce dernier point, Luhmann a développé une conception à bien des égards structuraliste puisque le changement dans la forme de différenciation entraîne pour lui des mutations profondes dans la sémantique d'une société, c'est-à-dire dans les idées grâce auxquelles une société assure sa propre reproduction, et de manière plus large, dans ses règles d'élaboration du sens. Notons au passage, sur ce point, l'affinité existant entre Luhmann et

le Foucault de *L'archéologie du savoir*, Paris, Gallimard, 1969. Si Luhmann apparaît comme clairement « fonctionnaliste » en ce qui concerne sa conception des systèmes sociaux, il est possible pourtant de repérer des dimensions « structuralistes » dans ses études sur les sémantiques sociales. Pour un exemple en français, cf. Niklas Luhmann, *Amour comme passion*, *op. cit.*

43. Niklas Luhmann, « The Paradox of System Differentiation and the Evolution of Society », in Jeffrey Alexander, Paul Colomy (éd.), *Differentiation Theory and Social Change*, New York, Columbia University Press, 1990, pp. 409-440.

44. Ce qui explique que même s'il est possible de repérer un air de famille entre la thèse de la division du travail, celle de la différenciation des rôles et la différenciation systémique à proprement parler, il n'empêche aucunement l'établissement d'une différence substantielle. Pour la lecture que fait Luhmann de la thèse de la division du travail de Durkheim, cf. Niklas Luhmann, « Durkheim on Morality and the Division of Labor » (1977), *The Differentiation of Society*, *op. cit.*, pp. 4-19.

45. Dans une perspective historique Luhmann a distingué d'autres types de différenciation (segmentaire, centre-périphérie, stratifiée). Cf. Niklas Luhmann, Raffaele Di Giorgi, *Teoria della società*, *op. cit.*, surtout chap. IV.

46. Niklas Luhmann, « The Differentiation of Society », in *The Differentiation of Society*, *op. cit.*, p. 235.

47. Pour les divers types de réflexion distingués par Luhmann, cf. *Soziale System*, *op. cit.*, p. 600-602 (trad. angl., *op. cit.*, pp. 443-444).

48. Pour une présentation détaillée en français des développements de Luhmann autour du système politique et notamment des implications de sa théorie pour ce qui concerne le pilotage de la société moderne, cf. Nicolas Hayoz, *Société, politique et État dans la perspective de la sociologie systémique de Niklas Luhmann*, *Études et recherches*, n° 25, Université de Genève, Département de science politique, 1991.

49. Niklas Luhmann, *Politische Theorie im Wohlfahrsstaat*, Munich, Olzog, 1981 (trad. angl., *Political Theory in the Welfare State*, New York, Walter de Gruyter, 1990).

50. Pour les réflexions qui suivent, cf. Niklas Luhmann, *Macht*, *op. cit.*, surtout chap. VII, pp. 81-89 (trad. angl., *op. cit.*, pp. 161-166).

51. Cf. par exemple, Niklas Luhmann, *Okologische Kommunikation* (1986), Opladen, Westdeutscher Verlag, 1990, surtout chap. XVIII (trad. angl., *op. cit.*, pp. 121-126).

52. Niklas Luhmann, «Die Unwahrscheinlichkeit der Kommunikation», in *Soziologische Aufklärung 3*, Opladen, Westdeutscher Verlag, 1981, pp. 25-34 (trad. angl., «The Improbability of Communication», *Essays on Self-Reference*, New York, Columbia University Press, 1990, pp. 86-99).

53. Niklas Luhmann, *Beobachtungen der Moderne*, Opladen, Westdeutscher Verlag, 1992, chap. III, pp. 93-128 (trad. angl., *Observations on Modernity*, Stanford, Cal., Stanford University Press, 1998).

54. Niklas Luhmann, *Soziale System*, *op. cit.*, p. 47 (trad. angl., *op. cit.*, p. 25).

55. Niklas Luhmann, *Soziologie des Risikos*, Berlin-New York, de Gruyter, 1991, p. 24 (trad. angl., *Risk : A Sociological Theory*, Berlin-New York, Walter de Gruyter, 1993, p. 15).

56. Niklas Luhmann, *Beobachtungen der Moderne*, *op. cit.*, surtout le dernier chapitre (trad. angl., *op. cit.*); Niklas Luhmann, «Globalization of World Society. "How to Conceive of Modern Society?"», *International Review of Sociology*, 1997, 7, 1, pp. 67-79; sur ce point en français, cf. Niklas Luhmann, «La société comme différence», *Sociétés*, n° 61, 1998/3, pp. 19-37.

57. Niklas Luhmann, *Soziologie des Risikos*, *op. cit.*, pp. 54-55 (trad. angl., *op. cit.*, pp. 46-47).

58. Niklas Luhmann, *Vertrauen* (1968), Stuttgart, Ferdinand Enke Verlag, 1989, p. 7 (trad. angl., *Trust and Power*, Chichester-New York, John Wiley & Sons, 1991, pp. 7-8).

59. Niklas Luhmann, *Vertrauen*, *op. cit.*, p. 23 (trad. angl., *op. cit.*, pp. 21-22).

60. Dans ce sens la réflexion de Luhmann participe du mouvement scientifique des dernières années visant à remplacer une représentation d'une nature régie par «une stabilité immuable et pacifiée», par une représentation dans laquelle les situations de réversibilité et de déterminisme deviennent des exceptions. Cf. Ilya Prigogine, Isabelle Stengers, *La nouvelle alliance* (1979), Paris, Gallimard, 1986, p. 40.

Chapitre V

1. Le rôle de Bendix dans l'expansion de cette interprétation a été décisif. Cf. Reinhart Bendix, *Max Weber : an Intellectual Portrait*, New York, Doubleday, 1960.

2. Wilhelm Hennis, *La problématique de Max Weber* (1987), Paris, PUF, 1996.

3. Pour une présentation et une critique de ces positions, cf. Catherine Colliot-Thélène, « Rationalisation et désenchantement du monde : problèmes d'interprétation de la sociologie des religions de Max Weber », *Archives des sciences sociales des religions*, n° 89, janvier-mars 1995, pp. 61-81.

4. Max Weber, *Économie et société* (1922), Paris, Plon, 1971. Première partie, chap. II, points 1-14 surtout.

5. L'importance de la religion dans l'œuvre de Weber n'a pas besoin d'être soulignée : c'est à elle qu'il a consacré une partie déterminante de sa vie intellectuelle, c'est d'elle que découle sa représentation de la spécificité d'Occident, c'est aussi d'elle que provient un bon nombre de ses concepts fondamentaux, ainsi par exemple, la notion de rationalité que Weber forge à travers ses lectures sur l'histoire des monastères, leur constitution et leur économie. Cf. Dirk Kaesler, *Max Weber* (1995), Paris, Fayard, 1996, p. 26. Pour une interprétation accentuant les dimensions civilisationnelles et les orientations religieuses comme des composantes centrales de la rationalisation occidentale, cf. notamment Wolfgang Schluchter, *The Rise of Western Rationalism*, Berkeley, University of California Press, 1981.

6. Pour un exemple très particulier, voir l'étude consacrée par Weber au processus spécifique de rationalisation de la musique en Occident, cf. Max Weber, *Sociologie de la musique*, Paris, Métailié, 1998.

7. Max Weber, *L'éthique protestante et l'esprit du capitalisme* (1904-1905), Paris, Plon, 1967, p. 73.

8. *Ibid.*, p. 105 (c'est Weber qui souligne).

9. *Ibid.*, pp. 201-202.

10. Max Weber, « Résultat : confucianisme et puritanisme » (1915), in *Sociologie des religions*, Paris, Gallimard, 1996, p. 407.

11. Sur cet aspect, cf. Catherine Colliot-Thélène, *Max Weber et l'histoire*, Paris, PUF, 1990.

12. Annette Disselkamp, *L'éthique protestante de Max Weber*, Paris, PUF, 1994.

13. Max Weber, *Le judaïsme antique* (1917-1919), Paris, Éditions Pocket, 1998, pp. 282-289.

14. Max Weber, *Le savant et le politique* (1919), Paris, Union générale d'Éditions, 1963, p. 90.

15. Cette expression, qu'il reprend de Schiller, de « désenchantement du monde » (*Entzauberung der Welt*) dans les écrits de Weber, désigne deux choses différentes. D'un côté, il fait référence à une notion technique dans le cadre de ses études sur la sociologie de la religion et notamment à l'abandon progressif de la magie qui s'inaugure dans le judaïsme antique. De l'autre côté, la notion désigne tout simplement la perte tendancielle de sens observable dans la société moderne.

16. Max Weber, « Résultat : confucianisme et puritanisme » (1915), in *Sociologie des religions*, *op. cit.*, p. 407.

17. En effet, déjà dans sa leçon inaugurale de 1895, Weber recourt à une analyse de ce type afin d'expliquer le plus grand succès des travailleurs polonais vis-à-vis des Allemands. Ces derniers n'ayant pas de liens traditionnels avec leurs patrons, développaient un sentiment d'arrogance et de désir d'autonomie que, malheureusement, les transformations économiques de la région empêchaient, tant les petits propriétaires agricoles ne pouvaient pas tenir la concurrence. Dans une situation de ce type, les paysans polonais, définis par un degré moindre d'expectative issu de leur histoire passée, s'adaptaient mieux à leur situation de prolétarisation. Cf. Max Weber, « L'État national et la politique économique » (1895), *La revue du MAUSS*, n° 3, 1989.

18. Pour une présentation exhaustive de cette vision du capitalisme moderne, cf. Max Weber, *Histoire économique* (1919-1920, 1re édition, 1923), Paris, Gallimard, 1996, surtout le chap. IV, pp. 295-386.

19. Karl Löwith, *Max Weber and Karl Marx* (1932), Londres, Allen & Unwin, 1982. Aussi Norbert Wiley (éd.), *The Marx-Weber Debate*, Beverly Hills, Sage, 1987.

20. Max Weber, *Économie et société*, *op. cit.*, p. 87.

21. *Ibid.*, p. 87.

22. Max Weber, *Le savant et le politique*, *op. cit.*, p. 120.

23. Max Weber, *L'éthique protestante et l'esprit du capitalisme*, *op. cit.*, p. 250.

24. *Ibid.*, p. 250.

25. On peut trouver des indications dans ce sens chez Charles Wright Mills, *L'imagination sociologique* (1959), Paris, Maspero, 1967, chap. IX; mais c'est aussi le cœur de l'interprétation que Herbert Marcuse donne de l'œuvre de Weber.

26. Max Weber, «Avant-propos du recueil d'études de sociologie des religions» (1920), in *Sociologie des religions*, *op. cit.*, p. 492.

27. Max Weber, «Der Sozialismus» (1918), *Gesammelte Aufsätze zur Soziologie und Sozialpolitik*, Tubingen, J.C.B. Mohr, 1988 (trad. angl., «Socialism», in *Max Weber : the Interpretation of Social Reality*, Londres, Michael Joseph, 1971, pp. 191-219).

28. Lorsqu'il s'agit de rendre compte de cette face d'ombre de la rationalisation dans l'œuvre de Weber, certains auteurs sont contraints de recourir à une reconstruction de sa pensée tant elle n'a jamais véritablement développé toutes les implications critiques et sombres de sa position. Cf. Jeffrey C. Alexander, «The dialectic of individuation and domination : Weber's rationalization theory and beyond», in S. Whimster, S. Lash (éd.), *Max Weber and Rationality*, Londres, Allen and Unwin, 1987, pp. 185-206.

29. Max Weber, *L'éthique protestante et l'esprit du capitalisme*, *op. cit.*, p. 53.

30. Cf. sur ce point l'analyse proposée par Rogers Brubaker, *The Limits of Rationality. An Essay on the Social and Moral Thought of Max Weber*, Londres, George Allen & Unwin, 1984.

31. Max Weber, *Économie et société. op. cit.*, p. 11.

32. *Ibid.*, p. 22.

33. *Ibid.*, p. 23.

34. *Ibid.*, p. 22.

35. Max Weber, «Essai sur quelques catégories de la sociologie compréhensive» (1913), in *Essais sur la théorie de la science*, Paris, Presses Pocket, 1992, pp. 304-305.

36. Max Weber, «Essai sur le sens de la "neutralité axiologique" dans les sciences sociologiques et économiques» (1917), in *Essais sur la théorie de la science*, *op. cit.*, pp. 426-427.

37. C'est l'insistance sur ces dimensions de l'action (ainsi que l'accent que met Weber quant à l'étude de la généalogie des systèmes de valeurs) qui permet de conclure, avec Raynaud, sur les désaccords fondamentaux entre l'œuvre wébérienne et l'individualisme méthodologique. Cf. Philippe Raynaud, *Max Weber et les*

dilemmes de la raison moderne (1987), Paris, PUF, 1996, pp. 102-110.

38. Julien Freund, «Rationalisation et désenchantement», in *Études sur Max Weber*, Genève, Librairie Droz, 1990, pp. 71-92.

39. Max Weber, «Essai sur quelques catégories de la sociologie compréhensive» (1913), in *Essais sur la théorie de la science*, *op. cit.*, p. 362.

40. Pour une étude de cette influence, Eugène Fleischmann, «De Weber à Nietzsche», *Archives européennes de sociologie*, vol. V, 1964, pp. 190-238.

41. Sur ce point Joachim Israel, *L'aliénation de Marx à la sociologie contemporaine* (1968), Paris, Éditions Anthropos, 1972, pp. 161-197.

42. Pour cette position, parmi d'autres, Joseph Gabel, «Effets pervers et fausse conscience», *Cahiers internationaux de sociologie*, vol. LXXXIII, juillet-décembre 1987, pp. 339-354; Enrique Lamo de Espinosa, *La sociedad reflexiva (Sujeto y objeto de conocimiento)*, Madrid, CIS/Siglo XXI, 1990.

43. Notamment dans la version que l'individualisme méthodologique a donnée de cette figure. Cf. notamment Raymond Boudon, *Effets pervers et ordre social*, Paris, PUF, 2e édition 1979, et *La logique du social*, Paris, Hachette, 1979.

44. Évidemment cette dimension est présente dans son œuvre lorsqu'il pose «le problème du rapport paradoxal entre la volonté et les effets qu'elle produit: le problème de l'homme et du destin (le destin comme *conséquence* de son action par rapport à ses *intentions*)». Cf. Max Weber, «Résultat: confucianisme et puritanisme» (1915), in *Sociologie des religions*, *op. cit.*, p. 394. Mais celle-ci est le plus souvent subordonnée et interprétée dans le cadre d'une transfiguration du sens.

45. Max Weber, «Considération intermédiaire: théorie des degrés» (1915, 2e édition avec variantes, 1920), in *Sociologie des religions*, *op. cit.*, p. 448.

46. Pour une analyse de l'œuvre de Weber à partir d'une lecture psychanalytique de sa biographie, notamment en ce qui concerne la division de son œuvre en deux périodes coupées par la grave maladie nerveuse qu'il traverse en 1897, cf. Arthur Mitzman, *The Iron Cage: An Historical Interpretation of Max Weber*, New York, Alfred A. Knopf, 1969.

47. Max Weber, *Le savant et le politique*, *op. cit.*, p. 114.

48. *Ibid.*, p. 206 et suiv.

49. Max Weber, « Considération intermédiaire : théorie des degrés », in *Sociologie des religions*, *op. cit.*, pp. 410-460.

50. Léo Strauss, *Droit naturel et histoire* (1953), Paris, Flammarion, 1986, pp. 44-82.

51. Raymond Aron, préface à *Le savant et le politique*, *op. cit.*, pp. 66-67.

52. Philippe Raynaud, *Max Weber et les dilemmes de la raison moderne*, *op. cit.*, p. 121.

53. Max Weber, *Le savant et le politique*, *op. cit.*, pp. 221-222.

54. Hennis a souligné, à sa manière, l'importance de cette tension dans son œuvre au point même de voir dans « la tension entre l'ordre extérieur et la revendication intérieure de la "personnalité", son destin, ses chances », son thème majeur. « La plasticité infinie de la nature humaine d'un côté, et "les ordres de vie" (les ordres et pouvoirs sociaux du vrai titre d'*Économie et société*) de l'autre – (c'est là) le vrai thème de sa vie, un thème qui traverse effectivement toute son œuvre comme une mélodie fondamentale ». Cf. Wilhelm Hennis, *La problématique de Max Weber*, *op. cit.*, pp. 82-83.

55. La remarque de Strauss selon laquelle le charisme ne serait que le fruit de la difficulté typologique de Weber à classer toutes les formes de domination en deux types (traditionnel et rationnel-légal) est limitée. L'essentiel est moins de juger de son importance lors de l'émergence de la domination rationnelle-légale que de sa validité au sein des temps modernes. Cf. Léo Strauss, *Droit naturel et histoire*, *op. cit.*, p. 64 et suiv.

56. Max Weber, *Économie et société*, *op. cit.*, p. 252.

57. M. Weber, *Le savant et le politique*, *op. cit.*, p. 120.

58. Rappelons que la notion désigne chez Weber les qualités extraordinaires d'un individu l'investissant d'une qualité de chef, donnant lieu à la fois à une reconnaissance consentie et à un devoir auprès de ceux qui ont été choisis par l'appel du chef. Cf. Max Weber, *Économie et société*, *op. cit.*, p. 249 et suiv.

59. Cf. par exemple, Wolfgang Mommsen, « La sociologie politique de Max Weber et sa philosophie de l'histoire universelle », *Revue internationale des sciences sociales*, 17, 1965, pp. 23-48.

60. Pour une lecture en ce sens du charisme, notamment en ce qui concerne ses dimensions psychologiques et son rôle en tant que figure exemplaire d'une minorité active, cf. Serge Moscovici, *La machine à faire des dieux*, Paris, Fayard, 1988, pp. 139-281.

61. Dans sa lecture des écrits politiques de Weber, Giddens, plaçant Weber au sein de la tradition libérale européenne, souligne fortement cette dimension. Cf. Anthony Giddens, « Politics and Sociology in the Thought of Max Weber » (1972), in *Politics, Sociology and Social Theory*, Stanford, California, Stanford University Press, 1995, pp. 15-56. Mommsen, quant à lui, préfère parler de Weber comme d'un « libéral désespéré », sceptique quant à la survie du libéralisme face à l'extension des bureaucraties et de la rationalisation. Cf. Wolfgang Mommsen, *The Age of Bureaucracy*, Oxford, Basil Blackwell, 1974, surtout chap. V.

62. Nous nous appuyons ici surtout sur un ensemble de textes publiés par Weber en 1917 et publiés comme ouvrage indépendant en 1918. Cf. « Parlament un Regierung im neugeordneten Deutschland » (1918), in *Gesammelte Politische Schriften*, Tübingen, J.C.B. Mohr, 1958, pp. 294-431 (trad. angl., « Parliament and Government in a Reconstructed Germany », in *Economy and Society*, vol. II, Berkeley, University of California Press, 1978, pp. 1381-1469).

63. Nous suivons ici surtout l'analyse proposée par Wolfgang Mommsen, *Max Weber et la politique allemande 1890-1920* (1959), Paris, PUF, 1985, notamment chap. IX, pp. 421-486.

64. Max Weber, « Der Reichspräsident » (1919), *Gesammelte Politische Schriften*, Tübingen, J.C.B. Mohr, 1958, pp. 486-489 (trad. angl., « The President of the Reich », in *Weber. Political Writings*, Cambridge, Cambridge University Press, 1994, pp. 304-308).

65. Max Weber, « L'État national et la politique économique » (1895), *La revue du MAUSS*, n° 3, 1989, p. 49.

66. Pour une interprétation machiavéliste des positions politiques wébériennes, cf. Raymond Aron, « Max Weber et la politique de puissance », in *Les étapes de la pensée sociologique* (1967), Paris, Gallimard, 1985, pp. 642-656.

67. Wolfgang Mommsen, *Max Weber et la politique allemande 1890-1920*, *op. cit.*, p. 227.

68. *Ibid.*, p. 493 et suiv.

69. Les inquiétudes de Weber se portent notamment sur la politique, tandis que celles de Schumpeter concernent le domaine économique lui-même, mais au fond, leurs positions sont fort semblables. Pour les deux auteurs, les dangers de la modernité proviennent du passage d'une phase initiale, où l'initiative individuelle a toute sa place, à une phase postérieure, où la bureaucratie et les

grands conglomérats économiques étouffent le rôle des individus dans l'histoire. Cf. Joseph Schumpeter, *Capitalisme, socialisme et démocratie* (1942), Paris, Payot, 1954.

70. La confiance tout à fait limitée que Weber porte aux droits de l'homme ou au droit naturel doit se comprendre dans cette perspective. Pour lui, le désenchantement prive les sociétés modernes de la possibilité d'une intégration consensuelle de la société à l'aide d'un système de valeurs partagées.

71. Pour une lecture en ce sens, cf. Richard Bellamy, *Liberalism and Modern Society*, Cambridge, Polity Press, 1992, notamment tout le chapitre consacré au libéralisme désenchanté de l'Allemagne.

72. Sur ce point, voir surtout les réflexions de Weber à propos des études de Meyer, cf. Max Weber, « Études critiques pour servir à la logique des sciences de la "culture" » (1906), in *Essais sur la théorie de la science*, *op. cit.*, pp. 205-299.

73. Pierre Bouretz, *Les promesses du monde. Philosophie de Max Weber*, Paris, Gallimard, 1996, p. 84.

74. Pour une réflexion critique dans ce sens, cf. Raymond Aron, « Les limites de l'objectivité historique et la philosophie du choix », in *La philosophie critique de l'histoire*, Paris, Vrin, 1969, pp. 217-268.

75. Alfred Schütz, *The Phenomenology of the Social World* (1932), Evanston, Ill., Northwestern University Press, 1967, surtout le chap. I.

76. Pour une analyse de cette tension, cf. Hans H. Gerth, Charles Wright Mills (éd.), *From Max Weber* (1948), Londres, Routledge and Kegan Paul, 1970, pp. 45-74.

77. Max Weber, *L'éthique protestante et l'esprit du capitalisme*, *op. cit.*, p. 249 (c'est Weber qui souligne).

Chapitre VI

1. Norbert Elias, *La civilisation des mœurs* (1939), Paris, Calmann-Lévy, 1991, p. 87.

2. Roger Chartier, « Formation sociale et économie psychique : la société de cour dans le processus de civilisation », préface à Norbert Elias, *La société de cour* (1933/1969), Paris, Flammarion, 1985, p. VII.

3. Norbert Elias, *La dynamique de l'Occident* (1939), Paris, Calmann-Lévy, 1975, p. 267.

4. Pour une comparaison entre les deux auteurs, cf. Catherine Colliot-Thélène, « Le concept de rationalisation : de Max Weber à Norbert Elias », in Alain Garrigou et Bernard Lacroix (sous la dir.), *Norbert Elias. La politique et l'histoire*, Paris, La Découverte, 1997, pp. 52-74.

5. Norbert Elias, *La civilisation des mœurs*, *op. cit.*, p. 115.

6. *Ibid.*, p. 296-297.

7. *Ibid.*, p. 183.

8. *Ibid.*, p. 243.

9. *Ibid.*, p. 269.

10. *Ibid.*, p. 273.

11. Norbert Elias, *The Symbol Theory*, Londres, Sage, 1991. Pour des commentaires critiques sur cet aspect de l'œuvre de Elias, cf. Ian Burkitt, *Social Selves : Theories of the Social Formation of Personality*, *Current Sociology*, vol. XXXIX, nº 3, hiver 1991, surtout pp. 184-187.

12. Norbert Elias, *La dynamique de l'Occident*, *op. cit.*, p. 29.

13. *Ibid.*, p. 115.

14. En réalité, à cette conception wébérienne de l'État s'ajoute une conception durkheimienne de la modernisation, le processus de civilisation supposant une complexification des formes sociales qui engendre de nouveaux mécanismes de solidarité et d'interdépendance entre les individus. Mais quelle que soit l'autonomie relative que Elias prête aux différents domaines de la vie sociale, il insiste sur l'unité profonde de l'ensemble des processus d'évolution de la société.

15. Norbert Elias, « Introduction » (1986), in Norbert Elias, Éric Dunning, *Sport et civilisation*, Paris, Fayard, 1994, p. 47.

16. *Ibid.*, p. 48. Cf. aussi dans le même ouvrage le chapitre, « Sur le sport et la violence », *ibid.*, pp. 205-238.

17. Par ailleurs, et comme le signale Elias lui-même, l'Église se fera un des agents les plus efficaces de l'implantation des modèles de civilisation dans les couches inférieures. Cf. Norbert Elias, *La civilisation des mœurs*, *op. cit.*, p. 147 et suiv.

18. Norbert Elias, *La dynamique de l'Occident*, *op. cit.*, pp. 218-219.

19. *Ibid.*, p. 192.

20. *Ibid.*, p. 201.

21. Norbert Elias, *La société de cour*, op. cit., pp. 31-32, p. 38, p. 58.

22. *Ibid.*, p. 97.

23. Une obligation qui aura été à la base même de la restructuration de la noblesse. Certains parviendront à tirer, grâce à leur présence et position dans la cour, les ressources économiques nécessaires pour asseoir leur prestige social, tandis que d'autres échoueront, prisonniers de l'image qu'ils se font de leur propre valeur personnelle, et soumis à un rétrécissement de leurs ressources.

24. Norbert Elias, *La société de cour*, *op. cit.*, p. 229.

25. Norbert Elias, *La dynamique de l'Occident*, *op. cit.*, p. 248.

26. Lettre de Elias à Cas Wouters. Citée par Roger Chartier, « Avant-propos. Le sport ou la libération contrôlée des émotions », in Norbert Elias, Eric Dunning, *Sport et civilisation*, *op. cit.*, p. 19.

27. Le point est largement controversé. Cf. le débat présenté dans le numéro spécial des *Cahiers internationaux de sociologie*, vol. 99, 1995, pp. 213-235.

28. Norbert Elias, *La civilisation des mœurs*, *op. cit.*, p. 271.

29. Norbert Elias, *Qu'est-ce que la sociologie ?* (1970), La Tour d'Aigues, Éditions de l'Aube, 1991, p. 190.

30. Norbert Elias, « Introduction », in Norbert Elias, Eric Dunning, *Sport et civilisation*, *op. cit.*, p. 59. Pour une présentation de certaines objections adressées à cet égard à Elias ainsi qu'une défense de sa position, cf. Stephen Mennell, « L'envers de la médaille : le processus de décivilisation », in Alain Garrigou, Bernard Lacroix (sous la dir.), *Norbert Elias. La politique et l'histoire*, *op. cit.*, pp. 213-236.

31. C'est ainsi, par exemple, que Garrigou souligne cette ligne d'évolution à partir des travaux de Elias sur le sport. Cf. Alain Garrigou, « Le "grand jeu" de la société », in Alain Garrigou, Bernard Lacroix (sous la dir.), *Norbert Elias. La politique et l'histoire*, *op. cit.*, pp. 100-127. Quant à Heinich elle souligne plutôt l'inquiétude exprimée par Elias quant au processus de civilisation dans ses travaux sur la mort, cf. Nathalie Heinich, *La sociologie de Norbert Elias*, Paris, La Découverte, 1997, pp. 43-46.

32. Norbert Elias, *La civilisation des mœurs*, *op. cit.*, p. 245.

33. « *Ces rapports à l'intérieur de chaque être humain* et avec eux la structure de son contrôle pulsionnel, de son Moi et de son Surmoi, évoluent conjointement au cours du processus de civilisation par suite de *la transformation spécifique des interrelations*

humaines... ». Cf. Norbert Elias, *La dynamique de l'Occident*, *op. cit.*, p. 261.

34. *Ibid.*, p. 207.

35. Elias fait peu état de ces références théoriques. Néanmoins, outre quelques renvois à l'œuvre de Weber dans *La société de cour*, dans son ouvrage majeur, *Le processus de civilisation*, on trouve deux références en note de bas de page : dans l'une, il signale sa dette envers Freud pour la théorie du Surmoi, dans l'autre il discute le type idéal du féodalisme proposé par Weber. Les rapports de Elias avec Weber sont pour le moins ambigus. Si, d'un côté, l'influence de Weber sur sa propre réflexion est évidente, notamment en ce qui concerne sa représentation de la formation de l'État, de l'autre côté, Elias a cru déceler, dans l'œuvre de Weber, une séparation entre un individu et des institutions qui ne seraient que de simples artifices. Cf. Norbert Elias, *Qu'est-ce que la sociologie ?*, *op. cit.*, p. 139 et suiv. Cf. aussi *Norbert Elias par lui-même* (des entretiens enregistrés en 1984 et publiés pour la première fois en 1990), Paris, Fayard, 1991, pp. 173-176.

36. Cf. notamment les passages sur Rousseau dans *La société de cour*, *op. cit.*, p. 110 et p. 113, ainsi que le développement que Elias consacre au romantisme aristocratique.

37. Norbert Elias, *La société de cour*, *op. cit.*, p. 251.

38. Norbert Elias, « Introduction », in Norbert Elias, Eric Dunning, *Sport et civilisation*, *op. cit.*, p. 64.

39. Norbert Elias, Eric Dunning, « Les loisirs dans le spectre du temps libre » (1972), in Norbert Elias, Eric Dunning, *Sport et civilisation*, *op. cit.*, pp. 157-158.

40. Norbert Elias, *Du temps* (1984), Paris, Fayard, 1996, p. 17 et p. 25.

41. Certains auteurs ont ainsi insisté sur la ressemblance repérable sur ce point entre l'œuvre de Elias et les travaux de l'école de Francfort, notamment entre cette vision du processus de civilisation et la dénonciation de l'existence d'un « surplus de répression » chez Marcuse. Cf. Arthur Bogner, « Elias and the Frankfurt School », *Theory, Culture and Society*, 4, (2-3), 1987, pp. 249-285 ; aussi, Ian Burkitt, *op. cit.*, p. 178 et suiv.

42. Norbert Elias, « Introduction », in Norbert Elias, Eric Dunning, *Sport et civilisation*, *op. cit.*, p. 31.

43. Norbert Elias, *La civilisation des mœurs*, *op. cit.*, p. 101.

44. Norbert Elias, *La solitude des mourants* (1982), Paris, Christian Bourgois, 1987.

45. Sigmund Freud, *Malaise dans la civilisation* (1929), Paris, PUF, 1992, p. 32.

46. *Ibid.*, p. 47.

47. Pour une lecture insistant sur cet aspect de l'œuvre de Elias, cf. Helena Béjar, « La sociogénesis del individuo », in *La cultura del yo*, Madrid, Alianza, 1993, pp. 109-150.

48. Norbert Elias, *Studien über die Deutschen* (1989), Francfort, Suhrkamp, 1992, p. 27 (trad. angl., *The Germans*, Oxford, Basil Blackwell, 1996, p. 19).

49. *Ibid.*, pp. 13-14 (trad. angl., *op. cit.*, p. 7).

50. *Ibid.*, p. 208 et suiv. (trad. angl., *op. cit.*, p. 160 et suiv.)

51. *Ibid.*, p. 456 (trad. angl., *op. cit.*, p. 352).

52. *Ibid.*, p. 493 et suiv. (trad. angl., *op. cit.*, p. 383 et suiv.).

53. Pour cette analyse intergénérationnelle, *ibid.*, p. 315 et suiv. (trad. angl., *op. cit.*, p. 239 et suiv).

54. Norbert Elias, *Du temps*, *op. cit.*, p. 164.

55. Pour une présentation de différentes critiques adressées à la conception de Elias du processus de civilisation, cf. Stephen Mennell, *Norbert Elias : An Introduction* (1989), Oxford, Blackwell, 1992, pp. 227-250.

56. Jean-Hughes Déchaux, « Sur le concept de configuration : quelques failles dans la sociologie de Norbert Elias », *Cahiers internationaux de sociologie*, vol. 99, 1995, pp. 293-313.

57. Norbert Elias, *La société des individus* (1987), Paris, Fayard, 1991, p. 50.

58. Norbert Elias, *La société de cour*, *op. cit.*, p. 151.

59. Norbert Elias, « Les transformations de l'équilibre "nous-je" » (1987), *La société des individus*, *op. cit.*, p. 234.

60. Norbert Elias, *Qu'est-ce que la sociologie ?*, *op. cit.*, p. 141.

61. Norbert Elias, *La société des individus*, *op. cit.*, p. 65.

62. Et on pourrait même ajouter, la sociologie elle-même tant pour Elias celle-ci s'avère prisonnière de la séparation entre l'individu et la société. Cf. les critiques sur cet aspect adressées par Elias à Parsons in « Sociologie et Histoire », Avant-propos à *La société de cour*, *op. cit.*, p. LXXIV ; ou encore, *Qu'est-ce que la sociologie ?*, *op. cit.*, p. 222.

63. Norbert Elias, *Du temps*, *op. cit.*, p. 129 ; et dans le même sens, *ibid.*, pp. 138-139.

64. Norbert Elias, « Les transformations de l'équilibre "nous-

je" » (1987), *La société des individus*, *op. cit.*, p. 248. Pour Elias, le recours de la sociologie aux énoncés des pronoms personnels est la manière la plus simple de signifier que les hommes dépendent les uns des autres et que chacun d'entre eux est un être foncièrement social. Cf. Norbert Elias, *Qu'est-ce que la sociologie ?*, *op. cit.*, pp. 146-154.

65. Le texte que Elias a consacré à Mozart semble avoir un statut à part : l'analyse de la génialité – acceptée en tant que telle par Elias – se fonde sur l'écart entre l'individu Mozart et la société dans laquelle il vit : Mozart est un musicien bourgeois et romantique, et un génie au sein d'une société de cour qui ne reconnaît pas encore la valeur du génie. L'exceptionnalité du génie semblerait être un gage supplémentaire de la plausibilité de l'analyse en termes de configuration. Cf. Norbert Elias, *Mozart. Sociologie d'un génie*, Paris, Seuil, 1991.

66. Norbert Elias, « Conscience de soi et image de l'homme » (1940-1950), in *La société des individus*, *op. cit.*, p. 164.

67. Norbert Elias, *Qu'est-ce que la sociologie ?*, *op. cit.*, p. 180.

68. Norbert Elias, *Du temps*, *op. cit.*, p. 161.

69. *Ibid.*, p. 200 et suiv. Encore une fois, ce processus ne va pas sans contrepartie pour Elias du fait, notamment, que les hommes s'habituent à communiquer à l'aide d'« abstractions » en perdant de vue les détails sensibles auxquels elles se rapportent.

70. Norbert Elias, *Qu'est-ce que la sociologie ?*, *op. cit.*, p. 58.

71. Norbert Elias, « Engagement et distanciation » (1956), *Engagement et distanciation* (1983), Paris, Fayard, 1993, p. 24.

72. Norbert Elias, « Les pêcheurs dans le Maelström » (1980), *ibid.*, p. 72.

73. Norbert Elias, *Qu'est-ce que la sociologie ?*, *op. cit.*, p. 193.

74. Le désenchantement que les hommes civilisés éprouvent vis-à-vis de la nature n'est qu'une conséquence directe de cette conception de la rationalisation qui exige une grande retenue émotionnelle menant à une nature rendue plus habitable pour les hommes mais offrant peu de joie à la sensibilité humaine. Cf. Norbert Elias, « Les pêcheurs dans le Maelström », *Engagement et distanciation*, *op. cit.*, pp. 109-110.

75. Norbert Elias, « Conscience de soi et image de l'homme », in *La société des individus*, *op. cit.*, p. 174.

76. Norbert Elias, « Les pêcheurs dans le Maelström », *Engagement et distanciation*, *op. cit.*, p. 114.

Chapitre VII

1. Cf. surtout Jürgen Habermas, *Théorie de l'agir communicationnel* (1981), Paris, Fayard, 1987, vol. I, chap. IV, pp. 347-402.

2. Herbert Marcuse, *L'homme unidimensionnel* (1964), Paris, Minuit, 1968, pp. 20-21.

3. Jay souligne cette spécificité de la pensée de Marcuse chez qui, en effet, l'hostilité envers tout ce qui impliquait la notion d'identité est beaucoup moins grande que dans les études de Horkheimer ou d'Adorno. Cf. Martin Jay, *L'imagination dialectique* (1973), Paris, Payot, 1977, p. 80. En fait, sur ce point, la position de Marcuse a profondément et rapidement évolué dès qu'il prend ses distances vis-à-vis de Heidegger, passant d'une conception accentuant une certaine unité sous-jacente à toute l'histoire humaine, sorte d'identité ontologique ultime entre le sujet et l'objet (comme en atteste notamment son premier livre sur Hegel où l'influence de Heidegger est la plus visible, cf. Herbert Marcuse, *L'ontologie de Hegel et la théorie de l'historicité* [1932], Paris, Minuit, 1972), à une conception qui, sans renier cette possibilité, ne la conçoit que comme l'aboutissement de toute une série de négations promises à un avenir incertain. Pour une présentation des rapports intellectuels entre Marcuse et Heidegger, cf. Thomas McCarthy, *Ideal and Illusions. On Reconstruction and Deconstruction in Contemporary Critical Theory*, Cambridge, Mass., MIT, 1992, pp. 83-96.

4. Theodor W. Adorno et Max Horkheimer, *La dialectique de la Raison* (1947), Paris, Gallimard, 1974, p. 56.

5. *Ibid.*, p. 18.

6. Theodor W. Adorno, *Dialectique négative* (1966), Paris, Payot, 1978, p. 12.

7. Pour une interprétation des premiers travaux de Marcuse sur la rationalisation technique, cf. Gérard Raulet, *Herbert Marcuse. Philosophe de l'émancipation*, Paris, PUF, 1992, p. 120 et suiv.

8. Pour l'expérience française, cf. notamment Raymond Aron, *Dix-huit leçons sur la société industrielle*, Paris, Gallimard, 1962, et *La lutte des classes*, Paris, Gallimard, 1964. Outre le fait qu'Aron est au plus loin de partager la vision totale de la domination qui se trouve dans les travaux de Marcuse, il insiste dans ses études sur le

caractère endogène du changement et sur les conflits d'intérêts qui secouent la société industrielle.

9. Herbert Marcuse, « Industrialisation et capitalisme chez Max Weber » (1964), in *Culture et société*, Paris, Minuit, 1970, p. 274 (c'est Marcuse qui souligne).

10. *Ibid.*, p. 285.

11. *Ibid.*, p. 291.

12. Herbert Marcuse, *L'homme unidimensionnel*, *op. cit.*, p. 34.

13. *Ibid.*, p. 22.

14. Herbert Marcuse, *Le marxisme soviétique* (1958), Paris, Gallimard, 1963, p. 255.

15. Herbert Marcuse, *L'homme unidimensionnel*, *op. cit.*, p. 21.

16. Herbert Marcuse, *Le marxisme soviétique*, *op. cit.*, p. 103.

17. Herbert Marcuse, *Éros et civilisation* (1955), Paris, Minuit, 1963, p. 89.

18. Herbert Marcuse, *Vers la libération* (1969), Paris, Minuit, 1969, p. 27.

19. Jürgen Habermas, *La technique et la science comme idéologie* (1968), Paris, Gallimard, 1973, pp. 3-74.

20. Wagner attire justement l'attention sur cette ressemblance entre les théories fonctionnalistes de la modernisation et diverses théories critiques de la société industrielle avancée, toutes coïncidant dans une représentation largement commune de la « modernité organisée ». Cf. Peter Wagner, *Liberté et discipline* (1994), Paris, Métailié, 1996, pp. 182-189.

21. C'est dans ce sens que Giddens interprète bon nombre de difficultés présentes chez Marcuse. Dans ses œuvres il y aurait un glissement entre une conception du capitalisme organisé dans la descendance de Marx, associant alors le capitalisme avec l'opposition entre classes sociales, et la conception des sociétés industrielles avancées, dans la descendance wébérienne, associant le capitalisme avec la rationalité technologique. Cf. Anthony Giddens, « The improbable Guru : re-reading Marcuse », in *Politics, Sociology and Social Theory*, Stanford, Stanford University Press, 1995, pp. 216-232.

22. Herbert Marcuse, « La lutte contre le libéralisme dans la conception totalitaire de l'État » (1934), in *Culture et société*, *op. cit.*, p. 78.

23. Herbert Marcuse, *L'homme unidimensionnel*, *op. cit.*, p. 274.

24. Pour cette présentation, cf. Perry Anderson, *Sur le marxisme occidental* (1976), Paris, Maspero, 1977.

25. Herbert Marcuse, « La philosophie et la théorie critique » (1937), *Culture et société*, *op. cit.*, p. 157.

26. Il est même possible d'affirmer que l'essentiel des travaux de l'école de Francfort tourne autour de cette triple réponse. L'économie administrée du capitalisme d'État, l'introjection dans la psyché des individus des traits propres à la domination capitaliste, enfin, l'étude de la culture et de la socialisation familiale n'étant qu'un support de plus de cette conception fonctionnaliste de la domination sociale. Dans la société administrée tous les éléments de la vie sociale participent, activement, au maintien des structures de domination. Pour une lecture critique de l'école de Francfort dans cette perspective, cf. Axel Honneth, « Critical Theory », in Anthony Giddens, Jonathan Turner (éd.), *Social Theory Today*, Stanford, Cal., Stanford University Press, 1987, pp. 347-382.

27. Herbert Marcuse, *Raison et révolution* (1941), Paris, Minuit, 1968, p. 4.

28. *Ibid.*, p. 91.

29. *Ibid.*, p. 363.

30. Herbert Marcuse, *Éros et civilisation* (1955), *op. cit.*, p. 43.

31. *Ibid.*, p. 120.

32. *Ibid.*, p. 223. C'est la raison politique principale pour laquelle Marcuse s'oppose au révisionnisme néofreudien qui pense pouvoir résoudre dans le cadre de la société existante la revendication du bonheur des individus.

33. Herbert Marcuse, *L'homme unidimensionnel*, *op. cit.*, p. 276.

34. *Ibid.*, p. 280.

35. Pour un historique des rapports entre les principaux représentants de l'école de Francfort et le mouvement étudiant des années soixante, cf. Rolf Wiggershaus, *L'école de Francfort* (1986), Paris, PUF, 1993, pp. 592-617 ; aussi Jean-Michel Palmier, *Herbert Marcuse et la nouvelle gauche*, Paris, Belfond, 1973.

36. Herbert Marcuse, *La fin de l'utopie* (1967), Paris, Seuil, 1968, p. 17.

37. *Ibid.*, p. 43.

38. Herbert Marcuse, *Vers la libération*, *op. cit.*, p. 28.

39. Herbert Marcuse, *La fin de l'utopie*, *op. cit.*, p. 53.

40. *Ibid.*, p. 62.

41. Pour Goldmann, ces difficultés auraient conduit Marcuse, en ce qui concerne l'agent de la transformation, vers l'idée d'une « dictature, pédagogique et transitoire sans doute, des philosophes et des sages ». Cf. Lucien Goldmann, « Réflexions sur la pensée de Herbert Marcuse », *Marxisme et sciences humaines*, Paris, Gallimard, 1970, p. 269.

42. Herbert Marcuse, *L'homme unidimensionnel*, *op. cit.*, p. 62.

43. *Ibid.*, p. 252.

44. Herbert Marcuse, *Vers la libération*, *op. cit.*, p. 34.

45. Herbert Marcuse, *La fin de l'utopie*, *op. cit.*, p. 8.

46. Herbert Marcuse, *L'homme unidimensionnel*, *op. cit.*, p. 256 (c'est Marcuse qui souligne).

47. Cf. pour cette distinction Max Horkheimer, « Théorie traditionnelle et théorie critique » (1937), in *Théorie traditionnelle et théorie critique*, Paris, Gallimard, 1974, pp. 15-92.

48. Sur ce point, cf. Martin Jay, *Marxism and Totality*, Berkeley, University of California Press, 1984, pp. 196-219. Soulignons que dans cette incorporation le rôle de Marcuse fut loin d'être négligeable, puisqu'il a su, un des premiers, reconnaître l'importance majeure des *Manuscrits* du jeune Marx. Cf. Herbert Marcuse, « Les manuscrits économico-philosophiques de Marx » (1932), in *Philosophie et Révolution*, Paris, Denoël-Gonthier, 1969, pp. 41-120. Pour une lecture de l'infléchissement opéré à ce moment au sein de la pensée de Marcuse, cf. Frédéric Vandenbergue, *Une histoire critique de la sociologie allemande*, vol. II, Paris, La Découverte/MAUSS, 1998, surtout pp. 118-123.

49. On a pu alors, à juste titre, rapprocher sa dérive critique, et plus largement celle de l'école de Francfort, du mouvement critique propre aux jeunes hégéliens dans la première moitié du XIXe siècle. Cf. Paul-Laurent Assoun et Gérard Raulet, *Marxisme et théorie critique*, Paris, Payot, 1978 ; Rüdiger Bubner, *Modern German Philosophy*, Cambridge, Cambridge University Press, 1981.

50. Herbert Marcuse, « La philosophie et la théorie critique » (1937), in *Culture et société*, *op. cit.*, p. 158.

51. *Ibid.*, p. 168.

52. *Ibid.*, p. 169.

53. Theodor W. Adorno, *Prismes. Critique de la culture et société* (1955), Paris, Payot, 1986, p. 19.

54. Herbert Marcuse, *Raison et révolution*, *op. cit.*, pp. 370-371.

55. Herbert Marcuse, « Théorie et pratique » (1974), in *Actuels*, Paris, Galilée, 1976, pp. 70-72 (c'est Marcuse qui souligne).

56. Herbert Marcuse, «Le caractère "affirmatif" de la culture» (1937), in *Culture et société*, *op. cit.*, p. 129.

57. *Ibid.*, pp. 139-140.

58. Herbert Marcuse, *Éros et civilisation*, *op. cit.*, p. 131, aussi plus largement chap. VII et VIII. Trois ans plus tard le thème est encore abordé dans *Le marxisme soviétique*, *op. cit.*, chap. VI.

59. Herbert Marcuse, *L'homme unidimensionnel*, *op. cit.*, p. 278 (c'est Marcuse qui souligne).

60. Herbert Marcuse, *Vers la libération*, *op. cit.*, p. 57.

61. Herbert Marcuse, *Contre-révolution et révolte* (1972), Paris, Seuil, 1973, p. 86.

62. *Ibid.*, p. 152.

63. Herbert Marcuse, *La dimension esthétique* (1977 ; 1978 édition anglaise révisée par l'auteur), Paris, Seuil, 1979, p. 50.

64. La fiction propre à l'art devient le dernier rempart contre un monde unidimensionnalisé d'où, dans la nouvelle gauche, «la forte composante esthétique du mouvement : l'art fut considéré comme le moteur de la libération, comme la prise de conscience d'une autre réalité (normalement refoulée). Était-ce du romantisme ou même de l'élitisme ? En aucune façon. La nouvelle gauche était seulement *en avance* sur les "conditions objectives" en articulant des buts et des contenus que le développement du capitalisme avait rendus possibles mais, jusque-là, canalisés ou réprimés». Cf. Herbert Marcuse, «Échec de la nouvelle gauche» (1975), in *Actuels*, Paris, Galilée, 1976, pp. 16-17 (c'est Marcuse qui souligne).

65. Herbert Marcuse, *La dimension esthétique*, *op. cit.*, p. 42.

66. À travers un processus au sein duquel, comme l'a signalé Habermas, il n'y a pas à terme de différence entre la logique et la dynamique historiques. Cf. Jürgen Habermas, *Après Marx* (1976), Paris, Fayard, 1985.

67. Jay préfère rendre compte de cette tendance en termes de capacité d'anamnèse. Cf. Martin Jay, «Anamnestic totalization : memory in the thought of Herbert Marcuse», *Marxism and Totality*, *op. cit.*, pp. 220-240.

68. Dans cette ligne de pensée, son essai «Les fondements philosophiques du concept économique du travail» (1933), in *Culture et société*, *op. cit.*, pp. 21-60.

Chapitre VIII

1. Michel Foucault, *L'ordre du discours*, Paris, Gallimard, 1971, pp. 72-82.

2. Michel Foucault, « Qu'est-ce que les Lumières ? » (*Magazine littéraire*, 1984), in *Dits et écrits. 1954-1988*, vol. IV, Paris, Gallimard, 1994, p. 688.

3. Parmi d'autres, Bryan S. Turner, *The Body and Society. Explorations in Social Theory*, Oxford, Basil Blackwell, 1984, chap. VII ; Barry Smart, *Michel Foucault*, Chichester et Londres, Ellis Horwood and Tavistock, 1985, surtout chap. VI ; aussi, Georg Stauth, Bryan S. Turner, *Nietzsche's Dance. Resentment, Reciprocity and Resistance in Social Life*, Oxford, Basil Blackwell, 1988, surtout le chap. VI.

4. Michel Foucault, « Qu'est-ce que les Lumières ? » (« What is Enligthenment ? », 1984), in *Dits et écrits. 1954-1988*, vol. IV, *op. cit.*, pp. 562-578. (Notons que Foucault a publié la même année deux textes portant sur les Lumières avec le même titre.)

5. Michel Foucault, « Pourquoi étudier le pouvoir : la question du sujet » (1982), in *Dits et écrits. 1954-1988*, vol. IV, *op. cit.*, pp. 224-225.

6. La confession et l'aveu mis en place par le catholicisme ne sont que des techniques rudimentaires de surveillance, dont les principes d'examen et d'introspection seront repris et perfectionnés par bien des sciences humaines (psychanalyse, médecine, criminologie).

7. Michel Foucault, « Entretien avec Michel Foucault » (1976), in *Dits et écrits. 1954-1988*, vol. III, 1976-1979, Paris, Gallimard, 1994, p. 148.

8. Michel Foucault, « Structuralisme et poststructuralisme » (1983), in *Dits et écrits. 1954-1988*, vol. IV, *op. cit.*, p. 447.

9. Jürgen Habermas, *Le discours philosophique de la modernité* (1985), Paris, Gallimard, 1988, p. 289. C'est sur ce point que la lecture que fait Habermas de Foucault est la plus profonde et pertinente. Par contre, ses critiques, sur lesquelles se centrent la plupart des interprètes, quant à l'absence de fondements normatifs universalistes au nom desquels on pourrait juger de la véracité de son effort de déconstruction des sciences humaines, et de sa critique de la domination s'avèrent plus polémiques et moins convaincantes (sur ce dernier point, cf. Manfred Frank, *Qu'est-ce que le néostruc-*

turalisme ? [1984], Paris, Éditions du Cerf, 1989). Pour une présentation des relations et de la non-rencontre intellectuelle entre Foucault et Habermas, cf. Didier Eribon, *Michel Foucault et ses contemporains*, Paris, Fayard, 1994, pp. 289-311.

10. Pour une analyse des différences et ressemblances entre l'œuvre de Foucault et celle de l'école de Francfort, cf. Axel Honneth, « Foucault et Adorno », *Critique*, août-septembre 1986, n° 471-472, pp. 800-815 ; Thomas McCarthy, « The critique of Impure Reason : Foucault and the Frankfurt School », in *Ideals and Illusions. On Reconstruction and Deconstruction in Contemporary Critical Theory*, Cambridge, MIT, 1992, chap. II.

11. Pour Foucault la généalogie est avant tout la volonté de résister à toute vision imposant un déploiement métahistorique de significations idéales et de téléologies indéfinies, les unes et les autres, organisées autour de la quête de l'origine. Cf. Michel Foucault, « Nietzsche, la généalogie, l'histoire » (1971), in *Dits et écrits. 1954-1988*, vol. II, 1970-1975, Paris, Gallimard, 1994, p. 140.

12. Hubert Dreyfus, Paul Rabinow, *Michel Foucault. Un parcours philosophique* (1982), Paris, Gallimard, 1984, p. 100.

13. Michel Foucault, *Histoire de la folie à l'âge classique* (1961), Paris, Gallimard, 1972, p. 96.

14. Michel Foucault, *L'ordre du discours*, *op. cit.*, p. 12.

15. Une inflexion produite vers le début des années soixante-dix et que Foucault lui-même interprète comme une conséquence de Mai 68 qui a fait émerger le concept de pouvoir. Cf. Michel Foucault, « Entretien avec Michel Foucault » (1976), in *Dits et écrits. 1954-1988*, vol. III, 1976-1979, *op. cit.*, p. 146.

16. Hubert Dreyfus et Paul Rabinow, *Michel Foucault. Un parcours philosophique* (1982), *op. cit.*, pp. 151-153.

17. Michel Foucault, *L'archéologie du savoir*, Paris, Gallimard, 1969, p. 46.

18. Cependant, et pour pertinente que soit cette division, il ne faut pas négliger le fait que cette deuxième version est loin d'être incompatible avec certains de ses travaux précédents, notamment ses études sur la médecine ou sur la folie, qui sont susceptibles d'être relues à partir d'une perspective généalogique, l'interprétation accentuant alors les mécanismes et les pratiques à travers lesquels la Raison exclut, classe, et produit l'altérité. Cf. Michel Foucault, *Histoire de la folie à l'âge classique*, *op. cit.*, pp. 190-191.

19. Michel Foucault, *Histoire de la folie à l'âge classique*, *op. cit.*, p. 463.

20. Michel Foucault, *Surveiller et punir*, Paris, Gallimard, 1975, p. 32.

21. Cf. Marcel Gauchet et Gladys Swain, *La pratique de l'esprit humain. L'institution asilaire et la révolution démocratique*, Paris, Gallimard, 1980.

22. Michel Foucault, *Surveiller et punir*, *op. cit.*, p. 171.

23. Michel Foucault, « Cours du 14 janvier 1976 », in *Dits et écrits. 1954-1988*, vol. III, *op. cit.*, p. 186.

24. *Ibid.*, pp. 188-189.

25. Michel Foucault, *Surveiller et punir*, *op. cit.*, p. 224.

26. *Ibid.*, p. 32.

27. Michel Foucault, *L'archéologie du savoir*, *op. cit.*, p. 250.

28. Michel Foucault, *Les mots et les choses*, Paris, Gallimard, 1966, p. 348.

29. *Ibid.*, p. 398.

30. La différence entre la conception foucaldienne du corps et la représentation biologique présente chez Nietzsche est bien soulignée par Scott Lash, « Genealogy and the body : Foucault/Deleuze/Nietzsche », in *Sociology of Postmodernism*, Londres, Routledge, 1990, pp. 55-77.

31. Michel Foucault, *Surveiller et punir*, *op. cit.*, 219.

32. *Ibid.*, p. 315.

33. Michel Foucault, *La volonté de savoir. Histoire de la sexualité*, vol. I, Paris, Gallimard, 1976, pp. 84-85. Cette nouvelle position entraîne d'ailleurs une inflexion de taille dans la représentation que Foucault se fait de la psychanalyse. Là où, en 1966, il entrevoyait en elle une dimension critique, dix ans plus tard, il ne voit que le cœur des dispositifs de contrôle et de normalisation. Pour une lecture des rapports entre Foucault et la psychanalyse, cf. John Forrester, *The Seductions of Psychoanalysis. Freud, Lacan, Derrida*, Cambridge, Cambridge University Press, 1990, notamment le chap. XII, « Michel Foucault and the history of psychoanalysis ».

34. Michel Foucault, *Surveiller et punir*, *op. cit.*, pp. 194-195.

35. Michel Foucault, *La volonté de savoir*, *op. cit.*, pp. 204-205.

36. Michel Foucault, *Surveiller et punir*, *op. cit.*, p. 313.

37. Michel Foucault, « Par-delà le bien et le mal » (1971), in *Dits et écrits. 1954-1988*, vol. II, *op. cit.*, p. 235.

38. Michel Foucault, *Surveiller et punir*, *op. cit.*, p. 31 et suiv., p. 133 et suiv.

39. Michel Foucault, *La volonté de savoir*, *op. cit.*, p. 128.

40. Michel Foucault, *Surveiller et punir*, *op. cit.*, p. 229.

41. Notons qu'il y a dans les études de Foucault un plaisir esthétique manifeste lorsque son écriture, dans sa fluidité discursive, rencontre la fluidité du pouvoir, cf. parmi bien d'autres passages, *Surveiller et punir*, *op. cit.*, pp. 32-33 ; aussi *La volonté de savoir*, *op. cit.*, p. 135.

42. Michel Foucault, *La volonté de savoir*, *op. cit.*, p. 123.

43. Cf. notamment Michel Foucault, « Cours du 7 janvier 1976 », in *Dits et écrits. 1954-1988*, vol. III, *op. cit.*, pp. 160-174.

44. Michel Foucault, *Histoire de la folie à l'âge classique*, *op. cit.*, p. 77. Certes, Foucault lui-même s'empresse d'affirmer les limites de la stratégie, lorsqu'il souligne que l'internement qui aurait dû agir à la fois sur le marché de la main-d'œuvre et les prix de la production n'a pas vraiment joué ce rôle (*ibid.*, p. 82). Pourtant, il faudra attendre la fin du XVIIIe siècle pour que l'internement montre véritablement ses limites et son inefficacité autant en ce qui concerne le chômage que les prix (*ibid.*, p. 427). La stratégie change alors de fond en comble : l'internement devient un contresens économique (*ibid.*, p. 432).

45. Michel Foucault, *Surveiller et punir*, *op. cit.*, p. 30.

46. *Ibid.*, p. 282.

47. Michel Foucault, *La volonté de savoir*, *op. cit.*, p. 51.

48. *Ibid.*, p. 183.

49. *Ibid.*, pp. 185-186.

50. Michel Foucault, *Surveiller et punir*, *op. cit.*, pp. 219-220.

51. Pour une critique sévère des imprécisions analytiques qui se glissent derrière le talent stylistique de Foucault, cf. Raymond Boudon, *La place du désordre*, Paris, PUF, 1984.

52. Michel Foucault, *La volonté de savoir*, *op. cit.*, p. 122.

53. Surtout, Luc Ferry et Alain Renaut, *La pensée 68*, Paris, Gallimard, 1985, et jusqu'à un certain point, Vincent Descombes, *Le même et l'autre*, Paris, Minuit, 1979. Notons que ce dernier auteur revient sur cette caractérisation mettant l'accent sur les origines historiques de cette génération dans une succession rapide de régimes, entre la IIIe République, Vichy, la IVe et la Ve République, réclamant tous l'obéissance à leurs lois, mais s'accusant réciproquement d'illégitimité. Cf. Vincent Descombes, *Philosophie par gros temps*, Paris, Minuit, 1989, p. 80.

54. Michel Foucault, *La volonté de savoir*, *op. cit.*, p. 125.

55. Michel Foucault, « Pourquoi étudier le pouvoir : la question du sujet » (1982), in *Dits et écrits. 1954-1988*, vol. IV, *op. cit.*, p. 225.

56. Cf. la critique de Jacques Derrida, « Cogito et histoire de la folie », in *L'écriture et la différence*, Paris, Seuil, 1967, pp. 51-97. Pour la réaction, cf. Michel Foucault, « Réponse à Derrida » (1972), in *Dits et écrits. 1954-1988*, vol. II, *op. cit.*, pp. 281-295.

57. À cet égard, Paul Veyne a fortement contesté la possibilité d'une lecture dichotomique et manichéenne de son œuvre, comme un combat entre la raison et le désir, le pouvoir et la résistance des minorités. Cf. Paul Veyne, « Foucault révolutionne l'histoire » (1978), in *Comment on écrit l'histoire*, Paris, Seuil, 1978, p. 221 et suiv.

58. Michel Foucault, « La pensée du dehors » (1966), in *Dits et écrits. 1954-1988*, vol. I, 1954-1969, Paris, Gallimard, 1994, pp. 518-539. Cf. aussi le dernier chapitre de *Histoire de la folie à l'âge classique*, *op. cit.*, pp. 531-557.

59. Michel Foucault, *Surveiller et punir*, *op. cit.*, p. 315.

60. Michel Foucault, *La volonté de savoir*, *op. cit.*, p. 125. Foucault précise même dans la continuation de la phrase que, de ce fait, la résistance « n'est jamais en position d'extériorité par rapport au pouvoir ».

61. Pour un bref historique de cette inflexion à partir de ses cours au Collège de France, cf. Angèle Kremer-Marietti, *Michel Foucault. Archéologie et généalogie*, Paris, Librairie générale française, 1985, pp. 248-252 ; et surtout les propres explications de Foucault, « À propos de la généalogie de l'éthique : un aperçu du travail en cours » (1983), in *Dits et écrits. 1954-1988*, vol. IV, *op. cit.*, pp. 383-411.

62. Michel Foucault, *L'usage des plaisirs. Histoire de la sexualité*, vol. II, Paris, Gallimard, 1984, p. 12.

63. *Ibid.*, p. 93.

64. La vision de Foucault est pourtant loin d'être idyllique, tant dans ses analyses il tient compte des hiérarchies établies et de la domination qui parcourent les relations humaines, sous l'emprise notamment de l'obsession de l'activité et de la passivité des rôles. Pour une analyse sans égale sur la difficulté à cet égard des relations entre les hommes les plus âgés et les jeunes garçons, cf. Michel Foucault, *L'usage des plaisirs*, *op. cit.*, pp. 207-248.

65. Michel Foucault, *Le souci de soi. Histoire de la sexualité*, vol. III, Paris, Gallimard, 1984, p. 55.

66. Michel Foucault, *Le souci de soi*, *op. cit.*, p. 273.

67. Gilles Deleuze, *Foucault*, Paris, Minuit, 1986, pp. 104-105.

68. Pour Rorty cette attitude ne dénote que la volonté de Foucault de dissocier radicalement la morale du citoyen de sa quête personnelle d'autonomie ; une quête hautement individualiste, tant Foucault, dans la descendance de Nietzsche, cherche à se doter d'une identité personnelle singulière. Cf. Richard Rorty, « Identité morale et autonomie privée », in *Michel Foucault philosophe*, Paris, Seuil, 1989, pp. 385-393.

69. Michel Foucault, *Surveiller et punir*, *op. cit.*, pp. 218-219.

Chapitre IX

1. Edmund Husserl, *La crise des sciences européennes et la phénoménologie transcendantale* (1938), Paris, Gallimard, 1976, surtout III A.

2. Jürgen Habermas, *Théorie de l'agir communicationnel* (1981), vol. II, Paris, Fayard, 1987, p. 142.

3. *Ibid.*, pp. 143-149.

4. *Ibid.*, vol. I, p. 86.

5. Pourtant, et malgré ces limites du monde vécu, il récuse, contre le rationalisme critique, le caractère conservateur de la notion de monde vécu, et surtout l'idée que le savoir n'est pas seulement construit sur mais aussi contre la compréhension fondée sur des expériences quotidiennes. Pour un auteur comme Hans Albert, à l'inverse du programme qui veut inscrire la pensée dans la continuité garantie par la compréhension préthéorique, il faut assumer la rupture des savoirs au nom d'un rationalisme critique. Cf. dans le débat sur le positivisme les mises en garde dans ce sens de Albert à Habermas, cf. Hans Albert, « Le mythe de la Raison totale » (1964), in Theodor W. Adorno *et al.*, *De Vienne à Francfort*, (1969), Bruxelles, Éditions Complexe, 1979, pp. 149-150.

6. Jürgen Habermas, *Théorie de l'agir communicationnel*, vol. I, *op. cit.*, p. 86.

7. *Ibid.*, p. 88.

8. Pour une critique des limites et des problèmes de la conception habermasienne de la vérité consensuelle, cf. Frédéric Vanden-

bergue, *Une histoire critique de la sociologie allemande*, vol. II, Paris, La Découverte, 1998, pp. 227-232.

9. Cette différenciation des sphères discursives qui caractérise la modernité, Habermas l'entrevoit au travers de la théorie sur l'apprentissage de Piaget pour qui le développement cognitif signifie d'une manière générale la décentration d'une compréhension égocentrée du monde. Mais l'analogie ne doit pas être comprise selon l'idée stricte que chaque individu récapitule en lui-même l'évolution de l'humanité. Cf. Jürgen Habermas, *Théorie de l'agir communicationnel*, vol. I, *op. cit.*, pp. 82-90.

10. Jürgen Habermas, *Morale et communication* (1983), Paris, Cerf, 1986, p. 148.

11. Sur ce point, Ferry a raison de souligner la nature pour le moins problématique de la distinction entre l'activité stratégique et l'activité communicationnelle puisque toutes les deux, à la différence de l'activité instrumentale qui s'exerce sur le monde objectif, sont des actions sociales et la distinction entre les deux dimensions n'est pas toujours évidente dans la pratique des acteurs. Cf. Jean-Marc Ferry, *Habermas. L'éthique de la communication*, Paris, PUF, 1987, pp. 338-340.

12. Jürgen Habermas, *Théorie de l'agir communicationnel*, vol. I, *op. cit.*, p. 110 (c'est Habermas qui souligne).

13. *Ibid.*, p. 116.

14. *Ibid.*, vol. II, p. 139.

15. Signalons que sur ce point l'œuvre de Habermas n'est pas exempte d'ambiguïtés, les mêmes notions renvoyant à des réalités différentes selon les domaines où elles sont utilisées; parfois en effet la culture, la société et la personnalité désignent des composants du monde vécu tandis que dans d'autres moments de son œuvre elles ont une signification bien plus large

16. Jürgen Habermas, *Morale et communication*, *op. cit.*, pp. 149-150.

17. Le caractère problématique de l'entente et la volonté de l'enraciner autour des pratiques communicationnelles et de l'argumentation sont d'ailleurs à l'origine, comme l'a souligné Cascardi, des limites de la réflexion habermasienne autour de l'esthétique, dans laquelle il entrevoit toujours un autre privilégié de la raison, surtout en ce qui concerne ses potentiels d'expression et de cohérence interne. Position qui explique jusqu'à un certain point les réticences en ce qui concerne la notion de totalité présente dans l'art de Haber-

mas, à la différence d'autres auteurs de l'école de Francfort. Cf. Anthony J. Cascardi, *Subjectivité et modernité* (1992), Paris, PUF, 1995, p. 141 et suiv.

18. Jürgen Habermas, « Travail et interaction », in *La technique et la science comme idéologie* (1968), Paris, Denoël-Gonthier, 1973, pp. 163-211 ; aussi Jürgen Habermas, *Le discours philosophique de la modernité* (1985), Paris, Gallimard, 1988, surtout chap. II, pp. 27-60.

19. Jürgen Habermas, « La modernité, un projet inachevé » (1981), *Critique*, XXXVII, nº 413, octobre 1981, pp. 950-967.

20. Jürgen Habermas, *Connaissance et intérêt* (1968 et 1973 pour la postface), Paris, Gallimard, 1976, surtout la première partie, pp. 33-97.

21. Pour Giddens, les notions de travail et d'interaction ne sont qu'un mélange raté de types idéaux à la Weber (action finalisée et action orientée par des valeurs) et des réalités des forces et des relations de production. Cf. Anthony Giddens, « Labour and Interaction », in John B. Thompson, David Held (éd.), *Habermas. Critical Debates*, Londres, Macmillan, 1982, p. 156.

22. Axel Honneth, « Work and Interaction », *New German Critique*, 26, 1982, p. 31 et suiv.

23. Jürgen Habermas, *Théorie de l'agir communicationnel*, vol. I, *op. cit.*, notamment deuxième et quatrième parties.

24. En fait Habermas distingue trois variantes au sein de l'action communicationnelle : l'action régulée par des normes, l'action dramaturgique, enfin l'agir communicationnel à proprement parler.

25. Jürgen Habermas, *Théorie de l'agir communicationnel*, vol. I, *op. cit.*, p. 296.

26. *Ibid.*, p. 295.

27. Jürgen Habermas, *Théorie et pratique* (nouvelle édition, 1971), vol. II, Paris, Payot, 1975, p. 201.

28. Jürgen Habermas, « Explicitations du concept d'activité communicationnelle » (1982), in *Logiques des sciences sociales et autres essais*, Paris, PUF, 1987, p. 429.

29. Notons à ce stade la difficulté soulevée par Ferry concernant la cohérence d'ensemble du système de Habermas. À savoir, la tension existant entre ses affirmations réitérées quant à l'existence de trois dimensions de l'effectivité et du sens (qui selon les périodes peuvent renvoyer au Hegel de Iéna et conceptualisées alors en termes de travail, d'interaction et de représentation ; ou bien à Kant

et formulées en fonction des trois critiques) et la pratique d'une analyse opérant, pour l'essentiel, par un dualisme opposant le travail et l'interaction, la technique et la pratique, l'instrumentation et la communication (c'est-à-dire une démarche résorbant toujours implicitement la dialectique de la représentation, celle de la conscience théorique, dans celle de l'interaction, propre à la conscience pratique). Cf. Jean-Marc Ferry, *Habermas. L'éthique de la communication*, *op. cit.*, pp. 347-351.

30. Jürgen Habermas, *Théorie de l'agir communicationnel*, vol. II, *op. cit.*, p. 168.

31. Jürgen Habermas, « Le matérialisme historique et le développement des structures normatives », in *Après Marx* (1976), Paris, Fayard, 1985, p. 68.

32. Jürgen Habermas, *Théorie de l'agir communicationnel*, vol. II, *op. cit.*, p. 198 (c'est Habermas qui souligne).

33. *Ibid.*, p. 305.

34. *Ibid.*, p. 200 (c'est Habermas qui souligne).

35. C'est à ce niveau que se placent d'habitude un certain nombre d'objections portées à l'œuvre de Habermas. Pour bien des critiques, en effet, Habermas aurait échoué dans sa volonté de parvenir à un mariage entre la tradition herméneutique et le fonctionnalisme, suite aux défaillances de sa théorie de l'action et du réel statut épistémologique de cette dernière (cf. Hans Joas, « The Unhappy Marriage of Hermeneutics and Functionalism », *Praxis International*, vol. VIII., 1988, pp. 34-51). Mais c'est McCarthy qui a le mieux souligné le fait que l'opposition entre système et monde vécu fait référence à un trop grand nombre d'oppositions différentes. Cf. surtout les articles réunis in Thomas McCarthy, *Ideals and Illusions*, Cambridge, Mass., MIT, 1992.

36. Parmi les multiples références existantes, cf. en français, Jürgen Habermas, *Discours philosophique de la modernité*, *op. cit.*, pp. 434-454.

37. Voir dans ce sens les travaux de Claus Offe, *Les démocraties modernes à l'épreuve*, Paris, L'Harmattan, 1997.

38. Jürgen Habermas, *Raison et légitimité* (1973), Paris, Payot, 1978, p. 74.

39. Jürgen Habermas, « La crise de l'État providence et l'épuisement des énergies utopiques », *Écrits politiques*, Paris, Cerf, 1990, p. 115.

40. Jürgen Habermas, *Théorie de l'agir communicationnel*, vol. II, *op. cit.*, p. 310.

41. *Ibid.*, p. 410.

42. *Ibid.*, p. 432.

43. Pour une analyse des relations entre l'œuvre de Habermas et les diverses versions du concept de totalité dans la tradition marxiste, cf. Martin Jay, *Marxism and Totality*, Berkeley, University of California Press, 1984, pp. 462-509.

44. Comme le signale Pierre Bouretz, pour Habermas, la discussion peut faire plus que ce que prétendait le rationalisme critique de Karl Popper ou de Hans Albert, mais elle doit faire moins que ce que vise Karl-Otto Apel. Cf. Pierre Bouretz, *Les promesses du monde*, Paris, Gallimard, 1996, pp. 386-393.

45. Pour des mises en garde dans ce sens, cf. Jürgen Habermas, *L'éthique de la discussion* (1991), Paris, Cerf, 1992, pp. 121-126. Sur ce point une critique sérieuse a été adressée par Tugendhat : si l'on présuppose des conditions de communication égalitaires, basées sur des principes universalistes de respect réciproque, les seules normes que l'on pourrait fonder seraient, justement, des principes égalitaires et universalistes de respect mutuel. Pour Habermas pourtant, il ne s'agit en fait que des éléments empiriques se faisant sentir lors de nos communications, et dont la continuité a besoin, pour exister véritablement, d'un cadre juridique. Pour ces problèmes, cf. Rainer Rochlitz, « Fonction généalogique et force justificative de l'argumentation », in Christian Bouchindhomme et Rainer Rochlitz (éd.), *Habermas, la raison, la critique*, Paris, Cerf, 1996, pp. 187-214.

46. À vrai dire, Habermas a considérablement infléchi et distendu le rapport initial qu'il avait établi entre la morale et le droit au profit d'une conception de l'État de droit s'appuyant sur la pratique d'une démocratie radicale. Pour la première position, cf. Jürgen Habermas, *Droit et morale* (1988), Paris, Seuil, 1997. Aussi la postface de Jürgen Habermas, *Droit et démocratie* (1992), Paris, Gallimard, 1997, pp. 489-490.

47. *Ibid.*, pp. 126 et suiv.

48. *Ibid.*, p. 139.

49. Jürgen Habermas, *Théorie de l'agir communicationnel*, vol. II, *op. cit.*, p. 92.

50. Pour une critique radicale de ce postulat à partir de la postmodernité, cf. Richard Rorty, « Habermas, Lyotard et la postmodernité », *Critique*, n° 442, mars 1984, pp. 181-197 ; et aussi quant à la légitimité des énoncés en fonction de leur apport à l'émancipa-

tion de l'espèce humaine, cf. Jean-François Lyotard, *La condition postmoderne*, Paris, Minuit, 1979. Pour l'un comme pour l'autre, même si c'est pour des raisons différentes, c'est la problématique même des fondements qui s'épuise et disparaît dans la phase propre aux sociétés postmodernes.

51. Jürgen Habermas, *Droit et démocratie*, *op. cit.*, p. 346.

52. Pour la réflexion de Habermas autour des travaux de Kohlberg, cf. surtout Jürgen Habermas, « Conscience morale et activité communicationnelle », in *Morale et communication*, *op. cit.*, pp. 131-204.

53. Jürgen Habermas, *Droit et démocratie*, *op. cit.*, pp. 411-412.

54. Jürgen Habermas, *Écrits politiques*, *op. cit.*, p. 98.

55. Jürgen Habermas, *Droit et démocratie*, *op. cit.*, p. 478.

56. *Ibid.*, p. 478. Autrement dit, pour Habermas la raison communicationnelle ne dépend pas, comme chez Apel, de conditions formelles transcendantes aux contextes historiques et échappant alors à toute forme de relativisation. Encore davantage, il croit cette tâche non seulement impossible mais surtout superflue. Pour les critiques d'Apel, cf. Karl-Otto Apel, *Penser avec Habermas contre Habermas*, Paris, Éditions de l'Éclat, 1990. Cf. aussi les présentations critiques de Sylvie Mesure, Alain Renaut, *La guerre des dieux*, Paris, Grasset, 1996, 2e partie, chap. II ; et Jean-Pierre Cometti, *Le philosophe et la poule de Kircher*, Paris, Éditions de l'Éclat, 1997, surtout chap. III et VI.

57. Jürgen Habermas, *Droit et démocratie* *op. cit.*, p. 54.

58. *Ibid.*, p. 96.

59. Habermas n'évacue pas les problèmes moraux concrets comme lui ont très souvent reproché les philosophes contextuels et communautariens, mais pour lui ces conflits n'ont de signification que ramenés à l'existence d'une exigence d'universalité, dont la nature ultime est sujette à discussion mais dont l'efficacité pratique, en termes au moins de tensions morales, est indiscutable. C'est pourquoi Ricœur dira avec justesse que si l'éthique de la discussion donne une fondation satisfaisante de la justification morale, elle laisse par là même ouvert un espace pour une compréhension des conflits autour de l'effectuation de cette même morale – ce qui jusqu'à un certain point s'opère dans les réflexions habermasiennes sur la pratique démocratique. Cf. Paul Ricœur, *Soi-même comme un autre*, Paris, Seuil, 1990, pp. 325-329.

60. Jürgen Habermas, *L'espace public* (1962), Paris, Payot, 1986.

61. Jürgen Habermas, *Droit et démocratie*, *op. cit.*, p. 386.

62. *Ibid.*, p. 396.

63. À vrai dire, la difficulté fut surtout nette dans la première synthèse essayée par Habermas à partir des divers intérêts de connaissances (technique, pratique et émancipatif). En effet, ces intérêts étaient supposés être spécifiques à la nature humaine mais ils étaient aussi reliés à son développement culturel ; ils étaient à la fois à priori puisque cadres transcendantaux de toute connaissance, tout en étant en même temps empiriques puisque se développant dans des processus historiques. Cf. Jürgen Habermas, *Connaissance et intérêt*, *op. cit.*

64. *Ibid.*, p. 371 (c'est Habermas qui souligne).

65. Jürgen Habermas, *Droit et démocratie*, *op. cit.*, p. 352 (c'est Habermas qui souligne).

66. *Ibid.*, p. 294.

67. Rüdiger Bubner, « Habermas's Concept of Critical Theory », in John B. Thompson, David Held (éd.), *Habermas. Critical Debates*, Londres, The Macmillan Press, 1982, p. 49.

68. Jürgen Habermas, *Droit et démocratie*, *op. cit.*, p. 321.

69. Jürgen Habermas, *Le discours philosophique de la modernité*, *op. cit.*, pp. 426-427.

70. Jürgen Habermas, *Droit et démocratie*, *op. cit.*, p. 325.

71. Cf. les réflexions dans ce sens de Peter Sloterdijk, *Critique de la raison cynique* (1983), Paris, Christian Bourgois, 1987.

72. Jürgen Habermas, *Le discours philosophique de la modernité*, *op. cit.*, p. 426.

73. Jürgen Habermas, *Droit et démocratie*, *op. cit.*, p. 11.

La condition moderne

1. Charles Baudelaire, « Le peintre de la vie moderne » (1859), in *Œuvres complètes*, vol. II, Paris, Gallimard, 1976, p. 1163.

2. Henri Meschonnic, *Modernité*, *modernité*, Paris, Verdier, 1988, p. 37.

3. Évidemment, il ne s'agit pas par là de nier l'importance du thème pour des auteurs dont l'essentiel de la réflexion sur la modernité tourne autour d'autres matrices (comme, par exemple, Norbert Elias ou surtout Robert K. Merton). Mais lorsque ce thème est abordé dans leurs œuvres, il ne serait pas difficile de montrer que leurs analyses se placent d'une certaine manière au niveau de (ou

en conversation avec) l'expérience de la modernité. Pour les développements de Merton autour de l'ambivalence, cf. Robert K. Merton, *Sociological Ambivalence and Other Essays*, New York, The Free Press, 1976 ; et pour une réflexion de la modernité dans cette perspective, cf. Zygmunt Bauman, *Modernity and Ambivalence*, Londres, Polity Press, 1991.

4. Marshall Berman, *All that is Solid Melts into Air*, New York, Simon and Schuster, 1982.

5. Pour une lecture soulignant les différences entre l'interprétation de Marx et l'inspiration de Baudelaire, cf. Henri Lefebvre, *Introduction à la modernité*, Paris, Minuit, 1962, pp. 170-175.

Chapitre X

1. Cf. à ce sujet la préface de Raymond Boudon à Georg Simmel, *Les problèmes de la philosophie de l'histoire* (3e édition, 1907), Paris, PUF, 1984 ; pour ces discontinuités dans la pensée de Simmel voir aussi Marc Sagnol, « Le statut de la sociologie chez Simmel et Durkheim », *Revue française de sociologie*, 28, 1, 1987, pp. 99-121.

2. Sur l'impressionnisme de Simmel et sa conception de la sociologie comme une espèce de grammaire pour saisir l'expérience de la modernité, cf. les réflexions de Wolf Lepenies, *Les trois cultures* (1985), Paris, Éditions de la Maison des sciences de l'homme, 1990, p. 236 et suiv.

3. Georg Simmel, « Le concept et la tragédie de la culture » (1911), in *La tragédie de la culture*, Paris, Rivages, 1988, p. 179.

4. Georg Simmel, *Philosophie de l'argent* (1900), Paris, PUF, 1987, p. 28.

5. *Ibid.*, p. 29.

6. Georg Simmel, *Questions fondamentales de la sociologie* (1917), in Georg Simmel, *Sociologie et épistémologie*, Paris, PUF, 1981, pp. 137-138.

7. Georg Simmel, « Pont et porte », in *La tragédie de la culture*, *op. cit.*, p. 168.

8. Georg Simmel, « L'individualisme » (1917), in *Philosophie de la modernité*, Paris, Payot, 1989, p. 283.

9. Cf. la remarquable présentation critique de l'œuvre de Simmel proposée par Julien Freund, dans l'« Introduction » à la traduction française de Georg Simmel, *Sociologie et épistémologie*, Paris, PUF, 1981, pp. 7-78.

10. Georg Simmel, « L'individualisme de Goethe » (1912), in *Philosophie de la modernité*, vol. II, Paris, Payot, 1990.

11. Georg Simmel, *Rembrandt* (1916), Strasbourg, Circé, 1994.

12. Georg Simmel, « Rodin » (1911), in *Michel Ange et Rodin*, Paris, Rivages, 1990.

13. Cité in David Frisby, *Sociological Impressionism : a Reassessment of Georg Simmel's Social Theory*, Londres, Heinemann, 1981, p. 8.

14. La notion de forme est ambiguë, voire imprécise et équivoque chez Simmel. Pour des mises en garde critiques, Raymond Aron, *La philosophie critique de l'histoire*, Paris, Vrin, 1969, p. 164 ; Raymond Boudon, *op. cit.*, p. 43 ; François Léger, *La pensée de Georg Simmel*, Paris, Kimé, 1987, p. 294 ; et surtout Julien Freund, *op. cit.*, pp. 37-49. La notion de forme excède pour beaucoup chez Simmel la dimension sociale, elle est une forme de représentation et d'organisation symbolique du chaos de l'expérience, tout comme une manifestation, plus ou moins cristallisée, de certaines pratiques sociales ou culturelles.

15. Georg Simmel, *Questions fondamentales de la sociologie* (1917), *op. cit.*, p. 90.

16. Raymond Aron, *La sociologie allemande contemporaine* (1936), Paris, PUF, 1981.

17. Il nous est ainsi difficile d'accepter la lecture de Boudon pour qui la notion simmelienne de forme « est organiquement liée au postulat de l'individualisme méthodologique ». Cf. Raymond Boudon, préface au livre de Georg Simmel, *Les problèmes de la philosophie de l'histoire*, *op. cit.*, p. 12.

18. Georg Simmel, « Digression sur le problème : comment la société est-elle possible ? » (1908), in Patrick Watier (éd.), *Georg Simmel, la sociologie et l'expérience du monde moderne*, Paris, Méridiens Klincksieck, 1986, pp. 21-46.

19. Georg Simmel, « Digression sur le problème : comment la société est-elle possible ? », *op. cit.*, p. 34.

20. Georg Simmel, *Philosophie de l'argent*, *op. cit.*, p. 336. Sur ce point, Moscovici a raison de souligner la forte ressemblance du diagnostic de Husserl sur la crise de l'humanité européenne avec l'interprétation donnée à cet égard, dès 1900, par Simmel. Cf. Serge Moscovici, *La machine à faire des dieux*, Paris, Fayard, 1988, pp. 367-369.

21. Georg Simmel, *Philosophie de l'argent*, *op. cit.*, p. 122.

22. *Ibid.*, p. 355.
23. Pour une lecture critique des indécisions de Simmel, cf. Aldo J. Haesler, *Sociologie de l'argent et postmodernité*, Genève, Droz, 1995, p. 127 et suiv.
24. Georg Simmel, *Philosophie de l'argent*, *op. cit.*, p. 176.
25. *Ibid.*, p. 243.
26. *Ibid.*, p. 660.
27. Simmel avait déjà abordé la figure de l'étranger, à travers l'histoire économique des commerçants juifs, dans la *Philosophie de l'argent*, *op. cit.*, pp. 262-268.
28. Georg Simmel, « Digressions sur l'étranger » (1908), in Yves Grafmeyer, Isaac Joseph (éds.), *L'école de Chicago*, Paris, Aubier, 1984, p. 55.
29. Georg Simmel, *Philosophie de l'argent*, *op. cit.*, p. 96.
30. *Ibid.*, p. 622.
31. À tel point qu'un de ses contemporains, Goldscheid, a pu dire que « certains passages de la *Philosophie de l'argent* se lisent comme une traduction de la discussion économique de Marx dans le langage de la psychologie ». Cité in Serge Moscovici, *op. cit.*, p. 321.
32. Georg Simmel, *Philosophie de l'argent*, *op. cit.*, p. 157.
33. *Ibid.*, pp. 546-547.
34. Georg Simmel, « Les grandes villes et la vie de l'esprit » (1903), in *Philosophie de la modernité*, *op. cit.*, pp. 233-252.
35. Georg Simmel, *Philosophie de l'argent*, *op. cit.*, p. 662.
36. Cette ambivalence est tout aussi repérable dans l'interprétation, fort personnelle, fort contrastée, que Simmel donne du socialisme qui « est tout à la fois rationalisme et réaction au rationalisme ». Cf. Georg Simmel, *Philosophie de l'argent*, *op. cit.*, p. 433.
37. *Ibid.*, p. 601.
38. *Ibid.*, p. 512.
39. *Ibid.*, p. 363.
40. Georg Simmel, « Quelques réflexions sur la prostitution dans le présent et dans l'avenir » (1892), in *Philosophie de l'amour*, Paris, Rivages, 1988, p. 21.
41. Émile Durkheim, *De la division du travail social* (1893), Paris, PUF, 1986, p. 9, note 2.
42. Georg Simmel, « Philosophie du paysage » (1913), in *La tragédie de la culture*, *op. cit.*, pp. 231-245.
43. Georg Simmel, « L'aventure », in *Philosophie de la modernité*, *op. cit.*, pp. 305-325.

44. Georg Simmel, *Philosophie de l'argent, op. cit.*, p. 577.

45. Georg Simmel, « La différenciation sociale » (1894), in *Sociologie et épistémologie, op. cit.*, p. 214.

46. Georg Simmel, « Les grandes villes et la vie de l'esprit » (1903), in *Philosophie de la modernité, op. cit.*, pp. 250-251.

47. Georg Simmel, « Sur la sociologie de la famille » (1895), in *Philosophie de l'amour, op. cit.*, pp. 41-42.

48. Georg Simmel, *Le conflit* (1908), Strasbourg, Circé, 1992. Pour une célèbre application de l'analyse simmelienne du conflit, cf. Lewis Coser, *Les fonctions du conflit social* (1956), Paris, PUF, 1982, surtout pp. 19-88.

49. Georg Simmel, *Secret et sociétés secrètes* (1908), Strasbourg, Circé, 1991.

50. Georg Simmel, « La mode » (1895), in *La tragédie de la culture, op. cit.*, pp. 89-127.

51. *Ibid.*, p. 115.

52. Cf. sur ce point les commentaires in Jean-Marie Baldner et Lucien Gillard (dir.), *Simmel et les normes sociales*, Paris, L'Harmattan, 1996.

53. Georg Simmel, *Philosophie de l'argent, op. cit.*, p. 310.

54. Georg Simmel, « Les grandes villes et la vie de l'esprit » (1903), in *Philosophie de la modernité, op. cit.*, p. 241.

55. *Ibid.*, p. 242.

56. Comme le souligne justement Lilyane Deroche-Gurcel, *Simmel et la modernité*, Paris, PUF, 1997, p. 210 et p. 242.

57. Il est certain que cette vision s'est fortement renforcée dans la dernière période de la vie intellectuelle de Simmel, ce qui a permis à Jankélévich de parler de lui comme un « philosophe de la vie » en établissant plus d'un lien avec l'œuvre de Bergson (cf. Vladimir Jankélévitch, « Georg Simmel, philosophe de la vie » (1925), repris in Georg Simmel, *La tragédie de la culture, op. cit.*, pp. 11-85). Néanmoins, et comme nous l'avons vu tout au long de ce texte, la distance matricielle parcourt toute son œuvre et trouve dans la sociologie, sans doute, son expression la plus achevée.

58. Georg Simmel, « Le concept et la tragédie de la culture » (1911), in *La tragédie de la culture, op. cit.*, p. 179.

59. François Léger, *La pensée de Georg Simmel, op. cit.*, p. 303.

60. Georg Simmel, « Le concept et la tragédie de la culture », in *La tragédie de la culture, op. cit.*, p. 184.

61. *Ibid.*, p. 207.
62. François Léger, *La pensée de Georg Simmel*, *op. cit.*
63. Georg Lukács, « En souvenir de G. Simmel » (1918), postface in Georg Simmel, *Philosophie de l'amour*, *op. cit.*, pp. 187-194. Lecture au demeurant beaucoup plus juste et fidèle que l'attaque livrée par Lukács contre l'œuvre de Simmel dans *La destruction de la raison* (1954), vol. I, Paris, L'Arche, 1958, pp. 43-59.
64. Georg Simmel, « Testament philosophique » (tiré d'un journal posthume publié en 1923), in *Philosophie de la modernité*, vol. II, *op. cit.*, p. 295.
65. Georg Simmel, « Le conflit de la culture moderne » (1918), in *Philosophie de la modernité*, vol. II, *op. cit.*, p. 232.
66. Georg Simmel, « La crise de la culture » (1916), in *Philosophie de la modernité*, vol. II, *op. cit.*, p. 278. La citation de Simmel se prolonge : « … et qui, pour cette raison, veut trouver sa seule possibilité dans la négation de la forme, ou dans une forme abstruse d'une façon presque tendancieuse ».
67. Georg Simmel, *Philosophie de l'argent*, *op. cit.*, p. 595.
68. Georg Simmel, « L'individu et la liberté », in *Philosophie de la modernité*, *op. cit.*, p. 300.
69. Georg Simmel, *Questions fondamentales de la sociologie* (1917), in Georg Simmel, *Sociologie et épistémologie*, *op. cit.*, p. 128.
70. Georg Simmel, « La crise de la culture » (1916), in *Philosophie de la modernité*, vol. II, *op. cit.*, p. 273.
71. Georg Simmel, *Philosophie de l'argent*, *op. cit.*, p. 593.
72. Georg Simmel, « Culture féminine » (1902), in *Philosophie de l'amour*, *op. cit.*, p. 71.
73. *Ibid.*, p. 74.
74. *Ibid.*, p. 79.
75. Georg Simmel, « Ce qui est relatif et ce qui est absolu dans le problème des sexes », in *Philosophie de la modernité*, *op. cit.*, p. 112.
76. Georg Simmel, *Questions fondamentales de la sociologie*, in Georg Simmel, *Sociologie et épistémologie*, *op. cit.*, p. 99.
77. Georg Simmel, « Le concept et la tragédie de la culture », in *La tragédie de la culture*, *op. cit.*, pp. 216-217.

Chapitre XI

1. Il s'agit du manuel publié en 1921 par Robert Park et Ernest Burgess, *Introduction to the Science of Sociology*, Chicago, Chicago University Press. Éclectique dans le choix des morceaux choisis, il accorde une place centrale à Simmel dans l'héritage sociologique, dont les textes et les références sont plus nombreux que ceux de n'importe quel autre sociologue, ce qui contraste fortement avec la place modeste donnée à Durkheim, et avec l'absence de Marx et de Weber. Pour une présentation thématique du livre, Robert E.L. Faris, *Chicago Sociology 1920-1932*, California, Chandler Publishing Company, 1967, chap. III, pp. 37-50.

2. Pour une présentation du contexte social et intellectuel de l'œuvre de Park, cf. Lewis A. Coser, *Masters of Sociological Thought*, New York, Harcourt Bruce Jovanovich, 1971, pp. 357-384.

3. Rappelons que cette désignation ne s'imposa que lorsque l'école de Chicago n'existait plus et donc que ces auteurs ne se sont jamais considérés comme membres d'une quelconque école. Cf. Martin Bulmer, *The Chicago School of Sociology*, Chicago, University of Chicago Press, 1984.

4. Pour une idée globale de l'influence de Simmel dans la sociologie américaine, même au-delà de l'école de Chicago, cf. Donald N. Levine, Ellwood B. Carter et Eleanor Miller Gorman, « Simmel's Influence on American Sociology, I & II », *American Journal of Sociology*, 1976, 81 (4,5), pp. 813-845 ; 1112-1132.

5. Dans ce qui suit nous nous centrerons sur quelques aspects de l'école de Chicago particulièrement saillants dans la perspective de la distance matricielle. C'est pourquoi nous n'aborderons pas bien des sujets, comme les dimensions proprement écologiques de l'analyse de la ville (approche par ailleurs fortement critiquée depuis, par ex., Manuel Castells, *La question urbaine*, Paris, Maspero, 1972), ou encore les apports décisifs pour le déploiement d'une sociologie empirique. Pour ce faire, nous nous permettrons certaines associations et quelques rapprochements entre des œuvres écrites à plus de vingt ans d'intervalle, et souvent entre auteurs différents. Pourtant, quelle que soit la vraisemblance de la réalité d'une école de Chicago, on ne peut qu'être souvent frappé par la similitude des formules verbales employées par les uns et les autres, par le transfert des préoccupations théoriques, par la migration des concepts et des analyses.

6. Ernest W. Burgess, « La croissance de la ville. Introduction à

un projet de recherche» (1925), in *L'école de Chicago*, Paris, Aubier, 1984, p. 131.

7. Notons à cet égard qu'un des efforts de Wirth sera justement de distinguer, à l'encontre de Simmel, les effets de l'industrialisation liés spécifiquement à la dimension urbaine, et de tirer les clés de la vie moderne à partir des traits distinctifs de la vie sociale urbaine. Cf. Louis Wirth, «Le phénomène urbain comme mode de vie» (1938), in *L'école de Chicago*, *op. cit.*

8. Robert Ezra Park, «La ville comme laboratoire social» (1929), in *L'école de Chicago*, *op. cit.*, p. 175.

9. Robert Ezra Park, «La communauté urbaine. Un modèle spatial et un ordre moral» (1926), in *L'école de Chicago*, *op. cit.*, p. 208.

10. William Isaac Thomas, Florian Znaniecki, *Le paysan polonais en Europe et en Amérique. Récit de vie d'un migrant* (1919), Paris, Nathan, 1998, p. 85 (trad. fr. partielle).

11. Louis Wirth, «Le phénomène urbain comme mode de vie», in *L'école de Chicago*, *op. cit.*, pp. 270-271.

12. Robert Ezra Park, «La ville. Propositions de recherche sur le comportement humain en milieu urbain» (1925), in *L'école de Chicago*, *op. cit.*, p. 125.

13. Louis Wirth, «Le phénomène urbain comme mode de vie», in *L'école de Chicago*, *op. cit.*, p. 268.

14. C'est surtout le grand mérite, entre autres, de l'ouvrage de Edwin Hardin Sutherland, *Le voleur professionnel* (1937), Paris, Spes, 1963, qui insiste fortement sur l'apprentissage nécessaire dans la délinquance, ainsi que le besoin qu'a le voleur, comme n'importe quel membre de tout autre groupe social, d'être reconnu par ses pairs.

15. C'est surtout White qui a orienté dans ce sens ses critiques envers la notion de désorganisation sociale de Chicago. Pour lui, la notion empêche de voir les multiples processus de recomposition sociale présents dans les divers groupes sociaux. Cf. William Foote Whyte, *Street Corner Society* (1943), Paris, La Découverte, 1996.

16. William Isaac Thomas, Florian Znaniecki, *The Polish Peasent in Europe and America* (1918-1920), New York, Dover Publications, 1958, vol. II, p. 1128.

17. William Isaac Thomas, Florian Znaniecki, *The Polish Peasent in Europe and America*, *op. cit.*, vol. II, p. 1118.

18. Pour cette tension et ces limites, cf. Yves Grafmeyer, Isaac

Joseph, « La ville-laboratoire et le milieu urbain », in *L'école de Chicago*, *op. cit.*, pp. 33 et suiv.

19. Nicolas Herpin, *Les sociologues américains et le siècle*, Paris, PUF, 1973, pp. 24 et suiv.

20. Robert Ezra Park, « La ville », in *L'école de Chicago*, *op. cit.*, p. 105.

21. Ernest W. Burgess, « La croissance de la ville », in *L'école de Chicago*, *op. cit.*, p. 139.

22. Robert Ezra Park, « La ville comme laboratoire social », in *L'école de Chicago*, *op. cit.*, p. 169.

23. William Isaac Thomas, Florian Znaniecki, *Le paysan polonais en Europe et en Amérique*, *op. cit.*, p. 84.

24. *Ibid.*, p. 58.

25. Les liens entre la notion d'anomie et de désorganisation sociale doivent s'interpréter en deux mouvements successifs. D'une part, et de manière interne, il faut insister sur leur proximité intellectuelle, qui permet de comprendre la faible diffusion de Durkheim aux États-Unis pendant les années vingt, et la quasi-absence de toute référence à son œuvre parmi les auteurs de l'école de Chicago (cf. Philippe Besnard, *L'anomie*, Paris, PUF, 1987, pp. 159-163). D'autre part, et de manière externe, il faut souligner le rôle différent que les deux notions ont dans l'économie générale de ces deux représentations de la modernité : pour Durkheim, la notion garde toujours une dimension critique, tandis que pour les auteurs de Chicago, la notion est elle-même ambivalente, tant elle porte aussi, avec elle, l'idée de l'expérience exaltante de la modernité.

26. Le livre se base empiriquement sur l'analyse de lettres d'immigrés polonais à leurs familles et sur une longue étude autobiographique d'un d'entre eux, mais les analyses s'appuient aussi, très souvent, et de manière assez libre, sur des observations faites au cours de la recherche par Thomas et Znaniecki. Pour un exposé fort critique de la méthodologie de l'ouvrage, et des généralisations et imprécisions le parcourant, qui reprend et prolonge les critiques formulées par Herbert Blumer en 1938, cf. John Madge, *The Origins of Scientific Sociology* (1962), London, Tavistock Publications, 1970, chap. III, pp. 52-87.

27. William Isaac Thomas, Florian Znaniecki, *The Polish Peasent in Europe and America*, *op. cit.*, vol. II, p. 1140.

28. D'ailleurs, l'importance accordée par les auteurs à l'ethnicité contraste fortement avec la quasi-absence dans leur œuvre de

toute référence à l'importance de l'activité syndicale dans ce processus.

29. William Isaac Thomas, Florian Znaniecki, *Le paysan polonais en Europe et en Amérique*, *op. cit.*, p. 74.

30. *Ibid.*, pp. 59-62.

31. William Isaac Thomas, Florian Znaniecki, *The Polish Peasent in Europe and America*, *op. cit.*, vol. II, p. 1127.

32. Comme le souligne Park dans la présentation méthodologique qu'il donne de l'ouvrage, le thème fédérateur du livre est l'étude des différentes conséquences induites par la rupture de la tradition et de la coutume et les changements sur les habitudes et les attitudes individuelles que l'immigration entraîne avec elle. Cf. Robert Ezra Park, « The Sociological Methods of William Graham Sumner, and of William I. Thomas and Florian Znaniecki » (1931), *Society*, Glencoe, Ill., The Free Press, 1955, p. 254.

33. Pour une réflexion d'ensemble sur les relations interethniques dans le cadre de l'école de Chicago, cf. Dominique Schnapper, *La relation à l'autre*, Paris, Gallimard, 1998, pp. 191-224.

34. Robert Ezra Park, « Human Migration and the Marginal man » (1928), in *Race and Culture*, Glencoe, Illinois, The Free Press, 1950, pp. 345-356.

35. Louis Wirth, *Le ghetto* (1928), Paris, Grenoble, Presses universitaires de Grenoble, 1980, p. 58.

36. La référence est explicite, Louis Wirth, *Le ghetto*, *op. cit.*, p. 94

37. *Ibid.*, p. 296.

38. Everett V. Stonequist, *The Marginal Man. A Study in Personality and Culture Conflict* (1937), New York, Russell & Russell, Inc., 1961, pp. 107-108.

39. William Isaac Thomas, « Motivation : the wishes » (1928), tiré de *The Unadjusted Girl*, in W.I. Thomas, *On Social Organization and Social Personality*, Chicago, Chicago University Press, 1966, pp. 117-139. Cf. aussi William Isaac Thomas, Florian Znaniecki, *Le paysan polonais en Europe et en Amérique*, *op. cit.*

40. William Isaac Thomas, « The Persistence of Primary Group Norms in Present Day Society » (1917), repris in W.I. Thomas, *On Social Organization and Social Personality*, Chicago, Chicago University Press, 1966, p. 171.

41. Louis Wirth, *Le ghetto*, *op. cit.*, p. 263.

42. F. Thrasher, *The Gang* (1927), cité in Alain Coulon, *L'école de Chicago*, Paris, PUF, 1992, p. 61.

43. F. Thrascher, *The Gang* (1927), cité in Nicolas Herpin, *op. cit.*, p. 105. Notons par ailleurs que dans ses commentaires à propos de la délinquance juvénile, Park souligne fortement l'aspect aventurier présent dans la vie des gangs. Cf. Robert Ezra Park, « Community Organization and Juvenile Deliquency » (1925), *Human Communities. The City and Human Ecology*, Glencoe, Illinois, The Free Press, 1952, p. 61.

44. Nels Anderson, *Le hobo. Sociologie du sans-abri* (1923), Paris, Nathan, 1993, p. 30.

45. Bien des années plus tard, en 1940, Anderson regrettera la surdramatisation qu'il a faite dans ce livre de la culture de *homeless* propre aux hobos. Cf. Robert E.L. Faris, *op. cit.*, p. 65.

46. Nels Anderson, *Le hobo* (1923), *op. cit.*, p. 106.

47. Robert Ezra Park, « The Mind of the Hobo : Reflections up and the relation between mentality and locomotion » (1925), *Human Communities*, *op. cit.*, pp. 91-95.

48. Robert Ezra Park, « La communauté urbaine », in *L'école de Chicago*, *op. cit.*, pp. 210-211.

49. Robert Ezra Park, « The concept of social distance » (1924), *Race and Culture*, *op. cit.*, pp. 256-260.

50. Robert Ezra Park, « Behind our masks » (1926), *ibid.*, p. 249.

51. Robert Ezra Park, « Personality and cultural conflict » (1931), *ibid.*, p. 360.

52. Robert Ezra Park, « Human nature and collective behavior » (1927), *Society*, *op. cit.*, p. 19.

53. Robert Ezra Park, « Behind our masks » (1926), *Race and Culture*, *op. cit.*, p. 250.

54. Une attitude sociologique qui ne pouvait que stimuler la méthode biographique. Sur ce point, cf. Jean Peneff, *La méthode biographique*, Paris, Armand Colin, 1990, surtout pp. 35-68.

55. William Isaac Thomas, Florian Znaniecki, *The Polish Peasent in Europe and America*, vol. I, p. 20.

56. William Isaac Thomas, *The Unadjusted Girl* (1923), in *On Social Organization and Social Personality*, *op. cit.*, p. 240.

57. D'ailleurs, c'est bien cette vision des choses qui sera fortement accentuée dans les études de Blumer sur l'interactionnisme symbolique. Cf. Herbert Blumer, *Symbolic Interactionism*, Englewood Cliffs, NJ, Prentice Hall, 1969.

58. William Isaac Thomas, Florian Znaniecki, *Le paysan polonais en Europe et en Amérique*, *op. cit.*, pp. 52-55.

59. William Isaac Thomas, *The Unadjusted Girl* (1923), in *On Social Organization and Social Personality*, *op. cit.*, p. 231.

60. William Isaac Thomas, «Définir la situation» (1923), in *L'école de Chicago*, *op. cit.*, p. 80.

61. William Isaac Thomas, Florian Znaniecki, *The Polish Peasent in Europe and America*, *op. cit*, vol. II, p. 1862. Stonequist ira d'une certaine manière encore plus loin lorsqu'il insistera, à propos de l'homme marginal, sur l'écart irrépressible qu'il peut éprouver entre ces deux dimensions. Si d'un point de vue externe, il peut sembler à bien des égards socialement ajusté aux situations, d'un point de vue interne, il peut continuer à se définir par un fort sentiment de malaise, suite à son incapacité, personnelle et sociale à se trouver en harmonie avec son monde social. Cf. Everett V. Stonequist, *The Marginal Man*, *op. cit.*, p. 201 et ss.

62. William Isaac Thomas, Florian Znaniecki, *The Polish Peasent in Europe and America*, *op. cit.*, vol. I, p. 1. Notons que le livre débute avec cette conception de la vie moderne.

63. William Isaac Thomas, «The Unconscious : configurations of personality» (1927, tiré de *The Unconscious : A Symposium*), in *On Social Organization and Social Personality*, *op. cit.*, p. 147.

64. William Isaac Thomas, «Situational Analysis : The Beahavior Pattern and the Situation» (1927), in *On Social Organization and Social Personality*, *op. cit.*, p. 166.

65. Robert K. Merton, «La prédiction créatrice», *Éléments de théorie et de méthode sociologique* (1949), Paris, Plon, 1965, pp. 140-164.

66. William Isaac Thomas, D.S. Thomas, *The Child in America*, New York, Knopf, 1928, pp. 571-572. Cité par Alain Coulon, *op. cit.*, p. 65.

67. Robert Ezra Park, «Modern Society» (1942), *Society*, *op. cit.*, pp. 322-341.

Chapitre XII

1. Le travail d'enquête de Goffman aux îles Shetland au cours de son doctorat fut un de ses rares véritables terrains formels d'enquête. Deux autres terrains furent étudiés : des hôpitaux psychiatriques et un casino à Las Vegas. Le reste de l'œuvre s'appuie sur un véritable «opportunisme» méthodologique.

2. Pour une réflexion soulignant la ressemblance de la concep-

tion de la société présente chez Simmel et Goffman, et insistant alors sur les spécificités de son interactionnisme, cf. Louis Queré, « “La vie sociale est une scène” : Goffman revu et corrigé par Garfinkel », in *Le parler frais d'Erving Goffman*, Paris, Minuit, 1989, pp. 47-82.

3. Une lecture de l'œuvre de Goffman comme une suite de ces modèles d'interprétation des interactions nous semble excessive. À l'inverse même, il nous semble qu'il faut prendre au sérieux Goffman lorsqu'il signale, à la manière de Wittgenstein, dans *La présentation de soi*, que la métaphore dramaturgique n'a été tout au long de son livre qu'un outil, que des échafaudages dont il faut se débarrasser une fois l'objectif atteint, pour lui permettre de construire une perspective particulière de la vie sociale. Cf. Erving Goffman, *La mise en scène de la vie quotidienne*, vol. I, *La présentation de soi* (1959), Paris, Minuit, 1973, p. 240. Pour une lecture de l'ensemble de l'œuvre de Goffman qui minimise justement ce type de présentation, cf. Isaac Joseph, *Erving Goffman et la microsociologie*, Paris, PUF, 1998.

4. Les relations entre Goffman et la tradition de Chicago, voire de l'interactionnisme symbolique (dont il a toujours décliné la filiation), ont été maintes fois étudiées. Pour une étude en français des implications analytiques de la tradition de Chicago et notamment du cadre de la ville sur l'œuvre de Goffman, cf. Ulf Hannerz, « La ville en scène : les contes de Goffman », in *Explorer la ville* (1980), Paris, Minuit, 1983, pp. 254-300. Pour une présentation critique des multiples influences successives repérables dans son œuvre, voir la très bonne mise en perspective de Randall Collins, « Erving Goffman and the Development of Modern Social Theory », in Jason Ditton (éd.), *The View from Goffman*, Londres, The MacMillan Press, 1980, pp. 170-209.

5. C'est d'ailleurs la justesse et les limites de la critique adressée par Gouldner à l'œuvre de Goffman, à savoir qu'elle ne serait qu'un reflet, malheureusement largement désocialisé, du propre des couches moyennes « cols blancs » américains, pour qui le souci de la face et de la présentation est une exigence directe du travail au sein des grandes organisations, ou encore quant à la séparation parmi ces travailleurs du rapport entre la contribution individuelle et la récompense sociale. Cf. Alvin W. Gouldner, *The Coming Crisis of Western Sociology* (1970), Londres, Heinemann, 1971, surtout pp. 378-390. Cf. aussi, pour une position semblable à certains égards, George

Gonos, « The class position of Goffman's sociology : social origins of an American structuralism », Jason Ditton (éd.), *The View from Goffman, op. cit.*, pp. 134-169.

6. Pour une lecture de l'œuvre de Goffman en fonction de certains traits de sa biographie, Luc Boltanski, « Erving Goffman et le temps du soupçon », *Information sur les sciences sociales*, 1973, vol. XII, nº 3, pp. 127-147. Et pour une interprétation de son œuvre comme une forme d'autobiographie, cf. Yves Winkin, « Erving Goffman : portrait du sociologue en jeune homme », in Erving Goffman, *Les moments et leurs hommes* (textes recueillis et présentés par Y. Winkin), Paris, Seuil/Minuit, 1988, pp. 13-92.

7. Voir entre autres les précisions à ce sujet de Richard Sennett, *Les tyrannies de l'intimité* (1974), Paris, Seuil, 1979 ; Yves Barel, *La société du vide*, Paris, Seuil, 1984.

8. Réflexion effectuée dans le discours que la maladie l'a empêché de prononcer devant l'*American Sociological Association* en 1982, cf. Erving Goffman, « L'ordre de l'interaction » (1982), in *Les moments et leurs hommes*, Paris, Seuil/Minuit, 1988, p. 223 et suiv.

9. C'est de Goffman lui-même que nous tirons cette trilogie, cf. *Les cadres de l'expérience* (1974), Paris, Minuit, 1991, p. 381.

10. Erving Goffman, *La mise en scène de la vie quotidienne*, vol. I, *op. cit.*, p. 33.

11. *Ibid.*

12. *Ibid.*, p. 40 et suiv.

13. *Ibid.*, p. 28.

14. *Ibid.*, p. 72.

15. Isaac Joseph, « Erving Goffman et le problème des convictions », in *Le parler frais d'Erving Goffman, op. cit.*, p. 19.

16. Remarquons qu'écrivant au début du processus d'instauration de l'égalité démocratique, Tocqueville, malgré toute la finesse de son analyse sur les relations entre le maître et le serviteur, n'a pas entrevu toute la complexité interactionnelle qui doit être de fait mobilisée afin d'assurer un semblant égalitaire au milieu des relations sociales de subordination. Cf. Alexis de Tocqueville, *De la démocratie en Amérique* (1840), vol. II, Paris, Gallimard, 1961, surtout pp. 246-257.

17. Erving Goffman, *La mise en scène de la vie quotidienne*, vol. I, *op. cit.*, p. 161.

18. Erving Goffman, *Les rites de l'interaction* (1967), Paris, Minuit, 1974, p. 17.

19. Erving Goffman, *La mise en scène de la vie quotidienne*, vol. I, *op. cit.*, p. 67.

20. *Ibid.*, p. 208 et ss.

21. Il en est de même lorsqu'il aborde le travail en équipe lors de représentations qui ne sont que la manière de gérer l'investissement des acteurs dans un monde social où l'implication est de moins en moins acquise. D'où l'ensemble des conseils (sous forme d'observations) présentés par Goffman : ne jamais corriger un coéquipier en public ; le besoin de chaque équipe de s'assurer, lors des interactions avec une autre équipe, qu'aucun de leurs membres ne fait partie de l'autre équipe ; enfin, l'intérêt pour les équipes de contrôler le décor dans lequel se déroule l'interaction. Cf. Erving Goffman, *La mise en scène de la vie quotidienne*, vol. I, *op. cit.*

22. *Ibid.*, p. 105.

23. *Ibid.*, p. 125.

24. Pour une saisissante présentation de ce tournant, voir l'analyse proposée par Béjar de l'œuvre de Choderlos de Laclos. Cf. Helena Béjar, *La cultura del yo*, Madrid, Alianza, 1993, pp. 49-64.

25. Erving Goffman, *La mise en scène de la vie quotidienne*, vol. II, *Les relations en public* (1971), Paris, Minuit, 1973, p. 54. Et dans le même sens, « plus la face qu'entend garder un interactant a d'importance, plus grand est le risque de la voir en désaccord avec la réalité et, en conséquence, plus urgente est la nécessité d'y parer ». Cf. Erving Goffman, *Les rites de l'interaction*, *op. cit.*, p. 16.

26. Sur ce point, les trente ans qui nous séparent du livre de Goffman ont été le théâtre d'un changement de taille. Goffman peut encore faire référence à un modèle anthroposocial clairement dominant (comme il le fait par exemple en *Stigmate* [1963], Paris, Minuit, 1975, p. 151), face auquel les autres, la grande majorité des individus, ne peuvent que faire l'expérience de leur différence. Toute norme d'identité crée une déviance comme le signale Goffman, mais l'absence de toute norme centrale d'identité produit l'explosion centrifuge des minorités.

27. Il en distingue cinq : celles qui s'occupent des personnes partiellement handicapées et inoffensives – orphelinats ; celles destinées à des personnes qui ne peuvent pas mener une vie de manière indépendante – hôpitaux et asiles ; celles destinées à protéger la société d'individus dangereux – les prisons ; celles destinées à augmenter l'efficacité sociale – caserne, internat, bateaux ; celles enfin

qui sont une sorte de refuge face au monde – monastères. Cf. Erving Goffman, *Asiles* (1961), Paris, Minuit, 1968, pp. 46-47.

28. *Ibid.*, pp. 98-100.

29. *Ibid.*, p. 243.

30. D'ailleurs, Goffman souligne lui-même les incompatibilités existant entre ces « institutions totalitaires » et la rétribution du travail ou la vie familiale dans les sociétés modernes. Tension constante qui est justement utilisée « comme un levier utile pour le maniement des hommes ». Cf. Erving Goffman, *Asiles*, *op. cit.*, p. 56.

31. Erving Goffman, *Asiles*, *op. cit.*, p. 121. Notons que lors d'une conférence préalable à la publication d'*Asiles*, Goffman avait parlé des individus en termes de déchets afin de bien accentuer la fonction de ces institutions et la contradiction de traitement auquel elles soumettaient les individus. Pour une présentation de cette conférence et du vif débat qui suivit, cf. Erving Goffman, « La persuasion interpersonnelle » (1957), in *Les moments et leurs hommes*, *op. cit.*, pp. 114-142.

32. Erving Goffman, *Asiles*, *op. cit.*, p. 189.

33. Erving Goffman, *Stigmate* (1963), Paris, Minuit, 1975, p. 7.

34. *Ibid.*, p. 13.

35. *Ibid.*, p. 161.

36. *Ibid.*, p. 30.

37. *Ibid.*, p. 99.

38. *Ibid.*, p. 72.

39. *Ibid.*, p. 93.

40. *Ibid.*, p. 152.

41. Erving Goffman, *Behavior in Public Places*, Glencoe, II, The Free Press, 1963, p. 341.

42. Erving Goffman, *Stigmate*, *op. cit.*, p. 128.

43. *Ibid.*, pp. 138-143.

44. *Ibid.*, p. 145.

45. Le traitement donné à la stigmatisation par Goffman ressemble à celui donné à la folie par Gauchet et Swain. Pour ces derniers auteurs, l'émergence d'un savoir sur la folie est intimement liée à la consolidation d'une société démocratique, là où, pour la première fois, se pose avec toute son acuité le mystère de l'altérité de l'autre. Comment l'autre, qui est mon semblable, a-t-il pu perdre la raison ? Interrogation médicale infléchie par la réalité politique de la société démocratique. Cf. Marcel Gauchet, Gladys Swain, *La pratique de l'esprit humain*, Paris, Gallimard, 1980.

46. Erving Goffman, « Calmer le jobard : quelques aspects de l'adaptation à l'échec » (1952), in *Le parler frais d'Erving Goffman*, *op. cit.*, pp. 277-300. Dans un sens proche, cf. également Erving Goffman, *Asiles*, *op. cit.*, pp. 394 et suiv.

47. Erving Goffman, « Calmer le jobard : quelques aspects de l'adaptation à l'échec », *op. cit.*, p. 296.

48. Erving Goffman, *Les rites de l'interaction*, *op. cit.*, p. 13.

49. Pour des lectures qui insistent sur les deux représentations du sujet présentes dans l'œuvre de Goffman, cf. Albert Ogien, « La décomposition du sujet », in *Le parler frais d'Erving Goffman*, *op. cit.*, pp. 100-109 ; et Didier Lapeyronnie, *De l'expérience à l'action*, EHESS, Thèse d'habilitation, 1992.

50. Surtout les commentaires d'Erving Goffman, *Asiles*, *op. cit.*, pp. 372-374. Il définit « l'individu, dans une perspective sociologique, comme un être capable de distanciation, c'est-à-dire capable d'adopter une position intermédiaire entre l'identification et l'opposition à l'institution et prêt, à la moindre pression, à réagir en modifiant son attitude dans un sens ou dans l'autre pour retrouver son équilibre », p. 373.

51. Erving Goffman, *Stigmate*, *op. cit.*, p. 106.

52. Erving Goffman, *La mise en scène de la vie quotidienne*, vol. I, *op. cit.*, p. 222.

53. *Ibid.*, p. 237.

54. Erving Goffman, *Les rites de l'interaction*, *op. cit.*, p. 84.

55. Erving Goffman, *La mise en scène de la vie quotidienne*, vol. II, *op. cit.*, p. 110.

56. *Ibid.*, p. 71.

57. *Ibid.*, p. 76.

58. *Ibid.*, pp. 238-239.

59. Erving Goffman, *Stigmate*, *op. cit.*

60. Erving Goffman, *Les cadres de l'expérience*, *op. cit.*, p. 137.

61. Erving Goffman, *La mise en scène de la vie quotidienne*, vol. I, *op. cit.*, p. 238.

62. *Ibid.*, p. 239.

63. Erving Goffman, *Behaviour in Public Places*, *op. cit.*, p. 224.

64. Notons que les raisons de cette non-réduction sont d'une autre nature que celles que nous pouvons trouver dans l'œuvre de Mead. Pour ce dernier, la raison principale découle de l'impossible identification psychique de l'individu à un seul de ses rôles (cf. George Herbert Mead, *L'esprit, le soi et la société* [1934], Paris,

PUF, 1963). Pour Goffman, la raison principale, malgré la similitude des analyses, est de nature sociologique et provient de la distance croissante entre la perception subjective et les dimensions objectives.

65. Erving Goffman, *La mise en scène de la vie quotidienne*, vol. II, *op. cit.*, p. 338.

66. Erving Goffman, *Les cadres de l'expérience*, *op. cit.*, p. 263.

67. *Ibid.*, pp. 279-280.

68. *Ibid.*, pp. 287-293.

69. *Ibid.*, p. 291.

70. Erving Goffman, *La mise en scène de la vie quotidienne*, vol. II, *op. cit.*, p. 180.

71. *Ibid.*, vol. I, p. 13.

72. Erving Goffman, « Réplique à Denzin et Keller » (1981), in *Le parler frais d'Erving Goffman*, *op. cit.*, p. 318.

73. Au début de son ouvrage et une fois présentée sa problématique générale, Goffman rappelle rapidement quelques auteurs s'étant intéressés à cette problématique (James, Schutz, Garfinkel, Wittgenstein, enfin, Bateson). Pour une lecture de Goffman dans ses liens avec l'œuvre de Bateson et plus largement avec un « paradigme de la communication », cf. Yves Winkin, *La nouvelle communication*, Paris, Seuil, 1981, pp. 13-109.

74. Autrement dit, les hommes, à la différence de ce que pouvait laisser entendre la position de Thomas, ne définissent pas toujours les situations. Bien souvent, comme s'efforce de le montrer Goffman, ils opèrent dans des situations qu'ils ne définissent pas et qu'ils ont tendance même à « définir » implicitement de la même manière.

75. Erving Goffman, *Les cadres de l'expérience*, *op. cit.*, p. 47.

76. *Ibid.*, p. 30.

77. La notion est obscure et Goffman, lui-même, reconnaît le caractère insatisfaisant de sa définition. Cf. Erving Goffman, *Les cadres de l'expérience*, *op. cit.*, p. 56.

78. *Ibid.*, p. 52.

79. *Ibid.*, p. 91.

80. *Ibid.*, p. 93.

81. *Ibid.*, p. 234.

82. *Ibid.*, p. 320.

83. *Ibid.*, p. 352.

84. *Ibid.*, p. 370.

85. *Ibid.*, p. 412.
86. *Ibid.*, p. 413.
87. *Ibid.*, p. 417.
88. *Ibid.*, p. 438.
89. *Ibid.*, pp. 477-478.
90. *Ibid.*, p. 555.
91. *Ibid.*, p. 245.
92. Erving Goffman, « Réplique à Denzin et Keller » (1981), in *Le parler frais d'Erving Goffman*, *op. cit.*, p. 319.
93. Erving Goffman, « L'ordre de l'interaction », in *Les moments et leurs hommes*, *op. cit.*, p. 208.
94. *Ibid.*, pp. 215-216.
95. *Ibid.*, p. 216.
96. Erving Goffman, *Les cadres de l'expérience*, *op. cit.*, p. 298.
97. Pour une analyse saillante de cette technique dans le roman, cf. Dorrit Cohn, *La transparence intérieure* (1978), Paris, Seuil, 1981.
98. Erving Goffman, *Les rites d'interaction*, *op. cit.*, p. 10.
99. Erving Goffman, « L'ordre de l'interaction », *op. cit.*, p. 195.

Chapitre XIII

1. Pour une autoprésentation de son parcours intellectuel dans ces termes, cf. Alain Touraine, « A sociology of the Subject », in Jon Clark, Marco Diani (éds.), *Alain Touraine*, Londres, Falmer Press, 1996, p. 291.
2. Alain Touraine, *Sociologie de l'action*, Paris, Seuil, 1965, p. 120.
3. Alain Touraine, *Production de la société*, Paris, Seuil, 1973, p. 37.
4. Alain Touraine, *Pourrons-nous vivre ensemble ?*, Paris, Fayard, 1997, p. 54.
5. Alain Touraine, *Sociologie de l'action*, *op. cit.*, p. 51.
6. Alain Touraine, *L'évolution du travail ouvrier aux usines Renault*, Paris, CNRS, 1955.
7. Alain Touraine, *La conscience ouvrière*, Paris, Seuil, 1966.
8. Alain Touraine *et al.*, *Le mouvement ouvrier*, Paris, Fayard, 1984, p. 70 et suiv. Remarquons à cet égard que la persistance de cette analyse à propos du mouvement ouvrier presque tout au long de sa vie témoigne de la difficulté à tracer trop rapidement une

périodisation de l'œuvre de Touraine en trois phases, tout comme à évacuer, trop schématiquement, tout ce que ses analyses doivent à la manière dont il conçoit les situations sociales.

9. Edward P. Thompson, *La formation de la classe ouvrière anglaise* (1963), Paris, Maison des sciences de l'homme, 1988, p. 189 et suiv.

10. Alain Touraine, *Sociologie de l'action*, *op. cit.*, p. 170.

11. Cette démarche ne deviendra explicite et centrale que dans les années soixante-dix, mais l'intuition est déjà présente, activement, dès les années soixante. Cf. Alain Touraine, *Sociologie de l'action*, *op. cit.*, p. 231 et ss.

12. *Ibid.*, p. 149.

13. Pour une lecture de l'œuvre de Touraine à partir de ces présupposés, cf. Michael Rose, « Alain Touraine : *Sociologue du travail*, Proudhonian, Pessimist », in Jon Clark, Marco Diani (éds.), *Alain Touraine*, *op. cit.*, pp. 17-31.

14. Cf. à cet égard le récit autobiographique d'Alain Touraine, *Un désir d'histoire*, Paris, Stock, 1977.

15. Alain Touraine, *Sociologie de l'action*, *op. cit.*, p. 456.

16. *Ibid.*, p. 123.

17. Pour les réflexions d'un historien sur le rapport de Touraine à l'histoire, cf. Jacques Le Goff, « Alain Touraine et l'histoire. D'après *Un désir d'histoire* », in François Dubet, Michel Wieviorka (éds.), *Penser le Sujet*, Paris, Fayard, 1995, pp. 89-99.

18. Parmi bien d'autres affirmations allant dans ce sens, cf. entre autres *Production de la société*, *op. cit.*, p. 35.

19. *Ibid.*, p. 206.

20. *Ibid.*, p. 119. Cf. aussi pour une présentation résumée, « Naissance de la société programmée » (première version, 1973), in *Le retour de l'acteur*, Paris, Fayard, 1984, pp. 221-248.

21. Insistons pour enlever tout malentendu : le sujet historique ne désigne pas un acteur social mais n'est qu'un autre nom du champ d'historicité propre à une société, c'est-à-dire l'ensemble des orientations culturelles et des conflits sociaux par lesquels elle s'autoproduit.

22. Cohen est fort critique envers la circularité de la pensée de Touraine : il y a un nouveau type sociétal parce qu'il y a de nouveaux conflits, il y a de nouveaux conflits parce que nous sommes entrés dans un nouveau type sociétal. Cf. Jean Cohen, « Strategy or

Identity : New Theoretical Paradigms and Contemporary Social Movements », *Social Research*, vol. 52, nº 4, winter 1985, p. 702 et suiv.

23. Alain Touraine, *Production de la société*, *op. cit.*, p. 7.

24. Alain Touraine, *La société postindustrielle*, Paris, Denoël, 1969, pp. 77-78.

25. Alain Touraine, *Production de la société*, *op. cit.* p. 195.

26. Alain Touraine, *La voix et le regard*, Paris, Seuil, 1978, p. 34.

27. Alain Touraine, *Pour la sociologie*, Paris, Seuil, 1974, p. 14.

28. *Ibid.*, p. 88.

29. Alain Touraine, *La voix et le regard*, *op. cit.*, p. 175.

30. De toutes ces luttes, c'est sans doute la lutte occitane qui sera l'action collective la mieux étudiée pendant cette période. Cf. Alain Touraine et al., *Le pays contre l'État*, Paris, Seuil, 1981.

31. Alain Touraine *et al.*, *Lutte étudiante*, Paris, Seuil, 1978.

32. Alain Touraine, *La voix et le regard*, *op. cit.*, p. 38.

33. Dans l'analyse fournie par Touraine à cette époque, il est clair que les dimensions strictement identitaires, ou stratégiques, n'apparaissent que comme des formes de luttes renvoyant à des niveaux plus faibles d'action, mais surtout tout ce qui relève de l'organisation proprement dite de l'action collective ne retient guère son attention. À ce sujet, comme le souligne Scott, Touraine ne se soucie jamais de prendre en considération le rôle éventuel que les défaillances organisationnelles ont pu avoir dans l'échec des nouveaux mouvements sociaux des années soixante-dix. Cf. Alan Scott, *Ideology and New Social Movements*, London, Unwin Hyman, 1990, p. 68 et suiv.

34. Alain Touraine *et al.*, *La prophétie antinucléaire*, Paris, Seuil, 1980.

35. Pour la présentation de cette méthode, Alain Touraine, *La voix et le regard*, *op. cit.*, pp. 181-307.

36. Alain Touraine, *Le communisme utopique* (1968), Paris, Seuil, 1980, surtout pp. 189-193.

37. *Ibid.*, pp. 151-152.

38. Alain Touraine, *Pour la sociologie*, *op. cit.*, p. 146. Pour un aperçu d'ensemble de ces nouveaux conflits, cf. « Les nouveaux conflits sociaux » (1975), in *Le retour de l'acteur*, *op. cit.*, pp. 249-269.

39. Alain Touraine, *Production de la société*, *op. cit.*, p. 10 (c'est Touraine qui souligne).

40. *Ibid.*, p. 10 (c'est Touraine qui souligne).

41. *Ibid.*, p. 60.

42. Alain Touraine, *La voix et le regard*, *op. cit.*, p. 107.

43. Michel Amiot, « L'intervention sociologique, la science et la prophétie. À propos d'un livre de A. Touraine », *Sociologie du travail*, nº 4, 1980, pp. 415-424. Et pour la réponse de Touraine dans le même numéro, « Réponse à Michel Amiot », pp. 425-430. Notons que l'objection lui avait déjà été adressée, d'une manière assez semblable, au milieu des années soixante, cf. Jean-Daniel Reynaud, Pierre Bourdieu, « Une sociologie de l'action est-elle possible ? », *Revue française de sociologie*, 7, 4, 1966, pp. 508-517 ; et pour la réponse de Touraine dans le même numéro, « La raison d'être d'une sociologie de l'action », pp. 518-527.

44. Parmi les diverses critiques allant dans ce sens, cf. Alberto Melucci, « Sur le travail théorique d'Alain Touraine », *Revue française de sociologie*, nº 3, 1975, pp. 359-379.

45. Cf. surtout la profonde critique de Alan Scott, « Movements of Modernity : Some Questions of Theory, Method and Interpretation », in Jon Clark, Marco Diani (éds.), *Alain Touraine*, *op. cit.*, pp. 77-91.

46. Alain Touraine, *Production de la société*, *op. cit.*, p. 42 (c'est nous qui soulignons).

47. Pour une interprétation dans ce sens, Alain Touraine, *Le retour de l'acteur*, *op. cit.*

48. Soulignons à cet égard que dans le programme de recherche lancé par Touraine autour des nouveaux mouvements sociaux, le volet qui aurait dû être consacré à l'étude de la classe dirigeante n'a jamais été mené. Cf. Alain Touraine, *La voix et le regard*, *op. cit.*, p. 107.

49. Alain Touraine, *Critique de la modernité*, Paris, Fayard, 1992, surtout chap. V, pp. 207-231.

50. *Ibid.*, p. 255.

51. *Ibid.*, p. 410.

52. Cf. les commentaires de Touraine dans ce sens dans la préface de la 2e édition révisée de *Production de la société*, Paris, Librairie générale française, 1993, pp. 9-24.

53. *Ibid.*, p. 192.

54. Alain Touraine, *Critique de la modernité*, *op. cit.*, p. 335.

55. *Ibid.*, p. 337.

56. Alain Touraine, *Pourrons-nous vivre ensemble ?*, *op. cit.*, p. 26.

57. *Ibid.*, p. 103.

58. *Ibid.*, p. 109.

59. André Gorz, « Alain Touraine ou le sujet de la critique », in *Misère du présent, richesse du possible*, Paris, Galilée, 1997, pp. 199-226.

60. Alain Touraine, *Pourrons-nous vivre ensemble ?*, *op. cit.*, p. 28.

61. *Ibid.*, p. 109 (c'est Touraine qui souligne).

62. Le thème est récurrent et constant dans ses formulations dans l'œuvre de Touraine. Cf., parmi bien d'autres textes, Alain Touraine, « Une sociologie sans société », *Revue française de sociologie*, numéro spécial, 22, juin 1981.

63. Alain Touraine, *Critique de la modernité*, *op. cit.*, p. 268.

64. *Ibid.*, p. 269.

65. Alain Touraine, *Pourrons-nous vivre ensemble ?*, *op. cit.*, p. 134.

66. *Ibid.*, p. 33.

67. *Ibid.*, p. 78 et suiv.

68. *Ibid.*, p. 77.

69. *Ibid.*, p. 359.

70. *Ibid.*, p. 109.

71. Et ceci autant dans *L'Être et le néant* (1943), Paris, Gallimard, 1976, que dans *Critique de la raison dialectique*, vol. I, Paris, Gallimard, 1960.

72. Pour ce paradoxe et ses impasses, cf. Maurice Merleau-Ponty, *Les aventures de la dialectique*, Paris, Gallimard, 1955, pp. 201-202.

Chapitre XIV

1. Dans la lecture proposée dans cet ouvrage, la réflexion de Giddens sur la modernité doit se placer dans la descendance de la problématique tracée par Simmel. Ce qui semble soulever un paradoxe relatif à propos d'un auteur s'étant tellement intéressé à la pensée sociologique moderne et n'ayant que de manière seulement sporadique et circonstancielle fait référence aux études de Simmel. Rien en effet d'équivalent à son propos aux études qu'il a consacrées à Weber, Durkheim ou Marx dans leur lien avec la modernité (cf.

Anthony Giddens, *Capitalism and Modern Social Theory*, Cambridge, Cambridge University Press, 1971), ou aux apports importants qu'il a faits à l'exégèse de l'œuvre de Durkheim, ou ses travaux critiques sur le matérialisme historique. Pourtant, comme nous nous efforcerons de le montrer, le cœur de la problématique se situe bien dans cet espace intellectuel.

2. Anthony Giddens, *The Nation-State and Violence. A Contemporary Critique of Historical Materialism*, vol. II, Cambridge, Polity Press, 1985, p. 146.

3. Pour des critiques dans ce sens, Peter Saunders, « Space, urbanism and the created environment », in David Held, John B. Thompson (éd.), *Social Theory of Modern Societies. Anthony Giddens and his Critics*, Cambridge, Cambridge University Press, 1989, p. 226 et suiv.

4. La théorie de Giddens a parfois été sévèrement critiquée pour le caractère « patchwork » de son œuvre et son absence de rapport direct avec la recherche sociale, tout comme par la prolifération, par moments superflue, des catégories, ainsi que la modification cumulative des notions et des oppositions au long des années. Pour un exemple de cette critique, cf. Loïc J.D. Wacquant, « Au chevet de la modernité : le diagnostic du docteur Giddens », *Cahiers internationaux de sociologie*, vol. XCIII, 1992, pp. 389-397.

5. Anthony Giddens, *La constitution de la société* (1984), Paris, PUF, 1987, pp. 194-200.

6. Anthony Giddens, *Central Problems in Social Theory : Action, Structure and Contradiction in Social Analysis*, Londres, Macmillan, 1979, p. 202.

7. Pour les critiques de Giddens vis-à-vis du fonctionnalisme, cf. Anthony Giddens, « Functionalism : après la lutte » (1976), *Studies in Social and Political Theory*, New York, Basic Books, 1977, pp. 96-129 ; et pour ses critiques vis-à-vis de la conception parsonienne de l'action et l'attention portée au problème psychologique de la motivation des acteurs, cf. Anthony Giddens, *New Rules of Sociological Method*, Londres, Hutchinson, 1976, chap. III.

8. Anthony Giddens, *Les conséquences de la modernité* (1990), Paris, L'Harmattan, 1994, p. 23.

9. Ira J. Cohen, *Structuration Theory*, Londres, Macmillan, 1989.

10. Pour les critiques de Giddens envers l'évolutionnisme marxiste, cf. notamment Anthony Giddens, *A Contemporary Critique of Historical Materialism*, vol. I, *Power, Property and the State*, Londres, Macmillan, 1981, chap. III.

11. Pour une présentation en français des principaux concepts de cette théorie, cf. Judith Lazar, « La compétence des acteurs dans la "théorie de la structuration" de Giddens », *Cahiers internationaux de sociologie*, vol. XCIII, 1992, pp. 399-416.

12. D'où l'importance centrale que Giddens prête à la phrase de Marx (selon laquelle les hommes font leur histoire mais dans des conditions qu'ils ne choisissent pas) dans l'origine des préoccupations de la théorie de la structuration. Cf. Anthony Giddens, *La constitution de la société*, *op. cit.*, pp. 31-32.

13. *Ibid.*, p. 31.

14. Giddens distingue deux aspects de règles (sémantique – lié aux codes de signification ; et normatif – lié aux sanctions et obligations) et deux types de ressources (d'autorité – générant du pouvoir sur les individus ; d'allocation – générant du pouvoir sur les objets matériels). Ces propriétés donnent trois configurations analytiques : structure de signification (règles sémantiques) ; domination (ressources d'autorité et d'allocation) ; légitimation (règles normatives et sanctions). Pour un schéma succinct de ces dimensions de la dualité du structurel, cf. Anthony Giddens, *La constitution de la société*, *op. cit.*, p. 78.

15. Anthony Giddens, *Central Problems in Social Theory*, *op. cit.*, p. 5.

16. Anthony Giddens, *La constitution de la société*, *op. cit.*, p. 76.

17. Chazel a justement souligné cet aspect de la pratique dans la théorie de la structuration. Cf. François Chazel, « Pouvoir », in Raymond Boudon (sous la dir.), *Traité de sociologie*, Paris, PUF, 1992, pp. 195-226.

18. Pour la notion de pouvoir, cf. Anthony Giddens, *A Contemporary Critique of Historical Materialism*, vol. I, *op. cit.*, chap. II, Anthony Giddens, *The Nation-State and Violence*, *op. cit.*, chap. I.

19. Anthony Giddens, *Central Problems in Social Theory*, *op. cit.*, pp. 88-94.

20. Anthony Giddens, *La constitution de la société*, *op. cit.*, p. 51.

21. Anthony Giddens, *Central Problems in Social Theory*, *op. cit.*, p. 218 et suiv.

22. Anthony Giddens, *A Contemporary Critique of Historial Materialism*, vol. I, *op. cit.*, p. 27.

23. Anthony Giddens, *La constitution de la société*, *op. cit.*, p. 109.

24. Sur ce point, il y a un flottement dans la pensée de Giddens. En 1979, l'intégration systémique semblait désigner des traits unissant les collectivités tandis que l'intégration sociale était réservée aux liens entre les individus. Au fur et à mesure que la distanciation spatio-temporelle s'impose au cœur de sa problématique, c'est l'axe absence-présence qui devient déterminant à l'heure de caractériser les formes d'intégration de la société. Cf. Anthony Giddens, *Central Problems in Social Theory*, *op. cit.*, pp. 76-81 ; et pour sa version définitive, *La constitution de la société*, *op. cit.*

25. Margaret Archer, « Human agency and social structure : a critique of Giddens », in Jon Clark, Celia Modgil, Sohan Modgil (éd.), *Anthony Giddens. Consensus and Controversy*, Londres, The Falmer Press, 1989, p. 77.

26. Après son étude détaillée sur les classes sociales dans les sociétés capitalistes du début des années soixante-dix (Anthony Giddens, *The Class Structure of the Advanced Societies*, London, Hutchinson, 1973), Giddens n'est plus véritablement revenu sur cette problématique sauf quelques indications, souvent de nature critique ou restrictive, quant à la portée de la notion pour une analyse de la société moderne ou de ses dimensions politiques. Cf. par exemple Anthony Giddens, *Beyond Left and Right*, Cambridge, Polity Press, 1994, surtout chap. V et VII.

27. Anthony Giddens, *Les conséquences de la modernité*, *op. cit.*, pp. 13-16.

28. Giddens dira même que les changements survenus au niveau de la coordination des activités humaines au travers de l'espace-temps sont une caractéristique majeure de toute période de transition sociale, mais qu'ils sont un trait particulièrement vrai et pressant de la modernité. Cf. Anthony Giddens, « A reply to my critics », in David Held, John B. Thompson (éds.), *Social Theory of Modern Societies. Anthony Giddens and his Critics*, *op. cit.*, p. 275.

29. C'est cette dimension constitutive de la modernité qui selon Giddens a été escamotée par l'analyse évolutionniste de la société moderne à travers la matrice de la différenciation sociale. Cf. Anthony Giddens, *Les conséquences de la modernité*, *op. cit.*, p. 30.

30. Pour des éclaircissements dans ce sens, voir les mises au point apportées par Anthony Giddens, « Structuration Theory and Sociological Analysis », in John Clark, Celia Modgil, Sohan Mod-

gil (éds.), *Anthony Giddens. Consensus and Controversy*, *op. cit.*, surtout pp. 301-307.

31. Anthony Giddens, *Les conséquences de la modernité*, *op. cit.*, p. 45.

32. Anthony Giddens, « A reply to my critics », in David Held, John B. Thompson (éds.), *Social Theory of Modern Societies. Anthony Giddens and his Critics*, *op. cit.*, p. 252.

33. Anthony Giddens, *Les conséquences de la modernité*, *op. cit.*, p. 49 (souligné par Giddens).

34. Cf. les réflexions de Anthony Giddens, *Les conséquences de la modernité*, *op. cit.*, pp. 50-51.

35. Anthony Giddens, *A Contemporary Critique of Historical Materialism*, vol. I, *op. cit.*, p. 210.

36. Anthony Giddens, *The Nation-State and Violence*, *op. cit.*, p. 135.

37. Anthony Giddens, *A Contemporary Critique of Historical Materialism*, vol. I., *op. cit.*, p. 5.

38. Ce qui est la lecture, à notre avis erronée, de M. Shaw, « War and the nation-state in social theory », in David Held, John B. Thompson (éds.), *Social Theory of Modern Societies. Anthony Giddens and his Critics*, *op. cit.*, p. 141.

39. Anthony Giddens, *The Nation-State and Violence*, *op. cit.*, surtout chap. XI ; aussi *Les conséquences de la modernité*, *op. cit.*, notamment chap. II. Pourtant, l'analyse des dimensions institutionnelles fournie par Giddens n'est pas dépourvue d'un certain schématisme, comme le signale sa difficulté à classer dans une de ses dimensions institutionnelles, du moins à cette période, un mouvement social moderne aussi déterminant que le féminisme.

40. Anthony Giddens, *Les conséquences de la modernité*, *op. cit.*, p. 70.

41. Giddens revient plusieurs fois sur cette lecture soulignant chaque fois au cœur de la confiance la problématique de la distanciation spatio-temporelle. Cf. Anthony Giddens, *La constitution de la société*, *op. cit.*, pp. 100-109 ; *Les conséquences de la modernité*, *op. cit.*, pp. 100-106 ; *Modernity and Self-Identity*, Cambridge, Polity Press, 1991, surtout chap. II.

42. Pour Beck, en effet, la réflexivité propre de la modernité vise moins à souligner l'expansion de la connaissance et de ses capacités de contrôle, que le fait qu'au fur et à mesure de leur développement les sociétés modernes sont confrontées à des risques et des

menaces. C'est ce retour sur elle-même de ses propres œuvres que Beck désigne par le terme de réflexive. Cf. notamment Ulrich Beck, *Risk Society* (1986), London, Sage, 1992. Aussi les remarques comparatives établies entre le travail de Beck et de Giddens par Scott Lash, in Ulrich Beck, Anthony Giddens, Scott Lash, *Reflexive Modernization : Politics, Tradition and Aesthetics in the Modern Social Order*, Cambridge, Polity Press, 1994, chap. III.

43. Anthony Giddens, *Modernity and Self-Identity*, *op. cit.*, pp. 89-98 ; pp. 185-187.

44. Anthony Giddens, *Les conséquences de la modernité*, *op. cit.*, p. 127.

45. Anthony Giddens, « Living in a post-traditional society », in Ulrich Beck, Anthony Giddens, Scott Lash, *Reflexive Modernization*, *op. cit.*, chap. II.

46. Anthony Giddens, *The Transformation of Intimacy*, Stanford, Stanford University Press, 1992, p. 87 et ss.

47. Anthony Giddens, *Les conséquences de la modernité*, *op. cit.*, p. 146.

48. Anthony Giddens, « Living in a post-traditional society », in Ulrich Beck, Anthony Giddens, Scott Lash, *Reflexive Modernization*, *op. cit.*

49. Cf. les passages consacrés par Giddens à cette dissociation comme phase déterminée dans la formation de la personnalité (le stage du miroir chez Lacan), sous forme de maladie (la schizophrénie), voire lors des expériences mystiques ou limites comme celles des camps de concentration. Cf. Anthony Giddens, *Modernity and Self-Identity*, *op. cit.*, p. 47 et ss.

50. *Ibid.*, pp. 63-69.

51. *Ibid.*, pp. 103-108.

52. *Ibid.*, p. 84.

53. Pour une excellente explicitation sur ce point, voir la réponse de Giddens in Ulrich Beck, Anthony Giddens, Scott Lash, *Reflexive Modernization*, *op. cit.*, chap. IV.

54. C'est à ce niveau qu'il faut interpréter les développements de Giddens en faveur de politiques visant à faire des individus des véritables acteurs, producteurs d'événements publics et non de simples bénéficiaires des politiques étatiques. Une démarche qui suppose l'octroi de conditions matérielles et de structures organisationnelles permettant l'émergence de formes d'action capables d'augmenter l'autonomie des personnes. Pour l'auteur, il ne s'agit là que d'un

corollaire nécessaire à la prise de conscience de l'expansion des risques artificiels dans la modernité. Cf. surtout Anthony Giddens, *Beyond Left and Right*, *op. cit.*, chap. V ; Anthony Giddens, *In Defense of Sociology*, Cambridge, Polity Press, 1996, chap. XIII.

55. Anthony Giddens, *Modernity and Self-Identity*, *op. cit.*, p. 54.

56. Anthony Giddens, *The Transformation of Intimacy*, *op. cit.*, 1992, surtout le chapitre sur Foucault et la sexualité, pp. 18-36.

57. *Ibid.*, pp. 70-76 ; Anthony Giddens, « Living in a post-traditional society », in Ulrich Beck, Anthony Giddens, Scott Lash, *Reflexive Modernization*, *op. cit.*

58. Pour les aspects de cette « politique de vie », Anthony Giddens, *Modernity and Self-Identity*, *op. cit.*, chap. VII ; Anthony Giddens, *Beyond Left and Right*, *op. cit.*, chap. VIII.

59. Anthony Giddens, *The Transformation of Intimacy*, *op. cit.*, p. 49.

60. *Ibid.*, p. 126.

61. *Ibid.*, p. 117.

62. Pour des développements sur ces politiques de l'intimité, cf. Anthony Giddens, *The Transformation of Intimacy*, *op. cit.*, dernier chapitre ; Anthony Giddens, *Beyond Left and Right*, *op. cit.*, chap. IV.

63. Anthony Giddens, *Modernity and Self-Identity*, *op. cit.*, p. 156 et suiv.

64. Anthony Giddens, *The Transformation of Intimacy*, *op. cit.*, p. 180.

65. D'ailleurs, c'est de la prise en compte active de ces deux critères que découle l'effort de refondation d'une politique radicale chez Giddens. Cf. *Beyond Left and Right*, *op. cit.* ; Anthony Giddens, *The Third Way*, Cambridge, Polity Press, 1998.

66. David Riesman *et al.*, *La foule solitaire* (1950), Paris, Arthaud, 1964.

67. Anthony Giddens, *Modernity and Self-Identity*, *op. cit.*, pp. 189-201.

Annexes

1. Pour une présentation de cette tradition, cf. Leszek Kolakowski, *Main Currents of Marxism*, vol. III, *The Breakdown*, Oxford, Oxford University Press, 1978.

2. Dans une perspective sociologique, c'est probablement Gouldner qui a le mieux souligné cette tension constitutive de la pensée marxiste. Cf. Alvin W. Gouldner, *The Two Marxisms*, London, Macmillan, 1980. Cf. aussi les réflexions de Cornelius Castoriadis, *L'institution imaginaire de la société*, Paris, Seuil, 1975.

3. Pour une présentation dans ces termes de l'œuvre de Marx, cf. Richard Bernstein, *Praxis and Action*, Pennsylvania, University of Pennsylvania Press, 1971, surtout le premier chapitre.

4. Joseph Schumpeter, *Capitalisme, socialisme et démocratie* (1942), Paris, Payot, 1954, surtout la première partie consacrée à la théorie de Marx.

5. Même si la notion le précède, l'idée d'un marxisme occidental a été fortement répandue par le livre de Maurice Merleau-Ponty, *Les aventures de la dialectique*, Paris, Gallimard, 1955. Cf. aussi les réflexions de Jürgen Habermas, *Théorie et pratique* (nouvelle édition, 1971), vol. II, Paris, Payot, 1975, pp. 165-236, et Perry Anderson, *Sur le marxisme occidental* (1976), Paris, Maspero, 1977.

6. De ce point de vue la conception de Goldmann qui voyait dans l'idée du sujet collectif le principal caractère spécifique de la pensée marxiste a été profondément juste. Cf., parmi d'autres textes, Lucien Goldmann, *Marxisme et sciences humaines*, Paris. Gallimard, 1970.

7. Georg Lukács, *Histoire et conscience de classe* (1923), Paris, Minuit, 1960, p. 94.

8. Pour cette notion et ses avatars dans le marxisme du XXe siècle, cf. Martin Jay, *Marxism and Totality*, Berkeley, University of California Press, 1984.

9. Pour un des premiers auteurs ayant clairement inscrit sa critique de l'œuvre de Marx à partir du caractère réducteur de la métaphysique du travail, cf. Charles Wright Mills, *The Marxists*, New York, Dell Publishing Inc., 1962.

10. Jean-Paul Sartre, *Critique de la raison dialectique*, vol. I, Paris, Gallimard, 1960.

11. Jean-François Lyotard, *La condition postmoderne*, Paris, Minuit, 1979.

12. Notons à ce sujet que si la postmodernité marque pour certains auteurs la « mort du sujet » dans les sciences humaines (cf., parmi bien d'autres, Luc Ferry, Alain Renaut, *La pensée 68*, Paris Gallimard, 1985), elle signale pour d'autres interprètes la réintroduction d'une dimension « humaniste » dans l'architecture (cf. Scott Lash, « Postmodernism as humanism? Urban Space and Social Theory », in Bryan S. Turner [éd.], *Theories of Modernity and Postmodernity*, Londres, Sage Publications, 1990, pp. 62-74). Pour un célèbre passage insistant sur la polysémie du terme, cf. Dick Hebdige, *Hiding in the Light : on Images and Things*, Londres, Routledge, 1988, pp. 181-182.

13. Gianni Vattimo, *La fin de la modernité* (1985), Paris, Seuil, 1987, p. 10.

14. Notamment de l'identification de la philosophie et de l'épistémologie, bref, de la théorie de la connaissance fondée. Cf. Richard Rorty, *L'homme spéculaire* (1980), Paris, Seuil, 1990.

15. Jean-François Lyotard, *La condition postmoderne*, *op. cit.*

16. Pour une interprétation en ce sens du lien entre l'herméneutique et la postmodernité, cf. Gianni Vattimo, *Ethique de l'interprétation*, Paris, La Découverte, 1991.

17. Jean-François Lyotard, *Le différend*, Paris, Minuit, 1983.

18. Zygmunt Bauman, *Legislators and Interpreters*, Cambridge, Polity Press, 1987.

19. Alex Callinicos, « Reactionary Postmodernism ? », in Roy Boyne, Ali Rattansi (éds.), *Postmodernism and Society*, Londres, Macmillan, 1990, pp. 97-118.

20. Georges Balandier, *Le désordre*, Paris, Fayard, 1988. Pour Wagner, ce processus serait une sorte de retour aux conditions initiales de création des sociologies de la modernité. À l'instar de l'expérience sociale de la fin du XIXe siècle, les acteurs font à nouveau l'expérience d'un monde dessaisi de ses certitudes. Cf. Peter Wagner, *Liberté et discipline* (1994), Paris, Métailié, 1996, pp. 265-268.

21. Pour deux présentations de ces débats, cf. Gianni Vattimo, « La crise de la subjectivité de Nietzsche à Heidegger », in *Éthique de l'interprétation*, Paris, La Découverte, 1991, pp. 93-115 ; Agnes Heller, « Death of the Subject ? », *Thesis Eleven*, 25, 1990, pp. 22-38.

22. Ernesto Laclau, Chantal Mouffe, *Hegemony and Socialist Strategy*, Londres, Thetford Press, 1985.

23. Gilles Lipovetsky, *L'ère du vide*, Paris, Gallimard, 1983, pp. 41-42.

24. Dans ce sens, cf. Zygmunt Bauman, *Postmodern Ethics*, Oxford, Blackwell, 1993 ; Gilles Lipovetsky, *Le crépuscule du devoir*, Paris, Gallimard, 1992.

25. Pour une lecture de l'ensemble de la postmodernité à partir de cette perspective, cf. David Lyon, *Postmodernity*, Buckingham, Open University Press, 1994.

26. Gianni Vattimo, *La société transparente* (1989), Paris, Desclée de Brouwer, 1990.

27. Le pressentiment de ce changement était déjà repérable dans les travaux de Lefebvre. Pour lui, la société tient et fonctionne de plus en plus par le discours ; les rapports constitués par la forme du langage et dans cette forme déplacent les rapports construits autour d'une activité. Cf. Henri Lefebvre, *La vie quotidienne dans le monde moderne*, Paris, Gallimard, 1968.

28. Jean Baudrillard, *La société de consommation* (1970), Paris, Gallimard, 1985, p. 21.

29. Jean Baudrillard, *Le miroir de la production*, Tournai, Casterman, 1973, p. 108.

30. Zygmunt Bauman, *Intimations of Postmodernity*, Londres-New York, Routledge, 1992, p. 49.

31. Pour des interprétations globales de la postmodernité comme nouvelle étape socio-historique, cf. Fredric Jameson, *Postmodernism, or the Cultural Logic of Late Capitalism*, London, Verso, 1991 ; David Harvey, *The Condition of Postmodernity*, Cambridge, Basil Blackwell, 1989 ; Scott Lash, *Sociology of Postmodernism*, London, Routledge, 1990.

32. Pour cette caractérisation de la postmodernité, Agnes Heller, Ferenc Fehér, *The Postmodern Political Condition*, New York, Columbia University Press, 1988

Bibliographie

ABERCROMBIE Nicolas, HILL Stephen, TURNER Bryan S., *The Dominant Ideology Thesis*, London, George Allen and Unwin, 1980.

ADORNO Theodor W., *Prismes. Critique de la culture et société* (1955), Paris, Payot, 1986.

ADORNO Theodor W., *Dialectique négative* (1966), Paris, Payot, 1978.

ADORNO Theodor W., HORKHEIMER Max, *La dialectique de la Raison* (1947), Paris, Gallimard, 1974.

ADORNO Theodor W. *et al.*, *De Vienne à Francfort*, (1969) Bruxelles, Éditions Complexe, 1979.

ALEXANDER Jeffrey C., *Theoretical Logic in Sociology*, 4 vol., Berkeley, University of California Press, 1982-1983.

ALEXANDER Jeffrey C., *Twenty Lectures : Sociological Theory since World War II*, New York, Columbia University Press, 1987.

ALEXANDER Jeffrey C., « The centrality of the classics », in Anthony Giddens, Jonathan Turner (éds.), *Sociological Theory Today*, Stanford, Cal., Stanford University Press, 1987, pp. 11-57.

ALEXANDER Jeffrey C., « The dialectic of individuation and domination : Weber's rationalization theory and beyond », in S. Whimster, S. Lash (éds.), *Max Weber and Rationality*, London, Allen and Unwin, 1987, pp. 185-206.

ALEXANDER Jeffrey C., *Fin-de-siècle Social Theory*, London-New York, Verso, 1995.

ALEXANDER Jeffrey C., COLOMY Paul (éd.), *Differentiation Theory and Social Change : Comparative and Historical Perspectives*, New York, Columbia University Press, 1990.

AMIOT Michel, « L'intervention sociologique, la science et la prophétie. À propos d'un livre de A. Touraine », *Sociologie du travail*, nº 4, 1980, pp. 415-424.

ANDERSON Nels, *Le hobo. Sociologie du sans-abri* (1923), Paris, Nathan, 1993.

ANDERSON Perry, *Sur le marxisme occidental* (1976), Paris, Maspero, 1977.

ANSART Pierre, *Les sociologies contemporaines*, Paris, Seuil, 1990.

APEL Karl-Otto, *Penser avec Habermas contre Habermas*, Paris, Éditions de l'Éclat, 1990.

ARCHER Margaret, « Human Agency and Social Structure : A Critique of Giddens », in Jon Clark, Celia Modgil, Sohan Modgil (éds.), *Anthony Giddens. Consensus and Controversy*, London, The Falmer Press, 1989, pp. 73-84.

ARON Raymond, *Dix-huit leçons sur la société industrielle*, Paris, Gallimard, 1962.

ARON Raymond, *La lutte des classes*, Paris, Gallimard, 1964.

ARON Raymond, *La philosophie critique de l'histoire*, Paris, Vrin, 1969.

ARON Raymond, *La sociologie allemande contemporaine* (1936), Paris, PUF, 1981.

ARON Raymond, *Les désillusions du progrès*, Paris, Calmann-Lévy, 1969.

ARON Raymond, *Les étapes de la pensée sociologique* (1967), Paris, « Tel », Gallimard, 1985.

ASSOUN Paul-Laurent, RAULET Gérard, *Marxisme et théorie critique*, Paris, Payot, 1978.

ATLAN Henri, *À tort et à raison*, Paris, Seuil, 1986.

ATLAN Henri, *Entre le cristal et la fumée*, Paris, Seuil, 1979.

BALANDIER Georges, *Le désordre*, Paris, Fayard, 1988.

BALDNER Jean-Marie, GILLARD Lucien (éd.), *Simmel et les normes sociales*, Paris, L'Harmattan, 1996.

BAREL Yves, *La société du vide*, Paris, Seuil, 1984.

BAUDELAIRE Charles, « Le peintre de la vie moderne » (1859), in *Œuvres complètes*, vol. II, Paris, Gallimard, 1976.

BAUDRILLARD Jean, *La société de consommation* (1970), Paris, Gallimard, 1985.

BAUDRILLARD Jean, *Le miroir de la production*, Tournai, Casterman, 1973.

BAUDRILLARD Jean, « Modernité », *Encyclopaedia Universalis*, Paris, 1990, pp. 552-554.

BAUMAN Zygmunt, *Legislators and Interpreters*, Cambridge, Polity Press, 1987.

BAUMAN Zygmunt, *Modernity and Ambivalence*, London, Polity Press, 1991.

BAUMAN Zygmunt, *Intimations of Postmodernity*, London-New York, Routledge, 1992.

BAUMAN Zygmunt, *Postmodern Ethics*, Oxford, Blackwell, 1993.

BECK Ulrich, GIDDENS Anthony, LASH Scott, *Reflexive Modernization : Politics, Tradition and Aesthetics in the Modern Social Order*, Cambridge, Polity Press, 1994.

BECK Ulrich, *Risk Society* (1986), London, Sage, 1992.

BÉJAR Helena, *La cultura del yo*, Madrid, Alianza, 1993.

BELL Daniel, *Les contradictions culturelles du capitalisme* (1976), Paris, PUF, 1979.

BELLAMY Richard, *Liberalism and Modern Society*, Cambridge, Polity Press, 1992.

BENDIX Reinhart, *Max Weber : an Intellectual Portrait*, New York, Doubleday, 1960.

BERMAN Marshall, *All that is Solid Melts into Air. The Experience of Modernity*, New York, Simon and Schuster, 1982.

BERNSTEIN Richard, *Praxis and Action*, Pennsylvania, University of Pennsylvania Press, 1971.

BERTHELOT Jean-Michel, *1895 Durkheim, l'avènement de la sociologie scientifique*, Toulouse, PUM, 1995.

BESNARD Philippe, *L'anomie*, Paris, PUF, 1987.

BESNARD Philippe, « Les pathologies des sociétés modernes », in Philippe Besnard, Massimo Borlandi, Paul Vogt (éds.), *Division du travail et lien social*, Paris, PUF, 1993, pp. 197-211.

BLUMER Herbert, *Symbolic Interactionism*, Englewood Cliffs, N.J., Prentice Hall, 1969.

BOGNER Artur, « Élias and the Frankfurt School », *Theory, Culture and Society*, 4, (2-3), 1987, pp. 249-285.

BOLTANSKI Luc, « Erving Goffman et le temps du soupçon », *Information sur les sciences sociales*, 1973, vol. XII, n° 3, pp. 127-147.

BOLTANSKI Luc, « Sociologie critique et sociologie de la critique », *Politix*, n° 10-11, 1990, pp. 124-134.

BOUDON Raymond, *Effets pervers et ordre social*, Paris, PUF, 2e édition, 1979.

BOUDON Raymond, *La logique du social*, Paris, Hachette, 1979.

BOUDON Raymond, *La place du désordre*, Paris, PUF, 1984
BOUDON Raymond, préface à Georg Simmel, *Les problèmes de la philosophie de l'histoire* (3e édition, 1907), Paris, PUF, 1984.
BOURDIEU Pierre, *Esquisse d'une théorie de la pratique*, Genève, Droz, 1972.
BOURDIEU Pierre, *La distinction*, Paris, Minuit, 1979.
BOURDIEU Pierre, *Le sens pratique*, Paris, Minuit, 1980.
BOURDIEU Pierre, *Questions de sociologie*, Paris, Minuit, 1980.
BOURDIEU Pierre, *Ce que parler veut dire*, Paris, Fayard, 1982.
BOURDIEU Pierre, «Vous avez dit populaire?», *Actes de la Recherche en sciences sociales*, nº 46, mars 1983, pp. 98-106.
BOURDIEU Pierre, *Homo academicus*, Paris, Minuit, 1984.
BOURDIEU Pierre, *Choses dites*, Paris, Minuit, 1987.
BOURDIEU Pierre, *La noblesse d'État*, Paris, Minuit, 1989.
BOURDIEU Pierre, *Les règles de l'art*, Paris, Seuil, 1992.
BOURDIEU Pierre, *Raisons pratiques*, Paris, Seuil, 1994.
BOURDIEU Pierre, *Sur la télévision*, Paris, Liber, 1996.
BOURDIEU Pierre, *Méditations pascaliennes*, Paris, Seuil, 1997.
BOURDIEU Pierre, et al., *Travail et travailleurs en Algérie*, Paris, Mouton & Co., 1963.
BOURDIEU Pierre, SAYAD Abdelmalek, *Le déracinement*, Paris, Minuit, 1964.
BOURDIEU Pierre, PASSERON Jean-Claude, *Les héritiers*, Paris, Minuit, 1964.
BOURDIEU Pierre, PASSERON Jean-Claude, *La reproduction*, Paris, Minuit, 1970.
BOURDIEU Pierre, WACQUANT Loïc J.D., *Réponses*, Paris, Seuil, 1992.
BOURETZ Pierre, *Les promesses du monde. Philosophie de Max Weber*, Paris, Gallimard, 1996.
BOURRICAUD François, «Introduction. En marge de l'œuvre de Talcott Parsons : la sociologie et la théorie de l'action», in Talcott Parsons, *Éléments pour une sociologie de l'action*, Paris, Plon, 1955, pp. 1-107.
BOURRICAUD François, «Contre le sociologisme», *Revue française de sociologie*, XVI, 1975, pp. 583-603.
BOURRICAUD François, *L'individualisme institutionnel. Essai sur la sociologie de Talcott Parsons*, Paris, PUF, 1977.
BOUVERESSE Jacques, «Règles, dispositions, habitus», *Critique*, août-septembre 1995, nº 579-580, pp. 573-594.
BRUBAKER Rogers, *The Limits of Rationality. An Essay on the Social*

and Moral Thought of Max Weber, London, George Allen & Unwin, 1984.

BRUBACKER R., « Social Theory as Habitus », in Craig Calhoun, Edward Li Puma, Moishe Postone (éds.), *Bourdieu : Critical Perspectives*, Oxford, Polity Press, 1993, pp. 212-234.

BUBNER Rüdiger, *Modern German Philosophy*, Cambridge, Cambridge University Press, 1981.

BUCKLEY Walter, *Sociology and Modern Systems Theory*, Englewood Cliffs, N.J., Prentice Hall, Inc., 1967.

BULMER Martin, *The Chicago School of Sociology*, Chicago, University of Chicago Press, 1984.

BURGESS Ernest W., « La croissance de la ville. Introduction à un projet de recherche » (1925), in *L'école de Chicago*, Paris, Aubier, 1984, pp. 131-147.

BURKITT Ian, *Social Selves : Theories of the Social Formation of Personality*, *Current Sociology*, vol. 39, nº 3, Winter 1991.

CAILLÉ Alain, *Don, intérêt et désintéressement*, Paris, La Découverte/MAUSS, 1994.

CALHOUN Craig, LI PUMA Edward, POSTONE Moishe (éds.), *Bourdieu : Critical Perspectives*, Oxford, Polity Press, 1993.

CALINESCU Matei, *Five Faces of Modernity*, Durham, Duke University Press, 1987.

CALLINICOS Alex, « Reactionary Postmodernism ? », in Roy Boyne, Ali Rattansi (éds.), *Postmodernism and Society*, London, Macmillan, 1990, pp. 97-118.

CARRILHO Manuel Maria, *Rhétoriques de la modernité*, Paris, PUF, 1992.

CASCARDI Anthony J., *Subjectivité et modernité* (1992), Paris, PUF, 1995.

CASTELLS Manuel, *La question urbaine*, Paris, Maspero, 1972.

CASTORIADIS Cornelius, *L'institution imaginaire de la société*, Paris, Seuil, 1975.

CERTEAU Michel de, *L'invention du quotidien*, vol. I, *Arts de faire*, Paris, Union générale d'éditions, 1980.

CHARTIER Roger, « Formation sociale et économie psychique : la société de cour dans le processus de civilisation », préface à Norbert Élias, *La société de cour* (1933/1969), Paris, Flammarion, 1985, pp. I-LXXVII.

CHAZEL François, *La théorie analytique de la société dans l'œuvre de Talcott Parsons*, Paris-Mouton-La Haye, École pratique des Hautes études et Mouton & Co., 1974.

CHAZEL François, « Pouvoir », in Raymond Boudon (sous la dir.), *Traité de sociologie*, Paris, PUF, 1992, pp. 195-226.

CLAM Jean, *Droit et société chez Niklas Luhmann*, Paris, PUF, 1997.

CLARK Jon, MODGIL Celia, MODGIL Sohan (éds), *Anthony Giddens. Consensus and Controversy*, London, The Falmer Press, 1989.

COHEN Ira J., *Structuration Theory*, London, Macmillan, 1989.

COHEN Jean, « Strategy or Identity : New Theoretical Paradigms and Contemporary Social Movements », *Social Research*, vol. 52, nº 4, Winter 1985, pp. 663-716.

COHN Dorrit, *La transparence intérieure* (1978), Paris, Seuil, 1981.

COLLINS Randall, « Erving Goffman and the Development of Modern Social Theory », in Jason Ditton (éd.), *The View from Goffman*, London, The MacMillan Press, 1980, pp. 170-209.

COLLIOT-THÉLÈNE Catherine, *Max Weber et l'histoire*, Paris, PUF, 1990.

COLLIOT-THÉLÈNE Catherine, « Rationalisation et désenchantement du monde : problèmes d'interprétation de la sociologie des religions de Max Weber », *Archives des sciences sociales des religions*, nº 89, janvier-mars 1995, pp. 61-81.

COLLIOT-THÉLÈNE Catherine, « Le concept de rationalisation : de Max Weber à Norbert Elias », in Alain Garrigou, Bernard Lacroix (sous la dir.), *Norbert Elias. La politique et l'histoire*, Paris, La Découverte, 1997, pp. 52-74.

COMETTI Jean-Pierre, *Le philosophe et la poule de Kircher*, Paris, Éditions de l'Éclat, 1997.

CORSI Giancarlo, ESPOSITO Elena, BARALDI Claudio, *Luhmann in glossario*, Milano, Franco Angeli, 1996.

COSER Lewis A., *Les fonctions du conflit social* (1956), Paris, PUF, 1982.

COSER Lewis A., *Masters of Sociological Thought*, New York, Harcourt Brace Jovanovich, 1971.

COULON Alain, *L'école de Chicago*, Paris, PUF, 1992.

CUIN Charles-Henry (éd.), *Durkheim d'un siècle à l'autre. Lectures actuelles des « Règles de la méthode sociologique »*, Paris, PUF, 1997.

DAHRENDORF Ralf, *Classes et conflits de classes dans la société industrielle* (1959), Paris, La Haye/Mouton, 1972.

DÉCHAUX Jean-Hughes, « Sur le concept de configuration : quelques failles dans la sociologie de Norbert Élias », *Cahiers internationaux de sociologie*, vol. 99, 1995, pp. 293-313.

DELEUZE Gilles, *Foucault*, Paris, Minuit, 1986.

DEROCHE-GURCEL Lilyane, *Simmel et la modernité*, Paris, PUF, 1997.

DERRIDA Jacques, *L'écriture et la différence*, Paris, Seuil, 1967.

DESCOMBES Vincent, *Le même et l'autre*, Paris, Minuit, 1979.

DESCOMBES Vincent, *Philosophie par gros temps*, Paris, Minuit, 1989.

DEUTSCH Karl, « Social Mobilization and Political Development », *American Political Science Review*, september 1961, pp. 493-514.

DISSELKAMP Annette, *L'éthique protestante de Max Weber*, Paris, PUF, 1994.

DITTON Jason (éd.), *The View from Goffman*, London, The MacMillan Press, 1980.

DREYFUS Hubert, RABINOW Paum, *Michel Foucault. Un parcours philosophique* (1982), Paris, Gallimard, 1984.

DUBAR Claude, *La socialisation*, Paris, Armand Colin, 1991.

DUBIN Robert, « Parsons' Actor : Continuities in Social Theory », *American Sociological Review*, 25, 1960, pp. 457-466.

DUMOUCHEL Paul, DUPUY Jean-Pierre (éds.), *L'auto-organisation*, Paris, Seuil, 1983.

DUPUY Jean-Pierre, *Ordres et désordres*, Paris, Seuil, 1982.

DURKHEIM Émile, « Cours de science sociale, leçon d'ouverture » (1888), in *La science sociale et l'action*, Paris, PUF, 1970.

DURKHEIM Émile, *De la division du travail social* (1893), Paris, PUF, 1986.

DURKHEIM Émile, *Les règles de la méthode sociologique* (1895), Paris, PUF, 1987.

DURKHEIM Émile, *Le suicide* (1897), Paris, PUF, 1995.

DURKHEIM Émile, *Les formes élémentaires de la vie religieuse* (1912), Paris, PUF, 1985.

DURKHEIM Émile, *Éducation et sociologie* (1922), Paris, PUF, 1993.

DURKHEIM Émile, *Sociologie et philosophie* (1924), Paris, PUF, 1996.

DURKHEIM Émile, *L'éducation morale* (1925), Paris, PUF, 1992.

DURKHEIM Émile, *Le socialisme* (1928), Paris, PUF, 1992.

DURKHEIM Émile, *L'évolution pédagogique en France* (1938), Paris, PUF, 1990.

ELIAS Norbert, *La société de cour* (1933/1969), Paris, Flammarion, 1985.

ELIAS Norbert, *La civilisation des mœurs* (1939), Paris, Calmann-Lévy, 1991.

ELIAS Norbert, *La dynamique de l'Occident* (1939), Paris, Calmann-Lévy, 1975.

ELIAS Norbert, *Qu'est-ce que la sociologie?* (1970), La Tour-d'Aigues, Éditions de l'Aube, 1991.

ELIAS Norbert, *La solitude des mourants* (1982), Paris, Christian Bourgois, 1987.

ELIAS Norbert, *Engagement et distanciation* (1983), Paris, Fayard, 1993.

ELIAS Norbert, *Du temps* (1984), Paris, Fayard, 1996.

ELIAS Norbert, DUNNING Éric, *Sport et civilisation* (1986), Paris, Fayard, 1994.

ELIAS Norbert, *La société des individus* (1987), Paris, Fayard, 1991.

ELIAS Norbert, *Studien über die Deutschen* (1989), Frankfurt, Suhrkamp, 1992 (trad. angl., *The Germans*, Oxford, Basil Blackwell, 1996).

Elias Norbert par lui-même (1990), Paris, Fayard, 1991.

ELIAS Norbert, *Mozart. Sociologie d'un génie*, Paris, Seuil, 1991.

ELIAS Norbert, *The Symbol Theory*, Londres, Sage, 1991.

ÉRIBON Didier, *Michel Foucault et ses contemporains*, Paris, Fayard, 1994.

FARIS Robert E.L., *Chicago Sociology 1920-1932*, California, Chandler Publishing Company, 1967.

FERRY Jean-Marc, *Habermas. L'éthique de la communication*, Paris, PUF, 1987.

FERRY Luc, RENAUT Alain, *La pensée 68*, Paris Gallimard, 1985.

FLEISCHMANN Eugène, «De Weber à Nietzsche», *Archives européennes de sociologie*, vol. V, 1964, pp. 190-238.

FORRESTER John, *The Seductions of Psychoanalysis Freud, Lacan, Derrida*, Cambridge, Cambridge University Press, 1990.

FOUCAULT Michel, *Histoire de la folie à l'âge classique* (1961), Paris, Gallimard, 1972.

FOUCAULT Michel, *Les mots et les choses*, Paris, Gallimard, 1966.

FOUCAULT Michel, *L'archéologie du savoir*, Paris, Gallimard, 1969.

FOUCAULT Michel, *L'ordre du discours*, Paris, Gallimard, 1971.

FOUCAULT Michel, *Surveiller et punir*, Paris, Gallimard, 1975.

FOUCAULT Michel, *La volonté de savoir. Histoire de la sexualité*, vol. I, Paris, Gallimard, 1976.

FOUCAULT Michel, *L'usage des plaisirs. Histoire de la sexualité*, vol. II, Paris, Gallimard, 1984.

FOUCAULT Michel, *Le souci de soi. Histoire de la sexualité*, vol. III, Paris, Gallimard, 1984.

FOUCAULT Michel, *Dits et écrits. 1954-1988*, 4 vol., Paris, Gallimard, 1994.

FRANK Manfred, *Qu'est-ce que le néostructuralisme ?* (1984), Paris, Cerf, 1989.

FREUD Sigmund, *Malaise dans la civilisation* (1929), Paris, PUF, 1992.

FREUND Julien, « Introduction » à la traduction française de Georg Simmel, *Sociologie et épistémologie*, Paris, PUF, 1981, pp. 7-78.

FREUND Julien, *Études sur Max Weber*, Genève, Librairie Droz, 1990.

FRISBY David, *Sociological Impressionism : a reassessment of Georg Simmel's Social Theory*, London, Heinemann, 1981.

GABEL Joseph, « Effets pervers et fausse conscience », *Cahiers internationaux de sociologie*, vol. LXXXIII, juillet-décembre 1987, pp. 339-354.

GARCIA Amado Juan Antonio, « Introduction à l'œuvre de Niklas Luhmann », *Droit et société*, 1989, nº 10-11, pp. 15-51.

GARFINKEL Harold, *Studies in Ethnomethodology*, Englewood Cliffs, Prentice-Hall, 1967.

GARRIGOU Alain, « Le "grand jeu" de la société », in Alain Garrigou, Bernard Lacroix (sous la dir.), *Norbert Élias. La politique et l'histoire*, Paris, La Découverte, 1997, pp. 100-127.

GAUCHET Marcel, SWAIN Gladys, *La pratique de l'esprit humain. L'institution asilaire et la révolution démocratique*, Paris, Gallimard, 1980.

GERMANI Gino, *Politica y sociedad en una época de transicion*, BUEnos Aires, Paidos, 1962.

GERTH Hans H., WRIGHT MILLS Charles (éds.), *From Max Weber* (1948), London, Routledge and Kegan Paul, 1970.

GIDDENS Anthony, *Capitalism and Modern Social Theory*, Cambridge, Cambridge University Press, 1971.

GIDDENS Anthony, *The Class Structure of the Advanced Societies*, London, Hutchinson, 1973.

GIDDENS Anthony, *New Rules of Sociological Method*, London, Hutchinson, 1976.

GIDDENS Anthony, *Studies in Social and Political Theory*, New York, Basic Books, 1977.

GIDDENS Anthony, *Central Problems in Social Theory : Action,*

Structure and Contradiction in Social Analysis, London, Macmillan, 1979.

GIDDENS Anthony, *A Contemporary Critique of Historical Materialism*, vol. I., *Power, Property and the State*, London, Macmillan, 1981.

GIDDENS Anthony, *La constitution de la société* (1984), Paris, PUF, 1987.

GIDDENS Anthony, *The Nation-State and Violence*, vol. II de *A Contemporary Critique of Historical Materialism*, Cambridge, Polity Press, 1985.

GIDDENS Anthony, « A reply to my critics », in David Held, John B. Thompson (éds.), *Social Theory of Modern Societies. Anthony Giddens and his Critics*, Cambridge, Cambridge University Press, 1989, pp. 249-301.

GIDDENS Anthony, *Les conséquences de la modernité* (1990), Paris, L'Harmattan, 1994.

GIDDENS Anthony, « Structuration Theory and Sociological Analysis », in Jon Clark, Celia Modgil, Sohan Modgil (éds.), *Anthony Giddens. Consensus and Controversy*, London, The Falmer Press, 1990, pp. 297-315.

GIDDENS Anthony, *Modernity and Self-Identity*, Cambridge, Polity Press, 1991.

GIDDENS Anthony, *The Transformation of Intimacy*, Stanford, Stanford University Press, 1992.

GIDDENS Anthony, *Beyond Left and Right*, Cambridge, Polity Press, 1994.

GIDDENS Anthony, *Politics, Sociology and Social Theory*, Stanford, California, Stanford University Press, 1995.

GIDDENS Anthony, *In Defense of Sociology*, Cambridge, Polity Press, 1996.

GIDDENS Anthony, *The Third Way*, Cambridge, Polity Press, 1998.

GOFFMAN Erving, « Calmer le jobard : quelques aspects de l'adaptation à l'échec » (1952), in *Le parler frais d'Erving Goffman*, Paris, Minuit, 1989, pp. 277-300.

GOFFMAN Erving, « La persuasion interpersonnelle » (1957), in *Les moments et leurs hommes*, Paris, Seuil/Minuit, 1988, pp. 114-142.

GOFFMAN Erving, *La mise en scène de la vie quotidienne*, vol. I, *La présentation de soi* (1959), Paris, Minuit, 1973.

GOFFMAN Erving, *Asiles* (1961), Paris, Minuit, 1968.

GOFFMAN Erving, *Behavior in Public Places*, Glencoe, Ill., The Free Press, 1963.

GOFFMAN Erving, *Stigmate* (1963), Paris, Minuit, 1975.

GOFFMAN Erving, *Les rites de l'interaction* (1967), Paris, Minuit, 1974.

GOFFMAN Erving, *La mise en scène de la vie quotidienne*, vol. II, *Les relations en public* (1971), Paris, Minuit, 1973.

GOFFMAN Erving, *Les cadres de l'expérience* (1974), Paris, Minuit, 1991.

GOFFMAN Erving, « Réplique à Denzin et Keller » (1981), in *Le parler frais d'Erving Goffman*, Paris, Minuit, 1989, pp. 301-320.

GOFFMAN Erving, « L'ordre de l'interaction » (1982), in *Les moments et leurs hommes*, Paris, Seuil/Minuit, 1988, pp. 186-230.

GOLDMANN Lucien, *Marxisme et sciences humaines*, Paris, Gallimard, 1970.

GONOS George, « The Class position of Goffman's sociology : social origins of an American structuralism », Jason Ditton (éd.), *The View from Goffman*, London, The MacMillan Press, 1980, pp. 134-169.

GORZ André, « Alain Touraine ou le sujet de la critique », in *Misère du présent, richesse du possible*, Paris, Galilée, 1997, pp. 199-226.

GOULDNER Alvin W., *The Coming Crisis of Western Sociology* (1970), London, Heinemann, 1971.

GOULDNER Alvin W., *For Sociology*, London, Allen Lane The Penguin Press, 1973.

GOULDNER Alvin W., *The Two Marxisms*, London, Macmillan, 1980.

GRAFMEYER Yves, JOSEPH Isaac, « La ville-laboratoire et le milieu urbain », in *L'école de Chicago*, Paris, Aubier, 1984, pp. 6-52.

GRIGNON Claude, PASSERON Jean-Claude, *Le savant et le populaire*, Paris, Hautes Études/Gallimard/Seuil, 1989.

GRIGNON Claude, PASSERON Jean-Claude, *Sociologie de la culture et sociologie des cultures populaires*, Document du GIDES, n° 4, 1982.

HABERMAS Jürgen, *L'espace public* (1962), Paris, Payot, 1986.

HABERMAS Jürgen, *La technique et la science comme idéologie* (1968), Paris, Gallimard/Denoël, 1973.

HABERMAS Jürgen, *Connaissance et intérêt* (1968 et 1973 pour la postface) Paris, Gallimard, 1976.

HABERMAS Jürgen, *Théorie et pratique* (nouvelle édition, 1971), 2 vol., Paris, Payot, 1975.
HABERMAS Jürgen, *Raison et légitimité* (1973), Paris, Payot, 1978.
HABERMAS Jürgen, *Après Marx* (1976), Paris, Fayard, 1985.
HABERMAS Jürgen, *Théorie de l'agir communicationnel* (1981), 2 vol., Paris, Fayard, 1987.
HABERMAS Jürgen, « La modernité, un projet inachevé » (1981), *Critique*, XXXVII, nº 413, octobre 1981, pp. 950-967.
HABERMAS Jürgen, *Morale et communication* (1983), Paris, Cerf, 1986.
HABERMAS Jürgen, *Le discours philosophique de la modernité* (1985), Paris, Gallimard, 1988.
HABERMAS Jürgen, *Logiques des sciences sociales et autres essais* (1985), Paris, PUF, 1987.
HABERMAS Jürgen, *Droit et morale* (1988), Paris, Seuil, 1997.
HABERMAS Jürgen, *Écrits politiques*, Paris, Cerf, 1990.
HABERMAS Jürgen, *L'éthique de la discussion* (1991), Paris, Cerf, 1992.
HABERMAS Jürgen, *Droit et démocratie* (1992), Paris, Gallimard, 1997.
HAESLER Aldo J., *Sociologie de l'argent et postmodernité*, Genève, Droz, 1995.
HANNERZ Ulf, *Explorer la ville* (1980), Paris, Minuit, 1983.
HARVEY David, *The Condition of Postmodernity*, Cambridge, Basil Blackwell, 1989.
HAYOZ Nicolas, *Société, politique et État dans la perspective de la sociologie systémique de Niklas Luhmann*, *Études et recherches*, nº 25, Université de Genève, Département de science politique, 1991.
HEBDIGE Dick, *Hiding in the Light : on Images and Things*, London, Routledge, 1988.
HEINICH Nathalie, *La sociologie de Norbert Élias*, Paris, La Découverte, 1997.
HELD David, THOMPSON John B. (éds.), *Social Theory of Modern Societies. Anthony Giddens and his Critics*, Cambridge, Cambridge University Press, 1989.
HELLER Agnes, « Death of the Subject ? », *Thesis Eleven*, 25, 1990, pp. 22-38.
HELLER Agnes, FEHÉR Ferenc, *The Postmodern Political Condition*, New York, Columbia University Press, 1988.

HENNIS Wilhelm, *La problématique de Max Weber* (1987), Paris, PUF, 1996.

HÉRAN François, « La seconde nature de l'habitus. Tradition philosophique et sens commun dans le langage sociologique », *Revue française de sociologie*, 1987, XXVIII, 3, pp. 385-416.

HERPIN Nicolas, *Les sociologues américains et le siècle*, Paris, PUF, 1973.

HOBSBAWM Éric, *L'ère des révolutions* (1962), Paris, Fayard, 1969.

HOLTON Gerald, *L'imagination scientifique* (1978), Paris, Gallimard, 1981.

HONNETH Axel, « Work and Interaction », *New German Critique*, 26, 1982.

HONNETH Axel, « Foucault et Adorno », *Critique*, août-septembre 1986, n° 471-472, pp. 800-815.

HONNETH Axel, « Critical Theory », in Anthony Giddens, Jonathan Turner (éds.), *Social Theory Today*, Stanford, Cal., Stanford University Press, 1987, pp. 347-382.

HORKHEIMER Max, « Théorie traditionnelle et théorie critique » (1937), in *Théorie traditionnelle et théorie critique*, Paris, Gallimard, 1974, pp. 15-92.

HUSSERL Edmund, *La crise des sciences européennes et la phénoménologie transcendantale* (1938), Paris, Gallimard, 1976.

ISAMBERT François-André, « La naissance de l'individu », in Philippe Besnard, Massimo Borlandi, Paul Vogt (éds.), *Division du travail et lien social. Durkheim un siècle après*, Paris, PUF, 1993, pp. 113-133.

ISRAEL Joachim, *L'aliénation de Marx à la sociologie contemporaine* (1968), Paris, Anthropos, 1972.

IZUZQUIZA Ignacio, « Niklas Luhmann ou la société sans hommes », *Cahiers internationaux de sociologie*, vol. LXXXIX, 1990, pp. 377-387.

IZUZQUIZA Ignacio, *La sociedad sin hombres*, Barcelona, Anthropos, 1990.

JAMESON Fredric, *Postmodernism, or the Cultural Logic of Late Capitalism*, London, Verso, 1991.

JANKÉLÉVITCH Vladimir, « Georg Simmel, philosophe de la vie » (1925), repris in Georg Simmel, *La tragédie de la culture*, Paris, Rivages, 1988, pp. 11-85.

JAUSS Hans Robert, « La "modernité" dans la tradition littéraire et la conscience d'aujourd'hui » (1974), *Pour une esthétique de la réception*, Paris, Gallimard, 1978, pp. 173-229.

Jay Martin, *L'imagination dialectique* (1973), Paris, Payot, 1977.

Jay Martin, *Marxism and Totality*, Berkeley, University of California Press, 1984.

Joas Hans, « The Unhappy Marriage of Hermeneutics and Functionalism », *Praxis International*, vol. VIII, 1988, pp. 34-51.

Joseph Isaac, « Erving Goffman et le problème des convictions », in *Le parler frais d'Erving Goffman*, Paris, Minuit, 1989, pp. 13-30.

Joseph Isaac, *Erving Goffman et la microsociologie*, Paris, PUF, 1998.

Kaesler Dirk, *Max Weber* (1995), Paris, Fayard, 1996.

Kolakowski Leszek, *Main Currents of Marxism*, vol. III, *The Breakdown*, Oxford, Oxford University Press, 1978.

Koselleck Reinhart, *Le futur passé* (1979), Paris, Éditions de l'École des hautes études en Sciences sociales, 1990.

Kremer-Marietti Angèle, *Michel Foucault. Archéologie et généalogie*, Paris, Librairie générale française, 1985.

Kuhn Thomas S., *La structure des révolutions scientifiques* (1962), Paris, Flammarion, 1972.

Laclau Ernesto, Mouffe Chantal, *Hegemony and Socialist Strategy*, London, Thetford Press, 1985.

Lahire Bernard, *L'homme pluriel*, Paris, Nathan, 1998.

Lamo de Espinosa Enrique, *La sociedad reflexiva (Sujeto y objeto de conocimiento)*, Madrid, CIS/Siglo XXI, 1990.

Lapeyronnie Didier, *De l'expérience à l'action*, EHESS, Thèse d'habilitation, 1992.

Lash Scott, *Sociology of Postmodernism*, London, Routledge, 1990.

Lash Scott, « Postmodernism as humanism? Urban Space and Social Theory », in Bryan S. Turner (éd.), *Theories of Modernity and Postmodernity*, Londres, Sage Publications, 1990, pp. 62-74.

Lazar Judith, « La compétence des acteurs dans la "théorie de la structuration" de Giddens », *Cahiers internationaux de sociologie*, vol. XCIII, 1992, pp. 399-416.

Le Goff Jacques, « Alain Touraine et l'histoire. D'après *Un désir d'histoire* », in François Dubet, Michel Wieviorka (éds.), *Penser le Sujet*, Paris, Fayard, 1995, pp. 89-99.

Le Goff Jacques, « Antique (ancien)/moderne », in *Histoire et mémoire*, Paris, Gallimard, 1988, pp. 59-103.

Lechner Frank J., « Parsons and Modernity : an Interpretation », in Roland Robertson, Bryan S. Turner (éds.), *Talcott Parsons. Theorist of Modernity*, London, SAGE, 1991, pp. 166-186.

LEFEBVRE Henri, *Introduction à la modernité*, Paris, Minuit, 1962.

LEFEBVRE Henri, *La vie quotidienne dans le monde moderne*, Paris, Gallimard, 1968.

LÉGER François, *La pensée de Georg Simmel*, Paris, Kimé, 1987.

LEPENIES Wolf, *Les trois cultures* (1985), Paris, Éditions de la Maison des sciences de l'homme, 1990.

LEVINE Donald N., CARTER ELLWOOD B., MILLER GORMAN Eleanor, « Simmel's Influence on American Sociology, I & II », *American Journal of Sociology*, 1976, 81 (4,5), pp. 813-845 ; pp. 1112-1132.

LEVINE Donald N., *Visions of the Sociological Tradition*, Chicago, The University of Chicago Press, 1995.

LIPOVETSKY Gilles, *L'ère du vide*, Paris, Gallimard, 1983.

LIPOVETSKY Gilles, *Le crépuscule du devoir*, Paris, Gallimard, 1992.

LI PUMA Edward, « Culture and the concept of culture in a theory of practice », in Craig Calhoun, Edward Li Puma, Moishe Postone (éds.), *Bourdieu : Critical Perspectives*, Oxford, Polity Press, 1993, pp. 14-34.

LOCKWOOD David, « Social Integration and System Integration », in George K. Zollschan, Walter Hirsch, *Explorations in Social Change*, London, Routledge and Kegan Paul, 1964, pp. 244-258 (trad. fr. partielle : « Intégration sociale et intégration systémique », in Pierre Birnbaum, François Chazel (éds.), *Théorie sociologique*, Paris, PUF, 1975).

LOVEJOY Arthur O., *The Great Chain of Being*, New York, Harper, 1936.

LÖWITH Karl, *Max Weber and Karl Marx* (1932), London, Allen & Unwin, 1982.

LUHMANN Niklas, *Vertrauen* (1968), Stuttgart, Ferdinand Enke Verlag, 1989 (trad. angl., *Trust and Power*, Chichester-New York, John Wiley & Sons, 1991).

LUHMANN Niklas, *Macht* (1975), Stuttgart, Ferdinand Enke Verlag, 1988 (trad. angl., *Trust and Power*, Chichester-New York, John Wiley & Sons, 1991).

LUHMANN Niklas, « Generalized media and the problem of contingency », in Jan J. Loubser et al. (éds.), *Explorations in General Theory in Social Science. Essays in Honour of Talcott Parsons*, New York, The Free Press, 1976, pp. 507-532.

LUHMANN Niklas, *Politische Theorie im Wohlfahrsstaat*, München, Olzog, 1981 (trad. angl., *Political Theory in the Welfare State*, New York, Walter de Gruyter, 1990).

Luhmann Niklas, « Remarques préliminaires en vue d'une théorie des systèmes sociaux », *Critique*, n° 413, vol. XXXVII, 1981, pp. 995-1014.

Luhmann Niklas, « Die Unwahrscheinlichkeit der Kommunikation », in *Soziologische Aufklärung 3*, Opladen, Westdeutscher Verlag, 1981, pp. 25-34 (trad. angl., « The Improbability of Communication », *Essays on Self-Reference*, New York, Columbia University Press, 1990, pp. 86-99).

Luhmann Niklas, *Amour comme passion* (1982), Paris, Aubier, 1990.

Luhmann Niklas, *The Differentiation of Society*, New York, Columbia University Press, 1982.

Luhmann Niklas, *Soziale Systeme. Grundriß einer allgemeinen Theorie*, Frankfort, Suhrkamp Verlag, 1984 (trad angl., *Social Systems*, Stanford, Cal., Stanford University Press, 1995).

Luhmann Niklas, *Okologische Kommunikation* (1986), Opladen, Westdeutscher Verlag, 1990 (trad. angl., *Ecological Communication*, Cambridge, Polity Press, 1989).

Luhmann Niklas, « The Autopoiesis of Social Systems », in Felix Geyer, Johannes Van der Zouwen (éds.), *Sociocybernetic Paradoxes (Observation, Control and Evolution of Self Steering Systems)*, London, Sage, 1986, pp. 172-192.

Luhmann Niklas, « The Individuality of the Individual », in Thomas C. Heller, Morton Sosna, David E. Wellbery (éds.), *Reconstructing Individualism*, Stanford, Cal., Stanford University Press, 1986, pp. 313-325.

Luhmann Niklas, « Développements récents en théorie des systèmes » (1988), in Gérard Duprat (éd.), *Connaissance du politique*, Paris, PUF, 1990, pp. 281-293.

Luhmann Niklas, *Essays on Self-Reference*, New York, Columbia University Press, 1990.

Luhmann Niklas, « The Paradox of System Differentiation and the Evolution of Society », in Jeffrey Alexander, Paul Colomy (éds.), *Differentiation Theory and Social Change*, New York, Columbia University Press, 1990, pp. 409-440.

Luhmann Niklas, *Soziologie des Risikos*, Berlin-New York, de Gruyter, 1991 (trad. angl., *Risk : A Sociological Theory*, Berlin-New York, Walter de Gruyter, 1993).

Luhmann Niklas, *Beobachtungen der Moderne*, Opladen, Westdeütscher Verlag, 1992 (trad. angl., *Observations on Modernity*, Stanford, Cal., Stanford University Press, 1998).

Luhmann Niklas, « Clôture opérationnelle et couplage structurel » (1992), in André-Jean Arnaud, Pierre Guibentif (éds.), *Niklas Luhmann, observateur du droit*, Collection Droit et Société, nº 5, Paris, 1993, pp. 73-98.

Luhmann Niklas, « The Direction of Evolution », in Hans Haferkamp, Neil J. Smelser (éds.), *Social Change and Modernity*, Berkeley, University of California Press, 1992, pp. 279-293.

Luhmann Niklas, « La malice du sujet et la question de l'Homme », *Sociétés*, 1994, nº 43, pp. 3-15.

Luhmann Niklas, « The two sociologies and the theory of society », *Thesis Eleven*, 1995, nº 43, pp. 28-47.

« Niklas Luhmann en perspective », *Recherches sociologiques*, numéro spécial, 1996, XXVII, nº 2.

Luhmann Niklas, « Globalization of World Society. "How to Conceive of Modern Society ?" », *International Review of Sociology*, 1997, 7, 1, pp. 67-79.

Luhmann Niklas, « La société comme différence », *Sociétés*, nº 61, 1998/3, pp. 19-37.

Luhmann Niklas, De Georgi Raffaele, *Teoria della Società*, Milano, Franco Angeli, 1992.

Lukács Georg, « En souvenir de G. Simmel » (1918), postface in Georg Simmel, *Philosophie de l'amour*, Paris, Rivages, 1988, pp. 187-194.

Lukács Georg, *Histoire et conscience de classe* (1923), Paris, Minuit, 1960.

Lukács Georg, *La destruction de la raison* (1954), vol. I, Paris, L'Arche, 1958.

Lukes Steven, *Émile Durkheim. His Life and Work* (1973), Stanford, Cal., Stanford University Press, 1985.

Lyon David, *Postmodernity*, Buckingham, Open University Press, 1994.

Lyotard Jean-François, *La condition postmoderne*, Paris, Minuit, 1979.

Lyotard Jean-François, *Le différend*, Paris, Minuit, 1983

Madge John, *The Origins of Scientific Sociology* (1962), London, Tavistock Publications, 1970.

Marcuse Herbert, *L'ontologie de Hegel et la théorie de l'historicité* (1932), Paris, Minuit, 1972.

Marcuse Herbert, *Raison et révolution* (1941), Paris, Minuit, 1968.

Marcuse Herbert, *Éros et civilisation* (1955), Paris, Minuit, 1963.

MARCUSE Herbert, *Le marxisme soviétique* (1958), Paris, Gallimard, 1963.

MARCUSE Herbert, *L'homme unidimensionnel* (1964), Paris, Minuit, 1968.

MARCUSE Herbert, *La fin de l'utopie* (1967), Paris, Seuil, 1968.

MARCUSE Herbert, *Philosophie et révolution* (1967), Paris, Denoël-Gonthier, 1969.

MARCUSE Herbert, *Culture et société* (1968), Paris, Minuit, 1970.

MARCUSE Herbert, *Vers la libération* (1969), Paris, Minuit, 1969.

MARCUSE Herbert, *Contre-révolution et révolte* (1972), Paris, Seuil, 1973.

MARCUSE Herbert, *Actuels* (1975), Paris, Galilée, 1976.

MARCUSE Herbert, *La dimension esthétique* (1977 ; 1978 édition anglaise révisée par l'auteur), Paris, Seuil, 1979.

MARTINDALE Don, *The Nature and Types of Sociological Theory*, London, Routledge and Kegan Paul, 1961.

MATURANA Humberto, VARELA Francisco, *Autopoiesis and Cognition*, Dordrecht, Reidel Publishing Company, 1980.

MAZLICH Bruce, *A New Science : The Breakdown of Connection and the Birth of Sociology*, New York-Oxford, Oxford University Press, 1989.

MCCARTHY Thomas, *Ideal and Illusions. On Reconstruction and Deconstruction in Contemporary Critical Theory*, Cambridge, Mass., MIT, 1992.

MEAD George Herbert, *L'esprit, le soi et la société* (1934), Paris, PUF, 1963.

MELUCCI Alberto, « Sur le travail théorique d'Alain Touraine », *Revue française de sociologie*, nº 3, 1975, pp. 359-379.

MENNELL Stephen, *Norbert Élias : an Introduction* (1989), Oxford, Blackwell, 1992.

MENNELL Stephen, « L'envers de la médaille : le processus de décivilisation », in Alain Garrigou, Bernard Lacroix (sous la dir.), *Norbert Élias. La politique et l'histoire*, Paris, La Découverte, 1997, pp. 213-236

MERLEAU-PONTY Maurice, *Les aventures de la dialectique*, Paris, Gallimard, 1955.

MERTON Robert K., *Éléments de théorie et de méthode sociologique* (1949), Paris, Plon, 1965.

MERTON Robert K., *Sociological Ambivalence and Other Essays*, New York, The Free Press, 1976.

MESCHONNIC Henri, *Modernité, modernité*, Paris, Verdier, 1988.

MESURE Sylvie, RENAUT Alain, *La guerre des dieux*, Paris, Grasset, 1996.

MILLS Charles Wright, *L'imagination sociologique* (1959), Paris, Maspero, 1967.

MILLS Charles Wright, *The Marxists*, New York, Dell Publishing Inc., 1962.

MITZMAN Arthur, *The Iron Cage : an Historical Interpretation of Max Weber*, New York, Alfred A. Knopf, 1969.

MOMMSEN Wolfgang, « La sociologie politique de Max Weber et sa philosophie de l'histoire universelle », *Revue internationale des sciences sociales*, 17, 1965, pp. 23-48.

MOMMSEN Wolfgang, *Max Weber et la politique allemande 1890-1920* (1959), Paris, PUF, 1985.

MOMMSEN Wolfgang, *The Age of Bureaucracy*, Oxford, Basil Blackwell, 1974.

MOORE Barrington, *Les origines sociales de la dictature et de la démocratie* (1967), Paris, Maspero, 1979.

MOSCOVICI Serge, *La machine à faire des dieux*, Paris, Fayard, 1988.

MUCCHIELLI Laurent, *La découverte du social*, Paris, La Découverte, 1998.

NAVARRO Pablo, « Objetividad social, subjetividad social, y la noción de complementaridad teórica en sociología », in *Niklas Luhmann. Hacia una teoría científica de la sociedad*, revue *Anthropos*, n° 173-174, julio-octubre 1997, pp. 114-125.

NISBET Robert A., *La tradition sociologique* (1966), Paris, PUF, 1984.

OFFE Claus, *Les démocraties modernes à l'épreuve*, Paris, L'Harmattan, 1997.

OGIEN Albert, « La décomposition du sujet », in *Le parler frais d'Erving Goffman*, Paris, Minuit, 1989, pp. 100-109.

PALMIER Jean-Michel, *Herbert Marcuse et la nouvelle gauche*, Paris, Belfond, 1973.

PARK Robert Ezra, « La ville. Propositions de recherche sur le comportement humain en milieu urbain » (1925), in *L'école de Chicago*, Paris, Aubier, 1984, pp. 83-130.

PARK Robert Ezra, « La communauté urbaine. Un modèle spatial et un ordre moral » (1926), in *L'école de Chicago*, Paris, Aubier, 1984, pp. 197-211.

PARK Robert Ezra, « La ville comme laboratoire social » (1929), in *L'école de Chicago*, Paris, Aubier, 1984, pp. 167-183.

PARK Robert Ezra, *Race and Culture*, Glencoe, Illinois, The Free Press, 1950.

PARK Robert Ezra, *Human Communities. The City and Human Ecology*, Glencoe, Illinois, The Free Press, 1952.

PARK Robert Ezra, *Society*, Glencoe, Illinois, The Free Press, 1955.

PARSONS Talcott, *The Structure of Social Action. A Study in Social Theory with Special Reference to a Group of Recent European Writers* (1937), Glencoe, Illinois, The Free Press, 1949.

PARSONS Talcott, *The Social System*, Glencoe, Illinois, The Free Press, 1951.

PARSONS Talcott, *Essays in Sociological Theory*, New York, The Free Press, 1954.

PARSONS Talcott, *Structure and Process in Modern Societies*, Glencoe, Illinois, The Free Press, 1960.

PARSONS Talcott, « An Outline of the Social System », in Talcott Parsons, Edward A. Shils, Kaspar D. Naegele, Jesse R. Pitts (éds.), *Theories of Society*, vol. I, New York, The Free Press, 1961, pp. 30-79.

PARSONS Talcott, « The Point of View of the Author », in Max Black (éd.), *The Social Theories of Talcott Parsons*, Englewood Cliffs, N.J., Prentice Hall, 1961, pp. 311-363.

PARSONS Talcott, *Social Structure and Personality*, New York, The Free Press, 1964.

PARSONS Talcott, *Sociétés. Essai sur leur évolution comparée* (1966), Paris, Dunod, 1973.

PARSONS Talcott, *Sociological Theory and Modern Society*, New York, The Free Press, 1967.

PARSONS Talcott, *Le système des sociétés modernes* (1971), Paris, Dunod, 1973.

PARSONS Talcott, *Social Systems and the Evolution of Action Theory*, New York, The Free Press, 1977.

PARSONS Talcott, SHILS Edward A. (avec Olds James), « Values, Motives and Systems of Action », in Talcott Parsons, Edward A. Shils (éds.), *Toward a General Theory of Action* (1951), Cambridge, Harvard University Press, 1959, pp. 47-275.

PARSONS Talcott, BALES Robert F., et al., *Family, Socialization and Interaction Process* (1955), Glencoe, Ill., The Free Press, 1960.

PARSONS Talcott, SMELSER Neil J., *Economy and Society. A Study in the Integration of Economic and Social Theory* (1956), London, Routledge and Kegan Paul, 1957.

PASSERON Jean-Claude, *Le raisonnement sociologique*, Paris, Nathan, 1991.

PENEFF Jean, *La méthode biographique*, Paris, Armand Colin, 1990.

PIAGET Jean, *Le jugement moral chez l'enfant* (1932), Paris, PUF, 1992.

PRIGOGINE Ilya, STENGERS Isabelle, *La nouvelle alliance* (1979), Paris, Gallimard, 1986.

QUERÉ Louis, «"La vie sociale est une scène" : Goffman revu et corrigé par Garfinkel», in *Le parler frais d'Erving Goffman*, Paris, Minuit, 1989, pp. 47-82.

RAULET Gérard, *Herbert Marcuse. Philosophe de l'émancipation*, Paris, PUF, 1992.

RAYNAUD Philippe, *Max Weber et les dilemmes de la raison moderne* (1987), Paris, PUF, 1996.

REX John, *Key Problems in Sociological Theory*, London, Routledge and Kegan Paul, 1961.

REYNAUD Jean-Daniel, BOURDIEU Pierre, «Une sociologie de l'action est-elle possible?», *Revue française de sociologie*, 7, 4, 1966, pp. 508-517.

RICŒUR Paul, *Soi-même comme un autre*, Paris, Seuil, 1990.

RIESMAN David, et al., *La foule solitaire* (1950), Paris, Arthaud, 1964.

ROBERTSON Roland, TURNER Bryan S. (éds.), *Talcott Parsons. Theorist of Modernity*, London, SAGE, 1991.

ROCHER Guy, *Talcott Parsons et la sociologie américaine*, Paris, PUF, 1972.

ROCHLITZ Rainer, «Fonction généalogique et force justificative de l'argumentation», in Christian Bouchindhomme, Rainer Rochlitz (éds.), *Habermas, la raison, la critique*, Paris, Cerf, 1996, pp. 187-214.

RORTY Richard, *L'homme spéculaire* (1980), Paris, Seuil, 1990.

RORTY Richard, «Habermas, Lyotard et la postmodernité», *Critique*, n° 442, mars 1984, pp. 181-197.

RORTY Richard, «Identité morale et autonomie privée», in *Michel Foucault philosophe*, Paris, Seuil, 1989, pp. 385-393.

ROSE Michael, «Alain Touraine : *Sociologue du travail*, Proudhonian, Pessimist», in Jon Clark, Marco Diani (éds.), *Alain Touraine*, London, Falmer Press, 1996, pp. 17-31.

ROSENBERG Harold, *La tradition du nouveau* (1959), Paris, Minuit, 1962.

SAGNOL Marc, « Le statut de la sociologie chez Simmel et Durkheim », *Revue française de sociologie*, 28, 1, 1987, pp. 99-121.

SARTRE Jean-Paul, *L'être et le néant* (1943), Paris, Gallimard, 1976.

SARTRE Jean-Paul, *Critique de la raison dialectique*, vol. I, Paris, Gallimard, 1960.

SAUNDERS Peter, « Space, urbanism and the created environment », in David Held, John B. Thompson (éds.), *Social Theory of Modern Societies. Anthony Giddens and his Critics*, Cambridge, Cambridge University Press, 1989, pp. 215-234.

SCHLUCHTER Wolfgang, *The Rise of Western Rationalism*, Berkeley, University of California Press, 1981.

SCHLUCHTER Wolfgang, *Rationalism, Religion and Domination. A Weberian Perspective*, Berkeley, University of California Press, 1989.

SCHNAPPER Dominique, *La relation à l'autre*, Paris, Gallimard, 1998.

SCHUMPETER Joseph, *Capitalisme, socialisme et démocratie* (1942), Paris, Payot, 1954.

SCHÜTZ Alfred, *The Phenomenology of the Social World* (1932), Evanston, Ill., Northwestern University Press, 1967.

SCOTT Alan, *Ideology and New Social Movements*, London, Unwin Hyman, 1990.

SCOTT Alan, « Movements of modernity : some questions of theory, method and interpretation », in Jon Clark, Marco Diani (éds.), *Alain Touraine*, London, Falmer Press, 1996, pp. 77-91.

SENNETT Richard, *Les tyrannies de l'intimité* (1974), Paris, Seuil, 1979.

SFEZ Lucien, *Critique de la communication*, Paris, Seuil, 1988.

SHAW M., « War and the nation-state in social theory », in David Held, John B. Thompson (éds.), *Social Theory of Modern Societies. Anthony Giddens and his Critics*, Cambridge, Cambridge University Press, 1989, pp. 129-146.

SIMMEL Georg, *Philosophie de l'argent* (1900), Paris, PUF, 1987.

SIMMEL Georg, « Digression sur le problème : comment la société est-elle possible ? » (1908), in Patrick Watier (éd.), *Georg Simmel, la sociologie et l'expérience du monde moderne*, Paris, Méridiens Klincksieck, 1986, pp. 21-46.

SIMMEL Georg, « Digressions sur l'étranger » (1908), in Yves Grafmeyer, Isaac Joseph (éds.), *L'école de Chicago*, Paris, Aubier, 1984, pp. 53-59.

SIMMEL Georg, *Secret et sociétés secrètes* (1908), Strasbourg, Circé, 1991.

SIMMEL Georg, *Le conflit* (1908), Strasbourg, Circé, 1992.

SIMMEL Georg, « Rodin » (1911), in *Michel Ange et Rodin*, Paris, Rivages, 1990.

SIMMEL Georg, *Rembrandt* (1916), Strasbourg, Circé, 1994.

SIMMEL Georg, *Questions fondamentales de la sociologie* (1917), in Georg Simmel, *Sociologie et épistémologie*, Paris, PUF, 1981.

SIMMEL Georg, *Sociologie et épistémologie*, Paris, PUF, 1981.

SIMMEL Georg, *La tragédie de la culture et autres essais*, Paris, Rivages, 1988.

SIMMEL Georg, *Philosophie de l'amour*, Paris, Rivages, 1988.

SIMMEL Georg, *Philosophie de la modernité*, Paris, Payot, 1989.

SIMMEL Georg, *Philosophie de la modernité*, vol. II, Paris, Payot, 1990.

SLOTERDIJK Peter, *Critique de la raison cynique* (1983), Paris, Christian Bourgois, 1987.

SMART Barry, *Michel Foucault*, Chichester and London, Ellis Horwood and Tavistock, 1985.

SMELSER Neil J., « Le lien problématique entre différenciation et intégration », in Philippe Besnard, Massimo Borlandi, Paul Vogt (éds.), *Division sociale et lien social*, Paris, PUF, 1993.

STAUTH Georg, TURNER Bryan S., *Nietzsche's Dance. Resentment, Reciprocity and Resistance in Social Life*, Oxford, Basil Blackwell, 1988.

STEINER Philippe, *La sociologie de Durkheim*, Paris, La Découverte, 1994.

STONEQUIST Everett V., *The Marginal Man. A Study in Personality and Culture Conflict* (1937), New York, Russell & Russell, Inc., 1961.

STRAUSS Leo, *Droit naturel et histoire* (1953), Paris, Flammarion, 1986.

SUTHERLAND Edwin Hardin, *Le voleur professionnel* (1937), Paris, Spes, 1963.

TAYLOR Charles, « Suivre une règle », in *Critique*, août-septembre 1995, nº 579-580, pp. 554-572.

TEUBNER Gunther (éd.), *State, Law, Economy as Autopoietic Systems*, Berlin, De Gruyter, 1989.

THOMAS William Isaac, « Définir la situation » (1923), in *L'école de Chicago*, Paris, Aubier, 1984, pp. 79-82.
THOMAS William Isaac, *On Social Organization and Social Personality*, Chicago, Chicago University Press, 1966.
THOMAS William Isaac, ZNANIECKI Florian, *The Polish Peasent in Europe and America* (1918-1920), New York, Dover Publications, 1958, 2 vols.
THOMAS William Isaac, ZNANIECKI Florian, *Le paysan polonais en Europe et en Amérique. Récit de vie d'un migrant* (1919), Paris, Nathan, 1998, (trad. fr. partielle).
THOMPSON Edward P., *La formation de la classe ouvrière anglaise* (1963), Paris, Maison des sciences de l'homme, 1988.
THOMPSON John B., HELD David (éds.), *Habermas. Critical Debates*, London, Macmillan, 1982.
TOCQUEVILLE Alexis de, *De la démocratie en Amérique* (1840), vol. II, Paris, Gallimard, 1961.
TOURAINE Alain, *L'évolution du travail ouvrier aux usines Renault*, Paris, CNRS, 1955.
TOURAINE Alain, *Sociologie de l'action*, Paris, Seuil, 1965.
TOURAINE Alain, *La conscience ouvrière*, Paris, Seuil, 1966.
TOURAINE Alain, « La raison d'être d'une sociologie de l'action », *Revue française de sociologie*, 7,4, 1966, 518-527.
TOURAINE Alain, *Production de la société*, Paris, Seuil, 1973.
TOURAINE Alain, *Pour la sociologie*, Paris, Seuil, 1974.
TOURAINE Alain, *Un désir d'histoire*, Paris, Stock, 1977.
TOURAINE Alain, *Le communisme utopique* (1968), Paris, Seuil, 1980.
TOURAINE Alain, *La société postindustrielle*, Paris, Denoël, 1969.
TOURAINE Alain, *La voix et le regard*, Paris, Seuil, 1978.
TOURAINE Alain, « Réponse à Michel Amiot », *Sociologie du travail*, n° 4, 1980, pp. 425-430.
TOURAINE Alain, « Une sociologie sans société », *Revue française de sociologie*, numéro spécial, 22, juin 1981.
TOURAINE Alain, *Le retour de l'acteur*, Paris, Fayard, 1984.
TOURAINE Alain, *Critique de la modernité*, Paris, Fayard, 1992.
TOURAINE Alain, préface de la 2e édition révisée de *Production de la société*, Paris, Librairie générale française, 1993, pp. 9-24.
TOURAINE Alain, « A sociology of the Subject », in Jon Clark, Marco Diani (éds.), *Alain Touraine*, London, Falmer Press, 1996, pp. 291-342.

Touraine Alain, *Pourrons-nous vivre ensemble?*, Paris, Fayard, 1997.

Touraine Alain, Dubet François, Hegedus Zsuzsa, Wieviorka Michel, *Lutte étudiante*, Paris, Seuil, 1978.

Touraine Alain, Hegedus Zsuzsa, Dubet François, Wieviorka Michel, *La prophétie antinucléaire*, Paris, Seuil, 1980.

Touraine Alain, Dubet François, Hegedus Zsuzsa, Wieviorka Michel, *Le pays contre l'État*, Paris, Seuil, 1981.

Touraine Alain, Wieviorka Michel, Dubet François, *Le mouvement ouvrier*, Paris, Fayard, 1984.

Tschannen O., « Anomie et intégration sociale : Fenn, Luhmann et le paradigme néodurkheimien », *Revue européenne des sciences sociales*, 1989, 27, n° 83, pp. 123-146.

Turner Bryan S., *The Body and Society. Explorations in Social Theory*, Oxford, Basil Blackwell, 1984.

Turner Bryan S. (éd.), *Theories of Modernity and Postmodernity*, Londres, Sage Publications, 1990.

Vandenbergue Frédéric, *Une histoire critique de la sociologie allemande*, 2 vol., Paris, La Découverte/MAUSS, 1997, 1998.

Vattimo Gianni, *La fin de la modernité* (1985), Paris, Seuil, 1987.

Vattimo Gianni, *La société transparente* (1989), Paris, Desclée de Brouwer, 1990.

Vattimo Gianni, *Éthique de l'interprétation*, Paris, La Découverte, 1991.

Veyne Paul, « Foucault révolutionne l'histoire » (1978), in *Comment on écrit l'histoire*, Paris, Seuil, 1978, pp. 203-242.

Wacquant Loïc J.D., « Au chevet de la modernité : le diagnostic du docteur Giddens », *Cahiers internationaux de sociologie*, vol. XCIII, 1992, pp. 389-397.

Wagner Peter, *Liberté et discipline* (1994), Paris, Métailié, 1996.

Watzlawick Paul (éd.), *L'invention de la réalité. Contributions au constructivisme* (1981), Paris, Seuil, 1988.

Weber Eugen, *La fin des terroirs* (1976), Paris, Fayard-Éditions Recherches, 1983.

Weber Max, « L'État national et la politique économique » (1895), *La revue du MAUSS*, n° 3, 1989.

Weber Max, *L'éthique protestante et l'esprit du capitalisme* (1904-1905), Paris, Plon, 1967.

Weber Max, *Le judaïsme antique* (1917-1919), Paris, Pocket, 1998.

WEBER Max, « Der Socialismus » (1918), *Gesammelte Aufsätze zu Soziologie und Sozialpolitik*, Tübingen, J.C.B. Mohr, 1988 (trad. angl., « Socialism », in *Max Weber : the Interpretation of Social Reality*, London, Michael Joseph, 1971, pp. 191-219).

WEBER Max, « Parlament und Regierung im neugeordneten Deutschland » (1918), in *Gesammelte Politische Schriften*, Tübingen, J.C.B. Mohr, 1958, pp. 294-431 (trad. angl., « Parliament and Governement in a Reconstructed Germany », in *Economy and Society*, vol. II, Berkeley, University of California Press, 1978, pp. 1381-1469).

WEBER Max, *Le savant et le politique* (1919), Paris, Union générale d'éditions, 1963.

WEBER Max, « Der Reichspräsident » (1919), *Gesammelte Politische Schriften*, Tübingen, J.C.B. Mohr, 1958, pp. 486-489 (trad. angl., « The President of the Reich », in *Weber. Political Writings*, Cambridge, Cambridge University Press, 1994, pp. 304-308).

WEBER Max, *Sociologie des religions* (1920-1922), Paris, Gallimard, 1996.

WEBER Max, *Essais sur la théorie de la science* (1922), Paris, Presses Pocket, 1992.

WEBER Max, *Économie et Société* (1922), Paris, Plon, 1971.

WEBER Max, *Histoire économique* (1923), Paris, Gallimard, 1996.

WEBER Max, *Sociologie de la musique* (1925), Paris, Métailié, 1998.

WHYTE William Foote, *Street Corner Society* (1943), Paris, La Découverte, 1996.

WIGGERSHAUS Rolf, *L'école de Francfort* (1986), Paris, PUF, 1993.

WILEY Norbert (éd.), *The Marx-Weber Debate*, Beverly Hills, Sage, 1987.

WINKIN Yves, « Erving Goffman : portrait du sociologue en jeune homme », in Erving Goffman, *Les moments et leurs hommes* (textes recueillis et présentés par Y. Winkin), Paris, Seuil/Minuit, 1988, pp. 13-92.

WINKIN Yves, « Présentation générale », in *La nouvelle communication*, Paris, Seuil, 1981, pp. 13-109.

WIRTH Louis, *Le ghetto* (1928), Paris, Grenoble, Presses universitaires de Grenoble, 1980.

WIRTH Louis, « Le phénomène urbain comme mode de vie » (1938), in *L'école de Chicago*, Paris, Aubier, 1984, pp. 255-281.

WRONG DENIS H., « The Oversocialized Conception of Man in Modern Sociology », *American Sociological Review*. 26, 1961, pp. 183-193.

ZOLO Danilo, « Autopoiesis. Un paradigma conservatore », *Micromega*, nº 1, 1986, pp. 129-173.

Index des noms

Index des notions

TROISIÈME PARTIE

DANS LA COLLECTION FOLIO / ESSAIS

166 Ernst Jünger : *Approches, drogues et ivresse.*
167 Severo Sarduy : *Barroco.*
168 Wassily Kandinsky : *Point et ligne sur plan.*
169 Friedrich Nietzsche : *Le cas Wagner* suivi de *Nietzsche contre Wagner.*
170 Gilles Lipovetsky : *L'empire de l'éphémère (La mode et son destin dans les sociétés modernes).*
171 Louis Hjelmslev : *Le langage* suivi de *Degrés linguistiques (Une introduction).*
172 Jean Servier : *Histoire de l'utopie.*
173 Pierre Cabanne : *Le siècle de Picasso (1. La naissance du cubisme, 1881-1912).*
174 Pierre Cabanne : *Le siècle de Picasso (2. L'époque des métamorphoses, 1912-1937).*
175 Marguerite Yourcenar : *Le Temps, ce grand sculpteur.*
176 Élie Faure : *Histoire de l'art (L'Esprit des formes I).*
177 Élie Faure : *Histoire de l'art (L'Esprit des formes II).*
178 J.M.G. Le Clézio : *Le rêve mexicain ou La pensée interrompue.*
179 Collectif : *Introduction aux sciences cognitives.*
180 Oscar Wilde : *De Profundis* suivi de *Lettres sur la prison.*
181 Sigmund Freud : *Le délire et les rêves dans la* Gradiva *de W. Jensen* précédé de *Gradiva fantaisie pompéienne* par Wilhelm Jensen.
182 George Steiner : *Les Antigones.*
183 Charles Baudelaire : *Critique d'art* suivi de *Critique musicale.*
184 Roger Caillois : *Les jeux et les hommes (Le masque et le vertige).*
185 Pierre Cabanne : *Le siècle de Picasso (3. Guernica et la guerre, 1937-1955).*
186 Pierre Cabanne : *Le siècle de Picasso (4. La gloire et la solitude, 1955-1973).*

187 Georges Rouault : *Sur l'art et sur la vie.*
188 Michel Leiris : *Brisées.*
189 Bernard Pingaud : *Les anneaux du manège (Écriture et littérature).*
190 Ludwig Wittgenstein : *Leçons et conversations* suivies de *Conférence sur l'Éthique.*
191 Friedrich Nietzsche : *Considérations inactuelles, I et II.*
192 Jean-Paul Sartre : *Un théâtre de situations.*
193 Primo Levi : *Le métier des autres (Notes pour une redéfinition de la culture).*
194 André Breton : *Point du jour.*
195 Paul Valéry : *Introduction à la méthode de Léonard de Vinci.*
196 Mircea Eliade : *Initiation, rites, sociétés secrètes (Naissances mystiques. Essai sur quelques types d'initiation).*
197 Alain Finkielkraut : *La mémoire vaine (Du crime contre l'humanité).*
198 Jorge Luis Borges : *Enquêtes* suivi de Georges Charbonnier, *Entretiens avec Jorge Luis Borges.*
199 Michel Serres : *Le Tiers-Instruit.*
200 Michel Leiris : *Zébrage.*
201 Sigmund Freud : *Le mot d'esprit et sa relation à l'inconscient.*
202 Sainte-Beuve : *Pour la critique.*
203 Yves Bonnefoy : *L'improbable et autres essais* suivi de *Un rêve fait à Mantoue.*
204 Hubert Dreyfus et Paul Rabinow : *Michel Foucault (Un parcours philosophique).*
205 Michel Foucault : *Raymond Roussel.*
206 Friedrich Nietzsche : *Considérations inactuelles, III et IV.*
207 Claude Roy : *L'art à la source (1. Arts premiers, arts sauvages).*
208 Claude Roy : *L'art à la source (2. Arts baroques, arts classiques, arts fantastiques).*
209 Julien Benda : *Discours à la nation européenne.*
210 Alain Gheerbrant : *Orénoque-Amazone (1948-1950).*
211 Eugène Ionesco : *Journal en miettes.*
212 J.M.G. Le Clézio : *L'extase matérielle.*

213 François Gros : *Regard sur la biologie contemporaine.*
214 Paul Claudel : *Réflexions sur la poésie.*
215 Marcelin Pleynet : *Henri Matisse.*
216 Jeanne Hersch : *L'étonnement philosophique (Une histoire de la philosophie).*
217 Jean Starobinski : *Montaigne en mouvement.*
218 Sous la direction de Raymond Klibansky et Davis Pears : *La philosophie en Europe.*
219 Sigmund Freud : *L'homme Moïse et la religion monothéiste.*
220 Clément Rosset : *Le réel et son double.*
221 Guillaume Apollinaire : *Chroniques d'art 1902-1918.*
222 Jeanne Favret-Saada et Josée Contreras : *Corps pour corps.*
223 Jean-Paul Sartre : *Critiques littéraires (Situations, I).*
224 George Steiner : *La mort de la tragédie.*
225 Georges Banu : *L'acteur qui ne revient pas.*
226 Annie Le Brun : *Soudain un bloc d'abîme, Sade.*
227 Geneviève Rodis-Lewis : *Épicure et son école.*
228 Platon : *La République.*
229 Carlos Castaneda : *Histoires de pouvoir.*
230 Albert Memmi : *La dépendance.*
231 Charles Fourier : *Vers la liberté en amour.*
232 Charles Péguy : *Notre jeunesse,* précédé de *De la raison.*
233 Jean-Jacques Rousseau : *Du contrat social* précédé de *Discours sur l'économie politique, Du contrat social (première version)* et suivi de *Fragments politiques.*
234 Henri Meschonnic : *Modernité Modernité.*
235 Spinoza : *L'Éthique.*
236 Marcel Proust : *Essais et articles.*
237 Jean Giraudoux : *Littérature.*
238 Michel de Certeau, Luce Giard, Pierre Mayol : *L'invention du quotidien 2. Habiter, cuisiner.*
239 Collectif : *Écrire la « parole de nuit » (La nouvelle littérature antillaise).*
240 Spinoza : *Traité de l'autorité politique.*
241 Aristote : *Histoire des animaux.*
242 Spinoza : *Traité des autorités théologique et politique.*

243 Henri Mendras : *La Seconde Révolution française 1965-1984.*
244 Karl Marx : *Philosophie.*
245 Maurice Blanchot : *De Kafka à Kafka.*
246 Mircea Eliade : *Techniques du Yoga.*
247 Raymond Queneau : *Bâtons, chiffres et lettres.*
248 Sade : *Journal inédit (1807, 1808, 1814).*
249 Ernst Jünger : *Le mur du Temps.*
250 René Guénon : *La crise du monde moderne.*
251 Jean Toussaint Desanti : *Introduction à la phénoménologie.*
252 Jean-Marie Donegani et Marc Sadoun : *La démocratie imparfaite (Essai sur le parti politique).*
253 Pierre Cabanne : *André Derain.*
254 Antoni Tàpies : *La pratique de l'art.*
255 George Steiner : *Réelles présences (Les arts du sens).*
256 Roland Omnès : *Philosophie de la science contemporaine.*
257 Marc Dachy : *Dada et les dadaïsmes.*
258 Michel Tournier : *Le vol du vampire.*
259 Benedetto Croce : *Histoire de l'Europe au XIXe siècle.*
260 Nicolas Malebranche : *Conversations chrétiennes* suivi de *Entretiens sur la métaphysique, sur la religion et sur la mort.*
261 Régis Debray : *Vie et mort de l'image.*
262 Alain : *Mars ou La guerre jugée (1921).*
263 Alice Becker-Ho : *Les Princes du Jargon.*
264 Hegel : *Morceaux choisis.*
265 Spinoza : *Traité de la réforme de l'entendement.*
266 Gaëtan Picon : *Lecture de Proust.*
267 Bruno Latour : *La science en action.*
268 Denis Hollier : *Le Collège de Sociologie 1937-1939.*
269 Jean Giono : *Le poids du ciel.*
270 Mircea Eliade : *Méphistophélès et l'androgyne.*
271 Ananda K. Coomaraswamy : *Hindouisme et Bouddhisme.*
272 Yves Bonnefoy : *La Vérité de parole* et autres essais.
274 Georges Bernanos : *La liberté, pour quoi faire ?*
275 Montesquieu : *De l'Esprit des lois, I.*

276 Montesquieu : *De l'Esprit des lois, II.*
277 Sous la direction de Denis Kambouchner : *Notions de philosophie, I.*
278 Sous la direction de Denis Kambouchner : *Notions de philosophie, II.*
279 Sous la direction de Denis Kambouchner : *Notions de philosophie, III.*
280 Pierre Hadot : *Qu'est-ce que la philosophie antique ?*
281 Jean-Jacques Rousseau : *Émile ou De l'éducation.*
282 Jean Bastaire : *Péguy tel qu'on l'ignore.*
284 Jean-Paul Sartre : *L'existentialisme est un humanisme.*
285 Jean Prévost : *La création chez Stendhal.*
286 Carlos Castaneda : *Le second anneau de pouvoir.*
287 André Breton : *Les Vases communicants.*
288 Jean-Noël Schifano : *Désir d'Italie.*
289 Francis Bacon : *Entretiens avec Michel Archimbaud.*
290 Roger Caillois : *Babel* précédé de *Vocabulaire esthétique.*
291 C. G. Jung : *Un mythe moderne.*
292 Paul Valéry : *Tel quel.*
293 Jorge Luis Borges et Alicia Jurado : *Qu'est-ce que le bouddhisme ?*
294 Witold Gombrowicz : *Testament.*
295 Gaëtan Picon : *1863. Naissance de la peinture moderne.*
296 Thomas Pavel : *L'art de l'éloignement (Essai sur l'imagination classique).*
297 Stendhal : *Histoire de la peinture en Italie.*
298 André Malraux : *La politique, la culture.*
299 Gérard Mairet : *Le principe de souveraineté (Histoires et fondements du pouvoir moderne).*
300 André Malraux : *Le Musée Imaginaire.*
301 Jean-Marc Lévy-Leblond : *La pierre de touche (La science à l'épreuve...).*
302 Pierre Hadot : *Plotin ou la simplicité du regard.*
303 Marc Jimenez : *Qu'est-ce que l'esthétique ?*
304 Jean-Jacques Rousseau : *Discours sur les sciences et les arts.*
305 Albert Camus : *Actuelles (Écrits politiques).*

306 Miguel de Unamuno : *Le sentiment tragique de la vie.*
307 Benjamin Constant : *Écrits politiques.*
308 Platon : *Les Lois.*
309 Fernand Léger : *Fonctions de la peinture.*
310 Carlos Castaneda : *Le don de l'Aigle.*
311 Bertrand Vergely : *La souffrance.*
312 Régis Debray : *L'État séducteur.*
313 Édouard Glissant : *Le discours antillais.*
314 Françoise Dolto : *Sexualité féminine (La libido génitale et son destin féminin).*
315 Françoise Dolto : *Les étapes majeures de l'enfance.*
316 Simone Weil : *Réflexions sur les causes de la liberté et de l'oppression sociale.*
317 Bruno Bettelheim : *La Forteresse vide.*
318 Sigmund Freud : *La question de l'analyse profane.*
319 Raymond Aron : *Marxismes imaginaires (D'une sainte famille à l'autre).*
320 Antonin Artaud : *Messages révolutionnaires.*
322 Paul Klee : *Théorie de l'art moderne.*
323 Paul Valéry : *Degas Danse Dessin.*
324 Carlos Castaneda : *Le feu du dedans.*
325 Georges Bernanos : *Français, si vous saviez...*
326 Édouard Glissant : *Faulkner, Mississippi.*
327 Paul Valéry : *Variété I et II .*
328 Paul Bénichou : *Selon Mallarmé.*
329 Alain : *Entretiens au bord de la mer (Recherche de l'entendement).*
330 Sous la direction d'Henri-Charles Puech : *Histoire des religions I*.*
331 Sous la direction d'Henri-Charles Puech : *Histoire des religions I**.*
332 Sous la direction d'Henri-Charles Puech : *Histoire des religions II*.*
333 Sous la direction d'Henri-Charles Puech : *Histoire des religions II**.*
334 Sous la direction d'Henri-Charles Puech : *Histoire des religions III*.*
335 Sous la direction d'Henri-Charles Puech : *Histoire des religions III**.*

336 Didier Anzieu : *Beckett.*

337 Sous la direction de Brice Parain : *Histoire de la philosophie I, vol. 1.*

338 Sous la direction de Brice Parain : *Histoire de la philosophie I, vol. 2.*

339 Sous la direction d'Yvon Belaval : *Histoire de la philosophie II, vol. 1.*

340 Sous la direction d'Yvon Belaval : *Histoire de la philosophie II, vol. 2.*

341 Sous la direction d'Yvon Belaval : *Histoire de la philosophie III, vol. 1.*

342 Sous la direction d'Yvon Belaval : *Histoire de la philosophie III, vol. 2.*

343 Rémi Brague : *Europe, la voie romaine.*

344 Julien Offroy de La Mettrie : *L'Homme-Machine.*

345 Yves Bonnefoy : *Le nuage rouge.*

346 Carlos Castaneda : *La force du silence (Nouvelles leçons de don Juan).*

347 Platon : *Gorgias* suivi de *Ménon.*

348 Danilo Martuccelli : *Sociologies de la modernité (L'itinéraire du XXe siècle).*

349 Robert Castel : *Les métamorphoses de la question sociale (Une chronique du salariat).*

350 Gabriel Marcel : *Essai de philosophie concrète.*

351 J.-B. Pontalis : *Perdre de vue.*

352 Patrick Chamoiseau, Raphaël Confiant : *Lettres créoles.*

353 Annie Cohen-Solal : *Sartre 1905-1980.*

354 Pierre Guenancia : *Lire Descartes.*

355 Julia Kristeva : *Le temps sensible (Proust et l'expérience littéraire).*

357 Claude Lefort : *Les formes de l'histoire (Essais d'anthropologie politique).*

358 Collectif : *Narcisses.*

359 Collectif : *Bisexualité et différence des sexes.*

360 Werner Heisenberg : *La nature dans la physique contemporaine.*

361 Gilles Lipovetsky : *Le crépuscule du devoir (L'éthique indolore des nouveaux temps démocratiques).*

Composition Interligne.
Impression Bussière Camedan Imprimeries
à Saint-Amand (Cher), le 21 février 2000.
Dépôt légal : février 2000.
1er dépôt légal dans la collection : août 1999.
Numéro d'imprimeur : 000859/1.
ISBN 2-07-041050-1./Imprimé en France.

95630